# 第六届
# 世界儒学大会
# 学术论文集

贾磊磊　杨朝明　主编

文化藝術出版社
Culture and Art Publishing House

## 主办　Sponsors

中华人民共和国文化部
Ministry of Culture of the People's Republic of China

山东省人民政府
Shandong Provincial People's Government

## 承办　Organizers

中国艺术研究院
Chinese National Academy of Arts

山东省文化厅
Shandong Provincial Cultural Bureau

山东大学儒学高等研究院
Confucianism for the Institute for Advanced Study, Shandong University

中国孔子基金会
China Confucius Foundation

国际儒学联合会
International Confucian Association

济宁人民政府
Jining Municipal Government

孔子研究院
The Research Institute of Confucianism

| 领导致辞 |

山东省副省长季缃绮在开幕式上致辞

中国艺术研究院常务副院长王能宪在开幕式上致辞

中国艺术研究院副院长贾磊磊主持开幕式

中共济宁市委书记、市人大常委会主任马平昌在开幕式上致辞

第六届世界儒学大会执行秘书长、孔子研究院院长杨朝明作主旨演讲

孔子研究院原副院长孔祥林在闭幕式上致辞

| 主题演讲 |

清华大学李学勤教授

中央民族大学牟钟鉴教授

▎北京师范大学黄会林教授

▎美国夏威夷大学安乐哲教授

韩国安东大学李润和教授

越南胡志明市国家大学所属社会科学与人文大学吴氏芳兰副校长

| 会议场景 |

第六届世界儒学大会开幕式

出席开幕式的专家学者

第六届世界儒学大会会场

山东省副省长季缃绮（右）为"孔子文化奖"获得者李学勤（左）颁奖

山东省副省长季缃绮（左）为"孔子文化奖"获得者安乐哲（右）颁奖

分组讨论

分组讨论

# 2013年度"孔子文化奖"获奖个人

中华文明的探源者、守望者——李学勤先生

他是当代中国杰出的历史学家、考古学家、古文字学家与古文献学家。

他被誉为"百科全书式的学者",在中国古代文明研究领域有极深造诣。针对宋代以来低估中国古代文明的思潮,他高瞻远瞩,提出"重新估价中国古代文明",继往开来,以地下出土的古文字、古器物与传世文献相印证,引领人们追寻中华文明的源头,揭开夏、商、周三代文明的真相,打开了中国早期文明世界的大门,展示了先民创造的经验、成就与智慧。

他深知儒学植根于中华文明的沃土,将孔子儒学置于中国古代文明的广阔背景中,论证了孔子思想的深度、高度和"集大成"特征,阐发了儒学地位。他结合出土资料,研究孔子与"六经"的关系,认定由孔子整理传世的"六经"是儒家思想理论的源头活水。

他正本清源,论证古书成书的过程与传流。他的研究深入浅出,信而有征,不仅对传统认识补偏救弊,而且开拓了孔子研究的新视野。

他利用三十多年来考古发现的大量简帛文献,对古代经典和早期学术做了大量深入细致的研究,硕果累累,成就卓著。

他目光敏锐,见微知著,第一次揭示了汉代以后孔子后裔世守家学而自成一个学派的事实,勾勒了汉魏孔氏家学传承的线索,充实了儒学研究的内容,丰富并加深了人们对于孔子世家的认识。

他坚信中华文明有着辉煌的历史,也一定有着更加美好的未来。他对中华文明有着坚定而充足的自信,他是中华文明的探源者、守望者。

# 2013年度"孔子文化奖"获奖个人

中国文化的传播者、阐释者——安乐哲先生

他是当代西方著名哲学家、汉学家,中西比较哲学研究的领军人物。

他钟情于东方文化,倾心于中国哲学,涵泳于儒道各家,贯通古今中西,举手投足间尽显谦谦君子风范。

多年来,他不遗余力地向西方推广中国典籍,翻译了《论语》、《老子》、《中庸》、《孙子兵法》等多部经典,他对中华元典的新诠释、新解读,成就非凡,独步当代,有力地推动了中华文化走向世界。

他尊重孔子,精通儒学,他将儒学与西方文化进行对等、互动式研究。他深入孔子的思想世界,追本溯源,深剖精析,总结儒家文化特征。他提出"儒家角色伦理学"、"儒家民主主义"等新理论,对儒学作出创造性阐释。他积极探讨中国儒学的现代价值,为谋求多元文化共存互动而努力。

他主张会通中西,全面诠释中国哲学的内涵,构建了独到的中西比较哲学方法论体系,消解了以往西方学者对中国哲学的一些误读与隔阂,为中西哲学的互相理解与深层对话开辟了新的道路。

他致力于文化的沟通与交流,周游世界,讲学不辍,广泛联合中西方学者展开对话,参与主持世界文明论坛,主讲于"中华文化与跨文化传播师资班",以其个人的学术魅力构架东西文化交流的桥梁。

他好学深思,真积力久,以其丰富的著述、精深的见解驰骋学坛,享誉全球,为推动中华文化传播与中西哲学交流作出了卓越贡献。

他是中国文化的传播者、阐释者。

# 目 录

## 领导致辞

山东省副省长季缃绮先生致辞 ………………………………………… 3
中国艺术研究院常务副院长王能宪先生致辞 …………………………… 4
中共济宁市委书记、市人大常委会主任马平昌先生致辞 ……………… 6
第六届世界儒学大会执行秘书长、孔子研究院院长杨朝明先生主旨演讲 …… 8
孔子研究院原副院长孔祥林先生闭幕式致辞 …………………………… 11

## 获奖感言

2013年度孔子文化奖获奖个人李学勤先生获奖感言 …………………… 15
2013年度孔子文化奖获奖个人安乐哲先生获奖感言 …………………… 16

## 主题演讲

为往圣继绝学
　　——谈儒学与传统文化的传承创新 ……………………… 李学勤 23
社会德教——儒家的过去和未来 ………………………………… 牟钟鉴 25
坚守民族文化本性　创造不可替代的"第三极文化"
　　——关于中国文化国际传播力的思考 …………………… 黄会林 34
儒家角色伦理学：挑战个人主义意识形态 ……………… [美国] 安乐哲 40
儒家思想与现实政治 ……………………………………… [韩国] 李润和 45
越南当前社会背景下的儒家道德教训 …………………… [越南] 吴氏芳兰 50

# 学术论文

（按作者姓氏汉语拼音排序）

## 国内部分

| | | |
|---|---|---|
| 《论语》引《诗》原义 | 陈 东 | 55 |
| 试析孟子道德理性的历史建构 | 陈金海 | 63 |
| "欲觅存心法，当自尽心求" | | |
| ——从南宋理学对词的影响反思当代儒学 | 陈丽丽 | 71 |
| 东亚理学的早期传播与书院的发展 | 戴美玲 王维生 | 80 |
| 中国传统生态智慧与生态文明建设 | 方光华 | 89 |
| 王阳明"致良知"道德哲学及其理论特色 | 方国根 | 98 |
| 唐写本《论语》郑玄注的学术特点 | 伏俊琏 | 109 |
| 中国文化的人文理性传统在现代社会 | 葛志毅 | 114 |
| 孟子的大丈夫人格及其历史影响 | 韩 星 | 122 |
| 孔子思想在当代 | 黄怀信 | 131 |
| 我们时代的问题与儒家的正义论 | 黄玉顺 | 136 |
| 儒家社会思想在当代社区建设实务中的运用 | 李光明 | 143 |
| 子游：孔子礼学的践行者 | 李文娟 | 151 |
| 民本与仁爱——金朝杖刑彰显出的儒学人文关怀 | 李玉君 何 博 | 160 |
| 儒家伦理思想与现代道德教育 | 梁宗华 | 168 |
| 帛书《衷》篇"《键》之详说"章新释 | 刘 彬 | 175 |
| 孔孟之间仁学理论的三重建构 | 刘光胜 | 185 |
| 颜回话语与汉初道德文化重构 | 刘志伟 | 193 |
| 美国华裔史家儒家文化解释论析 | 路则权 | 200 |
| 孔子德治思想的真髓及其当代价值 | 裴传永 | 208 |
| 孔子人性论思想及其现代语境下的承继 | 彭浩晟 郑学宝 | 216 |
| 探赜"君子"人格 | 彭彦华 | 225 |
| 儒家生态哲学的基本原则与宗教及道德维度 | 乔清举 | 239 |
| "亲亲相隐"论争对儒家伦理的反向理解 | 邱文元 | 249 |
| 敬之义大矣哉 | | |
| ——社会转型与礼乐文化重建 | 宋立林 | 259 |
| 儒家社会保障思想的现代价值 | 孙聚友 | 267 |
| 让世界了解儒学真面目必经中西哲学阐释之途 | 田辰山 | 274 |
| 儒家财富观新释 | 涂可国 | 284 |

| | | |
|---|---|---|
| 儒释道鼎立下的隋唐学术 | 王洪军 | 300 |
| 儒家正义论 | 王钧林 | 306 |
| 《穷达以时》与孔子的境遇观 | 王中江 | 311 |
| 主与民：儒家实意伦理的政治维度 | 温海明 | 320 |
| 全媒体语境下传统价值观的影像转译与"故事"表述 | | |
| ——基于电影《孔子》等的文化分析 | 许立勇 | 327 |
| 林文庆的儒学思想体系 | 严春宝 | 335 |
| 成人之道与为政之德 | 杨朝明 | 343 |
| 从儒学正义到法律正义 | 俞荣根 | 353 |
| "仁者安仁"：孔子仁学新论 | 曾振宇 | 364 |
| 简论《困学纪闻》中王应麟的儒家教育思想 | 张骁飞 | 372 |
| 荀子"化性起伪"教育思想逻辑进路述略 | 赵雪波 | 380 |
| 陈旸及其《乐书》的当代意义探讨 | 郑长铃 | 388 |
| 孔子"三月不知肉味"实指 | 周 燕 | 402 |
| 儒家礼乐教化及当代实现 | 祖国华 | 411 |

## 海外部分

| | | |
|---|---|---|
| 东南亚华人·从礼入门而成就德 | [马来西亚] 陈启生 | 419 |
| 浅谈儒家伦理 | [爱尔兰] Hans–Georg Moeller | 429 |
| 西方化的儒家伦理 | [美国] 德安博 | 447 |
| 儒家思想与生态文明：儒学所面临的最大挑战 | [澳大利亚] 李瑞智 | 458 |
| 跨文化重建：朱舜水的日本大名宗庙 | [英国] 罗伯特·恰德 | 498 |
| 从封建时代科举制度看越南文化性格 | [越南] 阮玉诗 | 527 |
| 作为圣人的儒家君子与作为人文主义者的犹太教义人： | | |
| 读《论语1:1》和《诗篇1:1》有感 | [以色列] Inbal Shamir | 541 |

## 港澳台部分

| | | |
|---|---|---|
| 心有所偏，即为不纯 | | |
| ——《左传》"郑伯克段于鄢"与"卫州吁弑桓公而立" | | |
| 叙事结构之分析 | [中国台湾] 陈逢源 | 559 |
| 《周礼》六艺的内涵及其在教育上的作用 | [中国台湾] 董金裕 | 567 |
| 孔门忠信论 | [中国台湾] 高秉涵 | 579 |
| 以"含摄儒家文化的理论"挑战西方的学术传统 | [中国台湾] 黄光国 | 586 |
| 清代学术之"开端" | [中国台湾] 李纪祥 | 595 |

儒家思想对当前文化生态的省察
　　——关于"后新儒学"对"后现代"的反思 …………［中国台湾］林安梧　614
创新与古典：台湾新"礼体服务"与古礼之关系 …………［中国台湾］林素英　622
孔教儒家思想与生态文明
　　——在山东曲阜第六届世界儒学大会上的发言 …………［中国香港］汤恩佳　634
书写孔子传记的意义：以三部当代的孔子传记为例…………［中国台湾］伍振勋　639

## 学术综述

儒家思想的当代价值
　　——第六届世界儒学大会学术综述 ………………………………王瑜瑜　651

第六届世界儒学大会论文集

# 领导致辞

## 山东省副省长季缃绮先生致辞

尊敬的各位来宾，女士们，先生们：

大家上午好！

秋风送爽，群贤毕至，在孔子诞辰2564年之际，我们齐聚圣城曲阜，隆重举行第六届世界儒学大会暨2013年度孔子文化奖颁奖典礼。在此我谨代表山东省人民政府对各位嘉宾的光临表示诚挚的欢迎，向孔子文化奖获奖者表示热烈的祝贺，向长期以来致力于儒学研究的中外学者表示崇高的敬意！

山东是孔子的故乡，儒家文化的发源地，历史悠久，文化灿烂，素有孔孟之乡、礼仪之邦的美誉。近年来，齐鲁大地经济发展、社会和谐，社会各项事业全面进步，人民生活水平显著提高。山东高度重视儒学文化遗产的保护传承，积极推动文化遗产的延续发展，探索创建曲阜文化经济特区，建设国际儒学研究交流中心，为儒学在新时代的发扬光大作出了积极努力。

女士们，先生们，朋友们，今天我们所处的时代变革之剧远胜于以往历代，新事物、新情况、新问题更迭出现，新思想、新观点、新知识纷纷涌现，全球经济文化融合加速发展，区域交流合作方兴未艾，儒学如何进一步探索创新，如何更好地与当下社会融合，是摆在新时期儒学工作者面前的一个重大命题。

今天我们召开第六届世界儒学大会，以儒家思想与当代社会建设为主题，共同探讨儒家思想与生态文明、儒家伦理与道德教育、礼乐传统与社会礼仪、儒家思想与文化传播等重大现实问题，有着特别重要的意义。希望各位专家学者紧紧把握时代脉搏，立足世情、国情，民主、平等、务实、坦诚地开展对话与沟通，携手推进儒学学术创新，为解决现实社会问题，促进人类社会和谐发展贡献力量。

女士们，先生们，朋友们，儒家文化博大精深，积淀深厚，源远流长，为中国文明乃至世界文明作出了不朽的贡献，在各个历史发展重要时期和诸多领域源源不断地提供着弥足珍贵的智慧财富。我们感慨于社会的飞速发展，更需要聆听孔子的教诲，更需要领悟儒学的精粹。我们期盼通过世界儒学大会，通过各国各地区专家学者和社会各界热心人士的共同努力，传承儒学传统，播撒孔子的智慧，造福人类社会，为国家富强、民族进步、社会和谐、人类发展作出更大的贡献。

最后祝第六届世界儒学大会圆满成功！祝同志们、朋友们在山东期间生活愉快、身体健康！

谢谢大家！

## 中国艺术研究院常务副院长王能宪先生致辞

尊敬的季缃绮副省长，尊敬的各位来宾，女士们，先生们，朋友们：

大家早上好！

今天，在孔子诞辰 2564 周年之际，第六届世界儒学大会在孔子故里隆重开幕了。在此，我谨代表会议承办方中国艺术研究院，向莅临大会的各位领导、各位专家学者和各界人士，表示诚挚的感谢和热烈的欢迎！

中华民族在漫长的发展过程中创造了辉煌灿烂、博大精深的历史文化，涌现出了许多彪炳千秋的历史人物。伟大的思想家、教育家孔子就是中华文化的杰出代表之一。孔子创立的儒家学派，是中国传统文化的主干，体现了中华民族的理想与道德、价值与信念，是中华民族延续发展的精神动力。在历史上，它对于维护统一的多民族国家发挥了重要作用，也为世界的和平、发展和进步作出了积极贡献。前不久，国务院法制办公布《教育法律一揽子修订草案》，拟将孔子生辰 9 月 28 日定为中国的教师节，这充分表明了国家对传统文化、对孔子以及儒学思想的崇高礼敬！

文化是民族的血脉，是人民的精神家园。优秀传统文化凝聚着中华民族自强不息的精神追求，是炎黄子孙历久弥新的精神财富，也是发展社会主义先进文化的深厚基础和建设中华民族共有精神家园的重要支柱。十八大报告强调，要"建设优秀传统文化传承体系，弘扬中华优秀传统文化"。我们传承与弘扬中华优秀传统文化，离不开对作为中国传统文化主干的儒学的深入研讨和科学阐发。而今天我们在这里举行的世界儒学大会，就是在搭建一个高端、开放的国际性儒学研究交流平台，为我国优秀传统文化传承体系建设积累经验。

自 2007 年举办发起国际会议以来，世界儒学大会至今已成功举办了六届，成为引领海内外儒学研究发展的年度盛会。每年都有来自 20 多个国家和地区的著名大学、研究所的 100 多位专家学者莅临会议，在平等对话的学术氛围中各抒己见，畅所欲言，从不同的学科视角、文化背景出发，运用不同的方法，研究和阐释儒家思想，期望为人类文明进步和世界和平发展寻求重要的思想资源和文化动力。

从历史发展的经验看，中华文化早就有过通过"请进来"的方式实现"走出去"的成功范例。汉唐时期，我国国力强盛，吸引了不少外国人前来留学，日本政府就定期派遣"遣唐使"、"留学生"和"还学生"，这些人回国后主动传播中国的优秀文化。明清时期，很多传教士来到中国，看到中国经济发展、文化繁荣，他们回国后主动用自己的语言和表达方式传播中国文化，曾一度掀起了欧洲人了解中国的热潮。今天，世界儒学大会把外国著名专家"请进来"和国内学者共同研讨中国传统学术文化，创新了中外文化交流的新形式，不仅成为中国文化"走出去"的重要载体，也促进了多元文明包容互鉴、和谐共生，为世界人民的相知互赏和国际社会的友好往来作出了重要贡献。

本届世界儒学大会继续发扬传统儒学关注现实的品格，在"儒家思想与当代社会建设"的主题下，将围绕"儒家思想与生态文明"、"儒家伦理与道德教育"、"礼乐传统与社会礼仪"、"儒家思想与文化传播"等议题进行深入研讨与广泛对话。儒家将天、地、人一起并称为"三才"，既肯定人在天地之间的主体地位，又强调天人关系的和谐，认为人应当认识并遵守自然规律，不应该无节制地向自然索取，把"赞天地之化育"、"与天地合其德"、"浑然与物同体"视为人与自然的理想境界。这些思想对于改善人与自然的关系、建设现代生态文明具有重要价值。儒家以"仁"为核心、以君子为道德理想、强调"内圣"修为的道德伦理思想，在现代社会依然具有重要意义。1993年8月召开的"第二届世界宗教会议"发表宣言，把儒家处理人际关系的基本准则"己所不欲，勿施于人"定为"数千年来人类许多宗教和伦理传统都具有并一直维系着"的原则，公认为适用于全球的道德金律。儒家丰富的礼乐教化传统，也为现代社会伦理建设提供了某种启示。我们要充分把握当代民众的审美需求和接受心理，利用现代传播手段和技术，创新传播形式与内容，使儒学为主体的中华优秀传统文化真正融入人民群众的日常生活，使中华民族宝贵的精神财富走出国门，为世界人民所欢迎和欣赏。

中共中央总书记习近平同志在参观《复兴之路》展览时，提出了实现中华民族伟大复兴的"中国梦"。这个鼓舞人心的愿景引起全国上下的广泛关注和热烈讨论。实现"中国梦"需要弘扬中国精神。以儒学为主体的中华优秀传统文化，为"中国梦"的实现提供了重要的思想根基和精神力量。希望与会嘉宾、学者继往开来，承前启后，在民主、平等、和谐、愉快的氛围中畅所欲言，准确把握儒家人文精神的丰富内涵，对儒家思想作出创造性的阐释和精深的研究，为实现"中国梦"发掘重要的思想文化资源，为人类社会的繁荣发展和文明进步作出应有的贡献！

祝大家在参加世界儒学大会期间身体健康、精神愉快！

谢谢大家！

# 中共济宁市委书记、市人大常委会主任马平昌先生致辞

尊敬的季缃绮副省长，尊敬的各位来宾，女士们、先生们：

9月的圣城曲阜，天朗气清、惠风和畅，群贤毕至、方家咸集。在隆重纪念孔子诞辰2564周年之际，第六届世界儒学大会今天开幕了。我代表中共济宁市委、济宁市人民政府，对大会的召开表示热烈的祝贺，向出席大会的各位领导、各位来宾致以诚挚的欢迎！

济宁素以"孔孟之乡、运河之都、文化济宁"著称，辖曲阜、兖州、邹城、微山、梁山等12个县市区和济宁国家高新区、太白湖生态新区，面积1.1万平方公里，人口850万。济宁人杰地灵、圣贤辈出，是人文始祖轩辕黄帝和孔子、孟子、颜子、曾子、子思子五大圣人的故乡，在这片文化沃土上孕育了开启鸿蒙的始祖文化、博大精深的儒家文化、融南汇北的运河文化、忠义刚烈的水浒文化、秘藏真传的佛教文化，多种文化密集沉淀、交相辉映，使济宁成为中华传统文化的重要代表性城市和全国人文景观最集中的地区之一。目前，文化部与山东省政府正合作共建"曲阜文化经济特区"，着力把济宁打造成为儒家文明传承创新区和文化经济融合示范区。济宁区位优越、资源富集，地处"长三角"与"环渤海"两大经济区结合部，京沪等三条铁路、京台等四条高速公路纵横交织，京沪高铁设有济宁曲阜站，济宁曲阜机场开通至全国主要城市的航线，万吨级船队通过京杭大运河可直达长江和钱塘江。煤炭、稀土在全国占有重要位置，微山湖是中国北方最大的淡水湖。济宁是山东省重要的工业中心城市，拥有煤化工、工程机械、光电产业等多个国家级产业基地，美国国际纸业、日本小松、意大利倍耐力、台湾联华电子等43家世界五百强企业在我市投资兴业，今年又引进了投资20亿美元的美国惠普国际产业基地项目，建成后将一举使济宁IT产业走在全国前列。近年来，在中央和山东省委、省政府的坚强领导下，济宁经济社会呈现快速发展的良好态势，2012年全市生产总值达到3190亿元、地方财政收入245.6亿元，分别居山东省17市第6位、第5位。目前，全市上下正抓住山东建设"西部经济隆起带"和省政府支持济宁资源型城市可持续发展等历史机遇，全力推进"鲁西科学发展高地"建设。

当今世界，人类社会在不断发展进步的同时，也面临着越来越多的问题和挑战。面对"工业文明"带来的生态环境问题，如何保持发展的可持续性？面对各种宗教、信仰、文化的冲突，如何实现不同文明之间的和谐共存？面对市场经济的深度发展，如何弥补道德和文化上的缺失？不同的国家、不同的民族、不同的文明都在进行思考和反思，寻求解决问题的答案。儒家思想作为东方文化中最具代表性的思想和哲学体

系，为解决当代事关人类社会发展的重大问题，提供了丰富的思想文化资源。儒家"仁者爱人"的仁爱观，要求尊重人的价值和尊严，与人为善，成人之美；儒家"见利思义"的义利观，强调克服唯利是图的私欲，正心律己，择善而从；儒家"履中致和"的中和观，体现了人类社会的公平正义，和衷共济，协和万邦；儒家"民胞物与"的自然观，主张天人合一，人与自然和谐共生；儒家"约之以礼"的道德情怀，"敬信修睦"的伦理要求，"己所不欲，勿施于人"的忠恕之道，对于解决人类社会面临的普遍性问题仍具有很强的现实意义。

经世致用、与时偕行，是儒学基本的价值追求和内在品格。2500多年来，儒学之所以历经千载而不衰，历尽沧桑而弥新，不断被继承光大和生发扩展，很重要的就在于历代儒学先贤们始终关注现实，着眼所处时代的社会、人生问题以及人与自然问题，孜孜以求、不懈探索，寻求解决之道。时代发展到今天，我们研究传承儒学，目的就是汲取先贤的智慧，开掘儒学的精华，使儒学在当代社会更好地发挥作用。本届大会以"儒家思想与当代社会建设"为主题，设立了"儒家思想与生态文明"、"儒家伦理与道德教育"、"礼乐传统与社会礼仪"、"儒家思想与文化传播"四个分论题，紧贴时代步伐，回应现实需求，彰显了儒学的当代精神和时代价值。济宁是儒家文化的发祥地，每年一届的世界儒学大会又使济宁成为新儒学的汇集地，我们既备感自豪和荣耀，也肩负着义不容辞的责任。我们一定珍视和守护好这方沃土上的优秀传统文化基因，为儒学的传承与创新恪尽绵薄之力；一定珍惜世界儒学大会举办地的荣誉，尽心竭力为大会提供优质服务，为世界儒学的交流与发展，为推动中华传统文化走向世界作出应有的贡献。

最后，祝第六届世界儒学大会圆满成功，祝各位领导、各位嘉宾身体健康、诸事顺遂、永佑嘉福！

谢谢大家！

# 第六届世界儒学大会执行秘书长、
# 孔子研究院院长杨朝明先生主旨演讲

尊敬的季缃绮副省长，尊敬的各位专家学者、各位来宾，女士们、先生们：

上午好！

金秋时节，又值大成至圣先师孔子诞辰的日子。当数百位专家学者和来宾从四面八方再次聚集在孔子故里、相会在孔子研究院儒学会堂的时候，世界儒学大会已经走过了六年多的历程。本届大会我们迎来了世界14国家和地区、60多个儒学团体与机构的120位专家学者。在此，我谨代表各承办单位和大会秘书处，热烈欢迎和真诚感谢莅临大会的各位嘉宾！

世界儒学大会由中华人民共和国文化部和山东省人民政府共同主办，经过多年努力，业已成为一个重要的弘扬儒家思想、研讨中国传统文化的国际高端学术交流平台，到本届儒学大会，共计有27个国家和地区的近1100名专家学者参加了会议，共提交论文800余篇。

为了准确把握儒学动态，紧密跟踪学术前沿，办好世界儒学大会，自上届大会开始，秘书处便注意征集各方意见和建议，精心设置今年的议题。"世界儒学大会专家委员会"还举行专题策划会议，研究确定了本届世界儒学大会"儒家思想与当代社会建设"的主题。

女士们，先生们：

当今时代，诸多人士仍在价值多元与纠结中不停地思考。有人认为，当今世界的主旋律是国际体系的"碎裂化"（fragmentation）。究其原因，除了"全球化"浪潮的推动，更重要的应该是现实世界和道德上失去了"均衡"，实力与正义的和谐状态触手难及。在这种情况下，世界上更可能出现的是所谓"全球大杂音"，信息革命创造了一个更加全球化、更相互依赖和更透明的世界，但也导致了一种更加焦虑的状态，面临着更多的不确认，人们的思绪随同铺天盖地的大量资讯而飘忽，不知归于何处。人们寻求身份的认同而又无所归依，像缺失了礼乐一般手足无措。"治世之音安以乐"，人们更加期盼和谐的旋律。

然而，不同文化与制度的相互交汇带来新的和谐未必遥不可及！在无数的追寻中，人们看到了儒家文化的宝贵价值。例如，英国前首相撒切尔夫人去世后，曾引发关于私有化问题的讨论。而埃维昂组织（EVIANGROUP）创始人让·皮埃尔·莱曼则积极引荐儒家思想,他提出儒学是撒切尔主义的解药,认为仁、义、礼、智、信更能适应新世纪人类社会的需求。

经过现实反思和历史回溯,人们对孔子儒学的认识更加理性、更加冷静。孔子儒家思索人性,思索"人之所以为人"的问题,他要求人们关注"人情"与"人义",研究"人心"和"道心",思考"人欲"和"天理"。孔子向往社会的和谐与"大同"状态,他深信,只要人们正心修身,推延亲情,放大"善性",秉顺理性,循道而行,社会就不难达至那种"至善"之境。

诚然,孔子提出的方法是简单的,但其中却蕴含着比人们第一眼所看到的更多的智慧。人们只要按照"忠恕"之道行事,修己以安人,"己所不欲,勿施于人",无论社会礼仪的塑造,还是道德文明的构建,以至生态环境的改善,都将成效可期。

人类素养的提升需要一个"格物、致知、正心、诚意"的功夫,我们需要在心灵上走近孔子,贴近儒学,实现这一人类自身的升华。

女士们、先生们:

中华传统文化向来重视礼乐,中国也因此被称为"礼乐之邦"或"礼义之邦"。孔子十分强调礼乐的意义,认为礼乐标志着国家的兴衰。礼乐相和则社会有序,百化兴焉。

礼乐文化的形成和发展,与人类文明的演进同步。礼、乐之情同,同在"本自人之情性",同在"四海之内合敬同爱";礼、乐又有着不同的气质禀赋、性格特征,乐为"情之不可变者","情动于中"是乐的主旋律;礼为"理之不可易者","彰表理义"是礼的主旋律。仁近于乐,义近于礼,礼和乐相互依存,互为补充,彼此彰表,融为一体,俨然是洋溢温情的生命,具有和谐、仁爱、成长和成就的力量。今天我们研讨传统礼乐教化,与现代文明的因子平等、自由、民主、自我实现等对话、交融,将奏出一曲美妙的交响乐。

为与本次大会议题相配合,在山东省文化厅领导的支持下,世界儒学大会秘书处专门聘请著名词曲作家和歌唱家,创作了"世界儒学大会会歌",会议开始之前各位听到的,便是世界儒学大会的会歌——《文明足迹》。

女士们、先生们:

自 2009 年开始,中华人民共和国文化部和山东省人民政府设立了"孔子文化奖",已经评选出四届获奖个人和机构,受到海内外各界尤其是学术文化界的普遍关注和广泛认可,产生了极好的社会效果,推动了孔子思想和儒家文化的传承和普及,加快了儒学研究的繁荣和创新。

根据修订后的《世界儒学大会章程》,从本届开始,"孔子文化奖"两年推选一次,推选范围从"孔子儒学研究与推广"领域,扩大到"中国传统文化的研究、推广与传播"领域,推选获奖个人(或机构)两名。

本届"孔子文化奖"推选工作自 4 月份正式启动。在"孔子文化奖"组织委员会的领导下，首先完成了"孔子文化奖"推选委员会的换届工作，然后按照严格的推选实施方案，推选出本年度的获奖者，推选结果即将揭晓。

我们谨向前四届获奖的个人和机构、向即将接受颁奖的本届获奖者致以衷心祝贺和崇高敬意！同时，我们还应感谢"孔子文化奖"组织委员会的坚强领导，感谢第一届、第二届"孔子文化奖"推选委员们严谨认真的工作。

女士们、先生们：

《易传》说："损益盈虚，与时偕行。"探寻"儒学与当代社会"的关系意义重大！我们相信，通过与会专家学者的热烈研讨，必将进一步推动孔子儒学的深入研究，取得丰硕的学术成果，为当代社会建设提供宝贵的精神力量。

最后，我们祝福各位领导、各位专家学者、各位故朋新知，祝愿你们在孔子故里身体健康、论道愉快！

谢谢大家！

## 孔子研究院原副院长孔祥林先生闭幕式致辞

尊敬的各位专家，各位来宾，女士们，先生们：

下午好！

第六届世界儒学大会经过两天紧张而有序的报告与研讨即将闭幕。此次大会在与会代表的共同努力下，顺利地完成了既定的议程，取得了圆满的成功。本届大会有来自美国、澳大利亚、韩国、日本、英国、爱尔兰、越南、马来西亚、印度尼西亚、以色列、俄罗斯和中国内地、台湾、香港等14个国家和地区的120多位专家学者出席，收到学术论文80多篇。本届大会以儒家思想与当代社会建设为主题，以儒家思想与现代文明、礼乐传统与社会礼仪、儒家伦理与道德教育、儒家思想与文化传播作为分议题，紧扣时代脉搏，关注现实生活，很好地继承了儒家的担当传统。

在两天的会议中，学者们通过主旨演讲、大会发言、分组研讨、会下交流等多种形式展开了深入而广泛的学术研讨，内容更加多元、视野更加宽广、方法更加多样，取得了丰硕的学术成果。通过儒学研究的更加深入，也不断提升了世界儒学大会的学术水平。

自第二届世界儒学大会以来，"孔子文化奖"已经成为世界儒学大会最重要的内容之一。每届"孔子文化奖"的获奖者都是世界上对儒学事业的发展作出重大贡献并具有广泛影响力的个人和机构。"孔子文化奖"凭借其专业性、公平性、高端性，国际影响力越来越大，进一步扩大了儒学的影响力，本次大会表彰了2013年度"孔子文化奖"获得者李学勤先生和安乐哲先生，他们以卓越的儒学研究成就和对儒学发展传播的贡献，赢得了学界的普遍认同，获奖实至名归，令人信服。让我们再次以最热烈掌声向他们表示衷心的祝贺！

根据新形势的要求，第五届世界儒学大会确定打造小规模、高规格、大议题学术会议的原则，本届大会继续坚守这一原则，并进一步完善创新，诞生了一场多层次的儒学盛会，这主要表现在：

第一，坚持借鉴经典原则，更加突出学术重心。目前不仅中国正处于社会改革重要转型的关键阶段，世界大多数国家也处在走出危机的艰苦时期。儒家的仁爱之心促使我们不能漠然以对，因此本届大会尽量缩减了与学术无重大关联的内容和程序。主办方集中精力服务专家学者，使学者们能够更好地探索学术观点，更好地进行交流研讨，最终获得了更多更高层次的学术成果。而这正是世界儒学大会继续下去的根本保证。

第二，会议对现实世界的关注研究，更具操作性，更加多元化。儒学之于当今社会的意义及儒学的现代价值从来都是世界儒学大会关注的重点，这也是儒学的现代使命。在学者们的共同推动和努力下，儒家在当今社会中仍然具有重要价值这一点已经成为社会的共识。但是我们不能简单空谈儒学的当代意义，更应该探讨儒学如何切入现实生活，如何发展儒学，以适应社会的进步，如何更好地发挥儒学在现代社会中的作用。唯有解决好这些问题，儒学才能真正在当代社会中占有重要位置。本届大会所关注的生态环境、国内道德素质教育、社会礼仪规范、中西文化交流等课题，正是现实社会普遍关注的热点问题，对此学者们进行了热烈的探索，做出了积极的回应。证明儒学在当代社会具有不可替代的价值，儒学不仅不会消亡，反而会返本开新、老树新花、焕发出新的生命力。

第三，为扩大世界儒学大会的影响，世界儒学大会秘书处专门聘请著名词曲作家和歌唱家创作了世界儒学大会会歌，大会开幕式之前就已经播放，光盘也已经呈送到各位代表手中，希望各位代表广为宣传、广为传唱，让世界儒学大会会歌唱到全世界。

各位来宾，各位代表，第六届世界儒学大会得以成功举办，与文化部、山东省政府的领导，与海内外专家学者的支持，与新闻媒体朋友的宣传，与志愿者和大会工作人员、宾馆服务人员的辛勤工作是密不可分的。在此我谨代表大会主席团和主办、承办单位，以及世界儒学大会秘书处向大家表示诚挚的谢意！

最后祝各位身体健康，成果丰硕，万事如意！

现在我宣布第六届世界儒学大会圆满闭幕！

谢谢各位！

第六届世界儒学大会论文集

# 获奖感言

## 2013年度孔子文化奖获奖个人李学勤先生获奖感言

尊敬的各位领导，各位女士、先生：

今天我能够在孔子和儒学的故乡曲阜，承受这样的荣誉和奖励，是我有生以来最重要的一大幸事。我生于1933年，1952年开始从事学术工作，如大家所了解，几十年间有种种曲折经历，当然有不少值得纪念的事情，然而在今天获得的荣誉，却是我未曾预料到的。

我大胆地认为，我今天的获奖，是大家对我几十年来所做点滴工作的高度肯定。尽管会上对我的介绍，有许多溢美之处，是我实在不敢接受的。近来我在几次不同的场合都说过，我这个人在过去的大半生，所学甚浅，工作很杂，实是乏善可陈，不足为训。这不是故作谦虚的客套话。我本来是清华大学哲学系的学生，老师有金岳霖、冯友兰等先生，可是1952年我到了中国科学院考古研究所，做殷墟甲骨的整理。1953年年底，又转到历史研究所，担当侯外庐先生的助手，参加《中国思想通史》的写作。直到文化大革命后期，又转去整理新出土的简牍帛书，回到考古和古文字学的行当。几经转折，称为"杂学"是最合宜的。

不过，在多年的"杂学"涵泳中，我逐渐形成了一个认识、一个想望。这个认识就是我们中国的传统优秀文化，由于种种历史的原因，被低估、被矮化了，而我的想望就是通过客观的论证、正确的评价，使传统文化得到继承和阐扬。因此，我在1981年提出要"重新估价中国的古代文明"，以期对国家的文化建设有益。

我们中国的传统文化，即现在大家说的"国学"，我的体会是"国学的主流是儒学，儒学的核心是经学"。仔细思考，儒学、经学的开创者，自然是古代文明的集大成者孔子，是孔子总结了唐虞三代的文化传统，创立了儒学，特别是其经学，成为传统优秀文化的中心和象征。我多年以来所企往、所追求的，多年以来所致力、所工作的，如果在阐扬民族优秀文化方面有一点效用，我便感到深深满足了。这也正是我能在曲阜获奖感到特别荣幸、特别激动的原因。

我的努力还要继续下去，希望得到大家的批评、指点和教导。请容许我对大会、对各位表示衷心的、热诚的感谢！

谢谢大家！

## 2013 年度孔子文化奖获奖个人安乐哲先生获奖感言

今年，世界儒学大会把殊荣独特的孔子文化奖颁发给我，我感到非常荣幸。我们与许多同道，献身于孔子儒学的传统历史与当代价值，对我们来说，没有比这项大奖再高的荣誉。

在学术圈内，对我们来说，没有比获得同行承认价值更高的礼品了；没有比敏感地意识到，自己有限的奉献却换来如此巨大的慷慨，使我感到更需要谦卑的了。

其实，这个大奖不是颁给我一个人的。是儒家思想教导我们的，与人的关系是首位的；我们存在，从根本上说，并非是以个体，而是以与他人不分的关系！

所以，我接受这份殊荣，代表许多人；我个人的生命，也带有他们的生命。他们曾是我的良师益友，他们曾造就我的生命；很多很多年，他们是我本人美好故事的主人。我们每向前走一步，我们之中的每一个，都身处一个与许多其他人不分的场。

首先，他们——我的恩师：刘殿爵、杨有维、劳思光、唐君毅、方东美和葛瑞汉；他们之中的每一个，都曾作出值得这份殊荣的贡献。温故而知新可以为师矣！

我接受这份殊荣，还代表很多世界级的学术同仁与前辈；与他们，我享受非凡情趣的友谊与情感，我自己多年探寻的志同道合。其中已有数位几年前就已经获得这一殊荣：庞朴、汤一介、杜维明和牟钟鉴；里仁为美，择不处仁，焉得知？

我接受这份殊荣，还要代表我满腹才华的学生们。多年来，他们教了我很多。学生的日显头角，也为他们老师赢得成功、自豪和卓越。后生可畏：焉知来者之不如今也！

人是人的关系造就而成，这是孔子哲学一个根本思想。一直以启迪精神的人群同处，这样度过生命的诸多年华，我感到自己有很大福分。想起 20 世纪 60 年代，十八岁的我踏上香港的土地；机会就那样开始：我在这个称作"大中华"的，一些最有声望的学府，先是做学生，然后做起先生：开始是香港和台湾，后来则是全中国各地的许多大学。

在中国大学谋面的教授与学生，构成我学术的家庭。人之造就而成，实为"合多而一"，天事人事皆为"一多不分"；这是从儒家哲学我获得的两个深刻启示——接受"孔子文化奖"的殊荣，我要代表的就是这个学术家庭，我是作为它的延续。我将把"孔子文化奖"视作一种激励与无穷无尽的动力源泉，持久流淌。我将竭尽全力做这个家庭代表，不辜负这份厚重的荣誉。

我们处在重要转折时代。中国仅用一代人的时间，便奇迹般崛起，确实令人刮目；我们正目睹世界经济、政治秩序在发生重大转变。世界文化秩序也会变吗？中国文化是不是也将改变世界？

　　数十年间，中国国内，几乎每所重要大学校园，都悄然出现国学院。在国际，400多所孔子学院已遍布世界各地；仅在美国，就多达90余所。今天的世界需要儒家的传统智慧和价值；注重家庭、和谐、道德，是作为人、社会、国家关系不可缺少的生长条件，它有利于建设世界的新兴文化秩序。

　　儒家思想固然是一种古老文化，根基深刻、稳固，但也同时是生气勃勃、充满活力的传统。她召唤我们：投身、贡献！人能弘道，非道弘人。

　　儒家思想发源山东，曲阜为策源地，堪称儒家之"耶路撒冷"圣地。而今天，儒家思想所到之处，其影响、其责任，已延伸至全球，成为整个人类共享的文化资源。我们在当今，须笃行《大学》倡导：修身、齐家、治国、平天下。

　　值世界儒学大会开幕之际，在世界承认与拥抱儒家思想国际价值场合，将这份荣誉赋予我，对我，充满深刻意义。我，现生活在一个急需儒家思想哺育的世界，真诚祝愿：本次大会精心计划的议程及其对儒学历史贡献方面，获得圆满成功！

I am much honored by the World Congress of Confucianism in selecting me for this singular distinction—the Confucius Culture Award. For the many of us who are committed to both the historical and the contemporary value of the Confucian tradition 孔子儒学传统, there is simply no higher award or honor.

In ouracademic world there is no gift greater than the recognition of one's peers, and nothing more humbling than one's own keen awareness that one's small contribution is unworthy of such generosity.

Indeed, I should not accept this award as an individual. But Confucianism itself teaches us the primacy of relationality; we are not individuals in any final and discrete sense.

I can accept this honor on behalf of the many people with whom I have lived and whose mentoring and friendships have shaped my life over the many years of my happy narrative. Each of us brings with us a field of selves when we step forward.

First there are my teachers Liu Dianjue, Yang Youwei, Lao Siguang, Tang Junyi, Fang Dongmei, and Angus Graham. The contributions of each one of these distinguished scholars is deserving of such an honor. 温故而知新可以为师矣。

And I can also accept this awardon behalf of the extraordinary relationships I have enjoyed with my many world – class colleagues and seniors that I have sought out over the years, several of whom have over the past few years received this same honor: Pang Pu, Tang Yijie, Du Weiming, and Mu Zhongjian. 里仁为美, 择不处仁, 焉得知?

And I can also accept this honor on behalf of my extraordinary studentsover the years who have taught me much, and who in distinguishing themselves are bringing great pride and distinction to their teacher as well. 后生可畏: 焉知来者之不如今也。

A fundamental precept in Confucian philosophy is that we are constituted by our relationships. And it has been my good fortune to have lived these many years in the company of an inspiring community. Since my arrival in Hong Kong in the mid – sixties at 18 years old, I have had the opportunity to first study and then later to teach at some of the most prestigious institutions in Greater China—first in Hong Kong and Taiwan, and then later in many universities around China.

And the faculty and students at these institutions have become my professional family. To the extent that a personcan be properly described as "many who have become one," and to the extent that "the one and the many are inseparable" —two precepts I draw from Confucian philosophy—I accept this honor with deep gratitude on behalf of this extended community of people. For me personally, the Confucius Culture Award willbe a continuing source of encouragement and aspiration as I try to represent this family and to live up to such an honor.

We are living at a critical, transitional time. Indeed, with themiraculous ascentof China over the space of a single generation, we have witnessed the transformation of the economic and political order of the world. But what about the cultural world order? Will Chinese culture make a difference?

Over the past several decades domestically we have seen the emergence of Institutes of Canonical Learning on every major university campus in China, and internationally we have seen the establishment of some 400 Confucius Institutes around the world—some 90 of them in the United States alone. Today the world needs the wisdom and values of this Confucian traditionwith its focus on family, on harmony, on morality as the growth in personal, communal, and international relations, to help shape this newly emerging cultural order.

Confucianism is certainly an antique culture with deep and secure roots, but it is also a living, vibrant tradition that requires of each of us our full participation and contribution: 人能弘道非道弘人。

Confucianism began in Shandong, and Qufu is indeed the source—we might say the Jerusalem—of Confucianism. But today the reach, the influence, and indeed the responsibility of Confucianism has become global as a cultural resource for humanity as a whole. In our time we need to follow the Daxue's exhortation to commit ourselves to the Confucian project of *xiushen*, *qijia*, *zhiguo*—and ultimately—to *pingtianxia*.

It is significant that this honor is bestowed upon me at the opening ceremony of the World Congress of Confucianism—a meeting that recognizes and embraces the international value of Confucianism. And it is for me living in a world that in our times truly needs Confucianism to wish this august body every success in its careful deliberations and its historic contribution to Confucian scholarship.

第六届世界儒学大会论文集

# 主题演讲

# 为往圣继绝学
## ——谈儒学与传统文化的传承创新
## （提纲）

清华大学教授　李学勤

北宋大儒张载的名言四句："为天地立心，为生民立命，为往圣继绝学，为万世开太平"，是大家都熟悉的。然而这字数寥寥的四句话中，实包含有深邃的哲理，今天限于时间，不能深入阐述，只就"为往圣继绝学"一句，略说些个人粗浅的感悟。

"为往圣继绝学"，实际讲的是文化传统的传承与创新的问题。"往圣"是历史上极高造诣的学术人物，他们所创立的学统，由于种种原因，在时间的长河间湮没断绝，必须有新兴的学人予以恢复承续，并将之推向新的高度，才能达到张载四句下面的"为万世开太平"的效果。

纵观中国的思想学术史，所谓"为往圣继绝学"不仅是抽象的口号，而是有几次具体的实践。

最明显而典型的"为往圣继绝学"实例，出现在西汉时期。大家都知道，秦始皇统并六国后，颁行了焚书令，由之形成的"挟书律"实行了多年，直到汉惠帝时才废止。秦法这一条，由近年考古发现的当时随葬书籍看，十分有效，其结果是先秦"往圣"的学术文化几乎断绝，这迫使西汉的文化学术以全力搜求能保存下来的佚籍，训释解读，重新编辑，从孔安国到刘向、刘歆，作出了繁重而多贡献的成果。其结局是形成了后人称之为"汉学"的一代学风，占领学界数百年之久。

到了魏晋以下，"汉学"的发展已到极致，承古辑佚的工作也没什么可做了，学术界逐渐发现，先秦"往圣"的思想性的、哲理性的"学"，汉儒并未能继承下来，于是学风逐渐改变。到了唐宋，建立了"道统"说，以《四书》的研究诠释为中心，再次进行了"为往圣继绝学"，形成了所谓"宋学"。

"宋学"发展迅速，到明中叶又到其极致，虽有王阳明"心学"出现，其基本风格，即学术以思想哲理为重，侈谈天道性命，终未变化，从而引起有识之士的诟病。及入清代，学风再次丕变，乾嘉学者又回到"汉学"门径，期待通过文字考证，重新认识"往圣"的真实面貌，这又是一次"为往圣继绝学"。

由上述三次"为往圣继绝学"的学术史变迁来看，在文化学术的发展史里，优秀传统的传承十分重要，没有这种传承，就不会有新的文化的基础，但是每次做到传承，都在事实上是真正的创新，不去创新，实际也做不到真正的传承。

希望我这一点陋见，能供大家参考。

# 社会德教——儒家的过去和未来

中央民族大学教授 牟钟鉴

## 一

先秦至汉初，一些学者把孔子儒家看作诸子百家之学。《韩非子·显学》称儒家、墨家为显学。《吕氏春秋·不二》所列十家中孔子次于老子，居第二位。司马谈《论六家要旨》，首论阴阳家，次论儒家。三书皆重视儒家，在评价上有异，却都把儒家与其他各家并列，没有说明儒家在中华文化传承中的特殊地位。独有孟子指出了"孔子之谓集大成"的贡献，说明儒家不是一家一派的学说，而是对夏、商、周三代文化的总结和发扬。《庄子·天下》认为在百家争鸣之前，天下有统一的道术，其道"配神明，醇天地，育万物，和天下，泽及百姓"，其传统保存在《诗》、《书》、《礼》、《乐》等经典之中，"《诗》以道志，《书》以道事，《礼》以道行，《乐》以道和，《易》以道阴阳，《春秋》以道名分"。这种代表着古代主流文化的"内圣外王之道"由谁来继承并发展了呢？显然是孔子和儒家。汉代以后，儒家所推崇的五种典籍（《乐经》失传）被奉为经，儒家被尊为思想文化的正宗，有其历史的必然性。有些学者强调儒术的尊崇地位是由汉武帝及其继任者的政治权力造成的，却没有看到政治早晚要顺从文化发展的大趋势，而这是更深层的原因。儒家之所以成为尔后两千多年中华思想文化的主干和底色，是由它的特质决定的。第一，它能继往开来，对炎黄以来的中华文明进行综合创新，将其提到文化自觉的高度，它不是一曲之学，不是一般世俗之论。第二，它的以仁为核心的"修己以安百姓"之学，为礼文化注入鲜活的生命，为中华民族确立了人本主义的精神方向。按照牟宗三先生的说法，儒家与道家乃是"立教"之学，而非实用之学。第三，它的"五常"、"八德"为中华民族提供了普遍性的基础性的道德规范，既适合中国农业文明和家族社会发达的国情，又具有人类文明的永久性，能够扎根在大众之中，使中国成为礼义之邦。第四，儒家与道家虽皆为立教之学，两家又有所不同：儒家之教不离人伦日用，为道德之教，重在人的德性发育流行；道家之教强调返璞归真，培养人的恬淡通脱的精神，为虚静之教，重在人的心理调适。因此儒家更能与社会打成一片。第五，儒家有"和而不同"的文化基因，又通过儒道互补，形成开放包容的心怀，能够吸纳异质和外来文化，使之和谐相处并互摄营养。因此在思想史上，儒家虽正宗但不排他，虽主导又能兼通。在儒家的底色上能够绘制多元文化的美丽图像，使中华文化丰富多彩。

那么，政治权力的介入，对儒家的影响如何看待？它是双刃剑：一方面加强了儒家的地位，扩展了儒家的覆盖面；另一方面又扭曲了儒家的精神，遮蔽了儒家的普世性。官府经学、科举考试、国学教育为儒学的繁荣发展铺设了宽阔的道路。然而宗法等级制度的需要和政治意识形态的控制，造出"三纲"（君为臣纲、父为子纲、夫为妻纲）说，强加在"五常"之上，形成禁锢人心的纲常名教，从而使得忠恕之道湮没不显。不过，儒家既然上升为国家意识形态，其德政的理念便会对君权有所制约，不使其无限膨胀。一是"屈君而伸天"，儒家借助于天命要求帝王"敬天保民"；二是确立为君之道，儒家根据孔子"君君、臣臣、父父、子子"及"礼之用，和为贵"的要求，规定明君、贤臣的行为准则，和君臣、君民关系的相互责任。这样，儒家的士大夫和学者能够对政治的运作起规范化的作用，以便使国家长治久安。

## 二

儒家的生命力在民间、在文教、在思想文化的无形影响，从来不像各种宗教那样，建立起特定的神道社会团体，规定特有的组织纪律，并努力扩展信仰群体的规模和力量。它所采用的组织形式：一是官学和私学的教育团体，如太学、书院、私塾；二是经学和儒学的师承学派，如今古文经学、理学、心学；三是儒家士大夫阶层，都是比较松散的群体。它所关注的是如何弘扬尧舜孔孟的仁和之道，给社会各领域注入人文精神、道德理念，使之合于文明的进步。因此，儒家并不是百家中的普通一家，它乃是公共性的社会德教，它面向社会所有的人，而没有自身的特殊利益和诉求。

在政治上，儒家提供的政治伦理原则是"为政以德"，主张"导之以德，齐之以礼"。具体的要求有：第一，实行仁政，关心民生；第二，民惟邦本，敬事而信；第三，以身作则，正己正人；第四，任贤纳谏，广开言路；第五，礼主刑辅，礼让为国；第六，官德清廉，政通人和。上述六项构成儒家德治精要，成为历代有为政治家的理想目标。

在经济上，儒家提出的经济伦理原则是"养民富民"、"开源节流"、"均贫富"。具体的要求有：第一，民有恒产，衣食无虞；第二，重农扶商，轻徭薄赋；第三，限田均平，反对垄断；第四，见利思义，取之有道。历代王朝，凡治世皆能在一定程度上实行上述原理。

在文艺上，儒家提出的文艺伦理原则是"文以载道"、"尽善尽美"。具体的要求有：第一，诗言志，寓教于乐；第二，善美兼备，德艺双馨；第三，温柔敦厚，移风易俗；第四，文质彬彬，中和为美。儒家的文艺观不赞成唯美主义和低俗趣味，也不赞成简单化道德说教，而是要求文艺作品在满足人们审美快乐的同时不离道德底线。

在军事上，儒家提出的军事伦理原则是"仁者无敌"、"义兵必胜"。具体的要求有：第一，以德行仁，不战而胜；第二，诛暴安民，得道多助；第三，仁必有勇，兵贵伐谋；第四，人和为上，与民守之。儒家反对杀害生命的战争，但主张驱除残暴和抵抗不义的正义战争。

在国际上，儒家提出的外交伦理原则是"天下一家"、"协和万邦"。具体的要求有：第一，讲信修睦，礼尚往来；第二，修德安人，近悦远来；第三，行王反霸，不以兵车；第四，息战促和，化干戈为玉帛。儒家强调"以德行仁者王"，能使人心悦诚服；而"以力假仁者霸"，必诉诸武力，使民众遭殃。这种重德和平的王道思想成为我国对外政策的主流传统。

上述不同领域的道德原则和要求，都基于更具普遍性的社会道德规范，即"五常"、"八德"，它们适用于社会所有领域，人人都离不开它们的滋润。仁、义、礼、智、信五者为人生常道，以仁爱为性体，以正义为准则，以礼让为习俗，以理智为明达，以诚信为根基，依此而行，做人才能成为君子即文明人，做事才能有益于大众而促进社会文明。孝、悌、忠、信、礼、义、廉、耻八德是五常的扩展，孝悌为仁之本，忠信为性之品，礼义为行之路，廉耻为德之守。有八德者，在家为孝子，在国为忠臣，在朝为清官，在野为义士，可以使乡里有良风美俗，可以使国家为礼义之邦。五常八德始于修身，继而齐家，扩而治国，至于平天下。

要使五常八德在社会上普及，第一要立足于人性的个体性与群体性的统一，第二要通过各种思想教化的途径。

孔子认为人皆有仁爱之心，即关怀同类，表现为忠恕之道。忠者"己欲立而立人，己欲达而达人"，即关心人帮助人；恕者"己所不欲，勿施于人"，即尊重人体谅人。按朱熹《四书集注》的注说，"尽己之谓忠，推己之谓恕"，都是由己推人，将心比心，达到同类之间互相关爱，由此而五常八德自然就会流行，人人皆从中受益。人的个体性与群体性在本质上是统一的，但由于人性中的动物本能作怪和后天不良积习的影响，许多人不能自觉意识到群己的相关性，而去损人利己，虽然暂时得利，终究损害自己，因为"爱人者，人恒爱之；害人者人恒害之"。因此，忠恕之道是人类和谐共处的文明之道，乃是孔子仁学的精髓，所以曾子说："夫子之道，忠恕而已矣。"当子贡问有一言而可以终身行之者是什么时，孔子的回答是："其恕乎！己所不欲，勿施于人。"显然孔子在忠恕之道里更看重恕道，其原因在于忠道固然体现"积极的"仁爱，然而这种爱往往存在着主观性和不对等性，"己所欲施于人"有着"强迫之爱"的弊病，为孔子所不取。孔子讲的"己欲立而立人，己欲达而达人"分明限制在希望他人也和自己一样自立和发达的目标上，至于用什么方式自立和发达，那是个人自主选择的问题。而恕道看起来是"消极的"仁爱，却包含了彼此平等、彼此尊重的原则，为人际关系的和谐所更加需要，并且更不容易做到，故当子贡说"我不欲人之加诸我也，吾亦欲勿加诸人"的时候，孔子说："赐也，非尔所及也"，表示子贡也许做到了忠道，而没有达到恕道。以仁爱为导向的五常八德在社会上广泛传播有难度吗？可以说又容易又困难。按照孔孟儒学的理解，既然仁爱乃人之天性，只要你能将心比心、由己及人，按照忠恕之道的原则，在互爱中同享幸福，实行起来应当是容易的，因此孟子说："德之流行，速于置邮而传命"。可是事实上要使博爱普及又困难重重，一则私心随时可以膨胀，从而损害他人利益，二则把爱心扭曲为强人从己，使爱人异化为害人，结果总是君子少而小人多，因此孟子又说："人之异于禽兽者几希，庶民去之，君子存之"，这就需要加强道德教化，否则"饱食暖衣逸居而无教，则近于禽兽"。道德教化之所以可能，是由于道德基于普遍人性；道德教化之所以必要，是由于人性中的道德善端会随时丢失。因此道德教化必须自觉地多方面加以推动。

儒家强调道德教化乃是治国之本，"导之以德，齐之以礼"，用仁德引导民众，用礼义规范行为，而以刑法辅助之，决不应"导之以政，齐之以刑"，否则将是一个没有廉耻的社会。就个人而言，文明人在于有健全的人格，其三要素为"仁、智、勇"，仁德为统领，智、勇为辅佐。"力行近乎仁"，"好学近乎智"，"知耻近乎勇"。儒家重视道德人格的树立，由此才能有人的尊严。

儒家推行道德教化有多种方式，主要有以下几项。第一，适应家族社会的需要，运用家族社会的网络，提倡五伦之教："父子有亲，君臣有义，夫妇有别，长幼有叙，朋友有信"，其重点是提倡孝道，由此而形成强大的家族伦理和凝聚力，筑牢了社会道德的根基。儒家能成功使多数家庭或家族成为道德学校，人们从小在忠孝的氛围中长大。有文化的家庭设立家训家戒，如《颜氏家训》、《诸葛亮戒子篇》；而更多的家庭靠家长言传身教；还有一种重要方式，即丧葬、家祭和宗祠，如曾子所说："慎终追远，民德归厚矣。"所谓"忠厚传家远，诗书继世长"，最能表现儒家道德教化的持久能量。第二，适应学术文化发展的需要，推崇孔孟之道，尊孔子为至圣先师，尊孟子为亚圣，建立以经典解读为核心的学术派别，彰显大儒醇儒之学业气象，以学术开天下风气之新，拯社会风俗之弊，导世道人心之善。汉魏儒者的经学注疏，进入官学《五经正义》，从而在全国发挥作用；宋明新儒家程朱理学与陆王心学的天理良知，化为社会道德标尺；张载的"横渠四句"（为天地立心，为生民立命，为往圣继绝学，为万世开太平）成为中国士君子的人生追求。第三，适应宗法等级社会的需要，运用政权体系的力量，推行纲常名教。宣布国家尊崇儒术，"为国以礼"、"以孝治天下"，建立官方经学，统一四书五经文字与注疏，用于科举考试，天下士子奉为圭臬。又用律法条文维护礼义规范，忤逆不孝可以入罪。在治世，朝廷能在一定程度上"选贤与能"、"擢清黜贪"，奖掖忠臣良将和孝子义士，赏罚分明，纳谏杜谗，鉴戒敬慎，用上层社会之德风引导民间习俗之向善。在衰世，儒学变伪，名教无情，科举出现贴经和八股，社会丧失诚信，上下离心，道德陷于危机。第四，适应地方文化发展的需要，建立各种书院，由民间学者、致仕官员、文化士绅联合经营，致力于研讨经典、培养人才、传承文化、宣扬道德，往往成为地方文化中心，把五常八德的理念直接就近向民众传布，对于民间社会精神生活的文明化起了重要的作用。编写启蒙读物，如《三字经》、《千字文》、《弟子规》等书，向儿童普及。再加上大量的家族或乡里私塾的存在，使精英文化与村镇文化有经常汇合沟通的网络渠道，有益于中华美德的世代传承。有些地方书院，如白鹿洞书院、岳麓书院、嵩阳书院、石鼓书院、应天书院等，能够吸引一些知名学者前来讲学，遂成为全国性的学术教育中心。第五，适应民众对来世的期盼和祈福消灾的渴求，儒家主张"神道设教"，运用各种宗教的神灵崇拜，劝人去恶从善，推行道德教化。首先是敬天法祖。它不是某种特定的宗教，而是中国人的基础性信仰。凡中国人都要敬天尊祖，相信冥冥之中有神明在监督和护佑，"头上三尺有神明"，"积善之家必有余庆，积不善之家必有余殃"，因此人人都要行善积德，才能上合天意，远承祖德，下庇子孙。还有祭社稷以求农业丰收，祭百神（包括各种民族民间神灵）以求福寿康宁。此外，佛教的慈悲普度、因果报应，道教的得道成仙、功德成神，都有益于在民间普及以五常八德为基石的道德理念，使之深入大众。第六，适应民众精神生活的需要，发展文艺事业，繁荣民俗文化，寓教于乐，丰富民众的感情世界。无论是唐诗、宋词、元曲、明清小说，还是民众喜闻乐见的神话、鼓书、戏曲、歌舞、绘画、雕塑，都在带给民众欢快、乐趣、美感的同时，也传递着劝善惩恶的信息。民俗文化中的节日庆典，如春节、清明、端午、中秋，和冠礼、生日、婚礼、寿诞、丧葬等人生礼仪，都在培养和加强人们敬天、尊祖、孝顺、感恩、希贤、惜福的意识。第七，适应社会事业全面发展的需要，各行各业的行规业律中都吸收儒家伦理作为职业道德。儒臣的道德是廉洁奉公，忠义爱民，敬事善任。儒将的道德是尽忠报国，身先士卒，杀身成仁。儒医的道德是医者仁术，救死扶伤，精益求精。儒商的道德是见利思义，诚信为本，买卖公道。儒师的道德是为人师表，传道授业，师徒同体。儒史的道德是秉笔直书，褒正疾邪，知古鉴今。

总之，儒家并非一行一业、一教一门之事，乃是公共性社会教化之道。尽管许多儒者从事于各种专门之业，如礼法制度之建设，艺文词章之创作，经典文献之考证，乃至于从事士、农、工、商四民之百业，而儒者关注的中心仍在于为人处世的道德准则。本着和而不同的原则，凡认同五常八德的信仰、学说和事业，儒家皆表彰之，包容之，共行之，以期提升人的道德品格，改善道德风气。中华民族的民族格局是多元一体，其文化生态是多元通和。佛教、道教、伊斯兰教以及各种民间宗教在历史上之所以能渐行渐近、和谐会通，概由于它们能在不同程度上认可儒家的五常八德，作为共同的道德底色，同时又可保持自身的特质。准确地说，它们不是在认同儒家，而是在认同已经成为深厚传统的中华美德。基督教在中国传布过程中，曾一度受到西方强权政治的利用和干扰，文化上与敬天法祖及中华伦理发生冲撞，于是它的本土化进程就出现曲折。基督教只有与儒家伦理相结合，它才能在中国扎下根，并成为其他宗教的好邻居，这个问题早晚要解决，在这方面已经有一些成功的经验了。

## 三

由于时代的巨大变迁和西方强势文化的进入，由于中国文化界被激进主义潮流所主导，未能及时转型的儒家在近百年中遭受数次强烈的冲击乃至扫荡，它不仅被边缘化，也被妖魔化，在社会各主要领域被放逐，自身析为碎片，成为"游魂"，或曰："花果飘零"，进入了最低谷。先是在20世纪初，清廷主动废止与官僚选任体制直接挂钩的科举考试制度，撤掉了儒家立足的重要依凭。接着在辛亥革命以后，国民政府正式结束儒家作为政治意识形态的地位，在教育系统取消"尊孔读经"，在尔后的新文化运动中儒家伦理被当成"封建礼教"受到猛烈批判，为思想界主流所唾弃。儒家所能保存的实力，一在于有一批当代新儒家学者群体探讨儒家的出路，二在于民间家族社会和农业文明中仍然延续着五常八德的传统。新中国成立以后，新儒家的学术传统也在中国大陆断裂，农业合作化和人民公社化运动瓦解了传统的乡村家族社会，文化大革命则把批孔反儒的运动普及到车间地头，孔子成了"千古罪人"，"破四旧"运动也使传统民俗文化被横扫。至此，儒家似乎已经沉沦，退出了历史舞台。然而，为中华文明和礼仪之邦作出过重大贡献的儒家文化是不可能被人们抛弃的，当人们摆脱了文化偏激主义的迷惑，遍尝了各种外来文化的酸甜苦辣之后，会以清醒理性的态度重新认识作为自己民族文化之根的儒家，并在吸收人类文明成果的同时向中华民族的优秀传统回归。物极必反，文化大革命的破产也使反孔批儒运动一齐破产，不得不退出历史的主流。儒家经过百年的狂风暴雨般的锤炼和洗礼，它陈旧的部分被淘汰，精华的部分被找回，有生命活力的根基尚坚在，其早熟性的普世价值更加展现超前的光彩。儒家脱离了"三纲"体制的遮蔽，走出了官学的樊笼，回转到民间学术、社会德教的应有位置，这才是它的正路。从形态上看，五常八德被不断的社会批判运动和后来的市场功利大潮冲刷得零乱式微。然而它的文化基因已植于中华民族血脉骨髓之中，成为一种心理积淀和深厚性情，早已跨越了学派、宗教、党派、种族、意识形态的界域，也超越了时代和社会制度的局限，人们日用而不知。社会虽然发生了翻天覆地的变化，人们却在清醒理性的状态下发现，社会的基础道德并没有改变，人们仍然在呼唤良知，传播爱心，坚守诚信，维护正义，赞美孝慈。百年中国在文化上走了一条否定之否定的螺旋式迂回上升之路，从肯定传统到否定传统再到肯定传统，不是简单地复古，而是在更高层次上的回复。一是减负脱枷，轻装登场；二是取其精华，弃其糟粕；三是与时俱进，综合创新；四是会通中西，走向世界。由于长期以来在理论的层面上反传统思潮占绝对优势，人们对儒家和五常八德的认识仍然有着巨大的混乱，负面的形象深刻难消，儒家文化与社会生活之间存在着距离和隔膜，因此亟须学者们开展学术研究，拨乱反正，澄清是非，建立自信。

## 四

作为社会德教的儒家，具有广泛性、穿透性和开放性。每个人都可以成为儒者，只要他尊重孔孟，愿意践行五常八德，而不必到某一团体去申请登记，取得身份认可；每位儒者同时又可以选择其他的信仰，成为特定社会群体的成员，如做社会主义者、佛教徒、道教徒、伊斯兰教徒、基督徒、无神论者。当然，性格温和的儒家所提倡的温和主义，会使各种信仰都温和起来，例如社会主义是温和的，有神论是温和的，无神论也是温和的，这样各种信仰就能以和而不同的精神互相包容，和谐共生，相得而益彰。

为了重建儒家的社会德教，必须做好几件重要的事情。

第一，发展学术，创新儒学。社会需要儒学，儒学需要创新。学者要在新的时代精神照耀下，从理论的层面上多角度地阐释儒家社会德教的真理性、普遍性、现代性，和它的内涵、特质、运作方式，重点揭示儒家仁学的精粹要义，忠恕之道的当代价值，五常八德对于社会道德建的基础性意义，儒学与社会核心价值的关系，社会道德教化的有效途径和方式。现代化过程中的中国社会，似乎不缺少发展的智慧，最迫切紧要又而艰难的是制止道德滑坡，抑制功利主义的泛滥，所以很需要儒学的帮助。而儒学必须有新的理论形态才能适应这种社会需要。一些学者已经痛切感到当代儒学应当摆脱传统经学训诂文字的窠臼，超出微言大义的陈说，而能够阐发新义，较好地融入民众的日常生活。儒学的创新要围绕道德教化来进行，并从信仰、哲学、社会、道德、教育等多层面加以展开，为社会德教提供理论支撑。为此，学者要正心诚意，修身养性，以修己安人为人生追求，明体而达用，敢于开风气之先。

第二，革新教育，改良人性。教育培养人才，影响社会文明建设，决定国家的命运。然而当前中国的教育既脱离中华优秀传统，又未能很好吸收外国先进教育经验，存在着严重缺陷和危机。家庭教育要么娇纵无教，要么重负害性。学校教育演成应试和职业教育，学生在功利主义熏习中扭曲成长。如此下去，中国未来将与礼义之邦渐行渐远，前景堪可忧虑。教育必须大刀阔斧加以改革，扭转市场化的趋势，回归传承文明、教书育人、德育为先的正途。一是把中华经典训练正式纳入学校教学体系，并在民间大力推动儿童经典诵读和民众经典学习，使中国人亲近中华美德，数典不忘祖。二是使多数小家庭成为儿童健康成长的学校，家长有合情合理的教育理念与方法，与孩子一起成长。三是教育以人格养成为核心目标，兼顾"仁、智、勇"三大要素，而以仁德培养为统领。四是加强国学师资培训，运用社会资源建立多元化培训基地，使教育者（校长、教师）先受教育，师范院校要增设国学专业。五是在民间重建和发展中国特色的书院，不受现有评价体系的制约，以传承中华文化、融汇多元文化、培训国学人才、开展文明对话、推动学术繁荣、服务移风易俗为己任，补充现有教育体制的不足，探索教育改革的新路。通过体制内外的教育，培养出一大批具有儒家人文情怀和经典素养的人才，进入政治、经济、文化、科学、外事等各界，发挥治国安邦、教化人心的作用，这是儒家德教发展的正途。

第三，政府系统要坚持"依法治国"和"以德治国"并重的方略，运用儒家"导之以德，齐之以礼"的丰富资源，大力推行公民道德建设。其中最重要的工作就是反腐倡廉，有效清除贪污腐败，建设廉洁奉公、勤政务实的官德，为全社会树立良好的榜样。社会需要民间的道德楷模，更需要官场的道德示范。如果官员只会在公众场所讲论道德，却在背地里假公济私、巧取豪夺，不仅其言行毫无公信力，还会败坏道德的声誉出现更多的假人假言假事，促使社会道德继续滑坡。官员掌握着权力，高官掌握着巨大的权力，因此要接受严格的监督，取消一切特权，防止权力的滥用。要依法实行有力度的奖惩制度，行政问责制度，信息公开制度，舆论监督制度，使政府的工作处在众目睽睽之下，真正把权力装进笼子里。依法行政，抵制商业化行为对政府部门的侵蚀，狠刹"潜规则"的歪风，使明规则畅行无阻。而制度建设的深层目标是在官员中培植廉耻之心，不仅敬畏法律，而且羞于贪渎。《管子》说："礼义廉耻，国之四维；四维不张，国乃灭亡"，将廉耻提到立国之本的高度。

第四，壮大儒商队伍，发展儒商文化。古代家族社会依赖农耕经济，它也是儒家德教的社会基础。现代社会不依托于家族体系和家庭农耕，而以发达的工商市场经济为支撑，它也是当代儒家德教赖以生存的新的物质基础。儒商恰恰是将德教与当代市场经济接通的载体。儒商有三大特征：一是以义取利，诚信为本；二是以企为家，内部和谐；三是取之社会，用于社会。儒商自古就存在，而以近代为繁盛，如晋商、徽商以及港台、东南亚华商，皆有儒商可观业绩。大陆儒商起步较晚，在改革开放之后也呈现稳步发展的趋势。儒商队伍的壮大，儒商文化的传播，能够有效消解市场经济带来的功利第一、人为物役的负面效应；同时又能以企业为后盾，推动道德文化的发展，用事实证明市场经济同时也是道德经济，义与利可以统一，唯利是图、损人利己不是市场经济健康发展的道路。企业有信用，才能长久生存和发展。当儒商队伍壮大为工商界主体之时，就是市场伦理普遍建立之日。建立行业协会，制定行规业律，加强行业自治和内部监督，也是促使市场规范化的有效途径。

第五，建设城乡基层文明社区，发挥各种民间组织的道德教化功能。儒家德教的根在民间，虽历经政治风暴、思想讨伐的摧残，而根系犹在，维持着起码的道德生活。现在的任务是：施肥灌水，加以培植，使灵根再生枝叶，继而枝繁叶茂，开出艳丽花朵。例如孝道仍是百善之首，最为民众关注。而仁义和诚信，至今还是民间道德评价的标准。有没有良心依然是百姓区分好人坏人的界线。建设文明社区可以有多种模式，但道德风气的改善必须从恢复中华传统美德入手才容易见到成效，因为这些美德世代传承，民众感到亲切。现在虽然不是家族社会，但中国人重家庭重亲情的传统仍很深厚,如果能在代际之间生发孝慈之德,在夫妇之间凸显情义之分,在家庭和邻里之间倡导和谐之风,那么亲情、乡情便会成为巨大的凝聚力和感染力,给奔波于生存竞争中的人们提供安身立命之所,相互牵挂和扶持。现在城镇化在加速,人员流动性空前加剧,如何依托老社区、容纳新成员和建设新社区,使人们在生活上有序,在心灵上安定,便成为社会建设的当务之急。各种非政府组织,包括宗教团体、宗族亲系、单位属区、慈善机构、文化社团等,都可积极参与道德教化,在德高望重的团体领袖和社会贤达带领下,调动退休干部、教师、当地能人的积极性,就近联络大中小学和书院,一起努力建设道德高地,改变浊风陋习,形成淳风厚俗。在社会道德建设上,我们要采取民众喜闻乐见的形式,例如小说、诗歌、戏曲、音乐、舞蹈、绘画等文学艺术,还有人生礼仪、节日庆典等民俗文化,开展审美教育,把专业文艺团体下基层和社区民众自编自演自娱自乐结合起来,在丰富多彩的文化生活中,在潜移默化的熏陶中改进人性、改良民风,那么中国再度成为礼仪之邦就有希望。

# 坚守民族文化本性　创造不可替代的"第三极文化"
## ——关于中国文化国际传播力的思考

北京师范大学教授，中国文化国际传播研究院院长　黄会林

## 一、为什么开展中国文化国际传播：
## 古老文明式微与当代人的"精神缺钙"

拥有5000年历史的中华民族创造了光辉灿烂的中国文化并曾经为世界文化和整个人类的文明与进步作出了其他文化无法企及的卓越贡献。公元前4世纪后，汉字就相继传入朝鲜、越南、日本等国，成为通行于这些国度的唯一公用文字以及国际间交往的通用文字。随着汉字的流传，中国的典章制度及哲学、宗教、科技、文学艺术亦传播于各国，形成具有共同文化要素的中国文化圈或东亚文化圈。[①] 事实上，中国文化对这些国家文化的影响至今仍然可见。此外，中国的哲学思想、科学技术曾经对欧洲文化产生过深远影响。中国古代的四大发明对欧洲社会历史的发展也起到了革命性的推动作用。

遗憾的是，在日益全球化的今天，中国文化在全世界的影响力日渐式微。20世纪90年代以来，中国经济高速发展、政治地位显著攀升、国际影响力不断扩大，在世界政治、经济舞台上扮演着越来越重要的角色。但是我们不得不承认，中国文化对外传播与中国经济的发展极不相称，中国文化的输出相对落后，中外文化传播很不对等。

随着经济社会的发展及全球化的影响，我国社会文化格局发生了深刻变化。以欧洲文化、美国文化为代表的外来文化大量涌入，加上报纸、广播、电影、电视、互联网等大众传播媒介的推波助澜，文化界、艺术界、学术界及社会各界，甚至到普通民众，在思维方式、行为方式、生活方式、价值观念、语言习惯等方面对外来文化的崇拜、追捧、向往、模仿达到了前所未有的程度。如国产影片对"好莱坞"式大片的跟风模仿日甚一日；文学、艺术创作中紧追西方的作品大肆涌现；学术研究以西方理论马首是瞻；吃洋快餐、用外国名牌、买西式家具，等等，不仅成为时尚，而且已经被人们当作现代社会主流生活方式而大加追捧。

---

① 参见张岱年、程宜山：《中国文化与文化论争》，中国人民大学出版社1990年版，第232页。

外来文化在社会公众中的影响力远远超过了中国文化。在对光怪陆离、眼花缭乱的外来文化的追捧中，人们与中国传统文化的核心价值渐行渐远。正如有论者指出的："我们的社会的确创造了经济奇迹，人们的财富和生活的确有了大幅度提高，文化、娱乐、消遣方式的确丰富多彩极了。但是，在这些物质的背后，心灵深处却是虚无的，这种虚无蔓延到人们精神的各个层面：个人的信仰、个体的私德与公德、怜悯之心、公民精神，等等。人们找不到心灵的归宿，整个社会因此弥漫着一种普遍的焦虑症。"① 因精神空虚而导致焦虑，因焦虑而精神越发空虚。人的精神无所依托，心灵无所慰藉，这正是由于缺少文化自信导致民族精神不振的表现。一个缺少文化自信的民族必然是精神乏力的民族，一个精神乏力的民族注定是没有希望的民族。

在全球化的今天，具有悠久历史和深厚积淀的中国文化遭遇外来文化的强烈冲击，导致当代中国人普遍性的"精神缺钙"。因此，我们"应当保持自己的文化定力，坚守清醒的民族意识，坚守本土的文化自信，在外来文化铺天盖地涌入时，从容不迫，沉着应对，以丰厚的历史感和鲜明的文化底蕴，展示无可替代的文化魅力。努力争取文化交流的话语权，必须用自己气大道正的文化产品去赢得世界的尊重和认可"。

## 二、向世界传播什么："第三极文化"内涵与特征

"第三极文化"是我们因应当今世界文化格局提出的一个学术概念和理论设想。地理学上用南极、北极、"第三极"指代地球上地理位置最具特点的三个地方。在这里，"极"有两层含义。一层指在某一个范畴内部最为突出、最为典型、最有代表性，如南极在"南"这个范畴中最为突出，"南"的特点达到了极致。另一层含义指在更宽阔的视阈和背景下，与其他范畴相比较具有非常鲜明和独立的个性、品质和特点。这些特点使得"三极"（今后或许会发现更多的"极"）并行不悖、相映成趣，一起成为丰富多样的地理环境的组成部分。我们正是在这两层含义上借用概念，提出"第三极文化"的理论设想。

"第三极文化"的第一层含义，是指首先要在中国文化自身系统内部进一步梳理、总结、继承和发扬其最为突出、最具特色、最有代表性的内容，这些内容成为中国文化自身范畴内的"极"。这个"极"就是几千年来中国传统文化发展变迁过程中逐步形成、确立、巩固并为人们普遍认同、自觉遵守、代代相传的核心价值和基于这些核心价值所生成和建构的民族精神。"第三极文化"的第二层含义，是指在发扬中国文化中最为突出、最具特色、最有代表性的内容基础上，把中国文化放在世界文化的背景下加以观照。当今世界文化格局中，最有影响的莫过于欧洲文化和美国文化，堪称

---

① 《中国新闻周刊》：《重构中国精神》，文汇出版社2005年版，第1~2页。

世界文化的"两极"。而具有数千年传统的中国文化在其独特性、影响力和对世界文明的贡献上,足以成为欧洲文化、美国文化之外的"第三极文化",它与欧洲文化、美国文化及所有其他文化或相互影响、相互冲突或相互吸收、相互借鉴,共同构成丰富多彩的人类文化图景。

"第三极文化"的内涵就是中华民族几千年生息繁衍过程中逐步创造、积累并传承下来的文化复合体。其中最重要的内涵是,作为主导文化的儒家文化在与其他文化派别(道家、墨家、法家等)、少数民族文化及外来文化相互影响、相互融合、共存共生、共同发展的过程中,逐步形成、确立、巩固并为人们普遍认同、自觉遵守、代代相传的核心价值,和基于这些核心价值所生成的民族精神。主要体现在以下几个方面:

1. 尊重和维护人的价值之人文精神。欧洲文艺复兴时期倡导的人文精神对世界文化产生了深远的影响。但实际上,早在2000多年前,中国古代思想家的论述中就已经闪烁着人文精神的光芒。如《孝经·圣治》中,"天地之性,人为贵。"人是天地宇宙中"最贵者",人的尊严、价值被看作头等大事,必须加以维护。传承至今的古籍经典,无不高扬着人的尊严高于生命的价值取向。

2. 标举"君子为上"的道德品格、精神气节,指向人的道德情感和道德意识。中国传统文化所强调的、至今依然具有生命力的道德情感和道德意识,首先强调个人的道德品格、精神气节。如《易经》中:"天行健,君子以自强不息","地势坤,君子以厚德载物"。再如《论语》所记,"己所不欲,勿施于人";孟子所说:"富贵不能淫,贫贱不能移,威武不能屈"等格言,深刻地揭示出中国人自古以来的精神追求。另外,人的道德情感和道德意识,也包括按照伦理准则为人处世。如《论语》云,"君子敬而无失,与人恭而有礼。四海之内,皆兄弟也",等等,在当今纷乱的世界中具有人生准则的现实意义。

3. 强调个人对社会、对国家、对民族的道义担当。中国传统文化强调作为社会、国家、民族的一分子,人不能只考虑一己私利,要心系他人、心怀社稷,"老吾老以及人之老,幼吾幼以及人之幼"。中国传统文化提倡,个人要志存高远,以生民安康、社稷太平、家国昌盛为己任。如"先天下之忧而忧,后天下之乐而乐";"为天地立心,为生民立命,为往圣继绝学,为万世开太平",等等。在物欲横流的现代社会中,源远流长的家国情怀,当可作为每个社会人理应葆有的文化精神。

4. 崇尚"和合"的世界观、宇宙观。"和"利于人伦关系、道德弘扬以及社会发展。正如古训所言"天时不如地利,地利不如人和"。"合",主要指中国传统文化中"天人合一"思想,是把人与社会、自然乃至整个宇宙看作统一整体加以观照的世界观和宇宙观。庄子曰:"天地者,万物之父母也";董仲舒提出:"天人之际,合而为一",意在强调人与自然、与宇宙的整体性、统一性和不可分割性。另外,"天人合一"也表现为中国传统文化中崇尚自然、尊重自然规律、人与自然和谐相处的思想。老子云:"人法地,地法天,天法道,道法自然。"强调人要尊重自然规律。概言之,

"和"是"合"的前提和基础,"合"是"和"的目的和旨归。以"天人合一"、"天人和谐"为主要内容的"和合"世界观,正是中国文化中最具特色的内涵之一,它充分体现了中国传统文化中处理人与人、人与自然、人与社会之间关系的重要准则,即包容天下的胸怀和海纳百川的气度。

"第三极文化"的宗旨,是把民族文化中符合历史发展趋势、有利于推动人类文明进步的成果进一步继承、发扬,同时结合时代发展需要,吸收、借鉴其他文化的一切优秀成果,并集中于当代中国独有的社会主义新文化,进一步丰富和发展内涵,使"第三极文化"与欧洲文化、美国文化及各种文化一道,为构建和谐的世界文化、推动整个人类的文明与进步作出应有的贡献。

具体说来,"第三极文化"可以从以下几个方面理解其主要特质:

第一,"第三极文化"植根于中国数千年的文明传统。文化软实力的核心是中国文化精神,传统文化中"仁者爱人"、"知行合一"、"道法自然"等价值观构建了中国文化之魂,以强烈的文化色彩、底板、主调,展现出民族的心理、个性、品格特色,在当今社会依然闪烁着灿烂的智慧之光。这些传统价值观对世界的和平与发展可以产生不可估量的作用,为解决好人与人、人与自然、民族与民族、国家与国家、地域与地域之间的关系,提供了很多有价值的资源。我们需要守住民族文化的本性,寻找源头,不断创造自己独特而不可替代的"第三极文化",包括"第三极艺术文化"、"第三极电影文化",等等。

从中国文化的源头梳理下来,五千年来老祖宗留下的宝贵文化遗产,蕴含在民族文化之中的理想人格:献身精神、牺牲精神、奋斗精神等不朽的精神品位,正是中国文化的底板色彩,在中国人的心里保存着永久的记忆。而一百七十年来中国人不畏强暴,前赴后继之无数可歌可泣的英雄人物和故事;加之六十年来新中国走过的艰难而辉煌的历程,同样雄辩地印证着从古到今的民族精神,影响着国人坚持走自己的路。如果没有这种坚韧、勤劳和奉献精神,何谈什么中国崛起!在中国创造经济奇迹的背后,确有很多值得总结的文化精神,皆应属于"第三极文化"范畴。为什么我们的民族总能够创造奇迹,我相信亦能从文化中找到部分答案。中国经济腾飞,不是一些西方人所认为的"经济怪胎",而是中国人民用汗水和智慧换来的必然成果。

第二,"第三极文化"是与时俱进的文化。它不主张重返闭关自守、夜郎自大的老路,而主张对传统也要扬弃,主张不断吐故纳新,既从自己的文化传统中吸取力量,又积极学习、借鉴其他文化的优秀经验,吸收人类优秀文明成果,不断开创新的传统,汤一介先生称之为"返本开新"。建设第三极文化,需要沉下心来,探究中国文化的源流及其深厚底蕴与内涵;需要深入丰富的现实生活,重新阐释文化,造就历史,以中国人的智慧眼光,看中国,看世界,深刻揭示现代人的思想和灵魂,追求艺术的极致,才能出大师——登顶"第三极"。这是我们的一份使命与担当。中国文化正在"登顶"的攀援过程中。

第三,"第三极文化"以倡导文化多元化为前提。第三极文化不排斥其他文化,它尊重文化的多元与差异,同时也承认文化有主流和支流之分,它不主张搞文化中心主义,它反对文化殖民和文化霸权,而主张以"和而不同"的理念,推进世界文化的多元呈现。当今世界经济全球化日甚一日,科技迅猛发展,尤其是信息传播技术已将世界连成一片,世界文化不可能各自为阵,独立发展,而必然在相互影响下形成文化多元共存的局面。中国式的"第三极文化"以"和谐"为理念,践行创造。正如毛泽东歌咏"昆仑"所抒发的:"而今我谓昆仑:不要这高,不要这多雪。安得倚天抽宝剑,把汝裁为三截?一截遗欧,一截赠美,一截还东国。太平世界,环球同此凉热。"可以认为,其中体现了伟人毛泽东的高瞻远瞩与理想境界。毛泽东从来不拒绝人类文化之精华;但从来走自己的路。"第三极文化"要攀登世界屋脊喜马拉雅山,绝不为独占,而为了拥抱全世界,三极在此分享而用之也。要充分估计强势文化艺术(如电影)的力量。如果经过奋斗,出现强大的"第三极文化艺术",不仅能得到丰厚的经济回报,更能让中国的特色制度、特色文化、特色生活方式扩展到世界,以不断增强的影响力展开交流,从而对世界的和平、发展、繁荣尽到一份民族的责任,达到一种民族的贡献。

"第三极文化"有坚实的生成基础和现实条件,有可以期待的发展前景与潜力,并非空中楼阁的臆想,也不是狭隘的民族主义想象,而是顺应当前世界文化格局而提出的一种具有独立性、包容性、开放性的理论构想,它是一种文化立场和理论姿态。"第三极文化"主张多元文化的互动与对话,也不认为中国文化是可以包治百病的灵丹妙药,而努力在多元文化的世界里确立自身位置,自主适应时代变化,与其他文化取长补短,创建一套共同认可的秩序和守则,期待多种文化和平共处,各取所长,联手发展,和谐共生,一起为推动人类社会发展作出应有的贡献,实现"各美其美、美人之美、美美与共、天下大同"的理想图景。

## 三、如何向世界传播中国文化:"第三极文化"目标实现的路径

研究并推动"第三极文化"的发展,把中国文化更有力地推向世界,进一步提高中国文化在世界文化中的影响力,应该提升到国家战略高度,是政府、业界和学界肩负的共同使命。具体而言,包括以下四个层面的策略和路径。

第一,学术研究。既包括基础研究,更包括应用研究。"第三极文化"的研究命题具有鲜明的当下性,研究者应当结合时代要求,直面社会现实,带着问题意识去研究,关注当前社会发展、文化建设存在什么问题,可能出现哪些问题,必须解决哪些问题,这是文化自觉的一种体现。例如,经济全球化背景下中国文化如何定位?文化与经济究竟是什么关系?"第三极文化"的内涵和外延何在?如何甄别传统文化的糟粕与精

华？怎样同其他文化和谐共生？学校教育、艺术创作和科学研究中如何体现"第三极文化"？这些都是亟待研究的问题。

第二，艺术创作。"第三极文化"既是基于实践的理论总结，也应当反过来指导和影响创作实践。如果说旨在进一步明确和丰富"第三极文化"内涵的学术研究，为发展"第三极文化"奠了理论基础，那么，下大力气创作大量原创性的、具有深厚"第三极文化"底蕴、充分体现"第三极文化"特色的、具有中国精神、中国气派、中国风格的作品（包括诗歌、小说、散文、戏剧等文学作品，也包括影视、音乐、舞蹈、绘画、书法等艺术作品），则是推动"第三极文化"战略实施的重要实践手段。这种创作要在植根传统的基础上充分体现时代精神，表现创作者真实的生活感受，重原创，不媚俗、戒模仿。

第三，文化传播。我们不能止于书斋，要有行动。酒香也怕巷子深，中国文化再好，也需要传播才能实现其价值。我们有足够的文化自信，但我们更应注意到"物竞天择，适者生存"的丛林法则，同样在支配着世界文化格局。我们需要设计打造一些易于被识别、易于传播、具有丰富内涵和时代精神的中国文化符号，努力建设一批具有国际影响力的文化品牌，尤其要注重现代科技手段的应用，积极运用互联网、手机、IPAD（平板电脑）等新媒体传播中国文化。

第四，资源整合。研究、创作和传播，任何一个环节都需要大量人力物力投入，需要国家和社会提供诸多资源。发展"第三极文化"需要吸收和团结社会多方面力量，需要资源整合，需要学界、业界、政府、高校、企业共同行动。例如募集发展基金、沿用新机制创立文化发展机构，组织项目课题，培养专业人才等。这些都与中华民族的未来密切相关，也与我们每个人的工作和生活密切相关。

总之，中国的"第三极文化"是我们追求的长远目标与方向；可以经过努力建设使之逐渐成熟，成为中国文化的标志。我们不要过于浮躁，不要随意地扔掉传统文化的精华，不要自觉或不自觉地被西方文化全面覆盖而丢弃了自己。

"第三极文化"是一个需要当代知识分子共同建构的文化蓝图，是关于文化发展的战略思想。从学术层面看，也是试图建立一套话语表达体系，努力寻求一种独立的声音、一种独立的认知方式和表达方式。我们相信这种精神和努力显现之底蕴与力量，终会有所收获。

# 儒家角色伦理学：挑战个人主义意识形态

美国夏威夷大学教授　安乐哲

## 一、世界危局

一场罕见的全面性危机正朝人类逼近。全球险象如同黑云压城，在地平线处聚集。今天我们所处的生存世界危机四伏：气候变化、粮水短缺、环境恶化、染病蔓延、能源短缺、恐怖主义、大量贫困，等等，不一而足。

危局之严重，已然不是寥寥几个困扰的问题那么简单，已不是某个个体人按部就班即可解决。恰恰相反，它基本是人类促动发生的，已超越领土的界限；这是一种整个国际社会都必须全身投入，否则根本就无法解决的危机状况。今天，我要指出，这一全面的严重危机局面，如果人类不在自己方向、价值观和所作所为上有根本转变，危局将不是空谈刹得住的。事实上，危局本身已成为向人类发出的通牒。

不过，与危局同时显现的，还有全球主导经济、政治秩序结构正进行的重新组合；在全球相互依赖的这个时代，它对我们所有人，都施加着直接影响。过去的二三十年时间，亚洲崛起，特别是中国崛起，引起世界经济、政治秩序发生急剧变化。

亚太经济合作组织（APEC），于1989年建立，在四分之一世纪内，亚太成员国已达21个，拥有世界四分之一人口。它从四面楚歌的欧洲，把世界财富与物质力量转移到如日中天的亚洲。三十余年，中国经济以年10%、11%、12%、13%的双位数字增长，最近超过日本，成为世界第二大经济集团。

趋于衰落的八国最强世界经济集团，占50%世界生产总量，现已被占90%世界生产总量的20国集团取代；中国俨然位居其中。

中国壮大起来的经济、政治长足发展，及其对全球这些方面产生的影响，已不难看出，正显露它自己特点的新变化模式。曾经力量强大的自由主义势力，长期统治世界文化秩序，它会发生什么变化吗？中华文化及其价值观，将对世界文化秩序进化发挥什么作用？中国国内，大学校园里"国学院"雨后春笋般出现；国外，全球范围内，中国政府建立的数百所孔子学院，星罗棋布。众所周知，中国学界与政府，正积极合作，共同推进儒家哲学的发展。

深深蕴含着道德品行精神的"齐家、治国、天下为仁"儒家伦理，将会改变我们的文化世界吗？儒学将人类相互尊重和休戚与共视为崇尚的价值。人在休戚相关中存在，人与人的相系是特殊、相互作用的形态；将人视为这样一种观念，与将人作为分散性、个体性的概念是鲜明的对照。如此概念化的人，是人们一直更熟悉、更流行的模板；个体人是以共同属性定义的，是用在"利伯蒂-狄莫克拉西"（"自由—民主"）话语的。世界在如此快速变化，未来数十年内，儒学以齐家为中心的价值观，会促动新文化世界秩序的形成吗？

## 二、儒学角色伦理学：挑战个人主义意识形态

为向西方学界介绍中国哲学和文化，我们的做法是：关怀平常熟悉话题，对古典传统实行理论化与概念化。儒学角色伦理学，意在叙述一个自成体系的独特道德哲学，让它发出自己的声音。这种整体视角性哲学建立的基础，是事物相系的重要性；它挑战原教旨性的"利波拉尔个人主义"（"自由个人主义"）。"利波拉尔个人主义"将人视为互相分散无关、一己自为、算计、不受管束（"自由"）、经常以一己利益驱使的个体。

儒学角色伦理学则是基于将人视为处于互系的观念，将人家庭角色及关系作为修养道德能力的起步；这样，它在精神上呼唤道德想象，并能激励通过人的相系而生成的道德力。呵护相系关系，被视为是人的道德本质。它所建设的，是一种人为核心（而非神为核心）、非有神论"宗教性"（人与人关系性）；这与伯布拉罕（一神）宗教构成鲜明的差异。

儒学角色伦理学不搞"简单位置谬误"（the "Fallacy of Simple Location"）①，也不采用随意性事例；它不依赖西方那种"公正原则概想"，或者原教旨性个人主义。古代儒家经典进行是思考直接经验性的情况，所讲述的，是更为直接人的实际生活经验，是把直接生活经验，作为理念抽象的最终源泉。

儒学认为，人经验之中事物相系关系的重要，它意味着：这一事物内容的根本是事件性、有机性、过程性和互相依赖性。经验是整体性的，意思是说，事物与事物之间，没有沟壑、没有最终界限；转变与接合，如同事物本身存在一样确实。友谊之形成，友谊本身是最具体的东西，朋友的"个体性"，是从友谊具体性上抽象而来的。朋友最简明的意义即是朋友之间的相通，而不是作为个体人之间的分散无关与孤立性。作为个体人，他变得有特殊性，是因为扩展相通性，而不是把与他人的相通性刨除

---

① "简单位置谬误"（fallacy of misplaced）为怀德海哲学术语。它是指取用一个抽象特点，对待它，似乎它就是真实，像水泥模板一样。"the phrase coined by Alfred North Whitehead to refer to what he considered the fallacy of taking an abstract characteristic and dealing with it as if it were what reality was like in its concrete form." downloaded from http：//www.websyte.comalantermin.htm.

在外。

在儒家思想这里，人不是个体的，不是亚里士多德的灵魂意义的分离无关性，而是人与人的具有内在联系；生活的多样角色，它是构成人作为人的东西。相系与角色要求人在行为上，追求特殊性与高超造诣。换句话说，每个人都是他所有生活同他人和谐相处的角色。

从儒学角度用批评的眼光看，人很容易做出误判，用倒退的心理认识人性，将它看成潜在人类身上的共生本质，而不是把人性看成是对"变为人"（做人）过程结果的预期可能。在处于相系的"变为人"立场上看，我们所犯的哲学谬误，是将一个过程的结果，搬到这个过程开始之前去，然后给它一个本原与动因的地位。

心里装着这样的人类"人性"概念，人们则训练出这样的文化倾向，即萎靡到一种倒退性动因或者目的论逻辑上去；因此开发不出一种更为整体性、前瞻性、域境性与过程性的思维，达到阐述对一个人与对整个人类来说，"变为人"（做人）意味着什么。人们一直是这样倾向的，对人性进行假设，将它设计为，要么是终须成为现实的潜质，要么是最终达到目的的先验完美思想。

有的学者相信，自由意志和道德责任理念，要求我们把人作为孤立个体看待，启用"什么是人"的定义，将其全部关系都切断。我们要指出，具讽刺的是，这种学者言必称"人"的定义，或者言必称什么指南地目的性运作（田注：或"规律"），不仅是削弱创造性思维，而且在事实上，也会由于声称人类是如此这般同质，而砍掉任何关于意志与责任的充满活力生存意义的想法。

再看儒学角色伦理学及其安身立命思想，它当然是提供行为准则的。但它不依靠形而上学的原则、价值、美德，而是主要根据人具体家庭与社会的角色概况去找到指南。角色对于生活，比单调地抽象更具有指导性。在家庭、社会，人对自己生活经验中的兄弟、女儿、朋友等的角色，其恰如其分的程度，是有着切实直观的洞察与判断的。

角色伦理学所提供的指导，就是如何最恰当地对待行为。恰当行为意味着对人类活动必然复杂状态的广阔容纳。指导意义之获得，靠的是最为清晰可见的经验，而不是外求于什么"正义"、"勇气"、"节制"等等的抽象定义。人们总会发现，在具体角色与相系中，有种活泼、可感的恰当度，非常明确地向我们喻示，下一次该如何做，便会更为恰当。

## 三、结语

从儒学角色伦理学看问题，社团关系，事实上，是在确定人的生活在家庭与社区特殊关系形式上的更进一步，也即在确定我们生活各种角色，如儿子、教师、祖母、邻居等特殊关系形式基础上,进一步走向社团关系。我们的家庭社区性关系角色是描述性的,同时也是具指导性的。因为家庭与社区内的角色意义本身,就具有规范性,在指向恰当行为方向上具有指南意义。关系的范畴虽不大,但只要承认它存在,和且万事兴的家庭与邻里,就能在日后作为获得最高人生成就的条件。

我想阐述的是,儒学角色伦理学为展开道德生活的宽度与立体视角提供根据。首先,儒学角色伦理学将相系视为首位性,摒弃最终性个体的观念。人的分散无关性、概念抽象、严格自主,是起误导作用的虚构;人的相系才是事实。人的生活角色很简单,就是以相系作为事实,进一步成型化、具体化的方式。

我需要赶快补充说明一点,放弃了享有超级地位的"己"("self")观念,不仅不意味着放弃个人独特性,反而事实是加强它。也即是说,关于人具有"统一""人性",而且因此有本质"己"的观点,背后的是"自然本质"话语,它对儒学"人"观念所具有的"不同"性是削弱的作用。人的"不同"是来源于他总处于具体关系所呈现的动态与多样化之中。

第二点,儒学角色伦理学否认人云亦云的"质相"(substance)本体论。本体论假设行为主体与行为本身的二元分隔的概想。"仁"是儒学角色伦理学的核心观念;在这里,行为主体与行为本身从来不是二分的。"仁"是叙述性的,而不是对"人"建立概念的解析。"仁"是靠将自己行为与自己身边贤达相联系而修养的,不是靠合乎一些抽象道德原则而行为的。

是由于这个原因,究竟"仁"是指圣人,还是圣人行为,还是与圣人同宗,是单数人还是复数人,常常不很清楚。"仁"是概括的、开放性的,它是功德圆满行为具体历史成就的叙述,而不是指称为"人类"(human beings)的,这一物种一切成员同质的特点,不是一个生来固有、质本不变东西。其实"人",可说是一种可称为英语"动名词"性(动词性名词)的观念,是对人"做人"的过程,达到至上境界的描述。

第三点,儒学角色伦理家重视人体动态性,它与成就人格、功德圆满行为是为一体的。人体为本,通过人体,人的行为经过修养,而后光鲜照人。繁体的"體"简体是"体",实非偶然;"体"的字面意思即为"人本"。人体总象征人与世界、有机体与环境之间的协同;所以很率性,它是世俗与性命攸关的、被关注与本身为生活的、接受的与反应的。世界塑造人体,人也通过人体感觉中枢建构、概想、理论化他的经验世界。① 其实,正是因为人体起的媒介作用,人的祖先和文化得以于后代人体延续存活。《孝经·开宗明义》曰"身体发肤,受之父母,不敢毁伤,孝之始也",恰是这个缘故。②

第四点,儒学角色伦理学重视道德想象对成就功德圆满和人生的至关重要作用。

---

① See Ames 2011, especially, pp. 102 - 114.
② See Rosemont and Ames 2008, p. 105.

从儒家伦理出发，人的教化想象，它汲取所有人类资源，直到可调动一切可能，促使与人的关系向最佳状态发展，不这样则不行动。一句话，只有关系这样去发展，才是道德之根本所在。

最后，儒学角色伦理学，与其他德行伦理学或任何伦理理论，都不是竞争关系。它只提供一种视野——道德生活不在理论与实践的分裂情形中。阅读儒学经典，所期待的是，虽然人们当然可以使用一系列概念术语，对我们行为作批判思考，但根本的是，我们应以文化英雄的谆谆教导与榜样力量为激励，把自己修养为更好的人。

# 儒家思想与现实政治

韩国安东大学孔子学院院长,中国史学会会长,
安东大学历史系教授　李润和

尊敬的女士们、先生们,大家上午好!

我是韩国国立安东大学孔子学院的院长——李润和。此时尽管我的心情有些诚惶诚恐,但还是十分感谢组委会给我这样一个难得的机会,让我有幸与大家一起交流。下面,我就以"儒学思想与现实政治"为题,提出一些基本的看法。

## 一、德治与现实

事实上,在过去的一个世纪里,由于近代西方价值观的普及和乌托邦思想的导向,我们抛弃了很多传统、正统的东西,而去信奉他们的一些价值观。时至21世纪的今日,虽然还有一部分人仍抱着实现西方价值观的梦想,但是已经有很大一部分人认识到那种价值观和我们的差异,并觉得有必要重新探讨如何说明现实生活与思想、社会、政治、经济、文化等方面相关的问题,由此儒家思想的内涵被重新审视。

孔子关于"礼"秩序的解释是用仁义来约束人与人之间的关系。从之后的发展过程来看,儒家思想的最终目的应该是建立一种政治秩序,在这个秩序中人与人之间的关系和谐而融洽。因此,比起秦汉之后的东亚各国中任何其他思想和理念,儒家思想具有强烈的政治哲学和政治思想的特征,它主张提升个人修养和道德观念,这有助于建立良好的政治秩序。传统时代的儒家思想用其政治哲学和政治思想影响了中国、韩国、日本、越南等地,虽然随着时代的变化,传统儒家思想对他们的影响也发生了变化。

与其他国家或地区不同,以儒家思想为指导理念的国家大都将儒家思想作为在政治运用时的合理要素之一。因此,在这些国家中,宗教、咒术、来世等要素可以介入的余地很小,而只是着眼于运用儒家思想,在现实世界实现具体目标,谋求国利民福。这些国家的君主都没有将自己认为是持有神权的特殊存在。中国的天子虽说是有奉天命的想法,但是与道德政治结合时,他们大都有一种随时会被撤去天命的紧张感。撤回天命意味着帝位不保。君主应该意识到国家财产并不是个人财产,应具有以"天下为公"的强烈意识。当然,每个新王朝的创始人或者其手下的功臣,在一开始时都会

有整个国家都是自己个人财产的错觉，但是真正那样的想法和行动是儒家思想所不能容忍的。这样一来，有些学者主张将中国的皇帝支配体制定位为世袭家产制，从本质上还是不太正确的。

以儒家思想为指导理念的国家不会将国家目标设定为利用强兵去征伐外国以便达到领土的扩张，这是因为儒家思想一贯不主张将无来由的侵略正当化、合法化。孔子主张，正常百姓的丰衣足食、抵抗外敌侵略和应对天灾人祸等应该是国家的一般政治职责，但是没有国家将其定为最高目标。我们从尧舜等圣王的政治可知，那是一种如"三代之治"道德政治的具体体现。即，国家的所有统治行为和行政制度都需立脚于道德，并致力于行动。

德治得以实行的最基本条件是须有一位德高望重的君主，而且君主得常常注意修德修身。君主的修德又需要准备数种制度装置。虽然传统时代所有国家都认为君主应具备"德"，但标榜以儒家思想为指导理念的国家君主，更看重他的有德而不是其他能力。这种对"德"的重视，不只是对君主，也是对官吏的要求。这就要求官吏们必须注重自身的修德，并通过它来实现对百姓的教化。对百姓的教化作用，帝王和官吏是先锋，起示范教育作用。教化内容不用着重强调对国家的忠诚，而应是重点放在孝道和友爱、尊长爱幼、乡里和睦、勤勉朴实等一般道德伦理上。在学校和家庭，教育的重点不应完全放在知识和技术上，而应是道德观念上。如是，以儒家理念治国的国家不仅是教育教化百姓，而且要引导百姓拥有正确的价值观。与其他宗教和理念不同，儒家思想是国家对百姓具有教化作用，而且是以德治主义为基础的。

德治理想在设定时相对容易，而实践起来就相对较难。然而可以肯定的是，随着道德价值观强调的持续、深入和广泛，使得百姓在违背道德规范面前至少是有恐惧心和羞耻心的。这种外部作用对儒教秩序的保持还是很有帮助的，不能否认这种对德治的强调使得政治均衡与社会安定。而朱子学中社会身份地位的差别观念的根深蒂固，更有助于实现社会安定。

此外，儒家思想对君主和官僚及士人之间德相互牵制产生了一定的均衡作用。任何一方如果滥用职权，运用儒家伦理和义理名分的理念，就会对其进行牵制。所以强调儒家伦理对牵制专制主义也是有一定作用的。导入儒家理念并确立其为制度的时期反而不容易出现专制君主。秦始皇的专制不是因儒家思想而是因法家思想而起，秦朝的专制政治是汉代儒家思想作为支配理念被采用之前的现象。因此，在德治主义国家，别说是专制，君主势力必然会成为相互制约的一种状态。内在要求是需要帝王时常修身修德，外在要求是为了实行儒家理念，必须采取各种措施力求不超出儒家理念的界限范围。如是，很多人都认同将帝王比喻为"俘虏"的这种观念，还是有一定理由的。

## 二、官僚和士人及其伦理道德

无论是在中国还是在韩国，传统官僚体制可以说大体上都具有很强的开放性。在以儒家思想治国的国家，官吏都是具体实现道德政治的重要中心力量。君主或权力者在用人时不得利用私人关系随意封官，而是按预定程序，通过公开竞考的科举制度来用人。这种用人程序具有公共性和合理性。随着时代的发展，与任用制度一起发展起来的官制和官僚组织也在逐步完善，并形成一个有机整合体系。它不仅包括地方行政工作报告、中央对地方政策的讨论及决定过程，而且更包含了详细的法令体系、各官吏的业绩评价等人事管理制度。因此，中韩等儒教国家的官制和官僚组织，可以说不比任何其他国家的传统官僚制度差，反而在相当大程度上与近现代官僚制度是很接近的。

官吏们在为官以前，从准备科举考试开始时就学习儒家经典，由初学逐渐走向精通。此外，为了更好地解决百姓所面临的问题，也需要熟悉历史前例和先贤的行迹。为官后也要应所有道德政治要求不断提高自身修养。但是由于经常倡导道德政治指导理念，在具体实践这种抽象的理想目标时常被当做是口头禅。与此同时，这种通过科举选官用官的方式在理念志向型的政治生活中反而不是那么恰当。这虽是以实现德治为目的而制定的制度，但以竞争为主的科举制度反而会导致政治和理念相脱节的结果。从表面上看，仿佛是要求官僚对君主应该忠诚和追求德治，其实是将其推向了官僚专业化道路。也有人指出通过科举为官的某些官员德行与理念不符，而主张恢复汉代的贤良推荐制。在朝鲜王朝时期，科举制度盛行，而且多受理念志向的风气的影响，性理学名分论在科举考试中运用得比中国都彻底。通过这种科举考试而为官的官吏们都深受性理学价值观的影响，并将其奉为思考和生活的信条。

普及儒教道德政治虽然是官吏们为官后的职责，但性理学中上下等级观念与官职政治上的关联性，反而使得他们不是那么积极地重视在职期间的工作。虽然他们有任期，但是君主或当权者经常随意将他们调动、升职或者免职，这使得官吏们常常忽视对官职的专业化习得过程。同时，被授予官职对任何个人来说都是一种荣誉，但官制本身往往经常与腐败相关，因此官吏们更关注个人安定等问题。

属于官僚候补群里的士人们也被要求不断提升儒家伦理道德的修养。儒家从孔子时代开始重视仁、义、礼、德。但是伦理道德、义理名分和礼仪礼节等人间本性与宇宙原理相结合发展而成的朱子学变得更加系统化。以伦理道德为本的强调三纲五伦；义理名分强调人们行动的原理和原则，必须找到合适的名分并做出与之相符的行动；礼仪礼节强调必须遵守家庭中冠婚丧祭的仪式等。其中遵守义理名分对接受朱子性理学的后世知识层影响特别大。义理名分指的是在人们行动时需依据的理致和理由必须明确，实践"理"的本质是根据明确的理念进行明确的意识行动。通常所讲的道德伦理或礼仪礼节没有这种理念和仪式也是可以遵守的，但义理名分则与之不同。虽然说义理名分在人间性理、社会构成、宇宙运行等方面是注入普通原理和原则的行动指南，但是它是适用于个人行为的特殊指南，而个人是处在家庭、社会、国家之间的个体。因此义理名分具有强烈意识性和个人现实性，它可以更好地发出强烈的民声，并很容易被付诸实践。在政治上强调义理名分是为了避免出现不正政治纠缠，而实现正义政治。但是需要指出的是，在实际政治现实中，用义理名分来批判政治中的不义行为还是不多见的。

儒教伦理和价值观在民众间传播地深而广，特别是尊重朱子学义理名分的风气更是盛行。其中朝鲜王朝时期以程朱理学为主的思潮更是比任何地方都盛行，义理名分支配着整个国家的政治、经济、社会、文化等各个领域。它成为国家政治实现理念的理想目标之一，并成为国民的精神支柱，而且在知识层，对该理念的学习和对理论的不断研究，从而使得教学方面有了很大的提高。但是这种只是学习研究一种理念而容易出现排斥其他信仰理念，导致了伸缩性的不足。此时的官僚或知识层主要就形式上的问题进行理论上的正当化研究，而忽视了对其实践性和整体性的研究，最终导致国家政治的迟滞发展，在国家发展过程中却起了反作用。也可以说，在同时期的东亚各国中都存在此类共同矛盾。

## 三、重新审视

进入近代社会以来，随着西学东渐，儒教经历了许多变化。这不仅体现了儒教思想和理念自身的变化，也体现了儒教在政治地位上的变化，由此，儒教责任论这一主张也应运而生。由于儒教在传统社会政治主流中占有很大比重，所以进入近代社会以来，儒教也承受了同比重的批判。这种批判不是来自外部，而是由内部产生的。西方的军舰和大炮打开了韩国和日本的大门，使得很多人普遍认为儒教传统导致国家发展缓慢。中、日、韩在实现近代化过程中，包括儒家思想在内的很多传统都进入了断节的阶段。

同时，儒教理念和制度基本上在一个世纪里都是被否定评价的。经过坚持不懈地努力，东亚各国无论在内在的人际关系等伦理道德方面，还是在外在的祭祀和葬礼等仪礼方面得以将儒家思想加以保留。尤其是韩国的儒教传统保持着强大的生命力，儒林和乡校在全国都组织过一定的活动。民国初期袁世凯认为儒教治国可以更好地促进国民统一，因此1914年袁世凯政府试图开展祭孔尊孔运动，国民党政府也在1934年开展了以礼、义、廉、耻为四个德目的新生活运动，以儒教为中心团结国民，但这所有的一切都随着中日战争而戛然而止。

唐君毅等人于1958年共同出版了《中华文化宣言》，他们并不是利用儒教达到政治目的而是从文化史展望的角度对包含儒教的中国传统文化进行重新审视和评价，这虽然是值得瞩目的一件事，但止于《宣言》，其他活动都并未展开。之后，20世纪七八十年代，社会上突然出现了对儒教的肯定评价。这是由于东亚各国经济快速腾飞后，政治经济学家对其发展因素进行了分析，演绎出它们的共同点，而主张儒教思想则是其中的要因之一。

秦汉以来的很长一段时间，儒教理念对国家政治的影响都很深，促进了政治理念、法令体制、官职制度、官僚组织、行政程序等的发展。可以说是比世界上任何国家和地区都高效率的国家政治。当然，这是儒家理念发挥积极作用的一面。

然而进入明末清初，朱子理学的儒教由于失去了伸缩性而变得僵直生硬，也失去了往前发展的力量。黄宗羲、顾炎武等主张的民主启蒙政治思想和改革方案，如果能被给予公开议论环境的话，应该可以大大推动政治的发展。程朱理学最初是在朝鲜王朝时期被引入的，在当时其理念成为了人民精神上的支柱，也给政治带来了活力。但是到了后期，由于丢失了义理名分的本来精神，未能摆脱由端执着的偏狭性带来的束缚，从而阻碍了政治的发展。

在批判儒教理念和体制的同时，国家和社会依然存在着许多普遍问题。比如说：相比个人而言，更重视家庭、门第或者国家等所属团体，导致对个人权利或尊严性的理解不足；家父长家庭；阶层和上下秩序的差别庇护；过度重视义理名分；过度执着于原则，而未能正确理解它们和现实之间的利害关系，结果会因将功利主义视为一种羞耻而阻碍了经济和产业技术的发展等都是普遍存在的问题。

然而，从另一方面来看，在今天现实世界各种弊病面前，我们又寄希望于儒家思想，期待它能成为一剂良方。在儒教价值观中，与自然的一体化、对世界有机论的开始、相对个人主义共同体伦理应当优先，不是直线思考方式而应是螺旋形或循环性的软思考方式，不是与矛盾相克而是与其相生的伦理，都渗透着天人合一论。儒家价值观的本质适用于支撑现实政治中的三大主流——政治主流、经济主流及文化主流。个人认为传统时代的儒家价值观更适用于政治主流。我相信在本次儒学大会上将会有很多与上述问题意识相关的讨论和发表。儒家思想和理念是一种作用于现今和未来人类文化的通用原理，我确信本次大会中与之相关的讨论，会为政治、社会秩序原理间的沟通贡献力量，也祝愿它会成为一座新时代的沟通桥梁。

最后，我诚挚地希望这次大会能够为各位提供一个相互探讨交流的平台，也确信本次大会将会取得圆满成功。

谢谢大家！

# 越南当前社会背景下的儒家道德教训

越南胡志明市国家大学所属
社会科学与人文大学副校长　吴氏芳兰

儒家起源于中国，是由孔子始创的社会思想体系。本思想体系的影响力超越了空间和时间，不仅在中国发挥其效益，而且在越南与其他东亚地区各国的文化和社会上均有着深远的影响。到目前为止，在科学技术高度发展的全球化时代，儒家价值体系在一定程度上仍然被当作东亚地区道德价值观与生活方式的基础原则（譬如信誉度、忠诚度等）。中国、日本、韩国、新加坡、中国香港、中国台湾等国家和地区几十年以来的活跃经济真使人十分佩服。具有广泛影响力的儒家思想体系走进大众的生活，成为政治和道德的哲学体系，被当作社会行为的模板。在越南，除了全东亚地区共有的特点，儒家很深刻地渗透到风俗习惯、宗教信仰的哲学层面，通过各种土著信仰宗教行为（譬如新兴整合而成的高台教 Caodaism、和好教 Hoahaoism 等）而表现出来以及各种民间信仰（母神崇拜、女性神崇拜、祖先崇拜等）。在此方面，儒家道德体系已经积极地加速越南传统道德价值观的形成过程，曾为国家正统文化作出卓越的贡献。

从 20 世纪 80 年代开始进行改革开放以来，越南的经济取得了令人瞩目的成就。经济增长从 2000 年至今一直保持在 7% 以上的平均速度。越南社会很快地迈进工业化、现代化和市场经济化。目前，越南正处在积极推动经济发展、推动与全球经济社会整合的过程中，难免旧的和新的价值观相互干涉。因此，这个阶段给越南经济、社会、文化、国家认同观念等方面带来了不可忽略的挑战。

越南当前面临着社会动荡与社会弊病现象增加的难处，许多传统道德价值与观念被颠覆或变质（比如最近出现试验婚姻，极端的偶像崇拜潮流），从而各所学校原有的"先学礼，后学文"教育方针被各种单纯知识培训等潮流所替代。其原因源于一直下降的家庭与社会道德教育，当把经济当作唯一目标，当金钱和物质价值作为人生追求的目标，人文教育不得到重视，教育会产生出各种偏颇。当人们被个人利益挡住眼睛，他们不把自己整合于社会主流，那时候人类社会越来越偏离文明轨道。

儒家在越南的传统的学术研究中一直得到高度的评价。许多学者指出虽然儒家不太支持社会变革，或存在着一种极端的"重男轻女"观念，但审视它对社会伦理所产生影响，学者们认为儒家价值观以三纲五常、三从四德为基，有利于创造与制定社会次序与个人道德教育，使人类走向拥有浓厚人文性的社会模型。

在越南当前社会背景下，旧的和新的价值观之激烈冲突，特别是个人价值与社会价值的矛盾关系，儒家的价值观应该作为社会道德重建的基础，发挥其作用。其主要方向可包括以下几方面。

（一）家庭道德教育的提高。在社会知识专门化的现代社会当中，越南大众不知而觉地陷入了工业生产与市场经济的节奏，家庭道德教育变得越来越模糊。由于人类文明知识日益丰富，各学校的教育课题与其内容往往超载，因此德育有点被忽视。学校采用知识培训为方针，不得不把德育、人格修养等培训课减少。前不久，越南出现一场激烈的争论，人们讨论学生要"先学礼"，还是"先学文"。改革派主张推动人类智慧开放，所以"礼"就是个人创新的障碍力量。当然我们不支持这种观点，但不得不解除其障碍。这个学派极为开放，理论构架充满进步之处，虽然他们把"礼"去掉了，但是没有找到能够代替儒家原有"礼"教的其他方法。

同时，随着社会知识专门化与现代化推动，家庭把孩子们的德育交给了学校。由于家庭道德教育与学校文化素养的关系模糊，社会要面临各种不稳定因素。传统儒学以宗法制度为基础，因此家庭中的各种关系都得到束约（父子、夫妇、兄弟之关系）。家庭的稳定决定社会的稳定。所以，社会无论如何发展，如何转变，家庭的人格、道德教育角色还仍然起着重要的作用。

（二）促进社会才与德的教育。儒家同样重视提高"才"与"德"。在越南封建王朝的历史上，跟着"圣人"二字接触是一种特权。把握儒家知识就是典型的社会知识分子。传统教育给人们打开了社会进步之窗。当前的越南社会由于深受儒学教育的影响，一部分人特别偏重文凭/证书。大学毕业人数越来越多，但道德素养却未能提高。然而，贪污、滥用政权等腐败现象成为很严重的问题。因此，孔子提倡的才与德并存之方针仍然是宝贵的教训方式。

要完全解决社会难题，我们对儒家价值体系需要一个总体性的研究计划，积极推动人们的品德教育，推动人们走向拥有真、善、美等普世价值的美好家园。儒学的研究结果会当作可靠的资料，有利于国家教育振兴与社会道德复兴。

本届世界儒学大会对与会者来说是个当前东亚各国家与地区学者在寻找推动国家发展过程中重新评价与运用儒家伦常的一个好的契机。参加本届儒学大会，跨国学者一定为大会带来不同的视角、不同的看法，使得儒家文化在世界上不断地发扬。很感谢组委会邀请我们参与第六届世界儒学大会，我们珍惜这个难得的机会。希望我们能够多多讨论，互相交流，互相学习。希望通过讨论，交流，我们能够寻找出一种合适的育人方式。

祝各位代表、各位学者、女士们、先生们身体健康，全家幸福！祝本届儒学大会圆满成功！

第六届世界儒学大会论文集

# 学术论文

# 国内部分

## 《论语》引《诗》原义

曲阜师范大学孔子研究所教授　陈　东

《诗》或称《诗三百》，是我国最早的诗歌总集，所收诗歌约自西周初年至春秋中期，按乐调分为风、雅、颂三部分，为两周朝聘会盟、祭祀宴飨等各种社交、生活礼仪所广泛采用，被当做是士大夫立身处世的基本素养。"孔子以《诗》、《书》、《礼》、《乐》教"，因此孔门弟子所编孔门教学笔记《论语》中自然保留了不少孔子及其弟子引《诗》的言论，亦即所谓"赋诗断章"。当然，这些引用都是基于说者与听者都对《诗》有着了然于胸的默契，《诗》本义及其引申义都还不成为理解上的障碍。但是，随着时间的推移，尤其是两汉以后《诗》的经学化，《诗》义受到了历史性、道德性、功利性的歪曲，再加上《诗》篇的散佚，以致《论语》所引《诗》句的本义变得涩晦难解，影响所及，后人对《论语》有关字句的解释也产生了误解。前人对《论语》引用《诗》句多有统计汇总，但对溯源《诗》本义，并在此基础上重新检阅、释读《论语》引文原义，尚欠系统分析与归纳。本文在总结前人研究的基础上力图有所尝试。

（一）《学而篇》子夏曰：贤贤易色。事父母，能竭其力。事君，能致其身。与朋友交，言而有信。虽曰未学，吾必谓之学矣。

这里"贤贤易色"一句争议较大。一般认为"贤贤"的第一个贤字作动词用，即尊重的意思。"贤贤"即尊重贤者。"易"有两种解释：一是改变的意思，解为尊重贤者而改变好色之心；二是轻视的意思，解为看重贤德而轻视女色。朱子《集注》认为：与下"事父母"、"事君"、"与朋友交"并为"四伦"，此处应专就挑选对象而言，意谓娶妻不但要注重美貌，更应看重德性。

日本学者宫崎市定先生认为"贤贤易色"四字当引自《诗经》。像"贤贤"这样的重叠文字在《诗经》里很多，如"济济多士"（《大雅·文王》）、"温温恭人"（《大雅·抑》）等，都作形容词用，动宾结构的非常罕见。东汉许慎《说文解字》："易，蜥易，蝘蜓，守宫也，象形。"北宋陆佃《埤雅》卷十一"一曰：蜥易，日十二时变色，故曰易也。"由此可见"易"字原意为蜥蜴，字形就是四脚蛇的样子。蜥蜴的一种可以根据环境的不同改变自身的肤色，由此引申为变化的意思。由此可见，"易色"当是指蜥蜴的肤色。"贤贤"则是形容其肤色变换之快。本章此句句法类似《诗经》中的"比"或"兴"，先由蜥蜴随环境变化自身的肤色说起，引申到人也应该根据环境不同而不断改变身份,或做孝子,或做忠臣,或做亲友。即所谓"事父母能竭其力,事君能致其身,与朋友交言而有信。"①

宫崎先生所言虽然新奇,但也不无道理。果如所言,"贤贤易色"当是《论语》所引逸诗。原诗已佚,其篇名及本义不得而知。据字义、句义来看,孔子《论语》所引当为本义,后几句乃是据此引申发挥。

(二)《学而篇》子贡曰:贫而无谄,富而无骄,何如?子曰:可也,未若贫而乐(道),富而好礼者也。子贡曰:《诗》云:如切如磋,如琢如磨。其斯之谓与?子曰:赐也,始可与言诗已矣,告诸往而知来者。

"如切如磋,如琢如磨"二句引自《诗·卫风·淇澳》。有两种解释:一说精雕细琢,精巧完美之意;一说加工象牙和骨,切了还要磋,加工玉石,琢了还要磨,有精益求精之意。细审《诗》经原文,前者当为《诗》本义,后者当为引申义。《诗·卫风·淇奥》是一篇女子赞美心中白马王子的诗。诗中"如切如磋,如琢如磨"是形容男子容貌端庄秀气(俗语细皮嫩肉、白面书生);"充耳琇莹,会弁如星"是形容男子穿着得体(俗语穿金戴银,西装革履),"如金如锡,如圭如璧"是说男子气质高贵(俗语器宇轩昂,气度不凡)。"如切如磋,如琢如磨"勉强可以引申为完美无缺,却并无言道德修养精益求精之意。

以切磋琢磨譬喻学问功夫精细当是战国以后的事。《荀子·大略》有:"人之于文学也,犹玉之于琢磨也。《诗》曰如切如磋,如琢如磨,谓学问也。"据说古本《论语》此章独立,或者当为战国时后人补入也未可知。

《韩诗外传》卷二载:"闵子骞始见于夫子,有菜色,后有刍豢之色。子贡问曰:子始有菜色,今有刍豢之色,何也?闵子曰:吾出蒹葭之中,入夫子之门。夫子内切磋以孝,外为之陈王法,心窃乐之。出见羽盖龙旗,旟裘相随,心又乐之。二者相攻胸中而不能任,是以有菜色也。今被夫子之教寖深,又赖二三子切磋而进之,内明于去就之义,出见羽盖龙旗,旟裘相随,视之如坛土矣,是以有刍豢之色。《诗》曰:如切如磋,如错如磨。"这里"如切如磋,如错如磨"兼有颜色和德性两重寓意,或者也是顾及到原《诗》本义而然。

(三)《为政篇》子曰:诗三百,一言以蔽之,曰:思无邪。

"思无邪"引自《诗·鲁颂·駉》。一般"思"作思想解。"无邪":一解为"纯正";一解为"直"。朱子《集注》认为"凡《诗》之言善者可以感发人之善心,恶者可以惩创人之逸志,其用归于使人得其情性之正而已。"但细审《鲁颂·駉》原文,似乎并无此意。由诗文可以看出,"思无邪"只在称美马匹之多。后世学者研究表明此处的"思"是语助辞,没有意义。由"无疆"、"无期"、"无斁"、"无邪"并列来看,其意义当相近,"邪"决无邪正之邪义。李零先生认为"它们都是表示没完没了",意

---

① [日]宫崎市定:《论语·新研究》,岩波书店1974年版,第123~126页。

思如同汉代人喜欢用的"未央"。① 笔者认为："思无邪"如同北京人口语"多了去了"或东北人口语"贼多"一样，只在形容其多，孔子借来形容《诗》的社会功用之大，其实与"《诗》，可以兴，可以观，可以群，可以怨。迩之事父，远之事君。多识于鸟兽草木之名"（《阳货篇》）同义。

《韩诗外传》卷三载："公仪休相鲁而嗜鱼，一国人献鱼而不受，其弟谏曰：嗜鱼不受，何也？曰夫欲嗜鱼，故不受也。受鱼而免于相，则不能自给鱼。无受而不免于相，长自给于鱼。此明于为己者也。故老子曰后其身而身先，外其身而身存。非以其无私乎，故能成其私。《诗》曰思无邪。此之谓也。"这里将"思无邪"引申为"正直廉洁"，显然已经是后世学人的引申。

（四）《八佾篇》子夏问曰：巧笑倩兮，美目盼兮，素以为绚兮。何谓也？子曰：绘事后素。曰：礼后乎？子曰：起予者商也！始可与言《诗》已矣。

此章最大的问题是"素以为绚兮"句的难解。有人认为"巧笑倩兮，美目盼兮，素以为绚兮"三句引自《诗·卫风·硕人》。但今本《诗·卫风·硕人》只有"巧笑倩兮，美目盼兮"二句，没有"素以为绚兮"一句。有人认为是孔子所删。但朱子《论语或问》反问："此句最有意义，夫子方有取焉，而反见删，何哉？"朱子认为《卫风·硕人》四章，章皆七句，不应此章独多此一句。此三句必是另有所自，当引自逸诗。笔者认为朱子此说有理。不但从句式上看《卫风·硕人》篇无被删的痕迹，"素以为绚兮"句与《硕人》诗义也完全不合。

关于"素以为绚兮"的解释。朱子《集注》以为："素，粉地，画之质也。绚，采色，画之饰也。言人有此倩盼之美质，而又加以华采之饰，如有素地而加采色也。"解"绘事后素"为绘画之事后于素。这种解释非常勉强，且严重贬低"礼"的作用。南宋陈善《扪虱新话》说正是因为"素以为绚兮"句非常不合理，孔子从子夏的反问中得到了启发，才删掉了此句。②

其实，问题在于《诗》文佚失，朱子解"素"为"粉地"有误。此处"绘"或作"繢"，是指织绣锦帛之事。素，当为素丝之意。日本东条弘《论语知言》的解释最为合理："绚从糸，织丝成文也。素亦从糸，素丝素绢未染者，皆谓之素。非谓画质粉地也。""盖绘之为工，先施众丝，然后于其脉处，以素丝妆点之……犹倩盼美人，以素绚加其美好，故曰绘事后素。"③ 如此一来，"素以为绚"、"绘事后素"以及"礼后"都得以解释。

（五）《泰伯篇》曾子有疾，召门弟子曰：启予足！启予手！《诗》云：战战兢兢，

---

① 李零：《丧家狗》，山西人民出版社 2007 年版，第 70 页。
② 陈善：《扪虱新话》，商务印书馆 1939 年《丛书集成》本，上集二卷"逸诗孔子删而不取"条。
③ ［日］东条弘：《论语知言》，台湾艺文印书馆 1966 年版，《无求备斋论语集成》28 函，第 96～97 页。

如临深渊，如履薄冰。而今而后，吾知免夫！小子！

"战战兢兢，如临深渊，如履薄冰"三句引自《诗·小雅·小旻》。诗句的本义确实是小心谨慎之意，但今人解说大多以为曾子借用《诗》里的这三句来说明自己一生谨慎小心，避免损伤身体，能够对父母尽孝。将"免"解释为"免于身体损伤"，这恐怕因为《孝经》记载孔子曾对曾参说过："身体发肤，受之父母，不敢毁伤，孝之始也。"恰好此处又有"启予足！启予手"的字眼，于是使人产生先入之见。

《论语》引《诗》在"断章取义"的同时还讲究"引譬连类"，不但注重个别字句的断章取义，还要注意引《诗》句出处整篇诗义的相类相关。《诗·小雅·小旻》作者应该是西周王朝末年的一位官吏，诗中讽刺统治者骄奢腐朽，昏愦无道，善恶不辨，是非不分，听信邪僻之言，重用奸佞之臣，不知覆灭之祸，已积薪待燃。表现出作者忧心忡忡，如临深渊、如履薄冰的为国家的命运担忧，全然没有忧心身体发肤的家族之孝的意思。

《孝经·诸侯章》也同样引用了这三句话，原文是："在上不骄，高而不危；制节谨度，满而不溢。高而不危，所以长守贵也。满而不溢，所以长守富也。富贵不离其身，然后能保其社稷，而和其民人。盖诸侯之孝也。《诗》云：战战兢兢，如临深渊，如履薄冰。"此处战战兢兢担心的也是如何保全其社稷及民人。

《韩诗外传》卷七也记载有类似的诗句。"孔子曰：明王有三惧。一曰处尊位而恐不闻其过；二曰得志而恐骄；三曰闻天下之至道而恐不能行……由桓公、晋文、越王勾践观之，三惧者，明君之务也。《诗》曰：温温恭人，如集于木。惴惴小心，如临于谷。战战兢兢，如履薄冰。此言文王居人上也。"这里惴惴不安的是忧心"闻天下之至道而恐不能行"。

将此章章旨解释为曾子战战兢兢于免于身体发肤之损伤，恐有贬抑曾子之意。曾子以孝著称，但其气量应不仅限于家族之孝。曾子曾说"士不可以不弘毅，任重而道远。仁以为己任，不亦重乎？死而后已，不亦远乎？"（《泰伯篇》）此章的"而今而后，吾知免夫！"应该是曾子"死而后已"的另一种表述。"启予足！启予手"只是要确认自己手足是否还有感觉，意识是否还清醒，如此而已，与对父母之孝没有关系。

（六）《子罕篇》颜渊喟然叹曰：仰之弥高，钻之弥坚。瞻之在前，忽焉在后。夫子循循然善诱人，博我以文，约我以礼，欲罢不能。既竭吾才，如有所立卓尔。虽欲从之，末由也已。

宫崎市定先生认为："仰之弥高，钻之弥坚，瞻之再前，忽焉再后。"四句应该是来自逸诗。如《诗·周颂·良耜》中就有与此非常类似的诗句："获之挃挃，积之栗栗，其崇如墉，其比如栉。"无论是个别字词的重复还是韵脚的利用都非常相似。将颜回的这段话混入《诗》中完全没有问题。而且，如果这四句也是颜回自己的语言，"夫子"一词应该在最前面出现才合理，而这里是在引用了四句诗之后才出现"夫子"一词。

传统训诂学把这四句当作《论语》本文，逐字逐句分析其含义。朱熹《集注》说："此颜渊深知夫子之道无穷尽、无方体而叹之也"，由此引出了所谓"道体"有无之争。如果将上述四句理解为《诗》文，颜回不过是借用诗一样的语言，表达其心境而已，一种文学性的夸张，不可全部信以为真，也就无所谓道体之争。①《墨子·尚贤中》引《周颂》曰："圣人之德，若天之高，若地之普。其有昭于天下也，若地之固，若山之承，不坼不崩。若日之光，若月之明，与天地同常。"同样也是诗化性夸张，二者同样都是引自逸诗。

（七）《子罕篇》子曰：衣敝缊袍，与衣狐貉者立，而不耻者，其由也与。不忮不求，何用不臧？子路终身诵之。子曰：是道也，何足以臧？

"不忮不求，何用不臧"二句引自《诗·邶风·雄雉》，意谓"不骄傲，也不屈从"，有保持自己独立不羁人格的意味。其实本章并没有结束，而应该和《乡党篇》最后一章"色斯举矣"章连起来读。移简连接以后的本章应为：

子曰：衣敝缊袍，与衣狐貉者立，而不耻者，其由也与。不忮不求，何用不臧？子路终身诵之。子曰：是道也，何足以臧？色斯举矣，翔而后集。曰：山梁雌雉，时哉时哉！子路共之，三嗅而作。

"色斯举矣，翔而后集"为孔子引《诗》以答。"山梁雌雉，时哉时哉"是孔子解释前所引诗义。孔子说：穿着破旧的丝棉袍子，与穿着狐貉皮袍的人站在一起而毫无愧色的，大概只有仲由吧。子路听后非常自豪，于是吟《诗·邶风·雄雉》诗句"忮不求，何用不臧"以自炫，显示自己不同凡俗，卓然不群。孔子知道后批评子路说：仅只如此，不值得炫耀。《诗》中不是还有这样的语句吗？"色斯举矣，翔而后集"，山梁雌雉也知道见机行事，一有危机迅速飞去，时态转好重新降落。

孔子所引"色斯举矣，翔而后集"当为逸诗，篇名或者正是《雌雉》，恰和子路所诵《雄雉》诗相对。孔子意在称许子路独立独行、无欲则刚的同时，提醒子路还应顺应时势，以防太刚则折。于是"子路共（拱）之，三嗅（叹）而作"。子路拜服，连声感叹而离去。

（八）《子罕篇》唐棣之华，偏其反而。岂不尔思？室是远而。子曰：未之思也，夫何远之有？

汉儒将此章与上章"子曰：'可与共学，未可与适道；可与适道，未可与立；可与立，未可与权'"合为一章，承上文文义以"反经合道"相弥合，自然是龃龉不合。朱子《集注》始断"唐棣之华"以下为另一章，并推断"唐棣之华，偏其反而；岂不尔思？室是远而"四句，"此逸诗也，于六义属兴。上两句无意义，但以起下两句之辞

---

① 《论语·新研究》，第 122~123 页。

耳。"因其语句不全，朱子也感叹"其所谓尔，亦不知其何所指也"。

有人认为"唐棣"即"常棣"，当出自《小雅·常棣》。也有人认为出自《召南·何彼襛矣》。细检今本《诗》不难发现，无论是《常棣》篇还是《何彼襛矣》篇，都只有"唐棣（常棣）之华"一句，并没有"偏其反而，岂不尔思？室是远而"三句。于是陈善认为是孔子删诗时将此三句删掉了，由此可以窥见孔子删诗的标准。① 这种解释有些勉强。

杨伯峻《论语译注》："唐棣之华，偏其反而"似是捉摸不定的意思，或者和颜回讲孔子之道"瞻之在前，忽焉在后"的意思差不多。"夫何远之有"可能是"仁远乎哉？我欲仁，斯仁至矣"的意思。或者当时有人引此诗（逸诗，不在今诗经中），意在证明道之远而不可捉摸，孔子则说，你不曾努力罢了，其实是一呼而至的。所解甚为精湛。笔者以为将《述而篇》"仁远乎哉"章移接于此更能体现《论语》本义。移接之后的原文应为：

> 唐棣之华，偏其反而。岂不尔思？室是远而。子曰：未之思也，夫何远之有？仁远乎哉？我欲仁，斯仁至矣。

（九）《先进篇》南容三复白圭，孔子以其兄之子妻之。

历代注释都认为"白圭"是指《诗·大雅·抑》的诗句："白圭之玷，尚可磨也，斯兰之玷，不可为也。"意思是：白玉上的污点还可以磨掉，言论中有毛病，就无法挽回了。告诫人们要谨慎自己的言语。今人将此章解释为：因为南容反复诵读"白圭之玷，尚可磨也；斯言不玷，不可为也"的诗句，孔子把侄女嫁给了他。如此便难以让人理解。即使孔子极力提倡"慎言"，但也不至于因为南容反复咏唱几句谨言慎行的诗句，就将自己的侄女嫁给他。

这里应该将"白圭"之意与《诗·大雅·抑》篇整体诗义相联系理解。正如《毛诗序》所言："《抑》，卫武公刺厉王，亦以自警也"，是一篇诸侯对天子的建言书。诗中充满求贤安邦、立德治国的箴言。这种诗大概不是一般士大夫所常咏唱。南容"三复"（多次咏唱）《抑》之诗，其意不只是谨言慎行，而在暗示其志向远大。联系《公冶长篇》说南容"邦有道，不废；邦无道，免于刑戮"，也是说南容非同凡俗，一旦得道，前途不可限量。只说他吟诵"白圭"，是以小见大，有隐微之意。如此解释或许让人更能理解孔子"以其兄之子妻之"的真正用意。

（十）《颜渊篇》子张问崇德、辨惑。子曰：主忠信，徙义，崇德也。爱之欲其生，恶之欲其死。既欲其生，又欲其死，是惑也。诚不以富，亦祗以异。

"诚不以富，亦祗以异"二句，朱子《集注》便指出："此《诗·小雅·我行其

---

① 《扪虱新话》上集二卷"逸诗孔子删而不取"条。

野》之辞也。……程子曰：此错简。当在第十六篇齐景公有马千驷之上，因此下文亦有齐景公字而误也。"就是说"诚不以富，亦祇以异"与前文无关，当与《季氏篇》"齐景公有马"章连在一起。如此组成的新的一章为：

诚不以富，亦祇以异。齐景公有马千驷，死之日，民无德而称焉。伯夷叔齐饿于首阳之下，民到于今称之。其斯之谓与？

《我行其野》就是写一个远嫁他乡的女子诉说她被丈夫遗弃之后的悲愤和痛伤。诗的最后两句"成（诚）不以富，亦祇以异"，是诉说爱与不爱与贫富无关，只是感情不同而已。《论语》引以为喻：民心所向与贫穷富贵与否无关，只在于德行的好坏。

《论语》多引古语，且引文多在章首，无"子曰"字样。后世解《论语》者多不知此为古语引文，分章时多将其归入上章。陈善《扪虱新话》已经意识到这类错误的存在，指出"《论语》自有章句而说者乱之"①。陈善所举文例还应该加上本章。

（十一）《宪问篇》子击磬于卫，有荷蒉而过孔氏之门者，曰：有心哉，击磬乎！既而曰：鄙哉，硁硁乎！莫己知也，斯己而已矣。深则厉，浅则揭。子曰：果哉！末之难矣。

"深则厉，浅出揭"出自《诗·卫风·匏有苦叶》，解释多有争议。一般释为：水深就穿着衣服蹚过去，水浅就撩起衣服蹚过去。多以为是隐者劝阻孔子之语，意谓希望孔子顺势而为，因时因地制宜，天下有道则见，无道则隐，做一个识时务者。这种理解恐怕与《诗》本义不符，也误解了荷蒉者的初衷。《匏有苦叶》诗文描写的是一位苦苦守候在河岸的女子对情人的等待。所谓"深则厉，浅则揭"是希望情人无论如何、想尽办法也要渡河过来之意。全诗最后以"人涉卬否，卬须我友"作结，表达相信情人一定能够过河来和自己相聚。

《国语·鲁语下》载："诸侯伐秦，及泾莫济。晋叔向见叔孙穆子曰：诸侯谓秦不恭而讨之，及泾而止，于秦何益？穆子曰：豹之业及《匏有苦叶》矣，不知其他。叔向退，召州虞与司马曰：夫苦匏不材于人，共济而已。鲁叔孙赋《匏有苦叶》，必将涉矣。具舟除隧，不共有法。是行也，鲁人以莒人先济，诸侯从之。"叔孙穆子只是说：我的心愿只在《匏有苦叶》。时人已经清楚其"必将涉矣"。说明时人对《匏有苦叶》有着共同的理解，即决意渡河。

《韩诗外传》卷一也有类似的记载："楚白公之难，有庄之善者，辞其母，将死君，其母曰：弃母而死君可乎？曰：吾闻事君者，内其禄而外其身。今之所以养母者，君之禄也。请往死之。比至朝，三废车中。其仆曰：子惧，何不反也？曰：惧，吾私也。死君，吾公也。吾闻君子不以私害公。遂往死之。君子闻之曰：好义哉，必济矣

---

① 《扪虱新话》上集二卷"辨论语分章句"条。

夫。《诗》云：深则厉，浅则揭。此之谓也。"虽然很纠结，虽然很害怕，但还是以必死的决心以身殉君。这就是《诗经》所谓的"深则厉，浅则揭"。

如此来看，"深则厉，浅则揭"是下定决心，不畏艰难之意。此句在《论语》中不是在劝阻，反倒是在激励孔子，希望孔子按照自己既定的目的奋勇前进。于是孔子也表示赞同，说："果哉！末之难矣。"确实如此，只要下定决心，世上无难事。

如此解释可能更符合《诗》义，也更符合《论语》引《诗》原义。

（十二）《阳货篇》佛肸召，子欲往。子路曰：昔者由也闻诸夫子曰：亲于其身为不善者，君子不入也。佛肸以中牟畔，子之往也，如之何？子曰：然，有是言也。不曰坚乎，磨而不磷；不曰白乎，涅而不缁。吾岂匏瓜也哉？焉能系而不食？

两个"不曰"之后的"磨而不磷"和"涅而不缁"大多数注释家都承认是古典引文，宫崎市定先生认为后面的"系而不食"也是引文，并推测是引自逸诗中一篇叫《匏瓜》的诗，诗文中有"……磨而不磷……涅而不缁……系而不食"三句。至于三句间是否是联句不得而知。毋宁说是分散在各段中同样位置上的诗句更自然，更符合《诗经》歌谣式的吟诵方式。① 这一推测不无道理，但因原诗已佚，其引文原义已难以追溯。

孟子说："说《诗》者不以文害辞，不以辞害志。以意逆志，是为得之。"（《孟子·万章下》）由历代注释《论语》相关章句来看，做到这点非常不易。《论语》在"赋诗断章"时，既注意句义的引申，同时也注意其与《诗篇》本义的联系。明确《诗》本义，对我们更准确地理解《论语》大有帮助。

---

① 《论语·新研究》，第120页。

# 试析孟子道德理性的历史建构

中国孔子研究院副研究员　陈金海

先秦儒家具有重德性的特征，这种倾向在孟子的道德理性中有着典型体现。一般而言，国内外学者对孟子德性思想的研究，主要集中在人性、仁义、仁政及民本思想等方面，虽已有学者开始注意挖掘其史学思想并着力从历史思维的角度对其进行解读，但显然在这一路向仍有许多值得探讨的地方。沿此，本文试就孟子道德理性的历史建构问题，提几点浅见，以祈诸方家教正。

## 一

孟子重德性自不待言。为了呈现其道德理性，孟子言论中运用了大量历史资料。而且，历史是已经发生过的事情，用它作为其思想的证据，显然具有无可辩驳的客观性和可信性。不过，由此我们接下来可以提出以下两个方面的问题：其一，虽然以历史作为证据的说服力显而易见，但证据本身却需要证实。相对于孟子生活的战国时代而言，夏商西周甚至更早的先秦历史已经很遥远了，在孔子的时代就已有"文献不足征"的慨叹，那么孟子运用了如此之多的历史资料，他是如何保证这些历史史实的真实性的？或者说他是如何确证和选取其历史证据的呢？其二，如果孟子运用史料果有不经推敲的地方，而且他自己也说过"尽信书，则不如无书"（《孟子·尽心下》）的话，这会不会影响他的论点的合法性或合理性？换言之，如果说孟子明知有些史料"可疑"，却仍旧在用，甚至出现为目的而杜撰的情况，我们对此应作何理解？

要想回答上述问题，我们不可避免地首先要回到自20世纪以来历史哲学在认识论方面的发展及其对经典文献诠释影响的思路上来。不过，本文的论证决不囿于这些观念，而是试图以中国古代学术自身内在发展的理路为主，对其进行相关论述或诠释。在第一个问题里，显然孟子所使用的历史证据源于已经逝去的历史事实，因此孟子要选择或确定历史证据，必须首先要面对这些历史事实，或者准确地说要首先确定这些历史事实的真实性或客观性。但我们知道，孟子不可能亲历这些已经成为过去的历史事实，即便他有可能亲历其所述内容，仍不会有如兰克所指涉的那种"不多也不少"的完整实录或摹写，因而他就不可能完全确证这些历史事实的真实性或客观性。取而代之，由于书写工具等原因，摆在他面前的是一些见诸于文字的文献以及由历史流传下来的大量地夹杂着神话传说性质的口传史料。从《孟子》所载历史证据或历史史实来看（包括其中对《诗》、《书》及孔子言论的引用等），毫无疑问孟子在论证他的思想时，征诸并选取了自己目力所及的这些资料。因此，我们要确证孟子所用历史事实的真实性或客观性，必须进一步面对上述史料的真实性或客观性。不过吊诡的是，如果依此类推，这些史料的撰写者或传诵者仍然同样会面临孟子所面临的考验，"我们所接触到的历史事实从来不是'纯粹的历史事实'，因为历史事实不以也不能以纯粹的形式存在：历史事实总是通过记录者的头脑折射出来的"①。因此，从纯粹的意义上讲，孟子所运用的历史证据不具备完全真实或完全客观。接下来，人们可能会进一步预见孟子的历史证据会有部分真实或部分客观，但其到底有多少、占何比重？我们对此又不得而知，既不能肯定，也无法否定。如果放弃这种执着，转而埋头于思想重演或心灵再现，将其视为主观或语言的产物，仍难以突破这种由认识论层次上主客二分所带来的困惑。②

与上述这种认识论意义上的观点相拒斥，中国古代学术中自先秦始对历史之真实就已存在一种独特的理解或认识。《春秋·宣公二年》载"晋赵盾弑其君夷皋"条，《左传》解曰："乙丑，赵穿攻灵公于桃园。宣子未出山而复。大史书曰：'赵盾弑其君。'以示于朝。宣子曰：'不然。'对曰：'子为正卿，亡不越竟，反不讨贼，非子而谁？'"从《左传》的记载来看，真正杀死晋灵公的凶手是赵穿，而不是赵盾，但因其身为正卿，逃亡不越国境，返回国后反不讨伐弑君者，当应背弑君的罪名，故书曰"赵盾弑其君"，此谓"董狐笔"，并与历史上的"太史简"同为中国古代秉笔直书的范例。这是见载于史籍较早对历史之真实的理解。无独有偶，《论语·子路》篇载孔子曰："吾党之直者异于是，父为子隐，子为父隐。直在其中矣。"刘宝楠注引何休语云："'所以崇父子之亲'是也"③，"亲亲相隐"也由此成为了历代学者所关注的一个命题。我们换一个角度观之，可以发现在中国古代的学术中很早就有一种以是非观念入历史之真实的认识。而且，这一"中国式"认识论意义上的求真精神直接影响了此后中国古代的学者。在汉代，"自刘向、扬雄博极群书，皆称迁有良史之材，服其善序事理，辨而不华，质而不俚，其文直，其事核，不虚美，不隐恶，故谓之实录"（《汉书·司马迁传》）。这里，刘、扬评迁书"文直事核"的同时，特别指出了历史的"实录"还

---

① ［英］卡尔：《历史是什么》，商务印书馆2007年版，第106页。
② 20世纪初至中叶，分析的历史哲学家以历史认识为研究对象，以对历史的理解与解释，历史的真实性与客观性等内容为主要阵地，在史学理论领域对传统发出挑战。踵其后，以海登·怀特为代表的史学理论家们纷纷利用叙事和转义等文学理论元素，引发了历史学的"语言学转向"。这里，我们并不否认他们的功绩和意义，但其过度关注叙事或语言，从而忽视了作为事物的历史本身及其作为观念的历史本身，因而同样陷入了如同思辨的历史哲学那样主客二分所带来的困惑。近20年来，西方虽已有学者（如安克·史密特）对其发起另一种挑战，但至今没能形成一种新的范式。
③ 刘宝楠撰，高流水点校：《论语正义》，中华书局1990年版，第537页。

要"不虚美,不隐恶"。后来,唐代刘知几又对此精神进一步解曰:"盖明镜之照物也,妍媸必露,不以毛嫱之面,或有疵瑕而寝其鉴也;虚空之传响也,清浊必闻,不以绵驹之歌时有误曲,而辍其应也。……苟爱而知其丑,憎而知其善,善恶必书,斯为实录"(《史通·疑古》)。藉古人之探讨,这里我们对历史事实的"真实"可作两层理解:一曰"明镜照物",二曰"善恶必书"。对此,中国古代的学者一般认为二者是同一的,即明镜里照的永远是善恶,真假判断和是非判断相融贯,"在中国文化中,与是非之辨相联系的'真',一开始便具有二重含义:它既指认知意义上的'真',又指评价意义上的'真'"①,而恰恰正是因为此一理解,成为了中国古代学者对待或评价历史真实的认识标准,这样也就导出了中国文化史上屡现的"春秋笔法"现象,甚至导致了当代一些学者基于主客二分而对历史真实的一些争议或曲解,故历史事实在此一义上最难把握。据目前文献,我们以为,这一"最难把握"的具有融贯性的历史之真,在孟子那里最早有了较为明确、自觉的反思,体现了一种进步的历史思维。《孟子·离娄下》:"王者之迹熄而《诗》亡,《诗》亡然后《春秋》作。晋之《乘》,楚之《梼杌》,鲁之《春秋》,一也;其事则齐桓、晋文,其文则史。孔子曰:'其义则丘窃取之矣。'"此处事、文、义相区分,并非有割裂历史事实之意涵,而是讲"载笔之士,有志春秋之业,固将惟义之求,其事与文,所以籍为存义之资也"②,即事、文、义三者须臾不可分离,这不仅表明了孟子对历史意义或价值进步的洞悉③,而且实际上已经体现出他对历史事实中观念内涵的自觉认识,即"义"之所存便为"实"之所在。由此,历史之"义"同其"事"一样在史实中具有了某种真实性和正当性,从而表明了他对上述求真两个层次相融贯的一种自觉认可和卓识。

同样,既然这一观念真实具有正当性或合理性,那么孟子就能将这一观念进一步发挥,即孟子在将其用作证据的同时,又将其作为一种取舍历史资料的标准,以义为法,从而打破了孔子"吾欲载之空言,不如见之于行事之深切著明"式的撰述理念。据《孟子·离娄上》:"三代之得天下也以仁,其失天下也以不仁。国之所以废兴存亡者亦然。天子不仁,不保四海;诸侯不仁,不保社稷;卿大夫不仁,不保宗庙;士庶人不仁,不保四体。今恶死亡而乐不仁,是犹恶醉而强酒。"其意是说,禹、汤、文、武之有天下,诸侯、卿大夫之有社稷或宗庙等,皆以其仁而得之,又以不仁而失之。显然这里,三代之仁,既是评判标准又是观念真实,体现了历史证据与道德理性的统一,从而实现了以上观念真实的双重价值或意义。由此,我们在孟子书中可以发现,凡是能够说明或证明其道德理性的历史内容,皆依此标准被选取并视作已经发生过的历史事实,进而其历史证据因此也就获得了一种观念上的真实,充分表明了孟子的那

---

① 杨国荣:《思与所思》,北京师范大学出版社2005年版,第34页。
② 章学诚著,叶瑛校注:《文史通义校注》,中华书局1985年版,第171页。
③ 朱本源:《朱本源史学文集》,陕西师范大学出版社2005年版,第126页。

种依其道德理性对历史进行建构的历史思维。

这样，我们就很自然地过渡到了对第二个问题的回答。既然孟子是依据部分历史事实和自己的道德理性建构了他的历史证据，那么我们就不能排除其运用史料时没有不可推敲的地方。所谓"不可推敲"，是指这些历史证据含有作者的想象，进而表现为观念的贯注，如上所述，这虽与"明镜照物"不符，但却与"善恶必书"相合，那种主、客观的分殊在此义上得到了融贯，如《孟子·万章上》载象、瞽瞍欲杀舜事云："父母使舜完廪，捐阶，瞽瞍焚廪。使浚井，出，从而揜之。象曰：'谟盖都君咸我绩。牛羊父母，仓廪父母，干戈朕，琴朕，弤朕，二嫂使治朕栖。'象往入舜宫，舜在床琴。象曰：'郁陶思君尔。'忸怩。舜曰：'惟兹臣庶，汝其于予治。'"此事又见于《尚书·舜典》，但不及孟书详。《史记》所载此事与之略有出入。这里，我们详载原文，是想表明作者的这段叙述既有一定史实基础，又有对其具体细节的想象或"杜撰"，体现了主客观相融贯的一种描述。宋人洪迈于此批评道："孟子之书……惟记舜事多误"①。从前述第一种真实来看，洪迈的批评是对的。然而，书中孟子对这类叙述的"不可推敲"却不以为然，相反，他面对万章的发问，全神贯注于舜德的呈现，曰："奚而不知也？象忧亦忧，象喜亦喜"，表明了"仁人爱其弟，忧喜随之"的观念事实。②《孟子·尽心下》所载"以至仁伐至不仁，而何其血之流杵"事，与之理同。从此意义上讲，洪迈的评价又有偏失之处。由是观之，孟子对这种基于基本史实而有所加工的历史证据的确有着自己独特的理解和运用。

如前所述，孟子在运用历史证据的同时，又于其中自觉不自觉地建构了历史，表明了对历史人物以及历史进程的一些认识。孟子言语中虽所涉历史人物众多，但皆以其道德理性裁之，因之在正面人物的典型中除尧舜等至圣外他们大致都与某一德性或品格相关，如《梁惠王下》中孟子为了向齐宣王说明君王要"乐民之乐"、"忧民之忧"这个道理，引用晏子的话说："善哉问也！天子适诸侯曰巡狩。……先王无流连之乐，荒亡之行。惟君所行也。"而在反面人物中，桀纣、盗跖等不时充当其道德理想人格的衬托。

孟子对历史进程的认识突出表现在对历史循环的认识上。《滕文公下》载："天下之生久矣，一治一乱。"《公孙丑下》又云："五百年必有王者兴，其间必有名世者。由周而来，七百有余岁矣，以其数，则过矣；以其时考之，则可矣。"关于孟子的历史循环论，有学者将其视为后来邹衍五德终始说的端倪，有学者将其归为《春秋》新王说的影响。不过有一点可以确认，如果道德理性是循环的，历史就是循环的，反之亦然。而且，在孟子的视野中，一治一乱并非历史的简单重复，而是同样服从其道德理性的呈现。为此，他一方面大力强调圣人等理想人格的先知先觉作用，另一方面主要

---

① 洪迈撰，夏祖尧、周洪武点校：《容斋随笔》，岳麓书社 2006 年版，第 366 页。
② 焦循：《孟子正义》，中华书局 1987 年版，第 625 页。

侧重于由乱世向治世过渡时的描述或表达：

> 当尧之时，水逆行，泛滥于中国，蛇龙居之，民无所定。……尧舜既没，圣人之道衰，暴君代作，坏宫室以为污池，民无所安息；弃田以为园囿，使民不得衣食。邪说暴行又作，园囿、污池、沛泽多而禽兽至。及纣之身，天下又大乱。周公相武王诛纣，伐奄三年讨其君，驱飞廉于海隅而戮之，灭国者五十，驱虎、豹、犀、象而远之，天下大悦。（《滕文公下》）

孟子生逢乱世，这里尧、舜、禹、周公等道德形象的出现，不言而喻，凸显了道德理性在世道治乱间转换的主要作用。由此，孟子的道德理性与其言说中历史内容相互说明、相得益彰，充分表明了其道德理性与历史思维的统一。

由上，孟子既自觉地证成了其道德理性，又于其中建构了历史，在这一双重建构中，孟子所出示的历史事实总能作为历史证据与其所呈现的道德理性相一致。于是，这些作为历史证据的历史事实因被作者选择而取得了一种合法的地位。在这种合法的被认可的历史事实中，除了类似尧、舜、禹的出现及夏、商、周的三代更替等这些历史的"硬核"外①，其他具体历史细节的"不可推敲"在孟子这里已经不重要了，重要的是它变成了历史证据，成为了符合一定取舍标准的历史证据，成为了思想家手中借以运用的寓有某种"观念真实"的历史事实，从而也就赋予了其道德理性历史建构的一种正当性或合理性。又因其更为重视对这种观念的把握和伸张，使其完全被他的道德理想所迷住了，以至于相对忽略了我们前述"实录"含义中的第一种真实，因而也就在"求真"的层次上没有达到严肃史家对两者所把握的那种基本平衡。因此我们说，孟子虽具史学观但非史学家，而是一位思想家，从而体现了先秦学术中经、子书与史学逐渐分离时的一种历史思维上的进步。

## 二

上述孟子历史思维之进步的出现，有着非常深刻的历史背景。如前所述，孔孟德性儒学明显受之于西周时期的人文传统，"我不可不监于有夏，亦不可不监于有殷。我不敢知曰，有夏服天命，惟有历年；我不敢知曰，不其延。惟不敬厥德，乃早坠厥命。"（《尚书·召诰》）从周公的这段话里，我们可以看出周人对"德"的敬畏心态，即唯恐由失德而失民心，由失民心而失天命，反映出了一种"以德配天"的历史认识。在这里，"德"既体现道德理性的初萌，又是历史发展的原始动力，表明了历史理性与

---

① ［英］卡尔：《历史是什么》，第90页。

道德理性在这一时期的一并觉醒,从而打破了夏殷时代那种唯天或天命是瞻的"迷信的天真"①。然而,东周以降的历史变动却又将此一觉醒陷入新的困境。

春秋时期,诸侯势力相继崛起,"亡者侮之,乱者取之。推亡固存,国之道也。"(《左传·襄公十四年》)彼此间出现了争霸的局面,周王权也由此愈来愈式微。战国时期,"及田常杀简公而相齐国,诸侯晏然弗讨,海内争于战功矣。三国终之卒分晋,田和亦灭齐而有之,六国之盛自此始。务在强兵并敌,谋诈用而从衡短长之说起。矫称蜂出,誓盟不信,虽置质剖符犹不能约束也。"(《史记·六国年表序》),当时的天下一变而真正进入到了一个前所未有的大变革时代。依照西周初年周人的认识,此时的周天子业已德衰势微,因而上天交给周代统治者的大命就要改变,但事实上在春秋战国时期的大部分时间里,周天子象征性的王权却一直存在。不仅如此,就连侯伯争霸也还要打着周天子的旗号行事。与之相对的是,自齐桓晋文以来各个诸侯强主,虽未得天命,却个个能纵横捭阖,俨然如新天子一样号令其他诸侯。此时,道德理性与历史理性出现了错位,甚至背道而驰。孔子曰:"天下有道,则礼乐征伐自天子出;天下无道,则礼乐征伐自诸侯出。"(《论语·季氏》)"无道"变成了现实,而"有道"则变为理想,春秋时期的孔子于愤怒之中透露出些许的无奈。对这一时期的变乱,孟子亦云:"王者之不作,未有疏于此时者也;民之憔悴于虐政,未有甚于此时者也。"(《孟子·公孙丑上》)显然,这种历史发展的事实本身会动摇或改变时人特别是贵族阶层和知识分子(如"士")的认识,一方面,人们开始对历史发展的动力重新思考,提出了一些与西周时期"以德配天"相比迥异的历史发展观。例如,老子主张"小国寡民",邹衍基于阴阳变化提出了一套"五德终始说",稍后于孟子的韩非更概括出"上古竞于道德,中世逐于智谋,当今急于气力"(《韩非子·五蠹》)的历史结论;另一方面,人们对西周以来的道德理性也进行了一些多样化的体认。老子说:"天地不仁,以万物为刍狗;圣人不仁,以百姓为刍狗"(《道德经》第五章),又云:"上德不德,是以有德;下德不失德,是以无德。"(《道德经》第三十八章),这里,西周时期的道德理性竟然成为了下德,甚至是无德,从而失去了指导现实的作用。韩非在《南面》篇更对民心的作用提出质疑,云:"夫不变古者,袭乱之迹;适民心者,恣奸之行也。民愚而不知乱,上懦而不能更,是治之失也。人主者,明能知治,严必行之,故虽拂于民心,立其治。"体现周初道德理性的民心在这里反而成了混乱之源。与道、法等诸家这些相左的言论相反,先秦儒家从孔子开始就"志于道,据于德,依于仁,游于艺"(《论语·述而》),以循周礼尊周法自居。可见,他们面对日益与之相背的历史现实,能够高举崇尚道德的大纛,体现出一种道德理性上的自觉。

相较于孔子,孟子的一些道德观念更为丰富和成熟。孟子重德性首推仁义。《孟子·梁惠王上》开篇即曰:"王何必曰利?亦有仁义而已矣",又云:"未有仁而遗其

---

① 刘家和:《史学经学与思想》,北京师范大学出版社2005年版,第54页。

亲者也，未有义而后其君者也"，其态度可谓鲜明，就连太史公读至此"未尝不废书而叹也"。(《史记·太史公自序》)《孟子·尽心上》："杀一无罪，非仁也。非其有而取之，非义也。居恶在？仁是也。路恶在？义是也。居仁由义，大人之事备矣。"朱熹注曰："非仁非义之事，虽小不为；而所居所由，无不在于仁。"① 据笔者统计，《孟子》全书，除"仁"、"义"分述之外，仅"仁义"二字连用之处，就达26次之多。一方面，他向内提出"道性善"的思想根据，说："人皆有不忍人之心"(《孟子·公孙丑上》)，人如果"无恻隐之心，非人也；无羞恶之心，非人也；无辞让之心，非人也；无是非之心，非人也"(《孟子·公孙丑上》)，并将其与天道相合，"存其心，养其性，所以事天也"(《孟子·尽心上》)。不过，天在这里作为一种自然力量，却没有主宰者或指使者的意思②；另一方面，他又充分肯定了民心的作用，并依此丰富了儒家以民本为主要价值取向的"仁政"思想。围绕此，孟子道性善、觅良知、推民本，极力倡导统治者行仁政与德治，表现出一种超越前人的道德热情。显然，这些都是对孔子德性思想的发展。

正如许多学者所认可的那样，孟子的道德理性是一个系统，其中既含人性、天道在内的内在依据，又有以仁政德治相续的外在延伸，从而拥有着自己相对完整的内涵和理路。这一系统不仅表明了道德规范的约束性，而且体现了道德主体的能动性，因为"在孟子那里，道德律令便是道德主体的精神，整体道德律令的主体自由与个体意志自律的自由乃是一体化的"③。由此，我们认为，即使抛开孟子所有的历史证据，其道德理性也会拥有一个自圆其说的理论框架，柯林伍德说："在你开始思想之前，你不可能收集你的证据"，讲的也是这个道理④，因而我们也就不难理解孟子如此热衷于建构历史，并对其道德理性的诸种呈现毫无顾忌了。

然而，与柯氏一个正相反的推理是，一切思想并非凭空产生，其最终来源还是历史，故孟子以上对道德理性的思考和进步，并没有最终脱离开历史。历史事实不仅最初形成了他的道德理性，而且又为他的道德理性提供历史证据。因此，孟子"思想"前的这些历史事实包括此后作者所收集的历史证据，皆为其道德理性注入了生命的血液，进而为其负责提供正当性或合法性的理由。实际上，如果没有了这些历史事实与历史证据，其历史认识、道德理性也将无从所傍，最终会成为无源之水，无本之木，只剩下理论上干瘪的空壳。认识到此点非常关键，因为我们知道，历史不是静止的，它在不停地发展，随之人们的历史认识也就会不断更新，这无疑就等于说孟子思想中的道德理性只是一种相对恒定的思考，它不会成为万世不变之法则。但是，又因其是

---

① 朱熹：《四书章句集注》，中华书局1983年版，第359页。
② 杨伯峻：《孟子译注》序言，中华书局1960年版，第11页。
③ 杨九诠：《孟子道德精神新论》，《山东大学学报》(哲学社会科学版) 1990年第4期。
④ [英] 柯林伍德：《历史的观念》，商务印书馆1997年版，第388页。

经过抽象过的人类思想智慧的结晶，因而会在一个长时段内对不同时期的人们具有不同程度的指导意义或启迪价值。正是从这个意义上讲，孟子虽然是通过历史建构了道德，但当这种具有历史内涵的道德理性作为人们普遍遵守的一种价值规范出现的时候，就会取得了一种相对恒常或普适的特征。由此，相对不变的道德与不断变化的历史之间便会形成一种张力。在这种张力之下，每当道德与历史现实出现某种矛盾或脱节的时候，前者的社会价值和生命意义就会得到凸显，其内容亦会随之更新和丰富，进而推动社会的进步与发展。是为论。

# "欲觅存心法，当自尽心求"
## ——从南宋理学对词的影响反思当代儒学

河南大学文学院副教授　陈丽丽

儒学自产生后，便与文学有着密不可分的联系。南宋淳熙年间，位于江西铅山境内的鹅湖，无论在儒学发展史，还是在文学发展史上，都为后世留下了不可磨灭的印记。其原因是两次著名的"鹅湖之会"：其一是淳熙二年（1175），由吕祖谦发起，朱熹与陆九渊在此展开激烈讨论，"理学"与"心学"产生直接碰撞，成为哲学史上的一次重要论辩；另一次是淳熙十五年（1188），辛弃疾与陈亮、朱熹相约鹅湖，探讨国事，然而朱熹爽约，辛、陈二人鹅湖相会，相互酬答，产生了一系列《贺新郎》同韵唱和词，从而成为词学史上的一段佳话。这两次鹅湖之会，分属不同范畴，尽管没有必然联系，但却微妙地反映出南宋乾淳时期的思想文化风貌，即理学与词学的活跃。

乾道（1165—1173）、淳熙（1174—1189），是南宋中兴之君孝宗皇帝的年号，虽然他在位时间并不算长，然而这一时期在历史、哲学、文学等诸多方面成就令人瞩目。周密《癸辛杂识》曾言："尝闻吴兴老儒沈仲固先生云：'道学之名，起于元祐，盛于淳熙。'""南渡以来，太学文体之变，乾、淳之文，师淳厚，时人谓之'乾淳体'，人材淳古，亦如其文。"[1] 除了文章之外，被后人视为宋代文学代表的曲子词，同样在乾、淳时期达到了高峰，辛弃疾、姜夔是为代表。从皇室贵族到布衣士人，从朝中官员到市井百姓，各种身份各种地位的人们纷纷置身于填词行列，其中包括不少崇尚理学之人，比如朱熹便有《晦庵词》存世。以乾淳盛世为切入点，可以深入分析南宋中期理学对文学的影响，并借此反思儒学与社会的关系。

## 一、词学与哲学之关系

词是隋唐时期，伴随着燕乐而产生的一种音乐文学，花间樽前、歌舞宴饮是其产生的温床。带有浓郁佐欢娱乐性质的曲子词，似乎与理学这样的哲学范畴距离甚远，然而并非如此。从社会学角度看，哲学、宗教自产生时，便与社会各种现象，包括文学、艺术、政治等，有着千丝万缕、错综复杂的关系，"以致几乎不可能从他们相互作

---

[1] （宋）周密：《癸辛杂识》，中华书局1988年版，第169、65页。

用的过程中分辨出一个简单的因果关系来。宗教与艺术及世俗学术的关系也同样是复杂多样、变化无常的"①。

在中国传统思想文化中，儒、释、道可以说是主体，历代文人士大夫几乎无不受其熏沐。乾、淳乃中国思想文化史上的重要阶段，三教皆有所发展。孝宗赵昚曾以帝王之尊著有《原道论》论三教关系："夫佛老绝念无为，修心身而已矣；孔子教以治天下者。特所施不同耳。譬犹耒耜而织、机杼而耕，后世徒纷纷而惑，固失其理。或曰：当如之何去其惑哉？曰：以佛修心，以老治身，以儒治世，斯可也。唯圣人为能同之，不可不论也。"②在孝宗心目中，儒者可以治理社会；佛者可以净化心灵；道者可以护养身体。这三教各有优势，各有分工，因此应合而为一，"以佛修心，以道养生，以儒治世"。孝宗的《原道论》，既是对历代帝王政教思想的总结，也是对"三教合一"思想的高度总结，不仅归纳了三教各自的思辨成果，而且明确了三教合流的发展方向，其历史影响不容低估。就词坛而言，绝大多数文人都会被三教思想所浸染，有的是尊奉一门，有的是兼容并取，并且自觉不自觉地在作品中表现出来，有些是直接用术语，有些则间接融汇到思想中。

与词体在滥觞时期便与佛、道相关联相比，词与理学的渗透和交融是宋代出现的新现象，尤其在南渡之后十分明显。尽管理学在北宋已有发展，但当时词坛仍延续晚唐五代的花间格调，词并没有与理学产生联系。靖康之变后，政治局面、文化思潮、词坛风尚皆发生改变。传统娱乐艳情之词明显减少，述怀、说理之作数量明显比前代增加。南宋词坛出现的这些变化，与该时期理学的发展呈现出同步性与一致性。

## 二、南宋前中期理学家与词创作

理学是儒学发展到宋代的一个新境界。北宋以来，王安石的新学、苏轼的蜀学、二程之洛学、张载关学、朱熹理学、陆九渊心学等纷纭而起，其中程朱一脉最为突出。程朱理学，又称道学，正式形成于乾、淳时期。余英时先生在《朱熹的历史世界》一书中对道学形成有清晰描述：北宋中期以后，程颐、程颢为代表的程学与王安石所代表的王学在朝廷中互有上下。自崇宁（1102）禁元祐学术直到靖康元年（1126）除禁，"王学"定于一尊。南渡后，虽然朝臣之间仍时有程、王之争，但高宗主张程学与王学兼用，并取消了对学术的限制，取士不拘程、王。然而通观高宗一朝，王学其实一直占据政治文化上风，王学在朝堂上的地位直到孝宗初年仍无法动摇。

自乾道年起，由于张栻、吕祖谦、朱熹等人努力，程学逐渐进占了科举阵地。此

---

① ［英］海伦·加德纳：《宗教与文学》，四川人民出版社1998年版，第159页。
② （元）觉岸：《释氏稽古略》，江苏广陵古籍刻印社1992年版，第565页。

后，朱熹不断对道学进行探讨。淳熙二年（1175）年夏，《近思录》编成；淳熙八年，开始使用"道统"一词；两年后界定"道学"含义；淳熙十二三年增改《中庸序》，并于淳熙十六年（1189）写定。虽然道学在孝宗一朝时常被作为"伪学"受到压制，其彻底被统治阶级接受，并真正在社会上兴盛始于理宗时期，但"道统"、"道学"观念在淳熙年间已完全形成，不少文人士大夫深受理学思想影响，有些甚至还具有明确的师承关系。

张春义《宋词与理学》对理学家词人群进行了界定，把有理学师承关系，并有一定词作、词论存世者认定为理学家词人，两宋共109位，其中经历乾淳时期的有40家。现将这些词人的师承关系及作品情况统计如下：

表2-1 孝宗时期理学家词人表

| 词人 | 师承关系 | 词作总数 | 艳词数量 | 其他 |
|---|---|---|---|---|
| 胡铨（1102—1180） | 初事萧三顾，复学于胡安国 | 16 | 1 | |
| 史浩（1106—1194） | 张九成门人 | 180 | 21 | |
| 倪偁（1116—1172） | 受业于张九成之门 | 33 | 0 | |
| 魏杞（1121—1184） | 赵敦临高足 | 2 | 0 | |
| 王十朋（1112—1171） | 以张浚为受知师 | 20 | 0 | 咏物组词 |
| 魏掞之 | 尝师事胡宪 | 1 | 0 | |
| 曾逮 | 尝受业王蘋 | 存句 | 0 | |
| 韩元吉（1118—1187） | 学于尹焞，友朱熹 | 82 | 2 | |
| 刘珙（1122—1178） | 从刘屏山学 | 1 | 0 | |
| 向滈 | 从胡安国游，卒业于胡宏 | 43 | 23 | |
| 姚述尧 | 张九成讲友 | 69 | 5 | |
| 周必大（1126—1204） | 尝游胡铨之门 | 17 | 1 | |
| 尤袤（1127—1194） | 少从喻樗、汪应辰游 | 2 | 0 | |
| 杨万里（1127—1206） | 张浚、胡铨门人 | 8 | 0 | |
| 陈居仁（1129—1197） | 魏杞门人 | 1 | 0 | |
| 朱熹（1130—1200） | 师从李侗、刘勉之、胡宪等 | 19 | 0 | 多回文、隐栝 |
| 黄铢（1131—1199） | 从刘屏山游 | 3 | 0 | |
| 张栻（1133—1180） | 张浚之子，胡宏门人 | 1 | 0 | |
| 丘崈（1135—1208） | 张、吕同调 | 81 | 13 | |

（续表）

| 词人 | 师承关系 | 词作总数 | 艳词数量 | 其他 |
|---|---|---|---|---|
| 吕胜己 | 从张栻、朱熹讲学 | 89 | 15 | |
| 楼钥（1137—1213） | 师从王默、李鸿渐、郑锷等 | 4 | 0 | |
| 刘清之 | 受业刘靖之，朱熹、张栻讲友 | 2 | 0 | |
| 赵汝愚（1140—1196） | 汪应辰学侣 | 1 | 0 | |
| 徐安国 | 从张栻、朱熹游 | 4 | 0 | |
| 罗椿 | 杨万里高足 | 1 | 0 | |
| 刘光祖（1142—1222） | 从族兄郑伯熊学 | 11 | 2 | |
| 赵蕃（1143—1229） | 刘清之、朱熹门人 | 2 | 0 | |
| 陈亮（1143—1194） | 郑伯熊门人，陈傅良讲友 | 74 | 5 | |
| 叶适（1150—1223） | 曾学于陈傅良、郑伯熊 | 1 | 0 | |
| 蔡幼学（1154—1217） | 从陈傅良学 | 1 | 0 | |
| 崔与之（1158—1239） | 楼钥讲友 | 2 | 0 | |
| 吴琚 | 陈傅良弟子 | 6 | 0 | 多进奉词 |
| 杜旟 | 吕祖谦门人，胡瑗后学 | 3 | 0 | |
| 杜㫤 | 吕祖谦门人，胡瑗后学 | 残句 | 0 | |
| 李壁（1159—1222） | 李焘第三子 | 10 | 0 | |
| 韩淲（1159—1224） | 韩元吉子，刘清之门人 | 197 | 26 | |
| 谢直 | 陆九渊门人 | 1 | 1 | |
| 危稹 | 尝游陆九渊之门 | 3 | 1 | |
| 曾季貍 | 以吕本中为宗 | 0 | 0 | 存词论 |
| 曾丰 | 伊川后学 | 0 | 0 | 存词序 |

通过上表可以大致看出南宋前中期理学家词人及其创作有两个显著特点：

第一，理学家词人的社会地位层次普遍较高。官宦、士大夫阶层乃社会文化精英，历来是文学创作的主体。宋代的取士制度更造成了文人的繁盛，在南宋中叶江湖派崛起之前，宋代主要文人绝大多数具有官宦身份。客观来看，孝宗时期理学家词人群体的官职、社会地位相对比较突出。史浩、魏杞、周必大皆为孝宗朝宰辅，赵汝愚到了宁宗朝升任宰相。王十朋乃绍兴二十七年（1157）进士第一，擢为状元，孝宗即位后，起知严州，未赴任召对除司封员外郎，迁国子司业，起居舍人，除任侍御史；胡铨、韩元吉、杨万里、张栻、丘崈、楼钥等皆为朝廷重臣。值得一提的是，这一时期理学家词人在政治主张和性格特征上也表现出高度统一：从政治角度看，基本属于爱国、抗战一派；从性格上看，多为忠正、耿直之士。虽然这些理学家词人仅占孝宗词人群体的1/6，但较高的身份地位通常会带来较大的社会影响，同僚、友人间的互动交流、诗词唱和，往往会受到核心人物喜好的影响，因此这些理学家词人虽然从人数和作品数量上看不算突出，但对南宋词坛风尚的影响不容忽视。

第二，整体上对艳情创作较为排斥。有词作存世的38位理学家词人中，21人没有艳词。存词10首以上的15人中，无艳词者有倪偁、王十朋、朱熹、李壁4人。综观那些词作数量较多的理学家词人，其艳词比重普遍很少：胡铨16首中艳词仅1首；史浩180首，艳词21首；韩元吉82首，艳词2首；向滈43首，艳词23首；姚述尧69首，艳词5首；周必大存词17首，艳词1首；丘崈81首，艳词13首；吕胜己89首，艳词15首；刘光祖11首，艳词2首；陈亮74首，艳词5首；韩淲197首，艳词26首。除了向滈艳词比重较大，占53%外，其他词人艳词比例皆在20%以下，其中胡铨、韩元吉、姚述尧、周必大、陈亮更在10%以下。

南渡之后，尤其在乾淳盛世期间，艳情词始终处于明显减退的态势，不仅在理学家词人身上得到突出体现，而且在当时绝大多数词人身上都有所反映。这一倾向，与南渡之后已经在精英阶层流行起来的理学思想主张十分吻合。

## 三、理学对词的影响

综观乾淳时期词坛风貌，理学的影响主要表现在两个方面。

### （一）礼义道德对"词为艳科"传统的冲击

理学在孝宗时期已渗入社会思想文化中，在词人创作中亦有明显体现。清人李元玉曾明确指出："赵宋时，黄九、秦七辈竞作新声，字戛金玉；东坡虽有'铁绰板'之诮而豪爽之致，时溢笔端。南渡后，争讲理学，间为风云月露之句，遂逊前哲。"①

的确，南渡之后，艳词创作无论在数量上还是成就上明显逊于前代，孝宗时期艳情词比例仅占整个词坛的20%②，如果说南宋初期主要是因为家国之变、朝廷乐禁使得艳词创作环境遭到严重破坏，那么到了孝宗年间，盛世气象已颇具规模，都市繁华、歌舞声色丝毫不亚于北宋宣和时期，然而艳词创作却依然沉寂。究其原因，理学思想对社会文化及文学创作的影响可以说是一个重要因素。理学大师朱熹同时也是一位诗词兼通的文人，现存

---

① （清）李玉：《南音三籁·序言》，《续修四库全书》1744册，上海古籍出版社2002年版，第430页。
② 相关统计参见《本色的继承与深化：孝宗时期的艳情词》，《南京师大学报》2012年第5期。

词19首，从形式上看，有回文、联句、櫽栝、次韵等多种技巧；从内容上看，有写景、咏物、述怀、寿词众多主题，然而其中却没有一首艳情之作。朱熹曾向友人孙敬甫表达自己的词学态度："小词，前辈亦有为之者，顾其词义如何。若出于正，似无甚害。然能不作更好也。"① 可见朱熹对词这种文体持以保守甚至贬斥态度，他把词义放在第一位，强调词义要正，否则不如不作。

"礼义"乃儒家的思想核心，"义"字当头的词学观在孝宗时期并非朱熹一人主张，不少深受理学影响的文人都有这种思想意识，曾丰（1142—1224）在淳熙戊申年（1188）为黄公度词集作序时谈到"凡感发而输写，大抵清而不激，和而不流；要其情性则适，揆之礼义而安。非能为词也，道德之美，腴于根而盎于华，不能不为词也"②。曾丰有《缘督集》40卷，存诗551首，存文162篇，然而却无词存世。四库馆臣称其："盖事讲从罗洪先游，日以讨论心学为事。文章一道，非所深研。……集中如《六经论》之类，根柢深邃，得马、郑诸儒所未发。其他诗文，虽间有好奇之癖，要皆有物之言，非肤浅者所可企及。"③ 可见曾丰的思想与创作皆深受儒学影响，因而对词体亦有礼义、道德之要求。当词与道德联系起来时，必然会排斥并远离艳情传统。庞元英《谈薮》记载：

> 谢希孟在临安，狎娼陆氏。象山责之曰："士君子乃朝夕与贱娼女居，独不愧于名教乎？"希孟敬谢，请后不敢。它日复为娼造鸳鸯楼。象山闻之，又以为言，谢曰："非特建楼，且有记。"象山喜其文，不觉曰："楼记云何？"即口占首句云："自逊、抗、机、云之死，英灵之气不钟于世之男子，而钟于妇人。"象山默然。④

谢直原名希孟，字古民，号晦斋，黄岩人，曾从陆九渊游，淳熙十一年（1184）年进士，存词仅此一首。面对风流放浪、沉迷倡馆的学生，陆九渊一而再地出面指责、干预，并且直接搬出"名教"来进行说教。通过这则笔记，可见孝宗时期，理学家们已经明确表示出对声色艳情的排斥以及对礼义、道德的追求。在这种思想意识作用下，文人士大夫们必然会对情色之事有所收敛，纵然在习性上、现实生活中未必能十分节制，但付诸文字时，往往不会像柳永、欧阳修、黄庭坚那样无所顾忌、肆意宣泄。

对男欢女爱、儿女情长的排斥，正是理学思想的一种体现，在这些理学家词人笔下，几乎看不到词为艳科的文体特征。作为理学集大成者，朱熹无疑是理学家词人代表，晦庵词题材多样，然而没有丝毫香艳气息。除了这些理学家词人自身的创作之外，当时一些文人也深受影响，比如与杨万里、叶适交善，深谙理学思想的沈瀛（1135—1193?）词作颇丰，其《竹斋词》1卷今存90首，内容多富理趣，然而却无艳情之作。

---

① （宋）朱熹：《答孙敬甫》，《晦庵集》卷六十三，《四库全书》1145册，第200页。
② （宋）曾丰：《知稼翁词序》，施蛰存《词集序跋萃编》，第195页。
③ （清）永瑢等：《四库全书总目》，中华书局1965年版，第1376页。
④ （宋）庞元英：《谈薮》，《说郛》卷三十一，中国书店1986年版，第18页。

通过词坛创作风貌以及现存的各种资料可以推知：对于艳情的排斥，是理学对南宋词坛以及整个文坛最为显著的影响。

（二）理学术语、理学思想对词体的渗透

孝宗时期，理学思想对词坛的影响还直接体现在作品当中：其一是以理学之语入词，以词阐理；另一种是把理学思想融入词中。前者譬如沈瀛的《醉落魄》二首：

> 致知格物。初学工夫参圣域。天高地远无穷极。欲造精微，莫若守惟一。纯全天理明如日。都缘人欲来相惑。且将持敬为先入。若能持敬，真个是神力。
>
> 致知格物。孔颜学问从兹出。圣言句句皆真实。涵养功深，将见自家得。毋意毋我毋固必。视听言动非礼勿。胜己之私之谓克。克尽私心，天理甚明白。

这两阕词通篇理学术语，明显是以词这种方式来阐述"格物致知"及理学思想观念。这种纯学理之词，在两宋词坛极为少见。清代藏书家丁丙指出："子寿词劲气直达，颇思矫涤纤丽之习。惟好作理语，终与斯道去之远耳。"[①] 相似的阐释理学之作还有汪莘的《水调歌头·客有言存自者、未得其序因赋》：

> 欲觅存心法，当自尽心求。此心尽处，豁地知性与天体。行尽武陵溪路，忽见桃源洞口，渔子舍渔舟。输与逃秦侣，绝境几春秋。 举全体，既尽得，要敛收。勿忘勿助之际，玄扎一丝头。君看天高地下，中有鸢飞鱼跃，妙用正周流。可与知者道，莫语俗人休。

方壶通篇谈"心法"，其中借用了陶渊明《桃花源记》与《诗经·大雅·旱麓》中"鸢飞鱼跃"之典，为词作增添了一些文学色彩。《四库总目提要》谓其词"稍近粗豪，其中《水调歌头》二首，至以'持志'、'存心'为题，则自有诗余，从无此例。苟欲讲学，何不竟作语录乎？"[②] 可见后人对以词阐理的做法并不认同。

相比之下，把理学思想巧妙融入词中的现象更为多见，如朱熹《念奴娇·用傅安道和朱希真梅词韵》一阕。这是一首咏物词，所咏的是宋词中最为常见的梅花。"绝艳谁怜，真心自保，邀与尘缘隔"几句，一方面写出梅花的高洁峻雅，另一方面阐释了理学家的理想人格。

---

① （清）丁丙：《善本书室藏书志》，《续修四库全书》927 册，上海古籍出版社 2002 年版，第 668 页。
② （清）永瑢等：《四库全书总目》，中华书局 1965 年版，第 1397 页。

理学家们普遍重道轻文，提倡文以载道。自魏晋玄学兴盛以来，便有"山水体道"的传统，朱熹称道韦应物"其诗无一字做作，直是自在。其气象近道，意常爱之"①。还引用《国史补》对韦应物"为人高洁，鲜食寡欲"的人格表示欣赏，由此可见理学家们以闲淡、高洁、寡欲作为理想风范。这种风范通常会外化为自然山水，魏晋以来，田园山水总是被作为文人情怀的旨归，晋代陶渊明堪称典范，尤其在唐、宋时期深受文人追捧。孝宗时期，山林之趣、退隐生活在词中的表达明显多于前代，陶潜甚至成为词人笔下一个重要的意象，这种现象的出现，与当时理学思想不无关系。

　　吕胜己曾从张栻、朱熹讲学，他的89首词，境界开阔，风格多样，说理成分较为突出。如《满江红》：

　　往事千端，都笑道、衰翁宜拙。今会得、人情物态，尽皆休说。广厦尽堪舒笑傲，层楼又见凌空阔。试闲思、画戟比衡门，谁优劣。　　尘里事，无休歇。楼上趣，真奇绝。有一川虚旷，万山环列。识破古今如旦暮，肯将物我刚分别。愿时时、与客坐楼心，谈风月。

　　这首词通篇运用议论口吻，在自嘲、调侃中以辩证的思想传达出洞明旷达的人生态度。用议论述说人生哲理的手法在吕胜己词中经常出现。《满江红·题博见楼》上阕："物理分明，人事巧、元来是拙。常自觉、满怀春意，向他谁说。剩喜登临频眺望，那知出处成迂阔。细闲思、萧散较贪痴，谁为劣。"由登楼引发对人世间巧与拙，闲散与贪痴的对比和思索。《瑞鹤仙·嘲博见楼》（倚阑观四远）一阕更富情趣，词人从登高远望入手，描写客人登楼所见：山形不够舒展，小峰云树晦明不定，江淮楚甸也看不到，因而对"博见楼"的名字进行嘲讽；下阕以"休辨"二字起句，转而讨论"吾心乐处，不要他人，共同称善"。

　　众所周知，词体在南渡之后，从内容到艺术风格都发生了很大的变化。这些变化，一部分原因是由于文体自身的演变规律所导致的，另一部分则是由社会环境、文化思潮等外部因素共同推进的，理学是外因中不容忽视的一个元素。

## 四、从宋代理学对文学的渗透反思当代儒学

　　词作为音乐娱乐文学，在宋代的地位，相当于我们今天的流行歌曲，通常是士大夫及社会大众在歌楼酒馆、家宴私宅宴饮聚会时佐欢助兴的工具，在很长一段时间内被视为"余技"、"小道"。即便是这样一种文体，随着理学的自我不断发展，也被打

---

① （宋）朱熹：《论文·下》，（宋）黎靖德编：《朱子语类》，中华书局1984年版，第3327页。

上了深刻烙印。由此可见,儒学作为中国传统的本土哲学,对社会思潮、文学创作的影响力是极为突出的。20世纪,由于西学东进以及六七十年代特殊的时代背景,国故传统受到了冲击,甚至发生了断裂。纵观当代,在信息时代、全球化的大背景下,社会发展节奏越来越快,思想文化、文学艺术从内容到形式越来越呈现出多元化趋势,传统儒学也面临着新的挑战与机遇。在学术精英层面,儒学的继承与研究再度复苏,儒学研究会、大量儒学论文、专著引人注目,然而就社会各个层面看,虽然也涌现出儒学课堂、儿童读经等文化现象,但就整体而言,儒学的影子仍然比较淡漠。与宋代流行曲词中渗透着理学思想相比,当今文化与儒学所表现出的巨大疏离感,不能不引起我们的反思。

　　任何一种有生命力的哲学思想都是不断发展变化的。正如儒学到宋代成为理学一样,21世纪的新儒学也应当有自己的时代特色。儒学是一个多层次、多方面的复杂体系,有学者把它分为三个层面:政治意识形态、学术研究、行为方式。当代儒学发展的方向不是重新获得意识形态的独尊地位,而是作为一个思想流派置身于社会文化之中。综观当今儒学,在学术研究方面可以说是成果显著,然而在接受与传播层面上还很不够。近年来,以台湾学者林安梧、龚鹏程,大陆学者黄玉顺提出的"生活儒学",可以说是一种发展方向。龚鹏程先生指出:"现今应将'生命的儒学',转向'生活的儒学'。扩大儒学的实践性,由道德实践及于生活实践、社会实践。除了讲德行美之外,还要讲生活美、社会人文风俗美。修六礼、齐八政、养耆老而恤孤独、恢复古儒家治平之学,让儒学从社会生活中全面活起来。"[①]当儒学真正从学术研究领域渗入当代人们的思想及行为方式中,进而大量折射到文学、艺术创作中时,才会绽放出真正的活力与生命,才能对社会的文明发展起到积极作用。

---

[①] 龚鹏程:《儒家的饮馔政治学》,南华管理学院版《1997年度龚鹏程学思报告》,《饮食男女生活美学》,台湾立绪文化公司1998年版。

# 东亚理学的早期传播与书院的发展

厦门大学人文学院国学专业博士生、厦门筼筜书院教学主任　戴美玲

厦门筼筜书院创院理事长　王维生

理学（Studies of Moral Principles）主要指宋元明的儒学（约1000—1700），与之密切相关的概念有道学（Learning of the Way）、心学（Learing of the Mind and Heart），以及朱子学（Neo-Confucianism）。① 本文理学采用广义概念，包括道学、心学、新儒学、朱子学②等概念范畴。

唐宋作为中国历史的分水岭③，宋以后科举制度逐步完备，文人官僚阶层活跃，新兴士大夫阶层兴起，商业以及语言与印刷技术也取得了大发展。理学家们适应时代的需求，综合古今学说，集成各家学术成就，通过改造与诠释传统经典对现实社会提出解答。随着理学思想传播，宋明形成了一个新的学术文化繁荣的局面。到了明代，朝廷和士绅推行"同风俗，一道德"，理学通过书院教育、科举考试等途径以及法律与社会的强制手段得到广泛传播与普及④，逐步确立为官方正统学说。由此理学建构的上层文明、伦理、道德（其中不乏严厉的原则与高超的理想）扩展至整个民间，"曲高和寡"的理学精英思想变成人们的"日常规则"、"常识"、"习俗"，理学成为后世中国社会以及东亚汉字文化圈的核心价值。

## 一、理学在东亚早期传播

自宋以降，理学对东亚各国和民族都产生了深远的影响，特别是在朝鲜与日本的

---

① 参见［美］本杰明·艾尔曼：《经学·科举·文化史：艾尔曼自选集》，中华书局2009年版，第4页自序。
② 参见余英时：《朱熹的历史世界——宋代士大夫政治文化的研究》，生活·读书·新知三联书店出版社2005年版，第8页。本书中，余先生以"道学"与"理学"为同义语，因此视上下文的需要而交互为用。大致"道学"多用于程、朱一系，"理学"则包括程、朱以外一切流派。
③ 参见葛兆光：《思想史研究课堂讲录——视野、角度与方法》，生活·读书·新知三联书店出版社2005年版，第八讲《文化史与文明史——以宋代中国的历史为例》，第215页。
④ 参见葛兆光：《思想史研究课堂讲录——视野、角度与方法》，生活·读书·新知三联书店出版社2005年版，第十二讲《文化史与思想史研究的"视域"转换——以"唐宋"、"宋明"两个不同研究范式为例》，第297页。

历史上都曾得到充分的传承与发展。

## （一）理学在朝鲜的早期传播

中国宋代时，朝鲜正值高丽王朝（918—1392），高丽诸王对儒家文化都有一定的兴趣和造诣，并且陆续提倡儒家文化教育。958年，高丽实行科举制，在京城扩大太学、在各州建立州学，地方大力普及乡校，私立学校也开始风起，儒学始兴。992年，国子监建立，后来改组成为朝鲜半岛历代王朝最高学府"成均馆"①。

理学在元朝时传入朝鲜半岛，时值高丽王朝末期，"儒佛仙三者混合"，占主导地位的是佛教。佛教世俗化后，很多弊端显现出来，当时的政治、经济、社会都比较动乱。一些有识之士想学习中国用朱子学取代佛教，重新收拾民心。朝鲜理学的先行者安珦（1243—1306）敬慕朱子，在成均馆向学生宣讲朱子学。②忠烈王时期，派学者到元大都学习抄录理学著作，如安珦的学生白颐正（1260—1340）、权溥（1262—1346）直接去元朝大都学习程朱理学，归国后刊行普及朱子的《四书集注》、《孝行录》。

李齐贤（1287—1367）及其门人李榖（1298－1351）倡导务实、笃行的儒学，在四书基础上，讲解六经，以明"敬、慎、修养心性"，博取经史子集，致力政教风气③。李榖的儿子李穑更是高丽后期理学传承系列中的关键人物，围绕心性论逐步将理学演绎和发展成为高丽性理学，并成为李朝王国（1392—1910）建国的指导理念。在朝鲜社会经济的革变中，性理学理念也不断趋于成熟和发展。

整个李朝朝鲜，统治阶层实行科举制度，奉行朱子学。1398年成均馆从开城迁至汉阳，内设大成殿、明伦堂，官方大力扶持官办教育，郡县设立乡校（约360个），初级教育进行儒家教育。除了官办的儒学教育之外，民间还有书院，每个村落都有书堂，都是私立的，也进行儒家理学教育，可以说对全民进行理学教育。④

到了李彦迪（1491—1553）及其后继者有"朝鲜朱子"之称的李滉（字退溪，1501—1570）时期，朝鲜以程朱理学的"居敬修己"为基础，以修养为中心，通过对人们道德价值观的洗礼来指导实践活动，并由此来解决社会矛盾，使得朝鲜性理学得到空前的发展。可以说，理学对朝鲜的影响是全方位的，作为批判佛教思想的武器，建构了新的价值理想，包括典章制度、学术文化和风俗习惯等都有深层次的影响。

---

① "成均"一词源于《周礼》，"成人才之未就，均风俗之不齐"。目前高丽王朝所建的成均馆位于朝鲜的开城内，而朝鲜王朝的成均馆位于韩国的首尔。
② 参见李甦平：《朱子学在韩国高丽时代的传播与发展》，选自《哲学与时代——朱子学国际学术研讨会论文集》，华东师范大学出版社2012年版，第403页。
③ 参见金忠烈：《高丽儒学思想史》，第282、283页。
④ 参见洪军、张瑞涛、张永璐：《韩国儒学正从历史走来》，光明网－《光明日报》2011年2月21日。

### （二）理学在日本的早期传播

隋唐以后，日本通过海上贸易、宗教以及文化的接触，逐步深入了解中国并开始一系列全面吸收中国文明的活动。13世纪起，日本不断派出僧人到宋朝留学，带走大量的理学典藉，这些理学著作在佛寺间流传，发展为后来的日本禅学。

日本"借用"了无数中国文化的成分去建构自己的文化，德川幕府时代（1603—1868，又称江户时代）是中国文化对日本影响的最高峰。日本学者丸山真男（1914—1996）在《日本政治思想史研究》①中以"理"为中心指出，宋代到清代的中国常和德川时代的日本相比较，朱子学成为社会主流的政治意识形态，日本朝廷上下"以理学为先"，理学经过一系列的改造、消化，普遍根植于日本社会，成为御用学说。

18世纪日本儒家学者非常推崇中国的"圣人之道"。到了贺茂真渊（1679—1769）开创了日本的"国学"，特别是本居宣长（1730—1801）开始逐渐在思想世界"去古典中国化"，朱子学开始瓦解。在吸收中国文化中有价值的成分后，日本开始将"圣人之道"与中国分开，从而构建自己的"内在文化堡垒"，有着新起的民族自觉，并逐步从传统走向近代，建构成自己的现代文明。②

综上，理学在东亚地区的传播与发展，与朝鲜和日本一定的社会、政治、经济、文化的需要相一致，"理"从上层统治者、学术精英到民间都得到普遍的落实与普及，成为东亚儒学思想核心的关键词，使得朝鲜、日本等地区无论是在文化精神、思维方式、道德观念，还是审美情趣、文学艺术、生活礼仪等各方面都开始受到中国思想文化的影响甚至是同化。理学早期的传播过程中，必然有与所在国文化的冲突与碰撞，直至被消化、吸收，发展成为本民族的精神文化。而理学所蕴含的"传统文化"、"文化传统"仍在影响着今天的东亚世界，作为东亚世界的思想根源，可以成为当代东亚文明研究、对话的平台。

## 二、理学早期传播中的东亚书院

宋以后，理学思想的传播与教化密切相关，特别是办书院、教塾课、定乡约、行礼仪等方法推行观念和生活中的"文明"③，从而达到改造社会的目的。书院作为理学

---

① ［日］丸山真男著，王中江译：《日本政治思想史研究》，生活·读书·新知三联书店2000年版。
② 参见余英时：《关于中日文化交涉史的初步观察》，选自《中国文化史通释》，生活·读书·新知三联书店2011年版，第320页。
③ 参见葛兆光：《思想史研究课堂讲录——视野、角度与方法》，生活·读书·新知三联书店2005年版，第213页。

早期传播的一个载体与象征,发挥了十分重要的作用。①许多学者于书院著书立说,传道讲学,宣传与普及理学。书院既是教育中心,又是学术研究基地,肩负着思想传播媒介的作用和再造民族精神的时代使命②,在明代以后为朝鲜及日本广泛吸收。

### (一) 朝鲜、日本早期书院的属性与规模

朝鲜高丽时期著名儒臣崔冲(985—1068)首创朝鲜私学,教授中国儒家经典及其基本理念,时称"海东孔子"。崔冲设"九斋学堂"作为应举子弟们的准备学校,当时学徒纷集,促进了儒家文化的普及。朝鲜书院以中宗三十六年(1543)建成的白云洞书院为开端,以后陆续增加。在朝鲜王朝后期,特别是1690年前后开设的数量最多。高宗的隆熙二年(1908)刊行的《增补文献备考》中记录的书院有378所,这只是政府所掌握的数据,实际上如果包括奉祀先贤的书院,则能达到千所以上。③

教育是决定文化认同的基本要素,规范和约束着士人的行为思想。④作为"国家文物典章悉仿中朝"的朝鲜,因为科举制的影响,书院作为官学的色彩愈加浓厚。为了应举成为士人,必须长期吸收领悟正统思想与行为,从幼儿时期就要掌握文学语言,有较好的道德修养和扎实的历史知识。有权势的家族和商人暴发户通过建立书院,教授儒家经典课程,从而在地方上保持自己较高的社会地位和获取更多的政治权力。

在中国与朝鲜,书院早期主要以士人为中心的高层次学问研究、讲学的场所,初等教育在"社学"、"义学"、"家塾"、"书堂"中进行。根据《日本教育史资料》显示,"书院"这个名称在日本并没有普遍使用,民间学校一般称为"塾",其次称为"堂"和"舍",这些私人设立的学问处所,普遍受中国的影响,以中国书院的模式为范本,与官立的"藩校"以及初等教育场所"手习所"(相当于中国的私塾、朝鲜的书堂)一起,使得大都市到地方,从支配阶层的武士、商人、富农到庶民阶层的年轻人都可以广泛地受到教育。虽然日本没有科举,各类"塾"中,庶民可以学习到汉学,也培养出不少参与幕府政治的人才。⑤

由于日本没有统一的科举,缺少政府的支持,因此日本书院私人属性一直较强,有更多的空间来创造和维持自己的"学统",保持了中国书院独立自由的风气。大阪商人于1724年建立的怀德堂(汉学塾,也称为"怀德书院")与1838年创立的兰学塾

---

① 参见[日]吾妻重二:《书院文化与近世中国、东亚世界》,选自《哲学与时代——朱子学国际学术研讨会论文集》,华东师范大学出版社2012年版,第82页。
② 参见邓洪波:《中国书院史》"书院与理学一体化"的相关论述,东方出版中心2006年版。
③ 参见崔完基:《韩国朝鲜王朝的庙学与书院》,《湖南大学学报》(社会科学版)2006年第6期。
④ 参见[美]本杰明·艾尔曼:《中华帝国后期的科举制度》,《经学·科举·文化史:艾尔曼自选集》,中华书局2009年版,第148页。
⑤ [日]吾妻重二:《书院文化与近世中国、东亚世界》,《哲学与时代——朱子学国际学术研讨会论文集》,华东师范大学出版社2012年版,第84页。

（又称洋学塾）一起组成现在的大阪大学，是日本 7 所著名的帝国大学之一。大阪大学在旧制大学时代，因为较少的官僚味，且极富庶民特征而被当地的人们所称道。大阪大学章程第 4 条规定，"大阪大学对学术的追求坚持独立性和市民性"。学术的独立性，即在学术追求中尊重学术权力和学术自由；学术的市民性，即继承和发展怀德堂以来自由豁达的市民性性格和批判精神，立足于民众利益、社会现实和教育本质的学术主张。

明治时期（1868—1912），日本虽然主要接受西方文明，但是各地设立的汉学塾在数量上仍然远比德川时代多。据《日本教育史资料》统计，开设的汉学塾就有 180 余家，有的汉学塾形成了相当规模并在当时的社会上产生了较大影响，如东京的"双桂精舍"（1868）、"有为塾"（1879）；京都"敬塾"（1875），大阪的"泊园书院"（1825）等汉学塾，在塾生达到三四百人。其他地方也陆续仿效，汉学塾的发展可谓一时火红①，形成日本 19 世纪初"儒学大众化"、"教育爆发"的时代。

## （二）作为理学基地的东亚书院

书院在朝鲜半岛、日本的推广，成为其研究、传播以理学为代表的儒学文化的大本营。朝鲜"朱子"李退溪曾创办陶山书院，向学生们教授儒学并研修学问。之后一直成为韩国岭南（南部）地区儒林乃至韩国性理学的精神象征。他在《自省录》中反复与学者讨论《白鹿洞书院学规》之事，对朝鲜以及日本学者了解白鹿洞书院学规精神、传播朱子理学和书院文化的普及多有裨益。特别注意的是朝鲜的书院特别注重祭祀的功能，设立庙祠，奉祀先圣、先贤、先儒（如朱子），这些奉祀名贤的书院由子孙管理运营，由一族来经营书院，从而延续学派、维持宗族，保持"学统"、"血统"。祭祀的仪式跨越百余年在现在的韩国仍然很隆重，使圣贤教育的理想得以具象化，进而也使教育园地神圣化。②

日本不少书院有理学的传统，怀德堂就是以幕府承认的官学——朱子学为基本活动，特别是第四代传承人中井竹山时期，迎来全盛时期。怀德堂明确记载悬挂有《白鹿洞书院揭示》，日本学者柴田笃通过《白鹿洞书院揭示考证》考证《揭示》在当时不仅是学规，而是作为"圣学"、"心法"被提出来，因而《揭示》在日本德川时代受到普遍重视。③ 据考证《白鹿洞书院揭示》当年在京都、东京、大阪三地的 12 家"书林"同时发行，销量较大，流传亦广。一些不称作书院的学校，也以朱子的白鹿洞书

---

① ［日］山室信一：《明治儒学的存在形态及其意义》，《明治儒学与近代日本》，上海古籍出版社 2005 年版，第 359 页。
② 参见［韩］朴钟培：《从学规看朝鲜时代的书院教育》，《湖南大学学报》（社会科学版）2010 年第 2 期。
③ 参见［日］柴田笃著，简亦精译：《白鹿洞书院揭示和李退溪》，《湖南大学学报》（社会科学版）2010 年第 2 期。

院学规来教训生徒。①

总体说来，13世纪后的宋、元、明时期，中国文化以输出为主，书院在朝鲜、日本的兴盛、流传可以说和国内书院血脉相承，其教学、刻印、祭祀等基本的文化形式与功能都向本土看齐，与中华文化保有非常多的共性。但由于受移植时代、移植地区、移植人及其移植动机等诸多因素的影响，各地书院又不乏其自身特点，可以说书院发展是与社会的需要与历史的选择相契合。

17世纪到20世纪，中、日、朝都面临着如何转变自己的文化和思想形态的问题，明治维新以后的日本已经取得东亚文明的主导地位，而过去以天朝自居的中国转而处于求教的位置。1906年书院废除后，张之洞主持颁布新式学校章程，基本参照了日本所施行的欧洲体制。而理学在韩国一直有着很好的群众基础，是一种日常化、生活化的东西。在全球化的时代，文明对话随之多元，无论中国还是现在的日本、朝鲜、韩国，以往对话的重点在西方，而审视中、日、朝、韩的东亚文明对话对于增进理解与达成共识非常有意义。

## 三、理学与书院的传承与发展——以厦门筼筜书院为例

近千年来，在东亚文明的传播中，书院作为儒家文化的一种载体，将学术传承与教育由私人交流变成一种向公众开放的领域，成为名流学者们讲经论道之所，文人学士们向往之地。传统书院在近代渐趋衰落后，历经近百年的沉寂，又在现代意识的反观下悄然兴起。中国近年来不断有新的书院在"国学热"中复建、新创。这些现代书院的创立，再一次昭示，书院仍具有的精神活力。通过东亚理学早期传播与书院历史的梳理，对于当代中国与世界，特别是东亚世界在文化沟通交流、传承与创新上有什么启示？结合我们所创立的厦门筼筜书院的实践，有以下一些思考。

### （一）关于书院的性质与现代书院的创办经营

尽管关于书院之名及其定义学者还有一定的分歧，但是其作为与"书"、"学问"有关的处所是无可非议的。从创办形式上看，书院经常是介于官学、官办与私学、私办之间的，即非官学，又非纯粹意义上的私学，而是时而融于私学，时而汇合于官学，时而又与它们形成鼎足之势。特别是作为地方州县的书院，得到政府的支持有多有少，是针对青年应举还是少年儿童的学习，性质变化更是比较多。

宋代以来，特别是理学的发展与传播，书院的民间性的"私学"开始突出，特别是民间家族、商人、学者个人等建立的书院，私人性更强，这点也为东亚的朝鲜、日

---

① 参见邓洪波：《中国书院史》第六章"书院的普及与流变"，东方出版中心2006年版，第532页。

本所借鉴，所以往往作为书院的主持者、有个人魅力"山长"最能够代表书院，学子也往往是慕名前往，与传承人一起延续书院的学统。南宋以后，朝廷也越来越关注书院，中国和朝鲜的书院也有逐步"官学化"的趋势。

时至今日，书院的学术功能多为大学所代替，如岳麓书院作为湖南大学的学院，拥有各级学位授予权，经常性开办研讨会，并着力恢复古代书院的"讲会"制度，成为向一般社会人士推介书院精神的窗口。日本的怀德堂、泊园书院也分别成为大阪大学、关西大学的重要组成部分，在保有学术的独立性，而延续书院的传统，特别要标举的是市民性，即面向民众，关注社会现实，期待通过学术影响社会的理学精神还在延续。

厦门筼筜书院位于厦门的中央公园白鹭洲公园内，占地约 38000 平方米，是在厦门市政府规划指导下，由厦门国资委所属的厦门白鹭洲建设开发公司投资兴建及承办的，采取"政府支持、企业投资、公益性经营"的方式运营，致力于传统文化的传承与发展。在经营模式上，创造性地将中国古代书院的"学田制"与现代经营理念相结合，通过经营筼筜书院周围的文化场所"学田"为书院提供办学经费，保证书院有充足和持续的资金从事教育和学术研究，保证书院的公益性和纯粹性，各项活动取得广泛的社会影响。在学术上，书院充分与厦门大学国学研究院、台湾"中央研究院"中国文哲研究所等学术机构与专家合作，每年定期举办"海峡两岸国学论坛"，论坛经国务院台湾事务办公室核准，作为海峡两岸国学领域高端学术交流的重点活动项目，有计划地对国学经典进行系列研讨交流。

### （二）关于书院所从事的活动与现代书院的文化教育功能

宋代以来书院陆续形成"讲学、藏书、祭祀、出版"等功能，在讲学上，书院以理学为宗，东亚书院的传播也是伴随着理学的传播而被朝鲜、日本所借鉴，成为以讲汉学为主，宣扬理学的基地。在当代，书院学术研究的功能主要发展为现代大学与研究机构，如日本教授中国经典的"汉学塾"。到了后期，日本塾中传授日本传统的学艺的"国学塾"大量出现，教授英国、法国、德国、俄罗斯语言和学问的"洋学塾"也相继成立。而中国现在承担语言与文化的教学与交流的孔子学院自 2004 年 11 月 21 日在韩国首尔成立全球首家孔子学院以来，目前已在 106 个国家的 350 多个教育机构落户，中小学孔子课堂达 500 多个，成为推广汉语教学、传播中国文化及汉学的全球品牌和平台。

那么在外国人学习中华文化与经典的同时，我们看到的是国人在传统文化学习上的期待。国内这几年，经由电视传播、图书出版以及政府日趋重视的传统节日等，可以说有一定的"国学热"。在此背景下，厦门筼筜书院秉承"旧学商量，新知培养"的宗旨（出自朱子"旧学商量加邃密，新知培养转深沉"），秉承朱子理学对学术传统的尊重，结合新的时代，深入探索新的知识，开拓新的领域，培养新世纪的人才，提出给学者搭建一座交流沟通的平台，给青少年多一种传统文化学习的选择，给成人一次弥补中华文化的机会，"以致力国民道德的进步，图学术的发达，资本邦文化向上为目的"①，与高端的学术研究讨论同时，注重面向普通市民开展多层次的传统文化普及的课程与活动。

一如日本在重建怀德堂时，"讲圣经贤传以及本邦古典涵养德性以资究我国民道德知渊源"，针对听讲者在年龄上的分别开设特定的"素读课程"②，筼筜书院在青少年的国学启蒙，我们根据学生年龄层级和培训科目等，制定了《三字经》、《弟子规》、《千字文》、《笠翁对韵》及四书等十个阶段的国学启蒙计划，孩子在五年级之前可以学完相关的素读课程。同时开设书法、古琴等艺术类课程以及暑期的特色课程。在成人的经典普及教育层面，主要选择在每周六晚上进行国学经典定期的讲习课程以及名家讲座，已经开设过《诗经》、《论语》、《孟子》、《大学》、《中庸》、《道德经》、《易经》等经典全文的讲习，而名家讲座每年计划举办10场左右，目前已经举办将近50场。特别值得注意的是，筼筜书院面向公众的经典普及都是公益性质的。经过4年的实践，发现蒙学课程特别受欢迎，而成人坚持全程学习的难度相对比较大，流动性较强，需要辅以定期读书会的交流、书法古琴等文艺活动帮助成人学习探讨传统文化课题。在面向民众的名家讲座方面，相比于图书馆、文化馆等涉及多方面的内容，书院还是比较集中在传统文化主题领域，因而也能够更深入，也受到广泛的欢迎。

在短期传统文化的研习上，一如现在韩国李退溪所创立的陶山书院是韩国庆北道的观光名地，也是人们短期研修儒学的地方，陶山书院也为公务员、教师等社会群体举行定期的儒家文化学习体验课程。筼筜书院也于2012年尝试创立了针对社会的高端教育品牌"新儒仕课堂"，期待随着时代的发展与进步，中国企业家与社会管理精英们先后经历了EMBA、EDP等各类高端教育后，可以学习国学智慧，透悟儒商文化，成就品位人生，这也是一种平台性的创设，希望聚集一批热爱、学习传统文化的精英人士。

在仪式与节庆文化活动方面，韩国的陶山书院每年农历二月、八月举行祭祀，每年三月、九月举行"陶山别试"（汉诗大会）。而祭祀等礼仪活动方面一直是大陆所缺乏的，这方面主要通过在节日特别是传统节日时举办相关活动得以延续书院文化，如在元宵、中秋举办"听民乐赏明月"的雅集，举办新春古琴音乐会等多样的方式向市民传播传统文化。同时结合中央文明办"我们的节日"相关活动，承办厦门市文明办清明、端午、七夕等节庆活动。

---

① 参见［日］竹田健二著，白雨田译：《朱子学在韩国高丽时代的传播与发展》，《哲学与时代——朱子学国际学术研讨会论文集》，华东师范大学出版社2012年版，第453页。
② 参见［日］竹田健二著，白雨田译：《朱子学在韩国高丽时代的传播与发展》，《哲学与时代——朱子学国际学术研讨会论文集》，华东师范大学出版社2012年版，第446页。

在对外文化交流宣传方面，书院受到中央文明办和国家住建部，以及各地相关部门的瞩目，多次召开全国、全省专题会议，接待过上百次的参观访问。筼筜书院的这种模式也成为多地政府部门新建或复建书院的参考模式。

诚如台湾师范大学东亚学系教授兼国际与侨教学院院长潘朝阳教授2009年在厦门筼筜书院开院仪式暨"首届海峡国学高端研讨会"上的发言曾指出，因为厦门地理位置的特殊性，不仅是台海的主要门户，也是中国通往东亚世界以及全球的出发港，而从闽地源发的理学特别是朱子学，就如同活水清泉涌润天地滋溉万物，不但成为中华文化的国学核心价值，也成为东亚儒学文化圈的的文化精神和思想根源。筼筜书院是在此深远博厚的文化和学术基础上的，与厦门大学国学研究院一起，以传统文化特别是朱子理学的研究为长期目标，以复振且发扬朱子的书院精神为实践，经由国学经典的当代诠释，探讨儒家思想与当代社会的建设的结合，融贯传统之大义与新创之心得，参与建立属于中国经典源发而生的当代全球伦理之智慧，此举取得一定的成效，或许可以给当代的书院建设有一些启示。

# 中国传统生态智慧与生态文明建设*

西北大学校长、教授　方光华

## 一、中国传统生态智慧的内涵与特点

中国古代语言中并无现代语境中的"生态"一词，但这并不意味着中国传统文化中没有生态意识和生态思想。事实上，人与自然的关系始终是中国古人所关注的重大问题，其中包含着深邃的生态智慧。

中国传统文化的根本命题和最高追求是"天人合一"。据目前考古发现，至少在公元前10000—前8000年左右，中国古人即在农业生产活动中对天与人的关系作了实践性的探索。[①]相传最早试图将自然与人类进行整体把握的是伏羲氏，他创作了乾、坤、震、巽、坎、离、艮、兑八卦。伏羲将所有自然界的一切现象归结到八卦，认为了解八卦就能了解自然和人类社会。后来周文王、周公对此作了进一步发挥，形成了古代论述天人关系的经典性作品《周易》。《周易》对天道、地道、人道的内在贯通进行阐述，提出"与天地合其德，与日月合其明，与四时合其序"的经典命题，奠定了中国古代天人关系的基本框架，是历代思想家进一步阐述天人关系的主要依据。

"天人合一"展示的生态智慧，包含的内容主要有：

第一，宇宙的本真状态是生命秩序的和谐。在天人合一的观念里，宇宙被视为万物富有活力的生命发生和展开过程，呈现着各种生命过程之间的有机联系。"天地之大德曰生。"（《周易·系辞下》）整个大自然被看成一个大的生命整体，在这一生命整体内部的万事万物互相联系，互相渗透、相互感应，相互贯通。儒家认为，万物并育而不相害，道并行而不悖。道家认为事物的多样性甚至会表现出极端对立的特点，但就是在这种对立中，才显示出事物统一的深刻性，事物的多样性才使宇宙充满活力。中国佛教认为，从缘起关系来看，任何事物都相互依存，一即一切，一切即一，都是真如的显现。如果从平常心、欢喜心、慈悲心去观察，就会发现众生平等，圆融无碍。

第二，人类只有实现自身生命秩序的和谐，才会拥有真正的生命。作为生命整体有机构成的人类，与宇宙万物一样，具有生长发育的本性。这个本性是什么？孟子曾

---

\* 本文发表于《西北大学学报》2013年第6期。
① 张岂之：《中国历史十五讲》，北京大学出版社2003年版，第233页。

经有明确的解释，认为它就是恻隐之心、羞恶之心、辞让之心、是非之心，是人身上仁爱的力量、正义的力量、秩序的力量和理智的力量。人类的生存与发展，最终是为了使爱心更加丰富，使尊严更加稳固，使社会更加和谐，使理性能力得到提升。只有使最真实的本性得到表达，人类的生命过程才会得到完整地显示。只有顺乎人类的本性，人类的生命才会展现绚丽的风采。

第三，宇宙整体生命意义的彰显依靠人类的德性。在天人合一的观念中，一方面，人类从自然界禀受了生命价值，要以人类特有的形式完成自己的人性；另一方面，人类又"为天地立心"，通过人的目的性的创造活动使自然的目的真正实现出来。① 宇宙是有意义的存在，但"人能弘道，非道弘人"，宇宙意义的彰显离不开人类的实践活动，对生命本性有所彻悟的人类才能发显宇宙的意义。《中庸》曰："惟天下至诚，为能尽其性；能尽其性，则能尽人之性，能尽人之性，则能尽物之性，能尽物之性，则可以参天地之化育；参天地之化育，可以与天地参矣。"即是说，对生命本性有所彻悟的人类才能参与天地万物的大化过程。

中国传统生态智慧体现出三个基本特点。

首先，早熟性。侯外庐先生曾经指出，中国古典文明和思想有早熟的特点。他所谓的早熟，主要是指中国进入文明社会比希腊要早，有自己独立的发展路径。从中国传统生态思想来看，它确实具备早熟的特征。中国古代很早就开始了对人与自然和谐共存的深远思考，而且有自身完整的理论系统。这一点也为西方生态学家所发现。现代生态伦理学的创始人施韦泽和罗尔斯顿等十分推崇中国传统文化中的生态智慧。施韦泽认为"中国伦理思想是世界思想史上的一大重要功绩……对人与人之间的行为提出了很高的要求，并且赋予了爱还要涉及生灵及万物的内涵。这种先进性和巨大的成果还来源于中国伦理采取的正确的对生命及世界的肯定观"，近代西方学人所要努力达到的"符合理性的伦理世界观"，"孔子及其后来者早在两千年前就已经实现了"②。罗尔斯顿指出：在现代生态思想的构建方面，"似乎东方很有前途。"③

其次，制度性。中国传统生态智慧不仅体现出理论的早熟性，而且还将人与自然关系的生态探索融入到政治、经济生产及生活实践等方方面面。中国古代将对天地、日月星辰、江河海渎、祖先、历代圣贤的祭祀列入国家礼典，形成了以天地崇拜和祖先崇拜为核心、以其他多种鬼神崇拜为补充、相对稳固的郊社制度、宗庙制度以及其他祭祀制度，成为中国宗法等级社会礼俗的重要组成部分，它说明政权的合法性来自于自道和人道，在政治制度中体现出对自然和人类生命历史的敬畏。在具体的行政过

---

① 蒙培元：《为什么说中国哲学是深层生态学》，《新视野》2002 年第 6 期，又见《中国哲学生态观论纲》，《中国哲学史》2003 年第 1 期。
② ［德］阿尔伯特·史怀哲著，常暄译：《中国思想史》，社会科学文献出版社 2009 年版，第 98 页。
③ 《国外自然科学哲学问题》，中国社会科学出版社 1994 年版，第 250~252 页。

程中，强调按照自然秩序的运动规律实施相应的政治行为。例如《礼记·月令》详述了每个月的日月星辰变化、动植物物候特征，对人们在这个月应当做什么事、禁忌做什么事进行规定。对自然的保护被视为"王道政治"最重要的内容。据《尚书·周书》记载，中国至少从夏代开始就有禁止随意砍伐林木、捕捉鱼鳖的法令。周代则设有自然保护的专门官员，如"野虞"（保护鸟兽等生物）、"山虞"（保护山林）、"林衡"（保护平原地带的林木）、"川衡"（保护山川及物产）、"泽虞"（保护湖泽及物产）、"水虞"（保护川泽）等。说明中国传统的生态智慧渗透在政治、经济和社会生活的各个方面。

再次，自觉性。中国传统生态智慧高度重视生态保护的内在自觉性，把尊重自然万物的价值、爱护自然万物的生命，转化为人类内在的自觉需求。孔子认为"仁"者"钓而不纲，弋不射宿"（《论语·述而》），自然会对自然生命表现出发自内心的珍爱。宋代理学家指出，"仁"者仁爱万物，"仁者，以天地万物为一体，莫非己也"（《二程遗书》卷二），"若夫至仁，则天地为一身，而天地之间，品物万形为四肢百体，夫人岂有视四肢百体而不爱者哉？"（《二程遗书》卷四）一个内心有着高度自觉的人会特别重视对"内在自我"的叩问，会把对生命的感悟、体证当成了领悟人生意义的重要方式。

## 二、近代以来西方生态思潮的主要发展趋势

近代西方的文艺复兴和启蒙运动以来，人类作为认知和实践活动主体，自然界作为被认知和被改造的客体，自然的价值成为人的主体性价值的附庸，导致人与自然的尖锐对立。一方面，人类掌握了改造和征服自然的强大科学技术手段，促成了工业革命和科技革命的深入开展，取得前所未有的巨大物质财富；另一方面，日益严重的生态危机不断蔓延并逐步遍及整个世界，成为人类面临的前所未有的全球性挑战。

对工业革命、科技革命及其学理基础的近代科学思想和哲学理论的反思，自18世纪晚期在西方即开始孕育①，逐渐触及到对自然的态度，形成生态伦理学或生态哲学思潮，并转变为民间和政府的生态保护运动。当前，生态思潮越来越受到社会各界和全球各方面的关注。

回顾近代以来生态思潮的发展，其所取得的成就主要表现在以下三个方面。

首先，取得了丰富的理论成果。生态思潮关注的核心问题是人与自然的关系，致力于化解人与自然的冲突，谋求人与自然的和谐，强调人类与自然的永久性生存和持

---

① 如［英］吉尔伯特·怀特的《塞耳彭自然史》（1789），即以浪漫主义的想象表达了对工业革命的反思与忧虑，以及对农业时代的怀念与向往。

续性发展理念。但不同思想流派的具体观点也不尽相同。以约翰·帕斯莫尔、H. J. 麦克洛斯基为代表的人类中心主义（Anthropocentrism）认为，人类对生态问题负有道德责任，人类应当自觉调整自身的行为方式以确立人对自然的道德义务，但保护自然生态是人类出于对自身生存和可持续发展的关心，自然世界并不具独特的价值属性。他们主张，在人与自然的关系中应将人类的利益置于首要地位，人类的整体利益和生存发展是处理人与自然关系的根本尺度。

"反人类中心主义"（Anti‐Anthropocentrism）① 把价值赋予一切自然物，认为作为自然的一部分的人类与其他生物是平等的，自然不仅具有相对人类而言的工具价值，更具有其自身的内在价值。其中包括辛格和雷根把伦理原则扩展应用到动物的动物权利主义，施韦泽的敬畏生命和泰勒的尊重大自然理论所阐发的生物平等主义，由莱奥波尔德的大地伦理学、内斯的深层生态学、罗尔斯顿的自然价值论所表述的生态整体主义等。这些理论的核心理念是自然整体观和物种平等论，强调人类应当超越以人类中心主义、主客二元对立为基础的传统伦理，把伦理道德扩展到整个自然生态系统，确立人对自然的道德义务。

表面看来，人类中心主义与反人类中心主义的出发点完全不同，其对立是根本性的。但从更深层次看，二者亦有融合。人类中心主义者越来越意识到对自然的改造要适度，利用自然的同时也要改造自然，这样才能让自然更好地为人类服务；反人类中心主义者也日益察觉对自然的尊重其实就是对人本身的尊重。20世纪末期以来，生态理论还在不断走向深入，并试图消解生态安全和社会发展的紧张关系以谋求二者的共同进步，努力探索政府、市场、社会组织以及个人在生态问题上的作用及其合作模式等。对马克思、恩格斯经典著作中的生态观点作出进一步系统化解释和发挥的生态学马克思主义，也日益成为生态思想中的重要一支。

其次，展开了颇具声色的民间生态保护运动。随着生态问题的不断出现和生态理论的不断发展，民间生态保护意识不断提高，群众性生态保护运动逐渐兴起。1865年英国出现了世界上第一个民间环境保护组织"公共人行道和开放空间保护协会"，1892年美国也出现了"塞拉俱乐部"等民间生态保护组织。不过，大规模民间生态保护运动主要产生于20世纪中叶以后。1962年，美国生物学家卡逊发表了《寂静的春天》，她在书中揭示的滥用农药等对生态环境的破坏，触目惊心，强烈地震撼着美国公众。大批富有良知的公众开始投身于生态保护运动之中，各种群众组织、社会团体开始成立并积极地掀起规模不等的生态保护运动，《寂静的春天》的发表因此被视为"现代环境运动的肇始"②。1968年，来自10个国家的有识之士成立了跨国家的"无形的学

---

① 生态中心主义是反人类中心主义中的一种主要形态。除了生态中心主义外，反人类中心主义还包括动物中心主义（动物权利论）、生物中心主义等——它们之间虽有重叠，但也各有侧重。
② ［美］蕾切尔·卡逊著，吕瑞兰、李长生译：《寂静的春天》，吉林人民出版社1997年版，第12页。

院"——罗马俱乐部,发表了《增长的极限》,使人口、农业生产、自然资源、工业生产、环境污染等影响全球发展的基本问题成为各界人士热议的话题。20世纪末以来,民间的生态保护运动与人权运动、反核运动、福利运动和妇女运动等结合起来,规模和社会影响日益扩大。

再次,形成了国家和全球的生态保护共识。迫于《寂静的春天》所引发的民间生态保护运动的压力,时任美国总统的肯尼迪任命了一个特别委员会,该委员会证实卡逊的观点是正确的,这引起了美国国会的关注和重视,美国随后确定每年4月22日为地球日,美国环境保护局、美国绿党相继成立,生态思潮逐渐走入政治领域。1973年,英国发表了《为生存而奋斗的行动计划》,生态党也积极参与到议会选举当中。另外还有德国绿党和比利时绿党也得到官方的承认,并在议会选举中取得了显著成就。1984年欧洲绿党成立,它以不同国家的生态运动和绿党政治相互协作的模式,致力于推动生态保护政治理念的传播和实行。与此同时,生态保护也成为国际间的政府共识,其基本标志是1972年人类环境会议的召开、1973年联合国环境规划署的成立等。1987年,世界环境与发展委员会发表《我们共同的未来》,引起了对"环境安全"、"可持续发展"问题的世界性关注。1992年召开的联合国环境与发展大会,使可持续发展理念在全球范围内得到最广泛的承诺。时至今日,西方国家围绕生态保护,在法律体系建设、经济政策引导、发展模式转变、国际交流与合作等方面已经积累了丰富的经验。

综观近代以来西方生态思潮的发展,有三个基本特点。

第一,尚未明确与西方现代文明的关系。生态问题的深刻根源是西方现代文明基础的哲学理念。正如加拿大哲学家威廉·莱斯所指出:"环境问题的根源不在于科学本身,而在于一种意识形态,现代科学仅仅是控制自然这一更大谋划的工具。因此,控制自然观念才是环境问题最深刻的根源。只有深入理解了这一根源,才能找到解决环境问题的根本出路。"① 应该看到,与生态思想的形成与发展相伴随,西方哲学已经开始对其主流哲学观点的批判与超越。过程哲学(或有机哲学)的创始人怀特海(1861—1947)反对近代以来严重的主客二元对立,认为主体与世界原本一体,"任何事物对自身、他者和整体都有价值"②,世界中的一切相互连接、相互包涵而形成有生命的机体系统。存在哲学的创始人海德格尔(1889—1976)对现代技术的本质进行了深刻的追问与反思,他指出技术原本是人为"去蔽"而发明的,但现代社会中人被放置于技术运作的"座架"(Ge-stell)之中,技术成了控制、支配和占有人的异化力量,进而致使人们"随意地支配和破坏自然",其"错误在于不关心存在与人类的关系"③。因此,我们要听从诗与思的召唤,让物成其物、人成其己,"诗意地栖居"在

---

① [加]威廉·莱斯:《自然的控制》,重庆出版社2007年版。
② [英]怀特海著,韩东晖等译:《思想方式》,华夏出版社1999年版,第100页。
③ 刘宗超:《生态文明观与中国可持续发展走向》,中国科学技术出版社1997年版,第29页。

聚集了"天地人神"的四重整体之中。但这些反思尚未成为现代西方文明的合理内核。这影响到生态思潮对生态文明与现代文明关系的认识还比较模糊，生态文明到底是现有文明一种更加高级的表现形式，还是与现有文明完全不同的另外一种文明形态？理论上还有不少纷争。

第二，尚未渗透到西方文明的各个领域。西方文明依然推崇主客对立、人我二分的自由竞争。在经济领域，凭借资本与金融优势，以及先进的科学技术优势，几乎垄断了利润高污染程度较轻的高科技产业和加工工业的西方发达国家，依然倡导资源在全球范围内的自由配置，一方面在本国推行严格的污染物排放标准等生态保护措施，另外一方面不断将传统的制造业的高能耗污染重的夕阳产业转移到发展中国家。在政治领域，西方文明依然崇尚并推行其核心价值，缺乏对不同类型的其他文明探索其发展路径的努力的温情与尊重。生态思潮所表达的对自然的敬畏和对人类自身理性与情感能力的反思，并没有成为西方文明的生活习性。

第三，尚未构建起合情合理的全球性生态智慧。随着不发达国家现代化意识的觉醒、发展中国家现代化进程的进一步推进以及全球化进程的加快，当今世界，生态问题越来越突出地反映出全球性。西方文明在处理现代化过程中的生态问题方面，确实要领先发展中国家，掌握了不少先进的生态保护与修复技术，甚至在仿生态经济方面已经做了初步实验，并率先意识到生态问题具有全球整体性特征，人类生态问题的解决只有通过国际政治合作才有可能实现，需要各国政府和人民树立全球责任感，共同参与全球环境治理。但遗憾的是，西方文明并没有提出处理生态问题的合情合理的全球性生态智慧。西方国家漠视发展中国家经济发展一时无法避免的生态困难，又不愿承担自己对全球性和区域性生态问题的历史责任，要求发展中国家承担超过其承受能力的责任，并对发展中国家利用其先进的生态技术设置障碍，影响到全球性生态合作无法有效地展开。

## 三、当代中国生态文明建设的可能道路

改革开放以来，中国人民生活水平、国家综合国力和国际地位显著提升。但与此同时，日益凸显的生态问题成为中国未来发展进步面临的极大挑战。生态文明建设逐渐引起国家和民众重视并上升为国家战略。中国共产党十六大报告明确提出基本实现现代化的目标之一是："可持续发展能力不断增强，生态环境得到改善，资源利用效率显著提高，促进人与自然的和谐，推动整个社会走上生产发展、生活富裕、生态良好的文明发展道路。"十七大进而把"生态文明"概念写入党的政治报告，明确提出了"建设生态文明，基本形成节约能源资源和保护生态环境的产业结构、增长方式、消费模式"的发展战略。十八大报告把生态文明建设纳入中国特色社会主义事业五位一体

的总体布局，强调把生态文明建设融入经济建设、政治建设、文化建设、社会建设各方面和全过程，努力建设美丽中国，实现中华民族永续发展，为全球生态安全作出贡献。

当代中国生态问题既具有其他国家生态问题一些共同的特点，也有一些其他国家不同的特点。

第一，它是中国文明形态转型过程中人与自然关系的重新调适。16 世纪以来，由欧洲发源的现代化，本质上是从以土地为轴心的农业经济向以市场为轴心的商品经济的转变，它涉及物质生产方式的变化、政治体制和社会管理模式的转变、思想观念的变革，其中最根本的是人与自然关系的重新定位。在鸦片战争以前，中国主要是农业文明。19 世纪 60 年代到 90 年代的洋务运动，才开始中国现代化才的蹒跚起步。1898 年严复翻译出版《天演论》，就开始意识到人与自然的关系需要重新思考，他大力宣传达尔文"物竞天择，适者生存"的学说，认为要做到"与天争胜"，又"必究极乎天赋之能，使人治日即乎新，而后其国永存，而种族赖以不坠"[①]，《天演论》促进了中国传统天人合一观念的转变。100 多年来，中国的农业文明已经发生根本性变化，现代科学技术的日益进步，商品经济与市场经济的相继活跃，政治、经济、社会、文化的现代化已经全面铺开，它促使国人从自然中挺立出来，重新调适人与自然的关系。

第二，它有人口众多、资源有限而发展愿望十分迫切的特殊国情。中国人口基数大，数量居世界首位，目前已经超过 13 亿，人均土地、人均耕地、人均草地面积、人均水资源只有世界平均水平的 1/3、1/2、1/2、1/4，而近代科学技术在中国起步较晚。在被迫向现代社会转型的过程中又备受落后就要挨打的痛苦，追求民族自由、人民幸福、文化复兴的愿望特别强烈。在还来不及系统设计以一种科学的经济增长方式来改变自身命运的前提下，就匆匆迈上了现代化进程，走上了过多依赖对有限资源开发与破坏的发展路径，形成了经济发展与环境恶化的恶性循环。

第三，它受经济全球化过程中资源和产业结构不合理配置的深刻影响。从发展类型看，现代化可分为"内发"和"外诱"两种类型。内发型是指某一民族或国家的现代化由其内部因素促成、由内部创新所引起的社会变迁，如西欧、北美。外诱型则是指某一民族或国家的现代化是由外部刺激引发或外部力量所促成，如亚洲、非洲和南美洲。"外诱"的现代化，具有被动抉择的特征，比起"内发"的现代化来，要更加复杂。中国的现代化具有很明显的"外诱"特征，它是在应对西方文化的挑战过程中，才逐渐意识到现代化的时代主题。当中国开始向现代化社会迈进时，经济增长的空间已经受到发达国家的制约。这是我国生态环境遭到严重破坏的深层次因素。

中国生态问题的建设是一个有着悠久农业文明传统与丰富生态智慧的国家在实现现代化过程中所出现的问题，也是一个资源有限而人口众多的发展中国家在追求自身

---

① 严复译：《天演论》，科学出版社 1971 年版，第 40 页。

繁荣与富强、世界和平与正义过程中所出现的问题，中国生态文明的建设对于中华民族的永续发展意义深远，对于世界文明也有重要意义。中国要在生态文明建设上有所作为，应当从中国具体国情出发，主动顺应时代潮流，在广泛吸取西方生态建设成果的基础上，充分发掘中国传统生态智慧，努力探索中国生态文明建设的可能道路。

第一，构建与我国现代文明形态相一致的生态理论。要推进生态文明建设，首先必须对生态思想的理论基础和核心问题进行深入研究，构建出具有民族特色、与我国现代文明相一致的较为完整的现代生态理论体系。这既需要发展马克思主义关于人与自然关系的经典论述，也需要广泛借鉴、吸收、消化西方现代生态思想的基本理念、基本问题、基本方法等方面的研究成果，使当代中国生态理论的构建不乏世界眼光，更需要发掘中国传统文化中的生态智慧，改造中国传统生态智慧，促成传统生态智慧的现代转化，使当代中国生态理论具有东方哲学基础并彰显中国特质。中国特色的社会主义应该有与之相应的生态文明理论。生态问题的根本是人与自然的关系，而人与自然的关系是人与人的关系的一部分，也将统一于人的社会实践。人与自然的和谐，既要依靠人对于自然的深入了解，也要依靠人对于社会制度和社会生活的实践。当代中国的生态文明建设应当修正西方文明在处理人与自然关系方面的失误，调整人类实践的方式与向度。

第二，将生态理念渗透到当代政治、经济、社会、文化的各个方面，使生态理念成为文明自觉。首先要推进经济发展方式转型，将发展等同于经济增长的观念需要改变。确立以经济社会发展支持生态保护、经济社会发展与自然生态相协调的发展模式，是推动中国生态文明建设的必然走向。同时要继续健全生态保护的法律法规，切实做到有法必依、执法必严。此外，要大力发展生态治理和修复技术。生态问题的解决，既需要加强环境问题对经济社会的影响的分析，也需要加强应对气候变化的经济社会成本效益分析，更需要应对环境污染的技术研究。在此基础上，最终将生态文明贯彻到我国的基本经济制度、基本政治制度及公共政策的设计当中。

公民生态意识的主体觉醒是当代中国生态文明建设的奠基石。正确的生态理念并非完全依赖社会的自发形成，需要政府部门、教育部门和各类媒体拓展生态理念的传播与教育渠道，对生态文明的基本内涵和先进特质及其紧迫性、必要性进行科学地揭示、宣传和引导，使生态文明同人们的日常生活紧密地联系起来，激发广大民众的主体自觉意识，明确人类自身对于自然所应当承担的生态道德责任和伦理义务，将生态文明建设转化为公众的自我教育、自我表现和自我完善的进程之中，使生态文明建设成为人们普遍认同和自觉践行的价值取向和行为准则。

第三，积极参与全球生态事物，倡导具有民族文化特色的民胞物与、公平正义的生态价值观念。作为世界上最大的发展中国家，中国对全球环境问题有特殊的影响力。中国的环境问题恶化的趋势若不得到遏制，会给周边的许多国家带来困扰。同时作为世界上二氧化碳排放的第二大国，中国的作为与不作为将对世界的环境带来影响。中国作为环境问题的利益相关方,应当积极寻求解决国际环境争端的办法,寻求合作与交流,共同面对全球化环境问题。中国应当更加自觉地倡导并践行具有民族文化特色的民胞物与、公平正义的生态价值观念,为全球生态问题的解决作出更大的贡献。

# 王阳明"致良知"道德哲学及其理论特色

人民出版社哲学与社会编辑部主任、二级编审　方国根

王阳明作为明代"心学"运动的代表人物与最具影响力的理学家,其学在当时形成了一股声势浩大的学术思潮。纵观王阳明一生,历经明宪宗、孝宗、武宗、世宗四朝,尽管他的政治生命艰难坎坷,学术生命波澜多变,但无论是从政业绩,还是立德修为、学术成就,都显得异常突出和辉煌,在中国历史上是一位"立德"、"立功"、"立言"三不朽式的人物。特别是王阳明在"立言"上,讲学书院,授徒、传道、解惑,著书立说,倡导复兴"心学",反对程朱"道学",为拯救明王朝的社会与道德双重危机,为专制社会后期的道德思想理论与价值建构,寻找有效的思想武器,破除世人"心中贼"而不遗余力,曾进行多方摸索和艰辛探求。依据黄宗羲《明儒学案·姚江学案》记载,王阳明学术思想经历了形成过程中和形成以后的各有"三变"。如果说将王阳明"龙场悟道"作为分水岭,前"三变"表明阳明由"始泛滥于词章"到笃信朱熹理学的格物之说,再到出入于佛、老之学,归本于孔孟圣人之道,在学术思想上还是"照着讲"儒学,或是"接着讲"儒学,为"我注六经"式的学术传统,而"龙场悟道"之后"三变",大悟"格物致知"之旨,便默坐澄心,主"知行合一"之说,发微"心学"之论,特别是"致良知"说的提出,则昭示着阳明开始"自己讲"学术,到"讲自己"学术,转为"六经注我",彰显了阳明学术思想的突破与创新精神。本文将王阳明置于宋明理学思潮大视阈,来尝试阐发阳明"致良知"道德哲学的基本内涵及其精神维度。

## 一、王阳明"致良知"道德哲学的基本内涵

王阳明身处风云剧变的明朝中叶社会,一方面,内忧外患交加,社会矛盾与民族冲突日益严重,危机四伏,但统治阶级中的大多数人依旧醉生梦死,内讧频仍,对社会危机麻木不仁。面对时局的危机,王阳明心中愤然有一种沉重的失落感和道德悲情:"今天下波颓风靡,为日已久,何异于病革临绝之时!"(《答储柴墟》,《王阳明全

集》)① 怎样才能使整个社会和谐地在封建纲常的历史轨道上运转，这就是当时的社会现实给政治家、思想家和哲学家们提出的严峻课题。另一方面，随着商品经济的发展与资本主义萌芽的滋生，"操资交接"、"锱铢共竞"、竞利求富的风尚不仅表现在商人之间，同样影响上层士大士乃至统治阶层，形成崇尚纷华、奢靡的不良风气；加上由于皇帝荒淫无耻、宦官干政以及政治腐败黑暗，使得封建的伦常败坏，士林道德颓废，寡廉鲜耻，而以朱子学思想为正统的理学，遂成为士子们涉猎科场的死记硬背的教本，博取功名利禄的工具，标志着理学的式微之势，逐渐丧失其作为社会伦理道德规范的外在律令的功能。从哲学理论形态上来说，正因为"致广大，尽精微，综罗百代"的朱熹哲学体系已日益显露出其在本体"理"与具体"物"、形上与形下、伦理规范与践履行为之间破绽和内在矛盾。② 王阳明为了克服朱学弊端，不得不另辟蹊径，敢昌天下之讥，为陆学辨诬。他在《象山文集序》中强调说："圣人之学，心学也。尧、舜、禹之相授受曰：'人心惟危，道心惟微，惟精惟一，允执厥中。'此心学之源也。"认为陆九渊提出"心即理"的命题，继承和发展了尧、舜、禹以来传授的十六字心传，为心学之源，是孔、孟、周、程"道统"的嫡系。阳明力倡象山之学，选择和发挥"心即理"作为理论基础，提出了"知行合一"和"致良知"说，建构了更系统、彻底和更富有理论特色的"心学"道德哲学体系。

如果说"知行合一"说是王阳明"自己讲"的早期倡导的学说，那么到了晚年，他主要是提倡"讲自己"的"致良知"说，或是只论"致良知"，可以说，"致良知"是对"知行合一"说的提升、发展和超越，是阳明理论学说"三变"之后的教法结晶。据钱德洪在《刻文录叙说》中所说，王阳明在龙场时便有"良知"此意，"只是点此二字不出"。王阳明从 37 岁龙场"悟道"，到 50 岁居南昌时始揭"致良知"说，其间苦心探索，历经十余载。用他自己的话来说，"良知"说是他"从百死千难中得来"，"实千古圣圣相传一点滴骨血也"（《年谱二》），标志着其心学道德哲学逻辑结构的最后完成。从此，王阳明大讲"良知"与"致良知"：

> 区区所论"良知"二字，乃是孔门正法眼藏。于此见得真的，直是建诸天地而不悖，质诸鬼神而无疑，考诸三王而不谬，百世以俟圣人而不惑！知此者，方谓之知道；得此者，方谓之有德。异此而学，即谓之异端；离此而说，即谓之邪说；迷此而行，即谓之冥行。虽千魔万怪，眩瞀变幻于前，自当触之而碎，迎之而解，如太阳一出，而鬼魅魍魉自无所逃其形矣。(《与杨仕鸣（辛巳）》)

吾平生讲学，只是"致良知"三字。仁，人心也，良知之诚爱恻怛处，便是

---

① 吴光、钱明、董平、姚延福编校：《王阳明全集》（上下册），上海古籍出版社 1992 年版。凡下引文只注篇名，个别标点，笔者有改动，特说明。
② 参见方国根：《王阳明评传——心学巨擘》，广西教育出版社 1996 年版，第 55~72 页。

仁，无诚爱恻怛之心，亦无良知可知矣。(《寄正宪男手墨二卷》)

近来信得"致良知"三字，真圣门正法眼藏。往年尚疑未尽，今自多事以来，只此良知无不具足。譬之操舟得舵，平斗澜浅濑，无不如意，虽遇颠风逆浪，舵柄在手，可免没溺之患矣。(《年谱二》)

良知之外，别无知矣。故"致良知"是学问大头脑，是圣人教人第一义。(《传习录中·答欧阳崇一》)

"正法眼藏"本来为佛教用语，禅宗指全体佛法，为所传之心印，本意是指佛祖的无上正法。王阳明认为"良知"乃是"孔门正法眼藏"，即孔学的无上正法，所传之心印，其平生讲学，就是宣讲"致良知"，正是借佛教用语来说明"良知"与"致良知"在圣学中的作用和地位。那么，何谓"良知"？何谓"致良知"？"良知"与"致良知"的基本内涵是什么？

王阳明的"良知"一词来源于《孟子·尽心上》："人之所不学而能者，其良能也；所不虑而知者，良知也。孩提之童无不知爱其亲者，及其长也，无不知敬其兄也。亲亲，仁也；敬长，义也。无他，达之天下也。"但与孟子的"良知"说不尽一致，其含义要广泛得多，是作为融本体论、认识论、人性论和道德论为一体的范畴。王阳明对"良知"作了多层次的内涵规定和论述：

良知者，孟子所谓"是非之心，人皆有之"者也。是非之心，不待虑而知，不待学而能，是故谓之良知。是乃天命之性，吾心之本体，自然灵昭明觉者也。(《大学问》)

至善者，明德、亲民之极则也。天命之性，粹然至善，其灵昭不昧者，此其至善之发见，是乃明德之本体，而即所谓良知者也。至善之发见，是而是焉，非而非焉……而不容少有议拟增损于其间也。少有拟议增损于其间，则是私意小智，而非至善之谓矣。(《大学问》)

心者身之主也，而心之虚灵明觉，即所谓本然之良知也。(《传习录中·答顾东桥书》)

夫良知即是道。良知之在人心，不但圣贤，虽常人亦无不如此。若无有物欲牵蔽，但循着良知发用流行将去，既无不是道。(《传习录中·又答陆原静书》)

良知是天理之昭明灵觉处，故良知即是天理。思是良知之发用。若是良知发用之思，则所思莫非天理矣。良知发用之思，自然明白简易，良知亦自能知得。若是私意安排之思，自是纷纭劳扰，良知亦自会分别得。盖思之是非邪正，良知无有不自知者。所以认贼作子，正为致知之学不明，不知在良知上体认之耳。(《传习录中·答欧阳崇一》)

良知是造化的精灵。这些精灵，生天生地，成鬼成帝，皆从此出，真是与物

无对。人若复得他完完全全,无少亏欠,自不觉手舞足蹈,不知天地间更有何乐可代。(《传习录下》)

良知之虚,便是天之太虚;良知之无,便是太虚之无形。日月风雷,山川民物,凡有貌象形色,皆在太虚无形中发用流行,未尝作得天的障碍。圣人只是顺其良知之发用,天地万物,俱在我良知的发用流行中,何尝又有一物超于良知之外,能作得障碍?(《传习录下》)

天理在人心,亘古亘今,无有终始;天理即是良知,千思万虑,只是要致良知。(《传习录下》)

尔那一点良知,是尔自家底准则。尔意念着处,他是便知是,非便知非,更瞒他一些不得。尔只要不欺他,实实落落依着他做去,善便存,恶便去。他这里何等稳当快乐。此便是格物的真诀,致知的实功。(《传习录下》)

……莫道圣门无口诀,良知两字是参同。人人自有定盘针,万化根源总在心。……(《咏良知四首示诸生》)

良知即是独知时,此知之外更无知。谁人不有良知在,知得良知却是谁?(《答人问良知二首》)

综上王阳明对"良知"的论述和界定,我们大致可以归纳如下:

其一,从哲学本体论上说,"良知"既是"道"、"吾心"之本体,"造化的精灵",又是"惟变所适"(《传习录下》),动静一源,能够发用流行而生天地万物及人类,也是王阳明哲学逻辑结构的最高范畴。在王阳明的心学建构中,"良知"并非是具体的人"心",而是一个高度抽象的本体世界。他说:

自圣人以至于愚人,自一人之心以达于四海之远,自千古之前以至于万代之后,无有不同。

是良知也者,是所谓"天下之大本"也。致是良知而行,则所谓"天下之达道"也。天地以立,万物以育,将富贵贫贱,患难夷狄,无所入而弗自得也矣。(《书朱守乾卷》)

又把"良知"解释为存在于"吾心"而又脱离"吾心"的绝对的"真己",要求人们时常保持"真己的本体":

这心之本体,原只是个天理,原无非礼,这个便是汝之真己。这个真己是躯壳的主宰。若无真己,便无躯壳,真是有之既生,无之即死。汝若真为那个躯壳的己,必须用着这个真己,便须常常保守着这个真己的本体。(《传习录上》)

其二，从道德论角度看，"良知即是天理"，体现为先验的传统伦理的升华和至善的道德——"天理"，是传统道德伦理的总概括，具有普遍性和至上性，是认识"是非邪正"的道德伦理标准。

其三，从认识论上说，"良知"是"独知"，即视"良知"为主体和客体的统一体，是天下唯一的真知，它以"良知"自身为认识对象，而不以客体世界为认识对象；同时，"良知"又是"自家底准则"，是判断是非、识别善恶、检验真假的绝对标准和尺度，即"真是个试金石、指南针"（《传习录下》）。王阳明要求人们把"良知"作为自己的"定盘针"，循着"良知"去实实在在地做，绝对服从"良知"的命令，达到一切自然符合传统伦理道德的要求。因此，他对自创的"良知"说十分满意，曾不无得意地提示他的弟子学生："人若知这良知诀窍，随他多少邪思枉念，这里一觉，都自消融。真个是灵丹一粒，点铁成金。"《传习录下》）又说："此'致知'二字，真是个千古圣传之秘；见到这里，百世以俟圣人而不惑！"（《传习录下》）

其四，从人性论上说，"良知"作为无善无恶的性体，是性体"灵昭不昧"的显现，为至善的"天命之性"。王阳明将人性论归结为"吾心"，把"天理"、"天命之性"纳入"吾心良知"："夫礼也者，天理也。天命之性具于吾心，其浑然全体之中，而条理节目森然毕具，是故谓之天理。"（《博约说》）可见，王阳明的"良知"范畴是一个包含本体论、道德修养论、认识论与人性论为一体的纯主观精神的集合范畴，仍然是以仁、义、礼、智、信等传统伦理道德准则为基本内涵。①

依据王阳明的"良知"说，既然良知被膨胀为宇宙世界的本体、完美至善的真理、唯一的真知，又是判断是非、识别善恶、检验真假的标准，那么，人们进行道德修养与道德践履的唯一工夫便是"致良知"。阳明晚年更是殚精竭虑，从"致良知"出发，将他的心学哲学概括提炼为简要的"四句"话，作为其"立教宗旨"："无善无恶是心之体，有善有恶是意之动，知善知恶是良知，为善去恶是格物。"（《传习录下》）这就是被后人称为王门"天泉证道"的四句教，也是王阳明高扬主体道德精神的心学教言。从"心"与"知"上讲，"心"是指"心之体"，而不是人心，"知"是指"良知"，而不是见闻之知；就"意"与"物"而言，"意"是指有善有恶的意，"物"是指有善有恶的物。"四句教"从超验的本体维度界定"心"与"知"，从经验的工夫层面界定"意"与"物"，体现了本体与功夫、知与行两方面的融洽统一、贯通合一。所以，王阳明"致良知"说，尽管包含着从本体与功夫、形上与形下、未发与已发、主体与客体、内在与外在、心（性）与物、动与静、格物与致知、知与行诸层面合一贯通的丰富内涵，但其核心内涵则是要解答在认识论上的认识过程、认识目的与在道德论上的修养和践履工夫问题，强调从"万化根源总在心"的"良知"本体出发，挺立和高扬道德主体心性，从本体超越与当下践履的双向维度，揭示心体成德的内在自

---

① 参见方国根：《王阳明评传——心学巨擘》，广西教育出版社1996年版，第115~126页。

由与外在现实的伦理约束的张力，追求通过"致"的简易化与践履化了学圣修养功夫，去达到心与物、知与行合一的"圣人"良知境界，完成个体修养与践履行为功夫上的道德自律，获得个体生命精神的人文安顿。

## 二、王阳明"致良知"哲学的理论特色及精神维度

如果我们稍加具体展开，就可以将王阳明的"致良知"说简要地概括为如下两大方面来探讨其理论特色和精神维度：一方面，王阳明将"格物致知"、"知行合一"纳入"致良知"思考与检讨的范围，通过阐释"格物"、"致知"、"正心"、"诚意"、"知行"诸范畴内涵，借以论证和阐明认识、修养与践履功夫。首先，他从"求理于吾心"出发，全面地阐明"格物致知"说：

> 然欲致其良知，亦岂影响恍惚而悬空无实之谓乎？是必实有其事矣。故致知必在于格物。物者，事也，凡意之所发必有其事，意所在之事谓之物。格者，正也，正其不正以归于正之谓也。正其不正者，去恶之谓也。归于正者，为善之谓也。夫是之谓格。《书》言"格于上下"，"格于文祖"，"格其非心"，格物之格实兼其义也。(《大学问》)

> 故格物者，格其心之物也，格其意之物也，格其知之物也；正心者，正其物之心也；诚意者，诚其物之意也；致知者，致其物之知也：此岂有内外彼此之分哉！理一而已。(《传习录中·答罗整庵少宰书》)

> 格物，如《孟子》"大人格君心"之"格"，是去其心之不正，以全其本体之正。但意念所在，即要去其不正以全其正，即无时无处不是存天理，即是穷理。(《传习录上》)

王阳明强调"致良知"不能是虚空无实，而是必须实有其事，着实践履，在行动上"实为之"、"实去之"(《大学问》)，认为"致知"的前提是"格物"，并训释"物"为"事"，"格"为"正"，将"格物"理解为"正事"、"正心"、"诚意"。王阳明训"物"为事，虽与朱熹相似，但他训"格"为"正"，则与朱氏训"格"为"至"、"尽"有别。他不同意朱熹训释《大学》"格物"之"格"为"至"，批评朱熹以"穷理"释"格物"，是混淆概念之嫌，说不通，"直曰致知在至物，其可通乎？""如'格其非心'、'大臣格君心之非'之类，是则一皆正其不正以归于正之义，而不可以'至'字为训矣。"(《传习录中·答顾东桥书》)"心"在本质上是"正心之物"，"正其不正以归于正"，"去其心之不正"，以保全心"本体之正"。在王阳明看来，"穷理"兼有"格"、"致"、"诚"、"正"的功能，"格物"则兼举"致知"、"诚意"、"正

心",没有内外彼此之分,唯有求"理"而已。为什么要格"心"、"意"、"知"之物?按照王阳明自己说法,心之本体是无善无恶的,而由心所生意念则是有善有恶的,因此,由意之所发而产生的"事"也是有善恶、有是非的。正因主体之人容易"动于欲,蔽于私"(《传习录中·答罗整庵少宰书》),所以"格物"就是"正"人们的行为或意念,以"克私复理",达到去恶从善,"止于至善"的境界。由此可见,王阳明的"格物"论是围绕诚意、正心来立论的,以"正心"、"诚意"来代替格物,格物实为"正心之物"、正心中念头:"盖心之本体,本无不正,自其意念发动,而后有不正。故欲正其心者,必就其意念之所发而正之,凡其发一念而善也,好之真如好好色;发一念而恶也,恶之真如恶恶臭;则意无不诚,而心可正矣。"(《大学问》)就实质上而言,虽然王阳明采取一种摒除客观、排斥客体实践的自我直觉参悟的方法,但他把道德主体良知的理性自觉与为善去恶的道德情感和信念的培养,视为一个以道德践履之行为中介的"未有止"的现实过程,强调道德修养和道德伦理的践履实行,既凸显内在自我主体道德精神,又贯穿着"知行合一"的精神,在一定程度上克服了朱熹与陆九渊分"理心"、"知行"为二的不足和局限,对中国哲学史上后来的哲学家、思想家产生了不容忽视的影响,彰显了阳明"格物致知"说的理论特色以及其道德哲学的内在品质与个性。[1]

其次,王阳明从"知行合一"来阐明和凸显"致良知"说的内涵和特色。王阳明提出"知行合一"说是为了与朱熹"知先行后"说相抗衡,他从"心理"关系出发,揭示出自己与朱熹在"知行"上的差别:朱熹之失在于分"心"、"理"为二,因"外心以求理",导致分"知"、"行"为二;而阳明他主张"求理于吾心",从而得出所谓"此圣门知行合一之教"(《传习录中·答顾东桥书》)。王阳明认为知行为二对社会造成的最大危害,就是凡事都空口讲说,而不身体力行,就像只知"孝"、"悌"与"忠"、"信",而不行"孝"、"悌"与"忠"、"信"一样,虽有一念发动不善,也不去加以禁止,如长此以往,任其发展,"此不是小病痛,其来已非一日矣",势必形成了严重的道德危机和社会危机,将危害明王朝的专制皇权统治,因此,"某今说个知行合一,正是对病的药"(《传习录上》)。王阳明对明朝中叶社会风气败坏、道德水平下降的情况极为担忧,对士大夫中形成言行不一,言行相违,追求"着空"的务虚学风,深表愤慨和痛绝:"逮其后世,功利之说,日浸以盛,不复知有明德亲民之实。士皆巧文博词以饰诈,相规以伪,相轧以利,外冠裳而内禽兽,而犹或自以为从事于圣贤之学。如是而欲挽而复之三代,呜呼,其难哉!吾为此惧,揭知行合一之说,订致知格物之谬,思有以正人心,息邪说,以求明先圣之学,庶几君子闻大道之要,小人蒙至治之泽。"(《书林司训卷》)士大夫在专制皇权的压制与商品经济发展的影响下,思想日益庸俗化,丧失了对人生崇高道德理想的追求,完全成了虚伪的利禄之徒。王阳明

---

[1] 参见方国根:《王阳明评传——心学巨擘》,广西教育出版社1996年版,第97~103页。

以治天下之病的妙手自诩，高扬"知行合一"的旗帜，正是因为补偏救弊，对症下药，为了扭转日益庸俗颓废的士风，拯救明王朝的政治和道德的双重危机，冀希昌明圣贤之学而盛行于天下。他进一步阐发"知行合一"说：

> 我今说个知行合一，正要人晓得一念发动处，便即是行了。发动处有不善，就将这不善的念克倒了。须要彻根彻底，不使那一念不善潜伏在胸中。此是我立言宗旨。（《传习录下》）

王阳明把"一念发动"称为行，就是要求人们非但不能有违背伦理纲常的行为，甚至连违背伦理纲常的念头也不准有，以此强调个体主体在道德践履中克除恶念邪念的重要性。将"一念发动"当作"便是行了"，要求在"一念发动处"克倒"不善之念"，这是他知行合一的"立言宗旨"。为此，王阳明在《南赣乡约》中鼓吹"人之善恶，由于一念之间"的动机决定说，教导百姓时时提防"尔一念而恶"，要求百姓把那些违背传统伦理纲常的人欲消灭在萌芽状态，彻底破除"心中贼"，防"山中贼"患于未然。他在《传习录中·又答陆原静书》中明确强调指出："必欲此心纯乎天理，而无一毫人欲之私，非防于未萌之先，而克于方萌之际不能也。"这里，王阳明为破"心中贼"，要求"克于方萌之际"，一方面是有劝诫和指责当时宦官、藩王、贵戚、官僚地主违背道德伦理纲常的含意；另一方面，也为其"破心中贼"的事功主张和行为提供理论依据。

王阳明的"知行合一"说，所要解决的是关于道德认识和道德践履（行为）的关系问题。他倡导的"知行合一"，其基本内涵就是要求"知行本体，即是良知良能"（《传习录中·又答陆原静书》），主张知行的本体皆为"良知"，心之本体与知行本体是合二为一的。因此，王阳明特别强调说："知之真切笃实处即是行，行之明觉精察处即是知。知行工夫，本不可离。只为后世学者分作两截用功，失却知行本体，故有合一并进之说。"（《传习录中·答顾东桥书》）只要人们着实地进行"好好色，恶恶臭"、"学问思辨"等认知活动，能够"真切笃实"地做到对"良知"的认识，即是"真行"；只要人们进行的思考辨察等认知活动行为能够做到"明觉精察"，即符合心之"良知"，便是"真知"。从本质上讲，王阳明无论是以"知"为行，还是以"行"为知，都抹杀了"知"与"行"的差别和区分，否定了主观与客观的界限，不是知行的对立统一，而是形而上学的统一。但他强调"行"的"笃实之功"的重要性，倡导"去事上省察"、"人须在事上磨炼做功夫，乃有益"（《传习录下》），把践履实在的事情称之为"行"，释"行"为"以求履其实而言"（《传习录中·答顾东桥书》），凸显了主体的道德践履功夫的重要性，反对"着空"学风，猛烈地抨击"空疏谬妄，支离牵滞"（《传习录中·答顾东桥书》）的时弊，倡导"实学"，肯定了"躬行"在"知"、"学"和"穷理"中的作用，无疑有其合理价值。实际上，王阳明"知行合一"

说的最大特色就是即本体即功夫,本体功夫一贯,即强调认识道德意识的内在自觉性和道德践履性的统一,并将作为认识论和道德论的知行问题上升为本体论,而将"知行合一"蕴含贯穿于"致良知"说之中,使本体论、认识论、道德论、践履论融合为一体,则也是阳明"致良知"说的致思趋向与重大特色之一。①

另一方面,王阳明又着重将"良知"训释为"天理",用"致良知"来彰显和阐扬"存天理,去人欲"的道德伦理原则,宣扬"人皆可以为尧舜"的主体道德价值取向与理想人格境界。正因如此,王阳明将"致良知"的核心内涵归结为"存天理,去人欲":

> 只要去人欲、存天理,方是功夫。静时念念去人欲、存天理,动时念念去人欲、存天理,不管宁静不宁静。(《传习录上》)
> 
> 必欲此心纯乎天理,而无一毫人欲之私,此作圣之功也。(《传习录中·又答陆原静书》)

"致良知"的人生目的,就在于克尽人心中的"私欲",使人"心之本体"良知得到"复明",永葆"至善"的美德,即用"良知"之心来规范人的思想和行为,从而使人的一切言行都自然地合乎传统伦理道德标准。因此,他从静与动、积极与消极的不同维度来规定和阐发"致良知":既然"良知即是天理"(《传习录中·答欧阳崇一》),那么"致良知"无论是静时是动时,都必须"念念去人欲、存天理","只在此心去人欲、存天理上用功便是"(《传习录上》);同样,既然"良知"受私欲的障蔽,那么"致良知"的重点就必须去人欲,"学是学去人欲,存天理;从事于去人欲,存天理,则自正"(《传习录上》),无论是事亲事君上,还是处富贵贫贱、患难夷狄时,都要"学存此天理"(《传习录上》),也就是"为善去恶是格物"的"作圣之功"。王阳明主张"天理人欲不并立"(《传习录上》),犹如冰炭水火,互不相容,要求"吾辈用功,只求日减,不求日增。减得一分人欲,便是复得一分天理,何等轻快脱洒!何等简易!"(《传习录上》)

王阳明进而从"良知"是人人先天具有的观点出发,论证和阐发圣人与凡人之间的异同,为世人努力追求为圣做贤的理想人格提供内在标准和现实途径。他断然指出:

> 良知良能,愚夫愚妇与圣人同。但惟圣人能致其良知,而愚夫愚妇不能致,此圣愚之所由分也。(《传习录中·答顾东桥书》)
> 
> 圣人之心,纤翳自无所容,自不消磨刮。若常人之心,如斑垢驳杂之镜,须痛加刮磨一番,尽去其驳蚀,然后纤尘即见,才拂便去,亦自不消费力。到此已

---

① 参见方国根:《王阳明评传——心学巨擘》,广西教育出版社1996年版,第105~112页。

是识得仁体矣。(《答黄宗贤应原忠》)

把能否"致良知"作为区分"圣愚"、"圣常"的标准,认为愚夫愚妇、常人与圣人一样皆具"良知良能",所不同的是圣人能"致良知",而愚夫愚妇与常人则不能。因为圣人的心"纯乎天理,而无人欲之杂"(《传习录上》),而之所以如此,是圣人赋禀有清明、精粹的"气质",就好比是干净的明镜、精纯的金子,而愚夫愚妇与常人心中存有人欲,之所以存有人欲,则又是因为其赋禀有浊污、驳杂的"气质",在人性上属中人以下,就像污杂不净的镜子、不纯的金子,需要"致良知"的工夫,才能恢复纯粹的良知"天理"。在这里,作为"心之本体"的"良知"是形而上,而"致良知"是要"存天理,去人欲",为形而下;王阳明在形而上的本体"良知"世界中是强调圣愚"合一",而在形而下的现实的世界则强调圣愚的区分,这是他出于对明朝中叶当下现实社会中存在道德理性与私意私欲、善与恶的严重冲突而产生严重危机的关注和应对考虑,主张通过形而下工夫层面的"去人欲",体认并达至"形而上"本体层面的良知"天理",以便为当时世风日下的道德与社会危机指出向善维度的价值取向与责任目标,并为维护专制社会的道德与社会等级差别作人性上的致思和论证。因此,他倡导人们要"学为圣",以古代圣贤为道德楷模:

> 故虽凡人而肯为学,使此心纯乎天理,则亦可为圣人;犹一两之金比之万镒,分两虽悬绝,而其到足色处可以无愧。故曰"人皆可以为尧、舜"者,以此。学者学圣人,不过是去人欲而存天理耳,犹炼金而求其足色。(《传习录上》)

王阳明从当下现实的人生关怀出发,一方面阐明凡人、常人因所禀"气质"的驳杂,不能"致良知",成不了"圣人",道出了在现实社会中的芸芸众生成为"圣人"路径的不易与难处;另一方面又提出了"格物致知"、"知行合一"、"居敬存养"、"省察克治"、"事上磨炼"等一套具体"为善去恶"的道德修养与践履工夫,谆谆诱导和说明,凡人只要真心肯为学,痛下工夫磨炼修养身心,并努力践履实行,就可以达到其所希冀的"圣人"境界,试图给世人大众以心灵情感上的慰藉和希望。[①]

王阳明与其他的理学家不同,他不仅从"立言"上,即在思想理论上建构和阐发了本体与工夫合一的"致良知"工夫,更重要的是强调"知行合一",并直接地运用和贯彻落实到他的社会践履之中,即他从政的"立功"之中。王守仁中年和晚年屡屡领兵镇压农民和少数民族的起义,除用武力外,还十分善于分析和总结农民起义的教训,强调"灭心中贼",突出道德教化与思想控制的重要性。他认为用武力将农民起义镇压下去,远远不能从根本上解决实际问题,重要的是要"革"掉农民起义之"心",

---

① 参见方国根:《王阳明评传——心学巨擘》,广西教育出版社1996年版,第133~135页。

防患于未然:"虑其无革心之诚,复遗患于日后。"(《祭浰头山神文》)因此,他在《与杨仕德薛尚谦》的信中表明了自己的衷心愿望:"扫荡心腹之寇,以收廓清平定之功。"王阳明认为扫荡"心中贼",以达"廓清平定之功",最好的办法当然是他所倡导的"致良知"工夫,即"存天理,去人欲"说教。他在正德十二年(1517)镇压南赣、汀、漳农民起义时,曾"告谕"乡民说:"自今各家务要父慈子孝,兄爱弟敬,夫和妇随,长惠幼顺。小心以奉官法,勤谨以办国课,恭俭以守家业,谦和以处乡里。心要平恕,毋得轻意忿争;事要含忍,毋得辄兴词讼。见善相互劝勉,有恶互相惩戒;务兴礼让之风,以成敦厚之俗。"(《十家牌法告谕各府父老子弟》)要求人们遵循"三纲五常"的传统伦理道德。可见,王阳明是以"致良知"的内容作为其为人处世、为官社会践履的基本准则,"立言"、"立德"与"立功"三位一体,但强调用世"立德"、知行合一,并贯穿其纵横捭阖、波澜壮阔而又富有传奇的人生始终,其精神维度是挺立和彰显作为人主体的道德自觉与责任担当,代表着中华民族传统哲学与文化的核心价值,也是其道德哲学突出而鲜明的特色。

# 唐写本《论语》郑玄注的学术特点

西北师范大学国学研究中心主任、教授　伏俊琏

郑玄是汉代经学大师,是汉代经学的集大成者。郑玄的《论语注》,唐代以后逐渐散佚。尽管其中有些内容收录在何晏《论语集解》中,但只是少部分,很难窥见《论语》郑注的整体面貌。为恢复《论语》郑注之原有面貌,南宋王应麟以来,尤其是清代学者,做了大量细致的辑录工作。王谟有《论语注》10卷,宋翔凤有《论语郑氏注》10卷,黄奭有《郑玄论语注》1卷,陈鳣有《论语郑注》10卷,袁钧和孔广林各有《论语注》10卷(郑氏注),钱坫、王仁俊、龙璋等各有补辑。晚清著名学者俞樾有《论语郑义》1卷,专采辑郑玄《诗》笺及三《礼》注中涉及《论语》的句子。所辑虽然不是郑氏《论语》注,但都是郑氏讲说《论语》之义的句子。然而这些辑佚的材料仍然是一鳞半爪,从中很难较完整地研究郑氏《论语》注的学术特点及思想。

20世纪以来,在敦煌和吐鲁番出土了唐写本《论语》郑玄注的抄卷,计有吐鲁番写本28件:(1)吐鲁番阿斯塔纳363号墓出土8／1号写本,即著名的唐中宗景龙四年(710)卜天寿抄卷;(2)吐鲁番阿斯塔纳184号墓出土12／1(b)-12／6(b)号写本,抄写时间为唐开元年间;(3)吐鲁番阿斯塔纳27号墓出土25(a)、18／3号写本,为盛唐时抄写;(4)吐鲁番阿斯塔纳184号墓出土18／7(b)、18／8(b)号写本之二;(5)吐鲁番阿斯塔纳19号墓出土32-34号写本,抄写时间在初唐;(6)吐鲁番阿斯塔纳85号墓出土1／1、1／2号写本;(7)吐鲁番阿斯塔纳27号墓出土18／1号写本;(8)吐鲁番阿斯塔纳27号墓出土21、22号写本;(9)吐鲁番阿斯塔纳27号墓出土18／2、23(a)、24(a)号写本;(10)吐鲁番阿斯塔纳27号墓出土36(b)、37(b)号写本;(11)吐鲁番阿斯塔纳184号墓出土18／7(b)、18／8(b)号写本之一;(12)吐鲁番阿斯塔纳27号墓出土38(b)号写本;(13)吐鲁番阿斯塔纳184号墓出土18／7(b)、18／8(b)号写本之三;(14)吐鲁番阿斯塔纳27号墓出土39(b)号写本;(15)吐鲁番阿斯塔纳27号墓出土18／4(a)号写本;(16)吐鲁番阿斯塔纳27号墓出土26(a)号写本;(17)吐鲁番阿斯塔纳27号墓出土27(a)、18／11(a)号写本;(18)吐鲁番阿斯塔纳27号墓出土18／5(a)号写本;(19)吐鲁番阿斯塔纳27号墓出土28(a)、18／6号写本;(20)吐鲁番阿斯塔纳27号墓出土29(a)、30(a)号写本;(21)吐鲁番阿斯塔纳27号墓出土31(a)／1、31／2(a)号写本;(22)吐鲁番阿斯塔纳27号墓出土31(a)／1、31／2

(a) 号写本；（23）吐鲁番阿斯塔纳 27 号墓出土 32（a）、18／7（a）号写本；（24）吐鲁番阿斯塔纳 27 号墓出土 18／8（a）、33（a）号写本；（25）吐鲁番阿斯塔纳 27 号墓出土 34、18／9（a）号写本；（26）吐鲁番阿斯塔纳 27 号墓出土 35、18／10（a）号写本。（27）日本龙谷大学藏吐鲁番写本 1；（28）日本龙谷大学藏吐鲁番写本 2。敦煌写本 7 件（可拼合为 5 件）：①S. 6121 + 11910 号写本；②P. 3339 号写本；③S. 7003 号写本；④Дх. 05919 + P. 2510 号写本；⑤日本书道博物馆藏敦煌写本。这些编号中，4 个残件有记年题记，分别是唐景龙二年（708），景龙四年（710），开元四年（716），龙纪二年（890）。其余虽没有纪年，但经考证都是唐代写本。

唐人抄写的《论语》郑玄注的发现，引起了学术界的极大关注。罗振玉、王国维、王重民、向达、陈铁凡、月洞让、金谷治、王素、荣新江等先生先后对 P. 2510 号、日本书道博物馆藏本、S. 3339、6121、7003、11910 等残卷进行了整理和考释。① 而吐鲁番唐中宗景龙四年（710）卜天寿抄写的《论语》郑注长卷出土后，更为学者所关注，郭沫若、夏鼐、龙晦、韩国磐等学者都撰写过考证文章。② 金谷治、王素、陈金木等先生则对这些写卷进行过全面研究。日本学者金谷治先生的《唐抄本郑氏注论语集成》（东京平凡社 1978 年版）一书对已发现的郑注《论语》残卷做了全面的搜集和整理，除了作者的研究论文外，还收集了能见到的相关论文。王素先生对全部唐写本《论语》郑注进行了录文和校勘，并附以相关研究论文和相关图片，出版了《唐写本〈论语郑氏注〉及其研究》（文物出版社 1991 年版）一书。陈金木先生围绕唐写本《论语》郑注也进行了大量的研究，其成果结集为《唐写本论语郑氏注研究——以考据、复原、诠释为中心的考察》三册，1996 年由台北文津出版社出版。前辈学者的努力就为我们科学客观地分析郑玄《论语》注释的学术倾向提供了有利的条件。以此作为切入点也可窥见整个汉代《论语》注释的整体学术倾向。

汉代的章句体是就注而言的，除了解释字词之意外，还串讲文意，除此之外注者还将自己的思想贯穿其中，解经尤为繁琐，已为学界所公认。刘勰在《文心雕龙》中对此做过专门的论述，他提到秦延君注《尧典》，10 余万字，朱普之解《尚书》，30 万言。显然，刘勰对这种繁琐的解经风气是持批判态度的。从唐写本残卷郑注《论语》可以看出，郑玄的《论语注》抄录《论语》全经，但不对经文逐句下注，而是在作者认为该注的地方下注，体制短小、文字简要、意义明了，没有烦琐的考据和过度的诠

---

① 王素：《敦煌本论语研究的回顾和展望》，《2000 年敦煌学国际学术研讨会文集》（历史文化卷），甘肃民族出版社 2003 年版，第 470~482 页。
② 郭沫若：《卜天寿本论语弁言》，收入《唐抄本郑氏注论语集成》；《卜天寿论语抄本后的诗词杂录》，《考古》1972 年第 1 期。夏鼐：《唐景龙四年写本论语郑氏注残卷说明》，《考古》1972 年第 2 期；《唐景龙四年写本论语郑氏注校勘记》，《考古》1972 年第 2 期。龙晦：《唐五代西北方音与卜天寿论语写本》，《考古》1972 年第 6 期。韩国磐：《卜天寿论语郑氏注写本和唐代的书法》，《文物》1973 年第 5 期。

释和发挥，克服了章句体烦琐冗长的缺陷，使得读者一目了然。比如在"子曰：语之而不惰者，其回也"句下，释语仅"惰，懈惰也"四个字。究其原因应该与汉代的易学氛围有很大的关系。《周易》因为披着卜筮的外衣而躲过了秦火的灾难，所以到了汉代，人们把《周易》奉为群经之首。当时官方有施、孟、梁、京今文易，民间有费、高易学，从官方到民间，学术氛围非常浓厚，口耳相传。郑玄传费直易学，同时对京房易又有所涉猎。《周易》的卦爻辞简明扼要，用字精审，对郑玄注《论语》影响是非常明显的。

郑玄以《周礼》为中心构建礼学体系，又以其礼学为中心遍注群经。《论语》郑注中以《礼》注经的现象非常普遍，比如《论语·八佾第三》：

子夏问曰："'巧笑倩兮，美目盼兮，素以为绚兮'，何谓也？"子曰："绘事后素。"曰："礼后乎？"子曰："起予者商！始可与言《诗》已矣！"郑玄注：言有好女好是，欲以洁白之礼成而嫁之。此三句《诗》之言，问之者，疾时淫风大行，嫁娶多不以礼者。绘，画文。凡绘画之事，先布众彩，然后素功。《诗》之意，欲以众彩喻女容貌，素功喻嫁娶之礼。

此段郑注的核心在于"绘事后素"。郑玄为了说明孔子的用意，以"先布众彩，然后素功"作解。这里出现了"素功"一词，显然是运用《周礼》的经说。《周礼·冬官·考工记·画缋》说"凡画缋之事后素功"，郑注："素，白采也。后布之，为其易渍污也。不言绣，绣以丝也。郑司农说以《论语》'绘事后素'。"这样就为"绘事后素"找到了经典的依据，突出了"后素"的意义。这样的例子在郑玄注重非常多。

《论语·八佾第三》：

林放问礼之本。子曰："大哉问！礼，与其奢也，宁俭；丧，与其易也，宁戚。"子曰："夷狄之有君，不如诸夏之亡也。"郑注：林放，鲁人。孔（中缺）者，疾时人失（中缺）。易，犹简略。礼本意失于（中缺）丧，失于简略，不如哀戚。《礼记》曰："斩衰之哭，若往而不返（中缺）。之哭，若往而返；大功之哭，三曲而哀；小功、缌麻，哀容可也。"

但郑玄用"简略"来解释"易"是有其所指的。《礼记·檀弓上》"子路曰：'吾闻诸夫子，丧礼与其哀不足而礼有余也，不若礼不足而哀有余也；祭礼与其敬不足而礼有余也，不若礼不足而敬有余也。'"这两段话的意思非常相近，郑玄一定要呼应《檀弓》之义，所以将"易"解为"简略"。另外，郑玄认为虽然"丧，失于简略，不如哀戚"，但是哀戚并不是没有底线，如果痛苦失去了节制，也形同失礼，而《礼记·间传》和《礼记·檀弓》正好也都说明了丧礼时哭泣之节。

在其《论语》注中,《周礼》是郑玄确定礼的内涵的基本依据,而《礼记》则是郑玄对《论语》经义的补充,郑玄凡对经义有所发挥之处,几乎离不开《周礼》、《礼记》两书。

如果说朱熹注《论语》是以"理"为根本的心性儒学,那么郑玄注《论语》,便是以"礼"为基础的政治儒学。在《论语郑氏注》中,我们可以看到一套完整的政治哲学体系,这套体系从圣人顺天命以制作法度,到王者顺法度以行政教,到社会在政教中建设礼法,体现出郑玄建构于《论语》基础之上的政治哲学。

《论语》中关于政治、修德的思想是很明显的。所以郑玄注所体现的政治思想就有了平台。《论语·颜渊》中,季康子问政,孔子说:"政者正也,子帅以正,孰敢不正?"《论语·子路》:"苟正其身矣,于从政乎何有?"正己之身,即是行政教,此种道德上的含义,亦为政治上的含义。并且,只有自正其身,才能够获得行政教的资格。孔子又云:"其身正,不令而行;其身不正,虽令不从。"(《论语·子路》)"为政以德,譬如北辰,居其所而众星共之。"(《论语·为政》)可见孔子对于政治的理解更多是建构在德教的基础之上。而从孔子到郑玄,中经战国纷乱,暴秦一统,皇汉兴衰,圣王之梦早已远去,在专制政治中,政治的教化功能逐渐远去,因而郑玄只在德教基础上贯穿自己的礼学思想。

《论语·述而》子曰:"天生德于予,桓魋其如予何?"郑玄注:"天生德于予者,谓授我以圣性,欲使我制作法度。"在郑玄看来,圣人之所以为圣,不在于德合天地,不在于人道全备,而在于"制作法度"。郑玄认为圣王的人格的标志,是为人间立法,也就是为人间创设一种上至天子为政、下至人民生活所必须遵循的礼乐法制。在郑玄的解释中,圣人是一个天人之际的存在,在生活中,为凡人,但却能够感受天命,沟通天人,并以天纵圣性,为人间立法度。而要在人间建立正当的秩序,只有从圣人所设定的法度精神去创生出一套政教礼法,这种秩序才具有神圣性。

《礼记·王制》说设司寇是"正刑明辟,以听狱讼"。《孝经·五刑章》:"五刑之属三千,而罪莫大于不孝。"可以说,经典世界中,礼学便包含了当行为超出礼的范围时必要的以法惩之的内容。经典中多言礼乐,少谈刑法,表明古人认为在一般的社会生活中最重要的是以礼乐去建构一套良善政俗,这套良善政俗可以最大程度地让每一个人都顺其心顺其情地作为,不违反礼,或者把违反礼的行为降低到最轻微的程度。《论语》郑氏注有一个非常突出的特点,就是郑玄经常"礼法"连用,而不是"礼乐"连用。郑玄通过"礼法"连用,则把刑律纳入到礼乐的范围之内。但是,刑、法虽然不是构建良善政俗的主要因素,却是构成良善政俗必不可少的因素,当礼乐的教化无法使每一个具体的人行其善行,便只有依靠刑法对已经发生的违反良善的行为做出惩罚。郑注中最明显的莫过于用"制度"来诠解孔子的"礼乐",比如:

  子张问:"十世可知也?"子曰:"殷因于夏礼,所损益,可知也;周因于殷礼，所损益，可知也；其或继周者，虽百世可知也。"

郑注：世谓易姓之世，问其制度变迹可知。所损益可知者，据时篇目皆在可校数也。自周之后，虽百世，制度犹可知，以为变易损益之极，极于三王，亦不是过。

另外，郑玄还用"礼法"对孔子的"礼"进行注解。比如"博我以文，约之以礼"。郑玄注："一则博我以文章，一则约我以礼法。"前文已提到，郑玄注善于引用《周礼》和《礼记》来解经，不强调乐而强调法，表明郑玄对乐教的功能有自己的看法。

在《论语郑氏注》中，郑玄从经典本身出发，自创或注入新义的词汇去解释《论语》。这也可以看出，汉代大一统的国家生命力、创造力在经学家身上的折射。一本书成为经典的过程中与每代经学家的诠释是分不开的。随着时间的变迁，总有一些永恒不变的东西随着经学家的诠解而留存了下来，渐渐地经典才得以形成并渗透进其所在民族的文化心理、认知模式、语言表达、行为规则之中去。

# 中国文化的人文理性传统在现代社会

大连大学中国古代文化研究中心教授  葛志毅

## 一、小引：理欲与义利之辩

人类在进入文明时代之初，就开始告别昔日的野蛮性本能而日益趋向人性的美善进化。但人类本性中强烈的与利欲相关的生理生存本能是无法被完全克服掉的，因此物质欲求往往会借机进入而侵蚀腐化人性，因此对人性的美善进化亦带来相当不利的影响。从人类历史上看，这恰恰是文明进化在道德层面所面临的最大问题。如何通过道德的修养觉悟保证人性日益美善进化，以克服欲求本能的腐蚀引诱而堕落，就成为文化上关于圣凡之别的述求叙事。儒家所谓君子、小人概念及儒家所以褒扬君子而批判小人，其实就涉及其理想中对人性美善进化的道德向往。随着近代文明的出现，西方明确提出冲破中世纪封建对人性禁锢的要求，提倡人性解放。但在人性冲破封建禁锢之后，究竟如何按照道德理性方向健康发展，又成为新的问题。因为与近代文化相伴而生的是科学技术的日益进步，而科学技术所带来的物质进步条件，往往导致愈益开启人的物质享乐欲求之结果。"欲壑难填"生动地说明人的享乐欲求之无止境，关于魔鬼撒旦的比喻可见其对人性破坏的恶劣可怕。人类的享乐欲求不仅随科学技术发展与日俱增，而且对后者抱颇大的超前预期，所以，科学技术所能带给人类文明的影响究竟会如何，不仅难料，而且可忧。事实上，道德文明与欲求本能二者间是对立和难以平弥的关系，很难在二者间作出合理裁断。中国古代虽意识及此，但所设想的解决方法往往不得其宜。如宋儒提出"存天理，灭人欲"之说，看似有某种合理性，但事实上人欲不可尽灭，天理无法独存，故天理与人欲之间究在多大的比例协调关系上是合理的，就成为一道古今难题。清儒戴震曾指出如宋儒那样过分强调理欲之辩，"适成忍而残杀之具"，导致"以理杀人"之弊，所谓"人死于法，犹有怜之者，死于理，其谁怜之"？[①] 乃极其深刻的沉痛之语。其实理欲之辩，应包含在先秦以来儒家义利之辩的大论题之中，对此荀子曾有一段著名论述，《荀子·大略》曰："义与利者，人之所两有也。虽尧舜不能去民之欲利，然而能使其欲利不克其好义也。虽桀纣亦不能去

---

① 戴震：《孟子字义疏证》，中华书局1982年版，第58、10页。

民之好义,然而能使其好义不胜其欲利也。故义胜利者为治世,利胜义者为乱世。上重义则义克利,上重利则利克义。故天子不言多少,诸侯不言利害,大夫不言得丧,士不言通货财;有国之君不息牛羊,错质之臣不息鸡豚,冢卿不修币,大夫不为场园;从士以上皆羞利而不与民争利,乐分施而耻积臧。然故民不困财,贪窭者有所窜其手。"荀子意识到义利之争根于人性所固有之本然,是谁也不可能彻底平弥者,但他却认识到,可以借助统治者的号召和影响力而左右之,即由于统治者贤明与昏暴之不同,可以出现"义胜利者为治世,利克义者为乱世;上重义则义克利,上重利则利克义"两种不同结果,两相比较,为庶民百姓生计着想,当然要选择"上重义则义克利"的治世为好,其前提条件是以整个上层统治阶级"不言利"的行为作为社会引导方式。此方式虽不能从根本上解决社会的义利矛盾,但却设计出由统治阶级放弃"言利"的行为模式,这表面上可达到在一定程度上回避和缓和全社会义利之争的结果。无论其实现有多大可能与实现程度之或大或小,但它毕竟不失为一种办法。综观其实质,是采取了对义利之争的掩饰回避以及在舆论导向上的批判压抑方法。荀子所言可代表中国文化传统在义利之争问题上的一般主导性看法。可以说,在官为民本的中国社会,对任官为吏、居位治民者的要求,首先是使之能够成为身为民先、率先垂范的庶民表率,此可称为官为民本的模范政治模式。荀子所提出的居位治民者不言利,不与民争利的言行规则,乃对此模范政治模式的较完善概括。从历史直至今日,它实乃中国文化中的一个较好传统,对严明政化,肃清吏治,洁净风俗皆有相当积极的意义。但社会发展至今日,科学技术发达所导致的人欲开启强度,是任何力量都难以彻底阻拦的;人欲之强烈泛滥更无法以回避不谈或压抑批判所能应对。虽然如此,我们却可借助儒家义利及理欲之辨的宣传,经常提醒告诫人们,使之能在利欲泛滥横流之世,适当对己身加以把持约束;当面对汹汹的利欲冲击时,尽量能以淡定中庸甚或是约束克制的态度对待之,万万不可纵容太过。总之,世道演进变化至今,科学技术的发展已非任何力量所可阻止,更何况人类的依赖已使之成为社会必需,欲加抵制决不可能。时下我们所能有为者,唯在努力提高人类自身的道德人文精神之觉悟修养而已。正如当面对任何具有两面性之事物一样,对待科学技术一方面应引导它为人类创造贡献福祉,另一面则应加强人文理性的宣传加以约束,力争使科学技术对人性的负面影响减小到最低限度。为此,中国文化的人文理性传统在今日具有的意义,决不可低估。

综之,中国传统文化的本质属性可概括为人文理性。在今日全球化背景下,由于科学功利主义之强大影响,此人文理性传统显得尤为珍贵。因为它可以抵制科学功利主义导致的物欲横流,并被用来作为人性觉悟和提升人们内在精神境界的思想资源,也是未来社会文化健康发展的建设性希望。

## 二、中国文化的人文理性传统

中国文化的人文理性传统源远流长。天命观念流行于三代，但所谓天是人文化的天，道德化的天，也是人事伦理正义的象征。在以天、地、人三才为文明起源的构想框架中，最看重人的因素，是即天地之中人为贵的观念。后来孔子儒家继承了这一思想，提出"人为天地心"、"人与天地参"的命义。孔子虽亦讲天命、天道，但更看重人道，倡言"君子之道，反求诸己"。如《论语·宪问》孔子曰："不怨天，不尤人，下学而上达，知我者其天乎？"即孔子认为，人只有通过自己的努力方可得到天的眷顾，亦即把现实的希望完全寄托于人的主体能动自觉的发扬上。这样，天就成为主体能动自觉意识的外在激励因素，于是有所谓"天行健，君子以自强不息"。所以孔子儒家讲天，立意实在突显人，从而把天道归结为人道，是以《荀子·儒效》曰："道者，非天之道，非地之道，人之所以道也，君子之所道也。"相反，老子提出的是形而上的抽象本体之道，以之作为天地万物的总根源，天道自然成为宇宙间的决定性力量；人法天，天法道，道法自然，其中包含尊天抑人的倾向。庄子接受了老子道论，但庄子的天道自然更加瞩意于人性自然，因此颇有向人性自然归属的意识。如：

知天之所为，知人之所为者，至矣。知天之所为者，天而生也；知人之所为者，以其知之所知以养其知之所不知，终其年而不中道夭者，是知之盛也。虽然，有患。夫知有所待而后当，其所待者特未定也。庸讵知吾所谓天之非人乎？所谓人之非天乎？且有真人而后有真知。何谓真人……古之真人，不知说生，不知恶死。其出不䜣，其入不距。倏然而往，倏然而来而已矣。不忘其所始，不求其所终。受而喜之，忘而复之。是之谓不以心捐道，不以人助天，是之谓真人。（《庄子·大宗师》）

忘乎物，忘乎天，其名为忘己。忘己之人，是之谓入于天。（《庄子·天地》）
古之真人，以天待人，不以人入天，古之真人。（《庄子·徐无鬼》）

即在庄子看来，最完善的人性是是尽去其人而全合于天者，因此据庄子天人论反映出其对人性自然的无限向往，是乃庄子道论的最高诉求。由于人性自然是庄子道论的最高追求，由此推出魏晋玄学中的名教与自然之辩。无论名教本于自然，或越名教而任自然，还是名教即自然，都反映出从道论角度对人性自然的推崇追求。这样的老庄自然精神不仅在魏晋玄学中得到发展，而且在魏晋及其后的文学艺术中得到弘扬，即往往把人性自然融入到山水自然中，使之得到形象地表现，从而表达一种追求人文自然和谐美感的艺术效果，由此扩大了其影响的深广度。如此培育发展起一种人文自然理性,而没有从天道自然的诉求中抽引出自然科学的精神。虽然儒道对立,但二者亦互补,且二者同追求人文理性的彰显,这也成为中国传统学术的基本精神。

中国古代文化的发展始终是围绕人为核心而展开的。《隋书·经籍志》曰:"且先王设教,以防人欲,必本于人事,折之中道;上天之命,略而罕言;方外之理,固所未说。"即一切政教设施皆为现实人事、伦理治化而发,其他天命幽微,方外玄理罕为论说。唐君毅在总结儒家人文精神时,认为它是指"对于人性、人伦、人道、人格、人之文化及其历史之存在与价值,愿意全幅加以肯定尊重,不有意加以忽略,更绝不加以抹煞曲解,以免人同于人以外、人以下之自然物等的思想"①。中国源远流长的人文理性传统,实为未来世界文化发展的希望之所在,因为它是抵制日益盛旺的科学主义及伴随它的功利主义的思想利器,也是保存和阐释人及其文化价值本体的意识根据。从世界范围看,西方自近代自然科学产生以来,科学主义随之兴起,日益使人文精神受到削割。如有学者所指出,西方科学主义随科学技术的高度发展而盛行,它是由实证主义发端,经经验批判主义、逻辑实证主义、批判理性主义直至历史主义等学派所组成的思潮。科学主义的代表人物是培根和笛卡尔。笛卡尔认为,科学是唯一的知识,永恒的真理。伦理的、美学的、神学的思想都将被科学的进步所排除。科学主义对人文思想的极端排斥,可视为其最大特点。

有学者对中国近百年来的科学与人文思潮的发展轨迹进行了总结,并指出其中基本包括两种思路:一是站在人文主义立场,从中国传统文化入手,同时吸收近现代西方文化的思想和方法,尝试建立人文主义的本体论体系,以实现东西方文化的汇通;一是站在科学主义立场,从西方近现代文化发展趋向入手,在介绍、消化和接受西方文化的基础上,尝试建立科学主义的知识论体系,以实现东西文化的汇通。② 如审视近代中国文化的这种历史发展思路,显然是受到西方近现代文化思潮的冲击所致。其中最为值得关注的,是科学功利意识传入之后,在社会文化层面所引发的震荡变化。

## 三、科学功利主义对现代社会的蛊惑性影响

科学主义与人文主义的一般取向是互相对立的,但20世纪以来已在试图调解合和二者的关系,如一些科学家与科学史家从理论上、实践上证明科学与人文同根同源。也有学者如此解释二者间相辅相成的相互依存关系:"事实上,科学与人文(某种意义上就是哲学)是不分离的。当古代思想家做出理解自然界的最初尝试时,哲学与科学是一同发生、互相掺和在一起的。自然哲学既是当时的哲学,也是当时的科学。科

---

① 唐君毅:《中国人文精神之发展》,《唐君毅全集》第6卷,台湾学生书局1991年版,第10页。
② 秦英君:《在科学与人文之间——百年来科学与人文思潮评析》,《高等学校文科学术文摘》2007年第2期。

学需要哲学的反思,而哲学的进步则是依靠科学的不断发展,二者是相辅相成,不可分离的。科学作为一种文化,主要体现的是人对自然的认识和改造以及由此积累起来的知识和方法,而人文文化则主要是认识与发展人类自身的价值和由此而创造的精神成果。"① 虽然 20 世纪中叶以来有新人文主义理念的提法,意在合和科学与人文两种文化的对立,但两种文化的对立并没有因此而消解。事实上,由于科学功利意识的浸润诱惑,科学文化日益凌驾于人文文化之上,二者间的影响格局已不成比例。

有人认为,科学主义的兴起固然与科学革命有关,但也与宗教改革前后世俗主义的兴起有联系。现代社会的发展,则与世俗主义的趋向相得益彰,因为资本主义发展的最大一个特点就是使社会日益俗化,人性日益功利化。现代社会在科学功利意识的强力支配下,正导演着一幕物欲横流的人间喜剧。有学者指出,资产阶级登上世界历史舞台,给这个世界带来的最大礼物就是功利主义:"从启蒙思潮的诸预设,逻辑地引出人类本性的道德体系是功利主义……判断行为道德性的程度是以功利的标准为尺度的。"又说:"启蒙运动是伴随着'中产阶级的功利文化'出现的。随着 18 世纪中产阶级影响力的增长,功利成了权衡社会价值的标准",这样,功利主义既成就了资本主义的辉煌,也为其日后的衰败埋下种因:"启蒙运动不但改变了欧洲的世界观,由于其本身即包含了'道德真空'的基因,遂为日后的'价值失落'、'没有目的'与'无意义的世界'播下了种子。"② 传统社会在某种意义上犹具有重道义、轻利利的色彩,道义的理想使之具有"化腐朽为神奇"的幻想追求;现代社会文化在本质上重功利、轻道义,功利意识的膨胀,使之形成"化神奇为腐朽"的功能机制,而这与资本主义使社会俗化的趋势是一致的。如果说科学功利意识吹胀了现代资本主义的繁荣气泡的话,它迟早也会毁掉现代社会乃至人类的童话前程。科学功利意识对俗众的物欲蛊惑太过强烈,但在人们感受到其利欲诱惑的同时,已经以自己的人性自由付出代价。

按照法兰克福学派的说法,工具理性支配下的现代社会的种种不自由的根源之一,就是"科学与科技"③。法兰克福学派不仅指出科学技术在实际运用中产生的各种负面影响,而且着重分析了科学技术在现代西方社会所发生的功能异化,已使之变为一种统治人、奴役人的支配力量,而所有这些都与科学与政治的结合有关。"他们指出,现代科学和技术的结合日益密切,逐渐成为社会的第一生产力,但由于科学技术的管理和运用掌握在国家政权手中,使得科学由过去人对物的统治工具异化成了人对人的统治工具,变成了一种新型的统治力量。在西方发达国家,技术统治代替了政治统治,

---

① 秦英君:《在科学与人文之间——百年来科学与人文思潮评析》,《高等学校文科学术文摘》2007 年第 2 期。
② 艾恺:《世界范围内的反现代化思潮——论文化守成主义》,贵州人民出版社 1999 年版,第 10、11、10 页。
③ 何晓明:《返本与开新——近代中国文化保守主义新论》,商务印书馆 2006 年版,第 30 页。

由过去单一的政治和经济统治被现在的政治、经济、文化和意识形态领域内的全面奴役所取代,并且这种统治已经深入到人的私人生活领域,转化成了一种对人内心意识形态和心理本能的控制。"① 科学技术已变成统治人、奴役人的强大支配力量,而且这种统治奴役已经深入到人的精神心理之内,使人失去应该享有的人性自由,几乎完全使自己被置于科学技术的控制之下。如果究其根源,是科学技术背后的工具理性在操纵支配着所有这一切。按照韦伯之说,所谓"工具理性"与"价值理性"对人同样都拥有意义,但实际上对社会支配作用更大的是工具理性。因为在某种意义上它是与人的生存本能相联系,因此它可以潜入到人的深层心理意识发生作用;而且可以说,如果没有价

值理性的制约平衡作用,人就会不由自主地完全沿着功利驱动的引导方向活动。从此意义上可以说,科学的物质利欲诱惑力本极强,它正在成为物欲横流泛滥的社会影响根源。这正是科学功利意识极可忧虑之所在。

现代资本主义经济发展的基本动力建立于开发和扩大人们的消费需求的基础上,是即所谓"消费拉动理论"。由此之故,资本生产和商业结成紧密依存之一体联盟,由此派生的商业文化成为最受社会大众追捧的无冕之王,受尽男女信众的顶礼膜拜。它使出浑身解数并竭尽全力来打开和刺激人们的消费欲望,以致使自己成为喂养资本主义的奶妈,而商业文化与资本生产的真正教父则是光怪陆离的科学技术魔方。人们或者称之为科学理性,其实不甚妥,或许当称之为科学功利主义为是。因为科学技术已成为人们实现利欲满足与物质享受的最大预期手段,人们对科技发展最为关注的热情也全在它能不断满足日益膨胀的奢侈消费需求。一句话,科学技术在最大限度地满足人们的利欲需求方面,是有用的,这最终导致科学功利主义的泛滥流行。按照任何事物的成就者也迟早会变成其掘墓人送终者的原理,科学功利主义终将要成为现代资本社会的唱挽者。

## 四、中国人文理性传统与人性觉悟及内在精神重建

近代以来人与自然关系的最具影响的谬说与西方的征服意识相联系,是皆人所熟知的"征服自然"的狂妄口头禅。随着自然因受破坏而对人类的报复,人们终于醒悟并开始明白与自然的和谐相处之道;中国的天人合一、天人合和之价值,也重新得到理解。可是遗憾的是,居然至今还有人在科学的名义下倡言什么"改造自然"。如果改造自然的最终目的,仍在为满足人们无限的欲望而对自然进行变相的竭泽而渔式掠夺,如此还是不要改造自然为好。事实是,现代科学技术的发展已成难当之势,而且社会

---

① 李愉青等:《人本思潮与中国文化》,东方出版社1998年版,第186页。

发展至目下的状况，人们生活的几乎所有方面都已无法离开科学技术的介入，人们已形成对科学技术的严重依赖。所以，如何面对和正视科学技术的发展，已成为当今无法回避的大问题。比如，人们应如何把科学技术的发展控制在为人类服务的正常轨道上，使之避免异化为对人统治奴役的外在力量；人们也不再因科技发展引起的物欲横流而迷失道德良知与人性觉悟。为此，必须加强人们内在精神世界的修养提高。这样，中国人文理性传统的现代价值就凸显出来了。除天人合一、天人合和等宏观达旨外，他如儒家强调修身正己的内在修养而实现道德主体的自我觉悟，"求其放心"的学问之道；道家倡言无为之论而盛扬因顺自然之道，主张人法天，天法道，道法自然，等等，都是可供人们汲取借鉴的上乘思想资源。

有论者指出，近百年来中国的科学与人文思潮到20世纪90年代进入第七时期，其特点是东方人文传统的回归；其表现首先是大陆学者对港台新儒学研究的回应，继之便是在"国学"旗号下，所谓的"复兴儒学"的当代文化保守主义思潮。① 亦即中国的人文理性传统开始重受关注。此既为希望所在，亦决不容乐观。其中除五四以来文化上反传统的遗响外，另外的重要原因，就在于科学功利主义对人们的强大诱惑，已使人们日渐迷失其本性良知，且

陷溺甚深，无以自拔。所以如何借助中国的人文理性传统重塑人们的内在精神理念，以有效扼制科学功利刺激下的物欲横流，决非一蹴而就、轻而易举之事。此外，现代新儒学固可视为对科学与人文两种文化之争的一种回应，但其在理论上有不甚切合实际之处。如现代新儒学倡言"返本开新"，要由内圣之学开出科学与民主，此事实大可商量。考儒家的心性之学重在解决"内在自我"的问题，而"内在自我"的问题解决，如何"应对外物"自可迎刃而解。所以，如何运用中国人文理性传统重建人们的内在精神世界，以使沉沦于物欲的人性觉悟通彻明达起来，使人具有足以应对科学功利意识诱惑冲击的内在慧根，这才是最为重要的。

如由于科学主义重物轻人，以及科技发展日益使之表现出的异化于人的可忧趋势，所以如此皆因科学发展而对人所带来的消极影响，而中国人文理性传统恰对解决此类问题是其所长，如它对人性回归与内在精神重建上的修养涵化功夫即是。而人性及内在精神之充实圆满，自可使人建立起应付外物的裕如自信。这种自信是人得以主导世界、制御宇宙的精神心理根基。当然，此所谓"主导"、"制御"决非为人类私欲而对外在世界的征服、支配和掠取，而是在对宇宙、世界有充分认识的基础上，使人与天地自然达成一体无间的融通合和。此境此情或借《老子》所谓"生而不有，为而不恃，长而不宰"的"玄德"可以喻之。又如儒家倡导"人为天地心"，即以人文理性为中心去重塑宇宙社会的秩序。因为人才是世界意义的根本承载者，也是宇宙与世界

---

① 秦英君：《在科学与人文之间——百年来科学与人文思潮评析》，《高等学校文科学术文摘》2007年第2期。

的立法者；若没有人，宇宙与世界只是一种无意识存在。人的最大特征，是他可以用人性智慧参悟理解宇宙，并赋予世界以人性意义，使宇宙世界经"人化"创通之后，人作为主体融入其中并发挥其能动性创化作用，从而使人的生命能量及智性活动充盈流行于天地之中，是即所谓"人与天地参"。这些都须涉及人们自我意识的反省与内在精神的重建。作为主体的人，应该使其对外在物欲的过度追求有适度的约束克制，从而实现在精神心智上向真正人性的回归。人之生也有涯，而物之欲也无涯，以有涯逐无涯，殆矣。人只有实现在精神心智上的自我完善，以及对外在物欲的克制超越，才是人的生命觉悟及人性智慧的圆满实现。人只有使自己的内在世界臻于圆满，整个世界才会因摆脱种种烦恼而变得和谐美好。人如果不设法解决自己的内在问题，使精神世界臻于充实圆满之境，而只是一味地向外在世界探求索取，那只是一个丧失自我而殉物无已、往而不返的永无止境过程。此殆如《庄子·天道》所谓"若击鼓而求亡子焉"，不但徒劳无益，甚且有害。

  王元化曾指出中国文化对未来世界的潜在意义，他在《知识分子正在消亡》中说："直到今日，中国仍存在建立统一知识场的可能，只不过中国人普遍还没有产生这样的意识。可能充当统一文化场的东西是什么呢？是文言文书写。文言文书写囊括了道德、才能、艺术、人生履历、正义、文化认同等多种因素，它让人遵守公共的承诺——敬天爱民、尊老爱幼、忠君爱民等。这可能是唯一能够产生真正意义上的知识分子的土壤，可惜这种土壤已经荒芜。"在他夹杂着伤感与绝望的叹息中，使人感到中国文化的使命与希望。这里所谓"文言文书写"，就是中国文化人文理性传统在现代价值重建过程中的希望之所在，其中寄托的是道德信仰、人性良知、精神操守以及人类全体的和谐未来。

# 孟子的大丈夫人格及其历史影响

中国人民大学国学院教授　韩　星

人格是构成一个人的思想、情感及行为的特有统合模式。它决定一个人的生活方式，甚至决定一个人的命运，是人生成败的根源之一[①]，是一个人与社会环境相互作用表现出的、区别于他人的特征之一。

## 一、大丈夫人格及其蕴涵

儒家非常重视人格建树，以人格作为实现其道德理想的活生生的生命载体。孟子提出了大丈夫人格范式，为儒家理想人格提供了具体的实现途径。《孟子·滕文公下》提出的"大丈夫"是这样的人："居天下之广居，立天下之正位，行天下之大道。得志与民由之，不得志独行其道。富贵不能淫，贫贱不能移，威武不能屈。此之谓大丈夫。"

对于"居天下之广居，立天下之正位，行天下之大道"，赵岐注曰："广居，谓天下也。正位，谓男子纯乾正阳之位也。大道，仁义之道也。"[②]这个分析似乎不甚清晰。而孙奭疏则曰："孟子言能居仁道以为天下广大之居，立礼以为天下之正位，行义以为天下之大路"[③]，朱熹更简洁地解释为："广居，仁也；正位，礼也；大道，义也。"[④]这一解释既合乎孟子本意，又简洁明了。《孟子·离娄上》有："仁，人之安宅也；义，人之正路也。"于"正位"，男子以正为正，女子即前面所引《孟子》"以顺为正"，这是古代礼制规定，故"正"即为"礼"。仁、礼、义是儒家三个最主要的道德规范，也是大丈夫人格的基本思想内涵。王夫之发挥说："大丈夫名称其实者……其居则天下之广居也，涵四海万民于一心，使各遂其所，仁无不覆也。所立则天下之正

---

[①] 彭聃龄：《普通心理学》，北京师范大学出版社2001年版，第427页。
[②] 赵岐注，孙奭疏：《孟子注疏》卷六上《滕文公章句下》，阮元《十三经注疏》下册，中华书局影印本1980年版，第2710页。
[③] 赵岐注，孙奭疏：《孟子注疏》卷六上《滕文公章句下》，阮元《十三经注疏》下册，中华书局影印本1980年版，第2711页。
[④] 朱熹：《孟子集注》卷六《滕文公章句下》，《四书章句集注》，中华书局标点本1983年版，第266页。

位，定民彝物则之常经，而允执其中，礼无不协也。所行则天下之大道，酌进退辞受之攸宜，而率礼不越，义无不审也。"① 要做到这三点，就可以仁无不覆、礼无不协、义无不审，成为一个名副其实的大丈夫。

"得志与民由之，不得志独行其道。"赵岐注曰："得志行正，与民共之。不得志，隐居独善其身，守道不回也。"② 孙奭疏曰："得志达而为仕，则与民共行乎此，不得志，则退隐独行此道而不回。"③ 朱熹注曰："与民由之，推其所得于人也；独行其道，守其所得于己也。"④ 王夫之说："得志，则仁以息民，礼以善俗，义以裁物，民之生以厚而德之正，共由之也；不得志，无欲而静，无妄而庄，无思而直，独行之而道终不枉。"这里区分了"得志"或"不得志"两种情况下大丈夫应有的作为。所谓"得志"即在朝为官；"不得志"指厕身民间。"与民由之"是指得志的时候，与老百姓一起前进，为百姓服务、做事；"独行其道"，是指不得志的时候独善其身，坚持操守，遵循自己的做人之道。何为道？所谓"道"，主要是指儒家的核心价值、终极信念。先秦儒家对"道"的坚守就是最为典型的。孔子倡言："士志于道"（《论语·里仁》），主张"君子谋道不谋食"，"君子忧道不忧贫"（《论语·卫灵公》），要求士人"笃信好学，守死善道。危邦不入，乱邦不居。天下有道则见，无道则隐"（《论语·泰伯》）。显然，孔子把"道"视为一种不可轻易放弃的理想价值。孔子的"道"与道家的"道"不同之处就在于他是从历史文化中锤炼和提升出来的，它不离百姓日用、社会人生，却又是超越具体世俗利益之上的，它对社会具有裁定和衡量的意义，因此也就成为儒家士人价值取向的根本依据。孟子在孔子的基础上更有所发展，更挺立起了士人的独立人格。他说："道在尔而求诸远"（《孟子·离娄上》），希望士人有高远的追求，"士穷不失义，达不离道。穷不失义，故士得己焉；达不离道，故民不失望焉"（《孟子·尽心上》）。

"得志"或"不得志"两种情况取决于"天下有道"或"天下无道"，对此，孟子对士人的要求是："天下有道，以道殉身；天下无道，以身殉道。"（《孟子·尽心上》）在坚守道和具体利益之间的权衡上，他强调"未闻以道殉乎人者也"（《孟子·尽心上》）。孟子这一思想后来成为儒者的重要传统，影响深远。

"富贵不能淫，贫贱不能移，威武不能屈。"赵岐注曰："淫，乱其心也；移，易

---

① 王夫之：《四书训义》卷二十《孟子六》，岳麓书社 1990 年影印本，第 360 页。
② 赵岐注，孙奭疏：《孟子注疏》卷六上《滕文公章句下》，阮元《十三经注疏》下册，中华书局影印本 1980 年版，第 2710 页。
③ 赵岐注，孙奭疏：《孟子注疏》卷六上《滕文公章句下》，阮元《十三经注疏》下册，中华书局影印本 1980 年版，第 2711 页。
④ 朱熹：《孟子集注》卷六《滕文公章句下》，《四书章句集注》，中华书局标点本 1983 年版，第 266 页。

其行也；屈，挫其志也：三者不惑，乃可以为之大丈夫矣。"① 孙奭疏曰："虽使富贵，亦不足以淫其心；虽贫贱，亦不足以移易其行；虽威武而加之，亦不足屈挫其志：夫是乃得谓之大丈夫也。"② 朱熹注曰："淫，荡其心也。移，变其节也。屈，挫其志也。"③ 是对应仁、礼、义三个道德规范，对应居仁、立礼、行义三种生命实践，分别提出了"富贵"、"贫贱"、"威武"三种人生境地。对一般人来说这三种处境都是严峻的考验。人之常情，处贫贱易慕富贵而改其志向，变其节操；处富贵又容易淫荡其心，沉溺欲望之中而不能自拔；至于在"威武"面前，因为它直接关系到生命的安危存亡，许多人往往就屈服变节，苟全性命。所以，要做到富贵不能淫其心，贫贱不能移易其行，威武不足屈挫其志，真正成为大丈夫并不容易。这里孟子强调了艰苦卓绝的环境对意志品行的磨练和考验，只有能够经过这样的磨练和考验才能形成刚毅自强的大丈夫人格。

与大丈夫相对的否定性人格有贱丈夫、小丈夫、齐良人、纵横家。关于贱丈夫，《孟子·公孙丑下》："古之为市也，以其所有易其所无者，有司者治之耳。有贱丈夫焉，必求龙（垄）断而登之，以左右望而罔市利，人皆以为贱，故从而征之。征商，自此贱丈夫始矣。"这里的贱丈夫就是只知利而不知义，孜孜于一己私利而不顾别人生存发展的贪鄙之人。孟子除了在道德上鄙视，还认为要从经济上制裁（征商）这些人。

至于小丈夫，《孟子·公孙丑下》："予岂若是小丈夫然哉？谏于其君而不受则怒，悻悻然见于其面，去则穷日之力而后宿哉？"小丈夫就是庸俗而识短的人，与孔子思想中的小人相似。

关于齐良人，《孟子·滕文公下》有一个故事：

齐人有一妻一妾而处室者。其良人出，则必餍酒肉而后反。其妻问所与饮食者，则尽富贵也。其妻告其妾曰："良人出，则必餍酒肉而后反，问其与饮食者，尽富贵也。而未尝有显者来。吾将瞷良人之所之也。"蚤起，施从良人之所之，遍国中无与立谈者，卒之东郭墦间之祭者，乞其余，不足，又顾而之他：此其为餍足之道也。其妻归，告其妾曰："良人者，所仰望而终身也。今若此！"与其妾讪其良人，而相泣于中庭。而良人未之知也，施施从外来，骄其妻妾。由君子观之，则人之所以求富贵利达者，其妻妾不羞也而不相泣者，几希矣！

---

① 赵岐注，孙奭疏：《孟子注疏》卷六上《滕文公章句下》，阮元《十三经注疏》下册，中华书局影印本1980年版，第2710页。
② 赵岐注，孙奭疏：《孟子注疏》卷六上《滕文公章句下》，阮元《十三经注疏》下册，中华书局影印本1980年版，第2711页。
③ 朱熹：《孟子集注》卷六《滕文公章句下》，《四书章句集注》，中华书局标点本1983年版，第266页。

可见齐良人只不过是一个庸碌无能，贪图口腹之欲，不以为耻反以为荣的人。孟子把喜欢吃喝的人称作"饮食之人"，说"饮食之人则人贱之矣，为其养小而失大也"（《孟子·告子上》）。因为他们养护了口体，却放佚了本心。

纵横家是指公孙衍、张仪之流，他们是战国时战争外交的产物，在列国纷争的局势下，他们纵横捭阖，十分活跃，奔走游说，摇唇鼓舌，耸动视听，随机应变，投其所好；他们朝秦暮楚，事无定主，反复无常，设计谋划多从自己的政治要求出发。学纵横之术的景春在孟子面前夸他们是真正的大丈夫，他们"一怒而诸侯惧，安居而天下熄"，而孟子则说："是焉得为大丈夫乎？子未学礼乎？丈夫之冠也，父命之；女子之嫁也，母命之，往送之门，戒之曰：'往之女家，必敬必戒，无违夫子！'以顺为正者，妾妇之道也。"（《孟子·滕文公下》）赵岐注曰："孟子以礼言之，男子之道当以义匡君，女子则当婉顺从人耳。男子之冠，则命曰就尔成德。今此二子，从君顺指，行权合从，无辅弼之义，安得为大丈夫也。"① 孙奭疏曰："此章指言以道匡君，非礼不运。故云妾妇，以况仪、衍者也。……孟子所以引此妾妇而言者，盖欲以此妾妇比之公孙衍、张仪也，以其二人非大丈夫耳。盖以二人为六国之乱，期合六国之君，希意导言，靡所不至。而当世之君，谗毁称誉，言无不听，喜怒可否，势无不行。虽一怒而诸侯惧，安居而天下熄，未免夫从人以顺为正者也，是则妾妇之道如此也，岂足为大丈夫乎？"② 朱熹注说："女子从人，以顺为正道也。盖言二子阿谀苟容，窃取权势，乃妾妇顺从之道耳，非丈夫之事也。"③ 并引何叔京曰："战国之时，圣贤道否，天下不复见其德业之盛；但见奸巧之徒，得志横行，气焰可畏，遂以为大丈夫。不知由君子观之，是乃妾妇之道耳，何足道哉？"④ 这些解释是合乎孟子本意的。孟子认为公孙衍、张仪之流还称不上是"大丈夫"，其所作所为只能算是"以顺为正"的"妾妇之道"。因为他们没有操守，在"从道"与"从势"的选择中选择了后者，虽然能够飞黄腾达，但已经没有了人格。

## 二、如何造就大丈夫人格？

如何造就大丈夫人格？孟子说要修养一种"浩然之气"作为其内在的精神支撑。

---

① 赵岐注，孙奭疏：《孟子注疏》卷六上《滕文公章句下》，阮元《十三经注疏》下册，中华书局影印本1980年版，第2710页。
② 赵岐注，孙奭疏：《孟子注疏》卷六上《滕文公章句下》，阮元《十三经注疏》下册，中华书局影印本1980年版，第2710页。
③ 朱熹：《孟子集注》卷六《滕文公章句下》，《四书章句集注》，中华书局标点本1983年版，第266页。
④ 朱熹：《孟子集注》卷六《滕文公章句下》，《四书章句集注》，中华书局标点本1983年版，第266页。

《孟子·公孙丑上》载孟子说"浩然之气":"难言也。其为气也,至大至刚,以直养而无害,则塞于天地之间。其为气也,配义与道。无是,馁也。是集义所生者,非义袭而取之也。"赵岐注曰:"言此至大至刚,正直之气也。然而贯洞纤微,治于神明,故言之难也。养之以义,不以邪事干害之,则可使滋蔓,塞满天地之间,布旅德教,无穷极也。……此气与道义相配偶俱行。义谓仁义,可以立德之本也。道谓阴阳,大道无形而生有形,舒之弥六合,卷之不盈握,包络天地,禀授群生者也。言能养道气而行义理,常以充满五脏。若其无此,则腹肠饥虚,若人之馁饿也。……此浩然之气,与义杂生,从内而出。人生受气所自有者。"① 孙奭疏曰:"孟子答公孙丑,以为浩然之大气,难以言形也,盖其为气至大而无所不在,至刚而无所不胜,养之在以直道,不以邪道干害之,则充塞于天地之间,无有穷极也。……为气也与道义相配偶,常以充满于人之五脏,若无此气与道义配偶,则馁矣,若人之饥饿也。能合道义以养其气,即至大至刚之气也。盖裁制度宜之谓义,故义之用则刚;万物莫不由之谓道,故道之用则大。气至充塞盈满乎天地之间,是其刚足以配义,大足以配道矣。此浩然大气之意也。……孟子又言是气也,是与义杂生所自有者也,从内而出矣,非义之所密取,而在外入者也。"② 由孟子的原话结合二人的注疏,我们可以看出,所谓"浩然正气"从表面上看,无声无形,至大至刚。因为至大而无所不在,无所限量;因为至刚而无所不胜,不可屈挠。但要一两句话解释清楚是很难的。

孟子所说的浩然之气到底是什么呢?浩然正气究竟是他原本有之的,还是养而成之的呢?是属于客观外界的,还是人主观自有的?孟子自己也没说清楚,既像原本有的,又像养而成之的;既像客观,又像主观的。要深入地理解还得从孟子对浩然之气的性质和养气原则的解释来看。他说:"其为气也,配义与道",能配义与道之气,显然不是先天的自然之气,而是社会化了的人伦之气;其成分既有义,又有道,不是客观之气,而是主观之气了。程颐说:"天人一也,更不分别。浩然之气,乃吾气也,养而无害,则塞乎天地之间;一为私意所蔽,则欿然而馁,知其小也。"③ 程颐从天人合一的观点出发,也认为这浩然之气"乃吾之气",是人生来固有的,养而无害则塞乎天地之间,一为私意所蔽则然而馁。朱熹根据程颐的思想对浩然之气作注说:"至大,初无限量;至刚,不可屈挠。盖天地之正气,而人得此生者,其体段本如是也。"④《朱

---

① 赵岐注,孙奭疏:《孟子注疏》卷三上《公孙丑章句上》,阮元《十三经注疏》下册,中华书局影印本1980年版,第2685页。
② 赵岐注,孙奭疏:《孟子注疏》卷三上《公孙丑章句上》,阮元《十三经注疏》下册,中华书局影印本1980年版,第2687页。
③ 朱熹:《孟子集注》卷三《公孙丑章句上》,《四书章句集注》,中华书局标点本1983年版,第231页。
④ 朱熹:《孟子集注》卷三《公孙丑章句上》,《四书章句集注》,中华书局标点本1983年版,第231页。

子语类》卷五十二《孟子二》还载：

> 问："浩然之气是'集义所生，非义袭而取之也'，如何？"曰："此是反复说，正如所谓'仁义礼智，非由外铄我也，我固有之也'。是积集众义所生，非是行一事偶然合义，便可掩袭于外而得之。浩然之气，我所固有者也。"①

显然，朱熹从人性本善的思想出发，以为这浩然之气是生来就固有的。原本是天地之正气，人得气而生。其实孟子并无此意。孟子的意思是说"浩然之气"非天生固有，而是在先天人性本善基础上的自然、客观之气，经过后天与义与道的配合，持之以恒地调养，精心认真地培育，才能成就出凛然于世间，至大至刚的天地正气。这样的天地正气显然是人文的、主观的。所以，"浩然之气"是"孟子所体验的一种主观精神状态和外显心理意志气象"②，是一种道德精神力量。

怎么来修养这种"浩然之气"呢？

首先，要"直养而无害"，既然这种气是一种至大至刚的正直之气，就要以直道养之，不以邪道干害之，这样它就能够充塞于天地之间，无有穷极。天人合一，我一体之气与天之气浑然一体，我生命的力量则亦无穷无尽，磅礴于天地，亘古而永存。这里孟子强调了道德的作用，有人说具有某些神秘主义因素。其实从表面上看虽然孟子在表述上有些神秘，其实它说的就是品格的修炼，侧重于道德力量的积蓄，这是与道家道教的身体修炼的最大区别。

其次，要靠日积月累，长期坚持。朱熹说："凡事有义，有不义，便于义行之。今日行一义，明日行一义，积累既久，行之事事合义，然后浩然之气自然而生。"③ 一项义举，一个善行，往往很容易去做；但要让你坚持不懈地去做，把它作为你终身的事业去追求，一般通人是难以做到的。用今天的话说，一个人做点好事并不难，难的是一辈子做好事。"浩然之气"是在保持人性善的前提下平时一点一滴善行的日积月累，而不是受外在影响偶然之间做出的义举。下面孟子还指出需要注意"有事焉，而勿正；心勿忘，勿助长"，培养浩然之气是出自一个人的自觉自愿、自然而然的行为，不能带有任何的功利，不能强行逼迫，揠苗助长。

一个人要成为大丈夫，就得这样来修养"浩然正气"。孟子把浩然之气看成是大丈夫人格力量的源泉，就有了这股气，就有了"匹夫不可夺志"（《论语·子罕》）的胆识，就有了"虽千万人，吾往矣"（《孟子·公孙丑上》）的气魄，就有了"岁寒，然后知松柏之后凋也"（《论语·子罕》）生命力。只要培养得法，一个人的精神生命

---

① 黎靖德编：《朱子语类》第4册卷52，中华书局标点本1986年版，第1262页。
② 张奇伟：《亚圣精蕴：孟子哲学真谛》，人民出版社1997年版，第158页。
③ 黎靖德编：《朱子语类》第4册卷52，中华书局标点本1986年版，第1263页。

就会变得伟大而刚强，并且上下流行，充塞于天地之间。有了这样的心理、精神和理性基础，才能在人生实践中形成一种大丈夫人格。因此，可以说大丈夫人格就是"浩然之气"的形象化，它高扬了作为主体的人在外界各种艰难困苦、强权暴力面前的自主性和独立性，是孟子积极进取、刚正不阿、追求真理、坚持真理的人生观的生动体现。换句话说，大丈夫主要是一种以性善论为基础，以阳刚之气为形式，以浩然之气为内涵的，能够保持自己气节和独立人格，坚持自己的主张，无所畏惧，不屈不挠，坚忍不拔，矢志不移，为坚持社会正义，实现人生理想，甚至可以舍去生命，即"杀身成仁"、"舍生取义"的人格。

培养大丈夫人格除了内在主观方面修养"浩然之气"，还必须经受外在客观方面长期而艰苦的磨练。《孟子·告子下》说："天将降大任于斯人也，必先苦其心志，劳其筋骨，饿其体肤，空乏其身，行拂乱其所为，所以动心忍性，曾益其所不能。"赵岐注曰："言天将降下大事以任圣贤，必先勤劳其身，饿其体而瘠其肤，使其身乏资绝粮，所行不从拂戾而乱之者，所以动惊其心，坚忍其性，使不违仁，困而知勤，增益其素所以不能行之者也。"① 孙奭疏曰："故天欲降其大任，与之卿相之位于此六人也，必先所以如是苦楚其心志，劬劳其身，已饿其体，使之焦枯疫瘠其皮肤，又使其身空乏无资财，所行不遂，而拂戾其所为，又所以惊动其心，坚忍其性，曾益其素所不能而已。"② 孟子举例说："舜发于畎亩之中，傅说举于版筑之间，胶鬲举于鱼盐之中，管夷吾举于士，孙叔敖举于海，百里奚举于市。"其实涉及的人物故事很多，而意思无非是天将降大任于斯人，必先使其饱受磨炼。舜于田野耕作中为尧所发现，任用为相，后又继承帝位。傅说，殷武丁时人，曾为刑徒，被武丁发现，从筑城的劳役者之间选拔出来为相。胶鬲，殷纣王时人，曾以贩卖鱼、盐为生，周文王把他举荐给纣，后辅佐周武王。管仲，当年齐桓公和公子纠争夺君位，公子纠失败后，管仲随他一起逃到鲁国，齐桓公知道他贤能，所以要求鲁君把管仲押回自己处理。当狱官押管仲回国后，齐桓公就起用管仲为宰相。孙叔敖，是春秋时楚国的隐士，隐居海边，被楚王发现后任为令尹（相）。百里奚，春秋时的贤人，流落在楚国为奴，秦穆公用五张羊皮的价格把他赎回任宰相，可以说是从市场上买回来的。看来大丈夫人格的成就，不仅"心志"要经受痛苦的磨炼，而且身体也要接受劳累、饥饿、穷乏的考验，在其实践的过程中，还必然遭遇过许多失败、挫折，行为总是不能如意。孟子认为，这种失败、挫折对于造就大丈夫人格是非常重要的，因为只有经受这样的考验才能培养出"动心忍性"的坚韧意志，才能增加卓越的非同寻常的能力。这样内在"浩然之气"的修养与外在艰

---

① 赵岐注，孙奭疏：《孟子注疏》卷十二《告子章句下》，阮元《十三经注疏》下册，中华书局影印本1980年版，第2762页。
② 赵岐注，孙奭疏：《孟子注疏》卷十二《告子章句下》，阮元《十三经注疏》下册，中华书局影印本1980年版，第2762页。

难困苦的磨炼，就使得一个人身心内外都得到了修养磨炼，最终成就大丈夫人格。

大丈夫的最高境界是"杀身成仁"，"舍生取义"，即为了道义——道德理想、人生理想、社会正义，可以舍弃自己的生命，在道义与生命之间，义无返顾地选择前者，舍弃后者。孔子说："志士仁人，无求生以害仁，有杀身以成仁。"(《论语·卫灵公》)为了成全仁德，就不能苟且偷生以危害仁义，应该以生命维护仁德。孟子云："鱼，我所欲也；熊掌，亦我所欲也，二者不可得兼，舍鱼而取熊掌者也。生，亦我所欲也；义，亦我所欲也，二者不可得兼，舍生而取义者也。"(《孟子·告子上》) 在道义和生命不同兼顾的情况下，就选择道义而舍弃生命。这是儒家的一种生命价值观的生动体现，后来人们以"成仁取义"来进行概括。

## 三、大丈夫人格在中国历史上的传承与发展

以"浩然之气"为基础的"大丈夫"人格在中国历史上曾经取得了许多志士仁人的认同，作为一种精神力量，它对激扬中华民族自尊自强的品格，具有不可低估的作用，千百年来一直感染和激励着许许多多的志士仁人，如东汉士人、明末东林党人在宦官专权、祸国殃民的情况下，敢于挺身而出，组织团体，抨击政治腐败，代表人民要求政治改革，反映了中国知识分子满怀忧患意识，兼济天下的气魄，特别是他们面对强权，毫无危惧，抗争不屈，以群体的形式集中地表现了大丈夫人格。还有中国历史上的岳飞、文天祥等民族英雄、近代戊戌变法的戊戌六君子以及现代革命史上许多的革命烈士，都集中地表现了大丈夫人格。

北宋范仲淹就具有这样的人格魅力。他在年少时长达数十年攻苦食淡，磨砺意志，坚韧性情，造就了他"益天下之心，垂千古之志"的大胸怀和"先天下之忧而忧，后天下之乐而乐"的大志向。正是在这样的大胸怀和大志向的激励下，范仲淹为官数十载，在朝廷敢于犯颜直谏，不怕因此获罪。他发动了庆历新政，这一政治改革，触及到北宋的政治、经济、军事制度的各个方面，虽然由于守旧势力的反对，改革失败，但范仲淹主持的这次新政却开创了北宋士大夫议政的风气，传播了改革思想，成为王安石熙宁变法的前奏。

文天祥是南宋杰出的民族英雄和爱国诗人，他坚持抗元，最后因叛徒引元兵袭击，同年十二月，在五坡岭（今广东海丰县）被俘。元将张弘范迫其招降张世杰，乃书《过零丁洋》诗以诉之，末句云："人生自古谁无死，留取丹心照汗青。"次年，被押送大都（今北京），囚禁四年，经历种种严酷考验，始终不屈，于1283年从容就义，年仅47岁。文天祥以诗的形式和语言诠释了孟子的"浩然之气"，这就是流传甚广的《正气歌》。在题记中他这样写道："予以羼弱，俯仰其间，于兹二年矣，幸而无恙，是殆有养致然尔。然亦安知所养何哉？孟子曰：'吾善养吾浩然之气。'彼气有七，吾气有

一,以一敌七,吾何患焉!况浩然者,乃天地之正气也,作正气歌一首。"在正文中他歌颂道:"天地有正气,杂然赋流形。在下为河岳,在上为日星。于人曰浩然,沛然塞苍冥。""是气所磅礴,凛冽万古存。当其贯日月,生死安足论。"由此可知浩然之气者,无私乃大,无欲则刚,上接于天集日月之精华,下维于地贯山河之势脉,其气概是何等的恢宏壮烈。实际上,文天祥不仅用诗,更用自己的生命实践了这种"浩然之气",造就了一个铮铮铁骨的大丈夫人格。

## 结语

大丈夫人格理论与生命实践是中国传统文化的精华,闪烁着不可磨灭的光辉。虽然它不可避免地有着时代和历史的局限性,但它一经形成,就为历史所肯定,为世人所丰富、发展、完善,从而长期地影响着中国人的人格建树和自我塑造,培育了中华民族一代又一代以天下为己任,为崇高理想而不屈不饶,自强不息,英勇奋斗的伟大人物。今天,我们正处于社会转型时期,中国社会出现了许多令人忧虑的消极腐败现象,世风日下,人心不古,道德沦丧,人格萎缩,我们急需弘扬中国优秀传统文化,以其基本精神重塑现代民族人格。对于历史上曾经产生过积极影响大丈夫人格,我们应该发扬光大,挖掘大丈夫人格资源中的教育价值,重新激活大丈夫精神,发挥其在引导现代人格塑造过程中应有的作用,推动我们的社会不断进步,实现中华民族伟大复兴的梦想。

# 孔子思想在当代

曲阜师范大学孔子研究所教授　黄怀信

孔子思想是全人类的财富，迄今具有强大的生命力，这是不争的事实。关于孔子思想的研究，近年来国际上尤其是在中国大陆学术界，进行得比较热烈，取得了很多成绩。关于孔子及儒家思想的现代价值，也有大量的专门研究和论著。但是，真正将之运用于现实社会，贯穿于个人行动，则还比较少。比如社会上普遍存在的官员贪腐、投机钻营、以权谋私、损人利己、唯利是图、造假贩假、坑蒙拐骗、道德低下、犯罪率高，等等，所有这些"世风日下"的局面，以及诸多社会不和谐现象，并没有得到应有的关注和有效的遏制与纠正。而这些现象与问题，实际上正是可以用孔子思想来加以根治和解决的。所以，孔子思想研究不能只停留在学术上或口头上，而应该应用于社会，让其发挥实际作用。

怎样让孔子思想发挥实际作用？愚以为关键是以之为教。因为总结社会上诸多丑恶现象产生的深层原因，最根本还是人的素质问题。而人的素质，无疑可以通过教育得到培养和提高。当然，我们说的是道德素质。儒家讲究教化，孔子一生重教从教，其目的就是为了培养人的道德，提高人的素质，以改变"悠悠者天下皆是也"的局面，因为他"疾固"，恨"无道"。所以，孔子思想完全可以应用于当代教育，包括学校教育、家庭教育和社会教育。学校教育，自应从小学开始，而且应该具体体现于教材之中。家庭教育，包括父母的言传身教。社会教育，包括舆论宣传，以及各种专业教育。教育的内容，自应以其道德思想为主。因为孔子儒家思想博大精深，教育应该循序渐进，对于小孩子，自应从道德教起，不能一上来总是"学而时习之"那几句。中学、大学，也应坚持儒家道德的教育，同样也应较多地体现于教材之中，逐渐培养学生崇高的人格，使他们步入社会以后不至于"作恶"。

孔子道德思想的具体内容，自应是孔子所创导的诸道德概念，目前主要应包括"仁"、"恕"、"信"、"义"、"礼"、"孝悌"、"耻"、"直"，以及"君子"等项，因为前举诸多社会丑恶现象之发生，主要与这些德行之缺失有关。怎样弥补这些缺失，以下分别阐述。

先说"仁"。"仁"是孔子道德思想的核心，意思是关爱他人，为他人着想。说得通俗一点，学雷锋做好事就是仁。孔子主张"仁"，认为一个人要有仁德，要做仁者，要行仁，要有仁的名声。而当代社会上一切损人利己，或者只管自己不顾别人，甚至幸灾乐祸，缺乏爱心，或者作为领导而不关爱下属或员工，等等，都是不仁和没有仁德的表现。现代社会之所以缺少"仁"，主要原因是人们一般不讲"仁"，比如日常生活中，我们就很少听到说"仁"，最多偶尔会听到"不仁不义"的成语而已。甚至很多人自己已经不仁，尚且理直气壮，别人拿他也没有办法。所以，现代社会需要"仁"，首先需要讲仁、提倡"仁"，使民众知道什么是"仁"，明白"仁"与"人"的关系。比如讲"仁，人也"，使人明白不仁则非人，以提高为仁的自觉性。如果社会上每个人知道什么是"仁"，都有一点仁德，都愿意行仁，那么这个社会就会充满爱，就会和谐。当然，这些话说起来容易，实际上并不容易做到，因为行仁毕竟需要付出，所以孔子也讲"民之于仁也，甚于水火"。因此，要使普通民众有仁德，还需进行舆论宣传，需要表彰仁者，逐渐形成以仁为荣、以不仁为耻的社会风气。这样，人人争当仁者，鄙视不仁者，仁者就会越来越多，因为谁也不愿意背上"不仁"的名声。正因为此，所以孔子一再提到"仁者"，提倡"仁"名，并且说："君子去仁，恶乎成名？"把"仁"作为成名之端。那么，一个人如果从小受到"仁"德的教育和熏陶，即使不能成为仁者，他也不可能去坑人害人。这就相当或接近于"恕"。

所谓"恕"，就是将心比心，做到"己所不欲，勿施于人"。仁需要付出，恕不需要付出，所以容易做到，而且用处更大，因为生活中不需要付出的几率更多。正由于此，所以当子贡问"有一言而可以终身行者乎"时，孔子答曰："其'恕'乎！己所不欲，勿施于人。"可见恕可以终身行之。而现实社会中，人们的恕德则普遍缺失。比如单位中同事之间勾心斗角、互相倾轧，实际上都是不知恕所造成的。所以，在人事关系方面只要懂得恕，不存害人之心，矛盾就会减少，关系就会融洽。可见，恕德教育是必要的。

"信"，就是诚信、守信。孔子把"谨而信"作为对"弟子"最基本的德行要求，并且以"信"为"四教"之一，充分说明他对"信"的重视和"信"的重要。"信"之所以重要，因为它关乎社会的和谐和稳定。近年来社会上不守信用和不讲诚信的现象经过舆论批评虽然有所减少，但还是比较常见。这就说明，还需要教育，具体至少应该使每个人都知道"人而无信，不知其可"，以诚信为仁，以不守信为耻，做到"言必信"。

"义"，是合宜、合理，或理应如此、本该如此的意思。比如一个人做了他应该做的事，或者事情做得比较合理，就是义；如果做了他不应该做的事，或者事情做得不合理，就是不义。人们常说某人发了不义之财，实际上就是指他得了不应该得的财，或者其财来得不正当、不合理、不应该。现实社会中一切见利忘义、造假贩假、囤积暴利之类属于不义，自不待言；实际上包括黄、赌、毒等在内的一切丑恶行为，也都在不义的范畴之内，因为都是不应该做的事。另如在单位中假公济私、欺下瞒上，或者争名夺利、尔虞我诈，也都属于不义甚至不仁的行为。另如行业垄断、分配不均，也都属于不义。那么，如果人们能懂得了什么是义什么是不义，做到"见得思义"，社会上这一切丑恶现象自然就会减少乃至消失。可见"义"值得讲，值得提倡。当然，首先还是要让人们知道不义就是不道德，就是耻辱（详"耻"），因为"义"本来就是道德概念。所以，"义"需要宣传、需要教育。

"礼"，指社会规范，包括法律法规、典章制度、礼俗仪节等。因为这些都是需要人们共同履行的，所以谓之"礼"。《说文解字》谓"礼，履也"，就是这个意思。孔子主张"为国以礼"，即以礼治国，类似于现代讲的依法治国，但范围更大，意思是治理国家，一切都要有规矩可循。这种思想，无疑也适用于现代社会，有利于法治国家的建设。另一方面，"礼"既然需要人们共同履行，就不能违反。所以孔子要求人们守礼覆礼而不违礼，无疑也是合理的。显然，进行"礼"的教育，有助于提供人们遵纪守法的自觉性，有利于维护社会稳定。另外，孔子还把"礼"与"仁"结合起来，比如他说："克己复礼为仁。一日克己复礼，天下归仁焉。"意思是通过克制自己，使自己的言行覆盖于礼——不出礼的范围，以造就"仁"的名声。一旦克制自己，使自己的言行不出礼的范围，天下的人就会把"仁"的名声归在他身上。可见"复礼"，能给人带来"仁"名。这是因为，"礼"本来就是社会规范，而社会又是全体社会成员的组合。一个人的言行（包括视、听、言、动等）如果都不出礼的范围，就说明他时时处处都想着社会，想着他人，这样的人，自然就是仁人。可见"礼"还关乎道德。所以，"礼"的思想需要而应该得到提倡。

"孝悌"：孔子主张"弟子入则孝，出则弟（悌）；谨而信，泛爱众而亲仁（人）；行有余力，则以学文"，说明他把"孝悌"和"信"、"仁"同时作为幼教之本。所以有子进一步认为"孝悌者，其为人之本欤"。"孝"属于事父母之道，近年来已讲得不少，这里我们主要谈"悌"。"悌"，一般理解为顺从或敬爱兄长，其实并不全面。《说文》云："弟，韦束之次弟（第）也。"引申之，凡有次第皆曰"弟"。兄弟有长有幼，即是次弟。既然有次第，就必须循其次第，所以才叫"弟（悌）"。而循其次第，显然是双向的，即既要求幼从长，也要求长护幼。就是说兄要像兄，弟要像弟，兄弟之间要有"长幼之节"。这就说明，除了兄弟之间，所以社会成员之间实际上也存在"悌"的问题。正因为此，孔子才主张"出则悌"。所以，我们不能把"悌"仅仅视为兄弟之道。所谓"出则悌"，就是在社会上尊重所有比自己年长的人，护让比自己年少的人。今天所谓"尊老爱幼"，实际上就在这个范畴之内。另外，比如乘共车或办事排队，实际上也属于"出则悌"，因为"先来后到"，本身就是次第。遗憾地是，现代社会上很多人不懂这个道理。除此之外，当今社会上人与人之间种种摩擦与纠纷之发生，实际上主要都是因为当事人不知"悌"的缘故。所以，我们应当提倡"悌"，使大家知道什么是"悌"。

"耻"，指知耻、以为耻。《论语·子路》篇记子贡问曰："何如斯可谓之士矣？"子曰："行己有耻，使于四方，不辱君命，可谓士矣。"可见是把知耻作为为士之先决。当今社会上官员之腐败、学者之造假，无疑是因为作案者"无耻"所致；而其他一切作奸犯科之徒之所以作案，主要也是因为不知耻。如果每个人都能做到"有耻"，社会风气自然端正，犯罪率必然降低。所以，应该通过教育，使人知"耻"、"有耻"。当然，首先需要知道什么是"耻"。什么是耻呢？总结孔子的话，凡是做了不应该做的事就是耻。比如他说："士志于道，而耻恶衣恶食者，未足与议也。"又说："古者言之不出，耻躬之不逮也。"又说："君子耻其言之过其行。"又说："巧言、令色、足恭，左丘明耻之，丘亦耻之。"又说："邦有道，谷。邦无道，谷，耻也。"等等。

为什么耻这些？首先，士之所以不应该以穿恶衣食恶食为耻，因为在孔子看来，穿恶衣食恶食对于"士"来说本不为耻，所以不宜耻。说到做不到之所以为耻，因为在孔子看来，说到就应该做到，不应该"不逮"。言过其行之所以为耻，因为在孔子看来，言本应与行相符。可见三者都是因为不应该。不应该，就是不义。巧言之所以为耻，因为巧言非正言；"令色"之所以为耻，因为令色非正色；"足恭"之所以为耻，因为足恭非正态。可见皆是因为不正。"匿怨而友其人"之所以为耻，因为匿怨而友其人是不直的行为。可见孔子是以不义、不正、不直之行为为耻。而不正、不直，显然也是不应该的。由此可见，在孔子那里，一切做不应该做的事情都是耻辱。这一思想，在当代无疑应该提倡，应予宣传，从而达到使人知耻的目的。

"直"作为一种道德概念，就是正直、不枉。具体地说，包括直来直去、不说假话、不拐弯子、不绕圈子、该怎样就怎样，以及刚直不阿等，都属于"直"。可见"直"意味着真诚和公正；不直，就意味着虚假和不诚。直与不直看起来属于个人德行，实际上则关乎社会。因为不直，往往会隐藏矛盾，遗留后患，带来更大的不稳定。所以孔子把"直"提得很高，他说："人之生也，直；罔（枉）之生也，幸而免。"（《论语·雍也》）意思是：人之所以活在世上，就是因为他直；不直的人之所以也活着，是因为他侥幸才免于死。为什么说因为直才活着呢？在这里，"人之生也直"之"直"兼指直立行走。人与其他动物的不同，就在于人直立行走。人既然是直立行走的动物，那么他禀性就应当直，否则就不配为人。可见在孔子的思想中，"直"是做人的基本原则。如若"枉"，就失去了做人的资格。"罔（枉）之生也幸而免"，足见他对不者的深恶痛绝。而在现实社会中，不直之人与事则比比皆是。比较典型的诸如"走后门"、拉关系之类，就属不直。再比如各类评选工作中的评判不公，就有评委们的不直在其中。可见"直"的需要提倡。当然，对于不直，我们也不必将其提到不配做人的高度，但其至少是一种耻辱，则是应该知道的。因为前面我们说过，凡不正、不直、不应该就是耻。

"君子"固然不是道德，但却是道德的化身。因为所谓"君子"，本身就是指道德高尚、受人尊敬的人。读《论语》可知，孔子处处以"君子"作为教人修身的样板。比如他说："君子不器"、"君子周而不比"、"君子无所争"、"君子无终食之间违仁"、"君子欲讷于言而敏于行"、"君子不忧不惧"、"君子于其言，无所苟而已矣"、"君子病无能焉，不病人之不己知也"、"君子疾没世而名不称焉"、"君子矜而不争，群而不党"、"君子疾夫舍曰欲之,而必为之辞"、"君子义以为上",等等,可见是把"君子"作为人格的标准。又常以"君子"与"小人"相对,认为"君子喻于义,小人喻于利"、"君子成人之美,不成人之恶。小人反是"、"君子和而不同,小人同而不和"、"君子泰而不骄,小人骄而不泰"、"君子求诸己,小人求诸人"等等,反映了高尚的道德情操和鲜明的情感好恶。很明显,孔子是号召人们做君子。应该说,孔子的这一思想是积极的。因为毫无疑问,社会上多一个君子,社会就多一分和谐、多一点文明。而在当代社会中,真正的君子并不很多;以"君子"为标准要求自己的人,则更少。为什么会出现这种局面?根本原因,是没有人提倡"君子",以致小人太多,君子反受其侮。所以,当代社会应该有孔子的精神,大张旗鼓地提倡做君子,义正言辞地批判小人,使小人在众人面前成为过街老鼠。这样,社会风气必然大为改观。

  以上只是几个比较典型的方面,就此已见孔子思想在当代确有实用价值,而价值之发挥,首先在于以之为教,使之起到教化作用,以达到提高人的道德素质,改善社会风气,促进社会和谐的目的。当然,教是一个方面,重要的还在于做、在于行。就是说问题不在说得好,而在做得好。有的人嘴上说的比谁都好,而实际行为却为人所不齿。这就说明,只有"教"还不能解决问题。所以,要使孔子思想在当代真正发挥作用,每个人,尤其是研究者、施教者都必须脚踏实地,从我做起。当然,首要的问题还是教,是要让人懂得它、相信它。那么从这个意义上说,"孔教"的提法是无疑合理的,甚至以"孔教"作为国教,也是应该的,当然,我们说的不是宗教。

# 我们时代的问题与儒家的正义论

山东大学儒学高等研究院教授　黄玉顺

我感到很荣幸,能有机会在这里同各位交流思想。我想,我们之所以来这里进行对话,是因为:一方面,我们共同感受到当今社会、当今世界出现了一系列严重问题,这些问题必须由我们共同来面对才能解决;而另一方面,我们对这些问题有一些不同的想法,这就需要沟通。

## 一

当今社会,问题丛生,林林总总,难以尽言。当然,人类社会从来不是没有问题的,人类向来都是在不断地解决问题中前进的。但是,我们这个时代的问题自有其特别之处,我们这里不妨一言以蔽之:礼崩乐坏。这是中国儒家的表达方式,意谓既有的社会规范体系正在坍塌:道德规范、伦理规范、政治规范、经济规范、家庭规范、行业规范等都正在被解构,社会日渐陷入"失范"的乱象之中。

为什么会这样?儒家还有一种表达方式:人心不古。人类社会的价值观念体系陷入了严重危机。我们看到一种相当普遍的倾向:利益成为了当今时代的最高价值。为追逐利益,有人泯灭良知、藐视律法、践踏人权;为追逐利益,有人掠夺资源、侵犯主权、发动战争。许多人奉行着丛林哲学、实践着禽兽伦理学,唯利是图,无法无天。

那么,我们应当如何看待这种状况?我的理解是:这是一个社会转型的时代。中国已经进行了三十多年、还在继续深入的改革,就是一个急剧的社会转型过程。其实,西方世界、国际社会也都处在某种社会转型之中。社会转型必然带来价值观念的激变、旧的规范和制度的解体,带来上述种种问题,带来某种混乱。但是,人类的和谐生存总是需要秩序的,需要社会规范、制度。

既然是社会转型,那也就意味着:我们需要的显然不是恢复旧的秩序,而是建构一种新的秩序——重新建构社会规范及其制度。儒学的创始人孔子曾说过:礼有损益。①此所谓"礼",就是说的社会规范及其制度。孔子的意思是说:随着社会生活方式的变化,社会规范及其制度也必当变革。

---

① 《论语·为政》。

这样一来，我们也就进入了一个主题：如何进行制度建构？显然，社会规范建构及其制度安排，需要遵从某种价值原则作为衡量的尺度。那么，这种价值原则何在？美国政治哲学家罗尔斯说："正义是社会制度的首要价值。"①用孔子的话来说就是："义以为质，礼以行之。"②这就是说，正义原则是规范与制度的本质，规范与制度是正义原则的实行。

这就是我今天要谈论的话题：正义论问题。

毫无疑问，正义是人类的一种共同价值。尽管人类分为不同的种族和国家，拥有不同的文化传统和信仰体系，但是，人类社会的任何族群都是追求社会正义的。这是一个基本的事实。中国的儒家也是这样，我们有一套完整的社会正义理论，那就是关于"义"或者"正义"的学说。

但这只是问题的一个方面。另一方面，尽管人类社会都追求正义，但是，分为不同的种族和国家、拥有不同的文化传统和信仰体系的族群，他们解决社会正义问题的方法却是有所不同的，甚至言说社会正义问题的话语、乃至提出社会正义问题的方式也是有所不同的。这同样是一个基本的事实。中国的儒家也是这样，我们有自己的一套独特的正义话语，有其独特的提出正义问题的方式、解决正义问题的方法。

正因为有共同的价值，我们之间的对话才是可能的；也正因为由于文化和信仰之不同而对这种共同价值有不同的理解，我们之间的对话才是必要的。为此，我们才聚集在这里，倾听他人的观念，同时表述自己的观念。

因此，我今天在这里简要地讲述儒家的社会正义理论。

## 二

刚才谈到，当今转型时期的人类社会，陷入了唯利是图的泥淖之中。2000多年前，中国的大儒孟子也曾面对社会转型、礼崩乐坏、人心不古的同样状况。他指出："何必曰'利'？亦有仁义而已！"③他的意思是：我们并不是要一概反对任何利益追求，而是主张在追求利益时必须以仁义为先导；唯有根据仁爱精神、正义原则，其所获致的利益才是正当。

在社会规范及其制度问题上，儒家的看法同样如此：规范和制度的建构必须遵从正义原则，而正义原则的根据乃是仁爱精神。这就是儒家"仁→义→礼"的正义理论结构。

儒家所说的"礼"并不仅仅是说的礼仪。"礼"包含三层含义，即礼义、礼制和

---

① 罗尔斯：《正义论》，中文版，中国社会科学出版社1988年版，第3页。
② 《论语·卫灵公》。
③ 《孟子·梁惠王上》。

礼仪。礼制就是社会规范体系及其制度,诸如伦理规范、政治规范、经济规范、法律规范等等及其制度。礼仪只是礼制在仪式上的外在表现形式;而礼义则是礼制的内在价值根据。这就是儒家关于"礼"的"礼义→礼制→礼仪"语义结构。

礼制,亦即社会规范及其制度,是儒家所关心的基本问题。这个道理很简单:任何社会共同体的和谐生存都不能没有秩序;任何个人都必须生活于这种社会秩序之中。所以孔子才说:"不学礼,无以立。"①

但是,我想在这里指出的一点是:人们往往片面地误解了孔子对"礼"或社会制度的看法。固然,任何个人和团体都必须遵从社会规范和制度,所以孔子主张"克己复礼"②;但正如我们刚才所提到的,孔子同时指出"礼有损益",夏、商、周三代的礼制就是不同的,这表明人类的社会制度不是一成不变的。因此,孔子并不是保守主义者,儒家也绝不是"原教旨主义者"。儒家不仅强调社会秩序,而且一向主张社会进步。儒家认为,遵从规范和制度的前提是这种规范和制度本身是正义的。所以荀子主张:"从道不从君,从义不从父。"③儒家所遵从的既不是制度本身,也不是任何权威,而是正义。

这样一来,我们也就面对一个问题:如何进行制度的"损益"?换言之,根据什么原则来进行制度的变革?什么是制度变革的价值根据?当今世界的人类社会,面临着同样的问题。

对于这个问题的深入而系统的回答,就构成了儒家的社会正义论——中国正义论。④这个理论的核心,就是追寻正义原则。

## 三

刚才谈到,儒家认为:规范建构、制度建设的价值根据,乃是某种正义原则。就此而论,中国儒家的理论和西方的正义理论是一致的。不过,究竟何为正义原则,儒家却有自己的不同于西方正义论的看法。

儒家事实上有两条正义原则:正当性原则、适宜性原则。

正当性原则是一条动机论原则,是说:社会规范及其制度的建构必须是出于仁爱的;否则,这种规范和制度就是不正当的。

---

① 《论语·季氏》。
② 《论语·颜渊》。
③ 《荀子·子道》。
④ 黄玉顺:《中国正义论纲要》,《四川大学学报》2009 年第 5 期;人大复印资料《伦理学》2010 年第 1 期全文转载。

"正"是汉语"义"最基本的含义之一,所以孟子指出:"义,人之正路也。"①这条"正路"出于仁爱,孟子谓之"居仁由义"。②

说到这里,我们必须强调指出一点:对于儒家的仁爱观念,人们往往存在着严重的误解。许多人都以为,儒家所说的仁爱不是"博爱",而仅仅是一种差等之爱,"施由亲始"③。有人甚至据此攻击儒家,以为根据这种差等之爱而做出的制度安排,总是根据血缘关系的亲疏而建立的等级制度,因而必然是不公正和不公平的。

我们承认,对儒家仁爱观念的这种理解并不是毫无根据的。就爱的情感本身来看,儒家确实认为,对亲人的爱必定超过对他人的爱、对人的爱必定超过对物的爱。这是尊重事实,亦即客观地承认人人都有的情感体验。难道我们对路人的爱超过对父母的爱吗?难道我们对动物例如鳄鱼的爱超过对人类的爱吗?

但是,仅仅这样理解儒家的仁爱观念却是片面的。儒家所说的仁爱还有另外一个方面,叫做"一体之仁",或者叫做"一视同仁"。如孔子说:"己欲立而立人,己欲达而达人"④;"己所不欲,勿施于人"⑤。这已经被世人普遍视为"道德金律"。孟子也说:"老吾老以及人之老,幼吾幼以及人之幼。"⑥儒家认为,这同样是人类情感的实情。所以韩愈说:"博爱之谓仁。"⑦

在这里顺便指出:用儒家的"博爱"这个汉语词语来翻译西方的"fraternity",这其实是不对的。"fraternity"是说的兄弟情谊,犹如儒家所说的"四海之内皆兄弟也"⑧。但是,在儒家看来,兄弟情谊远不是人类仁爱情感的全部。例如,儒家决不会把父母和子女之间的爱混同于兄弟之间的爱。儒家所说的"博爱"不是"fraternity",而是真正的"universal love",这正如王阳明所说:"大人者,以天地万物为一体者也,其视天下犹一家,中国犹一人焉。"⑨

显而易见,儒家正义论的正当性原则的要求乃是:在社会规范建构及其制度安排中,我们必须超越差等之爱、追求一体之仁。这就是说,立法者的动机不应该是任何个人或利益集团的利益,而应该是一视同仁的、公正和公平的考量;否则,其规范和制度就是不正当、不正义的。

因此,尽管建立社会规范和制度的目的确实是调节利益冲突、制定一种利益分配

---

① 《孟子·离娄上》。
② 《孟子·尽心上》。
③ 《孟子·滕文公上》。
④ 《论语·雍也》。
⑤ 《论语·颜渊》。
⑥ 《孟子·梁惠王上》。
⑦ 韩愈:《原道》。
⑧ 《论语·颜渊》。
⑨ 王守仁:《大学问》。

办法，但是，如果一种制度程序的设计仅仅是为了提供一种利益博弈的机制，那么，在儒家看来，它的正当性就是值得怀疑的，是把唯利是图的价值观制度化了。当今世界的人类社会之所以出现种种问题，这种制度化的唯利是图价值观是难辞其咎的。

## 四

进一步说，即便一种制度是根据上述正当性原则来建构的，也不意味着这种制度就必定是正义的，因为"正义"不仅意味着"正当"，而且意味着"适宜"，即适应于人们的具体的生活方式，然而人类的生活方式不是一成不变的。例如，中国的汉武大帝通过董仲舒等所建立的皇权帝国制度，就与周公"制礼作乐"所建立的王权制度不同①；现代新儒家所主张的现代制度，也与中国古代的制度不同。事实上，从来就没有永恒正义的制度；而且可以预见，将来也不会有什么永恒正义的制度。如果说，所谓"普世价值"是说的某种具体的社会制度，那么它就是一个虚妄的概念。没有什么具体制度是普适的，唯有正义原则可以是普适的。

所以，正当性只是制度正义的必要条件，但并非充分条件。在儒家看来，仅有正当性原则是不够的，还必须有适宜性原则。这正是汉语"义"的基本含义之一："义者，宜也。"②如果说正当性原则是一条动机论原则，那么适宜性原则就是一条效果论原则。

适宜性原则的要求是：一个社会共同体的社会规范建构及其制度安排，必须适应这个共同体的生活方式；否则，这种规范和制度就是不适宜的。

应该说，这个道理是显而易见的。事实上，人类历史上曾经存在过的种种基本制度，都曾经或多或少具有适宜性，它们与当时人们的生活方式是密不可分的。不同时代的人类有其不同的生活方式，不同地域、拥有不同文化传统的人们也有其不同的生活方式，因此，他们的社会规范及其制度也是有所不同的。为此，中国的伟大经典《周易》提出了"时宜"和"地宜"的问题。③这就是说，儒家正义论的适宜性原则包含两个方面的准则。

一方面是时宜性准则。一个社会共同体的规范与制度的建构，必须适合于该共同体生活方式的时代特征。

迄今为止，人类经历了前轴心期的上古时代、轴心时期的社会转型、后轴心期的

---

① 黄玉顺：《大汉帝国的正义观念及其现代启示——〈白虎通义〉之"义"的诠释》，《齐鲁学刊》2008年第6期；人大复印资料《中国哲学》2009年第1期全文转载。
② 《礼记·中庸》。
③ 黄玉顺：《制度规范之正当性与适宜性——〈周易〉社会正义思想研究》，《孔子学刊》第2辑，上海古籍出版社2011年版。

古代社会、现代的社会转型,其间出现过一系列的社会制度,这些制度各自适应于其历史时代的生活方式。这正如大儒王夫之所说:"洪荒无揖让之道,唐虞无吊伐之道,汉唐无今日之道,则今日无他年之道多矣。"①凡是用一个时代的制度作为标准去衡量和否定另一个时代的制度的做法,都是幼稚可笑的。

我们记得,西方哲人柏拉图就反对民主制度,但这并不妨碍他的哲学的基本思想仍然适用于现代西方民主政治哲学;西方政治哲学家马基雅维利推崇君主专制制度,但这并不妨碍他被称誉为西方现代政治哲学的奠基人。他们是深知时宜性准则的先哲,但遗憾的是,他们的这种睿智似乎已经被今天的政治哲学家们所遗忘。

另外一方面是地宜性准则。一个社会共同体的规范与制度的建构,必须适合于该共同体生活方式的地域特征。

影响地域特征的因素,最重要的就是该共同体的当下生活环境和历史文化传统。我们不能设想一个游牧民族采取农耕民族的制度,同样不能设想一个农业社会采取工业社会的制度。如果基督教文化传统的族群居然完全采取儒家文化传统族群的制度,那显然是不适宜的;反之亦然。

在今天这个民族国家的时代,可以区分出一些最基本的共同体,那就是其内部拥有较为一致的生活方式的民族国家,例如中国和美国,这些民族国家的生活方式有所不同,从而其社会规范和社会制度也有所不同。我们无法抽象地判定究竟用筷子进餐的礼仪和用刀叉进餐的礼仪哪一个更正当,穿汉服的礼仪和穿西服的礼仪哪一个更正当。

当然,事情还有另外一面。在这个"地球村"时代,整个人类社会正在结成一个有史以来最大的、基于全人类某些共同生活方式的全球性共同体,因此,不同族群之间存在着一些共同的现代价值观念,理当寻求一种共同的基本社会规范和基本社会制度,这些规范与制度不仅适用于民族国家内部,而且适用于国际社会。毫无疑问,宪政民主制度就是这样的基本制度。

所以,当代儒家拥有宪政民主的理念。这种理念源于中国人生活方式的现代性转型,源于当今中国人的某种程度的全球性生活方式。这种宪政民主理念不仅早在明清之际就由黄宗羲等大儒给予了初步表达,而且按照周公的思想,民主制度其实是儒家"民本"理念在现代生活方式中的一种具体表现形式。②

但尽管如此,我们仍不可忘记上述地宜性准则。例如今天的民主制度,我们知道,美国的民主制度和英国、法国、日本等的民主制度就是有所不同的。这种不同,源于这些不同民族国家的不同生活方式、尤其是不同的生存环境和文化传统。为此,我们

---

① 王夫之:《周易外传》卷五。
② 黄玉顺:《"民本"的"人民主权"实质及其正义原则——周公政治哲学的解读》,《河北学刊》2010年第3期;人大复印资料《中国哲学》2010年第7期。

有必要区分单数的民主制度和复数的民主制度。应当承认，迄今为止，复数的民主制度存在着一些严重的、甚至根本的缺陷，这些缺陷不仅包括前面提到的民主制度沦为利益博弈机制，即把唯利是图价值观加以制度化的问题，而且包括地宜性方面的问题，即未能充分尊重不同族群的生活方式。我们在某些地区所看到的"民主乱象"就是这种缺陷的表现。

## 五

以上几个方面，仅仅是儒家的社会正义论的要点。

儒家正义论是一个源远流长的传统，拥有博大精深的内容，其中既有可以穿透历史时空的仁爱精神和正义原则，也有适应于当时之生活方式的具体社会规范和制度。今天，儒家传统正在复兴，儒家的社会正义论也正在得到重新认识。面对这个"礼崩乐坏"的世界上所出现的种种问题、尤其是价值观问题，儒家正在重新拿出自己的解决方案。

女士们、先生们！或许我们之间的忧虑和思考是有所不同的，但是，中国先哲孔子说过："天下何思何虑？天下同归而殊途，一致而百虑。"①我相信，我们的忧虑和思考是殊途同归的，那就是人类价值观的重建、人类社会规范和制度的重建。

让我们一起来努力，通过对话，存异求同，在价值观念、正义原则、社会规范和制度问题上尊重异见，寻求共识，为最终缔造出一个和谐、幸福的新世界而贡献我们的才智。

---

① 《周易·系辞下传》。

# 儒家社会思想在当代社区建设实务中的运用[*]

深圳市社会公益基金会秘书长，兼职教授 李光明

## 一、问题的提出

当前我国全面进入全球化、工业化时代，信息化和城镇化步伐不断加快，社会细胞日益单独化和原子化，社群价值观越来越趋向多元无序。一方面，传统的社会伦常道德次序和家族宗法体系被破坏殆尽，另一方面，现代社会法治体系和公共议事协商规则尚未确立。纷繁复杂、数量巨靡的家庭关系和公共关系冲突性事务，由于缺乏受到普遍尊重和遵守的公共伦理，也缺乏综合有效的社会文明建构模式，而陷入到无法以较低社会成本达成共识，甚至放弃达成共识的恶性循环中。

同时，我国过去三十年来以 GPD 增长为核心驱动力的高速城市化进程，加剧了城乡社区居民急躁和焦虑的社会心态，急功近利、唯利是图、弱肉强食、金钱至上等价值观扭曲现象，已严重威胁到当代社会和谐发展进程。而我国东西部差距和城乡差距形成的异地城市化问题，使我国成为有史以来最大规模的"流民社会"，使得我国传统的社区党群工作模式面临着困境和挑战。

面对当前社区发展过程中出现的诸多困境和难题，我国部分经济发达的城市和地区，例如上海、广州、深圳等地，开始将专业社会工作人才和社会组织引入社区服务之中。经过数年的实践，我们看到，社区社会工作在引入西方社会工作理论后，有了一定的起色，但同时，在回应社区发展的根本矛盾上，还存在先天性弱势，那就是，在西方社区社会工作中，作为其理论基础的基本伦理和价值观诞生于基督教的新教伦理，例如，国际社会所提倡的工作福利、社会公正、个人的尊严和价值、人类关系的重要性、诚信和能力等基本价值观，是和新教伦理的世俗天职思想密切相应的。那么，在中国这块古老而又年轻的大地上，建立在基督教新教伦理基础上的现代社会工作理论和实践体系，能否与本土的道德伦理传统相嫁接呢？这是当代中国社会建设者应该致力于探索和回答的重大问题。

---

[*] 研究项目：本文系第六届世界儒学大会实务研究报告——《儒家社会思想在当代社区建设实务中的应用》简编版。

## 二、儒家社会思想的五个工作路径

我们看到,中华文明经历了漫长的发展历程,在春秋战国之后,儒家思想成为中华文明的主体思想,是中华民族的人伦道德主张的思想渊薮,那么,儒家社会思想在起伏不定的社会变迁中,是否还能适用于当今社会,并发挥其重要价值观和方法论的指导作用?这是对儒家社会思想生命力的思考和判断,也是社会工作本土化命题能否成立的关键。结合以往文献,笔者认为,儒家社会思想在当代社区建设中发挥作用的方式,主要体现为五个重点工作路径:伦常建制、选贤订约、公众教化、礼乐并重、兴业惠民。下面试分析以上五个儒家社会工作路径与当代社会(社区)发展理论体系之间的关系,为社会建设实践中开展的本土化儒家社区工作提供解释范式和理解基础。

### (一)伦常建制

现代社区社会工作理论中的角色理论,着眼于我们与他人的互动,以及人与人之间可持续的交往常态模式的建立,结构功能主义的角色理论(structural – functional role theory)假设人们在社会结构中占有一定的位置,每个位置都有一个相应的角色。角色是社会结构中与位置相关的一系列期望或行为,而我们如何看待自身角色,影响到我们能否很好地控制变化(马尔科姆·派恩,2008,p.178)。而戈夫曼(Goffman,1968)的拟剧角色理论,将角色视为附属于一种社会地位的对社会期望的设定,因而包含了共同的社会期望。

上述两种类型的角色理论都设定了人与人交往之通常关系模式,在中国文化传统中,对此人际沟通关系约定为五种基本关系,并给出了这五个基本关系的沟通态度模式,《礼记·中庸》中提出的:"君臣也,父子也,夫妇也,昆弟也,朋友之交也,五者天下之达道也。"而同样来自于东方的印度,在甘地哲学理论中,表述其重点为"依靠吠陀哲学(古印度灵性伦理哲学体系);相信精神性对所有世俗事务都是重要的;以及对纯方法的信仰,而不是寻求结果,是重要的"(马尔科姆·派恩,2008,p.205)。这是对孔孟以致董仲舒一脉的"仁义礼智信五常之道"(《贤良对策》)的概念性表述。

### (二)选贤订约

现代社区社会工作理论的一个重要基石就是市民社会的构建,亨德森和托马斯(2002)用"平民百姓重新组合,形成非正式组织,在政府和商业之外产生另外一个部门"来描述市民社会的基本内涵。这意味着社区必须能使其居民自我组合,并产生社区意见领袖和有能力提供约定性约束的人物。同样,从人本主义的参与式理论角度,克罗夫特和贝雷斯福德（1994）也认为："人们总是需要并且有权参与到与其相关的决策和行动中。"中国儒家思想中，认为社会治理的一个重要途径就是选贤订约，通过这种有别于官方的考试制度产生官员的民间性选举制度，提供一个新的人才流动通道和社会自治要素。例如，哀公问政于孔子时，孔子讲"政在选贤"（《韩非子·难三》）。

### （三）公众教化

社区社会工作理论同样非常强调社区教育，例如亨德森和托马斯（2002）就非常同意社区工作的一个基本概念是"能力培育（capacity - building）"，认为我们应该培养社区的人力资源"。而从德国哲学家迪特尔韦格（Diesterweg）和马杰（Mager）的著作中发展出的社会教育理论，认为社会教育能够"对改变穷人的生活产生显著作用，利用教育来防止社会排斥、发展社会认同；旨在通过问题解决来实现个人成长和社会成长，而不是简单寻求个人问题的解决方案"。马西森（Mathiesen, 1999）则把社会教育定义为："找出一个团体和社会机构的价值观、心理、社会及物质等资源如何和该团体与社会机构的发展和成长联合起来，来促进或阻碍个人人格发展或成长。"这些观点均强调了社会教育在社会发展中的作用，特别是创造社会公平机会，让被排除在社会发展之外的团体或个人得以通过公众教育形式获得生命改善。

儒家则更进一步将教育放在治国育民的首要位置，世界上最早的一部教育专著《礼记·学记》说："建国君民，教学为先。"倡导"有教无类"（《论语·卫灵公》）。广泛对公众开展启蒙教育和社会教育。通过"家有塾、党有庠、术有序、国有学"的学制建设，特别是私塾，私学，民间书院的建设，发展与官学体制相得益彰的社区学堂体系。

### （四）礼乐并重

社会心理学与社会建构论对于社会工作者如何能在承认社会分化的同时，又致力于达成社群共识提供了如下观察角度：社会心理学的主题内容，根据 Hogg & Abrams（2001）的描述，是群体内关系和群体间关系对于建立和维持社会认同的影响作用。而社会建构理论提出，人们将其周围的世界描述、解释和陈述为他们在其所处的社会、文化和历史背景中彼此相互交换的一部分，因此，"社会建构是关于世界的共享的描绘"（马尔科姆·派恩，2008）。中国儒家强调必须礼乐并重方能达成社会之和谐。《礼记·乐记》说："乐者为同，礼者为异。同则相亲，异则相敬。乐胜则流，礼胜则离。"故"乐至则无怨，礼至则不争。揖让而治天下者，礼乐之谓也"。

### （五）兴业惠民

社会发展的系统和生态环境理论认为："通过积极鼓励人们参与相互帮助和社区事

务来促进社会包容性，可以最大限度地利用社区内的人力资源和文化资源。"伯特（Boecketal, 2001）提出，任何一种追求社会包容的生态社会视角，都应该结合英国强调资源再分配和法国注重社会资本的传统。"

意大利政治学家罗伯特·帕特南（Robert D. Putnam, 2001）从自愿群体的参与程度角度来研究社会资本。他在《使民主的政治运转起来》一书中提出：地区具有共同的历史渊源和独特的文化环境，组成紧密的公民参与网络。这一网络通过各种方式对破坏人们信任关系的人或行为进行惩罚而得到加强。这种公民精神及公民参与所体现的就是社会资本。在帕特南那里，社会资本是一种团体的甚至国家的财产，而不是个人的财产。

在社区发展层面，结合社区生计发展的经验，可以看出儒家的兴业惠民的工作路径首先是兴旺百业，招商引资，在工商富足的基础上，再以增量之社区资本投资于惠民事业，兴办公共服务，完善公共设施。但是，这一切并不是儒家社会思想的根本目的，在富民和惠民之后，儒家强调教民，则是和当代社区资本建构理论一脉相承。"子适卫，冉有仆，子曰：庶矣哉！冉有曰：既庶矣，又何加焉？曰：富之，曰：既富矣，又何加焉？曰：教之。"（《论语·子路》）可以说，孔子的庶富教路径是对帕特南社会资本思想的古典诠释和东方式陈述。

## 三、样本社区的实证研究

### （一）深圳市坪山新区样本社区情况简述

本文选取深圳市坪山新区三个试点社区作为探究儒家社会思想在社区建设实务中应用的样本，三个样本社区均位于深圳市东部的坪山新区，属坪山街道管辖，三个社区总面积合计27.6平方公里，内有企业和商业机构约245家，常住人口总数3113人，占人口总数比为9.1%；流动人口总数为20394人，占人口总数比为59.5%。其中，常住人口中60岁以上老龄人有106人，人口老龄化比例12.8%，和13.4%的全国平均值基本接近。16岁以下儿童青少年有600人，未成年人比例达19.4%。复杂多样的人员结构决定了社区社会工作和公共服务的多样性，也更具分析价值。三个社区均设有社区党支部、社区工作站和社区居委会，2011年，三个社区均设立了社区服务中心，中心通过招投标由深圳慈卫公益事业发展中心运营。

2012年以来，样本社区在推进社区服务过程中，借鉴了中国乡村建设运动的邹平模式和定县模式，设计了一系列社区公众教育课程和培训，并开展社区伦常建制的恢复与重建工作；同时又参考了台湾社造运动中将社区参与作为修身齐家和治国平天下中的相关重要内容，重点推动居民的社区参与和社区资本积累，开展了选贤订约和惠民兴业的活动；另外，根据深圳市开展社会建设风景林的规划思路，在社区问题活动和群众文化建设领域，突出与儒家礼乐并重思想相结合，在礼乐并重的工作路径中，强调对乐文化的恢复和利用。

### （二）儒家社会思想五个工作路径在样本社区的实践

下面简述在样本社区的社区发展实务中，与儒家社会建设方法相关的五个重点工作路径的开展情况。

#### 1. 伦常建制

在社区伦常体制的恢复与重构工作中，样本社区的工作员们主要担任的是宣传者的角色，在社区寻找宣传阵地，开展新伦常宣传。

（1）对"君臣、父子、夫妇、长幼、朋友"，重新解构和定义为三个家庭关系和两个社群关系，即：父（母）与子女的关系、兄弟姊妹关系、夫妻关系，这三个是家庭内关系，是根本。团队中成员与领导关系、熟人关系，这两个是社群关系，是人的社会联系部分，可以看成是家庭关系的和谐一致的外延。

在父（母）与子女的亲子关系上，强调上慈下孝，重点宣传孝道文化，以新二十四孝为社区宣传重点。

在兄弟姊妹关系中，主要宣传和睦，不以财产纠纷伤害亲情。

在夫妻关系中，主要强调彼此忠诚，预防家暴和不忠给弱势一方带来的伤害。

在团队关系中，重点强调诚信，要求取信于人，诚信做人，诚信做事。

（2）对"仁义礼智信"的五常加以宣传倡导，样本社区运用社区服务中心前的招贴画，宣传长廊和花盘装饰，对社区居民倡导道德文明。对社区居民倡导"仁义礼智信"于内，而"温良恭俭让"于外。在样本社区的中小学，校内均有《弟子规》和国学画卷长廊，展示中华礼仪文化，样本社区还开展了让儿童创作"新24孝"主题绘画的活动，并在2013年社工宣传周期间创作"24孝小话剧"在社区演出，这些形式丰富多样的宣传深受儿童和家长喜欢。

#### 2. 选贤订约

社区推选贤达分为三个方面：德高望重者、有经济实力者、有能力办事者。样本社区常住和流动人口合计2万多人，其中堪称乡贤，老成持重而道德严谨者不在少数，但平时并未有机会让这些人脱颖而出。社区工作者在选贤订约的工作路径中担任着协作者的角色，起到协调促进之作用。他们通过开展社区分享会，让具有才干的各行各业居民分享自己的产品知识和安全保养要点。例如，有一位曾担任市公安局消防支队政委的居民，退休后定居于坪山新区，他非常热心定期向社区居民宣讲家居消防安全知识。他的讲座实例丰富，语言幽默，每次听众都爆满。社区由此而推荐此人牵头成立了社区防火安全义工巡逻队。又如样本B社区的妇女组长、老年协会会长等人均是在社区活动中脱颖而出的社群积极分子，他们在社区建设中起到积极的带头作用。

同时，推选贤达的范围不仅仅包括居住在社区的居民，也包括从本社区出去学习和工作的贤达。三个样本社区均有外出创业的企业家，其中生意做得最大的年销售额超过千万。社区定期邀请其中商誉颇佳的代表回家乡和社区商贩、饮食店老板见面座谈，鼓励他们诚信经营，诚实发财。以自身现身说法，提倡生财有道，必忠信以得之。

在社区各类乡贤涌现出来后，样本社区联合大家商讨订立社区公约，倡导本社区的伦理文化，纠正社会风气。遗憾的是，目前样本社区在这类工作上还停留在纸上谈兵阶段。

3. 公众教化

样本社区针对社区儿童和成年人分别开设了儿童读经班、社区公益学堂中华文明研修班，作为基础课程。同时，推出了健康养生课堂，就业辅导课堂和外来务工者城市社区融入讲习班。其中，儿童读经班累计已经开办7班，学员总数约300余人，家长反映良好，认为儿童通过读经学习，普遍文明礼貌程度提高，在家也愿意干家务，并且懂得爱惜粮食，体贴父母工作的辛劳。健康养生课堂主要参与者是社区中老年人，通过对中华文化养生之道和心态和谐的应用型互动讲座，达到和谐社区，关爱长者的目的。养生课堂已经成为每两个月一次的社区例行活动，每次到场居民人数都在30人以上。

对样本社区的观察发现，公众教育的成效和开展该项工作的持续时间关联度很大，开展社区国学教育和儒家伦理道德教育的时间越长，社区社会风气越趋于和谐有序。例如，通过街头观察，连续2天，我们在社区小学附近的十字路口，在下午4点半学校儿童出入之时，观察到大约1/4的儿童会主动向社区长者问候，并有帮助长者的动机和举动，参加国学班时间越长的儿童，越是表现出积极主动的公共礼貌。而在相邻的未开展社区伦常国学教育的社区，同样时间在相似路段的观察，只有不到1/10的儿童会注意到身边长者的存在，并从言辞神态中表达尊重和关心。

4. 礼乐并重

提倡乐制，在样本社区是从广场舞蹈开始的，样本社区均有社区广场。部分广场本来每晚7—9点均有社区妇女来跳舞。样本社区的社会工作者发现，其参与群体固定，成为小团体自娱自乐的一种活动，未能有效地吸收社区多种阶层，不同职业的不同年龄段的居民广泛参与。因此，社区请领导干部带头，请街道和区级更高层面的居住在附近的领导干部参加，将广场舞蹈的人群范围扩大。同时，请专业文艺义工来编排简单易学，生动活泼的舞蹈形式，例如，样本社区邀请了深圳地区在广场舞蹈方面颇具影响力的"欢乐海洋"公益机构的负责人来到社区，教学基本的25步广场舞。同时，请曾在四川民族地区工作5年的专业社工介绍我国西南地区少数民族的锅庄舞蹈的成功经验。由于开展时间还较短，也缺乏懂得大众文艺活动的人才，因此，据样本社区的工作人员反映，目前以广场舞为代表的社区文体活动还停留在小居民团体自娱自乐的阶段，尚未促成广泛的社群参与。

5. 兴业惠民

与我国大多数社区一样，社区建设最能赢得公众支持和社会效果的工作路径是推动社区生计。通过发达百业，招商引资，然后制定惠民措施，并引导社区公众将获得收益的增量部分拿出一定比例兴办投资公共事业。在三个样本社区，社区居民主要收入来源是房屋出租和社区零售买卖和餐饮服务业。社区社工协调工作站和居委会一起召开当地传统名产水果金龟桔的恢复种植和改良增产讨论会，引进适合垂钓的鲫鱼品种，开展农家乐垂钓等旅游项目，社区自 2009 年以来 3 年中农家乐数量增加了 5 倍，游客数量从开始时的每月几百人到现在的几千人，数量扩大了十倍。经过广泛协商，样本社区自发成立了全市首个社区自助游发展协会，推选出具有服务精神和较高社区威望的商贾贤达担任会长，带领全村农家乐商户订立诚信经营承诺书，实现价格公开透明，还邀请全国知名旅游推广网站来社区传经授课，极大地推动了社区生计的发展。在样本社区 B，发展生计的主要措施包括通过整饰环境，增强治安，从而提高社区出租屋的出租率。统计显示，2011 年 B 社区的出租屋出租率为 55%，在相邻的同一街道的 5 个社区中，是最低的一个。而其出租屋的平均租金为 700 元两房厅，450 元一房一厅，比周边社区要低 150~200 元。究其原因，则是因为社区卫生环境恶劣，有大小十几处垃圾死角，恶臭飘散，夏天尤胜。另外，由于街面治安预防的摄像头布控不完备，还有治安盲点，因此，街市中盛传该社区治安不良，易出盗贼等问题。社区工作者通过义工团队和专业消杀服务公司合作，基本清理了街面垃圾，美化了社区公园，并增加社区安全摄像头配置。到 2012 年年底，社区出租屋的出租率上升到 73% 左右，而且租金开始和周边社区持平。

## 四、结语

虽然儒家社会建设思想应用在社区工作实务是一个漫长的过程，但同时我们也看到这是推动和谐社区建设的一个有益的尝试，因此，本文作者鼓励在社区工作的理论研究和实务中加强对儒家社会思想的重构和融合。同时，作者认为，儒家社会思想作为一种伦常道德体系，更多的应该由社会自己成为其推动和践行的主体。在这个方面，政府要主动退位，做好掌舵而不是直接划桨的角色，将社会的事情还给社会。

综合本文，我们看到，试点社区的社会工作者已经初步形成了将社会工作专业学科体系与儒家社会思想相结合的工作路径，初步发挥了儒家传统社会工作路径在社区公共服务中的创新作用。在这些工作路径中，社区社会工作者分别担任着伦常建制的宣传者、选贤订约的协作者、公众教育的实践者、礼乐并重的推动者和兴业惠民的资源协调者的角色。通过五个工作途径的建构与实践，在社区层面有意识地推动实现法治本位与道德本位并举；政府主导与居民自治并存，权利诉求与义务担当并行，阶层分化和情感同归并重,经济效益和社会公平并获的局面。社区居民的初步认可和社区工作者本身的信心说明,儒家社会思想应用于当前我国社区社会建设实践,是能够为和谐社区发展找出一条创新之路的。

# 子游：孔子礼学的践行者

孔子研究院助理研究员　李文娟

随着历史文献的出土与整理，学界对先秦儒学的研究有了更大的推进。先秦儒学"孔子—孟子—荀子"的理论框架逐渐被充实，对孔门弟子的研究受到越来越多的关注。近年郭店楚简、上博楚简出版，有些学者对子游（言偃）在孔门的地位和对儒学的贡献有了新的认识。经过研究考证，有学者提出"子游在孔门中的地位，远胜于子夏、子张之辈。上承孔子，下启思、孟的，不是颜、曾，而是子游"①。显然，子游被列为孔门"文学"科第一并非徒有虚名。目前，对子游的研究，探讨的问题过于分散，且存在多方面的分歧。因此，人们对子游在孔门中的重要性认识不足。笔者认为，子游以知礼名世，所以有必要对目前相关的研究成果，站在先秦礼学思想史的角度作一次系统的学术表述，以便努力地找出其中的条理性、相通性和内在必然性。

## 一、子游礼学风格的形成

### （一）子游向孔子问"礼"

在孔子的弟子中，子游可谓是勤奋好学的代表人物之一。《孔子家语·弟子行》记载孔子评价子游的一段话："欲能则学，欲知则问，欲善则详，欲给则豫，当是而行，偃也得之矣。"② 子游谦虚好学，求知欲强，善于钻研，凡事追根溯源，探求究竟。在《论语》、《礼记》中有多处子游向孔子问"孝"，问"礼"的记载。在子游之问中，关注较多的是"丧礼"，这也许与孔子的教习有关。③

1. 子游问"公仪仲子之丧"。

公仪仲子之丧，檀弓免（wen）焉。仲子舍其孙而立其子，檀弓曰："何居？

---

① 廖名春：《上博楚竹书〈鲁司寇寄言游于逡楚〉篇考辨》，《中华文史论丛》2011 年第 4 期。
② 杨朝明、宋立林：《孔子家语通解》，齐鲁书社 2009 年版，第 140 页。
③ 《礼记·杂记》："恤由之丧，哀公使孺悲之孔子，学士丧礼。士丧礼于是乎书。"郑玄注：时人转而僭上，士之丧礼已废矣，孔子以教孺悲，国人乃复书而存之。《士丧礼》得以保存传承，关键在于孔子的教习。

我未之前闻也。"趋而就子服伯子于门右,曰:"仲子舍其孙而立其子,何也?"伯子曰:"仲子亦犹行古之道也。昔者文王舍伯邑考而立武王,微子舍其孙腯而立衍也。夫仲子亦犹行古之道也。"子游问诸孔子,孔子曰:"否,立孙。"(《礼记·檀弓上》)

"免",也作"絻",丧服的一种,用一寸宽的布,从项中往前,又往后绕于发髻。这是袒而不冠者的丧饰,比缌麻轻。按《仪礼·丧服·记》规定:朋友皆在他邦,一人亡故,生者要着"免"临时主持丧礼,灵柩回国要将"免"去掉。公仪仲子并非在异国死去,檀弓服"免"是在故意讽刺公仪仲子。这是因为公仪仲子嫡长子早死,仲子临死前,没有传位给嫡孙,却传给了庶子,这是不符合周礼的。① 子服伯子不愿斥责仲子之非,以文王舍其嫡长子伯邑考而立其次子武王,微子舍其孙腯而立其弟衍为由,谎说"仲子亦犹行古之道也"。对于仲子究竟应该立子还是立孙一事,子游不甚明白,遂向孔子求教。孔子对"礼"熟知,明白当时情景:伯邑考早死无后,武王自当立,这是权宜之计;微子嫡长子死,立其弟衍,这是殷商礼法;按照周礼,嫡子死,应该立嫡孙为后。② 故孔子答:"立孙。"

2. 子游问"丧具"。

子游问丧具,夫子曰:"称家之有亡。"子游曰:"有无恶乎齐?"夫子曰:"有,毋过礼。苟亡矣,敛首足形,还葬,县棺而封,人岂有非之者哉?"(《礼记·檀弓上》)

丧具,即指棺木、衣物等送丧的器物。孔子认为,要根据家里的财力条件而置办丧具。子游的疑问是,各家的财力情况大不相同,怎样才能合乎统一的丧礼标准呢?孔子作出了回答。孔颖达注:"亡,无也。齐,谓厚薄之剂量也。毋过礼者,不可以富而逾礼厚葬也。敛首足形,谓衣裘足以藏形体而已,袭不必三称,小敛不必十九称,大敛不必三十称也。还葬,敛毕即葬,不待三月也。士葬虽无碑,而用綍(粗大绳索)以引棺,使人却行而下,庶人之礼也。此所言,谓甚无者之礼。其余各视其礼之所当为,极其力之所能为者,具之而已,力之所不能及者,人固不之责也。"③ "称家之有无"始终贯穿于孔子的礼学思想,孔子并不是一个刻板拘泥于仪节的人。他说:"礼云礼云,玉帛云乎哉。乐云乐云,钟鼓云乎哉。"这即认定:在孔子的思想中,礼乐不仅是由形式仪节可以表现,一定要追求仪节后面的精神。

---

① 丁鼎:《礼记解读》,中国人民大学出版社 2010 年版,第 69 页。
② (清)孙希旦撰,沈啸寰、王星贤点校:《礼记集解》(上),中华书局 1989 年版,第 164 页。
③ (清)孙希旦撰,沈啸寰、王星贤点校:《礼记集解》(上),中华书局 1989 年版,第 224 页。

3. 子游问"慈母之丧"。

　　子游问曰:"丧慈母如母,礼与?"孔子曰:"非礼也。古者男子外有傅,内有慈母,君命所使教子也,何服之有?昔者鲁昭公少丧其母,有慈母良,及其死也,公弗忍也,欲丧之。有司以闻曰:'古之礼,慈母无服。今也君为之服,是逆古之礼而乱国法也。若终行之,则有司将书之,以遗后世,无乃不可乎!'公曰:'古者天子练冠以燕居。'公弗忍也,遂练冠以丧慈母。丧慈母自鲁昭公始也。"(《礼记·曾子问》)

　　何谓"慈母"?传曰:妾之无子者,妾子之无母者,父命妾曰:"女以为子。"命子曰:"女以为母。"若是,则生养之,终其身如母,死则丧之三年如母,贵父之命也。贾公彦疏:云"如母"者,亦生礼死事,皆如己母。①"慈母无服",郑玄注:言无服也,此指谓国君之子也;大夫士之子,为庶母慈己者服小功,父卒乃不服。"天子练冠以燕居",盖指庶子王为其母。国君之妾,子于礼不服也。②故孔子曰"非礼"。

　　然而,孔子不赞成为"慈母"像生母一样服丧,置"慈母"养育之恩情于不顾,这似乎与孔子一贯的主张相矛盾。孔子在卫时,遇到以前接待过他的馆舍主人的丧礼,入而哭之哀,出来时让子贡送去驾车两旁的马以助丧;子贡认为这样是不合于"礼"的,孔子还是坚持让他这样做,他认为自己进入丧宅凭吊时很哀伤,因此要解下骏马以为赗,方能符合自己刚刚哀伤的程度。另外,在《檀弓上》篇,孔子谈到居三年丧时孝子的拜法。一种是先拜而后叩头,这种拜法突出了对宾的恭敬,于礼为顺。一种是先叩头而后拜,这种拜法突出了孝子的哀思,于情为至。孔子说:"三年之丧,吾从其至者。"也就是说,孔子认为更应该强调孝子的哀戚之心,于情为至。按"礼",在居丧期间不应该饮酒食肉,孔子曰:"身有疡则浴,首有创则沐,病则饮酒食肉。毁瘠为病,君子弗为也。毁而死,君子谓之无子。"(《礼记·杂记下》)从这里看,孔子重视的是人的道德感情和思想,"情"是"礼"真正的内容和灵魂,否则"礼"将只剩下虚文仪节,而没有实际意义,换句话说,在孔子看来,人内在的"感情"是重于外在的"仪节"的。③但是,面对"(天子)丧慈母如母"这件事情上,孔子似乎有些"不近人情"。

　　按情理说,天子同其他人的性情一样,也有礼止而哀未尽的时候,为何不能对待慈母如母一样"练冠以燕居"?另外,与此相同的还有两例。一是《论语·乡党》篇

---

① (汉)郑玄注,(唐)贾公彦疏:《仪礼注疏》(中),上海古籍出版社2008年版,第902页。
② (清)朱彬撰:《礼记训纂》(上),中华书局1996年版,第300页。
③ 杜明德:《〈礼记·檀弓〉中的孔子形象——兼论〈礼记·檀弓〉可能的成篇时代》,《齐鲁文化研究》第8辑。

中孔子对待颜渊之丧的态度：颜渊死，颜路请子之车以为之椁。子曰："才不才，亦各言其子也。鲤也死，有棺而无椁。吾不徒行以为之椁。以吾从大夫之后，不可徒行也。"二是《礼记·檀弓下》篇中门人对待子思哭母的态度：子思之母死于卫，赴于子思，子思哭于庙，门人至曰："庶氏之母死，何为哭于孔氏之庙乎？"子思曰："吾过矣！吾过矣！"遂哭于他室。为何孔门对待"（天子）丧慈母如母"、"颜路请子之车以为之（颜渊）椁"以及"子思哭于庙"这三件事一反人之常情？

事实上，孔子对于这些事情的处理方法，体现了他对"情"与"礼义"、"礼仪"三者关系的基本态度。孔子以《诗》为六艺之一，教授弟子，《诗序》言："发乎情，止乎礼义。发乎情，民之性也。止乎礼义，先王之泽也。"孔子所行恰合《诗序》这句话。如果说"孔子解马以为赙"所面对的是"情"与"礼仪"孰重孰轻的问题，那么"（天子）丧慈母如母"、"颜路请子之车以为之（颜渊）椁"及"子思哭于庙"则是面对"情"与"礼义"的问题。具体来说，孔子斥"（天子）丧慈母如母"为"非礼"，理由是"君命所使教子，何服之有"。孔子不同意"颜路请子之车以为之（颜渊）椁"，理由是"吾从大夫之后，不可徒行"。门人反对"子思哭于庙"，理由是"庶氏之母死，何为哭于孔氏之庙"。在这里"君命"、"大夫之职"及"宗庙之祭"都是"先王之泽"，统属神圣不可侵犯的"礼义"。尽管是发自内心的道德情感，但是也必须要服从"礼义"。"发乎情，止乎礼义"，是对儒家礼学思想理路的精到表述，是以人的性情为出发点，通过节文的调适，将它引导到符合礼义要求的层次上，使人性合于理性，人道合于天道。①

### （二）子游"重性情"的礼学传统

在孔子的一生中，无论是在周游列国还是晚年致力于整理文献，他的周围往往都有弟子陪伴，即使是在从政期间，他也没有停止过教育弟子的活动。② 史料记载，孔子为鲁司寇及重返卫国时子游都陪伴在其身边。孔子后学中子游比较重视礼，对礼有独特的理解。凭借着孔子因材施教的教育传统和子游勤奋好学、刻苦专研的态度，子游对孔子礼学进行了继承和发扬，并且形成了自己的礼学风格。

在《郭店竹简与思孟学派》一书中，梁涛老师谈及子游，将其称之为孔门的"性情"之儒。③ 梁师这一提法与子游所秉持的礼学态度密切相关。《礼记·檀弓下》记载了子游对"礼道"的理解：

> 有子与子游立，见孺子慕者，有子谓子游曰："予壹不知夫丧之踊也，予欲去

---

① 彭林：《始者近情 终者近义——子思学派对礼的理论诠释》，《中国史研究》2001年第3期。
② 杨朝明、宋立林：《孔子文化十五讲》，山东人民出版社2010年版，第74页。
③ 梁涛：《郭店竹简与思孟学派》，中国人民大学出版社2008年版，第181页。

之久矣。情在于斯，其是也夫！"子游曰："礼有微情者，有以故兴物者，有直情而径行者，戎狄之道也，礼道则不然。人喜则斯陶，陶斯咏，咏斯犹，犹斯舞，舞斯愠，愠斯戚，戚斯叹，叹斯辟，辟斯踊矣。品节斯，斯之谓礼。人死，斯恶之矣。无能也，斯倍之矣。是故制绞衾，设蒌翣，为使人勿恶也。始死，脯醢之奠，将行遣而行之，既葬而食之，未有见其飨之者也。自上世以来，未之有舍也，为使人勿倍也。故子之所刺于礼者，亦非礼之訾也。"

其大意是，有子和子游在一块儿站着，看见一个小孩子在哭哭啼啼地寻找父母。有子对子游说："我一向不知道为什么丧礼中有'踊'（顿足）的规定，我早就想废除这条规定。现在看来，孝子抒发悲哀思慕的感情应该就和这孩子一样，只要是发自内心，可以想怎么哭就怎么哭，还要什么规定呢！"子游说："礼的种种规定，有的是用来约束感情的，有的是借助外在的事物以引发人们内在的感情的。如果没有统一的规定，谁想怎么做就怎么做，那是野蛮民族的做法。"①"礼道则不然。"子游认为，如果依礼而行应该是外境顺心人则会喜悦，喜悦鼓荡于内则会发于外，喜发于外则会咏歌，咏歌不已则会身体摇动，摇动不已则会起舞，疯狂起舞之后则会产生怒意，愠怒不已则会悲戚，悲戚不已则会发为叹息，叹息不已则会拊心，拊心不已则会起而跳踊。② 礼要求人们将情感控制在恰如其分的层次，如丧礼中最哀痛时踊即可，而且每踊三次，三次而成。若不加节制，则可能因情绪失控而无法进行丧葬之礼，甚至毁性丧身，而这恰恰是死者所不愿见到的局面。子游说"品节斯，斯之谓礼"，郑注云"舞踊皆有节，乃成礼"，是说有节文才能成为礼。贾公疏云："品，阶格也。节，制断也。"品是情感的层次，节是仪节的裁断，如失亲至痛，哀思无期，但毕竟不能沉溺不起，所以制礼者将丧期断为三年，从此应该恢复正常生活，也是防止哀痛过度。③ 子游曰："丧致乎哀而止。"（《论语·子张》）可见，子游认为，礼既是出于情的需要，也是对于情的合理限定。

《礼记·礼运》篇载有子游与孔子关于"礼"的对话，然而对于《礼运》篇的作者，学界颇有争论。一说《礼运》作于子游，如近代学者康有为说："著《礼运》者，子游。子思出于子游，非出于曾子。颜子之外，子游第一。"一说荀子后学托于子游所作。如日本学者武内义雄说："《礼运》之作者不明，固不在言，谓为子游所作，殆不可靠，然而系于子游学派所作，则不难想象也。"他还推测："孔门中通礼者子游，子游之下有檀弓，其后有荀子，此是儒家礼学一派发展之路径，最为明了者也，而荀子

---

① 吕友仁、吕永梅：《礼记全译》，贵州人民出版社1998年版，第207页。
② （清）孙希旦撰，沈啸寰、王星贤点校：《礼记集解》（上），中华书局1989年版，第271页。
③ 彭林：《始者近情 终者近义——子思学派对礼的理论诠释》，《中国史研究》2001年第3期。

后学之作《礼运》篇，托于子游乃极自然之事矣。"① 笔者赞同前者观点。在《礼运》篇中，子游三问，孔子三答，文中子游称其名"言偃"，孔子称其字"仲尼"。依照《仪礼·士冠礼》，古人在出生时有姓，出生满三个月由父亲取"名"，在行"冠礼"由尊者为其取"字"。"字"是用来成年后社会交往所用的，一般情况下，平辈之间或是晚辈对长辈要称其"字"。"名"是自己的谦称，长辈对晚辈或是尊者对卑者可以称其"名"。《礼运》直呼子游之名"言偃"，而不称其字；对孔子尊称"仲尼"，根据古时文体，这篇疑似子游自记。②

子游关于情与礼的思想论证，在《礼运》篇得到了进一步的发展。《礼运》提出："夫礼，先王以承天之道，以治人之情。""故圣人之所以治人七情，修十义，讲信修睦，尚辞让，去争夺，舍礼何以治之？饮食男女，人之大欲存焉。死亡贫苦，人之大恶存焉。故欲、恶者，心之大端也。人藏其心，不可测度也。美恶皆在其心，不见其色也，欲一以穷之，舍礼何以哉？""礼义以为器，人情以为田……故圣王修义之柄、礼之序以治人情。""故礼义也者，人之大端也，所以讲信修睦，而固人之肌肤之会、筋骸之束也。所以养生、送死、事鬼神之大端也，所以达天道，顺人情之大窦也。"在子游看来，一方面"礼"是为了满足情的需要而产生的。饮食男女，是人的最大欲望所在。死亡贫苦，是人的最大厌恶所在。这最大欲望和最大厌恶，构成了人心日夜思虑的两件大事。每人都把心思藏在肚子里，深不可测。美好或丑恶的念头都深藏在心，从外表来看谁也看不出来，要想彻底搞清楚，除了礼之外恐怕也没有别的办法。人们用礼来讲求信用，维持和睦；把礼作为养生送死和敬事鬼神的头等大事；把礼作为贯彻天理、礼顺人情的重要渠道。所以只有圣人才知道礼是须臾不可或缺的。另一方面"礼"是秉承先王之道，治人之情的。圣人要想疏导人的七情，维护人际关系准则，崇尚谦让，避免争夺，除了礼以外，没有更好的办法了。圣人把礼义当作耕地的工具，把人情当作田地、牢持礼义这个工具来治理人情，是人情效法天地的运行，呈现出秩序性与和谐性来。③

## 二、子游对孔子礼学的恪守与践行

### （一）恪守古礼的"卫道士"

关于子游的言行，在《礼记·檀弓》篇中记载的次数最多。《檀弓》中的子游，最通丧葬礼，经常纠正曾子等人不合丧葬礼的言行，俨然像是一个恪守古礼的"卫道

---

① ［日］武内义雄：《礼运考》。
② 参考杨朝明、卢梅：《子游生年与〈礼运〉的可信性问题》，《史学月刊》2010 年第 7 期。
③ 吕友仁、吕永梅：《礼记全译》，贵州人民出版社 1998 年版，第 425～450 页。

士"。具体表现在以下几个方面。

其一，子游"观"礼识人，见其"圣人之一体"。孔子经常通过观察丧礼来辨别当事人是否"知礼"。在孔子看来，通过"观"，一方面可以体察惟微人心。子曰："父在，观其志。父没，观其行。三年无改于父之道，可谓孝矣。"（《论语·学而》）"察言而观色，虑以下人。"（《论语·颜渊》）另一方面也可以把握皇皇王道。孔子曰："吾观于乡而知王道之易易也。"（《礼记·乡饮酒义》）"观其礼乐而治乱可知也。"（《礼记·礼器》）也许是受老师的影响至深，子游也常观礼而辨人。子游为武城宰。子曰："汝得人焉尔乎？"曰："有澹台灭明者，行不由径，非公事，未尝至于偃之室也。"（《论语·雍也》）澹台灭明早年投于孔子门下，因其相貌甚恶，却遭拒绝。子游却认为其行为端正，不对上司拍马奉承，对其加以重用。此后，澹台灭明南游至江，从弟子三百人，名施乎诸侯。孔子听说此事，后悔自己以貌取人，失掉人才。（《史记·仲尼弟子列传》）可见，子游察言观行，慧眼如炬，识人之事颇有夫子风范。难怪子贡感叹子游有"圣人之一体"。（《孟子·公孙丑》）

其二，子游力纠"变礼"，见其恪守古礼之决心。孔颖达说："古，谓周初制礼时。"这里所说的"古礼"，即孔子向弟子教授的礼的学问。春秋末期之后，周礼遭到僭越，出现诸多"变礼"，孔子弟子曾子等人都受到影响，对当时所行之礼的仪节产生了诸多分歧。子游精通孔子所授之礼，对于时人所行的"变礼"极力纠正，以维护孔子礼学的正统。《檀弓》篇记载：曾子袭裘（以凶服的着装形式）而吊丧，而子游却裼裘（以吉服的着装形式）而吊丧，开始曾子以为子游错了，批评了子游。当后来他看到子游待主人殓以后才袭裘，他便恍然大悟，认识到是自己错了。司寇惠子废嫡立庶，死后，在其丧礼上，子游故意做出非礼的行为，迫使其兄文子恢复了嫡子虎的丧主地位。鲁大夫叔孙武等其母亲小敛以后才穿丧服，子游讽刺他不守礼。子夏与子游同去为卫国的司徒敬子吊唁，子夏直接穿丧服而去，而子游则穿着常服前往，待主人小殓改服后才穿上丧服，扎上首绖和腰绖，并解释说这是听孔子讲过："主人未改服，则不绖。"① 从这些事例可以看出，子游坚守孔子礼学的决心和努力。

其三，时人向子游问礼，见其"专于礼"。《檀弓上》记载司士贲告于子游曰："请袭于床。"子游曰："诺。"县子闻之，曰："汰哉叔氏！专以礼许人。"虽然县子批评子游的狂妄与自负，但是可以想见子游在当时的礼学权威地位是屈指可数的，就连其同门师兄曾子也不得不被其严谨的治礼态度所折服。曾子到负夏吊丧。主人已经行过祖奠，正要出葬，见到曾子来吊，为了表示对曾子的尊敬，就又把柩车掉头向内，设立祖奠，然后行礼拜谢。随从者问曾子说："这样合乎礼吗？"曾子巧辩说："祖奠的'祖'字是暂且的意思，既然是暂且的祭奠，把柩车掉头向内有何不可呢！"子游批评了曾子的这一做法，他说："在正寝的南牖为死者行含饭礼，在正寝的当门处小

---

① 丁鼎：《礼记解读》，中国人民大学出版社2010年版，第172页。

敛，在表示主位的东阶上大敛，在表示客位的西阶上停柩，在祖庙的堂下举行最后告别的祖奠，在野外安葬。从始死到下葬的整个过程，是一步一步地由近而远。所以，办理丧事，有进而无退。"曾子听了顿感惭愧。(《檀弓上》)

## (二) 礼乐治邑的"武城宰"

据《论语·子张》记载，子游反对子夏弟子只注重"洒扫应对进退"的做法，认为是"末"，而他自己更重视"本"。从他的有关论述来看，他所理解的"本"应该就是指礼乐化民易俗、平治天下的功能和作用。① 子游用礼乐教化武城之民，正是其重视礼之"本"的反映。

子游学成后，委任为武城的长官。武城，是鲁国的一个小邑，也是一座军事重镇，在现在的山东费县境内。子游武城"弦歌"，礼乐治邑，深为孔子赞叹。

子之武城，闻弦歌之声，夫子莞尔而笑曰："割鸡焉用宰牛刀?"子游对曰："昔者，偃也闻诸夫子曰：'君子学道则爱人，小人学道则易使也。'"子曰："二三子！偃之言是也。前言戏之耳！"(《论语·阳货》)

朱子言："时子游为武城宰，以礼乐为教，故邑人皆弦歌也。治有大小，而其治必用礼乐，则其为道一也。但众人多不能用，而子游独行之。故夫子骤闻而深喜之，因反其言以戏之。而子游以正对，故复是其言，而自实其戏也。"② 孔子教授弟子诗书礼乐，并不是单纯地学习知识，而是要使他们把握其中的文化精神。子游礼乐治邑得到孔子赞赏，看来子游已经深谙孔子礼学思想之根本。

子游早年师从孔子研习儒礼，晚年回到家乡吴地讲学，传播儒家思想，使得当地的风俗为之大变。"圣贤道被天下万世尤深于所生之乡，惟吴古为荆蛮，文身渐发，混于龙蛇，自泰伯之至德，延陵之高风，俗始一变，迨言公北学，而孔子之道渐于吴，吴俗大变，千载之下，学者益众，家诗书而户礼乐，东南学道之宗实言氏(子游)启之。"③ 子游的礼学实践，对于孔子礼学的继承发展与提升社会道德风气具有十分重要的理论和现实意义。

## 三、孔子礼学思想的生命力

孔子礼学依仁而生，依仁而存，"仁"是其生命力的源泉。《礼记·儒行》云：

---

① 梁涛：《郭店竹简与思孟学派》，中国人民大学出版社2008年版，第181页。
② (宋)朱熹：《四书集注》，岳麓书社2004年版。
③ 徐缙：《学道书院记》，《吴县志》卷二十七《书院》，第403页。

"礼乐所以饰仁。"人有浓郁诚挚的感情，然后才以礼乐为表征，以导达而发抒于外。"人而不仁，如礼何？人而不仁，如乐何？"（《论语·八佾》）徐复观先生语，仁或为一德之仁，或为全德之仁，但均表现为一种道德的自觉向上的精神。① 正是"仁"提升了"礼"的内在价值，使其直接与人性深处最深厚的根本相沟通，使得许多仅具虚文的"礼"获取了新生命。②

"仁"和"礼"之间是互相依赖互相影响的，"仁"的自我更生自我完善决定了"礼"要进行相应的调整来达到二者的统一。韦伯认为"儒学"的理性主义在于根据世界而作合理的调整，这只有在认为"调整"不是对于现状的顺从的意义上才是正确的。与基督教的"它已被写就，但我要对你说"的思想相比较，儒家学者会由于发现"礼"和"仁"之间的不一致而反对已确立的"礼"。③ 子游礼学对孔子礼学思想的继承和发展正是"仁"与"礼"之间相互协调的表现。其一，子游的礼论源自孔子，然而由于其关注点不同，又形成很多自己的特点。最突出的，是子游提出礼因情而生，又治人之情的礼学观点，形成了"重性情"的礼学特色，成为后世中国礼学发展的又一重要的思想源泉。其二，子游深谙师道，深得孔子礼学思想的精髓，对鲁末之"变礼"进行极力纠正，在一定程度上维护了先师所倡导的礼制。同时，学以致用，在武城遵循师训，居敬行简，弦歌雅化，把战争频仍的鲁国边境小邑治理得"风移俗美"，把崇武尚勇的武城百姓化育成"秀民良士"，以至于出现"邑人皆弦歌"的局面，赢得了孔子的高度评价。"武城弦歌"不仅是子游礼乐教化的集中体现，也是礼乐教化的成功实践。④ 其三，《礼运》一篇是通过孔子、子游师徒问对的形式保留下来的有关"礼"的深入讨论的重要作品。孙希旦《礼记集解》称："周衰礼坏，孔子感之而叹，因子游之问，而为极言礼之运行，圣人所恃以治天下国家者以告之。"⑤ 无论是因子游之问，抑或是子游依托先师孔子，《礼运》这篇被认为是以"大同"的理想代表着人类文化的最高成果⑥都与子游有着密不可分的关系，其中超越的智慧，足以显示他的治学风范。

---

① 陈续前：《礼：从周公到孔子》，《孔子研究》2009 年第 4 期。
② 陈续前：《礼：从周公到孔子》，《孔子研究》2009 年第 4 期。
③ ［德］马克斯·韦伯著，洪天富译：《儒教与道教》，江苏人民出版社 2003 年。
④ 吴蕴慧：《武城弦歌——子游礼乐教化思想阐微》，《江淮论坛》2010 年第 5 期。
⑤ （清）孙希旦撰，沈啸寰、王星贤点校：《礼记集解》（中），中华书局 1989 年版，第 581 页。
⑥ 杜维明：《儒家传统的现代转化》，中国广播电视出版社 1992 年版，第 423 页。

# 民本与仁爱——金朝杖刑彰显出的儒学人文关怀*

辽宁师范大学历史文化旅游学院副院长、副教授　李玉君
东北师范大学研究生　　何　博

中国古代的刑罚制度很早就已形成,历代因袭而略有变化。奴隶社会时期就已经形成了通行一时的所谓"五刑(墨、劓、刖、宫、大辟)"之制,然而其中却不见通行后世的杖刑的踪迹。《唐律疏议》认为杖刑源于先秦时期的"鞭扑",经考证直至汉代还"没有杖刑",到隋朝才"以杖易鞭",至此杖刑才被纳入"五刑"之中。杖责取代之前的涂墨、劓鼻之刑,体现了刑罚在严酷苛厉之外还存有温情的一面,实则是文明进步的体现,更是法制建设进步的重要体现。金朝是由北方少数民族女真族建立的,有金一代,十分重视学习、吸收中原文化,以礼入法更是迫不及待。统治者希望借此弥合与中原文化的差异,突破夷夏大防在文化上的隔阂,以维护其长治久安。金朝杖刑在借鉴前朝的基础上,又有其独特之处,即将对受刑者重肉体之刑转变为重精神惩戒,使其朝着文明法制的方向进一步迈进。目前学界对金朝杖刑的论述不多,本文拟从金朝杖刑与女真族的中原文化认同角度加以探讨,不当之处敬请学界同仁批评指正。

## 一、金朝笞、杖二刑名异而实同,是刑罚从轻的儒家"仁"的思想的体现

笞、杖二刑是中国古代比较常见的刑罚种类。关于二者的区别,《唐六典》注:"笞用小竹板或荆条为之,杖以大于笞刑所用的竹板或荆条为之",《唐律疏议》注:"笞是用荆条制成的小板子,杖是用竹板或牡荆制成的大板子。"可见其差别只是在刑具的规格上,一个是小板子,一个是大板子;笞轻而杖重,但是差别并不大。金代刑律承袭前朝而设有笞、杖二刑,同样二者的划分也并非泾渭分明。

在《金史》的《本纪》和《列传》的记述中描述实施笞刑或杖刑时,多有将二者名称混用的现象;上至皇帝,下至宗亲、大臣也常将笞、杖二刑视为同一种刑罚。天德二年(1150),"徒单太后生日,酒酣,大氏起为寿。徒单方与坐客语,大氏跽者久之。"徒单太后是海陵的嫡母,而大氏太后是海陵的生母,徒单太后的做法使海陵王十

---

\* 本文为国家社科基金项目(批准号:11CFX011)、辽宁经济社会发展立项课题(批准号:2014lslktlsx-03)的阶段性成果。

分恼怒。于是天德四年（1152），"迁中都，独留徒单于上京"①，而大氏太后思念旧情，临终之时嘱托海陵"汝以我之故，不令永寿宫偕来中都。我死，必迎致之，事永寿宫当如事我"。海陵王遵循母命，于贞元三年（1155），亲自到沙流河谒见太后，并"命左右约杖二束自随，跪于太后前，谢罪曰：'亮不孝，久阙温情，愿太后痛笞之'。"② 海陵令人用"杖"以"笞"己，就是将笞刑与杖刑视为同一种刑罚。此外，海陵王施杖于己，既是要表达与徒单太后久失温情的悔悟，更是要体现"父母之命不可违"的理念。遵逝者之言、受刑折辱是儒家思想倡导的孝子之道的重要内容，史书中一个"必"字的记述正是女真族对儒家文化认同的生动体现。

《金史·太宗诸子传》载，海陵时"左宣徽使许霖之子知彰与和尚斗争，其母妃命家奴捽入凌辱之，使人曳霖至第殿罾之"。身受大辱的许霖次日在朝堂上诉其遭遇，海陵即令大兴尹萧玉等人进行审理，审理的结果是"妃杖一百，杀其家奴为首者，余决杖有差"；而"霖尝跪于妃前，失大臣体，及所诉有妄，笞二十"。③ 对于同一事件，《金史·海陵本纪》中的记载却是正隆六年（1161），"二月乙巳，杖卫王襄之妃及左宣徽使许霖"④，明确说卫王襄之妃与左宣徽使许霖受到的都是杖刑。之所以《金史》两个地方的记述有不同，原因只能是金朝笞、杖二刑的差别不大，才会出现对同样的刑罚在《金史》中用"笞"也行，用"杖"也可。这种现象并不鲜见。《金史·文艺传上》载，"安国军节度判官高元鼎坐监临奸事，求援于太常博士田居实、大理司直吴长行、吏部主事高震亨、大理评事王元忠"⑤。事发后，刑部员外郎王翛欲使高元鼎逃避罪责而受到"笞四十"的惩罚。而在《金史·王翛列传》中的记载却是王翛"坐请嘱故人奸罪，杖四十"⑥，这也是不同地方的记述将笞、杖二刑互为参用的例子。《金史·忠义传三》又载，正大二年（1225），"李太和者与方城镇防军葛宜翁相殴，诉于陈和尚，宜翁事不直，即量笞之。宜翁素凶悍，耻以理屈受杖，竟郁郁以死，留语其妻必报陈和尚"⑦。这是在同一段记述中混用笞、杖两种刑罚名称，充分说明二者差别并不明显，这才导致或者是完颜陈和尚与葛宜翁对同一种刑罚的认识有差别，或者是史官认为两种刑罚根本没差别。

除了混用现象，金代史籍，如《大金国志校证》对笞杖的记载甚至还有互相抵触的。金俗"法令严杀人，取民钱重者死，其他罪无轻重，悉决柳条。笞背，不杖于臀，

---

① 脱脱等撰：《金史》卷63《后妃传上》，中华书局1975年版，第1504页。以下凡引此书均省略作者和版本。
② 《金史》卷63《后妃传上》，第1505页。
③ 《金史》卷76《太宗诸子传》，第1746~1747页。
④ 《金史》卷5《海陵本纪》，第113页。
⑤ 《金史》卷125《文艺传上》，第2717页。
⑥ 《金史》卷76《王翛传》，第2315页。
⑦ 《金史》卷123《忠义传三》，第2681页。

恐妨骑马"①，明确指出了笞刑施于脊背而杖刑施于臀；这与同一史籍另一卷中"杖自百二十至二百，皆以荆决臀"②的规定一致。但是在另一记载中，有"时山（东）[西]路转运使刘思、肃州防御使李兴麟、河东北路转运使赵温讯，坐庆裔下狱，思伏诛，兴麟杖脊除籍为民，温讯徒改元，赦，得免"③。按照金俗李兴麟脊背之处本应受笞刑，然而受到的却是杖刑。史籍记载的混杂现象进一步说明金朝的笞、杖二刑名称虽异，实则相同，"金代笞杖不分"④。之所以有互相矛盾的记载应该是因为"笞杖不分"现象的出现有一个时间上的过程。

值得注意的可贵之处是，金朝的笞、杖二刑没有明显区别并不是说对二者取了平均，而在于杖刑的量刑更趋向于笞刑。杖、笞虽有多少之别，但很少有宗亲、大臣毙命于杖下的现象出现，体现了量刑为轻、重在惩戒的作用。而在之前的唐朝和宋朝，杖刑却是从重量刑的，甚至可以等同于死刑。这种强烈对比反映了金朝统治者大力贯彻刑罚从轻的儒家"仁"的思想主张。

## 二、金朝杖刑的判定实施体现了"以民为本"的儒家治国主张和儒家伦理观念

女真族在建立政权之前就被中原文化所吸引，入主中原后更是加快了对儒家文化的学习和吸收，甚至发展到金朝以华夏正统自居，逐渐融入到了中华民族大家庭之中。这当然有统治者维护政权稳固的意愿在里面，但是根本驱动力是中原文化的凝聚力和女真族对儒家文化的认同。随着金代民族融合的加深，女真族原有的伴随游猎习俗的"夷狄"之风逐渐被产生于农耕文明的儒家思想观念所取代。金朝接受了儒家"以民为本"的治国主张，迫不及待地以礼入法，在法律制度上体现出"重人轻物"的原则和"贵贱有序"等儒家思想。这些在杖刑的适用范围和量刑实施上都有反映。

儒家主张"民为贵"。"民"是一个国家赖以维系的基础，施良政于民更是儒家思想所大力提倡的。儒家的"民本"思想可以说是其文化精髓所在，而"重人轻物"则是"民本"思想的具体体现。金朝对"民本"的贯彻也体现在杖刑的判定和实施上。大定九年（1169）三月，"以尚书省定纲捕走兽法，或至徒，上曰：'以禽兽之故而抵民以徒，是重禽兽而轻民命也，岂朕意哉。自今有犯，可杖而释之。'"⑤尚书省制定的捕走兽法规定，对犯此法者有被判处徒刑的可能，世宗认为这种判罚是"重禽兽而

---

① 宇文懋昭撰，崔文印校注：《大金国志校证·附录一》，中华书局1986年版，第587页。
② 《大金国志校证》卷12《熙宗孝成皇帝四》，第173页。
③ 《大金国志校证》卷9《熙宗孝成皇帝一》，第140页。
④ 曾代伟：《金律研究》，台北：五南图书出版有限公司1995年版，第113页。
⑤ 《金史》卷6《世宗本纪上》，第147页。

轻民命"的行为，故而将徒刑改为杖刑，并且申明"可杖而释之"。一个"可"字表明了世宗的一种观念：对触犯捕走兽法的人施用杖刑就足够了，以使人命重于禽兽之命。大定二十五年（1185），"平章政事襄、奉御平山等射怀孕兔。上怒杖平山三十，召襄诫饬之，遂下诏禁射兔"①。世宗大怒平章政事襄、奉御平山射杀怀孕兔，但是在盛怒之下，世宗却处以奉御平山杖三十、诫饬平章政事襄的惩罚。如前文所述，处以杖刑即意味着刑罚从轻。世宗之怒与惩罚之轻形成了鲜明的对比，也充分体现了"重人轻物"、"以民为本"的儒化关怀。

金朝法律的"以民为本"思想更体现在对农业经济的重视上。女真族原以游猎为生的民族，因为入主中原而获得大量从事农耕生产的人口，随着受儒家文化影响的加深，统治者越来越重视农业以及其劳动力。从杖刑的量刑上看，随意践踏禾稼以及盗取谷物者的判罚要远重于射杀禽兽。大定十年（1170）七月，"勒扈从人纵畜牧蹂践禾稼者，杖之，仍偿其直"②。不过当时并没有申明践踏禾稼者究竟应该被施杖以多少，到了大定二十年（1180）才将其明确规定下来。"上见有蹂践禾稼者，谓宰相曰：'今后有践民田者杖六十，盗人谷者杖八十，并偿其直。'"③ 即规定破坏庄稼者杖六十、盗人谷者杖八十，其杖刑处罚重于犯捕走兽法杖刑处罚一倍以上，可见金朝统治者随着汉化程度的加深，对农业经济的重视程度正在逐步超过对狩猎经济的重视程度。天会三年（1125），"禁内外官及宗室毋得私役百姓，权势家不得买贫民为奴，其胁买者一人偿十五人，诈买者一人偿二人，罪皆杖百。"④ 太宗对掠良为奴的宗室和权势之家施杖一百来加以惩罚。夹谷石里哥曾因在宿州"掠良人为生口，当死，特诏决杖八十"⑤。若不是皇帝下诏宽免夹谷石里哥，夹谷石里哥当被判处死刑，不过虽然皇帝下"特诏"但仍对其施以八十之数的杖刑。这表明金朝皇帝对作为农业生产的劳动力良人的态度，良人的地位要重于禾稼与禽兽。

从金朝对触犯捕走兽法、践踏禾稼和掠良为奴者处以杖刑的量刑规定中，可以看出金朝已经将"重人轻物"的民本观念，逐渐融入到了女真族的民族性格中。正如元好问所说，"国家百余年，累圣相承，一以人命为重，凡杀人者之罪，虽在宗室，而与闾巷细民无二律"⑥，甚至达到了民命无贵无贱之分，这正是以民为本的儒家思想的终极追求。

金朝的杖刑规定不但能反映统治者对儒家"以民为本"治国主张的接受，而且还

---

① 《金史》卷8《世宗本纪下》，第189页。
② 《金史》卷6《世宗本纪上》，第144页。
③ 《金史》卷45《刑志》，第1018页。
④ 《金史》卷46《食货志一》，第1033页。
⑤ 《金史》卷103《夹谷石里哥传》，第2277页。
⑥ （金）元好问著，姚奠中主编：《元好问全集（上册）》卷27《赠镇南军节度使良佐碑》，山西人民出版社1990年版，第642页。

反映了对儒家伦理道德的认同和维护。礼是儒家伦理的核心内容。中原王朝以"礼"立国,"礼"几乎成为了正统王朝的代名词。金朝为了强调自身的正统性,对"礼"更是倍加重视,"懂礼即中国"①的观念更是深入其心。正是基于对"礼"的重视,金朝对那些有失礼节的大臣也会施以杖刑的惩罚。贞元三年(1155),磁州僧人法宝欲离去,但左丞相张浩、平章政事张晖以及许多朝官却欲留法宝不希望其离去。海陵得知其事诏集三品以上官员上殿严加申斥,"闻卿等每到寺,僧法宝正坐,卿等皆坐其侧,朕甚不取"。并指出"僧者,往往不第秀才,市井游食,生计不足,乃去为僧,较其贵贱,未可与簿尉抗礼"②。海陵以左丞相张浩、平章政事张晖"失大臣体,各杖二十。僧法宝妄自尊大,杖二百"③。海陵指出僧人乃低贱之人,而登科之士的地位应该在僧人之上,故而大臣坐在僧人之下是以贵事贱、有违尊卑之序。海陵对左丞相张浩、平章政事张晖杖二十,而对僧人法宝却施杖以二百,这种差别正是肯定了"士贵僧贱"的伦理,体现了礼在等级上的差别。

对于代表金朝出使别国的使臣,若在出使期间有失大臣之礼,其身遭施杖之刑更是屡见史册。大定十三年(1173),璋(胡麻急)为贺宋正旦使,受命出使宋国。在出使宋国之前世宗派人谕令璋(胡麻急)"宋人若不遵旧礼,慎勿付予。如不令卿等入见,即持书归。若迫而取之,亦勿赴宴,其回书及礼物一切勿受"。而到了临安,"宋人就馆迫取书,璋与之,且赴宴,多受礼物"④。璋(胡麻急)违反了世宗的谕令,作为出使宋国的金使其代表的是金朝皇帝,金使上呈给宋朝皇帝的国书应当面呈递给宋朝皇帝以视平等,而璋(胡麻急)将国书随意授以"宋人"违反了贵贱之序,世宗闻之大怒欲处以其极刑,若不是左丞相良弼上奏请饶则璋(胡麻急)死罪难逃,虽然死罪已免但世宗仍然处以其杖一百五十的惩罚。

无视儒家伦理纲常的权贵、宗亲、大臣,也会受到杖刑的惩罚。文(胡剌)"贞元元年,除秘书,坐与灵寿县主阿里虎有奸,杖二百,除名"⑤。贞元二年(1154),"八月丙午,以左丞相昂去衣杖其弟妇,命杖之"⑥。左丞相昂之所以"去衣杖其弟妇"是由于"昂怒族弟妻"⑦,也就是左丞相昂在大怒之下做出的冲动行为,虽然其情可悯,不过左丞相昂去衣杖其弟妇却触及了封建廉耻之心,故而海陵对左丞相昂施以杖刑来加以惩戒。正隆五年(1160)七月,"以张弘信被命讨贼,称疾逗留莱州,与妓

---

① 赵永春:《试论金人的"中国观"》,《中国边疆史地研究》2009年第4期。
② 《金史》卷83《张通古传》,第1861页。
③ 《金史》卷5《海陵本纪》,第103~104页。
④ 《金史》卷65《始祖以下诸子传》,第1552页。
⑤ 《金史》卷74《宗望传》,第1710页。
⑥ 《金史》卷5《海陵本纪》,第102页。
⑦ 《金史》卷84《昂传》,第1887页。

乐饮燕，杖之二百"①。当时"东海县人徐元、张旺作乱"，"州、府皆遣使效随真等诣东海观贼形势，皆为贼所害。州、府合兵攻之，累月不下"②。在如此危急的情况下张弘信却置军国大事于不顾，而与"妓乐饮燕"，有违金朝皇帝之重托，也违反了君臣之道，故而对其施杖二百以示惩戒。大定十八年（1178）十一月，"承元前为曹王府文学，与王邸婢奸，杖百五十除名"③。哀宗时"子按春，正大中充护卫，坐与宗室女奸，杖一百收系"④。

金朝对大臣之礼的重视表明了对儒家思想中"贵贱有序"的认同，说明女真人原有的无贵无贱的社会秩序，正在逐步被"贵贱有序"的社会所代替；而对那些犯有奸淫之罪或渎职失职的宗亲、大臣施杖，则是对儒家伦理道德的认同和维护。这正是金朝认同、吸收儒家文化的反映。

## 三、金朝杖刑重精神惩戒体现了对儒家重视教化的认同

儒家思想主张"刑不上大夫，以励廉耻"，即"励廉耻"是目的；另一方面，"大夫"受刑实属大辱。金朝深谙其道，而在金朝对"大夫"施杖可谓司空见惯，故而金朝的杖刑更注重于对精神的惩戒而非肉体上的惩罚，以此达到教化的目的。大定八年（1168），"制品官犯赌博法，赃不满五十贯者其法杖，听赎。再犯者杖之。且曰'杖者所以罚小人也。既为职官，当先廉耻，既无廉耻，故以小人之罚罚之'。"⑤对于那些触犯赌博之法的宗亲、大臣，第一次可以赎免杖刑，若是再犯就以杖刑罚之，在世宗看来累犯其罪已是不顾廉耻，故以用惩罚"小人"的杖刑来对其加以惩戒。金朝对宗亲、大臣施以杖刑，虽然杖数有多少之别，不过很少能见到通过杖刑来杖杀宗亲、大臣的，用杖刑这种惩罚"小人"的刑罚，实则更多的是为了唤起宗亲、大臣的廉耻之心，"凡有官者，将决杖之廊庑，赐以酒肉。官尊者，决于堂上。已杖，视事如故"⑥，明显带有某种精神惩罚的意味。因而杖刑在宗亲、大臣群体中，施杖那种"使人身受到痛苦和损伤，达到处罚、惩戒"⑦降到次要目的，而它的精神惩罚意义要远重于肉体惩罚的意义。虽然金朝皇帝对宗亲、大臣有时施杖多达一二百，不过其肉体惩罚并不重。太祖起兵反辽时曾经说过"辽人知我将举兵，集诸路军备我，我必先发

---

① 《金史》卷5《海陵本纪》，第111页。
② 《金史》卷79《徐文传》，第1786页。
③ 《金史》卷7《世宗本纪中》，第172页。
④ 《金史》卷113《完颜赛不传》，第2483页。
⑤ 《金史》卷45《刑志》，第1016页。
⑥ 齐木德道尔吉：《辽夏金元史徵·金朝卷》，内蒙古大学出版社2007年版，第300页。
⑦ 安国楼：《宋代笞杖刑罚制度论略》，《河南大学学报》1991年第1期。

制之，无为人制"①。在如此危急的情况下太祖"使婆卢火征移懒路迪古乃兵"②，不过当"太祖进军宁江州，次寥晦城。婆卢火征兵后期，杖之，复遣督军"③。虽然婆卢火征兵失期、身受杖刑，不过受刑之后婆卢火仍能指挥作战，可以看出杖刑在肉体惩罚方面并不重。海陵认为"古者大臣有罪，贬谪数千里外，往来疲于奔走，有死道路者，朕则不然，有过则杖之，已杖则任之如初"。明确指出了杖刑这种刑罚非置宗亲、大臣于死地，而是为杖后能自勉其行、以绝再犯④。这也是女真族认同儒家"仁者爱人"、"知耻而后勇"等观念的反映。

为确保杖刑以精神惩戒为主的作用，金朝还严格规定了铜杖的规格。承安四年（1199）五月，"诏颁铜杖式"⑤，对刑具作了具体的规范。不过到了泰和元年（1201）正月，"尚书省奏，以见行铜杖式轻细，奸宄不畏，遂命有司量所犯用大杖，且禁不得过五分"⑥。由于铜杖式轻细造成了杖刑的威慑力减弱，因而尚书省请奏准使用大杖，不过其长度仍被限制在五分之内，可以看出金朝对杖刑的认识是很明确的：杖刑更多的是用来进行精神惩罚，如果施杖过重造成以杖杀人的现象发生，杖刑也就失去了设置的意义，正如海陵所言施杖后"如有不可恕，或处之死，亦未可知"⑦。明确指出了杖刑的施杖原则不是使受刑者命丧杖下，更不是用杖刑来代替死刑。这与唐代"本属于惩罚轻罪的杖刑实际上成了死刑的代名词"⑧和宋代"杖杀作为死刑的执行方式在宋朝被载入法典"⑨有着原则上的区别，在金朝杖刑真正成为了"一种比较人性的惩罚方式"⑩。

金朝对宗亲、大臣犯罪施以杖刑，一是刑杖轻细不会轻易夺人性命，减少了许多"人死不能复生"带来的遗憾；二是施杖之后受杖的宗亲、大臣多会官复原职、以睦上下，从而减少了对立，巩固了王朝的统治基础，加强了统治。应该说金朝能够统治长达百余年，与其刑罚意在教化不无关系。在金朝的刑法中，杖刑是较为常用的刑法之一，甚至达到了"金代杖刑是主刑"⑪的程度。金朝的杖刑正是对儒家文化中"民本"、"人本"思想的继承，有着浓重的儒学意味。杖刑作为金朝的刑罚，是偏重于"罚"而不在"刑"，重在勉励教化而不在杀戮，受罚者录用如前即说明了这一点。金

---

① 《金史》卷2《太祖本纪》，第23页。
② 《金史》卷2《太祖本纪》，第24页。
③ 《金史》卷2《太祖本纪》，第24页。
④ 《金史》卷76《太宗诸子传》，第1735页。
⑤ 《金史》卷11《章宗本纪三》，第251页。
⑥ 《金史》卷45《刑志》，第1024页。
⑦ 《金史》卷76《太宗诸子传》，第1735页。
⑧ 张艳云：《唐代杖刑考述》，《唐史论丛》2006年第1期。
⑨ 彭炳金：《论唐代杖刑制度的发展变化》，《通化师范学院学报》2004年第9期。
⑩ 李玉君、杨柳：《金代皇族赃罪考述》，《北方文物》2010年第1期。
⑪ 傅百臣：《金代杖刑管窥》，《北方文物》1986年第4期。

朝杖刑的这一特点更蕴含了儒家"知耻而后勇"的内涵，处处充溢着中原文化、礼制文明的味道。

女真族作为一个少数民族而能够入主中原并维持政权长达百余年，与其"因俗而治"，主动学习、吸收中原文化是分不开的。金朝在法律制度上急切地以礼入法，史籍中有关杖刑和笞刑的记载即反映了女真族对儒家刑罚从轻的"仁"思想、"以民为本"的治国主张、"贵贱有序"和"重视教化"等观念的认同。金朝对中原儒家文化的积极认同，有利于民族团结和社会稳定，在今天的社会主义建设中仍不失借鉴意义。

# 儒家伦理思想与现代道德教育

山东师范大学山东省齐鲁文化研究院教授　梁宗华

## 一

由中国历史发展的特殊路径所决定,重视家庭伦理道德成为中国社会几千年一贯的文化传统。在儒家的伦理价值观中,"齐家"既是关于家庭事务的本身,同时又是对于社会政治的积极参与,家庭伦理一直是社会国家政治秩序中关键的链环。在儒家的视野中,家国天下是一体的,血缘宗法关系完全被社会化、政治化,所以君王又称"天子",大臣称臣子,地方官员又称"父母官",甚至父母官的称呼一直沿用至今,"一家仁,一国兴仁;一家让,一国兴让;一人贪戾,一国作乱"(《礼记·大学》),以家庭道德为基石的儒家伦理呈现一种泛家族主义的伦理精神而深入人心,用现代的语言诠释,"家庭伦理并不只是一种私人的关怀,因为公众利益通过它才会得以实现"①。传统儒学所力倡的孝道精神在现代家庭伦理构建中应该而且正在成为不可或缺的重要组成部分。

孝道主要是由儒家提倡的,这由其所阐发的宗法伦理价值所决定。儒家认为,孝慈父母是为人立足社会建功立业的根底,孝是诸德之本,"在下位不获乎上,民不可得而治矣,获乎上有道,不信乎朋友,不获乎上;信乎朋友有道,不顺乎亲,不信乎朋友矣;信乎亲有道,反诸身不诚,不顺乎亲矣"(《中庸》)。孔子强调"爱有差等",他的仁爱原则是立足于"礼"的,要求"贵贱有等,长幼有序","恭而无礼则劳,慎而无礼则葸,勇而无礼则乱,直而无礼则绞。君子笃于亲,则民兴于仁;故旧不遗,则民不偷"(《论语·泰伯》)。孔子指出宗法社会中几种基本的人伦关系都贯穿着"仁"的精神,所谓父慈子孝,君义臣忠,交友以信,尤其是孝悌原则更是"仁"之根本,"事父母,能竭其力;事君,能致其身;与朋友交,言而有信"(《论语·学而》)。他认为,处理一切人伦关系,都必须从孝道做起,只有做到了孝顺父母,敬爱兄长,才有可能去仁爱其他人,"君子务本,本立而道生。孝弟也者,其为仁之本与"(《论语·学而》)。

---

① 杜维明:《东亚价值与多元现代化》,中国社会科学出版社2001年版,第172页。

儒家论孝道，以一个"敬"字为出发点，要求在形式和实质上双重的奉养。首先要求在形式上要合礼仪，主张对父母的服从，孔子弟子孟懿子问孝，子曰："无违。……生，事之以礼；死，葬之以礼，祭之以礼"（《论语·为政》）；孟子则认为，"孝子之至，莫乎尊亲"（《孟子·万章》）。那么，怎样做才是"尊亲"呢？这其中包括了经济上的奉养，这是最起码的物质保障，孟子的仁政理想中就设计了对老人的理想生活状态这样的构想，"五亩之宅，树之以桑，五十者可以衣帛矣。鸡豚狗彘之畜，无失其时，七十者可以食肉矣"，要使"颁白者不负戴于道路"（《孟子·梁惠王上》）。

从人性处立言，儒家更重视的是本质上的孝道，即孝心，发自人性内心深处的对父母老人的敬养。子曰："今之孝者，是谓能养。至于犬马，皆能有养；不敬，何以别乎？"又曰："色难。有事，弟子服其劳；有酒食，先生馔，曾是以为孝乎？"（《论语·为政》）可见，物质上的奉养，体力上的扶助，是孝道的必然要求，然而却并不等于孝。孝还必须出于对父母的一片爱心、尊敬，它的主要原则是对父母长辈要尊重服从，所谓"敬"，它包括了物质的奉养以及精神上的慰藉双重因素，这才是显示人之为人处，要做到身敬、辞逊、色顺，"子路问于孔子曰：'有人于此，夙兴夜寐，耕耘树艺，手足胼胝，以养其亲，然而无孝之名，何也？'孔子曰：'意者身不敬与？辞不逊与？色不顺与？'"（《荀子·子道》）这种孝敬之心出自血缘亲情，是由人性决定的天性，因为"子生三年然后免于父母之怀"（《论语·阳货》），真正的孝顺行为是在这种发自内心的至诚感情支配下奉养父母长辈的行为及因此而生发的喜乐忧伤，《论语》中对人子孝敬父母的行为有很多规诫，如《里仁》称"父母在，不远游。游必有方"，"父母之年，不可不知也；一则以喜，一则以忧"；在后世都成为孝道的格言警句。

孟子继承发展了孔子"仁"的伦理思想。他着力凸现了孔子仁学中血缘亲情的因素，揭示出仁义礼智信的根本性质就是事亲从兄，"仁之实，事亲是也；义之实，从兄是也；智之实，知斯二者弗去是也；礼之实，节文斯二者是也；乐之实，乐斯二者，乐则生矣"（《孟子·离娄上》），一切规范都因了孝亲缘起，由这个起点出发，便可以普爱天下万物，是谓"亲亲而仁民，仁民而爱物"（《孟子·尽心上》）。他对孔子所论的几种人伦关系都进一步补充完善，明确提出了"父子有亲，君臣有义，夫妇有别，长幼有序，朋友有信"（《孟子·滕文公上》）的人伦规范。尤其是孝道思想，他对孔子有重要的纠正补充。孟子认为，父子之间以善相责是最容易伤害感情的，但是却不能算作不孝，而只是方法不当而已；所以在齐国的时候，有个叫匡章的人以善责其父亲，全国人都认为他不孝，孟子却相当敬重他。孟子对孝道作了比较全面的概括："世俗所谓不孝者五：惰其四肢，不顾父母之养，一不孝也；博弈好饮酒，不顾父母之养，二不孝也；好货财，私妻子，不顾父母之养，三不孝也；从耳目之欲，以为父母戮，四不孝也；好勇斗狠，以危父母，五不孝也"（《孟子·离娄下》），他对孝道几个层面的要求都有阐述，既有物质上奉养父母的要求，又有对父母精神慰藉的规范。

荀子在孔孟之外对孝道提出了另一层面的准则和要求，"孝子所不从命有三：从命则亲危，不从命则亲安，孝子不从命乃衷；从命则亲辱，不从命则亲荣，孝子不从命乃义；从命则禽兽，不从命则修饰，孝子不从命乃敬。故可以从命而不从，是不子也；未可以从而从，是不衷也；明于从不从之义，而能致恭敬、忠信、端悫、以慎行之，则可谓大孝矣"。这一层面以往较少为人所注重，而这是儒家孝道思想中一个很重要的内容。

我国宪法已经明确规定了子女对父母的赡养义务，"父母有抚养教育子女的义务，成年子女有赡养扶助父母的义务"，这是从法制上的一种保障。但如果只有物质上的供给，却不能保障对父母长辈的发自真心的恭敬之情，我们民族传统中"以敬为孝"的原则在法制之外就成为一种道德源泉，作为子女对于培育自己成人的父母长辈在物质供养之外，更需要发自内心的关切，需要给予他们感情上的慰藉，重视以每个家庭美德的建设推动社会整体道德的提升。儒家伦理精神的重要特点就是以家庭道德作为社会道德的生长点，所力倡的孝道精神应在现代家庭伦理建构中发挥更大的作用，每个做晚辈的都能做到"事父母能竭其力"，使家庭中充溢着和谐亲情；从爱敬自己的父母推己及人，"老吾老以及人之老，幼吾幼以及人之幼"，又能使社会大家庭充满温暖，我们的理想社会建设目标就能早日实现。

家庭伦理建设还应该包括家庭教育，忽视道德教育是目前家庭教育的最大失误。我们国家在2001年10月24日正式颁发的《公民道德建设实施纲要》特别突出了道德培养的家庭教育层面："家庭是人们接受道德教育最早的地方。高尚品德必须从小开始培养，从娃娃抓起。要在孩子懂事的时候，深入浅出地进行道德启蒙教育；要在孩子成长的过程中，循循善诱，以事明理，引导其分清是非、辨别善恶。要在家庭生活中，通过每个成员良好的言行举止，相互影响，共同提高，形成好的家风"。孔子的《论语》作为一部圣人箴言录，在我国古代儒术独尊漫长的历史发展进程中，在被士人学子奉为神圣经典的同时，更负担着芸芸众生人生启蒙、精神向导的重任，因其通俗易懂的语录体，而成为家庭教育的首选之作。他的家庭教育主张中仁孝为本、修行诸德、以礼立身、立志为要等四个方面，在今天也仍然是现代家庭伦理道德培养所不可缺的，虽然具体内容可能会有所改变，但精神本质是恒常的。后世有许多"家诫"、"家训"类著作，都是为家庭教育而作，无论如何分目，大致不脱《论语》之旨。

## 二

现时代弘扬、培育民族精神，与公民道德建设是密不可分的。公民道德素质是体现民族精神的重要内容，道德水平则是社会文明程度的重要标志。改革开放以来，随着社会主义精神文明建设进程的日趋深化，努力提高全民族思想道德素质成为精神文明建设的重要内容，公民素质教育活动在全社会广泛而深入地进行。公民道德建设在当代民族文化建构中成为一项系统工程,而博大精深的传统文化已成为这项工程中的源头活水。《公民道德建设实施纲要》把"爱国守法、明礼诚信、团结友善、勤俭自强、敬业奉献"作为公民基本道德规范,这是中华民族的传统美德与体现时代要求的新道德观念的融合。儒家文化的人本主义特征把道德修养及实践提到至上地位,深入探讨儒学传统中关于修身的丰富而系统的思想学说,在当代公民道德建设中具有非常重要的价值和意义。

"一是皆以修身为本"——作为一种以伦理性为特色的文化,修身学说构成了儒家思想文化的核心内容。《大学》有一段经典叙述概括着儒家修身的精义,并为世人耳熟能详:"大学之道,在明明德,在亲民,在止于至善。……古之欲明明德于天下者,先治其国;欲治其国者,先齐其家;欲齐其家者,先修其身;欲修其身者,先正其心;欲正其心者,先诚其意;欲诚其意者,先致其知;致知在格物。物格而后知致,知致而后意诚,意诚而后心正,心正而后身修,身修而后家齐,家齐而后国治,国治而后天下平。自天子以至于庶人,一是皆以修身为本",这是儒家著名的"三纲"、"八目"的修养论。修身、齐家、治国、平天下——能否成就自我、实现人之为人的价值和意义,就在这样的顺序过程中体现出来,社会秩序的根底和起点就在"修身","修身"不是一种达成任何目的的手段,修身本身就是为了道德人格的自我实现,"学做人"因此成为儒家精神方向的一个显著特征,"'学'被儒家理解为一种人格塑造的持续的整体过程。这一过程包括通过真诚地培养'大体'而实现自我这一任务的存在的信守。为了获得自我的体知,这种信守包含一种不息的为己之学的过程"①。

首先,儒家把个体道德修养视为人生第一要义,他们都是主张通过内在超越实现人生价值的目标,所谓"内圣外王","故君子不可以不修身;思修身,不可以不事亲;思事亲,不可以不知人;思知人,不可以不知天"(《中庸》)。孟子曰:"人有恒言,皆曰'天下国家'。天下之本在国,国之本在家,家之本在身"(《孟子·离娄上》),个人修身是根本原则,从自我伸展开去,方有了家、国、天下的精神意义。儒家以"仁者爱人"为最高的道德准则,有关个体道德修养的丰富学说正是为了更好地践礼行仁。孔子肯定人人都可以修身成仁,他指出所谓"生而知之"的圣人实际上是没有的,只是虚悬一格,对于普通民众来讲,后天的学习、修养才是最重要的。"为仁由己,而由人乎哉"(《论语·颜渊》),只要通过刻苦努力的学习,见贤思齐,内省自讼,持之以恒,时时以仁、礼存心,竭尽全力去践礼行仁,就一定能成为有仁德的君子。如何正确去履行"仁"的准则及各种规范,具体到个人身上,就要求具有恭、宽、信、敏、惠等诸种品质,摒除巧言令色。孔子弟子樊迟问仁,孔子答曰:"居处恭,执事敬,与人忠。虽之夷狄,不可弃也。"(《论语·子路》)一个人唯有自己庄重才不会受辱,宽厚就能得到人们拥护,诚实则会被人们所信任,勤敏则会获致功绩,慈惠则

---

① 杜维明:《东亚价值与多元现代化》,中国社会科学出版社2001年版,第186页。

足以使人。

怎样才能做到"修己以敬"呢？儒家也提出了许多修养的方法。如孔子就提出"九思"作为君子修身实践需特别注意的具体事项，"君子有九思：视思明，听思聪，色思温，貌思恭，言思忠，事思敬，疑思问，忿思难，见得思义"（《论语·季氏》），主张君子应该对其言语行动、举止思想谨慎从事，观察事物时要考虑看问题是否全面，听人言辞要多方面考察，对待他人要举止谦恭庄矜，颜色温和，在利益所得面前要以"义"为标准去衡量，行为举止之间处处检查反思自己言行是否符合礼仪规范。儒家强调修身是一个贯穿一生、循序渐进、持续不断的过程，人生不同阶段达到的境界不同，修养也有不同的侧重点。孔子云："吾年十五而志于学，三十而立，四十而不惑，五十而知天命，六十而耳顺，七十而从心所欲不逾矩"（《论语·为政》），从孔子对自己一生修为的总结可以看出，道德修养是经年累月终生的功夫和过程。孔子还提出了人生"三戒"，"君子有三戒：少之时，血气未定，戒之在色；壮之时，血气方刚，戒之在斗。老之时，血气既衰，戒之在得"，强调人在少年、壮年、老年不同阶段的生理、心理特点及人生阶段道德修为的所需特别注意的重心，是对人生三个不同时期的告诫。这两段话都成为后世道德修养的经典名训，直至今天仍有其独特的价值和意义。

儒家从人性论的根底上为道德修养的必要与必然性作了充分论证。儒家从不同角度发现了人性自然属性与社会属性的双重性，并从不同方向以相同的善恶标准对人性的双重意蕴进行了规范。如孟子道性善，皆因人性先天具有仁义礼智之善端，荀子言性恶，只因认为人性是人的自然本能感官欲望，不合乎"礼"的要求。虽然二子各执一端，但用以衡量人性善恶的标准却是相同的，均为社会性的道德伦理，即"仁"和"礼"。于是，从相左的命题出发，走向了同一个归结点：人皆可以为尧舜，涂之人可以为禹。所以，在儒家的修养理论中，无论性善、性恶，都是社会性——社会行为准则的道德理念占据着垄断地位。由对人性的思考，无论性善、性恶论，导出的都是丰富的道德修养理论，导出的都是道德面前人人平等，是主体对道德的自我追求和自我完善。

因此，儒家对个人修身所要达到的目标有很高的期望值，对理想的人格、人生境界都提出了非常高的要求。孔子提倡君子人格，孟子推许"大丈夫"风范。君子人格表现为温良恭俭让的风范，强调忠恕、责己、自重、自觉的一面，"不患无位，患所以立；不患莫己知，求为可知也"（《论语·里仁》），安贫乐道，以"饭蔬食饮水，曲肱而枕之"为乐，只要做到"久要不忘平生之言"，不停止修行仁德即可；大丈夫风范则以"当仁不让"、自尊其道为典型特征，居于仁，立于礼，行于义，"富贵不能淫，贫贱不能移，威武不能屈"（《孟子·滕文公下》），凸显对外在力量的抗衡，张扬一种自做主宰的恢宏气度，身心充溢凛凛浩然之气。与倡兴这种理想人格相反对，儒家竭力反对、抨击"乡愿"人格。这种人格的特征就是没有自己的独立意志，没有是非原则，貌似高标，实则伪善，具有相当大的欺骗性，特别容易混淆视听，被目为君子。

所以，儒家对"乡愿"人格深恶痛绝，大加挞伐；反而是君子人格之外，退而求其次，比较赞赏狂狷之士。

儒家先哲们把主体修养的重要性提到首要地位，从人性平等意识出发，强调人的主体价值，形成重人轻神思想，"生而知之"的圣人只是虚设的，后天的学习、修养是最重要的，是每个人都可以做到的。儒家修养学说对于修养内容、修养方法及进路、修养标准等方面都作了详尽的阐发，对后人教益良多。其中尤其以"忠恕之道"与"立志"对社会普通民众影响最大。

由对人性的认识、规范起点，儒家先哲们把人的价值定位于对他人、对社会、对道义的贡献，因此，在处理个人与他人、个人与社会的关系问题上，儒家力倡"忠恕之道"，提出了"推己及人"、"己所不欲，勿施于人"（《论语·颜渊》）、"己欲立而立人，己欲达而达人"（《论语·雍也》）等做人准则。孔子曾言："鸟兽不可与同群，吾非斯人之徒而谁与？天下有道，吾不与易也"（《论语·微子》），强调既然已经为人，就应担负起做人的责任，不可逃避社会，不可逃避人类，而应与之共忧患，要培养利他、利社会的群体精神，必须助人成仁，才能够真正成就自己，只有在博施于民以济民众的实践过程众，人才有可能实现一己的人生价值。孔子提出了修身的不同境界，"修己以安人，修己以安百姓"（《宪问》）。从一己所处地位等条件局限，可能未必很多人都能够去实现，但最起码要做到"修己以敬"，不损害他人，不强加于人，所谓"达则兼济天下，穷则独善其身"。后来成为儒家四书之一的经典《大学》继承发挥孔子的"忠恕之道"，提出"挈矩之道"，"是以君子有挈矩之道也：所恶于上，毋以使下，所恶于下，毋以事上；所恶于前，毋以先后，所恶于后，毋以从前；所恶于右，毋以交于左，所恶于左，毋以交于右"，用自己所喜好、厌恶的欲望和要求去量度别人的欲求，将心比心。

儒家强调人人都能达到理想人格，去实施这种"忠恕之道"，但是这要依靠顽强不屈、坚忍不拔的志向力去培养，故而，儒家非常强调"志"之于个人人生修养的重要性。孔子曰，"三军可夺帅也，匹夫不可夺志也"（《论语·子罕》），肯定人人都有自己独立的人格意志，不受外部环境的变化而改变，不因外界的压力而屈从，鼓励人们无论贫富穷通，都要坚持道义理想，"君子无终始之间违仁，造次必于是，颠沛必于是"（《论语·里仁》），倡言守死善道，舍生取义，"志士仁人，无求生以害仁，有杀身以成仁"（《论语·述而》）。孟子则进一步突出了人格价值，倡导自尊其道、以德抗位的"大丈夫"气概，"富贵不能淫，贫贱不能移，威武不能屈"（《孟子·滕文公下》），推崇至大至刚的浩然正气；他还进一步强调了人自身的努力，提出一个人的成功必须经过艰苦的磨炼过程"天之降大任于斯人也，必先苦其心志，劳其筋骨，饿其体肤，空乏其身，行拂乱其所为"（《孟子·告子上》）。

立志、笃志、尚志还要面对一个非常严峻的考验，就是怎样正确对待利欲的诱惑。在处理义与利的关系问题上，儒家力倡以义统利，见利思义，重义轻利。儒家很重视人民基本物质生活条件的保障，但在人生价值及道德修养中，儒家并不因此提倡以物质利益为追求，因为儒家认为人生的最高价值在于追求、实现仁、义等道义理想，故而要求人们时时以"义"存心，当义与利出现矛盾对立时，应该以义为衡量的标准尺度，重义轻利，必要时甚至要牺牲生命以追求、维护道义，"不义而富且贵，于我如浮云"（《论语·述而》），"生，我所欲也，义，亦我所欲也；二者不可得兼，舍生而取义者也"（《孟子·告子上》）。道义当前，那么宝贵的生命尚不能苟且偷生，更何况一己区区私利呢！

现代社会公德作为维系人类社会正常生活共同遵守的最起码的道德规范，涵盖的内容非常广泛，其中公民个人道德修养是最为核心的所在。公民个人的道德修养、道德素质是整个社会文明程度的重要表现，维护公众利益、公共秩序，保持社会稳定、推动文明进步，这一切都需建基于高度的公民道德素质之上，如果缺少了对个人修身的强调，达到这种要求显然是不可能的。而儒家文化传统中对个人修身内容、方法、意义的强调，尤其是对于立志尚义、忠恕之道的思想阐述及强力而行的社会实践，适可对我们今日公民道德建设提供借鉴；而如"九思"、"三戒"之类已经久为社会实际所验证了的人生修养的格言警句，更应该成为当代道德建设所吸取的内容。

# 帛书《衷》篇"《键》之详说"章新释*

## 曲阜师范大学孔子研究所教授 刘 彬

马王堆帛书《衷》篇有一章"《乾》之详说",为孔子专论《乾》卦卦爻辞之义。与今本《易传》比照,此章新义颇多,是研究孔子《乾》卦思想的重要文献。原帛书抄本错简和文字阙误较多,需要仔细校勘和整理。学者对本章进行了训释,取得丰硕成果①,但诸多疑难词语仍没有得到通达的解释,需要进一步疏通解读。本文拟对照《衷》篇照片,根据已发表的《衷》篇九种释文②,作进一步的校勘和整理,并对一些疑难词语做出新的训释。

子曰:"《易》之用也,叚(殷)之无道,周之盛德也。恐以守功,敬以承事,知以辟患,□□□□□□文王之危知,史记之数书,孰能辩焉?

"叚",丁甲 (释文简称,全称见本页注释①,下同)、廖戊释"殷"。验诸照片,

---

* 本文为教育部人文社会科学研究规划基金项目:"帛书《易传》新释暨孔子易学思想研究"(项目编号 11YJA720012)。

① 如邓球柏:《帛书周易校释》(增订本),湖南出版社 1987 年版,第 465~468 页;赵建伟:《出土简帛〈周易〉疏证》,台北:万卷楼图书有限公司 2000 年版,第 251~255 页;丁四新:《马王堆汉墓帛书〈周易〉·〈衷〉》,《儒藏》精华编第 281 册,北京大学出版社 2007 年版,第 272~275 页;张政烺:《马王堆帛书〈周易〉经传校读》,中华书局 2008 年版,第 151~152 页;刘大钧:《续读马王堆帛书〈衷〉篇》,《周易研究》2008 年第 4 期,第 7~9 页;连劭名:《帛书〈周易〉疏证》,中华书局 2012 年版,第 358~367 页。

② 帛书《衷》篇释文现发表 9 种,分别为:陈松长、廖名春:《帛书〈易之义〉释文》(文中简称"陈廖"),《道家文化研究》第 3 辑(马王堆帛书专号),上海古籍出版社 1993 年版,第 429~433 页;廖名春:《帛书〈易之义〉释文》(简称"廖甲"),《国际易学研究》第 1 辑,华夏出版社 1995 年版,第 20~25 页;廖名春:《马王堆帛书〈衷〉》(简称"廖乙"),《续修四库全书经部易类》第 1 册,上海古籍出版社 1995 年版,第 29~35 页;廖名春:《马王堆帛书〈衷〉》(简称"廖丙"),《易学集成》(3),四川大学出版社 1998 年版,第 3036~3042 页;廖名春:《帛书〈衷〉释文》(简称"廖丁"),《帛书〈易传〉初探》,文史哲出版社 1998 年版,第 272~277 页;丁四新:《马王堆汉墓帛书〈周易〉·〈衷〉》(简称"丁甲"),《儒藏》精华编第 281 册,北京大学出版社 2007 年版,第 263~283 页;张政烺:《〈易之义〉释文》(简称"张文"),《马王堆帛书〈周易〉经传校读》,中华书局 2008 年版,第 137~144 页;廖名春:《帛书〈衷〉释文》(简称"廖戊"),《帛书〈周易〉论集》,上海古籍出版社 2008 年版,第 381~386 页;丁四新:《楚竹书与汉帛书〈周易〉校注》(简称"丁乙"),上海古籍出版社 2011 年版,第 521~526 页。

释"叚"是，叚当为殷之形误。"记"右残，陈廖、廖甲释"说"，张文释"托"。细观照片，释"记"较妥。"文王之危知，史记之数书"，"知"，廖乙、廖丙、廖丁、丁甲、张文、廖戊、丁乙皆属下读，作"知史记之数书"。按揆之上下文义，当属上读为是。

此孔子论《周易》成书之背景。"《易》之用也，殷之无道，周之盛德也"，用为兴用，此即通行本《系辞下》："《易》之兴也，其当殷之末世，周之盛德邪？当文王与纣之事邪？""殷之无道"，即《汉书·艺文志》："至于殷周之际，纣在上位，逆天暴物。""周之盛德"，即《汉书·艺文志》："文王以诸侯顺命而行道，天人之占可得而效。"帛书《要》篇："文王仁，不得其志，以成其虑。纣乃无道，文王作，讳而避咎，然后《易》始兴也。"即言此也。

"恐以守功，敬以承事，知以避患"，即以恐守功，以敬承事，以智（知即智）避患，此言文王作《易》所隐含的忧患意识，即通行本《系辞下》："作《易》者，其有忧患乎？""承"，受。通行本《周易》、《师》上六"开国承家"，《周易集解》引虞翻注："承，受也。"《说文·手部》："承，奉也，受也。"承事，即受事。

"文王之危知"，按通行本《系辞下》："《易》之兴也，其当殷之末世，周之盛德邪？当文王与纣之事邪？是故其辞危。危者使平，易者使倾。其道甚大，百物不废，惧以终始，其要无咎。"即言此义。危，即"其辞危"之危，谓《易》辞危惧。孔颖达疏"其辞危"曰："《易》之兴起在纣之末世，故其辞者，忧其倾危也。以当纣世忧畏灭亡，故作《易》辞，多述忧危，亦以垂法于后，使保身危惧，避其患难也。"知即智，《新书·道术》："深知祸福谓之智。"《白虎通义·性情》："智者，独见前闻，不惑于事，见微知著也。"危智，危辞之智，谓文王于危惧《易》辞中所表现的智慧，即"危者使平，易者使倾。其道甚大，百物不废，惧以终始，其要无咎"。

"史记之数书"，史，即帛书《要》篇孔子所言"史"。《汉书·艺文志》："数术者，皆明堂羲和史卜之职也。"古代史卜掌数术之学，其特点是"明数"。帛书《要》篇记孔子曰："数而不达于德，则其为之史。"记，《广韵·志韵》："记，记志也。"史记之数书，谓史卜所掌记数术之类的书。《汉书·艺文志》"数术略"有"蓍龟类"，其中有"《蓍书》二十八卷"，为筮占之书。《礼记·礼运》记孔子曰："我欲观夏道，是故之杞，而不足征也，吾得《夏时》焉。我欲观殷道，是故之宋，而不足征也，吾得《坤乾》焉。《坤乾》之义，《夏时》之等，吾以是观之。"《坤乾》当为古代筮占之书，孔子得到并观看过。史记之数书，当指《蓍书》、《坤乾》之类的书。此类书的特点是善于推算气运之数，即明筮占之数。

"孰能辩焉"，辩，明。《系辞上》"辩吉凶者存乎辞"，《释文》："京云：明也。"《管子·五辅》"大夫任官辩事"，尹知章注："辩，明也。""……文王之危知，史记之数书，孰能辩焉"，盖谓文王作《周易》，在危惧的《易》辞中表现大道智慧，而史官只能掌记明数的筮占之书，怎能明辨这种大道呢？关于《周易》和史官所掌数术类筮占之书的本质区别，帛书《要》篇记孔子论之甚详，其曰："《易》我后其祝卜矣，我观其德义耳也。幽赞而达乎数，明数而达乎德，又仁〔守〕者而义行之耳。赞而不达于数，则其为之巫。数而不达于德，则其为之史。史巫之筮，向之而未也，好之而非也。后世之士疑丘者，或以《易》乎？吾求其德而已，吾与史巫同涂而殊归者也。君子德行焉求福，故祭祀而寡也；仁义焉求吉，故卜筮而希也。祝巫卜筮其后乎？"《周易》涵道德义理，数术类筮书只明气运之数，这种深刻的异质差别不但当时的史官无法明了，孔子甚至担心以后的人也很难明白，而怪罪于他。

《易》曰又名焉曰《键》。键也者，八卦之长也。九也者，六肴之大也。为九之状，浮首兆下，蛇身倭曲，元为龙类也。

"《易》曰又名焉曰《键》"，前疑脱"子曰"，前"曰"和"焉"字当为衍文，原文疑作："子曰：《易》又名曰《键》"。如此，方与下文"子曰《易》又名曰《川》"相协。

《键》即通行本《乾》卦，者即者，肴即爻。以《系辞上》"大衍筮法"，古以数定一卦六爻，其数有六、七、八、九，其中九为最大，故言"九也者，六爻之大也"。"浮首俯下"，浮，连劭名读为包，① 恐非。浮当训为高，《文选·扬雄〈甘泉赋〉》"浮蠛蠓而撇天"，李善注引服虔曰："浮，高貌也。"兆，邓球柏、丁四新认为通頫，读为俯，② 连劭名训为现。③ 按兆释俯是。浮首兆下，即高首俯下。"为九之状，浮首俯下，蛇身倭曲，其为龙类也"，言九字之形状，高首俯下，如蛇身屈曲，正为龙的形状。按《战国古文字典·幽部》录战国文字"九"，有作ʔ、ʔ、ʔ、ʔ、ʔ、ʔ诸形者④，正与《衷》篇此言符。

夫蠹，下居而上达者，□□□□□□□□而成章。在下为"楷"，在上为"炕"。人之阴德不行，元阳必失类。

蠹，龙之异体。"下居而上达者"，谓龙下能潜居，上能飞达，即帛书《二三子》所言："龙大矣！……高尚（上）齐虖（乎）星辰日月而不眺，能阳也；下纶（沦）窫（穷）深潚之潚（渊）而不沫（昧），能阴也。"眺，读为耀。潚，深清色，《说

---

① 连劭名：《帛书〈周易〉疏证》，中华书局2012年版，第361页。
② 邓球柏：《帛书周易校释》（增订本），湖南出版社1987年版，第466页。丁四新：《马王堆汉墓帛书〈周易〉·〈衷〉》，《儒藏》精华编第281册，北京大学出版社2007年版，第273页。
③ 连劭名：《帛书〈周易〉疏证》，中华书局2012年版，第361页。
④ 何琳仪：《战国古文字典》（上册），中华书局1998年第1版，2004年9月第2次印刷，第164页。

文》："潚，深清也。"言龙高上与星辰日月齐光，而不耀，故能阳；下沉深清之渊，而不昧，故能阴。"人之阴德不行者，其阳必失类"，类，比。《经义述闻·易·类族辨物》："《乐记》：'律小大之称，比终始之序。'《史记·乐书》律作类。类，亦比也。"《衷》篇此言阴阳匹配相比，若无阴，阳失比，也不能存在。

《易》曰"潜龙勿用"，亓义潜清，勿使之胃也。子曰："废则不可入于谋，朕则不可与戒。忌不可与亲，缴［考］不可予事。"

此疑有误，"子曰"疑在"潜龙勿用"后，原文疑作：《易》曰"潜龙勿用"。子曰："亓义潜清，勿使之胃也。废则不可入于谋，朕则不可与戒。忌考不可与亲，缴［考］不可予事。"如此，方与后几节相协。

此释帛书《易经》、《键》初九爻辞"潜龙勿用"。"亓义潜清"，清通静。《读书杂志·史记第五·扁鹊仓公列传》"并阴者脉顺清而愈"，王念孙按："清，读为动静之静。"《说文·水部》朱骏声通训定声："清，假借为静。"《经籍篡诂·庚韵》："《书·舜典》：直哉惟清。《史记·五帝纪》作直哉维静洁。"潜清，即潜静，潜隐安静。"其义潜清，勿使之谓也"，即通行本《文言》："初九曰'潜龙勿用'，何谓也？子曰：龙德而隐者也。……潜之为言也，隐而未见，行而未成，是以君子弗用也。"

"废则不可入于谋"，废，废退不用。《周礼·天官·大宰》"三曰废置"，孙诒让正义："人罢弃屏退，亦谓之废。"《楚辞·九叹·愍命》"废周邵于遐夷"，王逸注："不用曰废。"此言对于废退不用者，君主则不可让其参与谋划。

"朕则不可与戒"，朕即胜，戒，戒命、戒令。《仪礼·聘礼》"戒上介亦如之"，郑玄注："戒，犹命也。"《左传·庄公二年》"戒事也"，孔颖达疏："戒谓令语也。"此谓对于胜任职事者，君主则不可多与之戒令。

《易》曰"潜龙勿［用］"、"炕龙有愳"，言亓过也。物之上擑而下绝者，不久大立，必多亓咎。《易》曰"炕龙有愳"。

"潜龙勿［用］"，"勿"残，只存右上角，陈廖、丁甲补"勿"。此字明确为"勿"，可如它本直接释"勿"。"用"残缺，诸本补。"擑"，廖丁释"指"，张文、丁乙释"揶"。验诸照片，释"擑"是。"不久大立"，"大"，或释"六"。验诸照片，释"大"是。

此疑有误，"言亓过也"前，疑脱"子曰"，原文当作：《易》曰"潜龙勿［用］"、"炕龙有愳"。子曰："言亓过也。物之上擑而下绝者，不久大立，必多亓咎。《易》曰'炕龙有愳'。"

"潜龙勿[用]",帛书《易经》《键》初九辞,通行本《键》作《乾》。"炕龙有悔",帛书《易经》《键》上九辞,通行本作"亢龙有悔"。"物之上撝而下绝者",撝,读为盛,上撝即上盛。《素问·脉要精微论》"上盛则气高,下盛则气胀",王冰注:"盛,谓盛满。"上盛,谓过于高上则盈满。下绝,谓过于低下则绝灭。"不久大立",立读为位,大立即大位,谓君主之位。通行本《系辞下》:"圣人之大宝曰位。"不久大位,谓君主之位不能长久保存。

大人之义不实于心,则不见于德;不单于口,则不泽于面。能威能泽,胃之蠪。"

"大人之义不实于心",实,诚。《吕氏春秋·审应》"必有其实",高诱注:"实,诚也。"《楚辞·离骚》"羌无实而容长",王逸注:"实,诚也。"《广雅·释诂一》:"实,诚也。""则不见于德",见读为现,德,德行。《文言》"君子进德修业",孔颖达疏:"德,谓德行。"《广韵·德韵》:"德,德行。"《论衡·书解》:"实行为德。"《周礼·春官·大宗伯》"以天产作阴德",贾公颜疏:"言德者,谓在身为德。"《诗·大雅·荡》"天降滔德",孔颖达疏:"在身为德,施行为化。""不实于心,则不见于德",谓不能诚实于内心,则不能显现为外在德行。

"不单于口",单,赵建伟、丁四新、张政烺、连劭名释为诚①,刘大钧师读为阐。② 按训诚是。"不实于心,则不见于德"与"不单于口,则不泽于面"对文,"单"即"实",诚信。《诗·小雅·天保》"俾尔单厚",毛传:"单,信也。"《释文》:"单,信也。""不泽于面",谓润泽于颜面。《荀子·礼论》"故说豫娩泽",杨倞注:"泽,颜色润泽也。""不单于口,则不泽于面",谓不能诚信于口舌,则不能润泽于颜面。按《孟子·尽心上》:"仁义礼智根于心,其生色也,睟然见于面,盎于背,施于四体,四体不言而喻。"与此"大人之义不实于心,则不见于德;不单于口,则不泽于面"义同。

"能威能泽,胃之蠪",胃即谓,蠪即龙。泽,恩泽。《慧琳音义》卷十"薮泽"注引《苍颉篇》:"泽,恩也。"《孟子·公孙丑下》"则是干泽也",朱熹集注:"泽,恩泽也。"威、恩皆用为动词,施威、施恩。"能威能泽",谓能施威畏,能施恩泽。

此节前后所论不同,"大人之义不实于心,则不见于德;不单于口,则不泽于面",

---

① 赵建伟:《出土简帛〈周易〉疏证》,台北:万卷楼图书有限公司2000年版,第254页。丁四新:《马王堆汉墓帛书〈周易〉·〈衷〉》,《儒藏》精华编第281册,北京大学出版社2007年版,第274页。张政烺:《马王堆帛书〈周易〉经传校读》,中华书局2008年版,第151页。连劭名:《帛书〈周易〉疏证》,中华书局2012年版,第363页。
② 刘大钧:《续读马王堆帛书〈衷〉篇》,《周易研究》2008年第4期,第8页。

言大人诚于中而形于外。"能威能泽，谓之龙"，谓龙能恩威兼施。

  《易》[曰]："见龙在[田，利]见大人。"子曰："君子之德也。君子齐明好道，日自见以侍用也。见罗则僮，不见用则鞼。"

"日自见以侍用也"，侍，陈廖释"待"。验诸照片，释"侍"是。"见罗则僮"，罗，张文释"勇"。验诸照片，释"罗"是。僮，廖甲、廖乙、廖丙、廖丁释"㡀"。验诸照片，释"僮"是。

此释帛书《易经》《键》九二爻辞。"见龙在[田，利]见大人"，帛书《易经》《键》九二爻辞。"君子齐明好道"，齐，赵建伟训中正①，丁四新读为斋②，连劭名释为一③，恐皆不确。齐当释为疾，谓知虑之敏。《尔雅·释诂下》："齐，疾也。"《诗·小雅·小宛》"人之齐圣"，马瑞辰传笺通释："齐为疾，又为明智之称。"《经义述闻·诗·人之齐圣》王引之按："齐者，知虑之敏也。《史记·五帝纪》：生而神灵，弱而能言，幼而徇齐，长而敦敏，成而聪明。徐广解'徇齐'引《墨子》曰：年逾五十，则聪明心虑不徇通矣。《索隐》引《大戴礼》作叡齐，一本作慧齐，《史记》旧本作濬齐，皆明智之称也。《索隐》又曰：《尔雅》齐、速俱训为疾。引《尚书大传》曰：多闻而齐给。郑注曰：齐，疾也。《荀子·修身篇》曰：齐明而不竭，圣人也。《非十二子篇》曰：聪明圣知，不以穷人；齐给速便，不以先人。然则速通谓之齐。"故齐谓知虑敏捷。明，谓聪明彻达，具有知微见察之能。《淮南子·精神》："耳目清，听视达，谓之明。"《庄子·外物》："目彻为明，耳彻为聪。"《韩非子·难四》："知微之谓明。"《管子·宙合》："见察之谓明。"《系辞下》"以通神明之德"，《周易集解》引九家《易》注："著见谓之明。"齐明，谓知虑敏捷、聪明彻达。"君子齐明好道"，谓君子知虑敏捷、聪明彻达，乐好大道。

"日自见以侍用也"，见，读为现，彰显。按《文言》释《乾》初九曰："君子以成德为行，日可见之行也。"与"日自见"义同。孔颖达疏曰："言君子之人，当以成就道德为行，令其德行彰显，使人日可见其德行之事，此君子之常也。"侍，读为待，为待之古文。《仪礼·士昏礼》"媵侍于户外"，郑注："今文侍作待。"《荀子·正论》"五祀执荐者百人侍西房"，杨倞注："侍，或为待也。"《札迻·王逸注·远游第五》"左雨师使径侍矣"，孙诒让按："侍，当作待。"以侍用，即以待用，以待起用。"日自见以侍用也"，谓每日自我修养，使德行彰显，以待为国所用。

---

① 赵建伟：《出土简帛〈周易〉疏证》，台北：万卷楼图书有限公司2000年版，第254页。
② 丁四新：《马王堆汉墓帛书〈周易〉·〈衷〉》，《儒藏》精华编第281册，北京大学出版社2007年版，第274页。
③ 连劭名：《帛书〈周易〉疏证》，中华书局2012年版，第363页。

"见男则僮，不见用则䡬"，见，被。男，读为用，此文前后相反为义，前言"见男"，后言"不见用"，故男当为用之异体。僮，读为动。僮假为勤，勤通动。《集韵·东韵》："动，或作勤。"《慧琳音义》卷六"迁动"注："李斯书峄山碑，从童作勤。"《经籍纂诂·董韵补遗》："娄寿碑：固不勤心。动作勤。"动，谓行事。《论语·颜渊》"非礼勿动"，刘宝楠正义："动，犹行也，谓所行事也。"见用则动，谓被起用则施行政事。䡬，静之异体。不见用则静，谓不被起用则静默守道。按《文言》释《乾》初九曰："不易世，不成名，遁世无闷，不见是而无闷。乐则行之，忧则违之，确乎其不可拔。"与此义同，"见用则动"即"乐则行之"；"不见用则静"，即"不易世，不成名，遁世无闷，不见是而无闷"、"忧则违之，确乎其不可拔"。

《易》曰："君子冬日键键，夕沂若，属，无咎。"〈●〉子曰："知息也，何咎之有？人不渊不鱍则不见，□渊不□不用，而反居亓□□。"

"无咎"，无，陈廖释"無"。验诸照片，释"無"是。"子曰"前有墨点"●"，揆诸上下文义，并不具有划分章节作用，疑为书手误书。

此释帛书《易经》《键》九三爻辞。"君子冬日键键，夕沂若，厉，无咎"，帛书《键》九三爻辞，通行本作"冬"作"终"，"键键"作"乾乾"，"沂"做"惕"。"知息也"，息，止息。按《衷》篇前言"'君子终日键键'，用也。'夕沂若，厉，无咎'，息也"，是以"君子终日键键"为"用"，"夕沂若，厉，无咎"为"息"，与此义略同。

"人不渊不鱍则不见"，渊用为动词，居于渊。鱍，即跃，跳跃。见，同现。此谓人不居于渊，不跳跃，则不能显现自己。此言人进德修业，沉潜施行，动静兼备，反复进行的过程。

"□渊不□不用"，疑作"在渊不跃不用"，似言恒常在渊而不上跃，则不被见用。"而反居亓□□"，其义不明，阙疑待考。

《易》曰："或鱍在渊，无咎。"〈●〉子曰："恒鱍则凶。君子鱍以自见，道以自成。君子窮不忘达，安不忘亡，䡬居而成章，首福又皇。"

"无咎"，无，陈廖释"無"。验诸照片，释"無"是。"子曰"前墨点"●"，与上节义同，也不具有划分章节作用，疑为书手误书。"窮不忘达"，窮，陈廖释"穷"，廖甲、丁甲、廖戊释"窭"，廖丙释"竀"，丁乙释"躬"。验诸照片，释"窮"是。

此释帛书《易经》《键》九四爻辞。"或鱍在渊，无咎"，帛书《易经》《键》九四爻辞，通行本"鱍"作"跃"。"恒鱍则凶"，按九四为《乾》上下卦之间，《文言》

释曰"上下无常"、"进退无恒"、"乾道乃革",或跃在上,或下在渊,故常跃不下则凶。"君子鱀以自见",见即现,谓君子上跃以彰显自身。"道以自成",道读为导,谓导引以成就自己。

"䩄居而成章",䩄,即静。章,文采、美德。通行本《周易》《坤》六三"含章可贞",孔颖达疏:"章,美也。"此谓日常静居以成就文采、美德。"静居而成章",即《文言》释《乾》九四曰"进德"。"首福又皇",首,赵建伟释向①,张政烺认为通受②,刘大钧师训守③,连劭名释元。④ 按训首为守是。《史记·仲尼弟子列传》:"公夏首。"今《孔子家语·七十二弟子》作"公夏守"。皇,美。《诗·周颂·执竞》"上帝是皇",毛传:"皇,美也。"《广雅·释诂一》:"皇,美也。"《太玄·交》"乔乔皇皇",司马光集注引陆曰:"乔、皇,休美皃。""首福又皇",即守福而得休美。"静居而成章"与"首福有皇"对文,"静居"与"守福"义近。

《易》曰:"翡𧉠在天,利见大人。"子曰:"天之□□□□何有其□□□□□□人,尉文而溥,齐明而达矣。此以剸名,孰能及[乎]?"

此孔子释《乾》九五"飞龙在天,利见大人"爻辞。孔子所言"天之□□□□何有其□□□□□□人",阙文较多,其义不能详知。但观其遗文,当由天论及人,而由《乾》九五"利见大人","人"前阙文当为"大"字,原文当作"天之□□□□何有其□□□□□[大]人"。

"尉文而溥,齐明而达",其主语为人。尉读为蔚。《革》上六"君子豹变",《象》曰:"君子豹变,其文蔚也。"焦循《易章句》:"蔚读若尉。""尉文"即蔚文。蔚,盛貌。《文选·班固〈西都赋〉》:"茂树荫蔚",李善注引《苍颉篇》曰:"蔚,草木盛貌。"《广雅·释诂三》:"蔚,数也。"王念孙疏证:"蔚者,《众经音义》卷七云:'蔚,文采繁数也。'"《汉书·叙传下》:"多识博物,有可观采,蔚为词宗,赋颂之首。"颜师古注:"蔚,文彩盛也。"蔚文即富有文采。溥,广大。《诗·大雅·公刘》"瞻彼溥原",郑玄笺:"溥,广也。"《礼记·中庸》"溥博渊泉",孔颖达疏:"溥,谓无不周徧。"尉文而溥,谓富有文采而广大博厚。齐明而达,谓知虑敏捷而聪明彻达。

"此以剸名,孰能及[乎]",剸,读为专。《汉书·司马迁传》"剸决于名",颜师古注:"剸,读与专同。"孰,谁。《尔雅·释诂上》:"孰,谁也。"郝懿行义疏:"孰、

---

① 赵建伟:《出土简帛〈周易〉疏证》,台北:万卷楼图书有限公司2000年版,第254页。
② 张政烺:《马王堆帛书〈周易〉经传校读》,中华书局2008年版,第151页。
③ 刘大钧:《续读马王堆帛书〈衷〉篇》,《周易研究》2008年第4期,第9页。
④ 连劭名:《帛书〈周易〉疏证》,中华书局2012年版,第366页。

谁声转字通。""此以剸名,孰能及[乎]",当言《乾》九五之辞,乃指素养如"尉文而溥,齐明而达"者专用之名,谁能达到这样高的境界呢?此为孔子对《乾》九五爻辞的赞叹之辞。

《易》曰:"见群蠪无首。"子曰:"让善之胃也。君子群居,莫敢首,善而治,何諉亓和也?龙不侍光而僮,无阶而登,□□人与蠪相以,何[不]吉之有?"此《键》之羊说也。

此孔子释《乾》用九之辞。观下文"何[不]吉之有","《易》曰见群蠪无首"疑书手漏抄"吉",当为"《易》曰见群蠪无首吉"。"□□人与蠪相以",观上下语义,阙文可补"大",疑为"□[大]人与蠪相以"。

"让善",让,礼让。《大戴礼记·曾子立事》"进绍而不让",王聘珍解诂:"让,谓礼让。"《论语·学而》"夫子温良恭俭让以得之",皇侃疏:"推人后己谓之让。"善读为擅,《韩非子·诡使》"所以善剸下也",王先慎集解:"《拾补》'善剸'作擅制。"擅通禅,《荀子·儒效》"非擅也",杨倞注:"擅与禅同。"《荀子·正论》"尧舜擅让",杨倞注:"擅与禅同。"《庄子·人间世》"求禅傍者",《释文》:"禅,本亦作擅。"禅为让义,《书·尧典》"让于虞舜",孔安国传:"遂禅之。"《释文》:"禅,让也。"故让善即让禅,为同义重复词语,礼让之义。按《文言》释《乾》用九"见群龙无首吉"曰:"乾元用九,天下治也。"《周易集解》李鼎祚注《文言》此语曰:"此当三皇五帝礼让之时,垂拱无为而天下治矣。"宋翔凤《过庭录》卷一:"乾之六爻,明禅让之法也,此尧舜之事也。……尧之数终而舜受之,舜之数终而禹受之。知进退存亡而不失其正者,其唯尧舜乎?此众阳之象,群圣人之相继有治而无乱,故乾元用九,天下治也。"① 故《衷》篇此言"让善之胃也,君子群居,莫敢首,善而治",正为"三皇五帝礼让"、"群圣人之相继有治而无乱"之义,"善而治"亦当读为禅而治,即禅让而治。先秦儒家有禅让治理天下的思想,《论语·泰伯》载孔子曰:"巍巍乎,舜禹之有天下也,而不与焉!"又曰:"泰伯,其可谓至德也已矣。三以天下让,民无得而称焉。"郭店楚简《唐虞之道》:"唐虞之道,禅而不传。尧舜之王,利天下而弗利也,仁之至也。""何諉亓和也",諉读为疾,担心。

"龙不侍光而僮",侍读为待,光读为广,大义。王引之《经义述闻》卷一:"《易》言'光'者有二义,……有当训为广大者,光之为言犹广也。《需》彖辞'有孚光亨',光亨犹大亨也。《坤·彖传》'含宏光大',《象传》'知广大也',《泰·象传》'以光大也',《咸·象传》'未广大也',《涣·象传》'广大也',光大,犹广大

---

① 宋翔凤:《过庭录》,中华书局1986年第1版,2006年10月第2次印刷,第1~2页。

也。"《文言》"含万物而化光",《周易集解》引干宝曰:"光,大也。"僮读为动。龙不侍光而僮,言龙不待大而动。"无阶而登",登,升。《周礼·夏官·羊人》"登其首",郑玄注:"登,升也。"帛书《周易》《升》卦皆作《登》卦。《左传·隐公五年》"不登于俎",孔颖达疏:"登训为升。"无阶而登,即无阶而升。

"囗[大]人与蠱相以",蠱即龙,以读为似。《象·明夷》"文王以之",《释文》:"郑、荀、向作似之。"《诗·邶风·旄丘》"必有以也",王先谦《三家义集疏》:"齐以作似。"《汉书·高帝纪上》"乡者夫人儿子皆以君",颜师古注引如淳曰:"以,或作似。"[大]人与蠱相以,即大人与龙相似。《衷》篇此言"龙不待大而动,无阶而升,囗[大]人与龙相似,何[不]吉之有",正李鼎祚言"垂拱无为而天下治"之义。

"《键》之羊说",羊通详,即对《键》卦的详细论说。

# 孔孟之间仁学理论的三重建构*

上海师范大学人文学院副教授　刘光胜

孔子与孟子同是先秦儒学的两大高峰，孔孟之道为后世所艳称，但孟子与孔子仁学之间却存在诸多思想差异。孔子单称仁，孟子仁义礼智并举。孔子虽未明确说仁内礼外，但礼外在于人，是衡量仁的标准则是无疑的。孟子把礼完全内化于心，礼是辞让之心的外在展现，礼对仁的约束作用已不复存在。孔子从未将仁安顿于人性，《论语》中仁与人性处于两分状态。孟子道性善，认为仁出于人性，仁与人性的联接，是孟子理论构建的逻辑起点。在孔子那里，仁作为君子的道德修养与普世关怀，只是形而下的伦理存在。而孟子说尽性知天，以天作为仁的终极依据，仁学形而上的哲学建构已充分展开。

由孔子到孟子，期间100多年，孔孟仁学突兀之处如何衔接，是学术史上十分重要的问题。受疑古思潮影响，《礼记》、《大戴礼记》等被定为汉代文献。由于文献资料匮乏，孔孟之间成为学界难以企及的研究区域。我们知道，从孔子到孟子，儒家的传承谱系是孔子—曾子—子思—（子上）—孟子。上博简《内礼》出土，证明《曾子》十篇不是伪书。《曾子》十篇反映的是孔子第一代弟子的思想面貌，郭店儒简代表的是第二、三代弟子的思想世界，孟子为孔子第四代弟子，因此把《曾子》十篇与郭店儒简仁学异同之处同时比较，就能从早期儒学发展谱系的角度，实现孟子与孔子仁学的真正对接。

## 一、对"仁"字含义的复杂解说

仁作为孔子最高的哲学范畴，在孔子那里有较为宽泛的定义与解说。《论语·颜渊》篇记载颜渊问仁，孔子说"克己复礼为仁"。仲弓问仁，孔子答之以"己所不欲，勿施于人"。樊迟问仁，孔子说"爱人"。《论语》提及仁109次，孔子对弟子多次界定仁，但每次却各不相同。由于孔子对仁没有固定的定义、解说，孔孟之间儒者对仁的解说更为纷繁复杂。我们以郭店儒简为例，加以分析说明。

①仁，人也。（《语丛二》）

---

\* 本文为国家社科基金青年项目"出土文献与《曾子》十篇比较研究"（11CZS006）阶段性成果。

②爱，仁也。(《语丛三》)
③孝，仁之冕也。(《唐虞之道》)
④丧，仁之端也。(《语丛一》)
⑤仁者，子德也。(《六德》)
⑥爱父，其继爱人，仁也。(《五行》)
⑦惟性爱为近仁。(《性自命出》)
⑧仁，性之方也。性或生之。(《性自命出》)
⑨爱善之谓仁。(《语丛一》)
⑩忠，仁之实也。(《忠信之道》)

郭店简"仁"字从身从心，说明仁源于内，是发自内心的真实情感。①句"仁，人也"，仁就是把人当作人对待。②句"爱，仁也"，仁的质实是爱。郭店简《语丛》成书较早，①②句含义与《论语》最为接近。

那么郭店简仁爱指向的对象是谁呢？③说"孝，仁之冕也"，孝为仁学中最高贵的内容。④句"丧，仁之端也"，丧亲，是仁的起始。因为孝子丧亲之痛，在丧礼中体会得最为深刻。《论语·学而》说孝为仁之本，郭店简③④句实际是《论语》孝、仁关系的延续。但⑤句"仁者，子德也"，则明显不同。《论语》中仁是对所有志士仁人的道德要求，孔子从未对仁作过社会阶层的划分。至《曾子》十篇，曾子开始把孝分为大孝、中孝、小孝三个层次，分别与国君、卿大夫、庶人对应。《六德》说子为仁德，父为圣德，君为义德，臣为忠德，郭店简把人的德性与社会阶层联系起来，实际是对曾子的思想有所借鉴。

⑥句"爱父，其继爱人，仁也"，讲的是行仁的方法。孝子爱父之情至为浓烈，把爱父之心推广至爱他人，就是仁。《五行》之仁包含着对社会全体成员的普遍关怀。《论语·里仁》曾子曰："夫子之道，忠恕而已矣。"尽己谓之忠，推己及人谓之恕。仅仅爱父还不是仁，由爱父之心推而广之，爱他人，爱天下百姓，才是仁。郭店简中，《五行》对仁的解释与曾子最为接近。⑥句由爱父推及他人，正是曾子恕道之道的延伸。

⑦句说"惟性爱为近仁"，认为出于人性的爱人之心，为仁的真实内涵。⑦句从内容上，规定了仁与人性之爱之间的连系。⑧句"仁，性之方也。性或生之"，明确揭示仁来源于人性。仁出于性，性源于天，为人生而即有，标志着仁与天道之间的联接才真正打开。孔子认为仁为自身所有，但仁安顿于何处，孔子并未明言。曾子认为仁出于内，但曾子之天为自然之天，并不具备德性内容。在孔子、曾子那里，仁与天道只是点对点式的遥相感应，天人之间并未建立明晰的路径连接。⑧句说"仁，性之方也。性或生之"，意味着仁学与心性、天道的真正对接。至郭店简《性自命出》，仁学具备了形而上的哲学意蕴。如果说郭店简①②句语意接近《论语》，⑤⑥句沿袭曾子思想理路，那么⑦⑧句对仁的阐发，则完全属于郭店简自己的发明，代表了子思时代的思

想特色。

⑩句说"忠,仁之实也",忠是仁的质实。说忠是仁的内容并无问题,但《忠信之道》对忠的描述是:"忠之为道也,百工不楛,而人养皆足。信之为道也,群物皆成,而百善皆立。"践行忠信之道,百工不制作粗劣之物,人们生活富足,万事万物皆能成功,各种善德皆能确立。《忠信之道》以忠信包容人间秩序和宇宙万物,此时的忠信不仅是道德修养,更重要的是一种道体,是社会秩序治理的根本大法,呈现出宇宙总法则的本体状态。《忠信之道》"忠,仁之实也",不是对仁的解说,其实是借仁之名,行忠之实。《忠信之道》对忠信的过分尊崇,已颠覆了仁在儒家学说中的核心地位。

## 二、仁核心地位的消解

仁是孔子的发明,居于儒家理论的核心位置。《论语·阳货》说:"子张问仁于孔子。孔子曰:'能行五者于天下为仁矣。'请问之。曰:'恭、宽、信、敏、惠。恭则不侮,宽则得众,信则人任焉,敏则有功,惠则足以使人。'"在孔子那里,仁包含恭、宽、信、敏、惠等诸德,是其思想体系的总纲。但在《曾子》十篇与郭店简,仁的核心地位渐趋消解。

《曾子》十篇以孝取代仁的核心位置。《曾子大孝》说:"夫仁者,仁此者也;义者,宜此者也;忠者,中此者也;信者,信此者也……夫孝者,天下之大经也。夫孝,置之而塞于天地,衡之而衡于四海,施诸后世,而无朝夕。推而放诸东海而准,推而放诸西海而准,推而放诸南海而准,推而放诸北海而准。"曾子认为,孝为天地的根本法则,仁、义、忠、信、礼皆是由孝生发而来的。曾子以孝为核心,建立起囊括各种具体德行的孝道理论框架①,孝道成为一切德目的总纲。孔子开创的以仁为主导的思想方向,遭到根本性的扭转与颠覆。②

郭店简《六德》说:"何谓六德?圣、智也,仁、义也,忠、信也。"《六德》倡导的六德是圣、智、仁、义、忠、信。仁与圣、智、义、忠、信并用,仁只是诸种德目中的一种,说明仁的地位有所弱化。《六德》德目排序,圣智先于仁。《六德》说:"圣也者,父德也。……仁者,子德也。"圣为父德,仁为子德。"圣生仁",仁作为子德,为圣德所生,圣的地位要高于仁。《五行》说:"不聪不明,[不明不圣],不圣不智,不智不仁,不仁不安,不安不乐,不乐无德。"圣智是仁的来源,地位最为重要。仁和圣、智相比,已经退居次要的位置。

---

① 黄开国:《论儒家的孝道学派——兼论儒家孝道派与孝治派的区别》,《哲学研究》2003年第3期。
② 何元国:《〈曾子〉泛化孝再评价》,《西南师范大学学报》2006年第1期。

从《六德》看，德包含圣、智、仁、义、忠、信多个德目，成为诸德的总称。类似的说法也见于《五行》。《五行》："德之行五和谓之德，四行和谓之善。善，人道也。德，天道也。"五行为德，四行为善，仁、义、礼、智、圣皆为德之目。德属天，已上升为天道的根本属性，居于道德总纲的地位。

孔孟之间，仁核心地位的消解，主要表现在三个方面：一是仁对诸德的统摄作用，在《曾子》十篇为孝取代，在郭店简被德取代，仁不再是道德体系的总纲。二是圣、智、义等德目与仁并用，圣、智等德目地位的上升，则意味着仁地位的下降，仁不再居于道德体系的中心位置。三是《五行》把圣智作为仁的来源与依据，《六德》以仁为子德，从形而上与社会生活的层面，限定了仁不再能够担当道德的本体。

## 三、义理论地位的上升

在孔子那里，义是非常重要的德目。《论语·阳货》说："君子义以为上。"《论语·里仁》又说："君子之于天下也，无适也，无莫也，义之与比。"君子对于天下的事情，没有绝对赞成的，也没有绝对反对的。赞成或反对的关键，在于是否符合道义。孔子虽然很重视义，但《论语》中，真正和仁地位相匹敌的德目是礼。《论语·颜渊》："颜渊问仁。子曰：'克己复礼为仁。一日克己复礼，天下归仁焉！为仁由己，而由人乎哉？'"颜回问孔子，如何才能实现仁。孔子回答说克制自己的欲望，使自己的视听言行皆符合礼的标准，就是仁。孔子以礼释仁，仁、礼是不可分割整体。仁的实现，必须依靠礼的规定才能落实。严格得讲，孔子仁学是仁、礼并重的思想体系。

孔子仁礼并用，而曾子则明显不同。当时礼乐崩坏，曾子鉴于礼不断丧失其真实意义，日趋形式化、工具化的现状，他转而更加重视义，重视礼乐本身蕴含着的道德价值。《曾子制言下》："凡行不义，则吾不事；不仁，则吾不长。奉相仁义，则吾与之聚群；向尔寇盗，则吾与虑。"国君不施行仁义，曾子不会到他那里做官。国君践行仁义，曾子就会与之谋划，共御强敌。《曾子制言中》："不得志，不安贵位，不怀厚禄，负耜而行道，冻饿而守仁，则君子之义也。"曾子追求的不是爵禄富贵，而是义。绝不会因为谋求富贵，而放弃自己践守的道义。在曾子那里，出仕与入仕，显达与归隐，君子一切行为的标准都是义。

曾子仁、礼并提明显减少，而仁义搭配明显增多。《曾子》十篇仁、义并称有六次，仁礼并称只有两次（两次皆是仁义礼并称）。《曾子大孝》说："夫仁者，仁此者也；义者，宜此者也；忠者，中此者也；信者，信此者也；礼者，体此者也。"在仁、义、忠、信、礼并称时，义紧接着仁，先于礼。曾子对义的重视体现在两点：一是义取代礼，成为指导君子道德实践的行为原则。二是以仁义并称取代仁礼并称，仁义搭配渐趋固定化。在《曾子》十篇，与仁地位相称的是义，而不再是礼，义的地位先于礼。这都标志着义在曾子理论构建中地位的上升。

《唐虞之道》:"爱亲忘贤,仁而未义也。尊贤遗亲,义而未仁也。"郭店简《唐虞之道》、《六德》、《忠信之道》等篇皆是仁义并称,它们沿袭曾子的理路,与仁搭配的德目是义,而不再是礼。孔子仁礼并称,仁主内,礼主外。《六德》说:"门内之治恩掩义,门外之治义斩恩。"家族之内,治理的原则是仁;家族之外,治理的原则是义。一切皆以义为裁断的根据。孔子仁礼并用,郭店简明显的改变是变礼为义,且仁义搭配固定化。《六德》说:"仁,内也。义,外也。"仁内义外,是郭店简的思想特色。义上升为与仁同等重要的位置,成为处理外部事务的主要原则。郭店简对义地位的凸显,奠定了孟子仁义并称的理论基石。

## 四、德目组合由不固定到定型

孔孟之间,儒家德目组合呈现由不固定走向定型的趋势。《论语》中以仁为基础的德目组合,有仁智、仁圣、智仁勇等。其组合形式,总体上看并不固定。《曾子》十篇延续了这一趋势,德目组合有仁义、仁义忠信礼、礼乐忠信、仁慎恭、仁智道等。曾子虽以孝道为中心,但其倡导的德目众多,德目组合多样,说明儒家不同德目之间,尚未形成稳定的搭配。

但自曾子开始,义的地位逐渐凸显。《曾子制言中》:"君子思仁义,昼则忘食,夜则忘寐,日旦就业,夕而自省,以殁其身,亦可谓守业矣。"曾子把仁义作为人生理想的追求,为追求仁义,竟达到废寝忘食的程度。为了义的实现,甚至不惜付出生命的代价。① 《曾子制言下》说:"凡行不义,则吾不事;不仁,则吾不长。奉相仁义,则吾与之聚群;向尔寇盗,则吾与虑。"《曾子》十篇中仁义并举有六次之多,曾子是孔子之后仁义联用的较早发明者。② 孔子仁礼并用,至曾子,逐渐转变为仁义并用。正是曾子对仁义的联用,开启了思孟学派仁义并举的先声。③

至郭店简,虽有少量变化不定,但德目组合定型化的趋势日益明显,主要表现在:一是仁与义、礼与乐搭配固定化。《六德》说:"仁,内也。义,外也。礼乐,共也。"内指家族内,外之家族外。郭店简延续曾子仁义搭配的做法,以内外分别使仁义组合固定化。孔子仁礼并用,曾子改为仁义并用,那么如何安排礼的位置呢?礼以导人,乐以感人,郭店简以礼乐组合,解决了礼的归属问题。

二是《五行》对仁义礼智圣的定型。郭店简的德目组合,如圣智仁义忠信、仁义忠学教、仁忠庄礼等,总体上看,组合形式仍不固定。这里贡献最突出的,是郭店简

---

① 《曾子制言中》:"不得志,不安贵位,不怀厚禄,负耜而行道,冻饿而守仁,则君子之义也。"
② 《墨子》也仁义联用,但其生卒年代晚于曾子。
③ 郭店简《语丛一》也仁义联用,其时代能否上溯至曾子时期,尚不能确定。

《五行》。《五行》说：

> 仁形于内谓之德之行，不形于内谓之行。义形于内谓之德之行，不形于内谓之行。礼形于内谓之德之行，不形于内谓之行。智形于内谓之德之行，不形于内谓之行。圣形于内谓之德之行，不形于内谓之（德之）行。

《五行》将仁、义、礼、智、圣五行固定在一起，认为可以外在的道德行为转化为内在德之行，内化于心的德性可以无遮拦地外显为玉言金声。子思的理论建树是在当时众多不同德目组合中，筛选出仁义礼智圣为一组，加以固化、定型。自此仁、义、礼、智、圣，逐渐成为儒家德目组合的主流与骨干。

《五行》把仁、义、礼、智、圣从众多德目中抽绎出来，固定为一组，但《中庸》却仁、智、勇联用，在子思理论体系构建中，德目组合的固定化并不彻底。孟子由五行创造出四心说，仁、义、礼、智成为稳固的德目组合，不再与其他德目搭配使用。仁、义、礼、智作为核心建构，贯穿《孟子》七篇的始终，标志着儒家首要德目组合由不固定到固定化的最终完成。自此，仁、义、礼、智从众多德目中凸显出来，成为后世儒家构建理论体系四个必备的支点。

## 五、仁学与心性的联接

孔孟之间，仁学与心性论的联接，是早期儒家"哲学突破"的重要标志。仁是孔子的发明，但孔子并未点明仁的来源，所以为仁寻找安顿处，成为早期儒者理论建构的重要着力点。《论语·述而》孔子说："仁远乎哉？我欲仁，斯仁至矣。"孔子的潜台词是仁内在于己，所以求仁即可得仁。《语丛一》说："仁生于人，义生于道。或生于内，或生于外。"《语丛一》沿着孔子对仁的规定，明确肯定仁生于内。《性自命出》说："仁，性之方也。性或生之。"仁是人性的基本法则，仁出于人性。《性自命出》一语千金，标志着仁与人性理论联接的初步建立。

但仁学与仁不同，仁学与人性的联接，除仁之外，还包括义、礼、智。孔子对仁的定位是内在于己，所以仁与人性的联接相对简单，比较困难的是义与人性的联接，因为按照《性自命出》的理解，义是磨砺、修正人性的，它外在于人性，是不可能生于人性的。义生于外，是阻碍仁学与心性联接的主要障碍。为此，孔门后学专门为义的来源，展开了大规模的学术讨论。《孟子·告子上》记载：

> 告子曰："食色，性也。仁，内也，非外也；义，外也，非内也。"孟子曰："何以谓仁内义外也？"曰："彼长而我长之，非有长于我也。犹彼白而我白之，

从其白于外也，故谓之外也。"曰："异于白马之白也，无以异于白人之白也。不识长马之长也，无以异于长人之长欤？且谓长者义乎？长之者义乎？"曰："吾弟则爱之，秦人之弟则不爱也，是以我为悦者也，故谓之内。长楚人之长，亦长吾之长，是以长为悦者也，故谓之外也。"曰："耆秦人之炙，无以异于耆吾炙，夫物则亦有然者也，然则耆炙亦有外欤？"

不管是楚国的长者，还是自己家族之内的长者，只要年长于己，就要尊敬。告子认为，就像看到白色物体，承认它为白色一样，尊敬长者，是一种外在于己的存在，因此义在外，而不在内。孟子说："长者义乎？长之者义乎？"尊敬长者源于自我敬长之心，在我，而不在长者。尊敬长者必须经过自己内心体认之后，才能发挥作用。如果内心没有尊敬之情，何来尊敬长者的外在行为？告子与孟子皆赞成仁生于内，他们争论的焦点是"义"的根据在内，还是在外。

孟子受教于子思之门人，其学问上承子思而来。孟子对子思思想明显的改造，就是仁义不是后天行于内，而是先天为我所固有。孟子认为尊敬长者，除了长者年长等事实因素之外，内心必须还有尊敬之情。没有内心真情支撑的道德行为，只不过是虚假的形式。道德行为是外在的，但道德行为的根源却是内在的。先有内心的仁义礼智，然后才有外在的道德行为，这就是孟子反复强调的"由仁义行"，而非"行仁义"。

在仁学与心性理论联接过程中，有三个关键点：一是《性自命出》说仁生于人性。孔子、《语丛》虽都有仁生于内的倾向，但未指明仁具体安顿处。《性自命出》明确说仁生于人性，而人性出于天命，这样仁与人性、天道之间的联接得以贯通。二是《五行》说仁、义、礼、智可以内化于心。在子思之前，仁内义外是儒者的普遍看法。《五行》认为仁、义、礼、智皆可形于内，泯灭了仁、义、礼、智的内外之别，这样就消解了仁学与心性联接的主要障碍。三是孟子"四心说"的提出。子思认为仁、义、礼、智需要形于内，也就说仁、义、礼、智为后天形成。孟子与子思的不同之处，在于强调仁、义、礼、智为我固有，即先天所生。那么如何安顿仁、义、礼、智呢？孟子说仁、义、礼、智生于性，源于天德。四心说的提出，意味着仁学与心性论联接的最终完成。仁学最初只是一种政治伦理，孔孟之间仁学与心性相合，心性与天道对接，仁学形而上的来源与依据渐次展开，儒学哲学体系建构渐趋精微，最终由政治伦理上升为道德哲学。

## 六、结论

孔孟之间，仁学理论建构主要从三个层面展开。一是仁学与心性、天道的联接。仁源于内，是早期儒家的共识，所以仁与人性的联接相对容易。按照《性自命出》，义是磨砺人性的举措，义不可能生于人性，因此"义生于外"是阻碍仁学与心性联接的难点所在。孔孟之间，学者围绕仁义内外展开大规模的讨论。《五行》认为仁、义、礼、智可以形于内，打破了仁内义外的主流说法。《孟子》说仁、义、礼、智生于心，为我先天固有，标志着仁学与心性对接的真正实现。

二是仁义礼智德目组合的定型。在孔子那里，虽有仁智、仁圣等德目组合，但《论语》中以仁单独使用的情况最多。孔子之后，《曾子》十篇仁义忠信礼，《六德》圣智仁义忠信，《五行》仁义礼智圣，《忠信之道》仁义忠信，德目组合数量增多，结构形式复杂多样，但德目组合并不固定。子思的理论贡献是从当时众多不同类型德目组合中，筛选出仁、义、礼、智、圣为一组，加以固化、定型，自此仁、义、礼、智、圣，逐渐成为儒家道德体系的代表与主流。

《五行》把仁、义、礼、智、圣从众多德目中抽绎出来，固定为一组，但《中庸》却仁、智、勇联用，在子思理论体系构建中，德目组合的固定化并不彻底。孟子由五行创造出四心说，仁、义、礼、智成为稳固的组合结构，不再与其他德目搭配联用。仁、义、礼、智作为核心建构，贯穿《孟子》七篇的始终，标志着儒家首要德目组合由不固定到固定化的最终完成。从此，仁、义、礼、智从众多德目中凸显出来，成为后世儒家构建理论体系四个必备的支点。

三是对仁本身含义的多重解说。孔子虽发明了仁，但在孔子那里，仁没有标准的答案。孔子之后，对仁的解说有忠恕、丧之端、爱善、子德、忠、性之方、恻隐之心等多种。孔门后学竞相解说仁字，不是要穷究仁的本义，而是以仁为媒介，阐发自己对儒学的理解。在他们对仁学阐发的背后，蕴含着各自不同的理论建构。仁为忠恕，仁只是一种道德伦理。仁为性之方，则意味着仁学与心性的联接。仁为天之德，说明仁学形而上的依据已经建立，天人之际的联接已经贯通。孔门后学对仁解说的不同，展现的是仁学体系建构渐趋精微，最终由政治伦理上升为体用兼备的道德哲学的历程。

在孔子那里，仁与人性处于两分的理论状态，仁与天道联接的具体路径尚未展开。孔子之后，心性论、天人理论渐次兴起。仁学与人性论、天人观融合为一，成为早期儒家仁学理论建构的基本趋势。仁、义、礼、智德目组合的定型，构建了仁学道德体系的主要内容，仁学与心性的联接，为仁找到了天人交通的具体路径。天道与人道的双向撑开，奠定了仁学的形而上来源与依据。可以说，孔孟之间仁学理论的建构，奠定了儒家仁学的基本规模与框架，成为后世仁学构建不可或缺的材料来源与理论依据。

# 颜回话语与汉初道德文化重构

郑州大学古籍整理研究所所长、教授 刘志伟

刘汉王朝建立迄于文景时代,可以称为两汉道德重构与文化复兴的发始时期。这一时期,更多关注颜回与汉代道德重构、文化复兴关系的,主要是一些儒家代表人物。

在儒家教统看来,要真正追求并实现"王道"理想,其重要前提就是必须以"圣贤"人格为理想,构建使封建王统与教统高度亲和的优质政治权力结构。刘汉王朝对现实政治权力结构的构建,则每以功利性现实统治和利益酬庸为准则,不但鲜少"王道"理想追求,更使具有"王道"理想追求与行动意志之"儒"难以参与其中,即便参与其中,也难以真正发挥作用。故汉儒对理想的政治权力结构的思考、设计,一方面更多关注如何拨正、提升王统与教统的关系,主要是借标榜神话传说时代和历史上王统与教统高度亲和的所谓"圣王"与"贤臣"关系,来期勉、引导、监督、制衡刘汉王朝对现实政治权力结构的构建;另一方面,更重视强调在王统缺失"王道"理想追求的情形下,儒家教统以"在野"方式追求"王道"理想的价值,主要由继承在先秦时代已经萌芽的"素王"——"素臣"关系思想,直接以儒家教统的圣人孔子为"素王"、孔门贤徒为"素臣",将其作为理想的政治权力结构典范。[①] 正是在这样的政治文化思想背景中,孔门第一贤徒颜回就以最具道德典范意义的"贤人"人格形象,而被汉儒作为构建封建王朝理想政治权力结构的第一"素臣"典范。

早在汉初,当陆贾针对汉初特定的政治文化情势,以及王统与儒家教统关系现状,提出以王统与儒家教统关系的重构为前提,进行道德重构与文化复兴的战略转型路线时,就已有以颜回作为"素臣"典范的思想意识。为了有效劝说、引导刘汉王朝统治者追求"王道"理想,改造其以"马上得天下"君臣集团为主构建的现实政治权力结构,陆贾可谓煞费苦心。而其论述思维,尤重揭示"在野"与"在位"的因果关联。除了"术事篇"强调作为"古之所谓得道者"的"圣王",都以偏居"在野"发始:"文王生于东夷,大禹生于西羌",以期勉、激励出身微贱的汉开国君王刘邦,"慎微篇"在论述"圣人王世,贤者建功"时,也强调"夫建大功于天下者必先修于闺门之内,垂大名于万世者必先行之于纤微之事",不但注重发掘伊尹等"贤臣"遭逢"圣

---

[①] 参见拙著《汉魏六朝文史论衡》前两篇《陆贾与汉初的道德重构与文化复兴》,上海古籍出版社2011年版,第7~28页的相关论述。

王"之前"在野"行"道"的重要价值,还将处于"在野"地位的孔门贤徒曾子等与伊尹并举。① 指出"此二者,修之于内,着之于外;行之于小,显之于大"。在陆贾的论述中,"建大功"与"垂大名"显然属于互文见义关系:以"修于闺门之内"而"建大功于天下",无疑是"垂大名于万世"的方式;"先行之于纤微之事"而"垂大名于万世",也具有"建大功于天下"的实质意义。故其将建立了实际功业的"贤臣"与"在野"行"道"的孔门贤徒相提并论,就不仅为了改造汉代开国功臣素质及提升其追求境界,更是期望刘汉王朝将"在野"追求"王道"理想的儒家教统,作为构建优质政治权力结构的主要力量。尤其值得关注的是,陆贾还以颜回为典型,阐发所谓"天下易知之道,易行之事",由此而郑重提出了"颜渊道施于世而莫之用"话题:

> 颜回一箪食,一瓢饮,在陋巷之中,人不堪其忧,回也不改其乐。礼以行之,逊以出之。颜回一箪食,一瓢饮,在陋巷之中,人不堪其忧,回也不改其乐。礼以行之,逊以出之。盖力学而诵诗、书,凡人所能为也;若欲移江、河,动太山,故人力所不能也。如调心在己,背恶向善,不贪于财,不苟于利,分财取寡,服事取劳,此天下易知之道,易行之事也,岂有难哉?若造父之御马,羿之用弩,则所谓难也。君子不以其难为之也,故不知以为善也,绝气力,尚德也。夫目不能别黑白,耳不能别清浊,口不能言善恶,则所谓不能也。故设道者易见晓,所以通凡人之心,而达不能之行。道者,人之所行也。夫大道履之而行,则无不能,故谓之道。故孔子曰:"道之不行也。"言人不能行之。故谓颜渊曰:"用之则行,舍之则藏,惟我与尔有是夫。"言颜渊道施于世而莫之用。由人不能怀仁行义,分别纤微,忖度天地,乃苦身劳形,入深山,求神仙,弃二亲,捐骨肉,绝五谷,废诗、书,背天地之宝,求不死之道,非所以通世防非者也。

联系"慎微"全篇来看,陆贾所谓"颜渊道施于世而莫之用",当包含如此数层意涵:一是普天下之人都具有"怀仁行义,分别纤微,忖度天地"以行"道"的可能性,区别只在"为"与不"为"而已,一些人能为"闺门"、"纤微"之事,终能"建大功于天下","垂大名于万世";二是如果不重"闺门"、"纤微"行"道",即便获得权位,甚且官高位重,也无以建"垂大名于万世"之"功",坚持"闺门"、"纤微"行"道",即便终身"在野",也足可获得如颜回一样"垂大名于万世"的成功;

---

① 《新语·慎微》:"夫建大功于天下者必先修于闺门之内,垂大名于万世者必先行之于纤微之事。是以伊尹负鼎,居于有莘之野,修道德于草庐之下,躬执农夫之作,意怀帝王之道,身在衡门之里,志图八极之表,故释负鼎之志,为天子之佐,克夏立商,诛逆征暴,除天下之患,辟残贼之类,然后海内治,百姓宁。曾子孝于父母,昏定晨省,调寒温,适轻重,勉之于糜粥之间,行之于衽席之上,而德美重于后世。此二者,修之于内,著之于外;行之于小,显之于大。"

三是现实政治权力结构中严重缺乏重"闺门"、"纤微"行"道"者,"在野"有力者也往往不能"通世防非"以行"道",而是走向了诸如"苦身劳形,入深山,求神仙,弃二亲,捐骨肉,绝五谷,废诗、书,背天地之宝,求不死之道"的偏误之途。故由陆贾针对人能行"道"而不为的普遍性政治社会现实,特意引用《论语》故典,借孔子谓颜回"用之则行,舍之则藏,惟我与尔有是夫",以郑重提出"颜渊道施于世而莫之用"话题,可推知其所认为的人不能行"道"的根本原因,必然也包括现实政治权力结构中缺乏颜渊类行"道"典范人物引领、垂范因素。一方面,陆贾于人不能行"道"的现实政治权力结构之外,标举孔子与颜回的行"道"价值,已是针对现实政治权力结构整体,实潜含以"在野"孔子为"素王"、颜回为"素臣"典型的思想意识;另一方面,虽然其强调"颜渊道施于世而莫之用"而避谈孔子,有免使刘邦自动对号入座的用意,但其侧重点的确也在比照现实"臣"道,具有以"素臣"颜回作为构建理想道德人格典型的思想意图。①

在拙著《汉魏六朝文史论衡》首篇中,笔者曾指出陆贾所阐论的道德重构与文化复兴战略转型思想,在汉初已经获得较为重要的实效②,受陆贾等的影响,晚年已改变对儒士、儒学看法的创业帝王刘邦,甚且过鲁祭祀孔子,刘邦的举措,对颜回被作为汉初道德重构与文化复兴的重要话语资源,无疑也起到了一定的影响作用。但总体说来,刘汉王朝建立迄于文、景时代,由于这一时期政治的主导方向在于崇尚黄老的无为而治,由陆贾所首先提出的使王统与儒家教统统一于"王道"理想、进行道德重构与文化复兴的政治路线,还不能真正予以实行。不过,崇尚道德、文化的风气,也在逐渐形成中。一方面,在文化政策与人才任用方面,汉惠帝四年,除"挟书律",文帝时代,立博士之官,博士人数至于70余人,文帝曾先后有"举贤良方正及能言极谏者"与"策贤良文学"之诏。比之于刘邦较空泛的"贤大夫有肯从我游者,吾能尊显之"诏令,已从制度层面将任用道德文化人才作为官吏任用的重要标准。③故贾山《至言》谓:

> 今陛下念思祖考,术追厥功,图所以昭光洪业休德。使天下举贤良方正之士,天下皆欣欣焉曰:"将兴尧、舜之道,三王之功矣。"

---

① 《新语·慎微》:"夫建大功于天下者必先修于闺门之内,垂大名于万世者必先行之于纤微之事。是以伊尹负鼎,居于有莘之野,修道德于草庐之下,躬执农夫之作,意怀帝王之道,身在衡门之里,志图八极之表,故释负鼎之志,为天子之佐,克夏立商,诛逆征暴,除天下之患,辟残贼之类,然后海内治,百姓宁。曾子孝于父母,昏定晨省,调寒温,适轻重,勉之于糜粥之间,行之于衽席之上,而德美重于后世。此二者,修之于内,著之于外;行之于小,显之于大。"
② 参看拙著《汉魏六朝文史论衡》的相关论述。
③ 参见《汉书》之《文帝本纪》等。

另一方面，民间献书活动持续不断，而以讲论儒家经典为主的私学也得以复兴。根据《汉书·儒林传》的记载，其最著名者就有："言易自淄川田生；言书自济南伏生；言诗，于鲁则申培公，于齐则辕固生，燕则韩太傅；言礼，则鲁高堂生；言春秋，于齐则胡毋生，于赵则董仲舒。"

在渐趋崇尚道德、文化的环境氛围中，颜回话语自然也就为一些儒学代表人物所关注。大儒韩婴在《韩诗外传》中①，就多次涉及颜回话语，甚且在陆贾关于现实政治权力结构中缺乏颜渊类行"道"典范人物引领、垂范思想的基础上，更进一步借颜回话语来表现汉儒积极参与政治的雄心。

按课问弟子之"志"，本为孔门施教之常法。孔门"四科"，颜回"德行"最著。故如《论语·先进》所记涉及言从政之"志"场合，子路、曾晳、冉有、公西华侍坐而颜回缺席，《论语·公冶长》也记颜回之"志"在于完善道德，"愿无伐善，无施劳"，与热衷于从政的子路等有所不同。但同时，如前所引，孔子称许唯有颜回与自己一样，能够做到"用之则行，舍之则藏"，实为已臻"出""处"自如这种最高从政修养境界的大才。故《论语》也记载孔子经常借与颜回的谈论发表其重要政治主张，颜回也注重深入思考重要政治课题。如《论语·里仁》记载："颜渊问仁，孔子曰：'克己复礼，天下归仁焉。'"颜回所问，孔子所答，就直接触及儒家思想体系的核心内涵。正因如此，先秦时代就已出现视颜回为重要政治人物的思维。不仅作为孔门后学的孟子、荀子甚至将其与帝舜等相提并论②，有些政治家也推崇颜回在孔门弟子中政治才能最高，如《史记·孔子世家》记载楚昭王欲以楚地七百里封孔子，令尹子西阻挡的理由，就是以楚国没有堪与颜回相比的辅相人才，担忧楚王此举会使楚国受到严重威胁。故《韩诗外传》卷七就借鉴此类思维，改写孔门施教模式，直接表现颜渊愿为小国之相：

孔子游于景山之上，子路、子贡、颜渊从。孔子曰："君子登高必赋，小子愿者何？言其愿，丘将启汝。"子路曰："由愿奋长戟，荡三军，乳虎在后，仇敌在前，蠡跃蛟奋，进救两国之患。"孔子曰："勇士哉！"子贡曰："两国构难，壮士列阵，尘埃涨天，赐不持一尺之兵，一斗之粮，解两国之难，用赐者存，不用赐者亡。"孔子曰："辩士哉！"颜回不愿，孔子曰："回何不愿？"颜渊曰："二子已

---

① 《史记·儒林传》记载："韩婴，燕人也。孝文时为博士，景帝时至常山太傅。婴推诗人之意，而作内外传数万言，其语颇与齐、鲁间殊，然归一也。"
② 《孟子·滕文公上》："舜何人也，予何人也；有为者亦若是！"《孟子·离娄下》："禹、稷当平世，三过其门而不入；孔子贤之。颜子当乱世，居于陋巷，一箪食，一瓢饮；人不堪其忧，颜子不改乐；孔子贤之。孟子曰：'禹、稷、颜回同道。禹思天下有溺者，由己溺之也；稷思天下有饥者，由己饥之也；是以如是其急也。禹、稷、颜子，易地则皆然。"《荀子·哀公篇》认为颜回即与舜"同道"、"所追同一"。

愿，故不敢愿。"孔子曰："不同意，各有事焉，回其愿，丘将启汝。"颜渊曰："愿得小国而相之，主以道制，臣以德化，君臣同心，外内相应，列国诸侯莫不从义向风，壮者趋而进，老者扶而至，教行乎百姓，德施乎四蛮，莫不释兵，辐辏乎四门，天下咸获永宁，蝡飞蠕动，各乐其性，进贤使能，各任其事，于是君绥于上，臣和于下，垂拱无为，动作中道，从容得礼，言仁义者赏，言战斗者死，则由何进而救，赐何难之解。"孔子曰："圣士哉！大人出，小子匿，圣者起，贤者伏。回与执政，则由赐焉施其能哉！"①

如果说子路、子贡因其确有关涉从政的言论，且各自所长分别在于军事与外交，韩婴所写大体依从事实而有所拓展，韩婴笔下的颜回，就与事实相差较远了。明白说来，此一颜回毋宁是大一统刘汉王朝时代积极进取于仕途之"颜回"。如果将其自谦愿为之"小国之相"，更换为奉行汉儒理想中的"主以道制，臣以德化"政治路线，使"教行乎百姓，德施乎四蛮"、"天下咸获永宁"的大汉王朝之"相"，并无不妥。基于这样的创作思想，《韩诗外传》卷九就直接将颜回之志升格为愿为明王圣主之相：

孔子与子贡、子路颜渊游于戎山之上。孔子喟然叹曰："二三子各言尔志，予将览焉。由、尔何如？"对曰："得白羽如月，赤羽如朱，击钟鼓者、上闻于天，下槊于地，使将而攻之，惟由为能。"孔子曰："勇士哉！赐、尔何如？"对曰："得素衣缟冠，使于两国之间，不持尺寸之兵，斗升之粮，使两国相亲如弟兄。"孔子曰："辩士哉！回、尔何如？"对曰："鲍鱼不与兰茞同笥而藏，桀纣不与尧舜同时而治。二子已言，回何言哉！"孔子曰："回有鄙之心。"颜渊曰："愿得明王圣主为之相，使城郭不治，沟池不凿，阴阳和调，家给人足，铸库兵以为农器。"孔子曰："大士哉！由来区区汝何攻？赐来便便汝何使？愿得之冠，为子宰焉。"

与《论语》谦退冲和的颜回不同，韩婴笔下的颜回，热衷从政，甚至鄙视子贡、子路的从政之"志"，毫不掩饰其成为"圣王贤相"模式中的"贤相"理想，明显体现了汉儒积极进取于时代的政治雄心。正因如此，韩婴也重视彰显颜回"在野"而行"素臣"之"道"的价值作用。如关于颜阖见鲁定公论"御"，《庄子·达生》②、《吕

---

① 此处论述糅合儒家与黄老，也体现了韩婴在黄老思想占居主流的时代氛围中的思想趋向。
② 《庄子·达生》："东野稷以御见庄公，进退中绳，左右旋中规。庄子以为文弗过也，使之钩百而反。颜阖遇之，入见曰：'稷之马将败。'公密而不应。少焉，果败而反。公曰：'子何以知之？'曰：'其马力竭矣，而犹求焉，故曰败。'"

氏春秋·离俗览·适威》》①均有记载，《荀子·哀公》则作颜回见鲁定公，《韩诗外传》卷二从之：

> 颜渊侍坐鲁定公于台，东野毕御马于台下。定公曰："善哉！东野毕之御也。"颜渊曰："善则善矣！其马将佚矣。"定公不说，以告左右曰："闻君子不谮人，君子亦谮人乎？"颜渊退，俄而，厩人以东野毕马佚闻矣。定公揭席而起，曰："趣驾召颜渊。"颜渊至，定公曰："乡寡人曰：'善哉！东野毕之御也。'吾子曰：'善则善矣！然则马将佚矣。'不识吾子以何知之？"颜渊曰："臣以政知之。昔者舜工于使人，造父工于使马，舜不穷其民，造父不极其马，是以舜无佚民，造父无佚马。今东野毕之上车执辔，御体正矣，周旋步骤，朝礼毕矣，历险致远，马力殚矣，然犹策之不已，所以知佚也。"定公曰："善。可少进。"颜渊曰："兽穷则啮，鸟穷则啄，人穷则诈。自古及今，穷其下能不危者，未之有也。诗曰：'执辔如组，两骖如舞。'善御之谓也。"定公曰："寡人之过矣。"②

韩婴所引内容虽与荀子相近，但其既称述《诗经》语，使颜回话语成为阐发"诗"学大义的重要资源，又补充颜回的借"御"论"政"，起到使定公闻而知"过"的效果，正突出强调"在野"颜回以巧于"讽谏"方式行"素臣"之事，起到了有力影响当政者改善施政的作用。再如：

> 颜渊问于孔子曰："渊愿贫如富，贱如贵，无勇而威，与士交通，终身无患难。亦且可乎？"孔子曰："善哉！回也！夫贫而如富，其知足而无欲也；贱而如贵，其让而有礼也；无勇而威，其恭敬而不失于人也；终身无患难，其择言而出之也。若回者，其至乎！虽上古圣人亦如此而已。"（卷九）
> 子路曰："人善我，我亦善之；人不善我，我不善之。"子贡曰："人善我，我亦善之；人不善我，我则引之进退而已耳。"颜回曰："人善我，我亦善之；人

---

① 《吕氏春秋·离俗览·适威》："东野稷以御见庄公，进退中绳，左右旋中规。庄公曰：'善'，以为造父不过也，使之钩百而少及焉。颜阖入见。庄公曰：'子遇东野稷乎？'对曰：'然。臣遇之。其马必败。'庄公曰：'将何败？'少顷，东野之马败而至。庄公召颜阖而问之曰：'子何以知其败也？'颜阖对曰：'夫进退中绳，左右旋中规，造父之御，无以过焉。乡臣遇之，犹求其马，臣是以知其败也。'故乱国之使其民，不论人之性，不反人之情，烦为教而过不识，数为令而非不从，巨为危而罪不敢，重为任而罚不胜。民进则欲其赏，退则畏其罪。知其能力之不足也，则以为继矣。以为继知，则上又从而罪之，是以罪召罪，上下之相雠也，由是起矣。故礼烦则不庄，业烦则无功，令苛则不听，禁多则不行。桀、纣之禁，不可胜数，故民因而身为戮，极也，不能用威适。子阳极也好严，有过而折弓者，恐必死，遂应猘狗而弒子阳，极也。周鼎有窃，曲状甚长，上下皆曲，以见极之败也。"
② 参见曲守元：《韩诗外传笺疏》，巴蜀书社1996年版，第146~152页。

不善我,我亦善之。"三子所持各异,问于夫子。夫子曰:"由之所持,蛮貊之言也;赐之所言,朋友之言也;回之所言,亲属之言也。"诗曰:"人之无良,我以为兄。"(卷十)

就都强调了颜回身为在野布衣,善能处贫贱若富贵,推己及人、以至德化人的"素臣"典范意义。

# 美国华裔史家儒家文化解释论析

孔子研究院助理研究员　路则权

在美国儒家文化研究者中，顾立雅、史华慈、芮沃寿、列文森、狄百瑞、艾尔曼等学者为我们所熟知。然而，美国华裔史家却有意无意的并不为我们所看重。事实上，在儒家文化传播的过程中，他们解释儒家文化的方式起到十分重要的作用。其中较具代表性的史家如刘子健、余英时、张灏、陈启云等。

## 一、外在理路

刘子健的《中国转向内在》是外在理路解释的典范。[①] 中国文化的特性，在西方的比较下，一直是被看作是内敛型的。[②] 是不是一直如此呢？若不仅如此，它何时发生了如此大的变化？还有为何中国的现代化进程如此举步维艰？一直困扰着每个中国的知识人。刘子健正是带着这种情怀研究两宋文化和儒学转型的。

刘子健指出：11 到 12 世纪，中国文化经过沉淀和自我充实后，转而趋向稳定、内向甚至沉滞僵化，并持续到 20 世纪初期。刘子健指出以往研究的不足，以朝代划分历史，导致了更重视唐宋变革，常常忽略两宋的差异性。在他看来，北宋的文化是外向的，而"南宋在本质上趋向于内敛"，[③] 并且影响深远。为什么会如此呢？在对政治地理学、资源耗费、马克思主义、中国传统史观等几种解释进行分析后，刘子健指出：解释这种转折，"必须聚焦于从女真入侵到高宗中兴，在南方再造宋朝的时期。此期既有表面上的大变动，其间所发生的一系列事件更在政治和思想文化方面产生了深远影响"[④]。

---

[①] *China Turning inward: Intellectual changes in the early twelfth century*, Harvard University Press, 1988.

[②] 对于儒学为何转向内在的解释。余英时强调说："宋代儒学复兴的原始要求是根据'三代'的理想重建一个合理的秩序。这是宋代儒学的根本方向，贯穿于三个阶段之中，并无改变。理学起于北宋，至南宋而大盛，它所发展的则是儒学中关于'内圣'的部分。它赋予儒学以新貌，但不是全貌。"（余英时：《朱熹的历史世界》（下册），读书·生活·新知三联书店 2004 年版，第 410 页。）

[③] 刘子健著，赵栋梅译：《中国转向内在——两宋之际的文化内向》，江苏人民出版社 2002 年版，第 7 页。

[④] 同上，第 13 页。

刘子健主要分析了政治本身对文化的影响。南宋时期，文化上的道德保守主义者虽然未能取得权力，但他们对于北宋覆亡的文化屈辱，激起了他们强烈的道义愤慨。如，军事上的失败、士大夫阶层的可耻投降、追求私利等。当然，皇室成员的被囚禁和长期放逐也带来了无法言说的屈辱。对于高宗放弃民族尊严的乞和，更是难以接受。在儒家知识分子看来，要拯救国家，不仅在于军事，首先是社会值得拯救，而且"唯一的出路便是道德重建"①。在对王安石变革激烈的批判中，保守主义倾向大大增强。在如何巩固帝国这一根本问题上，南宋政权冀希望于建立崇高的道德标准，形成了以少数派官僚和几位皇家教师为主的道德保守主义群体。宋高宗也开始了"司马光崇拜"，保守主义知识分子谯定、杨时、胡安国、尹焞先后被征召。但他们没有任何的理论创新，只是在前辈划定的圈子里耕耘，也就是，他们已经转向内在。尽管如此，保守主义者仍不满足，尤其是朱熹学派，开始提出"正统"要求。1136年朱震和陈公辅的辩争将保守主义者置于十分不利的处境。高宗也倒向多数派官僚一方，开始冷落道德保守派，程学的最大保护人赵鼎失去相位和秦桧的上台也加剧了道德保守主义的失势。当然，在朝廷之外，他们通过著书立说，开学授徒，斗争和生存着。

刘子健通过皇权、相权和知识分子的互动，讨论了文化与政治的关系，也就是道德保守主义者和现实主义者的政治冲突。

政治对文化之间的关系，简单说有接受、压制和调和三种类型。北宋选择了接受王安石的新学，南宋起初对道学采取了压制，但很快转向了调和。也就是说，刘子健认为，道学向国家正统抬升，是政治在起决定作用，而非学术本身，朱熹学派地位在政治上的提升得益于皇位继承危机。

这种避开对新儒家在哲学上的探究，而注重于政治与学术的互动讨论，正是刘子健的目的所在。然而，朱熹毕竟成功了，如何解释文化转向内在和朱熹成功的矛盾呢？他承认朱熹是"11世纪儒家先行者们的同道和最成功的继承人，同时又超越了他们全体"②。朱熹的成功正是在于他经常涉及到哲学以外的领域，因此反过来也论证了他的观点的正确性。最后，对于新儒家，刘子健认为是值得赞赏和尊敬的。他们的失败更多是政治上的压力，国家权力始终是中心所在，士大夫不可能形成一个群体。

在内藤湖南、柳诒徵的论证基础上，刘子健所提出的中国文化的内在转向的观点，学界评价褒贬不一。但解释思想文化的方法上，更倾向于外在理路的解释，这与余英时等用内在理路研究清代儒家思想有明显不同。

---

① 刘子健著，赵栋梅译：《中国转向内在——两宋之际的文化内向》，江苏人民出版社2002年版，第55页。
② 同上，第142页。

## 二、内在理路

儒学研究的外在解释让我们看到了历史的一个面向，但有时不能深入思想内核，难以完全解释历史现象的深层因素，这引起一些华裔史家的警惕，如余英时、张灏等。

对宋、明理学一变而为清代经典考证的问题，近代以来许多学人对此各有解释。① 余英时从学术思想史的"内在理路"阐明理学转入考证学的过程。② 从文献入手，论证了"内在理路"可以解释儒学从"尊德性"向"道问学"的转变。

余英时认为考证学从清初到中叶的发展，表现出一个确定的思想史方向，也就是清儒的考证学，尤其是初期，对于考证对象的选择和儒学内部的重要义理相关。他认为，清儒在自觉排斥宋代"义理"时同时，也受到儒学内部一种新义理要求的支配。余英时指出，在方法论层次上，"清儒所向往的境界可以说是寓思于学，要以博实的经典考证来阐释原始儒家义理的确切含义。"③ 余英时赞同龚自珍总结的清儒运动为"道问学"，他解释为"如何处理儒学中的知识传统"④。因此，余英时反对那种近代流行的认为中国在纯知识领域表现不足的观点。同时，他也指出，儒学内部有独特的知识问题，也不能说清儒有了追求纯客观知识的精神，更不能得出会导致现代科学的兴起。

对于上述论点，余英时通过对戴震和章学诚思想的研究而展开。对戴震和章学诚的评价，他的观点与近代以来的学者和乾嘉学人认识相反。他解释说，近代学者采用的义理标准，而乾嘉学人是以考证为准绳。在余英时看来，他们二人与考证学风都有很深的鸿沟。但若转换视角看，他们却又是清代中叶儒学的理论代言人。既有考证的基础，又有义理的方向。余英时试图对戴震、章学诚在学术思想的交涉进行全面分析。尤其是要通过章学诚进一步认识戴震，同时也进一步深入研究戴震对章学诚影响的程度大小及其作用。就研究方法上，余英时采用了历史和心理的角度加以理解。

余英时从宏观上论证了从宋明儒学和清代思想史的关系。他不认同梁启超和胡适

---

① 如胡适和钱穆都曾有自己的解释。
② 余英时的"内在理路"源于钱穆。如，钱穆论及吴学的反理学特点时说："亭林为《音学五书》，大意在据唐以正宋、据古经以正唐，即以复古者为反宋，以经学之训诂破宋明之语录，其风流被三吴，是即吴学之远源也。而浙东姚江旧乡，阳明之精神尚在，如梨洲兄弟驳《易图》，陈乾初疑《大学》，毛西河盛推《大学古本》，力辨朱子，其动机在争程朱陆王之旧案，而结果所得，则与亭林有殊途同归之巧，使学者晓然于古经籍之与宋学，未必为一物。其次如阎百诗辨《古文尚书》，其意固犹尊朱，而结果所得，亦使人知通经端在溯古，晋唐以下已可疑，更无论宋明也……"（钱穆：《中国近三百年学术史》上册，商务印书馆1997年版，第320页。）这就是把不同时代的思想因素编织为一条绵延不绝的线索。
③ 余英时：《论戴震与章学诚——清代中期学术思想史研究》自序，读书·生活·新知三联书店2005年版，第3页。
④ 同上，第4页。

的理学反动说,基本上赞同钱穆和冯友兰的理学延续创新说。他将宋明理学中朱陆异同的争论解释为为智识主义和反智识主义的冲突。当明代反智识主义达到最高峰后,又开始转向智识主义。前文是后文的背景,最终目的仍在论述宋明理学中与清代儒学的关系。后者则是对清代儒学的新解释:"道问学"的转向,提供了戴震和章学诚更广阔的时代背景。

余英时研究的目的是:清代"道问学"是儒学发展的最新面貌,应该成为儒学从传统到现代过渡的始点。在余英时的内心,儒学必须解决知识问题,才能应对现代西方文化的挑战和实现自我发展。

张灏的晚清思想史研究集中在思想家内在变化上。他认为 19 世纪末的中国学者"主要是根据从儒家传统沿袭下来的那套独特的关怀和问题,对晚清西方的冲击作出回应的"①。他在《危机中的中国知识分子》中研究了康有为、谭嗣同、章炳麟、刘师培"转变时期"(1890—1911)的思想变迁。

张灏认为,要真正理解他们的思想,就要"以他们成长的思想环境"为研究出发点。他所说的"思想环境"特质在特殊环境中流行的思想和价值。人们往往根据自己所处的"情境"来确定某些思想的确定意义。这里的"情境",张灏是指"所理解的周围的生活世界"②。

19 世纪后期,中国的新怀疑主义从传统政治秩序的外表向内核深入。君主制被批判,其合法性被侵蚀,"天子"所代表的神秘性逐渐被粉碎和清除了。这当然源于对外部世界的新了解。西方文化正进入到重要的一些方面。对于宇宙论王权制的怀疑,不仅仅是中国人政治的危机,更重要的是一种意识危机。③ 因为这套"东方符号系统"为中国人的思想建立起了"普遍存在秩序"。中国知识分子面临的是更为深远的"东方秩序危机",当然也包括政治危机。这种危机感在不同人身上感受不同。一些知识分子意识到需要重建世界观来应对这个危机。

这种特有的世界观使得晚清这四位思想家发展超越了中国知识界的改良派和革命派中的民族主义。④ 尽管倾向有所不同,却都体现了道德性和精神性融合特征。康、刘是道德性支配他们,谭、章则为精神性所主导。其中,他们有显著的传统承接性,但西方文化造成的调和性紧张和根本性紧张不容忽视。

同余英时一样,张灏并未完全沉浸在传统思想发展的内部。他认为,思想史研究有两种路径,一种就是观念发展式的。主要是探究观念如何在不同的时代以不同的面

---

① 张灏:《梁启超与中国思想的过渡》(1890—1907),江苏人民出版社 1995 年版,第 3 页。
② 张灏:《危机中的中国知识分子——寻求秩序与意义》,新星出版社 2006 年版,第 5 页。
③ 西学动摇了"华夏文化中心主义",它如同一面镜子,中国知识分子窥见了"他者"眼中的"自我",这种"镜像"关系导致了文化焦虑和文化危机心态。(孟繁华:《游牧的文学时代》,作家出版社 2009 年版,第 19 页。)
④ 张灏:《危机中的中国知识分子——寻求秩序与意义》,新星出版社 2006 年版,第 211 页。

貌出现，观念间的衍生与逻辑关系，与其他观念的紧张性和激荡性。另一种则是把其思想放回时代脉络，时代的刺激和生命的感受，如何在思想上作自觉的反应。他的《烈士精神与批判意识——谭嗣同思想的分析》一书就是采用的第二种方式。张灏认为：谭嗣同的世界意识、唯心倾向和超越心态融合成的烈士精神是对他所处的生命处境和历史处境的回应。这种因研究课题不同，采用不同解释的研究趋向，在华裔学者中较为明显。

## 三、内外互动

华裔史家不仅受到西方文化的影响，也深受中国传统整体文化观的熏陶，在儒学文化解释上，更注重互动分析。如，余英时、陈启云对汉代儒学思想的研究都注意到了思想的上下或内外的互动。

余英时在早年的《东汉生死观》中指出，研究民间思想必须将思想史与社会史相结合，因为民间思想与正式思想是双向交流的。《朱熹的历史世界》是余英时晚年的力作，突出地显现出互动解释研究的魅力。

余英时通过对宋代政治文化史进行的综合研究，展示出这种解释模式在儒家政治文化领域的巨大影响力。此书重心是以宋代新儒学为中心的文化发展和以改革为基本取向的政治动态。余英时将全书分为三个有机部分。绪说从政治文化角度，系统全面地检讨了道学（理学）的起源、形成、演变及性质。上篇分析了宋代政治文化的构造与形态。下篇则解释了朱熹时代的理学士大夫集团与权力世界的复杂关系。就三者关系而言，上编为朱熹的历史世界提供背景，下编集中于朱熹历史世界的核心区。绪说是反思贯穿在士大夫中间的政治文化和理学的关系。

余英时的"政治文化"的内涵"大致指政治思维的方式和政治行动的风格"[1]。此外，"兼指政治与文化两个互相而又相关的活动领域"[2]。他解释说，政治史处理权力结构和实际运作，文化史涉及时代的种种观念和理想，但应和实际生活相联系。基于此，他讨论了两个重点：一是士大夫和皇权、官僚系统之间的关系，二是宋代儒学复兴及其演变。当然是两者的结合，也就是儒家理想在政治领域中的积极和消极作用[3]。

---

[1] 余英时：《朱熹的历史世界——宋代士大夫政治文化的研究》，读书·生活·新知三联书店2004年版，第5页。
[2] 同上，第6页。
[3] 余英时使用的是"政治史与文化史交互为用"方法。李存山质疑了余英时对王夫之"陋宋"之说的疏释。他认为王夫之的《宋论》虽然是以政治史为纲，但实亦采取了"政治史与文化史交互为用"的方法，而且其中对宋代士大夫的"政治文化"多有批评，甚至可以说，王夫之的"陋宋"之说把"宋学"也包括在内。（李存山：《宋学与〈宋论〉——兼评余英时〈朱熹的历史世界〉》，庞朴主编：《儒林》（第1集），山东大学出版社2005年版，第221页。）

对于"道学"、"道统"与"政治文化"的研究。余英时反对现在哲学史的研究方式，即以欧洲哲学为标准，将"道学"从儒学中抽离，再将"道体"从"道学"中抽离，如果我们承认"道学"是"内圣外王之学"，则其内涵显然比"道体"更广。余英时解释说"道统"时代"最显著的特征为内圣与外王合而为一"①。因此，朱熹划分"道统"的动机在于"约束君权"。② 这是从政治角度入手的解释。

不但"道统"，就是"道学"也有深刻的政治含义。余英时以《中庸序》、《答陈同甫》进行了分析。他认为朱熹"道学"的目的是"用'道'来范围'势'"③。这里，以"道"批"势"是消极作用，而朱熹和宋代理学家更多追求的是引"势"入"道"。那么，朱熹又是如何规范"道体"与其他二者的关系呢？首先，宋代理学家认识的"道体"是一个永恒而普遍的精神实在，目的为天地万物提供秩序。"道统"是对"道体"的整理。孔子的"道学"是继"道统"而后起。到了宋代，君主只有掌握了道学家重新解释的"道体"，才能获得"道"，也就是合法性。这就是理学家们所谓的"致君行道"。朱、陆对于"道体"的理解不同，但在"致君行道"上是殊途同归。

余英时研究了道学与宋代士大夫的政治文化的关系。他将道学看作儒学的组成部分，因为只有将道学作为儒学整体的一部分，才能凸显其意义。余英时认为古文运动、改革运动和道学，它们的共同目标就是"儒家要求重建一个合理的人间秩序"④。他解释说，若从儒学整体看，"新学"超越了古文运动，而道学也超越了"新学"⑤。在重建秩序和行动取向上"新学"与道学是一致的，而在"内圣"、"外王"的关系上两者是有分歧的。尤其对内圣之学，二者有着根本分歧。王安石的"新学"已经进入内圣，并在"内圣"与"外王"之间建立起联系，对初期道学有重要影响。因此，不能将王安石与道学家的关系理解为纯粹的政治性的。在余英时看来，道学的发展是在与"新学"斗争中定型的。也就是儒学从"外王"转入后期"外王"与"内圣"并重的阶段，其中王安石是关键人物。无论二者如何对立，但都是在同一政治文化的框架之内的。

历史世界的组成是理想和现实的交织。余英时通过对宋初儒学的特征及其传衍来证明儒学在秩序重建中的作用。他深入考察了宋初儒学的起源，重点在于"推明治道"。这些理想成为王安石和宋神宗变法的推动力，胡瑗的思想经李觏对王安石的思想和行动都产生了重要影响。余英时进而指出，朱熹时代正是在秩序重建意义上才能被称为"后王安石时代"。

---

① 余英时：《朱熹的历史世界——宋代士大夫政治文化的研究》，读书·生活·新知三联书店2004年版，第15页。
② 同上，第19页。
③ 同上，第23页。
④ 同上，第45页。
⑤ 同上，第46页。

如何看待宋代士大夫的政治功能的发挥与党争的关系呢？余英时认为，这两个现象与汉、唐、明、清针对宦官或皇权不同，即"二者同源于士阶层的内部的分化和冲突"①。余英时以吕夷简、范仲淹的党争来区别牛、李党争的不同，前者的动力来源于内部。接着，他对"国是"法度化的党争新形态进行了分析。在宏观分析从熙宁到绍兴党争的基本形态后，开始重点解释朱熹时代的党争。这其中，朱熹和"道学"都是中心。在反"道学"背后隐藏着一场广泛的"党争"。②在余英时看来，反"道学"者基本是职业官僚型的士大夫。朱熹及"道学"型士大夫则是北宋新儒学的继承者。二者的区别在于职业官僚型士大夫看重自己的得失。"道学"型则关心"治道"和理想秩序的重建。

余英时以朱熹时代为重点分析了两宋党争的特色。他认为朱熹的《与留丞相（正）书》是在欧阳修《朋党论》后最有突破的文字。朱熹充分肯定了"党"的政治功能的积极作用。因为"他已看出'党'是士大夫内部分化的必然归趋"③。至于士大夫遭受政治和思想的迫害，则基本上士大夫的"自相倾轧"，也就是迫害失败士大夫的是宰相而不是皇帝，而儒家文化浸润下的皇帝往往成为缓和甚至保护作用，这就解释了为什么宋代尽管党争不断，而失败后士大夫仍有相对自由。

陈启云的《荀悦与中古儒学》，从"中距分析"角度出发，指出两汉儒学主要是代表了当时新兴士人的"改革理想和精神"。若根据 Karl Mannheim 的"知识社会学"的观点，儒士成为现实中的"既得利益者"以后，思想便会日趋保守，成为现实利益的代言人。西汉末期儒士也的确有这种趋向，但同时也保持了高度的改革理想和精神，甚至地位越高，改革的理想越高昂。

王莽的得势，在现实上代表了儒士的地位和力量的巅峰，在精神上代表了儒家改革理想的极致。王莽改革的失败，对东汉乃至中华中古思想文化更深沉的影响是儒家改革理想的幻灭。改革理想和精神的丧失，决定了东汉光武帝、明帝、章帝的朝政的"保守主义"性质。与此同时，是士族门第势力的兴起。陈启云通过对颍川荀氏的个案研究，详细考证了士族的经济基础、社会地位、政治力量和学术文化等互动作用和变化发展。荀悦放弃经学专注史学，在于经学是远古的，解释不一致，很难有确切的结论，而历史（尤其是当代史——汉史）有事实的根据。《申鉴》不同于《汉纪》，原因在于政治压力和政治反省，以及学术反省。陈启云不仅关注荀悦的著作，还把重点放在对荀悦及其思想发展有重要影响的那些历史事件上，"还注意到对他那个时代的领

---

① 余英时：《朱熹的历史世界——宋代士大夫政治文化的研究》，读书·生活·新知三联书店 2004 年版，第 317 页。
② 同上，第 336 页。
③ 同上，第 377 页。

袖人物所起的作用,以及对随后发生的事件的影响"①。

儒学不仅属于纯粹玄想的哲学领域,是学界的共识。既然如此,对于它的研究,则需要从历史的视域,以内在、外在和内外互动各个方面进行研究和阐释。当然,我们必须警惕的是,所得到的历史解释也仅是马克斯·韦伯所说的"理想型"。对于这些解释的有效力度和得失,则因史家的史识和研究对象的特点等综合型因素而不同。从文化传播角度,华裔史家对儒学的历史解释的特点和面向,对儒家文化的海外传播起到了积极作用,对其解释的有效性仍需要学界进一步研究。

---

① 陈启云著,高专诚译:《荀悦与中古儒学》,辽宁大学出版社2000年版,第2页。

# 孔子德治思想的真髓及其当代价值

山东省委党校《理论学刊》编辑部教授　裴传永

中国传统德治思想产生于西周初期，但是真正形成为比较系统的理论，还是在春秋末年，其标志性人物就是儒家学派的创始人孔子。正因为孔子关于德治的论述非常全面丰富，所以现当代一些学者直接将孔子的治国思想打上了德治主义的标签。[①] 不过，关于孔子德治思想的意涵和旨归，尽管不少学者曾经作过大量的讨论和分析，但在笔者看来，似仍未探及堂奥，故结撰此文，略陈管见。

## 一

首先必须指出，尽管孔子推重德治，但是严格说来，把孔子的治国思想称之为德治主义并不准确。根据我们的理解，孔子为治理国家提出的基本方略，除了德治之外，还包括礼治。

孔子曾经明确主张"为国以礼"[②]，并说："为政先礼。礼，其政之本与！"[③] 对于为什么必须实行礼治，孔子也给出过这样的回答："非礼无以节事天地之神也，非礼无以辨君臣上下长幼之位也，非礼无以别男女父子兄弟之亲、昏姻疏数之交也。"[④] 可见，在孔子看来，礼不仅是调节人神关系的最高原则和标准，同时还是辨明人世间君臣、上下、长幼的尊卑贵贱地位，区分男女、父子、兄弟之间的亲属关系与姻亲、朋友之间交情厚薄的基本尺度和依据。正是基于孔子的这样一种论断，儒家后学才在《礼记·曲礼上》篇中作出了如下更为全面和细致的概括："夫礼者，所以定亲疏、决嫌疑、别同异、明是非也。……道德仁义，非礼不成；教训正俗，非礼不备；分争辨讼，非礼不决；君臣上下父子兄弟，非礼不定；宦学事师，非礼不亲；班朝治军，莅官行法，非礼威严不行；祷祠祭祀，供给鬼神，非礼不诚不庄。是以君子恭敬撙节退

---

① 参见刘文静：《孔子的德治主义和柏拉图的伦理政治》，《孔子研究》1991年第4期；王杰：《为政以德：孔子德治主义治国模式》，《中共中央党校学报》2004年第2期；关健英：《文化传统视野下的中国古代德治主义》，《道德与文明》2011年第1期；等等。
② 《论语·先进》。
③ 《礼记·哀公问》。
④ 《礼记·哀公问》。

让以明礼。"

有人认为，礼治与德治，亦即"为国以礼"与"为政以德"，彼此"是统一的，是相互渗透、相互包含关系"①，不可截然分开。其实，这种观点是似是而非的。很多学者都赞同这样一种观点，即孔子的礼治学说偏重于从应然的角度划定不同身份和等级的人们在特定场合和情境下的具体行为准则，旨在建立一种有条不紊的社会秩序；那么对于孔子的德治思想该如何认识呢？以笔者之见，它固然包含有对广大民众推行教化的具体内容，但是其基本立足点和重心，却是在于规范、约束领导者的思想和行为，要求他们自觉地增强道德认知和道德修养，以自身的道德践履和道德感召力，影响、带动广大民众提升道德境界、扩大政治认同，从而增强全社会的向心力、凝聚力，实现国泰民安的目标。换言之就是说，孔子德治思想的重心不在于"治民"而在于"治官"。

《论语·为政》记有孔子这样一句话："为政以德，譬如北辰，居其所而众星共之。"这句话被后人公认为是体现孔子德治思想的代表性言论。那么这句话意在说明怎样的道理？钱穆先生的《论语新解》为我们作了很好的解读，他写道："孔子谓作政治领袖，主要在其德性，在其一己之品德，为一切领导之主动"；"为政治领袖者，能以己之道德作领导，则其下尊奉信仰，如众星之围绕归向于北辰而随之旋转也"②。可见，"为政以德"之论，强调的是领导者自身的道德感召力。

我们说孔子对领导者自身的道德品格和素养格外看重，这有着大量文献资料可资为证。《论语·为政》记载，鲁大夫季康子请教孔子：怎样才能得到民众的尊敬和忠诚？孔子回答说："临之以庄，则敬；孝慈，则忠。"意即领导者能以庄重的态度对待民众，就能得到民众的尊敬；能在孝敬长辈慈爱晚辈方面做出表率，就能得到民众的忠诚。《颜渊》篇记载：季康子问如何临民理政，孔子回答说："政者，正也。子帅以正，孰敢不正？"与之意思相同的还有《子路》篇所载两段孔子之言："其身正，不令而行；其身不正，虽令不从。""苟正其身矣，于从政乎何有？不能正其身，如正人何？"这三段话，都是强调为政者要躬行正道，率先垂范。孔子还曾说："君子之德风，小人之德草，草上之风，必偃。"③ 把形成公序良俗的着眼点放在领导者的非权力影响力上。他的"修己以安人"、"修己以安百姓"④ 两句话，则把领导者的品德养成与人民安居乐业直接挂起钩来，视前者为后者的必要条件，可以说反映了孔子德治思想的真谛。

---

① 张培国：《孔子的礼治和德治思想浅析》，《聊城大学学报》2002 年第 4 期。
② 钱穆：《论语新解》，巴蜀书社 1985 年版，第 20 页。
③ 《论语·颜渊》。
④ 《论语·宪问》。

## 二

正因为孔子非常重视领导者的道德修养，所以他在评价历代帝王将相时，总是把"为政之德"放在最优先、最重要的位置上，作为最基本、最核心的内容加以考量。

比如，他评价帝尧说："大哉尧之为君也！巍巍乎！唯天为大，唯尧则之。荡荡乎！民无能名焉。巍巍乎其有成功也，焕乎其有文章。"① 杨伯峻先生把这段话翻译为："尧真是了不得呀！真高大得很呀！只有天最高最大，只有尧能够学习天。他的恩惠真是广博呀！老百姓简直不知道怎样称赞他。他的功绩实在太崇高了，他的礼仪制度也真够美好了！"② 如果说这样的一种评价嫌于笼统，那么孔子与弟子宰我的下面一番对话，则具体明确多了："宰我曰：'请问帝尧。'孔子曰：'高辛之子也，曰放勋。其仁如天，其知如神；就之如日，望之如云；富而不骄，贵而不豫。……其言不贰，其行不回。四海之内，舟舆所至，莫不说夷。'"③ 这里，孔子相继使用了"仁"、"知"、"富而不骄"、"贵而不豫"和"其言不贰"、"其行不回"等词语评价帝尧。"仁"即仁爱，"知"即智慧（知通"智"），"富而不骄"意味着谦卑，"贵而不豫"意味着勤劳（"豫"的意思是逸豫），"其言不贰"意味着诚信（"贰"的意思是背叛），"其行不回"意味着正直（"回"的意思是邪曲），就是说，帝尧具有仁爱、智慧、谦卑、勤劳、诚信、正直等美德。这样的评价可谓高矣。

孔子对虞舜、大禹的评价也贯穿着以德为先、为重的思想红线，他说："巍巍乎，舜、禹之有天下也，而不与焉。"④ 杨伯峻先生把这段话翻译为："舜和禹真是崇高得很呀！贵为天子，富有四海，（却整年地为百姓勤劳，）一点也不为自己。"⑤ 孔子还曾对大禹"菲饮食而致孝乎鬼神，恶衣服而美乎黻冕，卑宫室而尽力乎沟洫"这种苦心约己、一心为了天下和人民的行为大加称赞，连声说道："禹，吾无间然矣。"⑥ 意即对于大禹我是无可挑剔了。

对于周文王和周武王，孔子依然是重在考察他们的为政之德，并据以作出评价。周文王的时代，周族经过多年的奋斗，已经从一个偏居一隅的小邦发展成为三分天下有其二的大邦。尽管三分天下有其二，但是文王仍然恪守臣职，"以服事殷"，因此孔

---

① 《论语·泰伯》。
② 杨伯峻：《论语译注》，中华书局1980年版，第84页。
③ 《大戴礼记·五帝德》。
④ 《论语·泰伯》。
⑤ 杨伯峻：《论语译注》，中华书局1980年版，第83页。
⑥ 《论语·泰伯》。"菲饮食而致孝乎鬼神，恶衣服而美乎黻冕，卑宫室而尽力乎沟洫"，意即自己吃着粗茶淡饭祭品却极为丰盛，穿的很是破旧祭服却极为华美，住在简陋的屋舍而把力量全都用在兴修水利上。

子盛赞："周之德,其可谓至德也已矣。"① 对于文王的治国理政之道,孔子曾描述说："大哉文王之道乎!其不可加矣!不动而变,无为而成,敬慎恭己而虞、芮自平,故《书》曰:'惟文王之敬忌。'此之谓也。"② 充分肯定的也是他的道德素养。孔子对周武王曾作过一段很经典的评论:"武王正其身以正其国,正其国以正天下,伐无道,刑有罪,一动而天下正,其事正矣。"③ 表彰了武王正己修身、垂范天下的道德情操。

　　孔子视周公为夏商周三代政治家中的最杰出者之一,多次把他与夏朝的开创者大禹、商朝的开创者成汤、周朝的开创者文武二王等相提并论,称赞道:"周公其盛乎!身贵而愈恭,家富而愈俭,胜敌而愈戒。"④ "周公戴己而天下顺之,其诚至矣。"⑤ "吾于《洛诰》,见周公之德光明于上下,勤施四方,旁作穆穆,至于海表,莫敢不来服,莫敢不来享,以勤文王之鲜光,以扬武王之大训,而天下大洽。"⑥ 周公堪称孔子心目中的领导者的楷模,以至于经常在梦境中与周公交谈、向其请教,即便是到了晚年,他还曾叹息说:"甚矣吾衰也!久矣吾不复梦见周公。"⑦ 孔子对周公的德才佩服得简直可以说是五体投地了,然而即便如此,他还说过这样一句话:"如有周公之才之美,使骄且吝,其余不足观也已。"⑧ 就是说,即便是有周公那样的才华和美德,假如存在骄傲和吝啬的毛病,其他也就没有什么值得一看了。由此可以看出孔子对于领导者的道德修养究竟重视到了何种程度！

　　子产生当春秋后期,与孔子算是同一时代的人,曾经执掌郑国国政20多年,是历史上最著名的贤相之一。众所周知,不毁乡校是子产彪炳史册的一大壮举。《左传·襄公三十一年》记载,郑国人闲来无事喜欢聚集在乡校,议论时政。有人认为这对政权是一种潜在的危险,建议子产毁掉乡校,不为国人提供对国家大事评头论足的场所。子产断然拒绝,并表示:"其所善者,吾则行之;其所恶者,吾则改之,是吾师也,若之何毁之?"展示了非凡的胸襟和气度。孔子对他的做法非常赞赏,说道:"以是观之,人谓子产不仁,吾不信也。"直接以"仁"相许,要知道,孔子自己还不敢以仁自居,说道:"若圣与仁,则吾岂敢?"⑨ 子产死后,孔子闻讯,痛哭流涕,称赞他说:"古之遗爱也。"认为子产是古代遗留下来的仁爱之人,再度对他的仁德给予肯定。《论语》中载有孔子对子产治国理政的更为全面的评价:"子谓子产:'有君子之道四焉:其行

---

① 《论语·泰伯》。
② 《说苑·君道》。
③ 《说苑·君道》。
④ 《荀子·儒效》。
⑤ 《说苑·君道》。按:"戴"通"载",戴己即载己,率先垂范的意思。
⑥ 《尚书大传》卷四。
⑦ 《论语·述而》。
⑧ 《论语·泰伯》。
⑨ 《论语·述而》。

己也恭，其事上也敬，其养民也惠，其使民也义。'"① 这更像是对子产的盖棺定论，而"恭"、"敬"、"惠"、"义"四个字，无一不是紧扣为政行为的美德符码。

对于圣君贤相，孔子不吝赞美他们的美德，而对于暴君奸臣，孔子盯得最紧的也往往是其德操的亏缺。如《说苑·敬慎》记载，孔子在与鲁哀公的一次交谈中，说起了三代历史上的第一位暴君——夏桀。孔子云："昔夏桀贵为天子，富有天下，不修禹之道，毁坏辟法，裂绝世祀，荒淫于乐，沉酗于酒。""毁坏辟法"即破坏法律，"裂绝世祀"即断绝祭祀，两者合起来说就是无法无天，都是严重的悖德行为。前者很好理解，为什么说"裂绝世祀"是严重的悖德行为呢？因为在上古时代，祭祀——包括祭天、祭祖等是非常重大的事情，《左传·文公二年》云："祀，国之大事也"；《成公十三年》又云："国之大事，在祀与戎。"对国之大事尚且不放在心上、任其废绝，这该是何等的荒唐，悖德岂不是到了极点！"荒淫于乐，沉酗于酒"即纵情声色、醉生梦死，对于君主来说也都是失德的表现。《大戴礼记·用兵》所载孔子与鲁哀公的另一次谈话，对夏桀、商纣的失德和无道讲述得更为详尽，可归纳为三个方面：一是滥施淫威、枉杀无辜，即所谓"赢暴于天下，暴极不辜，杀戮无罪"；二是亲奸佞、远贤臣，即所谓"疏远国老，幼色是与而暴慢是亲，谗贷处谷，法言法行处辟"；三是胡作非为、恣意享乐，即所谓"妖替天道，逆乱四时，礼乐不行，而幼风是御"，等等。孔子还曾深刻地指出："汤、武非一善而王也，桀、纣非一恶而亡也。三代之废兴也，在其所积。积善多者，虽有一恶，是为过失，未足以亡；积恶多者，虽有一善，是为误中，未足以存。"② 认为夏桀、商纣乃是多行不义终自毙，是亏德寡义、怙恶不悛的必然结果。

## 三

孔子的德治思想，强调的是有德者之治和有道德之治的内在统一。领导者自身具有很高的道德修养是获得临民理政资格的基本前提，具备了这样的前提，还要在临民理政的具体实践中把有道德之治认真加以落实和体现。

所谓有道德之治，就是说领导者的一切政举都必须合乎并体现以"仁"为核心的道德规范和道德原则。孔子所主张的有道德之治可以说涵盖了治国理政的各个方面，其中最核心的是以下三大要义：

第一要义就是珍惜人的生命，尊重而不是肆意剥夺人的生存权。孔子指出："天地之性，人为贵。"③ 明确肯定了人在天地间一切生命体中的至尊至贵地位。《论语》所

---

① 《论语·公冶长》。
② 《潜夫论·慎微》。
③ 《孝经·圣治章》。

载"问人不问马"的故事表明,孔子不仅在口头上尊重人的生命价值,而且还自觉体现在了实际行动之中。正是基于这种对人的生命价值的尊重,所以当弟子子张请教为政大要时,孔子答之以"尊五美,屏四恶",而"四恶"中的第一恶就是"不教而杀"①;季康子就使用杀戮的办法整顿社会秩序的问题征求孔子的意见,孔子也果断予以否定:"子为政,焉用杀?子欲善而民善矣。"② 孔子强调统治者不得随意戕害人的性命,即使对罪犯也不能草率从事,而应本着"与其杀不辜,宁失有罪;与其增以有罪,宁失过以有赦",即疑罪从无、无罪推定的原则谨慎对待,实在无法免其死罪了,"乃刑杀",因为"死者不可复生,断者不可复续也"③。《子路》篇记载,孔子曾经把"胜残去杀"视为良善政治的一大标志,并对这种治局的出现充满了期待。

第二要义就是减轻赋税,让民众过上相对富足和殷实的生活。《说苑》记载,鲁哀公向孔子请教治国方略,孔子回答说:治理国家就是要"使民富且寿"。直接把使民众富裕长寿作为治国的第一要务提了出来。哀公问:如何做到呢?孔子给出的政策建议是:"薄赋敛"和"无事"。他解释说:减轻赋税民众就富裕,不滋事搅扰民众就远离犯罪,民众生活富裕安宁自然就会长寿。哀公听罢,不禁叹息:这样一来我就成了穷人了。孔子在援引《诗经》"恺悌君子,民之父母"的诗句后补充说:"未见其子富而父母贫者也。"一句话就把君主与民众唇亡齿寒这种贫富正相关的关系揭示出来。《左传》记载,孔子还曾提出过"施取其厚,事取其中,敛从其薄"的主张。所谓"施取其厚",就是对民众的物质救助要执行就高不就低的标准;所谓"事取其中",就是让民众承担的劳役要轻重得当;所谓"敛从其薄",就是向民众征收的税赋要尽可能减少。显然,这是一种"因民之所利而利之"④ 的民本主义态度,体现了对民生的深情关切。孔子视巧立名目增加民众负担的做法为无道,所以当弟子冉求挖空心思地为季氏聚敛财富时,他不仅明确表示了反对意见,还斥责冉求"非吾徒也(不是我的弟子)",号召众弟子对其鸣鼓而攻之。"苛政猛于虎"的慨叹同样生动地反映了孔子对统治者的横征暴敛逼得民众宁肯葬身虎口也不愿做编户齐民这一社会现实的无比愤慨。据《礼记·檀弓下》记载,孔子从泰山旁边经过,听到有位妇人在坟墓前痛哭且哭声十分悲切。孔子于是吩咐停车。他手扶车轼听了一会,然后派子路过去询问究竟,得到的回答是:从前我公公死于虎口,丈夫也死于虎口,如今儿子又被老虎咬死了。孔子忙问:"何为不去也?"妇人回答说:"无苛政。"孔子对身边的弟子们感慨系之地说:"小子识之,苛政猛于虎也。"

第三要义就是重视教化,提高民众的道德礼义素养。《论语·子路》记载:"子适

---

① 《论语·尧曰》。
② 《论语·颜渊》。
③ 《尚书大传》卷四。
④ 《论语·尧曰》。

卫，冉有仆。子曰：'庶矣哉！'冉有曰：'既庶矣，又何加焉？'曰：'富之。'曰：'既富矣，又何加焉？'曰：'教之。'"这就是妇孺皆知的孔子"庶富教"三部曲。就是说，治理国家，第一步是使人口增加，形成人丁兴旺的局面；第二步是使民众富裕起来，过上衣食无忧的生活；第三步是使民众受到教育，懂得忠孝仁义的道理并具有道德心。如果说三部曲中第一部曲的主题是人口生产，第二部曲的主题是物质生产，那么第三部曲的主题则是精神生产。孔子指出："道之以政，齐之以刑，民免而无耻；道之以德，齐之以礼，有耻且格。"① 对礼义教化之于民众羞耻感、道德心培育养成的重要作用，给予了充分的肯定。孔子主张"举善而教不能"②，反对用简单粗暴的刑罚手段对待民众。他是这样说的，也是这样做的。据记载，孔子做大司寇时，鲁国有一对父子前来打官司。孔子受理了案子，但是一连三个月也不开庭审理。后来，做父亲的请求撤诉，孔子即刻释放了他们。主持鲁国国政的季康子听说后很是不满，说道：这个老头子欺骗我。他告诉我说治理国家一定要提倡孝道，如今我正打算通过杀一个逆子来儆戒所有的不孝之子，他却把人给放了！这话传到了孔子的耳朵里，孔子摇头叹息道："呜呼！上失之，下杀之，其可乎？不教其民，而听其狱，杀不辜也。"孔子进而举例说：军队打了败仗，不能杀死士兵；监狱管理不好，不能对狱卒用刑，因为罪过不在普通民众身上。法令废弛而诛杀甚严，是残害民众；收获有时而赋敛无度，是搜刮民众；疏于教化而苛责于民，是虐待民众。只有先实行教化，然后刑杀手段才可使用③。孔子认为"安上治民莫善于礼，移风易俗莫善于乐"④，主张修明"文德"以悦近来远⑤，这些都是对于教化的倡导和阐扬；而他所说的"苟有用我者，期月而已可也，三年有成"⑥ 这句话，实际上反映了他对教化之成效的无比自信。

## 四

孔子的德治思想是在 2560 年前提出来的，尽管时代背景、社会条件发生了巨大变化，但是其中某些具有超时空、普适性的真知灼见及价值取向，依然值得我们认真借鉴。这里只拟提出三点：

其一，孔子的德治思想强调领导者要努力提高个体道德修养，把具备较高的非权力影响力、通过率先垂范影响和带动民众作为临民理政的着眼点和着力点，这对于当

---

① 《论语·为政》。
② 《论语·为政》。
③ 见《荀子·宥坐》。《韩诗外传》卷三、《说苑·政理》、《孔子家语·始诛》等对此也有记述，但文字有所不同。
④ 《汉书·礼乐志》。
⑤ 《论语·季氏》。
⑥ 《论语·子路》。

代各级领导干部都很有启发和警示意义。毋庸讳言，我们有些领导干部虽然身为人民的勤务员，但是并没有摆正自己的位置。他们习惯于指手画脚、发号施令，但在做人和做事上却不能发挥表率作用，甚至所作所为恰与自己所唱的高调南辕北辙，以致形成了"台上他说，台下说他"的怪异现象。孔子"政者，正也"、"其身正，不令而行；其身不正，虽令不从"等论断，深刻地揭示了领导者必须既要重言教更要重身教、身教胜于言教的道理，因此我们的各级领导干部务必要放下架子，立足于以自己高尚的品德和人格力量凝聚人心、感召群众，彼此同心同德，推动我们的各项事业健康发展。

其二，孔子的德治思想强调领导者要厚施薄敛、致富于民，这一主张在今天也仍然具有重大的现实意义。改革开放以来，我国的综合国力和人民群众的物质文化生活水平都有了巨大提高，但是对照西方发达国家，我们的差距仍然不小，目前仍有数千万城乡居民生活在贫困线之下，建设富强民主文明和谐的社会主义现代化国家仍然任重道远。我们必须继续加大对贫困人口社会救助的覆盖面和力度，与此同时也要为社会财富的不断涌流创造必要的条件。这就需要酌情调整我们的税收和分配政策，适度减轻企业的负担，持续增加劳动者的劳动报酬和退休职工的退休金，提高养老、医疗、失业、生育、工伤等保障水平，做到"因民之所利而利之"。显然，在这些方面，孔子的德治思想足可给我们以深刻的教益。

其三，孔子的德治思想强调领导者要善于用教化的方法而不是严酷的刑罚对待民众，这样的为政原则同样值得今天的各级领导干部深刻领会和把握。我们是社会主义法治国家，党正在领导全国人民加快构建社会主义和谐社会、推进实现中华民族伟大复兴的中国梦，然而在一些地方，少数领导干部为了个人的升迁，想方设法上项目、扩产能，挖空心思地搞政绩工程，并为此而无视群众的切身利益和正当要求，采取简单粗暴的办法甚至滥用强制手段搞拆迁，从而造成干群关系的紧张乃至对立。一些利益受到侵害的群众到上级政府部门反映情况、讨要说法，又往往被作为维稳对象而遭到限制乃至控制。少数干部将民众正常的利益表达与社会稳定对立看待，他们对维稳的刻意强调和片面理解，导致维稳的手段严重异化。这一现象令人忧心，维而不稳的后果更值得我们深刻反思。笔者在此提醒这样的领导干部，好好学习一下孔子的德治思想，体味体味其"仁者爱人"的谆谆教诲，还是很有必要、很有益处的。

# 孔子人性论思想及其现代语境下的承继

广东医学院副教授　彭浩晟
广东医学院院长、教授　郑学宝

## 一、引言

　　人性是人类感官的体验，关于人性的讨论首先要建立在经验的基础之上，它是经验的知识而非理性价值预判。"人的科学是其他一切科学唯一牢固的基础，然而我们对这一科学本身所提供的唯一牢固的基础，又必须建立在经验和观察的基础之上。"[①] 作为一个中国人，我们不会不思考，我们对人性的认知和感怀与孔子的"性相近也，习相远也"认知有着怎样的内在逻辑呢？

　　人性是人作为自然界的一种生命体区别于非同类生命体的本质特征，这种生命体特征深藏于人类本能之中，通过潜意识外化。在人类进入文明社会后，这种外在的显化主要借助文化的形式表现出来。所以，我们只能从经验的角度出发，思考人所以为人，具备什么样的本性，这种本性为什么经常发生异化，这种异化对人类在历史中的演进产生怎样的影响？然而，对人性的认识又往往受制于群体所在文化的影响。文化是地域性的、时间性的。在特定的时间、空间，人们对人性有着不同的诠释。但是又因为人性是由人的本能推演而来，对于人性的认识又有着相同的内涵。[②]

　　既然文化特质影响了人类认识的视角，我们要回顾一下中国传统文化对人性的认识的解读，特别是孔子对人性的解读。中国传统社会是一个宗法社会，注重家族和共同体的利益，强调个体要服从集体。孔子提出了"仁者，爱也"的人性论思想，试图在个体与群体之间建筑一座人性沟通的桥梁。然而，后代的儒家不断异化孔子的思想，逐渐抹杀个体的人性。到了宋代，甚至产生了"存天理，灭人欲"的理念。今天看来，如果不以个体为基础而讨论人性是荒谬的。但是，传统文化以道德、伦理来标立人性的标准，这种思维路径把道德伦理化、伦理道德化，继而政治化，用政治暴力和伦理暴力来维护一个理想化的人性标准。这种压抑个体人性的思维决定了人们的整个行为

---

[①] 大卫·休谟著，贾广来译：《人性论》，陕西师范大学出版社2009年版，第5页。
[②] ［日］祖父江孝男，季红真译：《简明文化人类学》，作家出版社1987年版，第115页。

方式，例如，在法律审判上，司法官通常不注重分清个体的利益冲突，往往采用道德的、模糊化的语言来做调和，并不尊重个体人格，界定个体之间的利益，这实际上是湮灭了个体的创造力。

鸦片战争后，逼于外患的压力，中国开始了人性的新认识。五四开启了人性认知的大讨论和大解放。然而，中华人民共和国成立后，对人性的认知迅速政治化，人性被预设为阶级斗争的属性，人不是一个具有情欲的"常人"，而是一个政治动物，对人性的戕害从而达到极致。直到今天，我们还在为回归对人性常识性认知而努力。由于传统政治文化的延续作用，人性的解放不仅仅是个体的解放，个体的解放必须依赖于群体在政治上、道德上的解放。从现实看，对中国人来说，人性解放还有很长的路要走。

笔者以为，不管是政治上也好，还是道德上也好，解放思想首先是一个认知上的突破。而欲对人性论的反思，则不能不从孔子开始，因为孔子的人性论思想产生两千多年，深刻影响乃至于塑造了中华民族的伦理品性。孔子对人性的思考是基于漫长中华文化历史经验的反思，而他的人性论并没有因为时间的流失而消逝，不仅在中华文化圈，甚至在全世界都产生深远的影响。①

我们对孔子的人性论解读还存在很多欠缺，不仅仅是对常识的回归。在现代化建设过程中，我们对人性理论的建构和实践还很茫然。本文试图对孔子的人性思想进行新的解读，对其在现代化语境下的承继进行一些探索与思考。

## 二、孔子人性论的基本内容

对于人性的思考是不同时间、空间哲学的第一任务。古希腊先哲苏格拉底极力推崇镌刻在阿波罗神殿大门上的箴言："认识你自己。"康德说："人是试图认识自己的独特性的一个独特的存在。他试图认识的不是他的动物性，而是其人性。"② 现代大哲学家恩斯特·卡西尔写道："认识自我乃是哲学探究的最高目标——这看来是众所公认的。在各种不同哲学流派之间的一切争论中，这个目标始终未被改变和动摇过。它已被证明是阿基米德点，是一切思潮的牢固而不可动摇的基点。"③ 这种对"自我"的追问，同样贯穿于孔子的哲学思考。

---

① 1988年世界七八十位诺贝尔奖金获得者在巴黎发表的宣言中说："人类要在21世纪生存下去，必须从两千五百年前中国的孔子那里寻求智慧。"骆承烈：《万邦师表——论孔子的教育思想》，载《儒学再探》，浙江古籍出版社1999年版，第14页。
② 赫舍尔著，隗仁莲译：《人是谁》，贵州人民出版社1994年版，第21页。
③ 恩斯特·卡西尔著，甘阳译：《人论》，上海译文出版社1985年版，第3页。

## （一）孔子对人性的欲言又止

就字面而言，孔子极少言及人性问题。整部《论语》11705个汉字，其中直接提到"性"字只有两处：

性相近也，习相远也。（《阳货》）

夫子之文章，可得而闻也。夫子之言性与天道，不可得而闻也。（《公冶长》）

可见，孔子对于人性可以说是惜字如金。他只说人性相近，却没有像孟子或荀子直接说人性是善或恶的。这连孔子的弟子们都感到疑惑，所以才会发出"夫子之言性与天道，不可得而闻也"的感慨。孔子弟子三千，贤者七十二，都是当时一流的学者和思想家，他们不可能不对人性提出自己的疑惑与问题，只有把人性界定清楚了，才能确立个体的价值观。从常理推断，他们应该是提出了自己的思考或疑问，可孔子对此问题十分谨慎，并没有正面回答。不然子贡不会发出那样的感慨，且发出感慨的也应不只子贡一人。那么，孔子为什么回避这么重要的哲学问题呢？是基于内心认知的矛盾，还是采取曲折的路线，委婉地回答这个问题？这个答案要从孔子的语言和行为中去寻找。

## （二）孔子人性论的逻辑起点——仁

春秋以降，随着王权的式微，礼崩乐坏成为普遍现象。"六逆"（贱妨贵，少凌长，远间亲，新间旧，小加大，淫破义）取代六顺（君义，臣行，父慈，子孝，兄爱，弟敬）（《左传·隐公三年》）成为社会的常态。孔子对"人而不仁"（《论语·泰伯》）的现象痛心疾首。

在这种社会大背景下，人类何去何从，到底要建构一个什么样的社会，怎样才能实现社会的和平和谐？可以肯定地说，对人性的思考必然是萦绕在孔子大脑中的问题。孔子之所以不直言乃至于回避，可能是由于他内心的迷茫和疑惑。

孔子生活在一个乱世，人性的扭曲与丑恶必然时刻刺激他的思想。当社会进入失范的状态（礼崩乐坏），秩序的缺失导致恐惧的本能从人的潜意识中迸发出来，于是便失去了理性。这时候的人必然把生存的丛林原则看作第一位，人性丑陋的一面暴露无遗。然而他并不雷同于同时代的人，屈服于时代对于人性的破坏。他认为社会秩序的崩塌（礼崩乐坏）不是人类生活的终极，人类必须过上有秩序的生活，增强人性的善念才是人类的终极意义。于是，孔子提出了"仁"的概念作为自己对人性的解读，这成为孔子思想的核心。那么仁是什么含义，在孔子的人性思想中应该作怎样的诠释？

"仁"字起源很早，殷周卜辞中就有仁字。《尚书·金滕》曰："与仁若考，能多才多艺，能事鬼神。"《诗·齐风·卢令》说："卢令令，其人美且仁。"《左传·僖公八年》载，宋大子兹父以子鱼"长且仁"。《国语·周语上》载史兴之言曰："且礼所以观忠、信、仁、义也。忠所以分也，仁所以行也，信所以守也，义所以节也。"《国语·周语中》："仁所以保民也……不仁则民不至。"从这些记录中可以看出，殷周到孔子时期，"仁"已是一种广为社会接受并被统治者遵循实施的道德价值观和道德评判标准。应该说"仁"是一种道德和伦理的经验。这种经验在记载的历史中已存在上千年了，我们无法推断它形成的历史过程。但是我们可以判断到它必定深深植根于当时的社会结构中，并内化为个体和群体的人格。如果仅仅是一种无足轻重的价值观念，绝不会有这么久的生命力。

"仁"在孔子出身前已成为道德和伦理标准，所以"仁"的思想之于孔子首先是一种习得，从父母的言传身教、周围个体和群体的语言和行为中习得，进而内化为孔子的内在人格。习得本身就是体验，是对生命体验的把握，从感知转化为理性，默化为潜意识。然而，孔子对"仁"的认知又不仅仅停留在习得层面，而是有了进一步的理论抽象和逻辑升华。

根据《国语·周语上》的记载："且礼所以观忠、信、仁、义也。忠所以分也，仁所以行也，信所以守也，义所以节也。"在孔子出生以前，忠、信、仁、义是四个平等的概念，相互并不统属。孔子把"仁"作为"道"，大大提升了"仁"在道德和伦理中的价值地位，成为第一位的概念，并统属忠、信、义。"仁"在孔子的哲学里，发生了逻辑的变化，由一般的逻辑概念上升为逻辑的起点。对人性的认知是道德和伦理哲学的逻辑起点。所以仁是孔子对人性的逻辑判定是毋庸置疑的。

孔子把仁作为其人性思想的逻辑起点。按照字面的理解，"仁"的含义为爱，爱是一种善的理念，好像可以得出孔子主张人性善的。如果这样推断，那孔子为什么不直接说出，反而令自己的学生困惑呢？笔者认为，"仁"在孔子的思想中不仅具有名词属性，更具有动词属性。若仅视为名词，就只能作为一种价值判断，而不可以作为一种行为。若果把"仁"理解为一种价值标准，孔子可以直接说人性是善的，没必要回避子贡的疑问。若进一步把"仁"作为动词理解，则可以看出孔子希望通过人与人之间实施仁爱来祛除人类之间的仇恨。这个论断可以从孔子的思想和行为中推出。

### （三）孔子人性论的理想——以仁为治

从表面来看，孔子的理想就是恢复建立西周宗法社会结构，恢复西周的礼治。例如他说："周监于二代，郁郁乎文哉！吾从周。"① 实则，在孔子这里，并非简单的恢复礼的制度这种外在规范，而且还要将仁的观念注入到礼制之中，建立一个人人相亲、彼此和谐的仁爱社会。所以他说：

---

① 《论语·八佾》。

> 齐景公问政于孔子。孔子对曰:"君君、臣臣、父父、子子。"(《论语·颜渊》)
>
> 克己复礼曰仁。一日克己复礼,天下归仁焉。(《论语·颜渊》)

然而孔子所面对的现实却是:

> 天下有道,则礼乐征伐自天子出;天下无道,则礼乐征伐自诸侯出。自诸侯出,盖使世希不失矣;自大夫出,五世希不失矣;陪臣执国命,三世希不失矣。天下有道,则政不在大夫。天下有道,则庶人不议。(《论语·季氏》)

礼乐征伐已经不由天子出,而是出自诸侯、大夫、陪臣。他生活的鲁国政局就是季氏逐鲁公,季氏的家臣阳虎以陪臣执国命。哪里还能看到一点点君君、臣臣的样子?孔子在鲁国当了四年官,实在当不下去了,开始十四年的周游列国。这十四年期间,孔子一群人寄人篱下、颠沛流离、悽悽惶惶,被人追杀过、谋害过、围困过,多次险遭不测。政治上的混乱,民众的疾苦,令他简直看不到光明。他说:

> 小子识之!苛政猛于虎也!(《礼记·檀弓下》)
> 民之于仁也,甚于水火。(《论语·卫灵公》)

然而,现实的残酷与黑暗更加激发了孔子的意志与决心,进一步思考人生,探索社会文明的进路。先王的礼治使得孔子产生希冀。如果人性是恶的,为什么先王那里还有"仁"的理念和大同社会?至少周公那里有"周监于二代,郁郁乎文哉"。但是特别是统治阶层的丑陋又迫使人回避不了人性的丑恶。只讲忠义来维护统治阶层的利益是行不通的。只有在上下阶级、阶层之间达到一种平衡,和平、秩序才能建立起来。路径就是要通过上下阶层实施伦理之爱,达到君君、臣臣。这种爱是什么样的爱呢?就是爱自己所爱,但不要阻挡或破坏别人爱自己所爱,爱自己更要"立人"、"达人",实现个体和群体间的良性交流。对这种以仁为治的社会新秩序的达成,孔子也提出了自己的设计原则,即以仁的精神去贯彻到人际交往的方式中去。他提出:

> 夫仁者,己欲利而立人,己欲达而达人。能近取譬,可谓仁之方也已。(《论语·雍也》)
> 己所不欲,勿施于人。(《论语·颜渊》)
> 我不欲人之加诸我也,吾亦欲无加诸人。(《论语·公冶长》)

总而言之,在孔子的思想中,把"仁"提升为道德和伦理的最高阶位并通过行为去实现仁爱，忠、信、义在仁的统属下，才具有良性的意义。由此看来，子贡没有真正读懂孔子的心。

孔子对人性的认识是其理想、阅历混合的经验产物。他第一次把"仁"提升到道德和伦理的最高阶位并视作一种行为，作为其哲学的逻辑起点和社会实践基点。在孔子看来，"仁"既维护等级差序的礼治社会，又能打通阶层之间的阻隔，实现良性的沟通与交流。同时，"仁"又回避了对人性简单化的善与恶的二元划分。孔子的创造无疑是伟大的。所以，当世界进入到全球化、一体化，需要建构新的全球社会伦理时，人们更体会到仁爱思想对于实现全人类的平等和和谐发展所具有的重要意义。

## 三、孔子人性论在现代境遇

孔子的人性论思想在中国现代化进程①中被进行了多次政治性的解读。这种政治化的解读与篡改，不仅使得孔子的人性论丧失殆尽，而且带来了无尽的灾难。当人性的思想被时代强行从人们思想中剔除时，一场大悲剧降临到神州大陆。

### （一）"文革"时代人性论沦丧的恶果——以萧珊的经历为例

在中华人民共和国成立后，孔子的思想被贴上反动、落后的标签，作为政治宣传的反面教材被批驳。特别是"文革"期间，孔子的人性论思想被批驳达到极致。"文革"对人性的伤害由战争的敌对面转向全社会，对民族精神造成巨大伤害。这个伤害包括无数人的生命、传统文化的浩劫以及人伦的丧失。当我们去直面"文革"对人性的伤害时，无法掩饰内心的痉挛和疼痛。

我们权且引用巴金先生在《随想录》记载的萧珊女士的遭遇吧。萧珊是巴金先生的妻子，她是一个善良的平凡女性，她的理想就是过着平静祥和的生活。然而因为著作巴金先生被打成"不戴帽子的反革命"，萧珊女士的命运转进了历史的旋涡。作为一个公民，她被任意殴打，不给医治，悲凄地死掉。

> 我靠边站的几年中间，我所受的精神折磨她也同样受到……她挨打只是为了保护我，她看见那些年轻人深夜闯进来，害怕他们把我揪走，便溜出大门，到对面派出所去，请民警同志出来干预。那里只有一个人值班，不敢管。当着民警的面，她被他们用铜头皮带狠狠抽了一下，给押了回来，同我一起关在马桶间里。②

---

① 本文现代化是指中华人民共和国建国后，在大陆地区实施的现代化建设进程。
② 巴金：《随想录》，人民出版社 2000 年版，第 15 页。

萧珊女士本人不是"右派"或者反革命,她是一个合法的公民,因丈夫成了所谓的反革命,也被株连也成了专政对象。革命热情高涨的"年轻人"深夜闯进所谓反革命的家里,可以"揪走反革命",可以当着警察的面,用皮带铜扣抽打一个公民的头部,可以把反革命与虽然不是反革命但是反革命的老婆"关在马桶间里",这哪里有一点人性可言?

每一个人都在问为什么。老舍夫人回忆说:"我永远忘不了我自己怎样在深夜用棉花蘸着清水一点一点地替自己的亲人清洗头上、身上的斑斑血迹,不明白是哪里出了问题,不明白为什么闹成这个样子。"①这不只是老舍夫人的疑问,也不只是巴金先生的疑问,也是当时无数中国人的疑问。

> 那些"造反派"、"文革派"如狼似虎,兽性发作起来凶残还胜过虎狼。连十几岁的青年男女也以折磨人为乐,任意残害人命,我看得太多了。我经常思考,我经常探索:人怎样会变成了兽?②

巴金先生明白地指出了这个人变兽的路径:"那么人兽转化的道路也就是披上'革命'外衣的封建主义道路了。所以时机一到,一声号令,一霎时满街都是'虎狼',哪里还有人敢讲人道主义?哪里还肯让人讲人道主义?人兽转化的道路必须堵死!十年'文革'的血腥的回忆也应该使我们的头脑清醒了。"③

巴金先生也明白了人变兽的原因。"我还想说:'一个中国人什么时候都要想到自己是一个人,人!'"④ 究其原因,人性丧失是"文革"悲剧的根本原因。这恰恰就是以孔子为代表的中国传统人性论沦丧的恶果。

## (二)后"文革"时代人性论回归的不足

时代对孔子人性思想的污蔑、践踏,造成了自己人屠杀自己人。人性的思想何其重要!1979年以来,中华人民共和国通过发展经济来提升人们的物质生活,通过建立法治来保护个体的正当权益,努力实现人性的回归。然而,对人性的认识还没有完全摆脱阶级理论的框架,宪法对人性的保障的建构还远远不够。我们可以在《宪法》的序言中看得更清晰。⑤

笔者比对了中华人民共和国建国后制定的《共同纲领》和四部宪法及修正案,发

---

① 巴金:《随想录》,人民出版社2000年版,第158页。
② 同上,第529页。
③ 同上,第593页。
④ 同上,第719页。
⑤ 宪法的序言通常是规定法的基本伦理和基本指导思想。

现专政和阶级斗争成为闪亮的字眼，人性的精神没有写入宪法中去，更不要说深入其精髓中。

1949 年制定的《中华人民共和国共同纲领》在序言中规定："中国人民民主专政是中国工人阶级、农民阶级、小资产阶级、民族资产阶级及其他爱国民主分子的人民民主统一战线的政权。而以工农联盟为基础，以工人阶级为领导"。

1954 年制定的《中华人民共和国宪法》序言中虽没有阶级斗争的字眼，但包含了这一主题。

1975 年制定的《中华人民共和国宪法》在序言中规定："社会主义社会是一个相当长的历史阶段。在这个历史阶段中，始终存在着阶级、阶级矛盾和阶级斗争，存在着社会主义同资本主义两条道路的斗争，存在着资本主义复辟的危险性，存在着帝国主义、社会帝国主义进行颠覆和侵略的威胁。这些矛盾，只能靠无产阶级专政下继续革命的理论和实践来解决"。

1978 年制定的《中华人民共和国宪法》在序言中规定："我们要坚持无产阶级对资产阶级的斗争，坚持社会主义道路对资本主义道路的斗争，反对修正主义，防止资本主义复辟，准备对付社会帝国主义和帝国主义对我国的颠覆和侵略"。

1982 年制定的《中华人民共和国宪法》在序言中规定："在我国，剥削阶级作为阶级已经消灭，但是阶级斗争还将在一定范围内长期存在。中国人民对敌视和破坏我国社会主义制度的国内外的敌对势力和敌对分子，必须进行斗争"。本部宪法一直沿用至今，虽然做了多次修改，都没有把人性思想写进去。

在现代社会，对人性的保护和尊重是通过法律的保护来实现的。然而我国对人性的反思和在法治中的建构还远远不够。可是，世界绝大多数国家把人性思想作为宪法的指导原则，并在宪法序言中明确规定。例如，《美国宪法》在序言中规定："我们美利坚合众国的人民，为了组织一个更完善的联邦，树立正义，保障国内的安宁，建立共同的国防，增进全民福利和确保我们自己及我们后代能安享自由带来的幸福，乃为美利坚合众国制定和确立这一部宪法。"[1]《日本国宪法》在序言中规定："日本国民决心通过正式选出的国会中的代表而行动，为了我们和我们的子孙，确保与各国人民合作而取得的成果和自由带给我们全国的恩惠，消除因政府的行为而再次发生的战祸，兹宣布主权属于国民，并制定本宪法。国政源于国民的严肃信托，其权威来自国民，其权力由国民的代表行使，其福利由国民享受。这是人类普遍的原理，本宪法即以此原理为根据。凡与此相反的一切宪法、法律、法令和诏敕，我们均将排除之。"[2]《德意志联邦共和国宪法》在序言中规定："德国人民意识到自己对上帝和人类的责任，本着作为一个统一的欧洲中的平等一员为世界和平事业效劳的意愿，根据自己的制宪

---

[1] 《美国宪法》［EB/OL］. http://www.twoen.com/html/DoctorateET/2009/7c54b3270af0e999/
[2] 《日本国宪法》［EB/OL］. http://baike.baidu.com/view/1249567.htm

权制定基本法。"① 《法兰西共和国 1958 年宪法》在序言中规定:"法国人民庄严宣告:忠于 1789 年人权宣言所肯定的、为 1946 年宪法序言所确认并加以补充的各项人权和关于国家主权的原则。"②

通过以上比较可以看出,我们对人性的认识还没有回归到为世界广为认可的常识限度,更不用说对孔子的人性思想进行深刻的反省,这也正是当前中国(大陆地区)伦理道德秩序失范的根本原因之一。

### (三)孔子人性论的当代价值

在中国现代化进程中,重新认知并建构人性思想,不断增强对公民权利和权益的保护,是社会得以进步,人民生活幸福,政治和谐的必由之路。孔子仁爱的人性论思想,是中华民族最大的精神财富,它的意义在全球化的今天不断放大。重新认知孔子人性思想并加以发扬光大是中华文明抵御西方文明强势压力,实现人类和平、和谐的不二路径。

1988 年 1 月,诺贝尔奖获得者集会巴黎,会议主题为"面向 21 世纪"。会议的新闻发布会上最精彩的为汉内斯·阿尔文博士(瑞典,1970 年物理学诺贝尔奖获得者)的发言。他在其等离子物理学研究领域中的辉煌生涯将近结束时,得出以下结论:"人类要生存下去,就必须回到 25 个世纪以前,去汲取孔子的智慧。"③ 由此可见,我们今天极有必要去传承和发扬孔子的思想,特别是其人性论中的优秀因子,实现国民人性的充分回归。

---

① 《德意志联邦共和国宪法》[EB/OL]. http://www.for68.com/new/2006/3/wa168402513161360029440-0.htm
② 《法兰西共和国 1958 年宪法》[EB/OL]. http://www.gongfa.com/html/gongfawenxian/20090515/405.html
③ 张书忠:《诺贝尔奖获得者说"汲取孔子智慧"的出处》,《书屋》2007 年第 7 期。

# 探赜"君子"人格

中国孔子基金会《孔子研究》杂志副主编、编审　彭彦华

孔子平生教书育人，以培养造就"君子"为宗旨。孔子谆谆告诫弟子："女为君子儒！无为小人儒！"（《论语·雍也》，下引《论语》只注篇名）十分注意培养弟子的君子人格。在孔子时代，"君子"有两个基本含义：一是指统治者，一是指有道德修养和实际能力的人。在孔子学说中，虽然有些地方"君子"的含义是前者，但更多的却是后者。孔子说："圣人，吾不得而见之矣；得见君子斯可矣。"（《述而》）"所谓君子者，言必忠信而心不怨，仁义在身而色无伐，思虑通明而辞不专，笃行信道，自强不息。油然若将可越，而终不可及者，此则君子也。"（按：最终能越及者，就是圣人了）（《孔子家语·五仪解》）"圣人"是至善至美的，毕竟难以企及，但君子是可以达成的。用现在的话来说，德才兼备的人就是君子。在孔子看来，一个人有了知识，并修养成为有道德情操的君子，其对人对事就可以做到通情达理、合情合理。君子应当具备智、仁、勇三种品质，孔子把这视为"君子之道"。人只有德才兼备，才能做仁人，行仁政，这便是君子之德、之风。孔子认为，人可由教育提升他的知识和道德修养，到达一种理想的品格，即君子人格。君子成为人们行为标准的体现者及道德修养的目标，某种意义上是民族精神和传统文化的承载者。在《论语》中，"君子"一词出现107次之多，是绝非偶然的。孔子学说或可概括为君子学说。自从孔子提出、阐扬君子与小人之辨后，引起历代学者的极大兴趣和重视，几千年来，一直是人们区分人的道德品行好坏的标准，君子是人们追求达到的理想人格目标，小人是人们所鄙弃的无德行者。正如胡适所说："孔子指出一种理想的模范，作为个人及社会的标准，使人'拟之而后言，仪之而后动'。他平日所说'君子'便是人生品行的标准。"[1] 孔子所谓的君子人格有哪些内涵、特征或者标准呢？大致说来，应该有10种：仁、义、礼、智、忠信、勇、中庸、和而不同、文质彬彬与自强。凡是人之为人能够具备这10种素质者，就是君子，反之，凡是基本上不具备这10种素质的人就是小人。孔子及先秦儒家汲汲于"君子小人"之辨，目的在于扬善抑恶，塑造仁德的理想人格。本文旨在探讨孔子、先秦儒家的"君子"人格，并结合自己的人生体验和感悟加以阐发，以期更好地展现君子人格的现实价值。

---

[1] 胡适：《中国哲学史大纲》，东方出版社1996年版，第86页。

## 一、仁：君子"仁以为己任"

孔子将"仁者不忧，知者不惑，勇者不惧"定义为"君子之道"（《宪问》），认为君子泛爱众人，心胸坦荡，故无忧；君子富有知识，足以烛理，故不惑；君子果敢刚毅，有浩然之气，故不惧。这一思想对后世影响深远，以致稍后的《中庸》将智、仁、勇称为"天下之达德"。在孔子看来，"仁"是君子人格的基础，君子人格的一切特征都是在"仁"的基础上形成的。"人而不仁，如礼何？人而不仁，如乐何？"（《八佾》）"志于道，据于德，依于仁"（《述而》），正说明了君子人格的本原性。这一思想为后世儒者所继承。孟子说："仁者，人也，合而言之，道也。"（《孟子·尽心下》）进一步说明了仁是一切德行的根源；什么是"仁"？怎样得到"仁"呢？第一，爱人。"樊迟问仁。子曰：'爱人'"（《颜渊》），一个人若能以爱心待人，也就是在行仁了。《礼记·中庸》说："仁者人也。"就是说，只有仁者才为人，不仁之人不成其为人。"爱人"是一个由近及远、由亲及疏的过程。"仁者人也，亲亲为大"（《中庸》），深得孔子思想精义的有子说："其为人也孝弟，而好犯上者，鲜矣；不好犯上，而好作乱者，未之有也。君子务本，本立而道生。孝弟也者，其为仁之本与！"（《学而》）有子认为孝悌是为人的根本。孝悌，所以齐家；不犯上，所以治国；不作乱，所以平天下。君子做人首先要在根本上用心思、下功夫。仁者由亲亲而达到"泛爱众，而亲仁"（《学而》）的理想境界。既可以独善其身，又可以兼善天下。这便是仁人君子了。第二，忠恕。孔子对仁爱的推广，主要采取一种由近及远、将心比心的方式。"忠恕之道"最能体现"仁"的内涵和为"仁"之方的。当子贡问孔子："如有博施于民而能济众，何如？可谓仁乎？"孔子回答说："何事于仁！必也圣乎！尧、舜其犹病诸！夫仁者，己欲立而立人，己欲达而达人。能近取譬，可谓仁之方也已。"（《雍也》）"其恕乎！己所不欲，勿施于人。"（《卫灵公》）"恕"，是"推及及人"，以己之心去推度人之心，一方面推己所欲，给人之欲，一方面己之不欲，不强加于人，要设身处地地为别人着想。一个仁者，应有诚恳为人之心，此即为"忠"；将诚恳为人之心推及于他人，便是"恕"。这是处人、处事和自处的一种尺度、一种基本原则。用曾参的话来说，"仁"就是对人"忠恕"，许慎《说文》："仁者兼爱"，概言之，"仁"就是以爱心为动力，以"忠恕"为具体表现，去处理好各种人际关系，使社会充满博爱和秩序。第三，修己。孔子认为，"仁人"要修己、克己，不要强调客观条件，而要从主观努力上修养自己，为仁由己不由人，求仁、成仁是一种自觉的、主动的道德行为。孔子说："为仁由己，而由人乎哉？"（《颜渊》）"我欲仁，斯仁至矣。"（《述而》）子夏说得好："博学而笃志，切问而近思，仁在其中矣。"（《子张》）第四，"仁以为己任"。孔子认为，人生的意义在于实践人伦道德，实现人生理想，完善人生价值，做一个"志士仁人"，时时不违仁，处处与仁同在，要为追求真理而努力奋斗。孔子说："志士仁人，无求生以害仁，有杀身以成仁。"（《卫灵公》）因为一旦抛弃了"仁"，君子也就不成其为君子了。孔子说："君子去仁，恶乎成名？君子无终食之间违仁，造次必于是，颠沛必于是。"（《里仁》）士志于道，很重要的就是"仁以为己任"（《泰伯》）。第五，具备恭、宽、信、敏、惠五种品质。据《论语·阳货》记载，当"子张问仁于孔子。孔子曰：'能行五者于天下为仁矣。''请问之。'曰：'恭，宽，信，敏，惠。恭则不侮，宽则得众，信则人任焉，敏则有功，惠则足以使人'"（《阳货》）。恭敬则不易遭受侮辱，宽厚就会得到大众拥护，诚信就能很好地立身处世，敏捷则工作效率高，慈惠才能与人和谐相处。一个人在做人过程中如果能体现出这五种品质，也就是在行仁了。

君子与小人在生活态度上迥然有别：君子追求的是怎样修养好品德，比如孔子称赞南宫适说："君子哉若人，尚德哉若人"，这个人是个君子，这个人多么尊尚道德（《宪问》）；"君子尊贤而容众，嘉善而矜不能"（《子张》），而且，君子心胸宽广，视四海之内皆兄弟，发自内心地去爱天下人，不单是爱身边的亲人，爱有血缘关系的人。宽容、体谅他人，关心、帮助他人。对于君子而言，不是仁爱的事情不做，不是合乎礼节的事情不做，"仰不愧于天，俯不怍于人"（《孟子·尽心上》），所以"君子坦荡荡"（《述而》）。待人态度上表现出一种宏大的胸襟，豁然大度，厚德载物，不嫉贤不妒能，所以能"成人之美"（《颜渊》）。小人心胸偏狭，悲悲戚戚，为人刻薄寡恩，嫉贤妒能，所以"成人之恶"（《颜渊》）。

## 二、义："君子义以为上"

"义"即合宜合理。孔子对"义"十分重视，认为"君子以义为质"（《卫灵公》），而且把"义"看作是提高君子道德修养的重要途径，以为"主忠信，徙义，崇德也"（《颜渊》）。首先，在孔子那里，义和利之间是统一的关系，并不是像董仲舒所说的那样"正其谊不谋其利，明其道不计其功"（《春秋繁露·仁义法》），是水火不容的矛盾关系。孔子并不一概反对人们的物质欲求和对富贵生活的向往，但追求富贵须以其道为原则，因为道才是士君子的最高追求。"富与贵，是人之所欲也；不以其道得之，不处也。贫与贱，是人之所恶也；不以其道得之，不去也。"（《里仁》）这段话并不表明孔子轻视富贵，孔子的本义是，"富与贵是人之所欲"，不过，必须"以道得之"。如果不是合于正道的富贵，则甘愿处于贫贱，所谓"君子固穷"（《卫灵公》）；假若是本着正道而得的富贵，则可心安理得地拥有。孟子说："非其道，则一箪食不可受于人；如其道，则舜受尧之天下，不以为泰。"（《孟子·滕文公下》）正因为这样，孔子才说："富而可求也，虽执鞭之士，吾亦为之。如不可求，从吾所好。"（《述而》）

"吾所好"者是道义而非富贵，富贵的取舍全视道义而定，合则取之，不合则去之——"不义而富且贵，于我如浮云"（《述而》）。其次，孔子主张物质利益的取舍，应该以"义"为准则。反对贪得无厌，巧取豪夺，因此一再强调"见利思义"（《宪问》），孔子要求君子要优先考虑"义"，做事时先想想合不合理，有没有违反道德和正义，心里要关心大众的要求、公众的利益，坚持以义制利的做人方式，所以"君子之于天下也，无适也，无莫也，义之与比"（《里仁》）。不仅如此，孔子更强调要"先事后得"（《颜渊》），"敬其事而后其食"（《卫灵公》），先把事情做好，再谈报酬。如果"义"和"利"发生冲突，一定要"先义后利"（《孟子·梁惠王上》），务必做到"义然后取，人不厌其取"（《宪问》）。荀子则更加明确地提出了"以义制利"的思想。只有"以义制利"，使人人向善的方向发展，才能保证国家和社会的稳定，从而使整个社会和每个个人都得到真正的利益。这就是所谓的"以义制事，则知所利矣"（《荀子·君子》）。再次，在孔子心目中，作为君子，"义"的重要性要高于"勇"。据《论语·阳货》记载，当子路问"君子尚勇乎"时，孔子答道："君子义以为上，君子有勇而无义为乱；小人有勇而无义为盗。"（《阳货》）

在孔子看来，从一个人处理义与利的态度上可以看出他是君子还是小人：孔子明确主张："君子喻于义，小人喻于利。"（《里仁》）一个人若优先考虑的是"义"，那么，他就是君子。一个人若优先考虑的是"利"，那么，他就是小人。孔子说："君子怀德，小人怀土，君子怀刑，小人怀惠。"（《里仁》）君子关心的是良好品德，小人关心的是田地收成，居处的安逸；君子关心的是遵守法律，不要违犯刑法，小人关心的是怎样得到利益和好处。显然，君子关心的是从公德方面着眼，小人是从私利方面出发。正所谓"君子爱财，取之有道"，这个"道"，在当代中国，就是指合乎社会主义法律与道德规范的正当挣钱手法，见利思义，不贪不义之财，不谋求制度和政策允许以外的私利；一个人若眼中见利忘义，贪得无厌，不要廉耻，罔顾法纪，私欲横流，行为损害他人、国家的利益，也就得不到公众的认同，"穷斯滥矣"（《卫灵公》），那才是一个唯利是图、人人讨厌的小人。同时，正由于君子处处想着道德和法度，言行处事便会适中，才会以道义来团结人。而小人则会处处想着利益和恩惠，为了一时的私利而相互勾结，以利相合，利尽则离，言行处事便会为达目的而不择手段，其结果"放于利而行，多怨"（《里仁》）。

## 三、礼：君子"立于礼"

"礼"是君子人格的外在规范，是指规范君子一切言行的准则。孔子认为"礼"是君子的立身之本，要求君子在平日的修养中要做到："兴于诗，立于礼，成于乐"（《泰伯》）。孔子教训儿子伯鱼说"不学礼，无以立"（《季氏》），指出不懂得礼法，就无法在社会上立身处事。孔子讨厌无礼的行为,当子贡问:"君子亦有恶乎?"孔子答道:"有恶:恶称人之恶者,恶居下流而讪上者,恶勇而无礼者,恶果敢而窒者。"(《阳货》)态度何其鲜明!他在斥责子路的无礼时,还提出了"礼乐不兴则刑罚不中,刑罚不中则民无所措手足"(《子路》)的观点,将"礼"与刑罚公正与否、民众安定与否、天下稳定与否相联系,极大地强调了礼的作用。在用人上,有礼与否,也是孔子所持的一个重要标准,"先进于礼乐,野人也;后进于礼乐,君子也。如用之,则吾从先进"(《先进》),宁可选用先学习礼乐的平民,而不用后学习礼乐的"君子"(此指贵族子弟)。身为君子者,一定要做到知礼,言行中规中矩。以射艺为例,孔子说:"君子无所争。必也射乎!揖让而升,下而饮,其争也君子。"(《八佾》)整个比赛过程都做到了彬彬有礼。《论语·学而》记载,"子贡问曰:'贫而无谄,富而无骄,何如?'子曰:'可也。未若贫而乐,富而好礼者也'"。孔子认为即使贫困也要乐观地坚持正道,不以环境困难而忧伤苦恼;即使富有也要以礼待人。子贡从而体会到像《诗经》里面所说的,如同雕琢玉器一样"如切如磋,如琢如磨"(《学而》),在生活的每个方面都力求合法度,不断地努力修养,提高自己的品格。那么,在君子的修养过程中,"礼"何以扮演如此重要的角色?对于这个问题,孔子的回答是:"恭而无礼则劳,慎而无礼则葸,勇而无礼则乱,直而无礼则绞。"(《泰伯》)这说明"礼"在培育君子的过程中作用巨大:一个人若仅注重自己容貌的端庄,却不知礼,就容易劳倦;只知谨慎,却不知礼,就容易流于懦弱;仅有敢做敢为的勇气,却不知礼,就容易盲行而闯祸;心直口快,却不知礼,就容易待人刻薄。"礼"既然有如此重要的作用,孔子力倡身为君子者要用礼节来约束自己的言行,以使自己的言行不至于离经叛道。孔子说:"君子博学于文,约之以礼,亦可以弗畔矣夫!"(《雍也》)这就是说,要把礼的精神贯穿在所学的知识里并在生活中践行。怎样才能做到"约之以礼"?那就是要做到:"非礼勿视,非礼勿听,非礼勿言,非礼勿动"(《颜渊》)。身为君子者要知礼并能依礼而行的思想为后世儒家所继承。孟子说:"君子所以异于人者,以其存心也。君子以仁存心,以礼存心。"(《孟子·离娄下》)明确主张君子之所以是君子,其不同于常人之处就在于"以礼存心"。当然,君子要守礼,就必须知道礼的实质,切不可只守礼的形式。那么,礼的实质是什么呢?这可从孔子回答"林放问礼之本"的言论里得到答案。孔子说:"大哉问!礼,与其奢也,宁俭;丧,与其易也,宁戚。"(《八佾》)可见,在孔子心中,就一般礼仪而言,其本质在于朴素俭约,而不在于铺张浪费;就丧礼而言,其本质在于用心来表达失去亲人的悲伤之情,而不在于仪式是否周全,关键要正心诚意。与君子相反,小人常常"无礼"或虚情假义地按"礼"的方式以待人接物。

## 四、智:"智者不惑"

身为君子者必须具备高超的智慧与能力,孔子说:"知(智)者不惑"(《子罕》),"智"主要是一种道德理性能力。首先,"智者不惑"体现在对是非、善恶的认知和辨别上。智者之所以不惑,最根本的原因在于君子具备了理性认知和辨别能力,具备了道德理性,因而能够分清事物的是非曲直,而不至于颠倒黑白。孟子曾明确将"智"界定为人辨别是非的能力,他说:"是非之心,智也。"(《孟子·告子上》)在荀子看来,能够明辨是非曲直,使自己的认识符合事物的实际情况,也就可以说是正确地认识事物了,这也就是他说的"明于事"。荀子说:"知者明于事,达于数。"(《荀子·大略》)在荀子看来,明智的人对事物是清楚明了的,对事理也能融会贯通。实际上,儒家强调智者"明是非"的同时又能"辨善恶",孔子早就注意到二者的内在关系,孔子说:"知者利仁。"(《里仁》)又说:"未知,焉得仁?"(《公冶长》)"知者不失人,亦不失言。"(《卫灵公》)也就是说,具备了智德才能分清事物的曲直并明白其利害得失,才会以长远的眼光看事物,才能看到长远的利益,也才能做出正确的道德选择。其次,在儒家看来,智最重要的是对自己的认识,认识自己方能进一步认识他人,所以"不患人之不己知,患不知人也"(《学而》)。具有自知之明,正确地认识自己,被儒家看作是比"使人知己"、"知他人"更为高明的德性,儒家将之视作君子的基本德性之一。这一见解与儒家强调的"反求诸己"思想是相一致的。孔子有时甚至将"知人"作为"知"的定义,樊迟问"知",孔子回答说:"知人。"(《颜渊》)在孔子看来,所谓"知人",主要指正确地认识人、客观地鉴别人、清醒地理解人。第三,"智者不惑"还体现为在具体境遇中的"知当务之急",以及对于"时势"的判断。换言之,"智者不惑"既包含知道当下最着急的事,又体现为知道当下可以做的事。因此,真正"不惑"的"智者",在具体的道德境遇中,能够权衡利弊得失,分清轻重缓急,知道先后顺序,迅速判断当下应该完成的最重要的任务。在孟子看来,孔子正是具有"识时势"之"智者不惑"的典范,"孔子,圣之时者也。"(《孟子·万章下》)人们只有了解这一点,才可以说是"不惑"之"智者",也才能被称为君子,这就是孔子说的"不知命,无以为君子"(《尧曰》)。孔子对天命的敬畏,也就是对"道"的敬畏,他的生命已经与天道合而为一。在这种责任的敬畏意识面前,所引出的是一种严肃认真的生活态度。

孔子主张人的智慧不是天生的,而是通过后天学习获得的。"学"是君子内在修养和外在规范的获取方式,对于人格的形成有着极为重要的意义。《中庸》上说:"好学近乎知,力行近乎仁,知耻近乎勇。""学"的总要求是"博学于文"(《雍也》)。只有好学、博学,才能完成君子人格的内质修养,才能获得君子人格外在规范的知识。

其具体内容和要求是：其一，要有学习的欲求和不懈的努力。所谓"见贤思齐"（《里仁》），"学如不及，犹恐失之"（《泰伯》）。其二，学习要庄重而严肃，要以培养君子人格为目的，否则，学了也无用，"君子不重则不威，学则不固"（《学而》）。其三，要虚怀若谷，择善而从。"君子食无求饱，居无求安，敏于事而慎于言，就有道而正焉，可谓好学也矣"（《学而》），"三人行，必有我师焉，择其善者而从之"（《述而》）。"见不善而内自省也"（《里仁》），面对"其不善者而改之"（《述而》）。其四，要有一定的方法。"学而不思则罔，思而不学则殆"（《为政》），"学而时习之"（《学而》），"游于艺"（《述而》）等，指出了思考、实践、娱乐式的学习等有益的方法。其五，强调严谨扎实的学风。"知之为知之，不知为不知"（《里仁》），"君子于其所不知，盖阙如也"（《子路》）。

既然君子博学而多识，所以君子的能力往往是多方面的，能胜任多方面的工作，而不是只能做某一方面的事情，这就是了"君子不器"（《为政》）的说法。同时，君子具备了丰富的知识，才能在面对是非善恶时保持清醒的头脑而不困惑迷乱，才能正确地认识作为道德主体的自我和他人，才有能力正确认识自己和处理自己与环境的关系，也才能在特定场合或境遇中"审时度势"、迅速判断当下可以做的事情和应该完成的最重要的任务。为了使自己能与外部环境和谐相处，必会自觉地约束自己的言行，小心谨慎，如履薄冰，做到"君子有三畏，畏天命，畏大人，畏圣人之言"（《季氏》），认为自己所担当的社会义务和责任是由天命决定的，具有不可辩驳的合理根据，所以使自己的言行"与天地合其德，与日月合其明，与四时合其序"（《周易·乾卦》）。与君子不同的是，小人对于自己的德性、能力大小及优缺点缺乏清醒的认识，好高骛远、妄自菲薄，"骄而不泰"（《子路》）；而一旦遇到挫折，则转入自馁、自悲、怨天尤人，自然不能正确处理自己与周围环境的关系。又因"小人不知天命而不畏也。狎大人，侮圣人之言"（《季氏》），于人于事，肆意妄为，无所顾忌，不畏天命，轻视大人，侮慢圣人之言，结果自然是天人共诛之。这样一来，小人由于不明是非、善恶，又不好学，对"时势"常常缺乏正确的认识，所以心中"长戚戚"（《述而》），往往就会多忧多惧，瞻前顾后，患得患失。

## 五、忠信：君子"主忠信"

"子以四教：文，行，忠，信。"（《述而》）孔子强调君子要在仁和义的基础上讲忠和信，提倡待人接物应真诚，为人办事要尽心竭力。孔子主张"为人谋"要"忠"，为人忠诚，既要端正思想、态度，求其在我，搞好己与人的关系，极力把事情办好，又要待人如己，有成人之美的奉献精神。据《论语·卫灵公》记载，"子张问行。子曰：'言忠信，行笃敬。'"子张问孔子做人处事怎样才行得通，孔子回答说：说话要忠诚守信，行为要笃实认真。孔子认为，一个人只要真心诚意为别人做事，真心诚意与别人交往，认认真真地读书，踏踏实实做事，那就是做到了"忠"。此时的"忠"里并不包含后世所讲的"忠君"思想。在孔子看来，"忠"是君子必备的品质之一。孔子说："君子不重，则不威；学则不固。主忠信。无友不如己者。过，则勿惮改。"（《学而》）曾参对此心领神会，所以才说："吾日三省吾身——为人谋而不忠乎？与朋友交而不信乎？传不习乎？"（《学而》）将"待人是否忠诚"作为每日第一件需要反思的事情，对"忠"的重视溢于言表。孔子又进一步说："君子不以言举人，不以人废言。"（《卫灵公》）君子不因别人的话说得动听就抬举他，也不因为这人有缺点就不理会他所说的话。君子要懂得分辨别人的说话，要了解他说的话是不是有诚意，是不是合理。有些人话说得动听，但说的话和做的事并不一致，这些人就不值得信赖；相对来说，尽管有些人曾犯过错，或者品行有问题，如果他提出的是合理的意见，就要加以考虑和接受。与此相反，小人一般既没有坚定的信仰，又往往缺乏诚心，还习惯于将一己私利放在头等位置，为了谋取一己私利，常常"朝三暮四"，巧言令色，阿谀奉承，自欺欺人。

"信"从"人"从"言"，指说话算数、言行一致。在孔子看来，与人交往时必须讲究诚信。孔子一生致力于"信"的教育，他主张交往中："朋友信之"，"与朋友交，言而有信"（《学而》）；做事"敬事而信"（《学而》），"信则人任焉"（《阳货》），"人而无信，不知其可也"（《为政》）。因此孔子要求人"言之必可行"（《学而》），并以"言而无信"为耻。孔子提出："以直报怨，以德报德"（《宪问》），一切依赖中正、正直。孔子说："君子于其言，无所苟而已矣。"（《子路》）需要指出的是，孔子并不将"信"看作是绝对的、无条件的，而是认为"信"要服从"义"，"义"为更高原则。孔子的弟子有子说："信近于义，言可复也。"（《学而》）就是说，我们对别人的诺言如果是合乎正义的就可以实行它。在"信"与"义"不可兼得这种特殊情况下，提倡人们牺牲"信"而成就"义"。正如孟子所说："大人者，言不必信，行不必果，惟义所在。"（《孟子·离娄下》）如果一个人不问青红皂白而只知信守诺言，那就是"小人"，是末等的"士"。这一点从孔子与子贡的下述对话里可以明确看出来："子贡问曰：'何如斯可谓之士矣？'子曰：'行己有耻，使于四方，不辱君命，可谓士矣。'曰：'敢问其次。'曰：'宗族称孝焉，乡党称弟焉。'曰：'敢问其次。'曰：'言必信，行必果，硁硁然小人哉！——抑亦可以为次矣。'"（《子路》）由此可见，依孔子的观点，从"信"的角度看，有两种类型的"小人"：一是平日说话习惯于信口雌黄，出尔反尔，言而无信者，正如《增广贤文》所说："易涨易退山溪水，易反易复小人心"；另一是过于迷信"信"，甚至即便牺牲"义"也要守"信"者。由此看来，君子守信讲究通权达变，小人守信拘泥而不知变通。

## 六、勇："君子有勇"

孔子将"勇"作为君子的"三达德"之一，其重视"勇"的程度由此可见一斑。孔子认为，身为君子者，为人必须做到果敢、刚毅、刚强、刚正、耿直，而不能软弱无能。同时，孔子认为，君子之勇需要以仁义礼智为规范，否则便是小人之勇、匹夫之勇。第一，勇于仁。君子之勇者好仁，而小人之勇者不好仁。"志士仁人，无求生以害仁，有杀身以成仁。"（《卫灵公》）能做到杀身成仁，便是君子之勇。反之，"好勇疾贫，乱也；人而不仁，疾之已甚，乱也"（《泰伯》）。专凭敢作敢为的胆量，却不知礼，就会盲动闯祸。好勇而不仁，那就是小人之勇。第二，勇于义。"见义不为，无勇也。"（《为政》）这是说君子应该见义勇为。见义不为，则无君子之勇。第三，勇于礼。君子不争，争而有礼。"君子矜而不争"（《卫灵公》），君子争而有节，勇而有礼。"勇而无礼，则乱"（《泰伯》）。勇而无礼，就是小人之勇。第四，勇于智。"好勇而不好学，其蔽也乱"（《阳货》）。不好学则无智，无智而有勇，是小人之勇，只会犯上作乱而已。第五，勇于耻。孔子认为，君子要"行己有耻"（《里仁》），要有知耻之心，即有道德的自觉，有所不为。《中庸》上说"知耻近乎勇"，在过错面前，不害怕改正错误。知"耻"是一种自我检讨，自励自勉，发愤改善的良好品质。孔子说："见贤思齐焉，见不贤而自省也。"（《里仁》）"过而不改，是谓过矣！"（《卫灵公》）孟子继承了孔子的思想，把"知耻"看作为人所必备的道德修养，"耻之于人大矣"《孟子·尽心上》）。"耻"也就是"羞恶之心"。总之，在孔子心中，作为君子，"义"、"礼"的重要性要高于"勇"。勇，应是有义、有礼之节制，而且还要好学，才是可取的。慎言慎行是君子之勇，妄言妄行是小人之勇。小人之勇与君子之勇，在境界、度量上是不可同日而语的！

## 七、中庸："君子中庸"

孔子是讲辩证法的：他重视忠，却批判愚忠，"邦有道，则仕；邦无道，则可卷而怀之"（《卫灵公》）；君子进也可，退也可，无可无不可，形势使然，便是"时中"；他重视信，却是讲大信而不是小信，"君子贞而不谅"（《卫灵公》）。君子不愚，不固守小节、小信，而讲究大节、大信。君子应该是能随时间、地点、条件的转移而采取不同的方法，做到具体问题具体分析，而不是把什么都规定好，然后按照方案去做的本本主义。君子要做到"时中"，辩证地看问题，做到合理恰当，在现实生活中，一个人若能以"时中"的方式去待人接物，那就是君子。反之，做事不彻底，浅尝辄止，虎头蛇尾；做人模棱两可，是非不分，庸碌无能和俗气，这就是在做小人。因此，"仲尼曰：'君子中庸，小人反中庸。君子之中庸也，君子而时中；小人之反中庸也，小人而无忌惮也。'"（《四书章句集注·中庸章句》）据《论语》记载，"子贡问：'师与商也孰贤？'子曰：'师也过，商也不及，'曰：'然则师愈与？'子曰：'过犹不及'。"（《先进》）这个论断很有名，体现了辩证法思想，常为后人所称引。孔子讲中庸，《论语》中有关的言论还有四处：孔子说："吾有知乎哉？无知也。有鄙夫问于我，空空如也。我叩其两端而竭焉。"（《子罕》）"中庸之为德也，其至矣乎！民鲜久矣。"（《雍也》）"尧曰：'咨尔舜，天之历数在尔躬，允执其中，四海困穷，天禄永终。'舜亦以命禹。"（《尧曰》）"不得中行而与之，必也狂狷乎，狂者进取，狷者有所不为。"（《子路》）以上四段话明白浅显，容易理解，这是教人认识事物或真理与行事的方法论。孔子认为一切事物之所以为正确在于它有一定的"度"，达不到或超过这个"度"，就是错误。中庸所说就是认识这个"度"的方法。这个道理本不难懂，但做到这一步而不犯错误却很难，因为这个"中"或"度"，是因时因地因人而异的，没有一个一成不变的标准，所以孔子慨叹执"中"之难！"两端"，用今语表达，即事物之所以构成的矛盾两方面。"执其两端"，是人要把握这矛盾的两方面，做到深刻洞晓。"用中"，不是取两个方面之中间，是在矛盾的两个方面里取一个主要的、有决定意义的方面。因为一个事物中的矛盾主要方面是变化的，把握它极难，要有灵活性。进一步说，"用中"，是人的主观上的灵活性准确、恰当地适应事物发展变化之客观灵活性。对于"中庸"一词的解释，最著名的要数北宋著名学者程颢和程颐。据《二程遗书》卷七记载，二程兄弟对"中庸"的解释是："不偏之谓中，不易之谓庸。中者天下之正道，庸者天下之定理。"这里的"中"，就是适中、适度、时中，也就是恰到好处之意；"过"和"不及"都是偏，都不合于道，都不是恰到好处。"中"没有"两端"或"中间"之义，在孔孟儒家看来，各执一端与专执其中都有失偏颇，他们非常反对这种处事态度。"庸"则是永远保持恒常之态，既要"择善固执"，又能随着事物的不断发展变化而调整选择最佳的方位和方式，以达到一种和谐平衡的状态。在先秦儒家那里，"中"是相对于事和情形说的，"中"会随时变易，要真正做到中庸，必须有权变思想，这就是《中庸》所说的"君子而时中"。"时中"，也就是随时变易之中，君子必须因时而不断调整自己，与时偕行，与时俱进。即具体问题具体分析，要根据客观事物的变化确定自己的认识和实践上的最佳抉择。正如南宋陈淳在《北溪字义·经权》里所说："权，只是时措之宜。'君子而时中'，时中便是权。天地之常经是经，古今之通义是权。问权与中何别？曰：知中然后能权，由权然后能中。中者，理所当然而无过不及者也。权者，所以度事理而取其当然，无过不及者也。"可见，一个善守中庸的君子就是既要固守中正之道又能敢于打破常规的人，以便将面临的不同事情都能处理得恰到好处。荀子也一再强调"君子"要能把握"与时屈伸"，"与时迁徙"的原则。所以，后世儒家强调："道之所贵者中，中之所贵者权"（朱熹：《四书章句·孟子·尽心章句上》），"惟善变通，便是圣人"（《二程集·河南程氏遗书卷第六》）。

## 八、和而不同："君子和而不同"

在君子之道中，孔子讲究以"和"为审美追求的内在精神。在人与人相处上，孔子的第一条原则是"君子周而不比，小人比而不周"（《为政》），"君子矜而不争，群而不党"（《卫灵公》）。君子普遍地对待人不偏私，小人偏私而不能公正普遍地对待人；君子待人公正、宽和，团结合群却不结党营私，不搞小圈子就可以得到更多的朋友，更多的助力。相反，小人待人存着私心，只就利益和某些人互相勾结。其次，孔子主张取人不求全责备，待人既往不咎。孔子说："君子易事而难说也。说之不以道，不说也；及其使人也，器之。小人难事而易说也。说之虽不以道，说也；及其使人也，求备焉。"（《子路》）这是说，在君子手下工作很容易，讨他的欢喜却难。不用正当的方式去讨他的欢喜，他不会喜欢的；等到他使用人的时候，却衡量各人的才德去分配任务。在小人手下工作很难，讨他的欢喜却容易。用不正当的方式讨他的欢喜，他会欢喜的；等到他使用人的时候，便会百般挑剔，求全责备。人无完人，求全责备则将天下无人。再次，孔子提倡"和为贵"（《学而》）。强调君子坚持在不同声音、不同观点的前提下对于他人要宽容，要与人为善，协调合作，和谐相处。孔子说："君子和而不同，小人同而不和。"（《子路》）以"和"与"同"作为区别君子与小人的标准之一。君子以"和"为准则，但不肯盲从附和，而敢于阐述自己的意见；小人处处盲从附和，不敢提出自己的见解。在孔子看来，一个人在与他人相处时，如能做到"和而不同"，那就是在做君子；若是"同而不和"，那就是在做小人。

"和"与"同"的做法是大有差别的。按照中国先哲的说法，所谓"和"，就如五音合奏，音质不同；唯其不同，才可合而为美妙的音乐。又好比五味调和，风味各异；唯其各异，方能调而为可口之佳肴。所谓"同"，则是他人言是，己亦言是；他人曰非，己亦曰非，完全丧失自己的个性和主见（参见《左传·昭公二十年》晏子论和与同）。"和"意味着允许不同个性、不同意见和对立面的共同存在。而"同"则是取消个性，取消差异的绝对同一。所以《中庸》说，君子应该"宽裕温柔，足以有容也；发强刚毅，足以有执也"。所谓"有容"就是能"和"，能够容纳与自己意见不一的人；所谓"有执"，便是"不同"，有所执着，有个性，有主见。可见，用作处理人际关系的准则的"和"，本是指具有不同个性的人与人之间要彼此尊重，相互理解、沟通，而达到同心同德，协力合作，养成一种共生取向、执两用中、身心和谐发展的独立人格，不要为了一味求同而放弃自己的个性，以至于形成一种依附性的人格；并且，要于不同意见或不同个性中谋求一种"执中"或和谐的状态。与此相反，"同"是指抹杀不同人的个性来谋求单一性的一致之义。君子简重宽宏，自有义理在胸，严己宽人，懂得忍让迁就，凡事可以协商调和，但君子有独立的人格，会坚持正道；小人不论朋友的优劣，表面上好像很合得来，心里却各怀鬼胎，缺乏和衷共济的诚意。正如朱熹所讲："君子尚义，故有不同；小人尚利，安得而和。"古人云："君子之交淡如水"，君子这种纯洁无私的正直的交往，理应建立在相互平等、尊重的基础上。人们向往淡如水的君子之交，首先应让自己心清如水，当每一个人都成为君子，世界将变得清澈、和谐！此即《中庸》所云"致中和，则天地位焉，万物育焉"之境界！

## 九、文质彬彬："文质彬彬，然后君子"

在孔子看来，君子应该是内在精神"仁"与外在规范"礼"的有机统一，即"文质彬彬"。"文"的概念比较复杂，相当于"文化教养"，即通过学习而得的文化知识素养和文雅庄重的风度仪容，通常又可以将之理解为以"礼"为主的礼乐修养。"质"，即内在于人的朴实本性，通常又将之理解为以仁为主的道德品质。孔子说："质胜文则野，文胜质则史。文质彬彬，然后君子。"（《雍也》）认为一个人若朴实多过文采，就显得有些粗野；若文采胜过朴实，又有虚浮之嫌。只有文采与朴实相互协调的人，既要有高尚的品德，又要有横溢之才华，才可称得上君子。孔子说："君子去仁，恶乎成名？"（《里仁》）又说："君子义以为质，礼以行之，孙以出之，信以成之。君子哉！"（《卫灵公》）在孔子看来，理想的君子应当做到文质统一，不可偏废。《论语·颜渊》："棘子成曰：'君子质而已矣，何以文为？'子贡曰：'惜乎，夫子之说君子也！驷不及舌。文犹质也，质犹文也。虎豹之鞟犹犬羊之鞟。'"就是说，道德品质对于人固然重要，但没有了礼乐文化的熏陶，人还不是一个文化人。可见，"文质彬彬"是形容一个人既文雅又朴实，这是中国传统文化所推崇的一种修身境界。孔子的这一主张为后世学者所发扬光大。如《孟子·尽心上》说："形色，天性也；惟圣人然后可以践形。"认为人的身体相貌是天生的，一个人即便天生丽质，假若其心灵不美，这种外在美也没有什么值得称道之处；只有通过自己的修身养性，用素养美来充实自然美，使自己兼顾心灵美和外在美，这种人才称得上是圣人。程颐主张一个人若是"君子"，其"文"与"质"就要相互平衡，而不能"文过质"。程颐说："君子不欲才过德，不欲名过实，不欲文过质。才过德者不祥，名过实者有殃，文过质者莫之与长。"（《二程集·河南程氏遗书》卷二十五）"文质彬彬"的观点对当代中国人的做人方式仍有一定的启发意义，它告诉人们，在做人时要将自然美与素养美、仪表美与心灵美有机结合起来。

## 十、自强："天行健，君子以自强不息"

君子总是自强不息，精进不已，各方面都精益求精，追求完美。首先，孔子认为，君子心里总是存着上进的要求。孔子说："君子上达，小人下达。"(《宪问》)这是说，君子见贤思齐，不断追求进步，小人却自甘堕落。一个人如果心里自信要成为君子，那么他就会从修养品德、知识各方面求进步，而且日日向上；相反，以追求财富利益、安逸的生活为目标，心里只想着私利，品格就会日渐卑下了。孔子非常赞赏《周易》的思想包括其中的做人之道。孔子曾说："加我数年，五十以学《易》，可以无大过矣。"(《述而》)他阐发《周易·乾卦》象辞的思想，就特别强调"天行健，君子以自强不息"，这说明孔子将"自强不息"作为君子必备的品质之一。其次，君子要有高度社会责任感和深沉的历史使命感，要有承担责任的精神和勇气。君子是一个积极的弘道者，一方面他们需要不断地"修己"，另一方面他们在学有余力之际又出来做官以使百姓安乐，实现有道之治，也就是"修己以安人"(《宪问》)。这正是君子对"道"追求的内外两个方向。内，就是内在的修身养性，成就君子人格和圣人人格，也就是内圣。外，就是对外部世界生命和社会民生的关怀，也就是外王。"修己"体现了君子的道德自觉性，而"安人"则体现了君子的社会责任感和历史使命感。修己之极致即内圣，安人之极致即外王，君子人格不仅是道德完美的人，而且追求事功，实现治国平天下的理想。在孔子看来，君子是可以"大受"之人，"君子不可小知，而可大受也；小人不可大受，而可小知也。"(《卫灵公》)"可以托六尺之孤，可以寄百里之命，临大节而不可夺也。君子人与？君子人也。"(《泰伯》)说明只有君子之"德"、"才"、"位"、"智"兼备，才堪重任。同时，孔子强调君子要有承担责任的精神和勇气，能客观地认识到自己的不足和别人的优点，在与人发生误解或矛盾时，君子自然是反省自己言行中的不足。"君子求诸己，小人求诸人"(《卫灵公》)，《礼记》里有段话，很能说明这个道理，《礼记·射义》篇中说："射者，仁之道也。射求正诸己，己正而后发，发而不中，则不怨胜己者，反求诸己而已矣！"认为射箭的道理就是仁德的道理，射箭时先要求端正自己的姿态，站得端正、要领正确才发箭，发箭后射不中，不会埋怨比自己优胜的人，反过来探求自己射不中的原因！为此，君子总是奋发努力，要求各方面做到最好，事情做得不好，要从自身探求原因，予以检讨和改善。而且，知错能改："君子之过也，如日月之食焉：过也，人皆见之；更也，人皆仰之"(《子张》)。与君子相反，"小人之过也必文"(《子张》)，小人将自己看得如此之重，犯了错误一定巧为掩饰，巧言辩解，文过饰非。一旦与他人发生纠纷时，总觉得自己简直是真理与美德的化身，过错都在他人身上，自然只会"求诸人"(《卫灵公》)。第三，君子重践履。孔子强调要做"躬行君子"(《述而》)，强调所学必须付诸实践落实到日常生活待人处事上来，反对空谈和言行不一。子贡向孔子请教怎样可算是一个君子，孔子说："先行其言，而后从之。"(《从政》)。他认为，要把说的话实行了，然后才说出来。孔子又说："君子耻其言而过其行。"(《宪问》)认为君子以自己说的话超过他自己所能做到的为可耻。一个君子，说的话要尽力履行，所以说话前要慎重考虑，先用行动实践了，再把道理说出来，如果把事情看得太容易，说了而做不到，反而招致别人的批评。许多人总是希望得到别人的认可甚至赞美，或把自己的能力估计得太高，这就犯了说了而不能做到的过失。最后，孔子主张，学不是"为人"，为了炫耀于人，而是"为己"，是为了充实自己、成就自己、完善自己。孔子提倡"为己"之学，反对"为人"之学，要求"下学而上达"（《宪问》），人生精神境界的提升。《荀子·劝学》云："君子之学也，以美其身；小人之学也，以为禽犊。"再进一步说，学习和工作，都是为了达到自己的理想，从而体会到成功的喜悦，孔子说"人不知而不愠"（《学而》），说的也是同样的道理！

综上所述，孔子从诸多方面分析了"君子"和"小人"品德修养和做人态度的不同，以"小人"反衬"君子"，从而阐释了做人的道理。总的说来，君子是用一种"兼容多端而相互和谐"的思想来处理天人、人我和身心关系。君子人格实际上是一种具有仁爱、平等、尊重、宽容、自律、刚毅、通达、担当等人格特质，且具共生取向、执两用中、身心和谐发展的独立人格，具备和谐精神的典型人格正是孔子及先秦儒家等人所倡导的君子人格。其实，我们每个人的内心、基因里、血液里都渗透着这些内容。1926 年 10 月 3 日，近现代学术史上集疑古之大成的疑古大师顾颉刚，在厦门大学纪念孔子诞辰的会议上，作了题为《孔子何以成为圣人》的演讲，演讲时说道："各时代有各时代的孔子……春秋时的孔子是君子，战国时的孔子是圣人，西汉时的孔子是教主，东汉后的孔子又成了圣人，到现在又快要成为君子了。孔子成为君子并不是要薄待他，这是他的真相，这是他自己愿意做的。"孔子的确是君子，但不是正人君子，更不是伪君子，而是有血有肉讲原则知变通的真君子。今天我们很有必要在全社会倡导"争做君子"活动，这是发挥传统文化优势，做好新时期思想教育工作和党建工作的新举措，是激活每个人的文化基因，加强党性修养的新理念。共产党员首先是人，党性的前提和基础是人性，要做一个好党员，首先要做一个好人，也就是君子。君子之心，人皆有之。每个人的人性中都有一种向善之心，愿意摆脱小人的劣根性，具有努力成为一个君子的愿望与追求。其实，每个人的学习与进步、修养与提高，都是在追求成为一个君子的过程。从优秀传统文化美德中汲取营养，是确立社会主义核心价值观的必修课。既然如此，界定和培育君子人格就是在当代培育和谐文化，建设和谐社会的一项重要举措。

# 儒家生态哲学的基本原则与宗教及道德维度

南开大学哲学院教授,中国哲学研究中心主任 乔清举

"生态学"研究的是生物及其环境间,以及生物彼此间的相互关系。在天然状态下,生态系统总是动态地趋于和谐,故生态思想史家把生态学定义为一门在自然界中发现和谐,"专门研究和谐的科学";由此,"生态"遂具有超出事实描述的价值意义,"它为一个更有生机的、协调和谐的人类共同体提供了一种模式。"(唐纳德·沃斯特,第419~420页)生态即意味着和谐,意味着人类应然的存在状态。儒家"天人合一"的价值观与生态的价值性含义一致,在本质上可视为生态哲学。其理论结构有宗教、道德、政治三个维度,每个维度上皆有对于动物、植物、土地、山川四种对象的生态性认识和保护措施。

## 一、天人合一:儒家生态哲学的基本原则

天人合一是儒家生态哲学的基本原则。其中的天,乃是宇宙生生不息的"合目的性"(Zweckmaessigkeit/purposiveness),此概念来自康德的《判断力批判》,我们把它作为具有本体意义的概念来使用。所谓宇宙的合目的性,是自然在其过去、现在、未来发展的总过程中呈现出来的趋向于完美、和谐的趋势。合目的性在此具有本体意义,反映了世界运行的可期待性,是事实,也是价值。"天地之大德曰生"、"生生之谓易"、"复"其见天地"生物"之心等,都是合目的性的表述。生态学家约翰·布鲁克纳提出的自然中的"有机动力"(唐纳德·沃斯特,第72页),罗尔斯顿说"在我们所生存的这个进化中的生态系统中,确实有着美丽、稳定与完整。这个世界有一种自然的、现实的朝向生命的趋势"(罗尔斯顿,第77页),二人所说,都可谓"生生"的合目的性。"生生"不是抽象的同一性,其中包含死亡,是辩证的具体性。儒家哲学中,以合目的性呈现而作为本体的"生生"和"仁"、人心三者是同一的;自然的本体也是人的本体,反之亦然。① 朱子说:"天地以生物为心,而所生之物因各得夫天地

---

① 关于"生生"的辩证具体性、自然本体与人的本体的一致性,请参看拙文《论〈易传〉的生生思想及其生态意义》,《南开学报》(哲社版)2011年第6期,《论"仁"的生态意义》,《中国哲学史》2011年第3期。

生物之心以为心。"（朱子，第 273 页）① 阳明说："人的良知，就是草木瓦石的良知。"（《王阳明全集》上，第 107 页）这些论述与《礼记》"人者，天地之心也"的说法一致。对于人何以成为天地之心，罗尔斯顿提出了一个基于科学的论证。他指出，"生物进化产生出人类是自然唤醒了心智；同样，从个体的发育来看，个体意识到自己的存在也是自然唤醒了心智。……生态的刺激使人类的主体'我'诞生了。大地的景物以我来对它进行沉思，我就是它的意识。"（罗尔斯顿，第 409 页）

儒家生态哲学要求人主动地实现与天地相贯通的本体，做到"为天地立心"，使万物尽性。如同《宋史·道学传》所说："盈覆载之间，无一民一物不被是道之泽，以遂其性。"（《宋史》第 36 册，第 12709 页）尽性说表述了人的生态责任。《中庸》说："惟天下至诚，为能尽其性；能尽其性，则能尽人之性；能尽人之性，则能尽物之性；能尽物之性，则可以赞天地之化育；可以赞天地之化育，则可以与天地参矣。"（朱子，第 32~33 页）这段话有五个要点。首先是人、物各有其本性，其次是人、物皆应"尽性"，即实现其本性，或充分展开其发展的可能性。这表明，尽性是个普遍概念，不限于人；这使它具有了生态意义。再次，人应该帮助他人、万物实现其本性，即参赞化育。这是人的本性的规定性。第四，只有"至诚"的人才能做到尽己之性、尽人之性、尽物之性。第五，"尽己之性"是尽人之性和尽物之性的前提。"为天地立心"，使万物尽性，最终达到的是"民胞物与"、"与天地万物为一体"的精神境界。当代深生态学的"自我实现"说与《中庸》"尽性"思想十分接近。深生态学认为，人的自我不是一个孤立的肉体的小我，而是与大自然融为一体的大我。由于自我包含着他人和天地万物，所以，自我的本性是由人与他人、自然界中的其他存在物的关系所决定的，自我的实现包含着让其他存在物实现自己的本性："一个教养性的非支配性的社会能够帮助我们实现完整的人格的'真正工作'。这个'真正工作'可以符号化地总结为'自我中的自我'的实现。这里的'自我'代表有机整体性。自我的完全展开过程可以用这样一句短语来总结：'在所有都得救之前，没有哪个能够得救'。这里的'哪个'不仅包括我，一个独立的个人，也包括所有的人，鲸鱼，灰熊，整个的热带雨林生态系统，山脉和河流，土壤中最微不足道的微生物等。"（Bill Devall and George Sessions，第 66 页）

儒家的尽性说与深生态学相比更为系统和深入。对于动植物等有生命物，儒家要求尊重其生命和内在价值，为其生长提供适宜的条件，让其实现本性，完成生命周期。由于动植物的生命周期难以断定，所以儒家的做法通常是让动植物完成一个生长周期，即顺应春生夏长秋收冬藏的自然规律，在秋冬季节进行猎杀和砍伐。这叫做"时限"、

---

① 朱子此论又见《仁说》，徐德明、王铁校点：《朱子全书》第 23 册，上海古籍出版社、安徽教育出版社 2002 年版，第 3279 页。关于朱子的仁、天地生物之心的进一步讨论，见陈来《中国近世思想史研究》，商务印书馆 2009 年版，第 89~95 页。

"时禁"或"以时禁发"。"时禁"对狩猎的要求是限制次数和控制时间。照《周礼》记载，天子、诸侯一年有四次田猎活动，分别是春"蒐"、夏"苗"、秋"狝"、冬"狩"。《礼记》的记载是三次。对于狩猎进行的时间，儒家也有规定。如仲春之前鸟兽孕育期间禁止田猎，这叫"取物必顺时候"（朱彬，第181页）。

关于植物，《礼记·王制》说："木不中伐，不粥于市。"（朱彬，第201页）这是要求树木完成自己的生命周期。《逸周书·大聚》篇指出，"春三月山林不登斧，以成草木之长；夏三月川泽不入网罟，以成鱼鳖之长"；唯有做到"有生而不失其宜，万物不失其性，人不失其事。天不失其时，以成万财"，才是"正德"（黄怀信，第185页）。由于树木的生命周期很难确定，所以古人砍伐树木是按照其生长周期来进行的，"伐木必因杀气"（阮元，第1380页），即在秋冬进行。《毛诗》明确地说："草木不折，不操斧斤，不入山林。"（阮元，第418页）儒家还有一项规定是"仲冬斩阳木，仲夏斩阴木"（阮元，第747页），其含义是在树木进入新的生长周期之前进行砍伐。据《礼记·祭义》记载，"曾子曰：'树木以时伐焉，禽兽以时杀焉。'夫子曰：'断一树，杀一兽，不以其时，非孝也。'"（阮元，第1598页）在此，砍伐"以时"被上升到了对于天地之孝的道德高度。

对于土地，儒家重视的是它的生养万物的本性。儒家把土地分为土、地、壤、田四个层次。许慎解释道："土，地之吐生万物者也，'二'象地之上、地之中，'｜'，物出形也"。（许慎，第682页）郑玄说："能吐生万物者曰土。"（阮元，第147页）关于地，《白虎通义》指出："地者，易也。言养万物怀任，交易变化也。"（陈立，第421页）"壤"是无板结的"柔土"，段玉裁指出："以物自生言言土"，"以人所耕而树艺言言壤"。"（《说文解字注》，第683页）田是经过人工培育，有阡陌沟渠等设施的土地。《说文解字》说"树谷曰田"，田是个象形字，"口十，阡陌之制"（许慎，第694）。郑玄也说，"据人功作力竞得而田之，则谓之田。"（许慎，第682页）儒家辨析土地的目的在于认识土地的生长本性，促使土地实现其本性。

关于河流，儒家认为其本性是"导气"、滋润大地。《国语》说："川，气之导也，泽，水之钟也。夫天地成而聚于高，归物于下。疏为川谷，以导其气。"此说把河流与自然的其他部分视为一个统一的有机整体。所谓"导气"，用科学语言来说是气的循环。罗尔斯顿指出："生态学教导我们，应该大大扩展我们对于'循环'一词的理解。人类生命是浮于以光合作用和食物链为基础的生物生命之上面而向前流动的，而生物生命又依赖于水文、气象和地质循环。"（罗尔斯顿，第104页）罗氏所说的水文、气象、地质的循环，都可以包含在"导气"的概念之内。"水曰润下"说明了河流滋润大地的性质。据《国语》记载，伯阳父说"夫水土演而民用也"（徐元诰，第97）。这里的"演"为"润"。伯阳父认为，若"水土无所演"，则"民乏财用"，国家灭亡。所以，古人自觉地反对壅川，避免"河竭国亡"。这是非常值得深思的生态学认识。

在现代科学中，山脉是惰性自然现象；而在儒家哲学中，山属于地，地属于土，是五行之一,故山脉是一个活生生的自然现象。它是气的凝聚、大化的一个站点;同时又作为自然的一个环节,与河流一样起着导气的作用。杜维明曾提出"存有的连续性",指出在中国哲学中,人类与"石头、树木和动物有机相连"(杜维明,第105页),诚然。《周易》说"山泽通气"。朱子解释道:"泽气升于山,为云,为雨,是山通泽之气;山之泉脉流于泽,为泉,为水,是泽通山之气。是两个之气相通。"(《朱子语类》第5册,第1971页)《礼记》说:"天降时雨,山川出云。"又认为山川是天地通气的"孔窍":"天秉阳,垂日星,地秉阴,窍于山川,播五行于四时。"(朱彬,第346页)这是说,山脉具有含藏阴阳之气的性能,气挥发出来,即可出云致雨。

## 二、儒家生态哲学的宗教维度

此处所谓"宗教",不是典型意义的宗教,而是指儒家对于自然现象的超自然的认识。儒家哲学未曾发生过对自然的祛魅,它肯定自然的神性、神意或曰"魅",保持着对自然的宗教性的敬畏态度,祭祀自然。这种态度我们称为"宗教维度"。①

1. "报本反始":儒家自然祭祀的原则。《左传》上说:"国之大事,在祀与戎。"(阮元,第1911页)这表明了祭祀在传统社会中的重要性。儒家认为,万物源自天地,人源自父母。天子把天地作为父母,祭祀天地、祭祀祖先,报答天地、祖先的生养之恩,表达对于父母的孝与敬,这叫"报本反始":"万物本乎天,人本乎祖,此所以配上帝也。郊之祭也,大报本反始也。"(朱彬,第397页)"报本返始"是把人置于天道之下,使其服从天道,其价值在天道中得以确定和实现的生态态度,可谓儒家自然祭祀的原则。

2. 对于动物的神秘认识和祭祀。儒家文化认为,一些动物具有神异性,如龟、龙、麟、凤即被看作"四灵"。《大戴礼记》说:"鳞虫三百六十,龙为之长。羽虫三百六十,凤为之长。毛虫三百六十,麟为之长。介虫三百六十,龟为之长。倮虫三百六十,圣人为之长。"(阮元,第1370页)麟据《说文》的解释乃仁兽,是圣王兴起的瑞应。在儒家文化中,孔子与麒麟的联系较多。如孔子编辑《春秋》,绝笔于"西狩获麟",后人认为此中寓意深刻。"有凤来仪"被认为是圣王出世的瑞应。据说舜时演奏"《箫韶》九成,有凤来仪"(孙星衍,第131页),文王时曾有凤凰鸣于岐山。还有一些动物,儒家认为它们有部分的亲情和仁义的德性,如《礼记》说"獭祭鱼",就是认为獭有一定程度的仁慈之心。对于有功于农事的动物,比如虎、猫、昆虫等,儒家文化要求祭祀。

---

① 关于儒家祭祀文化的一般性论述,请参考拙文《论儒家的祭祀文化及其生态意义》,《现代哲学》2012年第4期。

儒家认为，灵异动物是一个社会政治和谐，民风淳厚，环境优美，心地善良的美好价值的象征和体现。四灵作为动物的统帅和代表，都是感受到人们的仁义态度才出现的，"德至鸟兽而凤凰来"（阮元，第2490页）。照《礼记》的设想，在理想的"大同"社会，"天降膏露，地出醴泉，山出器车，河出马图，凤皇麒麟皆在郊棷，龟龙在宫沼，其余鸟兽之卵胎，皆可俯而窥也。"（朱彬，第356页）这叫做"功成而太平，阴阳气和，而致象物"（阮元，第1440页）。这显然是一个尊重动物生命，与之和平共处的社会。儒家关于动物的神秘认识的生态意义，是促使中国人形成了对于动物的慈爱态度。在现代哲学中，边沁率先把动物放进了道德关怀的范围。他认为动物能感受痛苦，所以也应属于道德关怀的对象。他说："问题并非它们能否作理性思考，亦非能否交谈，而是它们能否忍受。"（边沁，第349页）彼得·辛格等当代动物权利论者主张动物应得到道德关怀。生物中心主义认为，人对所有的生命都负有道德义务。儒家较早即把动物纳入道德共同体的范围，其态度类似于生物中心主义。

3. 对于植物的神秘认识与祭祀。儒家文化对于一些植物同样保持着神秘的认识，要求祭祀它们。此种神秘认识有三个方面。首先是移情，即把人的德性和植物相类比。《论语》中孔子说"岁寒，然后知松柏之后凋"（朱子，第115页），就是把人的刚直的德性和松柏相类比。其次是儒家认为，存在灵芝瑞草一类的瑞应植物。《孝经援神契》中说："德及于地，嘉禾生，蓂荚起，秬鬯出。德至八极，则景星见。德至草木，则朱草生，木连理。"（阮元，第1427页）此处的嘉禾、蓂荚、秬鬯、朱草、连理木，都是儒家心目中的神异草木。儒家认为，瑞物之为瑞物，乃"起和气而生，生于常类之中，而有诡异之性"（黄晖，第730页）。"和气"其实是良好的生态环境；珍禽异兽、奇花异草只在美好环境中出现，是符合生态学原理的。再次，儒家还认为，如社稷中的树木之类，具有神意。"有木者土，主生万物，万物莫善于木，故树木也。"（魏收，第4册，第1226页）参天的社树实际上是一种象征，代表着一个政权与天地之气以及与天帝之意的沟通。这表明了古人对于树木连通天地的生态意义和沟通人神的神秘意义的双重认识。

山林在儒家文化中属于祭祀的对象。《周礼》中大宗伯主持的祭祀活动，有一项就是祭祀山林。为什么要祭祀山林？照《礼记》所说："山林、川谷、丘陵能出云，为风雨，见怪物，皆曰神。有天下者祭百神。"（朱彬，第692页）这里的"神"不是有形象的人格神，而是自然的知其然而不知其所以然的神奇、神妙或神秘的作用。山林有维持生态平衡的作用。古人了解到了这一点，限于科学水平，却没有把它归结为一种自然现象，而是归结为"神"。他们用祭祀来表达对"神"的敬畏之情。这也是对生态和自然的敬畏和感激之情。

4. 对于土地、山川的神秘认识与祭祀。在儒家思想中，土地山川也是重要的祭祀对象；儒家通过祭祀来表达对于土地、山川的敬畏。中国自古以来就有设社稷坛祭祀土地的习惯，这在世界各大文明中是十分特别的。在儒家文化中，土可以代表一个政权；土的作用是稼穑，决定人们的生存。在作为世界的联系模式的五行中，土的方位为中央，居于最重要的位置；时间为中夏，即一年的中间；性质为中和。在《礼记·月令》中，土的神为后土；帝为黄帝——中华民族的人文初祖；律为黄钟，数为五，色为黄。这些都显示了土的重要意义。关于祭社的意义，照《礼记》所说，立社是为了显示土地的神性，教导百姓报答天地，"报本反始"："社，所以神地之道也。地载万物，天垂象，取财于地，取法于天，是以尊天而亲地也，故教民美报焉。家主中霤而国主社，示本也。唯为社事，单出里；唯为社田，国人毕作；唯社，丘乘共粢盛，所以报本反始也。"（朱彬，第392页）《尚书·舜典》提出"禋于六宗，望于山川，遍于群神"。"禋"是"洁祀"，即不用肉类牺牲。六宗，古文《尚书》解释为天宗三日、月、星辰，地宗三岱山、河、海。日、月分别为阳、阴之宗，北辰为星宗，岱为山宗，河为水宗，海为泽宗。《礼记》指出，行政是君主的藏身之所。君主行政须以天为根本出发点，效法天的阴阳使万物各得其所，效法地的高低使尊卑各有其序，效法祖庙以行仁施义，效法山川而创立制度。这里所说的土地山川不单是物质，也是神意得以展示自身的场所。《礼记》说，天地之祭是以下事上，它的规定性是"伦"，即"顺从"。社稷山川之事，鬼神之祭是"体"。"社稷山川为天地之别体，鬼神是人之别体"（阮元，第1431页）。天地、宗庙、父子、君臣、社稷、山川都是相通的，所以天子一定要事奉、祭祀山川。

## 三、儒家生态哲学的道德维度

当代生态哲学认为，人类的良知是不断进化的。达尔文在《人类的由来》中描述了道德意识发展的历史，指出"良知的增长是人的'社会性本能和同情心'的对象的不断扩展的过程"（罗尔斯顿，第34页）。迈克尔·凯尔顿认为，人类的心（mind-heart）是"生命在其30亿年的进化中设计出来的最灵敏而富有弹性的适应系统"（玛丽·塔克主编，第98页）。罗尔斯顿描绘了良知关爱的范围不断扩展的线索，指出"首先是家庭和部落，之后同胞、种族、动物"；他进一步指出，"如果我们的良知能演进到能包容整个生态系统，那一定会是非常高尚的"（罗尔斯顿，第35页）。儒家的道德共同体包括整个自然界，具有整体主义的特点。这是儒家生态哲学的道德维度。其特点从人的方面说，是要求用仁、恻隐之心对待自然界；从自然的方面说，则是承认自然的本性，尊重其价值，维护其权利，使其"尽性"。儒家哲学把这种道德态度表述为"德及禽兽"、"恩至禽兽，泽及草木"、"化及鸟兽"、"顺物性命"、"恩及于土"、"恩至于水"、"恩及于金石"等。

1. "德及禽兽"。德及禽兽出自《史记·殷本纪》。据载："汤出，见野张网四面，祝曰：'自天下四方皆入吾网。'汤曰：'嘻，尽之矣！'乃去其三面，祝曰：'欲左，左。欲右，右。不用命，乃入吾网。'诸侯闻之，曰：'汤德至矣，及禽兽。'"（司马迁，第59页）与此类似的还有一个"鲁恭三异"的记载。据《汉书》，中牟县令鲁恭有令闻，前来考察的官员赞为"三异"："虫不犯境，此一异也；化及鸟兽，此二异也；竖子有仁心，此三异也。"（范晔，第4册，第874页）这表明，仁义地对待鸟兽，在当时已深入人心。又据《后汉书·法雄传》记载，法雄赴南郡任长官时，当地虎患严重。他却一反前任的做法，发出禁捕公告："凡虎狼之在山林，犹人之居城市。古者至化之世，猛兽不扰，皆由恩信宽泽，仁及飞走。太守虽不德，敢忘斯义。记到：其毁坏槛阱，不得妄捕山林。"（范晔，第5册，第1278页）这也体现了仁义地对待猛兽的道德态度。

尊重动物生命，也表现为对于已死动物的哀悯和掩藏。据《礼记》记载，"仲尼之畜狗死，使子贡埋之，曰：'吾闻之也，敝帷不弃，为埋马也。敝盖不弃，为埋狗也。某也贫，无盖，于其封也，亦予之席，毋使其首陷焉。'"（朱彬，第156页）《礼记·月令》要求"掩骼埋胔"，郑众注为"谓死气逆生也"。高诱认为，这是"顺木德而尚仁恩"。（高诱注，第6册，第3页）后者即表现了对于已死动物的怜悯之情。董仲舒在《春秋繁露》中提出了善待动物的主张。他说："恩及鳞虫，则鱼大为，鳝鲸不见，群龙下。……咎及鳞虫，则鱼不为，群龙深藏，鲸出见"；"恩及羽虫，则飞鸟大为，黄鹄出见，凤凰翔。……咎及羽虫，则飞鸟不为，冬应不来，枭鸱群鸣"；"恩及于毛虫，则走兽大为，麒麟至。……焚林而猎，咎及毛虫，则走兽不为，白虎妄搏，麒麟远去"；"恩及介虫，则龟鼍大为，……咎及介虫，则龟深藏，鼍鼋响"（苏舆，第380~381页）。

儒家尊重动物生命，反对过度猎杀。对于猎杀动物，儒家除了前述时间限制外，还有数量的限制。《礼记·曲礼》上规定："国君春田不围泽，大夫不掩群，士不取麛卵。"因为春天幼兽要成长，卵要成鸟，所以不能猎取，所谓"生乳之时，重伤其类"也（朱彬，第58页）。田猎名称中的"苗"、"狩"、"蒐"都是择猎未孕之兽。《礼记·王制》要求，"天子不合围，诸侯不掩群"。照古人所说，"夫兽三为群"（徐元诰，第10页），由此可见古人对于猎取动物的数量限制之严格。礼制还规定，天子射杀了野兽，要降自己的旗帜"大绥"；诸侯射杀了野兽，要降自己的旗帜"小绥"（朱彬，第179页）。这种仪式表达了对于动物生命的尊重。《论语·述而》记载孔子"钓而不纲，弋不射宿"，与商汤的态度和周代的礼制是一致的。

2. "泽及草木"。儒家对于植物的道德态度为"泽及草木"。《诗经·大雅·生民之什》云"敦彼行苇，牛羊勿践履。方苞方体，维叶泥泥"。《毛诗》认为，此章表现了周族祖先"仁及草木"的忠厚仁德。贾公彦说："《行苇》诗美成王云'敦彼行苇，牛羊勿践履'，是爱人及于苇。"（阮元，第707页）《尚书·洪范》提出，一个社会有六种不好现象，第一种是"凶短折"。照古人的一种解释，草木死亡叫做"折"。武王伐纣后，抨击商纣王"暴殄天物"，即不只人，连鸟兽草木亦皆暴绝之。可见，不能虐待草木，也是一项政治要求。董仲舒说："恩及草木，则树木华美，而朱草生"；"咎及于木，则茂木枯槁。"（苏舆，第372页）晁错说："德上及飞鸟，下至水虫草木诸产，皆被其泽。然后阴阳调，四时节，日月光，风雨时。"（班固，第8册，第2293页）这些都表明，植物属于儒家道德哲学关爱的范围。

3. 恩至大地山川。英国科学家洛夫洛克提出过"盖娅设想"，认为地球是"一个活的生物，自行调控其环境，使其适合生命的生长"（克里斯蒂安·德迪夫，第286页）。这也是儒家哲学固有的观点。在儒家看来，土地由气形成，又以气为媒介与环境的其他部分发生有机联系；土地亦有其生命力和本性。其本性一言以蔽之，就是生养万物，"生物不测"《礼记·月令》。要求遵循天地之气的运动从事活动，不能妨碍气的运动。如孟春之月，"天气下降，地气上腾，天地和同，草木萌动"，君王要发布农事政令，田官居住在国都东郊，迎接春气的到来；修饬田野疆界，整理水利设施，辨别不同土质，指导百姓耕种。《月令》强调仲冬之月不能兴"土事"。因为此月阳气凝藏于土地之中，如果大兴土木，就会把阳气泄露出来，造成蛰虫死亡，百姓疾疫的后果。董仲舒提出了道德地对待土地的命题。他说："恩及于土，则五谷成，而嘉禾兴。""咎及于土，则五谷不成。"（苏舆，第374~375页）美国哲学家利奥波德提出了"健康的土地"、"土地伦理"等概念。《月令》和董仲舒的态度，都是维持土地的健康的态度。

对于河流，儒家同样要求用生态的、道德的态度对待它们。儒家从"导气"的角度出发，强调确保气在山川之间运行的通畅，禁止"壅川"，阻断气的流行。董仲舒指出："恩及于水，则醴泉出；……如人君简宗庙，不祷祀，废祭祀，执法不顺，逆天时，则民病流肿，水张，痿痹，孔窍不通。咎及于水，雾气冥冥，必有大水，水为民害。"（苏舆，第380~381页）《孝经援神契》也说："德至深泉，则黄龙见，醴泉涌，河出龙图，洛出龟书。"（阮元，第1427页）

儒家认为，山脉具有储气的作用，开山毁林会导致地气外泄，引发生态灾难。据《汉书》记载，御史大夫贡禹批评汉家王朝为了铸钱："攻山取铜铁，……凿地数百丈，销阴气之精，地臧空虚，不能含气出云，斩伐林木亡有时禁，水旱之灾未必不由此也。"（班固，第10册，第3075页）董仲舒要求道德地对待山脉与矿产，他说："恩及于金石，则凉风出。……咎及于金，则铸化凝滞，冻坚不成。"（苏舆，第376页）与此相似，《孝经援神契》说："德至山陵，则景云出。"（苏舆，第380~381页）所谓凉风出、景云出，都是善待自然而产生的良好的气候效果，而"冻坚不成"则是气候乖张的表现。

总上所述，儒家对于生态问题具有十分系统和深入的思考，发掘传统生态智慧，对于当今中国和世界的生态文明建设具有重要意义。

# 参考文献

唐纳德·沃斯特著，侯文蕙译：《自然的经济体系——生态思想史》，商务印书馆1999年版

霍尔姆斯·罗尔斯顿III著，刘耳、叶平译：《哲学走向荒野》，吉林人民出版社2000年版

Bill Devall and George Sessions, 1985 年：*Deep Ecology*, Salt Lake City, Gibbs M. Simth Inc.

玛丽·塔克主编，彭国翔译：《儒家与生态》，江苏教育出版社2008年版

边沁著，时殷弘译：《道德与立法原理导论》，商务印书馆2000年版

克里斯蒂安·德迪夫著，王玉山译：《生机勃勃的尘埃》，上海科技教育出版社1999年版

孙星衍著，陈抗、盛冬铃点校：《尚书今古文注疏》（上），中华书局1986年版

黄怀信，《逸周书校补注译》，三秦出版社2006年版

阮元：《十三经注疏》（下），中华书局1980年版。《礼记正义》、《周礼注疏》、《毛诗正义》、《尚书正义》、《左传正义》等五经类均采用此本

王聘珍著，王文锦点校：《大戴礼记解诂》，中华书局1988年版

徐元诰著，王树民、沈长云点校：《国语集解》，中华书局2002年版

朱彬著，饶钦农点校：《礼记训纂》，中华书局1996年版

王先谦著，沈啸寰、王星贤点校：《荀子集解》，中华书局1988年版

高诱：《吕氏春秋注》，《诸子集成》第6册，中华书局1954年版

《睡虎地秦墓竹简》，文物出版社1978年版

《敦煌悬泉月令诏条》，中华书局2001年版

司马迁：《史记》，中华书局1959年版

苏舆著，钟哲点校：《春秋繁露义证》，中华书局2002年版

班固：《汉书》，中华书局1962年版

许慎著，（清）段玉裁注：《说文解字注》，上海古籍出版社1981年版

黄晖：《论衡校释》，中华书局1990年版

陈立：《白虎通疏证》，吴则虞点校，中华书局1994年版

范晔：《后汉书》，中华书局1965年版

魏收：《魏书》，中华书局1974年版

朱熹：《四书章句集注》，中华书局1983年版

黎靖德编，王星贤校点：《朱子语类》，中华书局1994年版

脱脱：《宋史》，中华书局1977年版

王阳明著，吴光等编校：《王阳明全集》，上海古籍出版社1992年版

蒙培元：《人与自然：中国哲学生态观》，人民出版社2002年版

胡平生、张德芳：《敦煌悬泉置汉简释粹》，上海古籍出版社2001年版

王子今：《秦汉时期生态环境研究》，北京大学出版社2007年版

# "亲亲相隐"论争对儒家伦理的反向理解

曲阜师范大学历史文化学院副教授　邱文元

亲亲相隐的争论是从 2002 年开始的,至今已经十年时间。它有两个阶段,第一个阶段是 2002—2004 年,以郭齐勇编辑的论文集《儒家伦理争鸣集:以亲亲互隐为中心》的出版为止,是郭齐勇、杨泽波等亲亲相隐派针对刘清平儒家血亲情理腐败论的争论。第二个阶段从 2007—2011 年,是郭齐勇及其弟子与邓晓芒的争论,争论的基本问题是邓晓芒提出的儒家移孝为忠政治体制的结构性腐败问题,也延伸到道德与法律、情感与逻辑关系的讨论。

参与亲亲相隐论争的双方都提出了关于如何对待儒家传统的问题,但是持自由主义立场批判方(主要谈论刘清平和邓晓芒等自由主义者)和保守主义立场的辩护方(主要谈论郭齐勇、杨泽波及其弟子的亲亲相隐派)因为其立场和方法的错误,都不能提出合理的建议和主张。[①]一方面,双方针锋相对,自由派要根本否定孔孟的传统儒学,而亲亲相隐派却是出于护教的心态,对传统儒学作了教条主义的辩护。另一方面,仔细考察,却可以发现双方都反对儒学的正向理解。孔孟的恕道认为家庭利益和国家利益根本上是一致的,提倡从亲亲开始推扩仁德,最终实现天下大同,这是儒家伦理的正向理解。但是,亲亲相隐派和自由派的自由主义把家庭利益和民族国家利益绝对对立起来,从而把家庭私利与民族国家利益发生冲突时的大义灭亲等同于彻底否定个人利益,从而否定了仁德的推扩,不得不接受个人主义和自由主义。

造成对儒家伦理的反向理解的根本原因是,亲亲相隐派和其论敌对孔子一贯之道(恕道,中庸之道)和中国历史的连续性丧失了自觉性,因而陷入了西方话语的圈套而不能自拔。自由派高举非此即彼的逻辑旗帜,公开否定孔子的一贯之道。和自由派公开否定儒学异曲同工的是,亲亲相隐派也认为五四以来的中国现代史已经割断了当代中国与历史的联系,因而他们带有强烈的保守主义色彩———方面把儒学宗教化(架空化,西化),另一方面接受了与孔子一贯之道相悖的自由主义逻辑。

---

[①] 参与争论的学者有各种立场,但是占主流地位的是否定中国革命的自由主义和保守主义。

## 一、对儒家伦理的反向理解和正向理解

中国历史的连续性是一个不可否认的事实,但是如何继承儒家传统而开拓新的理论空间,就必须面对儒家思想的正向理解和反向理解的问题。刘清平、邓晓芒的发难,就把这个问题以极端尖锐的方式提了出来。

刘清平认为孔孟关于一己个体性、血亲团体性、社会群体性的认识存在着二律背反。儒家可以牺牲一己个体性而杀身成仁,但是在血亲情理与社会公德产生冲突的时候,就出现了"舍仁取孝"的价值选择,从而造成孝和仁的二元冲突。刘清平从《论语》和《孟子》的文本中找出了"亲亲相隐"和"窃负而逃"、"封象有庳"三个案例,指出儒家对血亲情理的过度重视,导致了血亲团体与社会群体之间的利害冲突。他从社会公德的立场上指出,儒家伦理的血亲情理道德是现实中国社会政治腐败的一个根源。刘清平指出是墨子发扬了儒家仁德伦理,墨家与现代公德伦理基础上的法律正义相符合。

邓晓芒把刘清平对儒家血亲情理的批判扩展为对中国历史和中国文化的批判,认为中国古代政治思想中的"以孝释忠"的观念,造成了中国古代政治文明的结构性腐败。中国古代政治存在着家族利益和帝王国家利益的矛盾冲突。在历代王朝建立之初,专制王朝用暴力手段建立国家,但是"以孝释忠"的政治理念支配下的宗法国家只能借助官僚集团的宗族势力统治人民。这样,从王朝国家建立伊始就埋下了结构性腐败的种子。真正能够实现君主专制的皇帝历代都寥寥无几,官僚集团的宗法势力无限膨胀,最终炸毁了王朝国家,使中国陷入了一治一乱的恶性循环之中。邓晓芒对儒家政治思想的批判,把近代以来中国政治思想发展的一个难题重新提了出来。可是,邓晓芒拒绝从中国历史连续性的立场认识中国政治思想的发展,对近代以来中国探索形成的、旨在走出这种传统循环的民主发展道路也视而不见。

针对刘清平的儒家血亲情理腐败论,亲亲相隐派反对从法律的视角审视刘清平关于儒家腐败论的三个案例的分析,"从现代法律的观点看,儿子大义灭亲、检举揭发偷羊的父亲,是合法的,而'父子互隐'是违法的、有罪的。但如果从深度伦理学上来看,我们不难发现,孔子的直德亦有其根据"[①]。"如果我们超越法律的层面"而从社会与个体道德、公德与私德,乃至宗教信仰、终极关怀的层面考虑问题,我们就会宽容理解"父子互隐"的命题。关于"窃负而逃","舜放弃天下,看起来是不负责任,实际上是负了更大的责任,即不愿意因自己家里的个别问题而损害整个社会伦理,引

---

① 郭齐勇:《也谈"子为父隐"与孟子论舜——兼与刘清平先生商榷》,《哲学研究》2002 年第 10 期。

起伦常秩序的坍塌"①。杨泽波则说,"父子亲情是一种道德,代表了道德的需要。在这两者发生矛盾的情况下,孟子决定宁可舍弃天子之位,也要父子亲情,宁可放弃事业,也要选择道德。"② 对于"封象有庳",郭齐勇反问道,"在孟子的时代,做了天子、国君的人却不肯加封兄弟,人们会怎么看待呢?"郭齐勇认为:"任人唯贤是儒家的主张或理想,但决不是刘文所说的'普遍性行为准则'。任何时代,即便是今天,即使有一些制度、机制作保证,都不可能使任人唯贤成为普遍性行为准则,操作起来很可能适得其反。"③

刘清平反对论敌超越法律的道德论证,认为对方把私德和公德,法律和道德对立起来的企图,不仅不能动摇他的观点,恰恰印证了他关于儒家"舍仁取孝"的价值悖论。不仅如此,刘清平在论敌的论证中发现了对方对儒家伦理的反向理解的立场。"郭先生在文中虽然尽了最大努力宽容理解孔孟赞许的加封兄弟、父子互隐、窃负而逃等举动,以致没有对它们提出任何批评,却好像不大愿意宽容理解孔孟主张的尊贤理想,以致没有对它做出任何好评,反而暗示孔孟儒家曾把一种'决不是普遍性行为准则'、甚至'操作起来很可能适得其反'的主张当作理想,结果明显贬低了它的正面价值。""郭先生为什么会对孔孟儒家的两种不同观念采取截然不同的双重态度,的确令我百思不得其解。""如果按照郭先生的这一主张,我们可以允许孔孟儒家仅仅由于舜这位圣王典范没有做到任人唯贤、以及彼时和今天某些人也会反对实行任人唯贤这一类的原因,就放弃这一美好理想、转而赞许加封至不仁兄弟的'传统习俗',它又怎么能够成为'道德理想主义'呢?这岂不是从随波逐流的'乡愿'视点评判孔孟儒家,从而明显贬低了它作为'道德理想主义'的正面价值么?"④

为了反驳刘清平关于儒家伦理存在孝和仁的二律背反,杨泽波和龚建平对儒家差等之爱和亲亲为大作了新的解释。为了逃出刘清平的二律背反,杨泽波否定了儒家的仁爱理想。这里也体现出亲亲相隐派的"反向理解"的立场。在杨泽波看来,刘清平关于"普遍仁爱"是儒家竭力追求的"崇高理想"的观点是错误的,"孔子讲过'泛爱众,而亲仁'(《论语·学而》第6章),但这里的'泛爱众'并不是主张人与人之间普遍相爱,而只是说人要有爱心,要广泛地爱大众。人必须有爱心是一回事,如何去爱是另一回事。孔子从来不认为人可以一视同仁地爱所有的人。"杨泽波还指出了两点证据。其一,"孔子的政治理想是恢复周代的礼乐之制,因此,孔子创立仁的学说不

---

① 郭齐勇:《也谈"子为父隐"与孟子论舜——兼与刘清平先生商榷》,《哲学研究》2002年第10期。
② 杨泽波:《〈孟子〉的误读——与〈美德还是腐败〉一文商榷》,《江海学刊》2003年第2期。
③ 郭齐勇:《也谈"子为父隐"与孟子论舜——兼与刘清平先生商榷》,《哲学研究》2002年第10期。
④ 刘清平:《再论孔孟儒学与腐败问题——兼与郭齐勇先生商榷》,《学术界》(双月刊)总第105期,2004年第2期。

可能将周代亲亲而尊尊的原则抛弃不用。"其二，"儒墨之争的一个重要内容，就是爱有差等与爱无差等之争，如果孔子所说'泛爱众'是指'普遍仁爱'，那么墨子提出兼爱说也就没有任何意义了。"① 杨泽波的护教立场显然是非历史主义的。蒙文通先生曾指出，孟子在儒墨之争的过程中接受了对方的影响，儒墨的差别不在对普遍仁爱的认识上，而在于如何实践仁爱的方法和途径上。

邓晓芒作为批评方和郭齐勇师弟的反驳方在争论中也都走向了对儒学的"反向理解"，只是在出发点和逻辑依据上存在根本不同。丁为祥、龚建平贯彻了以往与刘清平争论的基本观点，首先把道德与法律对立起来，认为道德高于法律，二者不在一个层次，然后把内容主要是私德的血亲情理叫做道德，与社会公德对立起来。邓晓芒指出"丁先生和他的同道们不是一直在鼓吹舜为了小家庭的亲情而可以置身于法律之外吗？这难道不正是一种'反向理解'吗？舜以私亲取代公义、'老吾老不及人之老'，不正是丁先生们竭力为之辩护的'美德'吗？""把他们的这种'反向理解'再往前推进了一点点"，"最终与'人相食'并无本质区别"。② 丁为祥以此回敬，"邓先生对法律与道德以及私德与公德的关系完全是反向理解的，这种反向理解不仅稀释、弱化了法律的道德蕴涵，而且也完全无视法律本身的人性关怀。如果从所谓可以'相食'的'路人'关系出发，并且把法律就仅仅建立在所谓公德的基础上，这实际上也就是在真正破坏法律的人性基础。"③

虽然论战双方相互指责对方的反向理解，却都不愿意作"正向理解"。如果从血亲情理推扩出来，就可能连路人也包括进去，因此，亲亲相隐派为了拒绝对方的路人公德和法律，而退回自身。邓晓芒之所以拒绝正向理解，是因为，在他看来反向理解、正向理解都是儒家"移孝作忠"政治逻辑二律背反的一个方面。丁为祥在这里指责对方为反向理解，又在那里指责对方为正向理解（说邓晓芒六亲不认），他自己心里也许是明白清楚的，读者可就要犯愁了。邓先生对彼此在反向理解上的一致毕竟清楚一些，"如果基于四'端'，加上后天（'理'和'义'）的培育和规范，人可以超出动物之上，结成社会；但那是'正向理解'，最终将导致'大义灭亲'，已为丁先生所不取。所以我上文把丁先生的'反向理解'的前景归结到'人相食'的生物本能，又有什么错？我们是同志啊！"④

亲亲相隐派是只要孝不要忠的，因此，要把儒家思想和中国君主专制分割开来，而邓先生却一定要把二者绑在一起。龚建平反对邓晓芒孝和忠绑在一起的观点，论证

---

① 杨泽波：《〈孟子〉，是不该这样糟蹋的——〈孟子〉中与所谓腐败案例相关的几个文本问题》，《复旦大学学报》（社会科学版）2004 年第 4 期。
② 邓晓芒：《就"亲亲互隐"问题答四儒生》，《学海》2007 年第 4 期。
③ 丁为祥：《逻辑、法律与"原子"公民——邓晓芒先生的"连环锁子甲"》，《学海》2007 年第 6 期。
④ 邓晓芒：《就亲亲相隐再答四儒生》，《学术界》（双月刊）总第 130 期，2008 年第 3 期。

说儒家伦理和法家的君主专制思想是完全不同的，客观上起着限制君权的作用。认为董仲舒提出的是一种"屈君伸天"之论，使君权服从于神权，他认为董仲舒的"屈君伸天"与分权制衡的现代政治思想不谋而合。

儒家思想的正向理解，是寓于特殊性以追求普遍性。儒家不把伦理价值当作顶礼膜拜的对象，而是当作行动的指南，实践的目的。中国政治的宗法之"孝"，皇朝之"忠"，曾经是实现"民本"主义的工具，这是对儒家伦理政治思想的正向理解。这种正向理解既认识其局限性，也认识其普遍性，并且最终从"民本"主义深化为"民主"主义。亲亲相隐派把儒家和君主政治割裂开来，甚至走向把宗法私利和国家利益对立起来的反向理解，不是为官僚腐败做辩护是什么？造成邓晓芒所说的中国传统政治"结构性腐败"的直接原因，不是儒家伦理的正向理解，而是亲亲相隐派一类的反向理解。邓晓芒认为儒家伦理只有反向理解的可能，才会得出儒家政治思想结构性腐败的结论来。

## 二、儒家伦理诠释中的西化和"曲线"西化

亲亲相隐论战的双方都对儒家伦理作了一种反向理解，虽然他们对儒家伦理进行反向理解的出发点和根据不同，却共同信奉非此即彼的西学逻辑。如果说论战对手是教条主义的西化派，亲亲相隐派则是曲线西化派。

首先我们看一看批判方的知识论逻辑。

丁为祥批评刘清平对儒家伦理的批判，是专挑矛盾的"非此即彼"思维方法所致。[①] 刘清平坦言，"我又将许多学者认为的孔孟儒家以'仁'作为最高理想的流行观念'悬置'起来，着重对孔孟本人在探讨'身'、'孝'、'仁'之间出现冲突时提出的各种命题和案例进行分析，由此发现他们究竟是把哪一个因素放在本根至上的终极地位。这是因为，孔孟对于这三个因素（亦即我所说的一己个体性、血亲团体性、社会群体性）本身都是充分肯定的，也经常论及三者之间的有机统一，并且还往往分别从不同的角度特别强调其中某个因素的重要意义。因此，我认为，仅仅考察三者之间的统一关系，很难判定孔孟对于它们的终极选择；只有按照他们在三者出现冲突时采取的'舍此取彼'的价值取向，才能判定他们归根结底是把哪一个因素放在本根至上的位置上的。"[②] 孔子的以孝释仁，以仁释孝，是中国文明发展连续性路径的一种自觉认识。对于孔孟，一己个体性和社会群体性，都是由血亲团体性构造而成的，前者

---

① 丁为祥：《再谈普遍（经）与具体（权）的关系——答刘清平先生》，"孔子2000网站"2003年6月28日 http://www.confucius2000.com/scholar/qgyzy/ztpbyjtdgxdlqp.htm

② 刘清平：《关于"思路"以及"心态"的一点反思——兼答丁为祥先生》，"孔子2000网站"2003年7月2日 http://www.confucius2000.com/scholar/qgyzy/gyslyjxtdydfsjddwx.htm

依附于血亲团体,后者是血亲团体的扩展。因此,三者不存在根本冲突。刘清平发现的儒家伦理的悖论是他的研究方法和立场带来的。

邓晓芒的"移孝作忠"的中国政治结构性腐败论,就是他把国家只看作君主一己之私产造成的,把国家看作君主一己之私产是典型的反向理解,必然和反向理解的宗法利益,彼此冲突。正向理解的忠与正向理解的孝本是统一的,在和平时代促进家庭利益,也为国家富强添砖加瓦,而在危亡之秋,国家安危就要放在小家庭安危之前优先考虑。但是,"忠"(君)和"孝"(亲)都只是仁(体)之表现(用),根本否定这些表现形式,也就使得仁或公德失去了具体的载体,但是把具体的表现形式当作仁之本体,则是一种教条主义,是亲亲相隐派的错误所在。

刘清平和邓晓芒的知识论立场,否定现象(事)背后的本体(理),更不能看到这些现象(事)之间存在的基于共同本体的"事事无碍"。他们只是把这些现象孤立起来,只看见这些孤立现象的外在联系。

其次,我们看亲亲相隐派的曲线西化。

郭齐勇认为刘清平、邓晓芒是从西学知识论的视角审视儒家思想,他本人主张以本体论和存在论的哲学观看待儒学。本体论和存在论的哲学观也是西方现代哲学的一个组成部分,从梁漱溟、张君劢开端的现代新儒家学派,就和西方保守主义哲学产生了共鸣。亲亲相隐派的错误不在于从本体论的哲学观出发,而是在于从割裂本体与现象的本体论出发。从而与儒家本体与现象相贯通的一贯之道相背离,而陷入了曲线西化的陷阱。郭齐勇和他作为旗手的亲亲相隐派对此有一些觉察,"时下我们确实犯有'失语症'。只会转述、重复人家的话,匍伏(匍匐)在西方强势的话语霸权之下,而对于自家的、人家的论说,却缺乏深度的全面的理解。"①

《论语》中的"子为父隐"和孟子论舜的"窃负而逃"和"封象有庳",都是儒家亲亲原则的体现,必须从"本体论和存在论"上去理解,而不可按照"知识论"的视角去理解,郭齐勇认为刘清平的错误就是根源于此。按照知识论的哲学观,把现象("事")孤立起来,不是从春秋战国转变时期的历史境遇去理解,不是从积极的方面去理解。这是刘清平儒家腐败论的错误所在。但是,刘清平、邓晓芒毕竟看到了儒家思想在具体境遇中的局限性,这是有积极意义的。亲亲相隐派并不是要纠正批判方的错误理解,不是试图理解和掌握孔孟思想的精神和实质,却把孔孟的词句当作迷信供奉起来。"渊源深厚的西周礼制及血缘伦理中有相当丰富的内涵,具有深刻的价值与意义,不可随意肢解,随意联系实际。体认这些内涵,我们的智慧还不够。"② 在这里存在着对儒学原典的割裂现象和本体的教条主义和信仰主义。

为了论证"亲亲相隐"的"普遍性",亲亲相隐派也求助于西方哲学史上的哲学

---

① 郭齐勇:《儒家伦理争鸣集——以"亲亲互隐"为中心》序言,湖北教育出版社2004年版。
② 荆雨:《中国哲学的创造性转化——访郭齐勇教授》,《哲学动态》2003年第8期。

家。在关于亲亲相隐的争论期间,郭齐勇在北京大学和凤凰卫视的讲演中宣称"西方哲人苏格拉底等,与东方哲人孔孟等,在容隐的问题上,具有很大相通性。可谓人同此心,心同此理,东圣西圣,心同理同。亲亲相隐、容隐可以说是一个人类性的问题。"①

苏格拉底是否赞同亲属容隐呢?我们从柏拉图的《游叙弗伦篇》得不到直接的答案,同样的文本,亲亲相隐派读出的是苏格拉底反对"告父杀人",而邓晓芒读出的却是苏格拉底鼓励游叙弗伦"告父杀人"。按照争论的旁观者郑家栋的看法,《游叙弗伦篇》的游氏告父只是个引子,苏格拉底在那里只关注如何获得虔敬的定义,并没有对"告父杀人"明确表达态度。从本体论存在论理解儒家思想的郭齐勇忘记了自己的立场,即使苏格拉底反对游氏告父,那也不能就说苏格拉底赞同儒家的"亲亲为大"的原则,——苏格拉底只有理性神学的立场。

亲亲相隐派除了借重苏格拉底外,还一厢情愿地倚托黑格尔和孟德斯鸠。邓晓芒已经指出黑格尔把家族宗法看作神权,并不会因而赞赏儒家伦理,因为黑格尔只是把家庭看作否定之否定的目的论过程的起点。孟德斯鸠的人权思想也包含着神权与人权的对立,与儒家天人合一相异的。可见不对中西哲学进行深入比较,浑说"心同理同"是会闹笑话的。

西方法律思想在古希腊罗马文明前期,法律以父权为核心,到希腊罗马文明晚期,已经出现了城邦民主和自然法的原型人权概念。后来父权为神权所取代,又经历了基督教的世俗化才出现了近代人权概念。在人类进入文明历史的前夜和初期,都是父权为中心的,只是在希腊罗马父权演变为私产权,炸裂了宗法秩序,走向了破裂式文明发展路径,而在中国父系氏族社会演变为亲亲尊尊原则或血亲情理支配下的宗法社会,而开始了连续性文明发展。在中国伦理化法系中,既没有纯粹的义务(基督教伦理中人对神的义务),也没有天生的权利。法律上的权利和伦理上的义务,不是分割开来对立起来的。邓晓芒利用义务和权利的对立概念来解读中国伦理化的法律,是过于简单化了。中国伦理是一种情境化的伦理,即主张特定情境下的亲亲相隐,也主张具体情境中的"不隐于亲",以及"大义灭亲"。这是因为孝既是仁的德目之一,也是即体即用,就其表现体而言,它是必须遵循的,但在特定的时刻,它又是用,仁的表现在于"不隐于亲"以及"大义灭亲"。

牟宗三利用康德伦理学对儒家伦理的义务论解读,是亲亲相隐派儒家伦理普遍化的主要理论依据。"孟子的德性伦理,为义务而义务,为道德而道德,'由仁义行,非

---

① 郭齐勇:《"亲亲相隐"、"容隐制"及其对当今法治建设的启迪》,2007年3月北京大学演讲,载《社会科学论坛》2007年第8期。

行仁义也'、'以仁存心,以礼存心'等等,所表明的难道不是道德的绝对性原则?"①牟宗三、李明辉对儒学的超越解释,是一种西化诠释。一方面把儒学与历史境遇割裂,使其成为普遍真理,也同时使儒学失去了现实的土壤,只能与自由主义的政统和学统"接殖"。康德的自律伦理学是在批判神学伦理学的基础上提出来的,虽然提高了人的主体性,但是和他否定的神学伦理存在着同一个神人对立的逻辑前提。而牟宗三、李明辉等新儒家强要把儒学称为自律伦理学,那肯定是偷换概念。牟宗三把儒家伦理康德化的直接后果,就是否定中国历史,认为中国儒家只有道统的传承,而没有学统和政统的开出。这就和站在西方自由主义立场上的儒学批判没有实质上的区别了。

在郭齐勇看来,儒学的普遍价值只在于,"儒家伦理中自有与民主政治、自由主义、生态环境伦理相接殖的因素,并且可以与当代各思潮(包括女性主义)相对话"②。但是"任何宗教、哲学传统中,伦理价值系统与终极性的本根之学(或曰形上学、本体论)都有不可分割的联系。"③ 与"民主政治、自由主义"接殖,就应当警惕西方"民主政治自由主义"的本体论形上学的侵袭。这大概是郭齐勇对任人唯贤原则轻视的缘由。因此,亲亲相隐派不过是以儒家伦理作伪装的自由主义。

## 三、否定"大义灭亲":亲亲相隐论争的"文革"逻辑

亲亲相隐论争的正反双方的主帅郭齐勇和邓晓芒,都是从彻底否定"文革"的逻辑出发点展开对儒家伦理的认识的,从否定"文革"开始,对中国近现代历史也作出了全面的否定。亲亲相隐派对五四到"文革"的近现代史也作出了全盘否定的评价。只是评价的理由与反方相反,他们认为儒家伦理和文化传统在五四以来遭到了彻底的摧残,至今必须灵根再植。

在论争的第一篇文章中《也谈"子为父隐"与孟子论舜——兼与刘清平先生商榷》(《哲学研究》2002年第10期),郭齐勇就讲道:

> 在十年"文革"中,亲情被阶级斗争所代替,父子、夫妇间相互揭发,人人自危,那正是整个社会政治、伦理和家庭伦理出现大问题大危机的时候。如果我们超越法律的层面而从社会与个体道德、公德与私德,乃至宗教信仰、终极关怀的层面考虑问题,我们就会宽容理解"父子互隐"的命题。这种互隐的底层,是伦理的常态,而一旦父子、夫妇的相互告发、相互批判等等伦理关系的非常态成

---

① 郭齐勇:《"亲亲相隐"、"容隐制"及其对当今法治建设的启迪》,2007年3月北京大学演讲,载《社会科学论坛》2007年第8期。
② 同上。
③ 同上。

为常态、普遍化，甚至公开倡扬，那人们无异于处在人相食的场景中。

概言之，其论证就是，文化大革命否定隐私，提倡大公无私和大义灭亲。现在要否定这个命题的前件，所以也就否定了后件，即彻底否定大公无私和大义灭亲，而由亲亲互隐取而代之。在亲亲相隐派看来，亲亲相隐成为儒学复兴的根本出发点。

刘清平指出，郭齐勇利用"文革"论证"亲亲相隐"存在着逻辑上的错误，否定"文革"不等于肯定亲亲相隐："郭先生以及丁先生还提到'文革'中'父子、夫妇间相互揭发，人人自危'的病态现象，在我看来也完全不能反证'父子互隐'是伦理的常态。郭先生以及丁先生自己也很清楚，当时这类'父子互告'的内容，根本不是拙文中讨论的诸如偷羊、杀人之类无可置疑的违法犯罪行为，而完全是一些缺乏任何法律根据的莫须有罪名，因此纯属诬告（这也是这类'父子互告'受到人们痛恨的最根本的原因）。而我批评孔子主张'父子互隐'，当然不是鼓励父子之间随意诬告；这就正像孔孟主张'杀身以成仁'当然不是鼓励人们随意自杀一样。有鉴于此，我实在不明白郭先生以及丁先生以此作为论据，究竟是想证明一些什么——难道是试图证明'文革'与传统儒家正相反对，所以只要坚持传统儒家就能避免'文革'么？但这里不妨借用丁先生文中的一句话：'"文革"口头上的彻底决裂与实际上的沉渣泛滥，就是不远的殷鉴。'"①

由此，从否定"文革"的父子诬告，根本不能论证出父子互隐的结论。

亲亲相隐派的"文革"系谱学扩展为一种现代史学，这就是从"五四"到"文革"再到"河殇"的历史是一个对传统文化摧残的历史。"让亲人从亲人的证人席上走开……对修订现行的、沿袭革命法律的'刑事诉讼法'的相关内容，有着现实的意义。"② 郭齐勇认为邓晓芒的新批判主义，来自"文革"大批判："他标新立异提出的所谓'新批判主义'，对中国文化极尽谩骂、诋毁之能事，与'文革'大批判相比，并没有任何新的东西。如果勉强说有什么'新'的东西，那就是更加离谱，更加渲染、放大民族的劣根性，全盘否定中国人的人性、人格与道德价值。"③

邓晓芒对儒家伦理的批判，也是从反思"文革"开始的。他认为"文革"是儒家氛围中发动起来的，恢复儒家正统地位，就等于为第二次第三次"文革"做准备。"'文革'的批孔运动恰好是在君权至上、'三忠于四无限'、'罢黜百家独尊一术'的儒家氛围中发动起来的。同理，恢复儒家正统地位，也就等于要恢复'文革'最重要

---

① 刘清平：《再论孔孟儒学滋生腐败的负面效应——兼答郭齐勇、杨泽波、丁为祥诸先生》（上、下），"孔子2000 网站" 2003 年 6 月 20 日 http://www.confucius2000.com/scholar/zlkmrxzsfbd-fmxyjdgyd01.htm
② 郭齐勇：《儒家伦理争鸣集——以"亲亲互隐"为中心》序，湖北教育出版社 2004 年版。
③ 郭齐勇：《〈儒家伦理新批判〉之批判》序言，《中国文化》2011 年第 1 期。

的意识形态基础,为第二次、第三次'文革'做准备。"① 邓晓芒对五四和 80 年代两次启蒙评价都很低,在他看来,这两次启蒙都是不彻底的。参与启蒙的学者往往都接受了新权威主义或转变为新左派,"归根到底都是由于没有摆脱儒家士大夫治国平天下的社会政治理想"。在邓晓芒眼里,两次启蒙的失败,原因在于鲁迅等人在潜意识中还是"儒家信徒"。邓晓芒认为他要超越以往的启蒙,就是要进行自我批判,以割肉还母,剔骨还父。这就是用他精心打造的西方文化模式来对照和否定中国文化。"所以,我对儒家伦理的批判,决不可等同于以往的启蒙思想家对儒家的批判。"②

从邓先生对于儒家伦理反向理解所可能带来的结构性腐败的忧患意识,邓先生本来从其儒学批判中有走向基督教信仰的一个选择,但是邓先生不喜欢超越的神,仍然眷恋中国这个推扩而来的大家庭。如果不能遗弃它,那就证明了其可取之处。可见邓先生的传统文化批判其出发点是对儒学"重新进行学理上的建构"的需要。"承认我自己也不过是一个自我反思、自我批判的儒家知识分子罢了!"③

保守主义和西化派都不能对中国历史和现实有正确的认识,他们要么教条主义地把儒家特定历史阶段的宗法思想当作儒家真谛,要么不分青红皂白对儒家思想一概否定。

---

① 邓晓芒:《儒家伦理新批判》序言,《中国文化》2009 年第 2 期。
② 邓晓芒:《儒家伦理新批判》序言,《中国文化》2009 年第 2 期。
③ 同上。

# 敬之义大矣哉*
## ——社会转型与礼乐文化重建

曲阜师范大学孔子研究所副教授 宋立林

近百余年来,我们的历史使命在于从传统社会向现代社会的转型。现代化固然代表了人类社会发展的必然趋势,不可阻挡,相应的传统的道德、伦理也必然要转变为现代的道德、伦理。现代伦理及道德要求以自由、平等为基础,传统的以礼为中心的伦理关系需要做出根本性的变革。①但却不意味着传统的礼乐文化已经完全失效。同时,现代化本身也存在着诸多问题,其中之一就是西方社会学大师马克斯·韦伯曾说的现代化的"除魅"。然而"除魅"的结果却是"这个世界不再有魅力"(史华慈语)。毕竟在西方还有基督教的上帝,可令人心存敬畏,因此基本能保持一种理性与信仰的平衡。可是在中国,伴随着泛科学主义和伪自由主义的盛行,儒家所倡导的"诚敬"理念被等同于迷信愚昧,以扼杀理性与自由的"罪名"被人遗弃了。然而,当一切都"无所畏"的时候,那就一切都"无所谓"了。试看当下诸如肆意污染环境,资源枯竭;恶搞历史名人,毁弃传统文化;学者抄袭造假;官员贪污腐败;公务员玩忽职守;醉酒驾车;官二代、富二代飙车撞人;毒大米、毒水饺、毒奶粉泛滥等,可谓丧心病狂,令人发指!无不表明当代人对自然、对历史、对知识、对民族甚至对生命都丧失了起码的敬畏之心。试想,如果这种风气继续弥漫扩张而得不到控制,我们这个有着五千年古老文明的民族,不知将如何自存于世界民族之林?对于这些社会问题,当然需要加强社会主义法治,但是毫无疑问,自律性的道德也必须得到应有的重视,使法治与道德相辅相成,相得益彰,才能有效解决当前的诸多社会问题。

在这种情况下,我们有必要从传统儒家文化中汲取有益的经验。而在博大精深的儒家文化体系中,礼乐文化是常常被人提及,但又特别容易误解和曲解的。但无可否认,今天的社会需要礼乐文化的重建。

一

近代以来,儒学处于"花果飘零"的境遇,成为所谓"游魂",开始被边缘化。

---

\* 本文系国家社科基金青年项目"孔门后学与儒学的早期诠释"(12CZX029)的阶段性成果
① 邹平林:《道德滑坡还是范式转换?——论社会转型时期的道德困境及其出路》,《道德与文明》2011年第2期。

尤其是"文革"时期，儒学更是被妖魔化。近几十年来，国学热兴起，儒学方开始被人们平心静气地进行研究和评析。然而由于长时期的文化断裂，人们对儒学依然充满了误解。一个显著的现象就是，在儒学研究领域，一提到孔子的核心思想，以仁与礼二者为荦荦大端，大多对孔子儒学持肯定态度者多主张孔子思想的核心为仁；反之凡是对孔子儒学持批判或否定立场者则认为孔子的思想核心在礼。显然，在大多数学者看来，礼代表了孔子思想中的落后、保守的部分，是应该予以扬弃的。这种认知，在当前的国学热潮中也得到体现。其实，这种对礼的否定性认知，其实渊源于五四时期，乃至晚清末期。

1918 年，在新文化运动如火如荼之际，鲁迅发表了《狂人日记》，借狂人之口愤慨写道："我翻开历史一查，这历史没有年代，歪歪斜斜的每叶上都写着'仁义道德'几个字。我横竖睡不着，仔细看了半夜，才从字缝里看出字来，满本都写着两个字是'吃人'！"① 随后，被胡适之称誉为"只手打孔家店的老英雄"吴虞，将礼教与吃人联系起来。他说："孔二先生的礼教讲到极点，就非杀人吃人不能成功，真是惨酷极了！一部历史里面，讲道德说仁义的人，时机一到，他就直接间接的都会吃起人肉来了。""我们如今，应该明白了！吃人的就是讲礼教的！讲礼教的就是吃人的呀！"② 自兹而后，"礼教吃人"说便成了人们对中国礼乐文化的基本认知。尤其是在左翼作家那里，以"革命斗争"的立场，采取"非此即彼，非白即黑"的二元思维，以传统家庭为代表的旧秩序为主要攻击目标，以反封建、反专制为鹄的的文学创作，比比皆是。传统礼教在这种"暴风骤雨"般的新文学"塑造"下，几乎完全被"妖魔化"了。而民众在不断被这种观念一步步"形塑"的过程中，历史的真相就被淹没了。传统的礼教与吃人二者完全对等起来。虽然这是典型的化约式思维，但是很长时间内没有引起人们的反思。而且随着西学东渐的日趋深入，中国人关于礼与法的看法就发生了地覆天翻的转变。今天的很多国人，一般都认为法治代表了进步，礼治则是历史的沉渣，给中国带来了无尽的灾难，应该抛弃。这无疑也是一种十分表面的肤浅之见。③

当然，智者还是有的。但并没有引起人们的注意。不过，时过境迁，我们今天重温那些"异见"，似乎可以感受到"礼教吃人"说的偏僻了。现代著名政治学家萧公

---

① 鲁迅：《狂人日记》，《鲁迅全集》第 1 册，人民文学出版社 2005 年版，第 447 页。
② 吴虞：《吃人与礼教》，蔡尚思主编：《十家论孔》，上海人民出版社 2006 年版，第 84、85 页。
③ 对此，钱宾四先生就专门作过讨论。他在《湖上闲思录·礼与法》中提到："比较而言，礼之外面像是等级的，其实却是平等的。法之外面像是平等的，其实则是等级的。礼是导人走向自由的，而法则是束缚限制人的行为的。礼是一种社会性的，而法则是一种政治性的。礼是由社会上推之于政府的，而法则是由政府而下行之于社会的。无论如何，礼必然承认有对方，而且其对对方又多少必有一些敬意的。法则只论法，不论人。杀人者死，伤人及盗抵罪，那曾来考虑到被罚者。因此礼是私人相互间事，而法则是用来统治群众的。礼治精神须寄放在社会各个人身上，保留着各个人之平等与自由，而趋向于一种松弛散漫的局面。"（《湖上闲思录》，读书·生活·新知三联书店 2000 年版，第 48 页。）

权在其回忆录中对旧家庭"礼教"有如此评论:"五四运动的健将曾经对中国旧家庭极力攻击,不留余地。传统家庭诚然有缺点,但我幸运得很,生长在一个比较健全的旧式家庭里面。……我觉得'新文化'的攻击旧家庭有点过于偏激。人类的社会组织本来没有一个是至善至美的,或者也没有一个是至丑极恶的。'新家庭'不尽是天堂,旧家庭也不纯是地狱。"① 虽然所论限于旧家庭,但其心态之平和,看法之公允,令人感佩!文中所揭示的旧家庭毫无"礼教吃人"的味道。于是,我们就应当推而广之地予以反思,近代以来所形成的"礼教吃人"的"印象"是可靠的吗?

礼教吃人吗?回答这一问题,须本着历史主义的态度予以分辨。不可否认,历史上确实存在着不少类似的事件,现代作家和文艺家已经做了大量的考察,比如对寡妇改嫁问题、妇女贞节问题,到了明清两代尤其突出。由于日益严格的社会礼教思想,很多妇女竟然"自觉"地摧残甚至牺牲以博得礼教的赞誉,说来十分可叹亦复可悲。对于礼文化的负面认知,至今仍为学者所重视。如有学者对传统礼教的工具性与虚伪性进行了分析,进而指出了传统礼教存在的严重问题及当前礼仪教育存在的不足,自然应该引起人们的重视。② 不过,在对传统礼教的负面价值予以批判的同时,我们也应该积极地去弘扬其正面意义。为此我们应该分辨几个问题。

第一,孔子儒家与后儒之间的区别。我们应该注意,孔子、孟子等原始儒家所主张的礼教与后世尤其是明清礼教有非常大的不同。孔子关于"苛政猛于虎"的看法,关于"始作俑者其无后乎"的说法;孟子关于"嫂溺于水"和"男女授受不亲"如何化解的态度,与所谓"吃人的礼教"风马牛不相及。今天我们继承礼乐文化的精华,就应该"反本开新",回到儒家的源头孔子那里去汲取智慧。

第二,任何事物、任何制度、任何文化都有两面性,所谓"一阴一阳之谓道",有利必有弊,关键要看何者为主。在过去两千多年中,礼教固有工具性与虚伪性甚至"吃人"之弊,但礼教在中国文化中所起的积极作用远远大于消极作用。礼,实际上发挥着更重要的功能——成人,也就是使人摆脱野蛮进入文明,成为真正意义上的人。因此,我们"不能因噎废食,因为末流之弊而废弃本源的意思"③,将儒家礼乐教化完全否定了事。

第三,人类社会及文化是一个十分复杂的综合系统,思想观念在现实中的具体落实会受到各种条件的限制,在历史的演变中有可能走样、变形、异化。因此,我们应该将思想观念与制度落实、现实影响作一适当的区隔,而不能等同起来。以礼教为例,由于儒家的礼乐教化思想必然要落实到社会中去,尤其是在传统等级社会、皇权帝制

---

① 萧公权:《问学谏往录》,黄山书社2008年版,第11页。
② 江净帆:《论传统礼教的工具性与虚伪性——兼论当前礼仪教育的价值取向》,《道德与文明》2011年第2期。
③ 贺麟:《文化与人生》,上海人民出版社2011年版,第57页。

时代，更是被纳入到维护皇权的制度设计之中，必然会逐渐工具化，产生各种弊端。经过五四新文化运动对儒家文化负面作用的批判，反而给儒家文化的新发展提供了契机。正如贺麟先生所说："新文化运动的最大贡献在于破坏和扫除儒家的僵化部分的躯壳的形式末节，及束缚个性的传统腐化部分。它并没有打倒孔孟的真精神、真意思、真学术，反而因其洗刷扫除的功夫，使得孔孟程朱的真面目更是显露出来。"因此"五四时代的新文化运动，可以说是促进儒家思想新发展的一个大转机"①。随着皇权的终结和等级的废弃，社会制度发生了天翻地覆的变化，社会主义中国的民主、自由、平等的社会条件为礼乐发挥积极作用，减少其工具化与虚伪化提供了前所未有的契机。可以想见，礼乐文化的"成人"的功能在今后将会有更好的发挥的空间。

## 二

礼（广义的礼包涵乐）是儒家也是中国文化最为突出的一个特征。在儒家看来，礼是人类区别于动物界的标志，也是从野蛮进入文明的标志。"鹦鹉能言，不离飞鸟。猩猩能言，不离禽兽。今人而无礼，虽能言，不亦禽兽之心乎？……是故圣人作，为礼以教人，使人以有礼，知自别于禽兽。"一个人或一个社会，只有有了礼，才能算是一个文明人、文明社会。因此，孔子和儒家格外重视礼。儒家认为，"道德仁义，非礼不成，教训正俗，非礼不备。分争辨讼，非礼不决。君臣上下父子兄弟，非礼不定。宦学事师，非礼不亲。班朝治军，莅官行法，非礼威严不行。祷祠祭祀，供给鬼神，非礼不诚不庄。"（《礼记·曲礼》）礼（包括乐）构成了孔子思想非常重要的组成部分。孔子生活在一个"礼坏乐崩"的无道之世，他一生孜孜以求的就是要恢复周公所奠定的礼乐文明秩序。而周公所开创的礼乐文明格局也并非向壁虚造，而是渊源有自，"损益"夏商之礼而来。而再往前追溯，礼的起源可谓十分久远。

礼，是人类社会发展到一定阶段的产物，是人类由野蛮到文明转变的标志。它可能起于社会生活的需要，这种需要表现在确立秩序，防止争乱，后来又用于祭祀，其中的诚敬的内心要求更为突出。最后，宗教色彩日益淡化，人文精神愈发凸显。周公和孔子，是中国礼乐文明发展过程中具有里程碑式的关键人物。西周初年，周公以其伟大的创造力，在继承唐虞夏商文明的基础上，因革损益，制礼作乐，形成了一套完善的礼乐制度，奠定了中国礼乐文明的基本格局。在这一格局中，礼具有核心地位。它包罗甚广，可以看作文化的代名词。有人说，中国文化就是礼文化，是一点也不过分的。② 礼，这个字在西方字典里没有对应的词。把"礼"翻译为礼貌、礼节、礼制

---

① 贺麟：《文化与人生》，上海人民出版社2011年版，第12页。
② 邹昌林：《中国礼文化》，社会科学文献出版社2000年版，第14~15页。

都不够全面和准确。周公之礼被孔子所继承并进行了创造性的转化,提出了"礼乐教化"的思想。

如今一提到"礼教",国人往往会报以厌恶的目光。但如果我们回到源头,去看看孔子的礼教思想,就会发现其本来面目和永恒价值。礼教,作为一个成词,似乎最早为孔子提出。他对《诗》、《书》、《礼》、《乐》、《易》、《春秋》六部经典都有极为深厚的修养,提出了"六经之教"的深刻看法。他说:"广博易良,《乐》教也,……恭俭庄敬,礼教也。"(《礼记·经解》)礼教,即以礼为教,用礼来进行教育、教化的意思,经常与"乐教"并提。《史记·孔子世家》记载孔子"以《诗》、《书》、礼、乐教,弟子盖三千人焉,身通六艺者者七十有二人"。

"行修言道,礼之质也。"(《礼记·曲礼》)孔子"礼乐教化"的目的正是在于培养具有高尚道德和治世才能的君子,希望他们能够通过修身、齐家进而治国、平天下,实现儒家的"内圣外王"之道的理想。因此,孔子之道就是成人之道,孔子之教就是君子之教。而孔子用以培养君子的正是《诗》、《书》、礼、乐。在孔子儒家看来,礼实际上包含着礼仪、礼制和礼义等互相支撑、互相依存的三个层面,而其中最为根本的是礼义。因此,林放问"礼之本",孔子十分欣慰,连称之曰"大哉问"(《论语·八佾》)。礼义与礼仪既密切相关,又存在根本区别。《左传·昭公五年》记载,有一次鲁昭公去晋国访问,"自郊劳至于赠贿,无失礼"。晋侯称赞其"善于礼",而晋国大臣女叔齐则认为"鲁侯焉知礼"?他指出,鲁昭公虽然"自郊劳至于赠贿,礼无违者",但是这些"是仪也,不可谓礼"。在女叔齐看来,所谓"礼",是"所以守其国,行其政令,无失其民者也"。而鲁昭公则不懂这些大道,仅仅"屑屑焉习仪以亟",执着于细微的礼仪末节,实在是背道而驰的愚蠢做法。而在《左传·昭公二十五年》记载,也记载"子大叔见赵简子,简子问揖让周旋之礼焉"。子大叔也认为,简子所问的所谓"揖让周旋之礼"只不过"是仪也,非礼也"。礼是什么呢?"夫礼,天之经也。地之义也,民之行也。"由此看来,在孔子之前,很多贤人已经注意到礼与仪的区别。这正是春秋时代"礼坏乐崩"的征象。春秋以降,周代礼乐文化趋于衰微,出现所谓"礼坏乐崩"的局面。而所谓"礼坏乐崩"的内涵,一方面是指大量僭越礼制的现象出现;另一方面则是指人们大多只注意到礼仪而忽视了礼义,徒具形式而失去了礼的本质。

孔子对当时人们片面追求礼仪而忽视礼义的现象,感叹道:"礼云礼云,钟鼓云乎哉!乐云乐云,玉帛云乎哉!"(《论语·阳货》)又云:"人而不仁,如礼何?人而不仁,如乐何?"(《论语·八佾》)实际上,重视礼仪而忽视礼义,正是所谓礼教"虚伪性"的根源,而这正是孔子早已注意到并极力反对的。对于"虚伪"之恶,孔子早已有所察觉和批评。他说:"乡愿,德之贼也。"根据后世的训释,所谓乡愿就是那种好好先生,这种人表面上彬彬有礼,但是却毫无原则性和真诚的情感,是虚伪的表现。孔子认为,这种人是道德修养的蠢虫。《论语·公冶长》记载:"子曰:'孰谓微生高直？或乞醯焉，乞诸其邻而与之。'"这种虚伪实际上就是在破坏道德。因此孔子对那种"巧言、令色、足恭"（《论语·公冶长》）者十分不满，以为是"可耻"的。但是这并不表明孔子不重视礼仪，只不过他更强调礼的形式与内涵的完美结合。他指出，"文胜质则史，质胜文则野，文质彬彬，然后君子"。这句话虽然并不是针对礼而发，但是却可见其对礼仪与礼义之完美结合的追求。

与此同时，孔子本着"时中"的中庸主义立场，对礼也主张与时俱进，根据时代和地域的特点进行"因革损益"："殷因于夏礼，所损益可知也；周因于殷礼，所损益可知也。"他虽然是古代文明的"集大成"者，但是对于古代文化也并非照单全收，而是根据时代需要而有所取舍，所谓"行夏之时，乘殷之辂，服周之冕，乐则韶舞"（《论语·卫灵公》）是也。他更反对泥古不化地遵循古礼，因此他说："愚而好自用，贱而好自专，生乎今之世反古之道，灾及其身者也。"（《礼记·中庸》）

孔子对礼乐文化的认识，对礼教的重视，尤其是对礼仪与礼义即礼乐的形式与内涵统一的追求，对礼乐进行因革损益的思想，都给今天的我们以启发。如何能够发挥礼乐的教化功能，促进人的道德的提升，使当下的中国人的教养有所改善和提升，促进和谐社会的建设，正是我们所应该思考的。

## 三

儒家的礼乐教化首先在培养一个人的教养，进而促进社会的有序化，最终达致社会的和谐。在这一方面，孔子就是典范。礼乐教化之价值，完全可以从孔子身上体现出来。孔子完全是礼乐文化熏陶出来的人物，他身上无时无刻不表现出礼乐的精神。孔子的弟子这样描绘老师的形象："望之俨然，即之也温。"（《论语·子张》）"温而厉，威而不猛，恭而安。"（《论语·述而》）而《乡党》一篇更是可见孔子身上散发着浓郁的礼乐气质馨香，其一举手、一投足，都符合礼乐的精神。

公民是社会的细胞，个人的素养问题关涉整个国家、社会的整体文明水平。对于当下公民的教养问题，或曰素质修养，人们大都会表示一种担忧或不满。一个"礼仪之邦"居然成了令人讨厌的没有文明教养的国度。正如《诗经》所讥讽的那样："相鼠有皮，人而无仪。人而无仪，不死何为！……相鼠有体，人而无礼。人而无礼，胡不遄死！"而孔子早就说过："不学礼，无以立。"人们在缺失礼乐教化的条件下，片面追求物质利益，而忽视了道德修养，从而使"富裕"与"文明"之间出现了极大的张力。人们呼唤一个"富裕的中国"更要进一步发展为"文明的中国"。其实，之所以造成今天的局面，与百余年来对传统礼乐文化的打击有关，尤其与"文革"的破坏有关，更与中国的经济发展状况有关。

"文革"时期，把传统礼乐文化都当作复古、倒退、反动的东西打碎了。而随着改革开放，西方文化大量传入，此后，以"个性"、"自由"为名，将礼貌、礼节视为"虚伪"、"束缚"、"枷锁"，一切礼仪、一切文明都被认为虚伪，而粗俗、无礼成为一种追求。"斯文扫地"俨然成了整个中国文化的宿命。同时，正如《管子·牧民》上所讲："仓廪实则知礼节，衣食足则知荣辱。"也正是由于改革开放后中国的经济水平有了大幅度的提升，教养的缺失才会引起人们的重视和关注。不过，人们所重视的还大多限于礼仪层面，而对于礼的内涵和精神则往往疏于理解和把握。

　　针对当下的国民教养问题，可以发现儒家传统的礼乐教化思想依然可以发挥作用。今天固然需要"新礼"来适应现代社会，儒家礼乐精神本身亦是内蕴着"因革损益"、"与时俱进"的意识的。礼乐文化在形式上自然需要"因革损益"，根据时代特点予以扬弃和革新。不过"必定要旧中之新，有历史有渊源的新，才是真正的新"①，因此新礼乐的确立，也必须从传统礼乐所蕴含的深邃精神中汲取营养，因为其于塑造国民的民族认同，提升国民的个人教养，促进社会的整体和谐皆具重要价值。

　　我们知道，儒家礼乐教化的根本精神，可一言以蔽之曰："敬"而已矣。如果没有了敬作为灵魂，则礼乐也只是徒具形式而已，其流于虚伪则是必然的。因此，礼仪的教育固然需要，但我们应该更强调和重视礼义的培养。

　　敬是礼的最根本的要求。《孝经》说："礼者，敬而已矣。"《礼记·曲礼》开篇即云："毋不敬。"范祖禹解释道："经礼三百，曲礼三千，一言以蔽之，曰毋不敬。"打开《论语》，我们可以发现孔子对敬之重视。子张向孔子问"行"，孔子说："言忠信，行笃敬，虽蛮貊之邦行矣。言不忠信，行不笃敬，虽州里行乎哉？"（《论语·季氏》）言行是人内在德性的外在表现。言之"忠信"、行之"笃敬"，其实都来自于内心的"敬"。需要注意的是，在孔子、儒家那里，敬包涵两层意思，一是外在的恭敬之行；一是内在的敬畏之心。故训有云："恭在貌，敬在心。"内在的敬畏之心是外在恭敬之行的根基所在。即以孝为例，《论语·为政》上说："今之孝者是谓能养，至于犬马，皆能有养，不敬何以别乎？"今天我们很多人理解的孝，所行的孝便仅仅停留在"能养"的层次。缺乏敬意的孝道，又怎会带给父母幸福快乐？

　　敬的观念，源于古人的"忧患意识"。郭沫若说："敬者警也，本意是要人时常努力，不可有丝毫的放松。"②那么，为何要警惕？警惕什么呢？我们知道礼起源于祭祀，因此礼首先表现为对神灵的警惕和敬畏。这种敬神的观念逐渐发展演变，在西周初期出现"敬天命"、"敬德"等观念。孔子说："君子有三畏：畏天命，畏大人，畏圣人之言。"正是古时传统的延续。此处所谓"畏"，非畏惧、惧怕之义，而是敬畏之义，是指由敬重而生发的"惶恐"、"怵惕"之感。这种"惶恐、怵惕"之敬畏感，即

---

① 贺麟：《文化与人生》，上海人民出版社2011年版，第56~57页。
② 郭沫若：《先秦天道观之进展》，《郭沫若全集·历史编》第1册，人民出版社1982年版，第336页。

是人类自觉己身之微渺而生的谦卑之心，自觉德业之重大而有的责任之感。人知谦卑，而能自尊尊人；人知责任，方可自弘弘道。儒家所谓"天地之性人为贵"，在这一意义上才是成立的。因此，"敬"一直是儒家所强调修身之本。敬，与恭、畏等义近，可导出谦、让、谨、慎、勤、俭之德；与忠、信等义通，可引入真、诚、和、谐、美、善之境。因此，敬之于修身，其义大矣哉！

敬畏是一种心态、一种修养，更是一种境界、一种信仰。古人祭祀社稷，是对天地的敬畏；祭祀山川，是对自然的敬畏；祭祀祖先，是对生命的敬畏；祭祀孔子，是对圣哲的敬畏。在古代民间，还有一种"敬惜字纸"的风俗信仰。古人认为，糟蹋字纸，就是对圣人和文化的亵渎。据《燕京旧俗志》记载："污践字纸，即系污蔑孔圣，罪恶极重，倘敢不惜字纸，几乎与不敬神佛，不孝父母同科罪。"就表现了人们对文化的虔诚与尊重。正是这种处处心存敬畏的传统所铸就的文化命脉，成就了中华文明之屡经磨难而绵延不绝。正如著名学者刘梦溪先生《"敬"是社会人伦的基本道德价值》一文所言："'敬'既是道德伦理，又是中国人和中国社会普遍持久的人文指标。可以看作是中国文化话语里面的具有永恒价值的道德理性。先秦的儒家和宋儒提倡'主敬'，目的是使中国人的文化性格庄严起来。如果说，在宗教与信仰层面，儒家思想尚留有一定空缺的话，那么'主敬'思想应是一种恰如其分的补充。'敬'虽然不是信仰本身，但它是中国文化背景下通向信仰的直接桥梁。"

礼虽然源自祭祀的敬神敬祖，但更主要的在于人际交往，其原则就是"自卑而尊人"，对交往对象的尊敬。《礼记·曲礼》说："夫礼者，自卑而尊人。虽负贩者，必有尊也，而况富贵乎？"自卑不是卑躬屈膝的意思，是一种谦和、谦恭、谦让。比如我们提倡公交车或地铁上为老弱病残幼让座，按照市场经济原则，个人付了车票自然应当有座，这是权利；但是礼却要求尊敬长辈，爱护弱势群体，应当让座。这是人类道德的要求，是一种美德，体现了人的生命高贵。

"敬畏之心"不可无！宋儒说，敬之一字，聪明睿智皆由此出。现代人之虚妄、放肆、怠慢、鄙诈，必待"敬"而后去，真实、谦卑、勤俭、宽和，必待"敬"而后至。重新唤醒早已失落的"敬畏之心"，"言忠信，行笃敬"，才是我们通向美好未来的康庄通衢。而这都需要我们重温儒家礼乐文化的真精神、真内涵。

# 儒家社会保障思想的现代价值

山东社会科学院历史所所长、研究员 孙聚友

儒家文化作为中国传统文化的主体组成部分,是以建构和践履人类自身生存发展的人文之道为其核心内容的,是以达致修己安人、内圣外王的价值取向为其本质特征的。修己的价值取向,在于个体成就自身的道德完善;安人的价值取向,在于社会实现和谐有序的进步发展。安人的内容具体表现为:建构人人安于其位的社会运行秩序,实现人人得以生存的社会保障体制。由此可见,建立和实施完善的社会保障体制,是儒家思想的重要组成内容。由此,儒家形成了极为丰富的社会保障思想。这主要有:实行养民富民的爱民仁政,保护弱势群体的生存权利,倡导扶危济困的道德风尚,实现有效的社会保障制度。社会保障制度是一个社会不可或缺的重要制度,它在维护社会秩序稳定,保障人民安居乐业,推动社会进步发展中,具有不可忽视的作用。社会保障事业的健全完善,必须要在观念上进行更新,在制度上加以完善,在行动上贯彻落实,这三个方面缺一不可。而儒家的社会保障思想,对促进当前社会保障事业的进步发展,有其可资借鉴的现代价值。

## 一、儒家社会保障思想的理论基础

儒家的社会保障思想,一是建立在以民为本的政治理论基础上,二是建立在仁者爱人的道德理论基础上。这二者实际上,都是以人为本的理论。儒家以民为本的理论,不仅充分肯定了民众在社会中的地位和作用,而且明确指出了为政要保证民众的生存。儒家指出,民众在社会发展和政权转移中,具有决定性的地位和作用。孟子在对夏、商、周三代历史的分析中强调,能否获得民心,决定着政权的兴亡。他说:"三代之得天下也以仁,其失天下也以不仁。国之所以废兴存亡者亦然。"[①] 夏、商、周三代的得失天下,就在于仁与不仁。只有实行爱民的仁政,才能得到民众的支持。失去民心,就会失去天下,而要得到天下,就要保证民众的生存需求,实行保民爱民的仁政。荀子也引证了典籍中将君与民的关系比作舟与水的关系,"传曰:'君者,舟也;庶民者,

---

① 《孟子·离娄上》。

水也。水则载舟，水则覆舟。'此之谓也。故君人者，欲安，则莫若平政爱民矣"①，指出实现社会的稳定，政权的巩固，必须实行爱民的仁政。他进而强调说："天之生民，非为君也；天之立君，以为民也。"② 上天生育了民众，并不是为了满足君主治理民众的私欲，恰恰相反，君主的设立，就在于让其完成保护民众生存的社会职责。

基于民众在社会发展和政权转移中的决定地位和作用，儒家指出，为政必须实行以民为本、重民爱民的政策，实施社会保障，保证民众的生存，特别是弱势群体的生存。孟子曾以周文王为例，指出文王之所以能够为周朝政权的创建奠定下厚实的根基，就是由于其在政治活动中实行了保民爱民的仁政，能够重视保证弱势群体的生存。他说："老而无妻曰鳏，老而无夫曰寡，老而无子曰独，幼而无父曰孤。此四者，天下之穷民而无告者，文王发政施仁，必先斯四者。"③ 周文王在政治活动中，实行养民爱民的仁政德治，尤能重视社会弱势群体的生存，从而得到了人们的拥护和支持。所以，实施仁政德治，保证民众生存，必须关心社会弱势群体，实行社会保障制度。由此可见，儒家以民为本的理论，其价值在于，指出了社会中的每一个人，都有其不可剥夺的生存权利，保护每个人的生存权利，这既是为政者所应担负的职能和和义务，更是人道社会所具有的特征。

儒家社会保障思想的形成，还有其道德上的理论基础。儒家指出，仁是人的存在的本质属性的规定，"仁也者，人也；合而言之，道也"④。仁，既是指人之所以为人应具有的仁爱道德，又是指社会运行发展应实施的仁政德治人道。它表现于人的存在的各个方面，贯穿于社会活动的所有领域。无论是儒家学者对于人的存在的本质属性阐发，还是对于社会运行发展的人道揭释，都是围绕着仁德而展开的。荀子指出："有社稷者而不能爱民，不能利民，而求民之亲爱己，不可得也。"⑤ 由此仁德出发，儒家指出，实施社会保障，关心民众生存特别是社会弱势群体的生存，是人所应具有的仁德，是人道社会的基本特征。

孟子在论证人所应具有的道德时指出，恻隐之心是人与动物区别开来的心理特征，是人人皆应有的仁爱之德，恻隐仁爱的道德的推广扩充，其表现之一就是要实施社会保障。所以，恻隐仁爱的道德落实于为政者，表现为实行保民养民的仁政德治，以"不忍人之心"，行"不忍人之政"，这就是为政者所应具有的道德。恻隐仁爱的道德落实于普通的人，就是要在力所能及的情况下，尽己之力，友爱互助，济危扶困，故孟子说："乡田同井，出入相友，守望相助，疾病相扶持，则百姓亲睦。"⑥ 这就是普

---

① 《荀子·王制》。
② 《荀子·大略》。
③ 《孟子·梁惠王下》。
④ 《孟子·尽心下》。
⑤ 《荀子·君道》。
⑥ 《孟子·滕文公上》。

通人所应具有的道德。由此恻隐仁爱道德出发，儒家指出，保证人人生存，关心弱势群体，实施社会保障，是人之所以为人的道德要求，是源自人心内具的道德善端，是每个人都应努力去实践的道德行为。因此，儒家论证了社会保障的产生，具有其内在的道德依据，友爱互助、济危扶困的社会保障行为，这是人的道德的重要特征。儒家建立在道德根基上的社会保障思想，有力地推动了传统社会的进步发展。

## 二、儒家的社会保障思想的内容

儒家的社会保障思想，其内容表现为：既主张实行养民富民的爱民仁政，又主张保护弱势群体的生存权力，同时还倡导扶危济困的道德风尚，建立有效的社会保障制度。儒家的社会保障思想，在《礼记·礼运》中所提出的"大同"社会有着集中的阐述。孔子曰："大道之行也，与三代之英，丘未之逮也，而有志焉。大道之行也，天下为公。选贤与能，讲信修睦，故人不独亲其亲，不独子其子，使老有所终，壮有所用，幼有所长，矜寡孤独废疾者，皆有所养。男有分，女有归。货恶其弃于地也，不必藏于己；力恶其不出于身也，不必为己。是故，谋闭而不兴，盗窃乱贼而不作，故外户而不闭，是谓大同。"大同社会，就是孔子所说的尧舜尚且没有达到的"博施于民，而能济众"的圣德境界的社会。在这一尽善尽美的理想社会中，有着极为完善的社会保障制度，社会中的每个人皆有"所终"、"所用"、"所长"、"所养"，拥有得到社会保障的生存发展权利，过着丰衣足食的太平生活。所以，儒家指出，实施完善的社会保障制度，是人类所应追求的理想社会的重要特征。

养民富民是儒家社会保障思想的首要内容。儒家认为，实施社会保障，首先要保证民众的生存，这就是仁政德治，它是实现社会稳定的基础，是落实社会保障的根本。

孔子指出，为政首先在做到富民，并提出了"庶、富、教"的为政方法。为政要保证民众的生存，实现民众生活的富裕。孟子则强调，为政者要做到"使民养生丧死无憾也。养生丧死无憾，王道之始也"，"黎民不饥不寒，然而不王者，未之有也"[①]。能否保证民众的生存，是决定社会能否稳定、政权能否巩固的基础。要保证民众的生存，使民养生丧死无憾也，就要让民众有其生存所需要的恒产。为此，孟子提出了"制民之产"的思想。他认为，要保证民众的生存，使民养生丧死无憾也，就要让民众有其生存所需要的恒产，这是发展社会经济，稳定社会秩序的必要条件。因此，发展农桑和养殖业，就能保证民众的生活所需的物质资料，就能做到五十岁的老人可以衣帛，七十岁的老人可以食肉，头发颁白的老人不必为生活奔忙，而可安度晚年，尽享生活的快乐。保证民众的生存，是儒家社会保障思想的核心内容。

---

① 《孟子·梁惠王上》。

保护弱势群体的生存权利,是儒家社会保障思想的又一内容。社会弱势群体由于各种原因,难以保证自身的基本生存。为此,儒家以其人人有其生存权利的人道思想出发,指出社会保障必须关心社会弱势群体,保证他们的基本生存。

儒家指出,为政要想得到民众的拥护,获得民心,必须除害兴利,实行惠民裕民的爱民政策。荀子强调,为政必须关心社会弱势群体的生存,"五疾,上收而养之,材而事之,官施而衣食之,兼复无遗"①,对于各种残疾的人,官府要收养他们,根据他们的能力加以使用,由官府供给衣食,普遍地予以照顾而不遗漏一人,这是王者之政的内容之一。能够实行养民爱民的王者之政,能够关心社会弱势群体的生存,就能得到民众的拥护和爱戴。能够做到爱民养民,整个社会才会形成和谐秩序,实现社会的顺利运行。

关心社会弱势群体的生存,还包括对老年人的生存的关心和重视。为此,儒家特别强调尊老敬老的社会道德。尊老敬老是指对老年人的尊爱和敬重,它不仅包括在物质生活上保证老年人衣食住行的生存需求,而且包括在精神生活上满足老年人情感愉悦的心理需求。儒家尊老敬老的思想,不仅表现于对于具体的老人的尊重,而且展示了对于整个人类生命的尊重。作为社会保障思想的重要构成,它不仅仅是仁政的内容,也不单单是为了政权的稳固,而是从深层意义上显示了对于人的生存权利,特别是老年人的生存权利的尊重和保护。因此,尊老敬老是中华民族自古以来就有的传统美德,是中国古代社会始终重视的为政方针之一。

儒家的社会保障思想,还表现在主张政府应当设置相应的社会保障机构,以保证民众的生存。早在3000多年以前,中国即已出现了后世所谓的社会保障制度的萌芽。此后,尽管王朝有更迭,但随着历史的发展和社会的进步,社会保障的措施越来越具体,覆盖面越来越广阔。而儒家的社会保障思想,在中国传统社会保障制度的形成当中,发挥了重要的作用。

儒家经典《周礼》之中,有着比较系统的关于社会保障作用的说明。首先,它指出,要设立专门官职,负责社会保障事务。如,"太宰"统管全国事务,其中包括平均百姓贡税负担、"以生万民"、"以利得民"、"以富得民"等;"小宰"协助太宰工作,其责职也在于关心民众疾苦,保证民众生存;"大司徒"的职责范围,则在于实行荒政和救济孤寡;"遗人"则具体负责日常及灾荒时的救济与施舍;"司救"则在天灾疫病时,实行"以王命施惠"的职责。其他如"旅师"、"遂人"、"族师"等基层官吏,也都有查明老幼残疾情况,据以施惠、散利、均役的责任。虽然《周礼》中尚未有专门的社会保障机构,但国家极为重视社会保障事务,从中央至地方设置专门的或兼职官员,负责实施对灾民以及老幼残疾、鳏寡孤独、贫穷疾病之人的救济与帮助。其次,《周礼》提出了建立荒政制度,重视灾民救助的社会保障思想。荒政是我国古代政府

---

① 《荀子·王制》。

救济饥荒的政策、法令和制度，其内容就是灾荒之年，要对民众贷给谷种和粮食、减轻各种税赋、宽缓刑罚、免除劳役、开放关市山泽的禁令、免除市场货物的稽查、简化吉礼与丧礼的礼仪、收藏乐器不奏、简化婚礼以增加人民结婚机会、求索重修旧有已废的祭祀、铲除盗贼。这是我国历史上首次提出的系统的荒政制度。特别是其中关于政治、经济上采取的行为，如散利、薄征、缓刑、弛力、舍禁、去几等，都是实现社会保障的重要内容，这些举措具有积极而切实的作用。第三，《周礼》提出了"保息"六政，主张普遍施行社会救助。《周礼·地官司徒》在"大司徒"的职责中指出，"以保息六养万民，一曰慈幼，二曰养老，三曰振穷，四曰振贫，五曰宽疾，六曰安富"，这是六项保民安民养民的政策。"慈幼"即爱护幼小的儿童。"养老"是指尊养年老之人，一是要尊重年高德劭之人，二是要善待鳏寡老人，免除老年人的赋役等事项。"振穷"即救助困穷者，"振贫"是要周济贫苦者。它要求民众之间也要相互救助。"宽疾"即宽免残疾之人的徭役，"安富"是安定富裕之人。可见，《周礼》之中涉及了社会保障制度的许多方面，其所设计的社会保障制度对以后中国传统社会保障机制的发展，产生了深远影响。

先秦之后，儒家思想成为中国传统社会占据主导地位的意识形态，促进了传统社会保障制度的发展。这主要表现在，一是历代政府大多以儒家的民本思想来指导政治活动，倡导以儒家的伦理道德来规范人们的行为，因而他们无不重视社会保障制度的建立，主张要给社会弱势群体提供最低的生活保障。如汉代耿寿昌创建常平仓，隋代建立了义仓义米制度。历代政府都强调在饥荒之年，要做到调节粮价，备荒赈恤；兴办各类济贫、养老和抚幼的慈善机构。二是社会各家庭内部以儒家的"守望相助，疾病相扶持"的理念为准则，形成了以家族自我救助和邻里互助互济为特点的保障机制。分散在各个家族中的祭田、族田、婚田、义庄、义田、义塾等，大都能对族内成员在生养、学业、贫病和婚丧嫁娶等方面遭遇困难时，加以救济。如自北宋范仲淹创置义田以来，社会各个家族中名目繁多的救济方式，对族内成员的生存，发挥了重要的作用。三是儒家的伦理道德推动人们以"老吾老以及人之老，幼吾幼以及人之幼"的仁爱精神，超越了彼此的血缘、地域等界限的束缚，调动社会各方面的因素，建立了多主体投入、覆盖范围广的多层次的社会慈善事业。如中国古代社会中，许多地方上都有由政府倡议、由社会民众共建的集社会公益事业和生、老、病、互救助于一体的保障机构。此外，明清时期，随着商品经济的发展和商人社会影响力的扩大，商人阶层也加入到了社会保障事业中来，并在建立与完善我国古代社会保障制度中扮演了重要的角色。可以说，慈善事业作为独立于家庭之外的社会性的保障机制，在历史上长期的承担着救苦救难的责任，并在某种程度上维系着人类社会的发展。总括而言，中国传统社会保障的内容主要表现为：救治社会贫困人员，实行养老敬老制度，养育弃婴，助学济困，救治贫病，理丧恤葬等方面，它对于传统社会的稳定和发展，发挥了重要的作用。

## 三、儒家社会保障思想的现代价值

社会保障制度是以国家立法的形式确定的、国家和社会的一种责任和制度，它在维护社会秩序稳定，实现人民安居乐业，推动社会进步发展中，具有不可忽视的重要作用。任何社会都会有天灾人祸，都会有一部分人由于先天或后天的原因而暂时或永久地丧失劳动能力，都会有生、老、病、残、伤、死者，都会有鳏、寡、孤、独、贫困者，政府和社会有责任来保障他们的生存。弱势群体的产生及其规模的不断扩大，已经构成了影响社会稳定与发展的重要风险因素之一。由于弱势群体具有经济上的低收入性、生活质量的上的低层次性、政治上的低影响力和心理上的高敏感性，决定了他们在社会生活中具有极大的脆弱性，也意味着他们仅仅依靠自身的力量很难迅速摆脱生活中的困境。因此，必须加大力度促进社会保障事业的快速发展。

儒家的社会保障思想，它不仅在古代社会曾产生积极的作用，同样对推进当前社会保障事业的成熟发展，也可为我们提供可资借鉴的价值。这主要表现在以下几个方面：

第一，儒家的社会保障思想，有利于推进社会保障思想的观念更新。社会保障是建立在对人的存在价值重视和肯定的基础上的，而这正是儒家社会保障思想的出发点。促进社会保障事业的发展，就要引导人们充分认识到人人皆有其生存的权利，保障所有人的生存，这是文明社会的重要标志，也是人的美德的具体表现。为了建设现代社会保障制度，必须继承发扬传统文化中的优秀精华。因此，无论是政府还是民间，都应采取多种多样有效的形式和途径，发扬传统文化中关于社会保障的优秀精华，大力促进社会保障事业的发展。儒家社会保障思想中对于人的生存权利的重视，有利于进一步促进我国社会保障制度的完善。

第二，儒家的社会保障思想，有利于促进整个社会的道德教育，提高人们参与到社会保障事业之中。儒家认为，实施社会保障，是人人具有的仁爱之德的表现，也是为政者仁政的展示。就现代社会而言，能否具有关心社会弱势群体的道德和行为，是一个社会的文明标志之一，也是一个人道德水平的标志之一。整个社会及其成员，都应具有关心社会弱势群体，济危扶困的道德和行为，担负起所应承担的社会职责和义务。所以，慈善事业的发展，必须要建立在整个社会人们道德提高的基础上。

第三，儒家的社会保障思想，有利于促进社会保障制度的建设，进一步完善社会保障事业的落实。儒家特别重视保证民众的生存，这种以民为本的重民思想，其在现代社会中的价值，就是要求政府保证民众的生存，关心社会弱势群体，制定合理有效的政策，保证弱势群体的生存，实现民众生活的富裕。整个社会也要发扬儒家所倡导的互济互助的优良道德风尚，为老弱病残和鳏寡孤独的弱势群体，提供必要的帮助和照顾。无论是制度化的社会保障，还是非制度化的社会保障，都应该是充满人性和人文关怀精神的。全社会的人都应分享到社会发展所带来的成果。因此，建立和完善社会保障制度是社会正义的展示，是人类扶危济困的道德价值的体现。

总之，社会保障制度的完善和实施，是一个综合的社会工程，需要全社会的人参与进来。只有整个社会都能认识到社会保障的意义和作用，在社会保障事业中能够自觉地担负起自身的义务和责任，社会保障事业就会逐步走向完善。

# 让世界了解儒学真面目必经中西哲学阐释之途

北京外国语大学东西方关系中心主任、教授　田辰山

当今，中国人并不知道怎样才能把儒学解释清楚，不晓得如何才能让外国人理解儒学精神；我们正处在一种困惑境地。走出困境，提高儒学跨文化交流与传播能力，是中国人亟待解决的问题。

## 一、为什么缺乏跨文化能力？

中国人缺乏让儒学跨文化的能力，究竟是什么问题？儒学说到底是利于世界和谐的文化思想；可为什么让外国人不理解？深思起来，笔者以为，其实这不是今天才有的问题，它是与中华文明近现代的命运联系在一起的。中国作为世界最古老的文明，一直企望与世界的交流。儒学及中华文化曾由于西方传教士的纽带作用，在西方产生过广泛、深刻影响。但必须承认，近300年来，中国面对西方在文化方面是陷于被动的，甚至一度失语，不自觉地沦为文化孤岛。尤其是从中国被西方用武力叩开大门时起，西方就一直扮演中国的叙述者，中国沦为西方施展话语权的对象。用西方话语讲述中国，是把西方文化结构加给中华文化。很明显，儒学被放到西方概念和话语结构中去叙述，其文化精神一概被扭曲，变得面目皆非。比如，把孔子说成只讲仁义不讲民主，就是个典型例子。更悲剧化的是，中国人也告别自己的话语传统，启用西方概念、话语讲述中国，造成"自我殖民"[①]。其实数百年来，中国除了仅仅是启用从西语译为汉语的概念、话语之外，对西语原来到底承载和叙述的是什么故事，却是深陷在蒙昧状态的。这才是中国今天缺乏使自己跨文化能力的根本原因。这其实不难理解，用一套不是讲述中国文化精神的语言，我们怎么指望它能讲出中国的文化精神来？不了解西方概念、话语原来为叙述的是个什么故事，怎么能意识到，数世纪以来我们一直是用错了语言？所以，儒学乃至中华文化的缺乏跨文化能力，实际首先是来自丢掉和缺乏用来讲述儒学与中华文化、中国事务的话语，是由于近现代的误用一套西方文化话语来讲述中华文化。

为什么西方话语不能讲述中华文化？到底是怎么样地不能讲？要回答这个问题，

---

[①]　1988年文献电视片《河殇》的叙事话语即是典型，这套话语至今在中国语境流行广泛。

必须先回答西方话语原本承载、叙述的是个什么故事。而弄明白这个故事,也即弄明白西方语言、概念、话语植生在的独具西方特色思想传统的世界观、方法论、思维方式和价值观。讲到这里,对儒学及中华文化缺乏跨文化能力的问题,就要来到哲学层次上追究了;也即,儒学与中华文化缺乏跨文化能力,在根本上是缺乏整体对西方哲学及其语言的理解。

中国人近代启用的西方语言、概念、话语,原本是讲什么故事的呢?通过比较中西哲学阐释学,现在知道了,这个故事可高度概括为"一多二元";"一"是上帝或者跟它类似的那个东西,是被假设存在的,是外在、凌驾一切、非人类可经验的"一";"多"则指这个"一"完全凭空创造的、皆是呈个体单独存在、互不相系的宇宙"万物";"二元"是说"一"与"多"(如神与人)之间绝无本质共性、不可相提并论,而只能发生单线、单向"一"对"多"的主宰和对立关系;而"万物个体"之间也是互不相系地孤立与对立关系;而且,"个体万物"宇宙,由这个超然绝对的"一"先验地规定了一个单向单线法则的秩序。原本讲述这样形而上学哲学故事的语言、概念、话语,当用来讲述儒学及中国文化精神的时候,是怎样把西方这样一个故事结构强加给中华文化的?中国文化精神又是怎样被扭曲,怎样变得面目皆非的呢?

安乐哲指出,把中国思想文化介绍给西方,一开始很大部分的工作是欧洲传教士做的。他们为宣传西方唯一的上帝,实现使中国人变成上帝子民的计划,其策略是将中国思想传统附会到欧洲宗教体系中。结果是,欧洲叙述的中国儒学及传统思想,变成了一套中国亚伯拉罕宗教。由传教士为先驱编纂的词典,"天"是"Heaven"(上帝所在的天堂),"义"是"righteousness"(听上帝的话),"道"是"the Way"(上帝之路),"礼"是"ritual"(教会礼仪),"孝"是"filial piety"(对上帝虔诚),"仁"是"benevolence"(慈善),"理"是"principle"(从上帝而来的逻辑原则)等等;原汁原味的儒学观念,都变成了西方宗教或形而上学词汇,被解释成西方那个体系但又低于西方一等。在西方东方主义视野中,中国是暴君政治、神秘落后、愚昧原始、停滞不前。

就是这套语言、概念、话语,被中国人在对西方思想进行翻译过程中启用到现代汉语中来。中国儒学及文化精神如此用西方话语讲述,明显导致了它在西方的不被理解、不被接受。如果在西方国家书店里寻找中国哲学,不能去哲学类寻找,而需去"东方宗教"类书架。按西方学术分类,中国哲学不够"哲学"标准(西方哲学"philosophy"是西方独具的、假设形而上学地追求天外知识)。西方国家的大学大多数哲学系不讲授中国哲学。读中国哲学需去"宗教系"(Religion)或"亚洲系"(Asian Studies)。其实,哪怕北京大学哲学系讲授的也并非是孔子,而是海德格尔。理解到这儿,理解到西方语言、概念、话语讲述的"一多二元"故事,才可能突然意识到,原来现代西方概念,它的汉语翻译与它西语原型含义都几乎无法匹配;如自由主义传统的"民主"(democracy)意思是追求上帝赐予自由幸福的政治机制;"人权"(human rights）的意思是上帝认可的个人行为；"自由"（liberty）是上帝赐予个人绝对自由；"一己主义"或"个人主义"（individualism），是上帝创造人的个体性；"人性"（human nature）是生来固有本质缺陷，命定不变，无塑性可言。

该是中国人有所醒悟的时候了：西方语言、概念、话语服务于讲述"一多二元"的故事；西方学术这套语言、概念、话语，没有可能脱离"一多二元"世界观、方法论、思维方式、价值观而具有独立意义；因此用它讲述儒学及中华文化，不可能不将它扭曲和变形！道理很简单，就因为儒学及中华文化精神根本不是这么个"一多二元"故事！西方思想传统的"一"和"多"，在儒学及中华文化精神中都不存在！那么，儒学及中华文化精神是什么样子的？请注意，是在了解西方"一多二元"故事之后，才意识到西方语言、概念、话语所服务的原本对象是谁，才开始想到，如用它讲述儒学及中华文化，会造成什么样的扭曲和变形。也是在这个时候，我们才开始，会去通过与"一多二元"比照的视角和过程，在反衬之间，恍然发现一个属于儒学及中华文化自己的"一多不分"故事。

儒学及中华文化精神的"一"（曰"道"或曰"理"）是自然、社会万物及人之间相通、互变、不断延续和相关互系，是由于这样的互系不分而万物得以"浑然而一"。"道"或"一"不是外在于"多"（万物）的，而是内在于它们，所以称为"一、多不分"。相对"一多二元"，"一多不分"完全是另外一个世界观、方法论、思维方式、价值观故事。所以，凡用"一多二元"语言、概念、话语讲述儒学及中华精神"一多不分"的，必然造成把儒学及中华文化削足适履，强加上"一多二元"的整个架构，价值观和标准，将儒学及中华文化硬是扭曲成别别扭扭的"一多二元"像，实是"四不像"。只有晓得发生的是这种情况，我们才会意识到，西方语言、概念、话语只可用来叙述"一多二元"故事；对"一多不分"与"一多二元"进行比照阐释，我们才能校正语言、概念和话语，才能重新发现并叙述出原汁原味的儒学及中华文化精神。只有这时，才能谈到具备跨文化能力。就是说，谈跨文化能力，首先要谈儒学及中华文化是什么。

## 二、什么是儒学？传播儒学是传播什么？

在比较中西哲学视野，从整体上与西方思想传统对照所认清的儒学真面目是个"一多不分"（道与万物不分）范畴的世界观、方法论、思维方式、价值观和语言体系，这是儒学的核心内涵。它才是从根本上认识的对儒学进行跨文化传播的内容，是让不同文化背景人们真正理解儒学，爱上儒学，达到扫除国际传播障碍，减少误解的关键之点，更是作为中国人对儒学深刻认识，产生自觉、自信、自强的基本点。

关于世界观：与古希腊比照，儒学的天下，其一，它不依靠一个超越性"上帝"

的观念；其二，它是浑然而一（holistic）、关系的、以人（非以上帝）为中心的，人与人为相互归属性的；其三，它不是静止、本质的、不变的，而是变化的、过程的；其四，它没有上帝对自然世界的主宰性，而是万物互系不分性；其五，没有本质上不变的事物，只有处在关系中的事物；其六，关系不是外在的而是内在的；其七，没有不变的存在，只有变化的存在；其八，事物和人不是以独立个体为形式存在而是以关系而存在的；其九，天下不是客观、外在于人的，而是以"天地人"不分、生生不息的。①

关于方法论：第一，儒学不把"人"设想为不可改变本质性的（beings），而是人人联系不分作为"做人过程"（becoming）；第二，儒学不在普世性与个性冲突的假设上叙事，任何个性都不脱离域境；第三，儒学不在一切个体背后有一个同一本质的假设之上叙事，而是任何具体一物都不脱离万物（一多不分）或"万物与我为一"认识；第四，儒学没有个体独立性的虚构假设，而是从万物皆为关系的经验出发。② 一言以蔽之，西方学术考察问题是从与经验无关的形而上学抽象出发，从假设出发，而儒学是视所有人都是可分（过程、一分为二）的人。"可分性"是关键，不是不可分性（个体性）。最重要的，由于儒学的核心已作为中国人的生活追求，对儒学的理解对于研究和理解中国政治哲学有着特殊的重要性。③ 儒学考察问题方法是从某一问题出发，在如何获得一种与此有关方面网状交织关系角度上努力；它既着眼于与人的相关性又着眼于与情势的相关性。其实，表达这种方法论的常用说法是：不同意"瞎子摸象"或"只见树木不见森林"；不虚构一棵树木是独立地长在空中的。

关于价值观：儒学不以"一己主义"为价值（随之而来的是自由、平等、理性、自主、一己利益、私人、私人公司、民族国家等等价值），而恰恰是以活生生、生命攸关的关系作为"价值"（崇尚）。前者导致零和的临时随意规则，后者关注长远双赢规则。是这样的文化"价值"、企图和行为导致出不同结果。④ 不是以与上帝相关的绝对性原则为价值；而是人与天地万物互系不分之道才是儒学的崇尚和"价值"。不是上帝象征的真善美，而是事物彼此、适当、时中、中庸、适度是儒家思想珍惜的难得"价值"；不崇尚个体性，而是一多不分、心场式的关系呵护与掌握；是和谐、和而不同、天人合一关系才是最高"价值"；相对于"一己个人幸福"，"关系融洽人缘好"才是人生的追求（"不能让人背后敲我脊梁骨"）；物质不充分，不患寡而患不均才是"价值"；针对"竞争"，互助才是崇尚。诸如此类的"价值"，无一不是建筑在或对

---

① 安乐哲在2013年7月北京外国语大学"中华文化与跨文化传播师资班"的讲课。
② 安乐哲在2013年7月北京外国语大学"中华文化与跨文化传播师资班"的讲课。
③ 爱尔兰国立考克大学穆勒教授在2013年7月北京外国语大学"中华文化与跨文化传播师资班"的讲课。
④ 安乐哲在2013年7月北京外国语大学"中华文化与跨文化传播师资班"的讲课。

"一多不分"的恰当适宜关系的珍重上。"忠恕"是孔子"一以贯之"之道，可见儒学"价值体系"所融会之的可谓"正道"或曰"恰当适宜关系"核心。①

关于语言结构：中、英两种语言背后各自有自己的文化纱幕。掀开二者文化纱幕，就是揭示中西比较哲学的重要性；比如：英文"everyone"（硬译是每一个一），而它的中文翻译是"大家"，带来的效果是人们以为"everyone"本义就是"大家"。而比较哲学找到的语言结构告诉我们，二者本来在原语义上风马牛不相及。英语"everyone"本义是"不可分个体性"（individuality）；而"大家"硬译回到英语应当是"big family"。这是告诉我们，在英语世界要表达人多，要讲"不可分的个体"；在汉语世界表达多个个人，讲的是"大家"。英语和汉语反映的是两个不同世界观，英语是"一多二元"世界观，汉语是"一多不分"的"心场"世界观；英语反映的思维方式是二元对立（dualism）；汉语反映的是人与人不分的互系性思维。语言说在嘴里或写出来，其文化意义来自下意识。在这个意义上，是文化纱幕阻绝下人们内心是分在两个世界里思维。汉语语言结构不建立在假设性形而上学方法论上，而是一种经验归纳性方法论的载体。应该说，印度—欧洲语系为概念性语言，表述静止、不可分的本质，表述单线单向逻辑，是一种西方语系独具的一多二元、超绝主义、二元主义范畴载体的单一语义语言。而汉语是一种互系性、意象性、类比性、全息性语言体系。它是通过表达不同意象的偏旁部首和汉字的不同组合和搭配产生互系不分的语义的。

## 三、"一多不分"基因的"和"思想

西方语言、概念、话语原本承载和叙述的是个"一多二元"故事。通过与之比照的视角和过程，在反衬之间，我们恍然发现了原汁原味属于儒学文化精神的"一多不分"故事。可以说，比照中西哲学阐释学让我们在与西方哲学比照视野中重新发现儒学及中华文化是什么。这个在对比之中对儒学文化精神的新发现，还不是我们在不了解西方文化"一多二元"故事情况下，自己从自己文化内部所了解的那种样子。我们通过比照而得出的以"一多不分"为体的儒学文化精神，是比我们在自己传统内部所看到儒学，层次更为深远。

如果说，儒学说到底是讲"和"（"君子和而不同"），是"仁"所呈现状态，我们则可以从以"一多不分"为体的层次，看到儒学精神之所以为"和"，全在于整个儒学及思想传统自古以来精髓，可概括为"一多不分"的世界观、方法论、思维方式和崇尚观念。儒学乃至中华思想传统，皆以万物之间自然不分的相系为其所持世界观之本，为其观天察地、原始反终之法，为其相反相成之辨，为其中正仁和之体；将天

---

① 田辰山在 2013 年 7 月北京外国语大学"中华文化与跨文化传播师资班"的讲课。

下视为道，以追究联系（道）为方法，以观变之会通（道）为思维，以正道为价值观。"一多不分"就是一以贯万物之道，正是所谓"中"，其所呈之状是"和"；"和"是儒学观世界之状、行格物致知之法之状、行互系通变思辨之状、参天地之化育之状；可简约为"和"天下观、"和"方法论、"和"思维方式、"和"价值观。"和"意味着什么，意味着相系，意味事物内在联系之不分，意味着儒学关怀之点是在于万物之间相系不分上。恰是在这点上，儒学与西方传统思想形成对照；尤其是"一多二元"之"二元"，二元就是任何二物之不相系、之"分裂"（二分），其状态为各自独立，为矛盾冲突，其之所以不存在"和"观念得以产生之本源。

儒学是"和"思想，其基于的重要因素在于其价值观是求"和"；"和"是理想状态。《论语. 子路》曰："君子和而不同，小人同而不和。"君子的境界是"和"，小人的境界是"同"。为什么小人"同"而不"和"？是因为他求"同"，有了"同"他不在乎"和"。什么是"同"？"同"就是"平等"，就是"你有什么，我就有什么"，就是人虚构出来的"不差"、"一样"（同质）；而恰恰小人以为"同"的地方，君子视为"不同"，是差别；这个不同和差别不是不可逾越的，而是因为互相之间的内在相系不分，是自然为"和"的。作为"同"、"平等"在小人眼里，就是"个人平等"、"个人自由"、"个人人权"、"个人财富"、"个人幸福"，一切好事、利益，在前面加"个人"，这就是小人"同"，他为追求这个"同"，提倡竞争，提倡冲突是发展的必要途径，他不在乎"和"，因为"和"会毁掉他的"同"（利益）。所以，所谓小人"同"是"私同"、"小同"，而不是"大同"。小人"求同"实际是求"不和"，是求"斗争"，是求"分裂"，是导致"社会混乱"和"天下大乱"。

"和"是君子文化，儒家文化是君子文化，不是求"同"的小人文化。求"同"文化泛滥，是丢弃君子文化，是丢弃中华优良传统文化和传统美德。君子求"和"，君子"和而不同"，是君子不在乎"同"，也不是倾慕"差别"，而是认为世间没有"同"这回事，所以君子求"和"不求"同"。求"和"是根据人与人、物与物、人与物之间是相系不分的，而求其时中、适中、适宜、得当性，求中庸，求各得其所，求仁。君子不求"同"是因为"同"是虚构的，虚构的念头必然是心理业障，势必一叶障目。心理业障、一叶障目，所以小人不知何谓可为，何谓不可为。而君子求和不求同，恰是由于内心不怀虚构之"同"而得以心清目明，知晓何谓可为，何谓不可为；此君子之所以仁由己出，有所为有所不为。君子之"不同"，谓君子知"不为"。何谓君子之"不同"，是君子知"不同"而"和"。然而却有"君子同"；何谓"君子同"？"大同"也。

大同，即没有虚构的人与人之间的"不差"、"一样"（同质），而是承认差别、接受多样，而且关怀点在于差别和多样之间的相通、没有界限，并在此基础上实现各得其所，各尽所能，就是把"个人平等"、"个人自由"、"个人人权"、"个人财富"、"个人幸福"前面的"个人"统统拿掉，加上"大家"；一切好事、利益，前面的定语是

"大家",是"分享"。这就是"君子同",是"大同"、是"和"。所以,求"和"与求"同"大相径庭。求"同",是求绝对,是求零和游戏,是在独立个体之间建立人为的虚构单线单行关系,求成功、求统治、求同质、求吃掉另一方。求"和",是求适当,是关怀双方,是在无虚构的"独立个体性"现实中,着眼于任何二物或二人之间的互系不分性,求互相性,求仁义道德,求情理性。在这个逻辑上,常言"求同存异",去其表面意义,实是求"和",是求"和"存"同"(差)。有差异才有"和",不是有异才有"同"。异和"同"是二元对立,是虚构;差异与"和"才是相对的,实在的。

"和"基于"不同"。合不谓"同",而是至"和",更基于"不同"。所以,儒学的"和"思想是知"不同"以求"和",以求"和"而知"不同"。这也等于,只有知晓"不同",才会知晓"和"。求"大同"是求"和",不是求"同一"(没有差别)。"和"是不分,"不分"亦是恰如其分;"和"其实是分不开的恰当关系。分不开,才是和,恰当了才生物,所谓"和实生物"与"同则不继"。"和而不同"引导求"和"思想,求"和"思想也是求"平"思想。公元前774年(周幽王八年),西周末代司徒郑桓公与史伯论天下大势。史伯针对周幽王"去和取同"做法,提出"和实生物、同则不继",以"以他平他"解释"和"为何物。"他"即不同事物;不同事物且互相联系,各得其所、各尽所能、有序互补就叫做"以他平他"。①据此,所谓"齐家治国平天下","齐"不是一刀切,而是"治和","治国"也是"治和","平天下"更是"治和",皆是各种人之间相系不分,有个适宜对待,各得其所、各尽所能、有序互补;而不是个体独立无关,互相排斥,每一"平等""个体人"都去追求属于"一己"的"同、等"、上帝赋予的"自由"、"权利"、"幸福"等等。

儒学的"和"思想是有优势的。首先,它是大气思想,大气文化,是有深度、高度、远度的。它是一种"辩证"思想文化。所谓"辩证",不是西方"dialectic"的二元对立,而是《易经》早已表述的通变思想文化。儒学的"和"思想看问题,不是单线单向、二元对立,而是全面、整体、域境化、历史地、长远地看问题。它的头脑、心胸和目光不为一时、一利、暂时、片面诱惑所驱动,为其所一叶障目;始终是清醒、不冲动、不狭隘的、大度的。其次,它是正道思想,正道就是注重现实、注重经验,讲适当不适当、不是讲教条(讲绝对、讲普世);因此,它是人民性(民为本)的思想,以多数人利益为重的思想,延伸出本质上是人民性的文化,人民乐于接受和赞成的文化;人民是经验的主体,是最懂得什么是适当、什么是不适当。复次,"和"思想因为是正道思想,延伸正道文化,也是"大道之行,天下为公"的思想文化。大道文化是上善文化,上善的优势就是若水,若水的文化是无为无不为的文化,是以柔克刚的文化。以柔克刚之文化是无敌的文化。要以"和"去"跨",达到"和"其文化。

---

① 徐道一:《和实生物,同则不继》,海天出版社2012年版,第4、5页。

这三大优势，哪一项都是必不可少的。儒学"和"思想者，必然是善于同时发挥三大优势。

儒学的君子"和"内涵决定着它延伸出开放的文化，具有穿透力的文化，必然走出去的文化。"和"为文化之体，"跨"为"和"之用；"跨"的能力，本质上是"和"的能力。而作为"和"而言的"跨"出去，当前突出的方面，作为"跨"的第一步，是"讲述"出去。要"讲"，就是讲儒学核心内容，讲儒学中提纲挈领的；而且一切都围绕和服务于把它讲出去。

儒学核心内容，提纲挈领的，是精确的、不含糊的问题。如对这个问题茫然，一切努力必然要功亏一篑。它是什么？是儒学的君子"和"；是"一多不分"基因的"和"，一多不分是儒学及中华文化的密码。一多不分天下观、方法论、思维方式、价值观和语言结构，于数千年历史历练过程中造就而成的"和"之为一种儒学及中华文化独具的特色。应该说，儒学乃至中华世界观、方法论、思维方式、价值观、汉语结构，皆是以"和"一以贯之。"和"即是"道"、"本"、"正"、"德"、"仁"、"义"、"礼"、"智"、"体"、"理"、"中庸"、"宜"、"适"、"中"、"通变"。这么讲是讲什么？是讲与西方占主导地位文化精神的结构差别、范畴差别、根本差别、整体性差别；一句话，讲的是不同本体，讲这个不同，是为求"和"而关怀不同，目标在"和而不同"。儒学的君子"和"思想之中的"不同"讲到确切处，就是讲"一多不分"；"和"的精髓是"一多不分"，"一多不分"的神气是"和"，精神是"和而不同"。"讲"是在话语上讲出去，是在话语上"和"出去、"跨"出去，直接冲着心灵方面发生"和"的效应，激活一份亲近感。只要通过语言关、概念关、话语关，让原汁原味的"和"精神去触及到另一颗人类灵魂，"和"效应必然成为灵犀一点而通的亲近感。这是因为，人类的相系不分是基本事实，人类对相系不分的期待，也是基本事实。①

## 四、开拓比较文化阐释，提高儒学跨文化能力

儒学及中华文化的跨文化能力，作为讲出去、传播出去，在精确、不含糊地解决"讲什么"的提纲挈领问题之后，关键的第二步，就是要解决什么是进行妥当讲述的语言、概念和话语问题。跨文化能力的这第二大难题之所以难，是因为它是与那个提纲挈领性的难题同路而来。也就是说，如果对于"讲什么"处于蒙昧状态，你也不会

---

① 美国学者罗伯特．贝拉指出，"史前宗教感的产生，体现的就是人类对相系关系的期待，后来演变为宗教。" Religion may emerge out of the mammalian "play" instinct, "sheltered…from selectionist pressures"; ritual has functioned as crucial social glue, enabling the expanded social groups integral to humanity's rise See http：//www. theatlantic. com/entertainment/archive/2011/08/where-does-religion-come-from/243723/

有什么可用的话语。另一方面，如果你尚对使用什么话语去讲述是含糊的，那么你对什么才是你该要讲出去的儒学精髓自然也是糊涂的。还可以说，在你对什么才是该讲述出去的儒学精髓问题胸有成竹之时，你其实对要使用的话语也已经是心知肚明。这时，你已经了解，儒学精神的意义，"和"文化的"和"是不可能通过向西方语言进行翻译而传达过去的。这是构成儒学乃至中华文化跨文化难度的根本问题，亦即西方语言、概念、话语是不具备承载与表述儒学的"和"思想的能力的。

不过，比较中西哲学阐释论给予我们的启示是，儒学及任何中华传统思想、中国古代人文经典可读性，不是靠翻译成西方语言完成的，而是靠对中西哲学基本范畴和结构的比照阐释实现的。所以，让儒学"和"思想插上自己的翅膀，跨文化地飞起来，必须要做的不是别的，而是比较中西的阐释话语。西方，特别是现代西方思想传统，没有"和"观念，没有"一多不分"语言。可是，通过不管是西方还是中国的通俗日常生活语言，进行"一多二元"和"一多不分"的范畴和结构之间的比照阐释，把双方叙述清楚，是能够做到的。这个途径就是通过中西哲学文化的整体性比照，在比照视野与过程中让儒学的"和"思想"跨"、"讲"、"和"出去；也就是在现代自由主义"一多二元"和中华传统的"一多不分"的"不和"与"和"的比较阐释中，实现"跨"、"讲"、"和"。西方思想传统中，如果有讲"和"的成分，儒学的"和"思想就将与之"会和"；与它不讲"和"成分的，就是下棋，就要"棋逢对手、将遇良才"。与其"和"的成分，效果是"和实生物"。与其"不和"成分相求和，则是周旋，是发挥主观能动性、创造性，其中有求同、求合、求方便利益之策略，也是自然的。无论如何，至少在讲述范畴，是可以做到确确凿凿地将道理讲述清楚的。

当对什么是该讲述出去的儒学核心内容已是胸有成竹，当对使用的话语也已经心知肚明，这也同是加强世界多文化意识的过程。儒学思想文化要跨出去，要去交流，要"和"出去，要传播出去，求得别人的理解，就必须要有世界多文化意识。也清楚地理解，一多二元延伸的"求同"（或不和）文化是跟儒学的"一多不分"的"和"是范畴与结构根本差异的两种文化。所谓范畴与结构差异，就指它们叙述的是两个不同世界观、方法论、思维方式、价值观的故事，故事及其语言、概念和话语有着鲜明不同的结构和逻辑。"一多二元"与"一多不分"高度概括准确地表述了二者在范畴、结构以及逻辑上的根本差别。有了这种理解，才算是有了总体上对儒学乃至中华文化精神的自觉，才算是具备了世界多文化意识，才能开始寻找多文化"和而不同"的途径，掌握儒学跨文化对话与传播的主动权。

用中西两边文化的对照阐释实现儒学的跨文化，可以扫除文化雾霾。这条路就是，由知彼而知己；达到知己知彼，以自觉、自信、自强的心理，结束文化自卑、困惑和彷徨。中国儒学学者需走这条路，美国、西方学者也必须走这条路；美国、西方需要了解中国，中国需要让世界了解。西方要了解儒学及中华文华，需先了解西方文化自己，这种了解，必须是在基本范畴意义上的了解，即了解整体、了解结构、了解西方思想传统一路走来围绕的是要完成一个什么计划。在这样的意义上,"一多二元"是一个必然的阐释域境。现在你对照"一多二元",就得到了儒学与中华文化的"一多不分"。两边文化的清晰认识是通过彼此的对照阐释,由此,两边获得了互相从自己进行跨文化传播的能力。对两边哲学与文化的对照阐释,可称之"出庐山";"出庐山"是因为"不识庐山真面目,只缘身在此山中",是因为不知彼而不知己。

# 儒家财富观新释

山东社会科学院文化所所长、研究员　涂可国

当前,伴随着社会财富的迅速增长,中国人追求财富的意识不断增强,平民百姓普遍企盼发财致富,财富欲望、财富梦想、财富力量和财富崇拜交织成带有神话般的巨大财富幻象。一部分人致力于合法合理致富,而有些人则把奢侈和浪费视为荣耀,信奉唯利是图、金钱万能,形成异化的、病态的、扭曲的财富观。如何建立科学而合理的财富观是每一个人所面临的人生大课题。

财富观是人们对于财富的态度和观念以及为了获得财富而采取的途径和方法的思想。现代化和社会财富的增殖过程受财富观念影响。马克斯·韦伯在《新教伦理与资本主义精神》中就论证了财富理念与理想成为引发社会经济变迁独立而自发的动力。后来,经过马克斯·韦伯的发掘和修正,西方形成了上帝赋予你的天职和使命是你必须为上帝而辛劳致富的观念,这一观念为近代西方的财富活动提供了道德依据和正当理由,并且成了主流财富观。

儒家财富观强调对财富进行权衡,提出了富而有道、财自道生、有财有用、和气生财、富而后教、富而好礼、调均贫富、贾而儒行等思想观点,儒家的财富之道为我们提供了一种从思想层面如何理解、看待和运用财富的智慧。对儒家财富观前贤已作了较深入的研究,但还不够细致,而且尚存在许多误读、误解,有必要进一步重新加以梳理。本文把儒家财富观概括为人文主义财富观、道德主义财富观、平均主义财富观和轻商主义财富观四个方面。由于受篇幅所囿,以下仅就前三个方面作一阐发。

## 一、人文主义财富观

### (一) 人欲富贵

孔子儒家肯定了人们争取富贵的愿望和权利。孔子说:

> 富与贵,是人之所欲也,不以其道得之,不处也;贫与贱,是人之所恶也,不以其道得之,不去也。君子去仁,恶乎成名?君子无终食之间违仁,造次必于

是,颠沛必于是。①

这里撇开孔子要求在对待富贵与贫贱的态度上应时刻遵守仁道原则、借助正当的手段和途径不论,只想就本节主旨强调的是,孔子并非像有些人所理解的那样要人们在仁义道德和富贵利欲之间做出非此即彼的选择,他从一定角度揭示了这样的人性事实,即一般人天生都向往富贵而避离贫贱,希望过上富贵安逸的日子,而不会甘愿过贫穷困顿的生活。有人可能会说,现实生活中并不是所有人都追求富贵,有的人如一些宗教徒只想过平淡普通的生活。笔者想为孔子辩护的是,孔子所讲的追求富贵是人的基本欲望遵循的是大数定理,陈述的仅是绝大多数人欲望的倾向性。好逸恶劳、乐生恶死、乐富恶贫、乐贵恶贱、乐康恶病可谓常人的本性。"富"即富有、充足,一切用度充足甚至有余;"贵",主要指地位的尊贵、地位高。《初学记·富贵》说:"夫贵者必富,而富者未必贵也,故士之欲贵,乃为官也;然欲富者,非为贵也;从是观之,富,人之所极愿也"。就人生百象而言,各人的追求及其达到的结果并不一样:或既富又贵,或不富又不贵,或富而不贵,或贵而不富。有的人之所以不求富贵乃至安于贫贱,或是家道世势不容许,或是自身条件所限,或是个人不思进取,等等。尤其是孔子这里表达了对人求取富贵基本欲望的确认,它为维护人追求世俗良好生活的权利奠定了人文主义思想基础。

### (二) 有财为美

肯定富贵是人的基本欲望不过是承认了人性事实,并不一定在价值观上对它多么推崇。与此有所不同,儒家财富观不仅确认人追求富贵的本源性,还把财富摆在价值系列重要位置加以强调。儒家最早的经典《周易》既注重民生财富的开拓又极力推崇富贵,大胆提出了"崇高莫大乎富贵"的命题。《易·系辞传》说:

> 崇高莫大乎富贵,备物致用,立成器以定天下之吉凶,为天下利者莫大乎蓍龟。探赜索隐、钩深致远,成天下之大业者莫大乎圣人。

《周易》不仅鼓励人们像圣人一样去从事生产发明创造,还把争取富贵看成崇高事业加以彰扬,而显示出同庄子所批评的"天下之所尊者,富贵寿善也"② 世俗好恶相一致的价值观。

《左传·襄公二十四年》提出了影响深远的立德、立功、立言"三不朽"思想。

---

① 杨伯峻:《论语译注》,《论语·里仁篇》,中华书局 2009 年 10 月第 3 版,第 34 页。
② 陈鼓应:《庄子今注今译》,《庄子外篇·至乐》最新修订重排本,中华书局 2009 年 2 月第 2 版,第 480 页。

《尚书·大禹谟》把食、货列为八政之首，把满足衣食生活列为为政的要务，同时它还提出了所谓的"六府"和"三事"——"正德、利用、厚生"。《蔡沈集传》对利用、厚生作了解释："利用者，工作什器商通货财之类，所以利民之用也；厚生者，衣帛食肉、不饥不寒之类，所以厚民之生也"，把国计民生看作与正德同等重要。与《周易》富贵并列有所不同，《尚书·洪范篇》列出人生五福："寿、富、康宁、攸好德、考终命"，即长寿、富有、康宁、好德、善终，把"富"列于"五福"之中，只是不知何故唯独缺乏"贵"。

从"富与贵，是人之所欲也"人文主义思想前提出发，孔子进一步阐述了财富追求的价值正当合理性。一方面，孔子从正向角度直接肯定了当家理财的合理性。《论语·子路篇》载：

> 子谓卫公子荆，善居室。始有，曰："苟合矣。"少有，曰："苟完矣。"富有，曰："苟美矣。"

孔子称赞卫国的公子荆善于管理家业。公子荆刚有一点财产，自己就说差不多合格了；稍微增加一些财富，又说这比较完备了；当他富裕之时，就说这就比较完美了。从"合"到"完"再到"美"，层层递进，说明公子荆是一个善于满足的人。这里，孔子既赞扬了公子荆擅长当家理财，又肯定了他善于知足和节制。

另一方面，孔子又从反向羞耻角度肯定了追求富贵的正当性。《论语·泰伯篇》曰：

> 天下有道则见，无道则隐。邦有道，贫且贱焉，耻也；邦无道，富且贵焉，耻也。

这里，孔子尽管为人们弃贫贱求富贵设置了理想化的道德界线和价值尺度，认为富贵应在有道环境中才能求取，但是他毕竟肯定了人在一定条件下可以追求富贵。在他看来，在一个多行不义、严重失范的国度里发财做官，是可耻的；而在一个政治清明、广行仁义、秩序井然的国度里安于贫贱，同样是一种耻辱。这就从耻感的维度称许了人对富贵利禄的追求。该思想司马迁在《史记·货殖列传》中作了进一步延伸："无岩处奇士之行，而长贫贱，好语仁义，亦足羞也。"一个人既没有什么特别高尚的品德又长期处于贫贱地位，却满口仁义道德，那是十分可耻的，以此表明司马迁对既无财又无德的不齿。

### （三）富而可求

儒家的人文主义财富观不仅表现在认同了财富价值，还首先表现在对财富的执着追求态度上。孔子一方面认为"死生由命，富贵在天"（弟子子夏闻孔子言，见《论语·颜渊》），富与贵都是由天命决定的，是人无法强求的；另一方面如果能够求到富贵，那么就是从事低贱的工作，孔子也愿意。如果求不到富贵，那么，就可以按照自己的愿望去做自己喜欢做的事。他在《论语·述而》中说：

  富而可求，虽执鞭之人，吾亦为之；如不能求，从吾所好。

"执鞭之人"无论是解为牵马的人抑或是训为市场守门员，都表示地位低下的人。可与不可表示求取财富行为的手段正当与否，也许还包括条件是否具备。尽管孔子一再强调达至财富目标的工具合理性，就其曲身求富而言，这一段话终归表达了他对财富价值的高度肯定。

其次，孔子的人文主义财富观还表现在他对弟子子贡经商的赞许上。孔子对子贡评价甚高，《论语·先进》说：

  回也其庶乎，屡空。赐不受命，而货殖焉，臆则屡中。

孔子对颜回称赞有加，不仅赞其"好学"①、"贤达"，还许以"仁人"，宋明儒更好寻求"孔颜乐处"。颜回素以德行著称，但他终身未仕，穷居陋巷，唯以"愿贫如富、贱如贵，无勇而威，与士交通，终身无患难"② 自勉，以致连吃饭都成问题，也许正因如此，他才英年早逝。颜回"愿无伐善，无施劳"③、穷不失义固然可嘉，但穷病而死总是不够完美（非仁者寿），故而孔子才发出"不幸短命而死"④、"天丧予"⑤ 的慨叹。《论语》中孔子对子贡多有批评，认为自己和子贡都不如颜回⑥，唯独对子贡从事货殖似有赞许之意，至少未有微词。他说子贡不安于命运，亲自做生意，极善猜测行情，且每每猜准。可见孔子并不反对求财、求富，只是未正面倡导。司马迁《史记·仲尼弟子列传》记载，子贡曾任鲁、卫两国之相，善于经商之道，曾经经商于曹、鲁两国之间，富至千金："子贡好废举，与时转货资……家累千金"，子贡善于依据市场行情变化贱买贵卖，从中获利，终成巨富。

管子说："凡治国之道，必先富民。富则易治也，民贫则难治也。奚以知其然也？

---

① 杨伯峻：《论语译注》，《论语·先进篇》，中华书局 2009 年 10 月第 3 版，第 110 页。
② （汉）韩婴纂，许维遹校释：《韩诗外传集释》卷十第十九章，中华书局 2009 年版，第 357～358 页。
③ 杨伯峻：《论语译注》，《论语·公冶长篇》，中华书局 2009 年 10 月第 3 版，第 51 页。
④ 杨伯峻：《论语译注》，《论语·先进篇》，中华书局 2009 年 10 月第 3 版，第 110 页。
⑤ 杨伯峻：《论语译注》，《论语·先进篇》，中华书局 2009 年 10 月第 3 版，第 111 页。
⑥ 杨伯峻：《论语译注》，《论语·公冶长篇》，中华书局 2009 年 10 月第 3 版，第 44 页。

民富则安乡重家，安乡重家则敬上畏罪，敬上畏罪则易治也。民贫则危乡轻家，危乡轻家则敢陵上犯禁，陵上犯禁则难治也。故治国常富，而乱国常贫。是以善为国者，必先富民，然后治之。"① 荀况对管子和儒家的富民思想作了总结，主张实行裕民政策，把富民与富国统一起来。他阐发了治国必先富民的意义，认为人民富裕有利于生产发展："裕民则民富，民富则田肥以易"；而生产愈发展，国家也就愈富，从而达到"上下俱富"②；富民关系到国家兴亡："王者富民，霸者富士，仅存之国富大夫，亡国富筐箧、实府库。"③

再次，儒家的人文主义财富观还表现在力主富而后教上。《论语·子路篇》载：

子适卫，冉有仆。子曰："庶矣哉！"冉有曰："既庶矣，又何加焉？"曰："富之。"曰："既富矣，又何加焉？"曰："教之。"

这里向人们展现了人口、富裕和教育三种社会价值选择，孔子主张使民富裕之后再进行教育，把充裕人民的物质财富作为实施礼乐教化的基础，后世把这段话归纳为"富而后教"。

孔子的富民措施依据的是"因民之所利而利之"④，他主张"藏富于民"，把人民的富足看作是政府获得充足财源的基础，主张民富先于国富、君富，指出"百姓足，君孰与不足；百姓不足，君孰与足"⑤，表现出对民众基本生活需求满足的关心，从而区别于法家的掠民主义和道家的愚民主义。

与此同时，儒家又十分重视社会教育。孟子推崇仁政、善政，可他却认为教育比善政更重要。他说："善政不如善教之得民也。善政，民畏之；善教，民爱之。善政得民财，善教得民心。"⑥ 善政之所以不如善教，就在于善政使民畏惧，而善教却使民敬爱；善政可以聚集财富，而善教却可以争取民心。正因如此，孟子要求对民众进行道德教化，即"谨庠序之教，申之以孝悌之义。"⑦ 孟子似有轻视"善政"之嫌，但他毕竟是一个仁政主义者，这段话体现了他的人本主义财富观，同时也在特定意义上说明他把善政民财看成德教的基础。其实，孟子对孔子的富民观念作了充分展开，提出

---

① 李山译注：《管子·治国》，中华书局 2009 年版，第 256 页。
② 王先谦著，沈啸寰、王星贤整理：《荀子集解》，《荀子卷第六·富国篇第十》，中华书局 2012 年版，第 187 页。
③ 同上，第 152 页。
④ 杨伯峻：《论语译注》，《论语·尧曰篇》，中华书局 2009 年 10 月第 3 版，第 208 页。
⑤ 杨伯峻：《论语译注》，《论语·颜渊篇》，中华书局 2009 年 10 月第 3 版，第 125 页。
⑥ 杨伯峻：《孟子译注》，《孟子·尽心章句上篇》，中华书局 2010 年 2 月第 3 版，第 283 页。
⑦ 杨伯峻：《孟子译注》，《孟子·梁惠王章句上篇》，中华书局 2010 年 2 月第 3 版，第 5 页。

了一系列养民主张,强调养生之道,认为"养生丧死无憾,王道之始也。"①,把养生丧死无憾这类民生问题视为王道政治的出发点,为此他在经济上主张使民有恒产,也就是制民以产;并且,孟子还指明了富民之道,这就是"易其田畴,薄其税敛,民可使富也。食之以时,用之以礼,材不可胜用也"②。

最后,儒家的人文主义财富观还表现在力主仕学求禄上。在儒家看来,富是可求的,也是不可求的。"小富由俭,大富由天。"谋事在人,成事在天。从可求的角度讲,谋事在人;从不可求的角度讲,成事在天。能否求到财富,有客观条件与主观努力之分、有偶然性与必然性之别。

"圣人重其道而轻其禄,众人重其禄而轻其道。"③ 曾参是一个大孝子,他根据养亲来追求薪水。《韩诗外传》卷一第一章载:"曾子仕于莒,得粟三秉。方是之时,曾子重其禄而轻其身。亲没之后,齐迎以相,楚迎以令尹,晋迎以上卿。方是之时,曾子重其身而轻其禄。怀其宝而迷其国者,不可与语仁。窘其身而约其亲者,不可与语孝。任重道远者,不择地而息。家贫亲老者,不择官而仕。"曾参开始为了养亲,即使薪水很低,他也去任职,这时他"家贫亲老者,不择官而仕"、"重其禄而轻其身"。亲没以后,他"重其身而轻其禄",重视自己的身体,不轻易许人。

孔子根据当时的社会分工状况,认为专事农业耕作会陷入贫困境地,而好学才能获取利禄。他在《论语·卫灵公》中说:

> 君子谋道不谋食。耕也,馁在其中矣;学也,禄在其中矣。君子忧道不忧贫。

儒家处处体现出泛道德主义财富观色彩,君子谋道不谋食、忧道不忧贫可谓最好的表达。不过,这里孔子在贫穷与利禄的对照中显示了他要求通过学习以求利禄的价值理念。在中国古代社会,通过学习(知识、技能与道德)以出仕、谋取一定的官职是获得俸禄的不二法门。俸禄有多有少,可它是人的财富的重要构成。"学"无疑包括学道、知道、闻道,因此,荀子在孔子"德必称位"的思想基础上,提出了"德必称位,位必称禄,禄必称用"④ 的主张。总之,"学也,禄在其中矣"表明学习是人生存和发展的基础和条件。

### (四)义利双行

具体的财也好,抽象的富也好,都是利的形态。在古代,财富侧重于物质方面,

---

① 杨伯峻:《孟子译注》,《孟子·梁惠王章句上篇》,中华书局2010年2月第3版,第5页。
② 杨伯峻:《孟子译注》,《孟子·尽心章句上篇》,中华书局2010年2月第3版,第287页。
③ 汪荣宝撰,陈仲夫点校:《法言义疏·五百卷第八》,中华书局1987年版,第251页。
④ 王先谦著,沈啸寰、王星贤整理:《荀子集解》,《荀子卷第六·富国篇第十》,中华书局2012年版,第176页。

如财即是指金钱和物资,而不同于当代既有物质财富又有精神财富的说法。经济学上的财富是指所有具有货币价值、交换价值或经济效用的财产或资源,包括货币、不动产、所有权等。在儒家那里,包括财富在内的利往往同义相对应加以讨论。

《中庸》说:"义者,宜也。"韩愈在《原道》中说:"行而宜之之为义。"义既是一种行为规范,也是一种价值目标,它所强调的是行为的正当性、合理性;利的对立面并不是义,而是害,它所突出的是行为的功利性、有效性。从某种意义上,儒家思想倾向于提倡义利双行、义利兼顾,从而表现出人文主义特质。这一则是因为历代儒家并不否定人性有自利性的一面,儒家并非不讲利、否定利,而是肯定了利的客观存在性和合理性,孔子在回答子贡问政时,提出"足食、足兵",孟子也强调明君要"制民之产",荀子明确说义与利是人之所两有,董仲舒则指出义利为人之"两养",即"利以养其体,义以养其心"①。二程甚至认为"人无利,直是生不得"②;二则是因为孔孟虽然主张在规范个人行为上特别是面临道德选择处境时要"喻于义"、"罕言利",但在国家为政治民上却力主"因民之利而利之"的理想,强调富民、安民、利民、养民的民本主义原则;三则是儒家倡导的"义"正是天下国家之公利,亦即福利、民利、大利,而反对谋取个人之财利、私利、小利,因此可以说儒家"重义不轻利"。

宋元明清时期,功利派陈亮提出"义利双行"、叶适提出"以利和义"、"义利并立"同程朱理学的唯义主义抗衡,明代异端思想家李贽倡导"谋利方可正义"的私利主义观念旨在颠覆以董仲舒为代表的"正其义不谋利"的非利主义,颜(元)李(塨)的实学派以其"正其义而谋利"而同程朱理学家的空谈仁义相论争。只是由于程朱理学依靠封建统治者的支持,而使重义轻利和以义驭利作为占统治地位的主导价值观得以沿传下来。

## 二、道德主义财富观

### (一)德本财末

在儒家看来,德即是道内得于己的品性,是主体自身的德性修养。从价值选择来说,儒家主张把道德放在比财富更重要的位置。其理由是"物有本末,事有始终。知所先后,则近道矣"③、"其本乱而末治者否矣"④。故《大学》讲:

---

① 苏舆撰:《春秋繁露义证卷第九·身之养重于义第三十一》,中华书局1992年版,第263页。
② 王孝鱼点校:《二程集·河南程氏遗书》卷十八,中华书局1992年版,第215页。
③ 王文锦:《大学中庸译注》,中华书局2008年版,第1页。
④ 王文锦:《大学中庸译注》,中华书局2008年版,第3页。

道得众则得国，失众则失国。是故君子先慎乎德。有德此有人，有人此有土，有土此有财，有财此有用。德者本也，财者末也。外本内末，争民施夺。是故财聚则民散，财散则民聚。

这里《大学》从道和德一致的角度提出君子要明德、慎德，而在认识和处理德、人、土、财、用五者之间的关系时主张把"德"放在首位。因为如果表面上奉行道德而实质上聚敛财富，就会财聚而民散。

儒家财富观确立德本财末、以财荫民的价值观，体现了道德人文主义的回归和对民本主义的期许。一方面，统治者一定要以德为本，以利为末，而不要本末倒置，以财为本。要知道，不义之财来得快，去得也快。另一方面，统治者作为民之父母，一定要以民为本，以财为末，因为重视道德的目的是为了获得民众的支持，如果只顾自己敛财，与民争利，就会失去民心。

## （二）财自道生

后世有一副对联专门揭明儒家重视经世济民的理财观："《洪范》五福先言富，《大学》十章半理财。"《大学》主要阐述儒家的"三纲领"和"八条目"，说它"十章半理财"有些夸张，不过《大学》确实有许多关于生财之道的相关论述，其中它讲：

生财有大道。生之者众，食之者寡，为之者疾，用之者舒，则财恒足矣。仁者以财发身，不仁者以身发财。未有上好仁而下不好义者也，未有好义其事不终者也，未有府库财非其财者也。

这一段文字讲述了两种"道"：一是财足之道。它指出，如果从事生产的人多且生产速度快，消费的人少且消费的速度慢，那么财富就能经常保持充裕了。应当说，在生产力较为低下的传统短缺社会，开源节流、量入为出是保证财用充足的重要条件，而直到现在勤劳也是致富的重要途径。二是仁者之道。《大学》认为有仁德的人散财助人得到民众的拥戴，而不仁的人则亡身以搜刮财富，借以表达了发财必须信守仁道。

作为蒙学读物的《增广贤文》其思想观念都直接或间接地来自儒释道各家经典，但在财自道生方面却承继了儒家的理念，它讲："君子爱财，取之有道"。人爱财、求财无可非议，关键是用合道的手段去获得，运用合法的手段和辛勤的劳动去创造财富、积累财富。这里的"道"有两层意思：一是指"门道"、"方法"和手段，不过是正道正路，不是歪门邪道；二是指"道德"、"德行"，即是根据道德原则取得财富，不取不义之财。近代徽商自觉地用儒道经商，讲求义利之道，讲利重义，主张义中取利，因义而用财，不取不义之财。徽州商人李大皓告诫他的继承者说："财自道生，利缘义取。以此严于律己,做到视不义富贵若浮云。"

## (三) 富而有道

在儒家看来,不管是贫贱还是富贵都必须据"道"而行。孔子说:

> 笃信好学,守死善道。危邦不入,乱邦不居。天下有道则见,无道则隐。邦有道,贫且贱焉,耻也。邦无道,富且贵焉,耻也。①

> 富与贵,是人之所欲也;不以其道得之,不处也。贫与贱,是人之所恶也;不以其道得之,不去也。②

这两段文字不长,却内涵丰富,它体现了儒家如下思想:一是守道据道的重道主义。从"守死善道"出发,孔子不仅要求人"危邦不入,乱邦不居"和"有道则见,无道则隐",还要求人追求富贵与去除贫贱均要以"道"作为行为准绳。之所以如此,就在于如朱熹所言:

> 世治而无可行之道,世乱而无能守之节,碌碌庸人,不足以为士矣,可耻之甚也。晁氏曰:"有学有守,而去就之义洁,出处之分明,然后为君子之全德也。"③

司马迁提出发财致富有高低之分:"本富为上,末富次之,奸富最下。"④《吕氏春秋》把非道致富称之为三患:"富贵而不知道,适足以为患,不如贫贱。贫贱之致物也难,虽欲过之,奚由?出则以车,入则以辇,务以自佚,命之曰招蹶之机。肥肉厚酒,务以自强,命之曰烂肠之食。靡曼皓齿,郑、卫之音,命之曰伐性之斧。三患者,富贵之所致也。故古之人有不肯贵富者矣,由重生故也。"⑤ 二是与世推移的权变主义。天下有道,则积极追求富贵;天下无道,则安于贫贱。子思说:"素富贵,行乎富贵;素贫贱,行乎贫贱。"⑥ 孟子也说:"非其道,则一箪食不可受于人;如其道,则舜受

---

① 杨伯峻:《论语译注》,《论语·泰伯篇》,中华书局 2009 年 10 月第 3 版,第 81 页。
② 杨伯峻:《论语译注》,《论语·里仁篇》,中华书局 2009 年 10 月第 3 版,第 35 页。
③ 朱熹:《四书章句集注·论语集注·泰伯第八》,《新编诸子集成》,中华书局 1983 年版,第 106 页。
④ 司马迁:《史记·货殖列传第六十九》,岳麓书社 2004 年版,第 1022 页。
⑤ 许维遹撰,梁运华整理:《吕氏春秋集释·孟春纪·本生》,中华书局 2009 年版,第 16~18 页。
⑥ 王文锦:《大学中庸译注》,中华书局 2008 年版,第 20 页。

尧之天下，不以为泰。"① 荀子说："富则施广，贫则用节，可贵可贱也，可富可贫也。"② 这些既给人们对富贵的追求设立了一个价值尺度，又强调根据世道的变化来决定有关富贵与贫贱的出处取舍，既坚守了儒家一贯倡导的道德主义原则，又满足了人们乐富恶贫、乐贵恶贱的人性需求，从而展现了儒家通权达变的高超智慧。三是知耻向善的特殊主义。儒家并不是一般地说富贵即善、即荣，贫贱即恶、即耻，而是根据求取富贵与去除贫贱是否以"道义"作为行为准绳来明荣知耻，借以培养出一种植于心灵深处的耻感意识，使人赋有尊严。据此，儒家反对乃至谴责为了富裕而行不仁之事。孟子讲仁道、仁政，他引用鲁国正卿季桓子的家臣阳虎的话说："为富不仁矣，为仁不富矣。"③ 赵岐注解说："富者好聚，仁者好施，施不得聚，道相反也。"显然孟子并不像有的人所理解的那样是说求富贵的人都不讲仁爱，讲仁爱的人都不会富贵，更不是仇富——为富与不仁不能画等号，他担心的是统治者为富害仁、唯利是图、与民争利，并因此影响实行仁政，从而反对统治者聚敛自己的财富。

## （四）据义求富

儒家义利价值观大致可以分为两个层面。一是价值理性层面。在儒家话语系统中，"义"有时作为道德价值而同功利价值相对应，它侧重于精神价值和社会价值，而"利"侧重于物质价值和私人价值。就此而言，儒家尽管提出了义利双行、义利两有、义利两养、无利不生等观点，但从总体思想倾向上还是主张重义轻利的价值观，像孟子的"舍生而取义"，董仲舒的"正其谊（义）不谋其利，明其道不计其功"，朱熹的"不谋利，不计功"、"必以仁义为先，而不以功利为急"等即是很好的表达。二是工具理性层面。在儒家话语系统中，"义"有时作为手段而同作为结果的"利"相对应，在这一意义上，"义"同"不义"相对立，"利"同"害"相对立。就此而言，儒家特别强调行为手段的正当性和合理性，强调见得思义、见利思义、以义为利、利不妨义、以义驭利、以义生利等价值观，简言之，就是正当谋利。

具体到财富观，在价值理性层面上儒家否弃只富自己不富别人、不富人民的统治者。齐景公自己很富，"有马千驷"，但他不给人民办事，没有做出什么好事。所以当他死时，"民无德而称焉"④，人民找不出他值得歌颂的道德。董仲舒在《春秋繁露·身之养重于义》中说："义之养生人，大于利而厚于财也。"义对于人来说，比财富更重要。

---

① 杨伯峻：《孟子译注》，《孟子·滕文公章句下篇》，中华书局 2010 年 2 月第 3 版，第 133 页。
② 王先谦著，沈啸寰、王星贤整理：《荀子集解》，《荀子卷第三·仲尼篇第七》，中华书局 2012 年版，第 109 页。
③ 杨伯峻：《孟子译注》，《孟子·滕文公章句上篇》，中华书局 2010 年 2 月第 3 版，第 107 页。
④ 杨伯峻：《论语译注》，《论语·季氏篇》，中华书局 2009 年 10 月第 3 版，第 176 页。

而在工具理性层面，儒家拒斥不义而富。孔子说：

> 饭疏食饮水，曲肱而枕之，乐亦在其中矣。不义而富且贵，于我如浮云。①

通过不正当的手段获得的富贵，对于孔子来说，就像浮云那样，虚无缥缈，不合理地窃取了财富和荣耀是非常可耻的事；与其为富贵而陷入不义之地，不如甘于清贫生涯、安贫乐道，要知道，行义是人生的第一要务，在贫富与道义发生矛盾时，宁可受穷也不放弃道义。宋代二程忠实地继承了孔子唯义主义财富观，反对为求富而害义，他们讲："富，人之所欲也，苟于义可求，虽屈己可也；如义不可求，宁贫贱以守其志也。"②

### （五）乐道好礼

尽管人性本质上不甘于贫穷而追求富贵，但贫穷和富贵毕竟是人的生存境遇，儒家不仅阐述了德本财末、财自道生、富而有道、据义求富等依道求富的财富观，还从三方面阐明了人对待当下贫穷和富贵的自处之道。

一是富而好礼。《论语·宪问》讲："子曰，贫而无怨难；富而无骄易。"《论语·学而》有载："子贡曰：'贫而无谄，富而无骄，何如？'子曰：'可也，未若贫而乐，富而好礼者也。'"这里孔子向人们展示了两种高低不同的人生精神境界：贫而无怨、贫穷但不谄媚、富有但不骄傲和贫穷仍能乐道、富贵仍能好礼，后者高于前者。为何这样讲，孔子并未给出理由，大概是因为贫而无怨、贫而无谄、富而无骄属于消极意义上的人生态度，而贫而乐、富而好礼则属于积极意义上的人生志向。孔子倡导的"贫而乐"显然是针对个人而言的人生况味，而不是对国家和民族的要求；因为对国家与民族而言，安于"贫而乐"一般会造成国家和民族的积贫积弱。实际上，能够做到子贡所说的贫而无谄、富而无骄已属不易，俗语常说"人穷志不短"，可现实却是许多人"人穷志短"，因经受不住金钱财富的诱惑而低头——谄媚、巴结、讨好人；有的人则以财富傲人，甚至骄奢淫逸（饱逸思淫欲）。当然，至于孔子所讲的"富而好礼"更非易事，要知道，仓廪实不一定知礼节，衣食足不一定知荣辱。正因如此，司马迁在《史记·货殖列传》中引用管子的话时将其改为"仓廪实而知礼节，衣食足而知荣辱"。《左传·襄公十二年》曾提出"贵有常尊"观念，《礼记》则在提出"富而有礼"③的道德要求并揭示"圣人之制富贵也，使民富不足以骄，贫不至于约，贵不慊

---

① 杨伯峻：《论语译注》，《论语·述而篇》，中华书局 2009 年 10 月第 3 版，第 69 页。
② 王孝鱼点校：《二程集·河南程氏经说》卷六《论语解·述而》，中华书局 1992 年版，第 1144 页。
③ 《礼记·表记第三十二》，辽宁教育出版社 1997 年版，第 172 页。

于上，故乱益亡"①等礼的作用的同时，对富而无骄与富而好礼的关系作了诠释，这就是富贵而知道好礼就可以做到不骄不淫——"富贵而知好礼，则不骄不淫；贫贱而知好礼，则志不慑。"②

二是安贫乐道。孔子充分肯定了"贫而乐"的人生境界和自处之道，极力倡导"孔颜乐处"。他说："饭疏食饮水，曲肱而枕之，乐亦在其中矣。"③并称赞颜回说："贤哉，回也！一箪食，一瓢饮，在陋巷，人不堪其忧，回也不改其乐。贤哉，回也！"④严格地讲，贫而乐有两种情形：有道之贫而乐和无道之贫而乐；有道之贫而乐又有"天人之乐"和"世俗之乐"之分，无道之贫而乐又有"自得其乐"和"无赖之乐"之别。《吕氏春秋》上说："古之得道者，穷亦乐，达亦乐。所乐非穷达也，道得于此，则穷达一也，为寒暑风雨之序。"⑤《史记·仲尼弟子列传》"贫而乐"后也有一"道"字。这表明有道构成了贫而乐或孔颜乐处的精神支撑。孔子守道据道的重道主义就财富观来说不仅表现在富而有道上，还体现在从君子人格角度明确强调忧道不忧贫上。孔子从"守死善道"出发，提出"君子谋道不谋食。耕也，馁在其中矣；学也，禄在其中矣。君子忧道不忧贫"⑥，君子只担忧学不到道，担忧道不能行，而不担忧贫穷；"君子食无求饱，居无求安，敏于事而慎于言，就有道而正焉，可谓好学也已"⑦。君子不追求饱食、安居这类功利性价值，而注重正道、学道这类道德性价值。在孔门弟子中，除了颜回，子路、原宪均表现出谋道不谋食、忧道不忧贫、不以恶衣恶食为耻的气质。

三是穷不失义。在古代汉语中，贫与富相对，贵与贱相对，而穷与达对应；"贫"专指穷困、没钱，"穷"则指没有官职、功名。只不过"穷"有时也同"贫"连用。孔子曰："君子固穷，小人穷斯滥矣。"⑧在孔子看来，正是由于正道、志道、学道、谋道、修道，君子才在穷困的时候依然能安守节操；反之，小人一穷就胡作非为。如果说上述孔子"贫而乐"和"忧道不忧贫"侧重于忧乐道德情感的话，那么孟子更为凸显"穷不失义"的道德理性主义。《孟子·尽心上》说：

"子好游乎？吾语子游。人知之，亦嚣嚣；人不知，亦嚣嚣。"曰："何如斯可以嚣嚣矣？"曰："尊德乐义，则可以嚣嚣矣。故士穷不失义，达不离道。穷不

---

① 《礼记·坊记第三十》，辽宁教育出版社1997年版，第158页。
② 《礼记·曲礼上第一》，辽宁教育出版社1997年版，第1页。
③ 杨伯峻：《论语译注》，《论语·述而篇》，中华书局2009年10月第3版，第69页。
④ 杨伯峻：《论语译注》，《论语·雍也篇》，中华书局2009年10月第3版，第58页。
⑤ 许维遹撰，梁运华整理：《吕氏春秋·孝行览·慎人》，中华书局2009年版，第340页。
⑥ 杨伯峻：《论语译注》，《论语·卫灵公篇》，中华书局2009年10月第3版，第166页。
⑦ 杨伯峻：《论语译注》，《论语·学而篇》，中华书局2009年10月第3版，第9页。
⑧ 杨伯峻：《论语译注》，《论语·卫灵公篇》，中华书局2009年10月第3版，第159页。

失义，故士得己焉；达不离道，故民不失望焉。古之人，得志，泽加于民；不得志，修身见于世。穷则独善其身，达则兼济天下。"

这实际上是说，一个有志之士应该做到外化而内不化，不会因为穷困而失去正义，做到洁身自好；也不会在显达之时背离道义，而能够见世、用世，为天下苍生谋福利。穷达是身外之事，只有道义才是内在的，而不论是"独善其身"还是"兼济天下"都是谋道、志道、行道的表现。

## 三、平均主义财富观

如上所述，儒家阐发了人文主义财富观，孔子主张富而后教、藏富于民、民富先于国富，孟子强调养生之道，使民有恒产，荀子力倡富民裕民，上下俱富。面对富者愈富、穷者愈穷、贫富两极分化的社会现实，在对待如何分配财富问题上儒家还提出了平均主义财富观。

孔子所处的春秋时代，正是"富者田连仟伯，贫者亡立锥之地"。基于对这一现象的担忧，为了维护社会安定，巩固封建统治，孔子提出了如下思想：

> 丘也闻有国有家者，不患寡而患不均，不患贫而患不安。盖均无贫，和无寡，安无倾。①

这意思是说，诸侯和大夫不担心人口少而担心财富分配不均，不担心财乏而担心不安定，因为财富分配均匀就不会贫乏，社会和谐人口就增多，社会安定邦国就不会倾亡。一些人把"寡"解为土地财产少当是误读，所谓"寡"类似于老子"小国寡民"中的"寡民"。至于孔子所说的"贫"主要是指土地和财产少。《辞源》对"均"的这个义项的解释是：公平，均匀。孔子所谓的"均"应有两解：一是"平均"。"均徧"可释为"公平一律"、"齐一"，如《荀子·君道》："以礼分施，均徧而不偏。"《荀子·王霸》："出若入若，天下莫不平均，莫不治辨。"《诗·曹风·鸤鸠》"其子七兮"。汉《毛亨传》："鸤鸠之养其子，朝从上下，莫从上下，平均如一。"二是"公平"、"不偏袒"、无过与不及，相当于《管子·形势》所言："天公平而无私，故美恶莫不覆；地公平而无私，故小大莫不载。"

"不患寡而患不均，不患贫而患不安"这段话经常被当作儒家宣传平均主义的经典表达加以批判。笔者认为，孔子的"均贫富"价值观具有三种合理性。

---

① 杨伯峻：《论语译注》，《论语·季氏篇》，中华书局 2009 年 10 月第 3 版，第 170 页。

一是思想合理性。有的学者指出，社会财富分配的公正合理（孔子的均，当然不是绝对平均），确实是社会稳定的前提之一，但孔子"患不均"之正确，并不能证明"不患贫"之合理；"均无贫"不合事实，"不均才贫"更不合逻辑；"均"是分配形式，"贫"是财富多少；财富分配之均与不均，与财富之多少没有关系。"不患贫"是危险的，因为"贫"正是"不安"的首要原因；物贫则人争，争则不安；人所争者，正是这不足之物。"均无贫"彻底的没逻辑，其极端形式是人人都是零，也就不是贫；而人人都是零，均是绝对均了，但贫还是贫。笔者认为，这番言论虽不乏深刻，但存在诸多误解，不能脱离特定的语境加以解释。要知道，孔子这段话是针对季康子掌权者之流通过对外战争攻伐等不义手段掠夺土地和人口而讲的，不是泛泛而论。他分别把"均"、"和"、"安"和"贫"、"寡"、"倾"当作两种价值，"不患寡而患不均，不患贫而患不安"表面上看是只追求均平、安定而排斥土地和人口的增加，其实不然，他不过是强调通过采用"均"、"和"、"安"的手段和途径达到解决"贫"、"寡"、"倾"的问题。总之，是利用"均"、"和"、"安"的工具理性达到无贫、无寡和无倾的价值理性目的。"均"作为分配形式同"贫"并非完全没有关系，它在一定程度上影响财富的生产和不同人所占有的财富多少。"均无贫"是说"均无极贫"，绝对平均会致贫，但相对平均却可以防止极端贫困、防止两极分化。其实，从另外意义上说，孔子又何尚不"患贫"、"患寡"呢，他对足食、足兵、民信的肯定，对庶、富、教的赞许，就是最好的说明。"贫"确实是"不安"的重要原因，但历史表明"不均"也是"不安"的根源。就像有的学者所指出的那样："均贫富，并不是绝对的平均主义。在文化分子特别是儒家的心目中，它不过是相对的平均思想，是协调贫富差距，使之保持在适当限度之意。"① 一定的贫富差距在私有等级社会是必要和必然的。只是孔子在肯定使各个等级的财富与其身份地位相一致、强调等级分配的同时，坚决反对过度贫富差距。当季康子试图借改革税赋制度以聚敛更多财富时，孔子说："季氏富于周公，而求也为之聚敛而附益之。子曰：'非吾徒也！小子鸣鼓而攻之可也。'"② 孔子讲季康子比王朝的周公富有，而冉求还替他搜刮、聚积增加他的财富；冉求不是我的门徒了！你们大张旗鼓地去声讨他好了。孟子提出的富民是低标准的，他的制民之产仅是为了解决温饱问题。董仲舒认为要消除不安定因素，去其根源，需要限制两极分化，缩小贫富差别。具体办法，一是"均布"。董仲舒反对官家与民争利，反对官商，反对盐铁官府专营。他说："受禄之家，食禄而已，不与民争业，然后利可均布而民可家足。此上天之理，而亦太古之道。"③ "古之所予禄者，不食于力，不动于末，是亦受

---

① 封祖盛、林英南：《开放与封闭》，河北人民出版社1987年版，第290页。
② 杨伯峻：《论语译注》，《论语·先进篇》，中华书局2009年10月第3版，第114页。
③ 班固撰，颜师古注：《汉书卷五十六·董仲舒传》，中华书局点校本二十五史1962年版，第2521页。

大者不得取小，与天同意者也。"① 二是"调均"。董仲舒继承了孔子的"均贫富"思想，他说：

> 孔子曰：不患贫而患不均。故有所积重，则有所空虚矣。大富则骄，大贫则忧。忧则为盗，骄则为暴，此众人之情也。圣者则于众人之情，见乱之所从生。故其制人道而差上下也。使富者足以示贵而不至于骄，贫者足以养生而不至于忧。以此为度而均调之。是以财不匮而上下相安，故易治也。②

不难看出，董仲舒"均调"思想主张以制度反对大富大贫，使贫者足以养生，唯有如此，才能使"财不匮而上下相安"，进而实现安邦定国的治国目标。以孔子、董仲舒为代表的儒家"均平"价值观在使国泰民安上同道家乃至法家是一致的。管子认为治国之道是必先富民，而民贫困恰是由于统治者无以调均："仓廪虚而民无积，农民以鬻子者，上无术以均之也。"③《晏子春秋·内篇·问上第三》明确提出"权有无，均贫富"。老子讲求以人道法天道，而"天之道，损有余而补不足。人之道，则不然，损不足以奉有余"④。即便主张弱民的商鞅也强调"贫者使以刑则富，富者使以赏则贫。治国能令贫者富，富者贫，则国多力。多力者王"⑤。商鞅尽管旨在说明为政者要实行重罚轻赏的法术，但也表达了缩小贫富差距的主张。

二是历史合理性。任何社会有一些贫富差别都是正常而必然的现象，且不说贫富差别构成了中国传统社会的一种常态，即使是在奉行普遍贫穷观念的时代也是存在一定的贫富差别。但是如果两极分化过于严重，就不利于社会的安定。在中国私有制的历朝历代，从君主、皇帝、诸侯、权臣到奴隶主、地主等，统治者为了满足自己的欲望往往通过战争攻伐、巧取豪夺、残酷剥削等方式兼并土地、掠夺人口、聚敛财富，造成财富分配不均，有时使民不聊生，进而使国家动荡不安。为了保持社会的平衡、国家的统一和政权的稳定，一些思想家提出了"等贵贱，均贫富"的主张。某些统治者为了巩固家国天下的地位，也会对政治经济政策法令进行调整和改革，如汉代的限田法，西晋的占田制，北魏、隋、唐的均田制等，王安石和海瑞也都主张"均税"。这些举措旨在打击贪官污吏，限制钜贾富贾，平衡财富占有，缩小贫富差别，博得贫困人民的支持和拥护。在有天灾之年，政府对受灾的民众还要给予适当的救济，这些措

---

① 班固撰，颜师古注：《汉书卷五十六·董仲舒传》，中华书局点校本二十五史1962年版，第2520页。
② 苏舆撰，钟哲点校：《春秋繁露义证·度制第二十七》，中华书局1992年版，第227~228页。
③ 李山译注：《管子·治国》，中华书局2009年版，第259页。
④ 陈鼓应：《老子译注及评介》，《老子第七十七章》修订增补本，中华书局2009年2月第2版，第440页。
⑤ 蒋礼鸿撰：《商君书锥指·去强第四》，中华书局1986年版，第31页。

施包含调均的意味。这样做虽不能从根本上解决贫富不均问题，但在一定程度上可以缓和阶级矛盾、促进生产发展。在长期浸润下，儒家"不患寡而患不均，不患贫而患不安"日渐成为内化为中华民族的深层价值心理，并得到全社会普遍认同。由于受到"均贫富"价值观的影响，加之贫富差别的矛盾扩大以及现实生存危机，中国历代农民运动往往以"均贫富"作为革命口号。东汉黄巾军起义提出了"太平"口号，唐朝黄巢以直接"平均"为战斗口号，北宋王小波、宋江分别高举"均贫富"和"劫富济贫"的旗帜，南宋钟相、杨么提出"等贵贱，均平富"的纲领，李自成要求"均田免粮"，太平天国力主实行"有田同耕，有饭同食，有衣同穿，有钱同使，无处不均匀，无人不饱暖"的天朝田亩制度。通过农民运动，儒家"均贫富"价值观在抑制贫富过度分化、财富分配不均，缓解阶级矛盾、促进生产、安民定邦等方面发挥了制导作用。只是需要指出的是，唐特别是宋以后农民起义的均产、均田、均平、均分等思想往往带有较为浓厚的绝对平均主义色彩，偏离了儒家的相对平均主义价值观。

  三是现实合理性。改革开放以前的计划经济时代，尽管实行按劳分配、八级工资制等财富分配制度，但由于搞吃大锅饭、"一大二公"的平均主义，收入差别逐步缩小，趋入平均化，以致生产效率低下，最终导致普遍贫穷。有人把这归结为儒家"不患寡而患不均"影响所致。殊不知，这主要是因农业社会主义、伦理社会主义和空想社会主义的绝对平均价值观的负面作用。改革开放之后，在经济政策上提出了"让一部分人先富起来"，在价值观上强调效率优先、兼顾公平，中国经济得以突飞猛进，逐步迈向富裕社会，一部分人、一部分地区得以先富起来，达到了贫富有差的目的。但自20世纪90年代以来，贫富两极分化日益严峻，社会矛盾逐年加剧，非法致富现象滋生蔓延，仇富心理日益彰显，"均贫富"已经上升为社会焦点。中国经济总量已赶超日本，成为世界第二大经济体。与此同时，中国贫富分化越发巨大，行业间、个人之间收入差距或已达数倍之多。这种贫富分化的现象会影响到社会和谐，容易成为社会不稳定的根源。建立真正意义上的和谐社会和小康社会，诚然要鼓励财富差别，肯定先富后富，维护竞争效率，同时也要按照儒家"均贫富"价值观把公平放在更加突出位置，逐步缩小过大的收入差距，改变财富分配不公现象。实质上"不患寡而患不均"也是符合公平正义和共同富裕价值观的。现代社会的稳定实际上也是要靠一定的平均，如果贫富差距过于悬殊，社会便有可能不稳。目前造成世界一部分人和地区贫困的原因固然很多，但人口过多和对资源财富的不平等的占有与使用也是重要病根。以西方发达国家为主导的整个世界经济秩序导致资源配置与使用不平等、不合理，对一些国家的饥荒与贫穷负有不可逃脱的责任。就此而言，儒家的"不患寡而患不均"极有现实借鉴意义。

# 儒释道鼎立下的隋唐学术

曲阜师范大学历史文化学院教授　王洪军

佛教自两汉之际传入中国以来，历经魏晋南北朝时期的发展，至隋唐时期形成儒、释、道三家鼎立的格局，在长期的历史发展中，儒、释、道三家相互争论辩难、相互交融，深深影响着思想学术的发展，在一定意义上决定着汉代以后中国思想学术的发展走向。隋唐时期，统治者出于自身统治的需要，对其采取三家并存的文化政策，"宫廷三教论议"以及民间僧道文人的交流与交往，更促进了三家思想学术的交流与交融，各自的理论形态也都发生着深刻的变化与变迁。

## 一、儒家学术的变迁

关于中古时期儒学的地位问题，一直都是学者争论的焦点之一。有的学者认为，中古是玄、佛占居着主导地位，儒学处于停滞状态，至少失去了宗主地位。而魏晋以来，儒学虽在社会意识形态失去独尊地位，但其作为中国传统文化的"底色"依然在社会中发挥着自身社会功能，并以一种家学形式、文化士族的精神支柱影响着社会和思想学术，不少士人或由儒入玄，或儒玄结合，或儒道、儒佛结合，乃至三者兼而有之，这是魏晋南北朝儒学发展的主流。隋唐儒学虽在思想学术上没有取得令人瞩目的成就，但唐初颜师古《五经》的考订与孔颖达《五经正义》的颁行，不仅改变了魏晋以来儒家经典版本文字义疏不一、师法、家法不同，经学形态变异的状态，使得南北经学获得了统一，其主导地位仍然没有动摇，而且对于儒学传统的传承、此后儒学的发展以及文化教育均具有划时代的意义。同时，孔颖达在其诠释儒家之道时，引用了道家的"自然"与玄学"无"等概念，从而使儒家政治伦理在本体论意义上得以升华。

时至中唐，随着儒释道三家论议的深入和义理的融通，佛学对儒学的影响亦不断加深，先是出现了啖助、赵匡、陆淳等新春秋学家，以义理释经；后有儒家学者柳宗元"统合儒释"和刘禹锡"援佛入儒"的主张。当柳宗元好友韩愈批评其"嗜浮图言"、"与浮图游"、"不斥浮图"时说："吾自幼好佛，求其道，积三十年"[①]，"浮图

---

[①] 柳宗元：《送巽上人赴中丞叔父召序》，《柳宗元集》卷二五，中华书局1979年版，第671页。

诚有不可斥者，往往与《易》、《论语》合，诚乐之，与其性情爽然，不与孔子异道……虽圣人复生，不可得而斥也"①。认为佛教性情之说与孔子所言并不相异，提倡统合儒释，二者并行不悖。并在《百丈碑铭》中言，"儒以礼立仁义，无之则坏；佛以律持定慧，去之则丧"②。刘禹锡则认为："儒以中道御群生，罕言性命，故世衰而寝息；佛以大悲救诸苦，广启因业，故劫浊而益尊。"③ 即认为儒家学说适于治世，注重人的行为规范；佛教学说适于乱世，注重弥补人们心灵的空寂、生活的无助与泯灭心中恶业，阴助教化，总持人天；生成之外，别有陶冶。故主张"援佛补儒"。

中唐以后，真正能够从对佛学的排拒和融合上深入到理论层面分析者，乃是韩愈及其弟子李翱。为反对佛、道，复兴儒学，韩愈提出一个由尧舜禹汤文武周公孔孟的儒家"道统说"，以对抗佛教之"法统"④，并自命其为孔、孟心传"道统"的继承者，试图创立一种"先王式"儒家新宗教。在其《原道》、《原性》、《原鬼》系列论文中，针对佛、道所涉领域，提出了儒家的原则纲目和范畴。韩愈为"扶树教道"的一套理论虽然极其简陋，却为后来儒学发展和官方哲学的建立奠定了理论基础。韩愈弟子李翱著《复性书》三篇，以《周易》、《中庸》、《大学》、《孟子》为依据，提出一个由孔子创立，子思、孟轲、公孙丑、万章等人相继传承的儒家"心性道统"谱系，他综合儒、释、道的心性论与功夫论，以"开诚明，致中和"为至义，以去情复性为旨归，以"弗虑弗思"、"寂然不动"、"斋戒其心"、"诚明"为复性之方法，以"虚明变化"、"感而遂通天下"、"与天地参"为致用，以昏昏然肆情昧性为可悲。并以儒家思想为基础，对天台"止观"、"无性有情"说、禅宗"人人皆有佛性，人人皆可成佛"、"明心见性"论以及老庄"虚静"、"心斋"、"坐忘"、"反性"、"复初"以及唐代道教司马承祯的《坐忘论》进行了吸收、改造，进而形成一个系统的新儒家心性论思想体系。

李翱的这种融佛入儒，无论是在方法上还是在内容上，均为此后儒学进一步吸收融合佛道，完成儒家思想的创新发展开了先河，奠定了一定基础。隋唐时期儒释道鼎立、相互论辩吸收交融，不仅促进了隋唐儒家学术思想的变迁，而且对于宋明理学的产生，乃至整个中国儒学的发展、传承和流布，都起了不可磨灭的贡献。

## 二、佛教学术思想的变迁

在中国思想文化发展史上，人们往往以佛学来概括隋唐学术。但这并不表明隋唐

---

① 柳宗元：《送僧浩初序》，《柳河东集》卷二五，上海人民出版社 1974 年版，第 424～425 页。
② 柳宗元：《南岳大明寺律和尚碑》，《柳河东集》卷七，上海人民出版社 1974 年版，第 105 页。
③ 刘禹锡：《袁州萍乡县杨岐山故广禅师碑》，《全唐文》卷六一〇，中华书局 1983 年影印本，第 6162 页。
④ 韩愈：《原道》，《韩昌黎先生集》卷一一，中国书店出版社 1991 年版，第 174 页。

学术是以佛学为主,而是说佛学的兴盛乃是这一时期学术发展的重要特征之一。正如汤一介先生在其《魏晋玄学论讲义》中所说:"统治阶级的思想有时可以是时代精神的体现,有时则不能是时代精神的体现。有时体现时代精神的思想恰恰是当时的非正统的异端思想,是反对统治阶级思想的思想。"隋唐时期的统治思想依然是以儒家思想为主导,只是由于佛教学者在三家论议过程中的强势表现,使得佛学成为这一时期突出的学术现象。

印度佛教传入中国之初,人们将其视若黄老之术和神仙方术;佛教与佛学作为一种外来的异域文化,有自身的宗教教义、义理和仪式,来到中土以后,在其传经布道的过程中面临着一系列问题:首先遇到的就是语言与经典的翻译问题,只有将佛经梵语与梵文转换成汉语与汉文,才能为汉地的信徒与信众所接受,才能更好地布教与训众;一种外来的宗教义理在进行这一转换的过程中,它必然受到所在国度文化大背景的种种影响;其次,就是面临如何选择与适应其所在国度的固有文化,选择一种或数种与其自身宗教义理相近或相似的义理与语言,来作为其承载工具,以完成这一转换。在这一选择的过程中,佛教与佛学最终选择了"玄学"。它一方面让"玄"在语言、义理上成为佛教与佛学教义义理的承载者与表达者;另一方面,它又通过"玄"来面对与溶解中土固有的文化传统(儒学、道家与道教),使其能够更好地适应在一个新的国度中立足扎根、传经布教,求得发展。由此"玄学"在儒家、道家、道教与外来佛教和佛学之间,架起了一座思想文化与宗教义理交流与对话的桥梁!这种交流是"双向互动"的,就是说,在不同文化间的交流是相互吸收与扬弃的。

至东晋十六国,随着佛教经典的大量翻译,中国士人与佛教学者对于大乘般若性空义的不同理解与诠释,便出现了所谓的"六家七宗";佛教学术与儒家经学一样,南北各有所重。南朝偏重于对佛经义理的阐释与发挥,而北朝则更注重禅定修持的宗教实践。在对异域佛教文化消化吸收的过程中,有些僧人对佛教某一经或数部经典进行研究,在南、北朝形成"涅槃"、"成实"、"三论"、"地论师"、"楞伽"等不同佛学学派;而这些佛学学派至隋唐大部分则成为中国式的佛教宗派。与佛教中国化过程相伴而行的是佛与儒、道之间于宫廷、民间的三家论议。在不同时期论争的焦点亦有所不同,魏晋主要围绕"夷夏之辨"、儒、佛作用以及佛教、道教谁先谁后的问题;南朝儒、释、道三家则围绕"形神"、"有无"、"黑白"、"夷夏"等问题展开辩论;北朝除"二武"灭佛事件之外,儒释道三家依然是在竞趋中相互渗透、摄取与融合;至隋唐时期,在思想文化领域已经形成三家鼎立格局,而三者之间为了政治地位的高低、佛、道先后、优劣等问题展开争论。而佛教与佛学在与儒、道长期争论辩难交融的过程中,不仅促进了佛学自身理论的发展,而且形成自身的学术特性与风格。

隋唐时期,政治上的南北统一和南北学术交流的加剧,南北佛学之间的差异逐渐缩小。在佛学内部,通过"判教"调和了不同时期佛教经典和学派在理论上的分歧和矛盾,为其在三家论议中长期占据着优势奠定了坚实的理论基础。随着辩论的深入,佛儒、佛道之间的争论已经不再限于"夷夏"、"佛道先后"、"优劣"等问题，而是已经深入到宗教义理本身。为在辩论中胜出，儒释道三家彼此学习对方的经典义理为己所用，如天台宗的"止观"学说，融入了儒家的人性论与道教内丹学的修炼方法；禅宗的"明心见性，顿悟成佛"，将儒家的心性论、道家的自然论与佛教的基本思想相融通，进而形成中国化的禅学理论和修行方式；佛教不同宗派各尊一经或数经，在其讲习过程中，亦开始学习儒家经学传统，讲究师承与门户，并对其所尊经典进行经学式的注解与义疏。此外，这一时期的佛教教义，还受到儒家伦理思想的影响而发生了重大变化。禅宗六祖慧能即将儒家伦理视为在家修行信徒的重要信条，他说："心平何劳持戒，行直何用修禅，恩则亲养父母，义则上下相怜，让则尊卑和睦，忍则众恶无喧。若能钻木出火，淤泥定生红莲。"① 即认为在家修行只要符合儒家伦理的要求，就不会违背戒律而成佛；怀海禅师在其《禅门规戒》为佛教徒制定的清规中就有关于"忠孝"的规定，甚至出现了专讲孝道的佛经——《父母恩重经》。

佛、道之间的争斗表现的更为激烈，无论是在魏晋南北朝还是在隋唐时期，佛教历史上的四大"法难"几乎都与道教有关。但在与道教争斗、辩难的过程中，佛家亦在不断地吸收溶解道教与道家理论为己所用。如禅宗在修行方法上，汲取老庄自然无为的理论，主张"任运自然"，以修佛道，正如宋儒所言："道家有《老》、《庄》书却不知看，尽为释氏窃而用之，却去仿效释氏经教之属，譬如巨室子弟，所有珍宝悉为人所盗去，却去收拾人家破瓮破釜！"② 尽管这一比喻不甚科学，但也从一个侧面说明隋唐时期儒释道相互争斗、辩难、交融的关系。

正如有些学者所言，佛教的中国化，在相当程度上是指儒学化；而佛教与佛学的儒学化，又在相当程度上表现为"心性"化。隋唐时期，三家鼎立中的佛教与佛学，不仅由起初的以"玄"译经、释经与解经，汲取了道家与道教理论，而且大量吸收儒家的人性论和"内圣"之道，发展了其自身的佛学理论，主张"心性本觉"，并为此后宋明理学"援佛入儒"提供了方便之门。

## 三、道教学术思想的变迁

道教作为中国本土宗教，尊老子为其祖师，是中国民间巫术依托道家理论建立的宗教团体组织。在其形成时期，在宗教理论、教义、宗教仪式等方面都远远落后于佛教。随着佛教的传入、传播与壮大，佛、道之间的矛盾不断加深，至魏晋南北朝，二者为争得自身的政治地位与信众，围绕谁先谁后的"辈分"等问题，引发了一系列争

---

① 徐文明注译：《六祖坛经》，中州古籍出版社 2004 年版，第 37 页。
② 黎靖德编，王星贤点校：《朱子语类》卷一二五，中华书局 1986 年版，第 3005 页。

论。道教学者一方面联合儒家，共同与佛家论议辩难，另一方面则"援佛入道"，模仿佛经制造道经，如南朝著名道士陶弘景所著《真诰》，融儒家伦理与佛教轮回转业说制定出道教修道之法；在其《真灵位业图》一书中，借用佛教神仙谱与儒家世俗等级秩序，为道士众仙排定座次，建构起一套等级森严的道教神仙谱系。北朝寇谦之道教改革，致使道教摆脱巫术外衣，有了相对完整的经典、教义、戒律、宗教仪式和教团组织，建立起一个具有哲理、神谱、斋戒仪式的宗教体系。李唐皇室与老子攀上亲缘关系，道教政治地位提高，在儒释道三家论议辩难中，三家教义义理上的相互渗透吸收，道教学术亦获得巨大进展，主要表现于道教"重玄"与道教心性学说的兴起。

重玄源于原始道家，至南北朝，进一步融摄玄佛宗义，道教与道家学者把佛教般若空性理论与思辩方法融摄于道教思想中，发展成为"重玄"的思想学说。唐初著名道士成玄英在注疏《老》、《庄》时，援用佛教中观"双遣法"，以说明"道"与"万物"、"有"与"无"之间的关系，否定"贵无"与"崇有"。如其释"同谓之玄"时说："玄者，深远之义，亦是不滞之名……深远之玄，理归无滞，既不滞有，亦不滞无，二俱不滞，故谓之玄。"又释"玄之又玄"云："有欲之人，惟滞于有，无欲之士，又滞于无，故说一玄，以遣双执。又恐行者滞于此玄，今说又玄，更祛后病。既而非但不滞于滞，亦乃不滞于不滞，此则遣之又遣，故曰玄之又玄。"① 比僧肇"非有非无"的"不真空论"② 更进一步，否定"非有非无"，以至于"不滞于不滞"。武则天时期著名道士王玄览，精通道释，曾多次于佛寺与僧人对论空义，引"空"论"道"。在其《玄珠录》中，援引大乘唯识宗佛教理论对于道物、道体、道性、有无、真妄、动寂、心性等义理问题进行了阐述。认为"道"先于"众生"，"众生有生灭，其道无生灭"；"常道"生天地，"可道"生万物；"可道"无常，"常道"是实；"道性"在心中，不必向外求，"心生诸法生，心灭诸法灭"，"心之与境，常以心为主"，等等。故其在修道方法上主张坐忘修心、定慧双修的方法。体现了佛、道二教理论上的融合。

著名道士司马承祯的《坐忘论》，更是熔释老为一炉，援佛阐发老庄义。他借鉴佛教的止观禅定和儒家的"正心诚意"的修养方法，将求"道"的安心坐忘之法归纳为七个前后相互关联的修道层次：一曰信敬；二曰断缘；三曰收心；四曰简事；五曰真观；六曰泰定；七曰得道。其修道主旨就是修心、主静去欲。"心为道之器宇，虚静至极，则道居而慧生"③。"修心"就须"主静去欲"，"心"为"一身之主，百神之师，

---

① 蒙文通辑校：《成玄英老子义疏》（道经部分）上，第四"会重玄之致"，1946年四川省立图书馆石印本。
② 僧肇《不真空论》讨论"有"、"无"问题时，既批评了王弼的"贵无"，也批评了郭象的"崇有"，而提出了"非有非真有，非无非真无"的"中道观"，可以说是利用佛教的般若学对魏晋玄学有关"有无本末"之辨的总结。
③ 司马承祯：《坐忘论·泰定》，《全唐文》卷九二四，中华书局1983年影印本，第9631页。

静则生慧,动则成昏"①。若要得道就要"收心"、"无我",以至达到"形如槁木,心如死灰,无感无求,寂泊之至"的"泰定"状态,实现行、神、道的合一。即"身与道同,则天时而不存;心与道同,则无法而不通"②。道教这种人生修为的最高境界几与佛教涅槃之境相同,只是司马承祯并没有抛弃道教追求成仙得道的基本精神,而人与道冥同。

隋唐道教"重玄"与道教心性学说,历经成玄英、王玄览、司马承祯,到唐末杜光庭进一步走向成熟。为顺应当时"三教合一"的时代潮流,在修炼理论和实践上杜光庭进一步吸收融合佛教中观学说的"八不中道"理论,进而提出道教的心性修炼论。杜氏认为修道者必须"无染无著,无垢无尘,随机而化",才能悟得本来清净、不增不减的"真道"。与此同时,他又力图融合儒道,以儒合道、以儒归道,将儒家的建功立业与道家、道教不为功名所累的价值观结合起来,追求自然朴实的"真智"、"真礼"、"真仁"、"真义"、"真信"。道教"重玄"与心性学说的兴起,致使隋唐时期道教丹学理论逐步由外丹学转向内丹心性之学。可见宋代道教内丹学的兴盛与发展是渊源有自的。

---

① 司马承祯:《坐忘论·收心》,《全唐文》卷九二四,中华书局1983年影印本,第9626页。
② 司马承祯:《坐忘论·得道》,《全唐文》卷九二四,中华书局1983年影印本,第9632页。

# 儒家正义论

山东师范大学齐鲁文化研究院教授　王钧林

公平正义是一以贯之于古今人类社会的核心价值。无论贵族社会还是平民社会,无论专制社会还是民主社会,无论资本主义社会还是社会主义社会,无论现实社会还是理想社会,都无一例外地高举公平正义的旗帜。孔子的大同社会以"天下为公"为其基本特征,柏拉图的理想国秉持正义的原则,罗尔斯认为"正义是社会制度的第一美德"。公平正义是人类社会的第一原则,放之四海而皆准,东海圣人出不易此言,西海圣人出不易此言,南海圣人出不易此言,北海圣人出不易此言。

任何社会都有着与其文化传统相应的正义理念,中国文化传统中的正义理念,以儒家的发明与阐述为最完整、最丰厚、最深刻。

## 正义是社会制度的第一美德

公平正义之所以是人类社会的第一原则,在于任何社会都是由不同的人和人群组成的,不同的人有不同的利益和需求,不同的人群——血缘组织、经济组织、社团组织,等等,有比个人更为复杂的利益和需求。在空间和资源有限的情况下,如何协调、平衡乃至整合这些千差万别而且往往彼此矛盾的利益关系和需求关系,避免冲突与纷争,促进社会成员和社会组织之间的团结合作,维护和谐的社会秩序,推动社会共同体的和平与发展,这考验着人类的智慧,古今思想家和政治家都为此而绞尽脑汁,纷纷提出自己的解决之道。2000多年前,大儒荀子率先从制度安排的角度提出了解决之道,他认为,当务之急是为人们的名分和权利确立一个普遍适用的"度量分界"(《荀子·礼论》),每一位社会成员都接受并遵守这个"度量分界",就会消解矛盾,平息纷争,因为这个"度量分界"合乎"礼义",合乎公平正义!

美国学者罗尔斯(John Rawls,1921—2002)在公平正义的研究上作出了卓越贡献,他的正义理论,特别是他提出的关于正义的两个原则,时下为人们津津乐道。罗尔斯认为,正义的第一原则为自由平等的原则,简单地说,就是每一个人都拥有平等的自由权利;正义的第二原则为差异原则,即:社会与经济的制度安排和政策安排,应该向社会弱势群体倾斜,越是接近社会底层的人,其获益也应随之越大。罗尔斯的正义论有着深厚的西方文化背景。他山之石,可以攻玉。我国文化传统中亦有着关于公平正义的丰富的思想资源。以儒家为领袖，墨家、法家、道家黄老学派，以及历代许多思想家、政治家，对于正义、中正、公道、公正、公平、公义、均平等等，都有极为深刻、周详的论说。人同此心，心同此理。无论中外古今，人们对于公平正义有着大致相同的见解与理念。如果说罗尔斯着重阐发的是正义的两个原则，儒家的正义理念则凸显了中正、公正、公平三大内涵。

正义，对于社会而言，是指社会制度和法应该而且必须"止于至善"的正当性与适宜性。"止于至善"是儒家提出的重要理念，它表示社会制度和法一方面能够反映并实现最大多数社会成员认可和追求的善，也就是普遍的社会价值，如自由、平等、公正、忠诚、信用、慈善，等等；另一方面还要能够体现"虽不能至，然心向往之"的至善，也就是超越现实的理想的善。善与至善，如人与完人一样，是具有现实品格的善与具有理想品格的善的区别。每一种善都有一个培养成长的过程，这是人们对一种善不断认知，从而关于此种善的知识不断丰富的过程，也是一种善不停地趋向、接近其圆满的过程。一种善达到其圆满的顶点即是至善。至善是最高的善、绝对的善，也是理想的善。社会制度和法固然必须切合实际，具有高度的现实性与可操作性的特点，但又不可不高悬一个至善的理念，使社会制度和法具有超越性的特点和取法乎上的特点。这两方面的特点必须兼而有之。以平等为例，我们追求的人人平等，在其现实性上大概只能做到人格平等和价值趋向（应该如此而非事实如此）上的平等，而在身份、地位、财富的平等上却相差甚远，尽管如此，我们在社会制度的设计与安排上却不可以不高扬人人平等的旗帜。人人平等作为理想，表达了人们追求平等"止于至善"的愿望；作为旗帜，又具有号召人们争取平等、抑制不平等的作用。

社会制度和法，包括荀子所说的"度量分界"，犹如墨家所说的画方圆的"规矩"和法家所说的量曲直的"绳墨"，必须具有普遍适用的同一尺度，决不因人而异，因党派而异，因利益集团而异。"法不阿贵，绳不挠曲"（《韩非子·有度》），在制度和法律面前人人平等，这是社会正义的基本要求。

## 正义即中正

正义即中正，是儒家正义论的第一义。

中正是居中得正、保持正当的意思。当事事物物有其左与右、过与不及两端的时候，取其两端而用其中，能够促进事事物物向正确方向的发展。执中守正，不偏不倚，是防止邪曲、偏颇、走极端的适当方法。正义即中正的关键在于执中。执中是守正的前提。执中才能不偏不倚，守正才能不邪不曲。

执中须知何为中。何为中，不同的时代有不同的理解。孔子曾经讲过尧舜禹一以贯之的执政要诀是"允执其中"（《论语·尧曰》）。这个中是什么，孔子没有说明。但是，孔子对于他那个时代的中却有着非常坚定、明确的看法。他一再要求人们"立乎礼"，指出："礼乎礼！夫礼所以制中也。"（《礼记·仲尼燕居》）这是说，礼是一切言行的准则，第一是礼，第二还是礼，"非礼勿视，非礼勿听，非礼勿言，非礼勿动"（《论语·颜渊》）；礼是划定中的标准；也可以说，礼本身就是中，守礼即是守中。礼在孔子时代是"经国家，定社稷，序民人，利后嗣"（《左传·隐公十一年》）的根本大法，既是行为规范，也是社会法典。孔子以礼为中的智慧，给予我们很大的启示。中不是一人或少数人的意见而未经全体公民的认可就可以确定的。中必须经由国家共识、全民共识才能确定。国家共识，即宪法共识，这是立国的一些最基本的原则性规定，为全民所共同遵守，任何人、任何党派、任何利益集团都不得超越宪法之上。合乎宪法即谓之中。全民共识，亦即社会共识，也就是孟子所说的"国人皆曰可"的共识，古人称之为公义。宪法和全民共识是处理公共事务、解决社会问题必须掌握、遵守的中。全民共识，其实是多数人共识，不能由少数人代表，而是必须按合法的民主程序取得，这才是名副其实的全民共识。依据全民共识解决社会问题，必合公义，必得正解。这就叫做执中居正。执中居正，是正确处理社会事务、解决社会矛盾、维护社会正义的重要路径与方法。古人深明中正之理，要求社会管理者必须坚持中正原则，"为汝民立中正矣"（《尚书·君奭》）。中正是社会正义的必然要求。

中与绳墨、规矩、度量衡一样，有两个基本特点：一是有统一的标准，二是这个标准是举世公认的，这就决定了它们必为天下之公器，由此引申出了"公"的观念。中在过与不及两端之间，居于不偏不倚的正位，过则失正，不及亦为失正，由此引申出了"正"的观念。中必须在两端之间一碗水端平，不能任意向一方倾斜，由此引申出了"平"的观念。中与公、正、平一起构成了维护社会正义的四大支柱。

## 正义即公正

正义即公正，儒家正义论的第二义。

公正是立公弃私、保持正当的意思。古代社会有"民为邦本"、"天下者，非一人之天下也，天下人之天下也"（赵蕤《长短经》卷七）的观念，因为"天下乃天下人之天下"，所以，天下之事不能由一人包办，而是必须听由"天下之公议"，在"天下之公议"的基础上，形成"天下之公义"，然后按照"天下之公义"办理天下之事。公义是经由"天下之公议"之后形成的、如孟子所说的"国人皆曰可"或"国人皆曰否"的普遍性民意。经由"天下之公议"达成"天下之公义"，只是古人的一种理念。到了现代社会，已有足够的技术条件组织或举办"天下之公议"，亦有相应的规则与程序来表达"天下之公义"，从技术性手段来说，完全可以将古人的理念变成现实。现代民主制度已经做到了这一点。自1912年我国成为亚洲第一共和国以来，也有多次经由"天下之公议"达成"天下之公义"的实践。

公义是公正的核心。坚持公正，以公义为准绳，就能够最大限度地防止偏私，小至一己、一家之私，大至一集团、一党派、一族群之私。公与私向来是社会管理的突出矛盾。主张大公无私，反对以私害公，是各个时代的普遍的价值取向。如何做到公正无私？儒家认为首先要确立立公、为公的宗旨，"治天下必先公，则天下平矣。"（虞世南《北堂书钞》卷三十七《政术部·公正》）主张效法天、地、日月的廓然大公："天无私覆，地无私载，日月无私照。"（《礼记·孔子闲居》）儒家申明王道"不偏不党"（《尚书·洪范》），法家强调"必公正立心，不偏党也"（《韩非子·解老》），立公心，弃私心，一视同仁，不偏不党，一碗水端平，这是公正的基本要求。

## 正义即公平

正义即公平，是儒家正义论的第三义。

公正、公平均以立公为前提，但二者的着眼点有差异：公正侧重于解决消极的偏私现象，公平致力于建立积极的平等规则。荀子强调说："公平者，职之衡也。"（《荀子·王制》）认为公平的要义在于：一旦有了轻与重、大与小、多与寡、厚与薄、强与弱、贫与富等等不平等的现象时，必须积极寻求一个合乎中正、公正的"度量分界"，依此"度量分界"给予持中、公正的调节。这时，执政者必须高居于各方利益关系人和利益集团之上，出于公心，依据公义，寻求并制定合乎中正、公正的"度量分界"，——仅仅如此还不够，在道家创始人老子看来，这虽然或多或少地调整、改变了不平等的"损不足而奉有余"的人道，但还没有达到"损有余而补不足"（《老子》第七十七章）的天道。儒家没有从天道的高度论证"高者抑之，下者举之；有余者损之，不足者补之"（《老子》第七十七章）的公平正义的原则，却从仁政出发，制定了大致相同的公平正义的原则，即：一个实行仁政的社会，应优先考虑改善弱势群体的生存状况。儒家喜欢引用《诗经·小雅·正月》篇所说的"哿矣富人，哀此惸独"，又津津乐道"文王发政施仁，必先穷民。恤穷者，治天下之首务也"（湛若水《格物通》卷九十八《恤穷下》）。在儒家倡导的仁政的影响下，我国历朝历代都形成了一些慈幼、养老、振穷、恤贫、宽疾、救灾的家训、族规、乡约以及国家制度设施。可见，儒家发明的一个社会的公平正义应该优先考虑扶助弱势群体的原则，不但在理念层面上被广泛认可，而且在实践层面上被贯彻推行至各个历史时期。值得注意的是，我国古代的儒家、道家与现代美国学者罗尔斯，超越时空，超越文化背景，超越学术立场，不约而同地肯定了扶助弱势群体这一公平正义的原则，殊途同归，达到了惊人的一致。四海同证，千古不磨，扶助弱势群体是公平正义的必不可少的一项原则。

公平正义在当代社会尤为紧要，而人们对公平正义的内涵与原则各有侧重不同的理解，约略来说，至少有以下五项值得充分注意。

（一）公民权利的平等。人人都平等地享有宪法和法律赋予的政治、经济权利，任何人、任何党派或集团都不得以任何借口阻扰、削弱甚至取消人们的公民权利，亦不得恃强称霸，享有法外特权。公民社会不容许特权存在，不容许权贵集团攫取灰色收益。取消特权是对宪法和法律的尊重，亦是对全体公民的尊重，更是公平正义的基本要求。

（二）机会均等。人人都有权平等地享有社会和国家提供的各种机会，如招考公务员、就业、工商业经营、出版、教育、某些重要的信息，等等。所有这些机会以及相关的职位或岗位向全社会开放，让人们根据自己的愿望、意志、知识水平和能力自由选择，自由竞争。规则与程序公开透明，坚持在阳光下操作，反对潜规则。

（三）待遇平等。人人都有权平等地享有政府和社会提供的公共服务和公共产品；博施济众，反对厚此薄彼；缩少城乡差别，人人分享阳光雨露，一夫不获，四邻为之呼号。

（四）缩小贫富差距，坚持走共同富裕之路。社会财富应当"分均"（王充《论衡·实知》提出"分均若一"的主张），为大多数人所有，而不是掌握在极少数人手中。"分均"不是绝对平均主义，而是让收入差距、贫富差距保持在一个公众可以接受和容忍的合理限度内。

（五）扶弱济贫。任何社会都有强者和弱者，如何对待弱者，是一个社会文明发展水平的标志。儒家提倡仁政，仁政要求关心、扶助弱势群体，"凡天下之疲癃残疾、惸独鳏寡，皆吾兄弟之颠连而无告者也"（张载《正蒙·乾称篇》），岂能坐视不管不问！恤贫济困，不能做居高临下的施舍者，而是要做平等的扶助者或给予者，这就要求必须尊重贫困者的人格独立、自由与尊严。贫困者穷不移志，宁死不食嗟来之食，古有明训，不可不知。

公平正义是一个正常的社会得以建立、存在与发展的基石。没有公平正义，就没有社会和谐。构建和谐社会的第一要务，是时刻牢记公平正义，以公平正义为第一原则处理社会公共事务和民生事务。

中正、公正、公平是儒家正义论的三大基本内涵。中正原则着眼于执中以求得其正，公正原则着眼于立公以求得其正。中正的特点是在两端之间"无偏无陂"，公正的特点是在公私之间"无偏无党"，两者似乎都具有方法论的特色。公平原则以平等、均等、扶弱济贫为直接诉求，不迂不绕，直奔主题，具有体用一致的实践特色。中正、公正、公平是确立社会正义的三大原则。公平正义是建立合理的社会制度、维持良好的社会秩序、促成社会和谐的第一纲领。

# 《穷达以时》与孔子的境遇观

北京大学哲学系教授　王中江

　　从《穷达以时》的整理到公布之后的研究,大家都比较注意它同传世文献《荀子·宥坐》、《孔子家语·在厄》、《韩诗外传》卷七和《说苑·杂言》等记载的孔子和他的弟子在陈蔡之地被围困的相关内容。《穷达以时》同传世文献记载的关系可分为三类,第一类是比较类似的,其中有《韩诗外传》卷七、《说苑·杂言》、《荀子·宥坐》和《孔子家语·在厄》的记载;第二类明显不同的,这部分有《庄子·让王》、《吕氏春秋·慎人》和《风俗通义·穷通》的记载。第三类记载孔子"厄于陈蔡"之事,别具一格,它有《孔子家语·困誓》和《说苑·杂言》。在此,我们从《穷达以时》出发,并结合传统文献记载,主要来探讨《穷达以时》和传世文献中所呈现出来早期儒家特别是孔子的"境遇观"。概括起来,孔子和早期儒家的境遇观,具体言之即"穷达(通)观",有三种不同的表现,一种以是否"有机遇"或"有位"来表现;一种以是否"有德"来表现;再一种是以"困境"(或磨难)造就人格来表现。《穷达以时》的"穷达观"则属于第一种。这三种不同的表现,既是孔子和他的弟子对其处境和境遇给予的不同解释和说明,也是他们为同一事件和处境赋予不同意义的方式。这反映了早期儒学在同一问题上其看法和立场的微妙变化及其差异。

一

　　孔子和他的弟子们相信,他们坚持追求正义和道德,他们的德行和人格应该使他们赢得政治上的机会,即"达"。按照《中庸》的记载,孔子曾坚信"德位"、"德命"和"德禄"具有因果必然性和统一性:

　　子曰:"舜其大孝也与!德为圣人,尊为天子,富有四海之内。宗庙飨之,子孙保之。故大德必得其位,必得其禄,必得其名,必得其寿。……故大德者必受命。"①

　　这种信念，程度不同地为儒家士人所拥有，它是"三代"上天"福善祸淫"因果报应观念在春秋时期的连续。它同时也涉及了孔子的"天"和"天命"观念。从一方面说，孔子的"德位"统一，正是建立在正义性之"天"和"天命"之上。既然人实践道德和正义是天赋予给他的使命，那么他也必然会受到"天"的佑护和奖励。当孔子在匡地被误认为阳虎而受到围攻时，他就以"天"之"斯文"担当者而自信："文王既没，文不在兹乎？天之将丧斯文也，后死者不得与于斯文也；天之未丧斯文也，匡人其如予何！"（《论语·子罕》）在从曹国去往宋国的路上，孔子受到了宋国司马桓魋的威胁。脱险之际，孔子也自信"天"赋予了他"德"，桓魋不能奈何他。确实，在不少场合，孔子多次明言他"受命于天"，显示出对"天"的信赖。第一类文献对孔子"厄于陈蔡"的记载，均有子路说的一句话"为善者天报之以福，为不善者天报之以祸"。按《孔子家语·在厄》的记载，这句话是孔子曾经说过的（"且由也昔者闻诸夫子"），但照《荀子·宥坐》的记载，这句话是子路听人说的（"由闻之"），其他两个文献的记载没有说来源。不管这句话是否出自孔子之口（很可能也是孔子曾相信的），子路引用这句话，说明他信仰一个能够福善祸淫的"天"。他的疑问是，他的老师受困是否是积德和信誉仍然不足。

　　早期儒家一般是以有没有"机会"来看待人的"穷达"的，这种机会主要是指在政治上有没有重要"位置"，所说的"受命"也是这种意义（俸禄的丰厚、身份的尊贵等其他地位都是其附带品）。这是同孔子儒家立足于修身、修德以入世和治世的政治抱负始终联系在一起的，子路站在道义的立场批评一位隐士（丈人）的话是一个很好的例子："不仕无义。长幼之节，不可废也；君臣之义，如之何其废之？欲洁其身，而乱大伦。君子之仕也，行其义也。道之不行，已知之矣！"（《论语·微子》）孔子从未将自己限定为私人教师的角色，甚至也不会甘于国师、帝王师的地位，他可能希望成为类似于柏拉图的哲学王，或者是成为辅助君王治理国家的最高行政长官（"国相"），以实践他的政治理想。只是，出于这种动机和目的国际周游，孔子和他的弟子不仅始终没有获得政治上的机会，相反还屡遭挫折，乃至于生命还受到了严重的威胁，所谓"逐于鲁，削迹于卫，伐树于宋，穷于商周，围于陈蔡"（《庄子·让王》）。一般认为孔子的周游是失败的，后世则赋予他"素王"的荣誉。"厄于陈蔡"是孔子和他的弟子在周游各国过程中所遭受的一次最严重威胁，也是对孔子和他的弟子的一次最大考验。儒家"穷达"和"时遇"观念主要就是在这一实际背景下登场的。《论语》中用

---

① 《说苑·敬慎》也主张善恶报应的必然性："老子曰：得其所利，必虑其所害；乐其所成，必顾其所败。人为善者，天报以福；人为不善者，天报以祸也。故曰：祸兮福所倚；福兮祸所伏。戒之，慎之！君子不务，何以备之？夫上知天，则不失时；下知地，则不。日夜慎之，则无灾害。"

的"穷"字,其中一处是《尧曰》篇引自《尚书》的一句话"四海困穷,天禄永终"中。另外还有子路和孔子对"陈蔡之厄"的有感而发(上已引,见《卫灵公》),其中没有提到与"穷"相对的"达"。作为解释"穷达"原因的"时遇",在《论语》中也没有出现。《穷达以时》虽然没有提及陈蔡之事而主要是一般性的议论,但由于它与第一类文献记载的类似,它的"穷达观"也应是在"陈蔡之厄"的背景之下产生的。

《穷达以时》的穷达境遇观同第一类文献记载的穷达境遇观,都是以一个人是否有政治上的机会看待"穷达"的,它们列举的那些幸运人物都是政治人物,不管是君王还是国相。

## 二

在陈蔡之地,孔子重新反思"天"和"天命",对"天"和"天命"强烈地表现出另一种意识。仿佛是对以前挫折经历的时刻联想和不幸而言中,当得知楚王聘任孔子的喜讯后,宰予和冉有都相信他的老师的时遇到了,但孔子并不乐观地说要"待时"。《孔丛子·记问》记载说:

> 楚王使使奉金币聘夫子,宰予、冉有曰:"夫子之道于是行矣。"遂请见,问夫子曰:"太公勤身苦志,八十而遇文王,孰与许由之贤?"夫子曰:"许由,独善其身者也;太公兼利天下者也。然今世无文王之君也,虽有太公,孰能识之?"乃歌曰:"大道隐兮,礼为基;贤人窜兮,将待时。天下如一,欲何之。"

按第一类文献的记载,有道德的人不必有"位"。一个人是否有位,不取决于他的德,而是取决于神秘莫测的"时"和"遇"①;一个的生死夭寿、贫富贵贱也不取决于他的"德",而是取决他的"命"。据此,"天"就不是善恶因果报应的担当者,而是人的命运的盲目摆布者。决定人的行为结果的这种"命运之天",从人不可改变和只能接受的意义上说,它同样是"必然的";但从它不可预测、不相应于人的行为的好坏而给人以结果来说,它又是一种偶然的盲目性力量。正如《忠信之道》所说:"不期而可遇者,命也。"《穷达以时》作为孔孟之间或孔荀之间的文本,同第一类文献的最大不同是,它将"人的德"与"人的时遇"关系,概括为"天人相分"("天人有分")关系。这里的"天"不是人的"德命之天",而是同人的"德行"脱钩的"命

---

① 《列子·力命》从一般意义上指出,各种行为(包括"仕")是否如愿,都是由"命"决定的:"农赴时,商趣利,工追术,仁逐势,势使然也。然农有水旱,商有得失,工有成败,仕有遇否,命使然也。"

运之天",是决定人的结果好坏的"有其世无其世"的"时不时"、"遇不遇"的"天":

> 有天有人,天人有分。察天人之分,而知所行矣。有其人,无其(简1)世,虽贤弗行矣。苟有其世,何难之有哉?……遇不遇,天也。①

对于这种意义上的"天",庞朴先生有一个很好的说明。②"天命"、"天力"不是"自然力",也不完全是"超自然力",它也是由社会形成的或无数人无意识形成的"合力",类似于亚当·斯密所说的"看不见的手"。按照《庄子·山木》的记载,在陈蔡被困的过程中,一次孔子手拿槁木和枯枝一边敲击,一边唱古老的歌谣,颜渊站立着仔细地观看,孔子担心颜渊哀伤,就同颜渊谈话,说"无受天损易,无受人益难",颜渊不解,孔子解释说:

> 饥渴寒暑,穷桎不行,天地之行也,运物之泄也,言与之偕逝之谓也。为人臣者,不敢去之。执臣之道犹若是,而况乎所以待天乎?……始用四达,爵禄并至而不穷。物之所利,乃非己也,吾命其在外者也。君子不为盗,贤人不为窃,吾若取之何哉?③

据此,孔子也有从"天人关系"上说明人之"命运"的侧面。孔子说他"五十而知命"(《论语·为政》)、说"不知命,无以为君子也"(《论语·尧曰》)、说"畏天

---

① 这种"天人二分"思想,也出现在郭店楚简《语丛一》中:"知天所为,知人所为,然后知道。知道然后知命。"《忠信之道》中也有这种意义上的"天":"不期而遇者,天也。"
② 庞朴氏说:"世、遇、时是什么?它不是穹庐的苍苍,也不是人格的天王,或者义理的原则、无为的天成;而是运气,是人们所无从预知也不能控制而不得不受其支配的超人力量,是或忽然来去或周期出没的机会,是得之则兴失之则衰却无可挥招的条件,是人们战战兢兢俯仰其中赖以生息的环境;因而当时被尊之曰天,一种特定意义的天。这种意义的天,用我们现在的概念来说,其实就是社会环境、社会条件、社会机遇,或者简称之曰社会力。这个社会力,有时会比自然力量厉害多多,也诡诈多多。从人这方面看来,它是藏身冥冥之中、对之莫可奈何、多半只得臣服之的绝对命令,所以也叫做天命。所谓'命自天降',所谓'有天有命',就是这个意思。"(庞朴:《孔孟之间——郭店楚简中的儒家心性说》,见姜广辉氏主编的《中国哲学》第二十辑"郭店楚简研究",辽宁教育出版社1999年版,第27~28页)
③ 《庄子·至乐》记载:"颜渊东之齐,孔子有忧色。子贡下席而问曰:'小子敢问:回东之齐,夫子有忧色,何邪?'孔子曰:'善哉汝问!昔者管子有言,丘甚善之,曰'褚小者不可以怀大,绠短者不可以汲深。'夫若是者,以为命有所成而形有所适也,夫不可损益。吾恐回与齐侯言尧、舜、黄帝之道,而重以燧人、神农之言。彼将内求于己而不得,不得则惑,人惑则死。'"

命"(《论语·季氏》),意指他懂得了"命"是不可抗拒的,除了接受没有别的办法。① 在孔子看来,哪怕是追求"道",最后是否能实现,也取决于"命":"道之将行也与,命也;道之将废也与,命也。"(《论语·宪问》)《庄子》中的两个记载,可以说明孔子对于"时命"和"境遇"先后一致的立场。《秋水》记载说:

> 孔子游于匡,宋人围之数匝,而弦歌不辍。子路入见,曰:"何夫子之娱也?"孔子曰:"来,吾语女。我讳穷久矣,而不免,命也;求通久矣,而不得,时也。当尧、舜而天下无穷人,非知得也;当桀、纣而天下无通人,非知失也:时势适然。夫水行不避蛟龙者,渔父之勇也;陆行不避兕虎者,猎夫之勇也;白刃交于前,视死若生者,烈士之勇也;知穷之有命,知通之有时,临大难而不惧者,圣人之勇也。由,处矣!吾命有所制矣!"无几何,将甲者进,辞曰:"以为阳虎也,故围之;今非也,请辞而退。"

由此来看,孔子在匡地遭遇中就已思考了"时命"问题。这里,他对"时命"的看法同《穷达以时》和第一类文献是一致的,也同《忠信之道》说的"不期而遇者,天也"一致。晚年,孔子回到鲁国后,担任鲁哀公的政治顾问,鲁哀公咨询孔子"才全"的意义,孔子将"才全"解释为对"时命"的顺应:

> 哀公曰:"何谓才全?"仲尼曰:"死生、存亡、穷达、贫富、贤与不肖、毁誉、饥渴、寒暑,是事之变、命之行也。日夜相代乎前,而知不能规乎其始者也。故不足以滑和,不可入于灵府。使之和豫,通而不失于兑。使日夜无郤,而与物为春,是接而生时于心者也。是之谓才全。"(《庄子·德充符》)

史华慈先生对孔子"天命观"的超越性给予了有说服力的阐发,并且也注意到了其天命作为"被注定了的东西"所存在的歧义。天赋予人使命而又让有德人受苦;孔

---

① 古希腊罗马哲学家塞涅卡(L. A. Seneca)说:"对于命运,愿意的,跟着走,不愿意的,拖着走。"(见麦金太尔氏的《伦理学简史》,商务印书馆2004年版,第152页)

子为自己的角色而高兴但又对不可触及和控制的领域感到惆怅。① 墨子批评儒家相信的"命",只是同人的行为没有对应关系的神秘莫测的吊诡性之"命"。墨子没有注意到儒家的"命"还有使命和德命合一之命(这一层同墨子的"天志论"又是一致的),认为儒家相信有命会使人安于现状、不求进取,也不符合儒家的精神。儒家的真正精神,是坚持不懈地行动(这是后面要讨论的孔子道德自主论的中心问题),其行动的结果则听命由命,儒家决不因相信命而不行动,只是等待命运的降临。对于永远进取的人来说,"命"只意味着对追求未果的一种解释或心理安慰。对此张岱年先生有一个精当的说明:

> 孔子一生讲命,但也一生奔走不息,被隐者讥为"知其不可而为之者"。更奇怪者是孔子五十而知天命,而孔子之从事政治活动,亦自五十岁起。所以在孔子,命不但可以自慰于事后,亦可以鼓勇于事前,使人不系念于结果的成败,而只知努力做去。从儒家的见地来讲,无人事则亦无天命可言。因为命是人力所无可奈何者;今如用力不尽,焉知其必为人力所无可奈何?焉知其非人力所可及而因致力未到所以未成?所以必尽人事而后可以言天命。命不可先知,必人力尽后,方能知命为如何。万种设法,仍无效果时,然后方能断定为命不容许。如自己先认为不能成功,即不努力,那便是自暴自弃了。②

相对于"命"的隐秘性和莫测性来说,"时不时"、"遇不遇"是"命"直接显示给人的"境况"。孔门之所以"厄于陈蔡"或者遭受一连串的挫折,在孔子看来只是因为他们"不时"和"不遇",而不是因为他们有什么缺失和错误。如果《穷达以时》的命运观是说有德的人只是暂时或一时一地"不遇"而最终必然要受命,那么它也许同《中庸》的"大德必受命"的信念并行不悖。但《穷达以时》和第一类文献记载的时运观,恐怕不是如此。③ 对于最有德行的弟子颜渊早逝,孔子无可奈何地感叹说:

---

① 参阅史华慈氏的《古代中国的思想世界》,程钢译,江苏人民出版社2004年版,第12~125页。史华慈分析说:"然而非常奇怪的是,它最终所指向的正是恰好成为人类行动范围的那些生活领域——也许应称为人的恰当使命,或者说是天强加于人身上而要人加以忍受的生活任务。假如说,运用于王朝问题上的'命',也许指的是其正在行使王权权威的有效命令,那么当'命'被一般性地运用于人类时——它首先被运用于君子身上——尤其指的是要他去实现其道德性、政治性使命的'人格性的命令'(personal mandate)。在寻找一种兼容性的术语时,无论是作为宿命(fate),还是作为有待完成的生活使命(a life vocation),都可以恰当地译作'那被注定了的东西'。……尽管孔子常常表现出对于好人的道德能力抱有足够的信心,但是,我们毕竟也发现存在着一种极其限制其道德影响力的历史宿命论成分。"(同上书,第123~124页)
② 张岱年:《中国哲学大纲》,中国社会科学出版社1982年版,第400页。
③ 孟子有"五百年必有王者兴"之说,这种长时段的"时命",不是儒家一般所说的"时命"。参阅《孟子·公孙丑下》。

"天丧予，天丧予。"（《论语》）即使是像大圣尧之得位，儒家也没有说在长时段上这是必然的。郭店楚简《唐虞之世》说：

> 古者尧生为天子而有天下，圣以遇命，仁以逢时，未尝遇贤。虽并于大时，神明将从，天地佑之。纵仁圣可与，时弗可及矣。夫古者舜居于草茅之中而不忧，身为天子而不骄。居草茅之中而不忧，知命也。身为天子而不骄，不专也。

基于《穷达以时》境遇观与《中庸》德命观的不同，李存山先生推断两者不是出于一人之手。① 孔子的这种"时遇"命运观，不仅影响到了孟子和荀子②，而且也影响到了庄子和王充。③ 如王充《论衡·祸虚篇》对"穷达"与"时命"关系的看法，同《穷达以时》和第一类文献的记载有很强的可比性：

> 凡人穷达祸福之至，大之则命，小之则时。太公穷贱，遭周文而得封。宁戚隐厄，逢齐桓而见官。非穷贱隐厄有非，而得封见官有是也。穷达有时，遭遇有命也。太公、宁戚，贤者也，尚可谓有非。圣人，纯道者也。虞舜为父弟所害，几死再三；有遇唐尧，尧禅舜，立为帝。尝见害，未有非；立为帝，未有是。前，时未到；后，则命时至也。案古人君臣困穷，后得达通，未必初有恶，天祸其前；卒有善，神佑其后也。一身之行，一行之操，结发终死，前后无异。然一成一败，一进一退，一穷一通，一全一坏，遭遇适然，命时当也。

## 三

孔子的"境遇观"主要就是以上我们讨论的以"有没有位"来衡量的"时不时"、"遇不遇"的"穷和达"，但正如我们在前面所看到的那样，它还有撇开"有位"（或"外王"）等政治地位而纯粹以是否"有德"来衡量的一种表现。前面列举的记载陈蔡之厄的第二类文献，就是如此。这种"穷达境遇观"，在儒家那里虽然罕见，但确实又是一个侧面。如果说一个人只要追求道德和人格完善、做一个正人君子，他原本就会

---

① 有关这一点，请参阅李存山氏的《〈穷达以时〉与"大德者必受命"》，《国际儒学研究》第11辑，国际文化出版公司2001年版，第24~27页。
② 《荀子·天论》说："楚王后车千乘，非知也。君子啜菽饮水，非愚也。是节然也。"
③ 《论衡·逢遇篇》说："操行有常贤，仕宦无常遇。贤不贤，才也；遇不遇，时也。才高行洁，不可保以必尊贵；能薄操浊，不可保以必卑贱。……或以贤圣之臣，遭欲为治之君，而终有不遇，孔子、孟轲是也。孔子绝粮陈、蔡，孟轲困于齐、梁，非时君主不用善也，才下知浅，不能用大才也。"

有功名上的"穷困"("君子固穷"),那么,他就只能以道德和人格来衡量自己的价值和地位并同人们竞争。在陈蔡之厄的困境中,孔子依然不断地弹琴唱歌,超然不以为"穷",让他的弟子们感到困惑,他们私下议论他的老师是不是"不知耻辱"。正是面对他的弟子"如此者可谓穷矣"的怨言,孔子回答说:"是何言也?君子达于道之谓达,穷于道之谓穷。今丘也拘仁义之道,以遭乱世之患,其所也,何穷之谓?"(《吕氏春秋·慎人》)① 儒家的一般信念是"德位一致",但是,如果两者不能统一,儒家宁可选择"有德无位",也不会去选择"有位无德"。对于以道德为最高价值的儒家来说,将"有德"本身作为是否"穷达"的标准,这也是情理之中的事。子张就有以"德行"而不是以政治上的地位论贵贱的看法。《庄子·盗跖》篇记载:

> 子张曰:"昔者桀、纣贵为天子,富有天下。今谓臧聚曰,汝行如桀、纣,则有怍色,有不服之心者,小人所贱也。仲尼、墨翟,穷为匹夫,今谓宰相曰,子行如仲尼、墨翟,则变容易色,称不足者,士诚贵也。故势为天子,未必贵也;穷为匹夫,未必贱也。贵贱之分,在行之美恶。"

对于津津乐道"仁者不忧,智者不惑,勇者不惧"的孔子来说,他是"无忧"的虑的。子路询问"君子亦有忧乎?"孔子断然回答说:"无也。君子之修行也,其未得之,则乐其意;既得之,又乐其治,是以有终身之乐,无一日之忧。"(《孔子家语·在厄》)"无忧"是基于对道德和人格的自信。如果说孔子也有忧虑的话,他忧虑的是"德之不修,学之不讲,闻义不能从,不善不能改"(《论语·述而》)。孔子认为贤人是"无怨"的,如冉有问伯夷和叔齐是什么样的人,孔子说是古代的贤人,冉有问他们是否抱怨,孔子回答说:"求仁而得仁,又何怨?"(《论语·述而》)按照世俗的立场,伯夷和叔齐都是结局悲惨的人,但在孔子看来,他们成就了自己的人格,他们不会有什么怨言。对儒家来说,一个人只要成就了他的道德自我,他就拥有了一切,正如荀子所说:

> 故君子无爵而贵,无禄而富,不言而信,不怒而威,穷处而荣,独居而乐!岂不至尊、至富、至重、至严之情举积此哉!(《荀子·儒效》)

与以上孔子对境遇的两种看法有所不同,孔子对"境遇"的第三种立场,是认为穷困和挫折能够造就人格,为"不时"和"不遇"赋予积极的意义。在第一种境遇观中,穷困是消极的;第二种境遇观,改变了穷达的所指,在特殊意义上被使用;第三

---

① 《吕氏春秋·慎人》用的是"穷达"("君子达于道之谓达,穷于道之谓穷")。《庄子·让王》和《风俗通义·穷通》用的都是"穷通"("君子通于道之谓通,穷于道之谓穷")。

种是将第一种消极意义下的穷困转化为积极的意义，将穷困看成是考验人、锤炼人和造就人的机会。按照上述《孔子家语·困誓》和《说苑·杂言》的另一处记载，孔子认为，"陈蔡之厄"对他们来说不仅不是不幸，相反它是锻炼他们的难得机会，因为：

  吾闻之：君不困不成王，烈士不困行不彰。庸知其非激愤厉志之始于是乎哉？（《孔子家语·困誓》）

  吾闻人君不困不成王，列士不困不成行。……夫困之为道，从寒之及暖，暖之及寒也，唯贤者独知而难言之也。（《说苑·杂言》）

按照这种看法，此前孔子和他弟子们的一系列遭遇对他们来说都是幸运的。在《孔子家语·困誓》和《说苑·杂言》的记载中，孔子还有这样的说法："善恶何也？夫陈、蔡之间，丘之幸也"；"恶是何也？语不云乎？三折肱而成良医。"据此，好坏、善恶的意义也被孔子看成是互相转化的，一般看来是坏和恶的东西，它也能带来好和善的结果。所谓"愤怒出诗人"、"环境锻炼人"等，就是说不幸和恶劣的环境"，有"化腐朽为神奇"的效果。下面孟子的两段话，可以说是对孔子的这种境遇观的一个很好注解。一段是《孟子·尽心上》中说的：

  人之有德慧术知者，恒存乎疢疾。独孤臣孽子，其操心也危，其虑患也深，故达。

这里的"达"，朱熹解释为"达于事理"。另一段是大家熟知和常被引用的，出自《孟子·告子下》：

  故天将降大任于斯人也，必先苦其心志，劳其筋骨，饿其体肤，空乏其身，行拂乱其所为，所以动心忍性，曾益其所不能。人恒过，然后能改；困于心，衡于虑，而后作；征于色，发于声，而后喻。入则无法家拂士，出则无敌国外患者，国恒亡。然后知生于忧患而死于安乐也。（《孟子》）

在这一论述之前，孟子作为例子引用的"舜发于畎亩之中，傅说举于版筑之间，胶鬲举于鱼盐之中，管夷吾举于士，孙叔敖举于海，百里奚举于市"，同《穷达以时》和第一类文献用的例子类似，但孟子是从"卑贱"造就人来看，而后者则立足于"时不时"、"遇不遇"。

孔子对"境遇"的不同看法，反映了他从不同角度对所遇挫折的多重反思。事实上，孔子的学说和道理在很大程度上都是他的生活和经历的写照，这是古代哲人同现代学院派专业哲学家不同之所在。

# 主与民：儒家实意伦理的政治维度

中国人民大学哲学院教授　温海明

儒家实意伦理学的现实维度是对传统儒家政术的重新建构。而对传统儒家政术，即政治实践智慧的重构和再造，本质上是传统儒家伦理学的现实延伸。在本文中，儒家实意伦理学强调伦理行为在意念发动处的强大力量，即意念发动的瞬间，不仅仅可以判明是否具有儒家特色，而意念延伸为伦理行为，在现实层面中展开，就是实意伦理的政治维度。儒家自古有道学政不分的传统，关于儒家政道的核心问题学者见仁见智，本文力图说明，儒家政道的核心问题是"主与民"的关系问题，也就是"主"与"民"关系开端的发动瞬间，"主"如何看待"民"的问题，而在传统儒家那里，最核心的问题就是"主"的良心问题，或者说，"主"在看待"民"时是否具有儒家式良心的问题。当然，在政治现代化和全球化的背景下，这样讨论问题似乎有些不合时宜，以为这不过是对古代儒家带有某种古典政治浪漫主义色彩的重构，好像幻想三代之治而不得似的。但作者需要指出，古典儒家政治实践智慧恰恰是相当现实主义的，而且在政术全球化的趋势当中，我们发现古典儒家关于"主与民"的智慧仍然是今天解决当代诸多政治理论问题的巨大宝藏。也就是说，在政术智慧的问题上，领导者意念实化过程与民众的意念实化过程之间存在某种程度的紧张，现代政治由于强调从民众出发，以民众的意念为政术智慧的全体，却往往忽视了领导者的意念在政术当中的重要作用，有时甚至是决定性的作用。

伦理来自对人与人关系的理解与分析，而人的行为与政治生活密切相关，所以政治伦理则是考察人与人之间不同的社会政治地位引发的各种关系。古往今来，政治伦理作为少数人对多数人的管理行为，关于其目的、意义与形式等问题，从就没有停止过理论探讨。不过，最为理想的政治当来自最为理想的伦理行为：最好的管理来自少数好人对多数好人的管理。如果管理的人有好的伦理行为，而被管的人也有自觉的好品德，这似乎就是政治的理想状态。正是从某种理想状态出发，我们才能讨论儒家伦理与民主的关系，可以说，关于儒家伦理行为与民主理念的学理探讨，从最理想化的政治状态出发往往有益。

在中国儒家传统关于"主"与"民"关系的讨论中，到底有没有与西方民主相呼应的思想资源？方朝晖认为，新儒家那种认定儒学必须开出民主的信念，是一种莫大的误区。郝大维和安乐哲对中国民主相关萌芽思想的深入探讨和理论研析，几乎击碎了西方同行对中国政治所抱的玫瑰色梦幻。在郝大维和安乐哲看来，要为中国设想完全朝向西方政治体制演变的民主道路是不合理也是不可能的。不仅如此，他们也同样否定了中国国内一厢情愿的自由派民主思潮，不认为中国当向美国式的自由民主制度转型。他们认为，基于深厚的社群民主传统，中国民主思想应当更多地跟杜威式的社群民主思想对话，而不是走向激进的自由化道路。中国的政治改革将植根于其源远流长的政治思想传统，吸纳西方社群民主的思想资源，从而实现创造性的转化。所以，西方任何既成的政治体制，如基于个体的政治模式和符合西方人口味的主题公园模式都不可能是中国民主化的目标。

可以说，儒家与民主的关系问题基本上多半是一个理论问题，尤其是港台新儒家们认为对儒家非得涵盖他们所谓先进的民主观念不可的假想式理论问题。只要回首近代中国历史就会发现，传统儒家精英治理模式早在20世纪之前就已退化，传统儒教的精神几乎荡然无存。不但20世纪，而且可以说中国古代的大部分朝代，权力运作的模式既未诉诸儒学，更未诉诸民主，而儒学在20世纪中国的大部分时间都不是主流，基本仅在观念层面延续，西方自由式民主在中国的影响也同样基本停留在观念层面。当然，理论讨论和交流是希望观念之间的嫁接可能产生超现实的理念成果。本文的讨论重点不在于给儒家与民主的相关性投射上深厚的现实关切，而在于讨论当代中国的"主"与"民"的关系的出路：或许应该在儒家"主"与"民"的传统关系、自由民主主义和实效主义之间取一种折中的中道。

近代以来，关于儒家与民主关系的理论探讨存在多方面的问题：一、如果将儒家作为一种思想体系，民主作为一种近代政治制度，二者之间的关系可谓缺少交集，不但分属不同的传统，而且思想发展与政治制度的发展本无关联，这就难以确定理论探讨对象的共通性基础何在。二、近代中国的弱势使得知识分子认为民主政治是古往今来最理想的制度形式，似乎实践民主就实现了儒家"公天下"的理想，这就是将中国的落后归结为政治体制，把"公天下"由不可实现的国内转向异域，并将民主的理念信仰化。三、中国现实政治没有充分尊重民意的传统，加重了部分知识分子对"民主"观念的信仰化，将西方的民主制度等同于民意能够得到充分尊重的制度，而不必顾及民主制度实践中存在的客观问题，以及众多实行民主制度并不成功的国家实例。四、新儒家提出的"主权在民，治权在贤"只不过是儒家政治理念的现代版本，基本不顾中国民众有着长久的让渡权力的历史，而贤人未必能够得到治权更是现实的状况。

儒家除诉诸君王德性的无奈之外，还有诉诸教化的无奈。因为既然君王不会与民众分享权力，不如让人民自觉其道，修养德性，与人为善，自立立人，所以可以将儒家政治理解为诉诸德性的自治主义。儒家哲人并非不了解，古往今来占大多数的"人民"在现实政治制度中多数情况下其实难以发出自己的声音，而统治者基本不觉得有必要征求民众的意见，并按照民众的合理意见来治国，通常情况下至多向作为民众代表的精英和贤人咨询一二，而广大人民的声音历代都被少数精英分子代表了。科举制度和推举贤良的制度都是为了发掘民众中的优秀分子,通过一种相对公平的筛选手段挑选出精英来帮助统治者管理民众。虽然中国的精英阶层产生的机制和功能与西方的公民阶层不同,也难以像西方公民阶层那样延伸到绝大多数民众那里,但是,即使西方现代似乎人人基本都有政治权利,但妇女和少数族裔取得选举权其实是近代以来才发生的事情,工业化加剧了中国社会的城市化和平民化过程,但中国传统的精英治理模式短期内不容易根本改变成为平民治理的模式。

儒家的政术智慧以政治理论和政治实践为一体两面,而实践其实是政术的延伸,所以政术可以说是儒家政治智慧的核心。儒家传统上关心政道和治道问题,并认为政术是儒家传统政治智慧的实际落脚点。当代"政治儒学"基本上成为儒学讨论研究的主要议题,虽然"政治儒学"应该说只是儒家哲学的一部分,但不少学者把其视为儒学的全体,其实他们大多讨论的主要是自己关心政治问题,甚至这些把政治问题当作全部的儒学的问题。在当代"政治儒学"的讨论中,长期被忽视的是关于"主"与"民"的关系。其实,近现代以来,儒家政治哲学一直在"主"与"民"关系的现代转换问题上艰难前行。忽视这一点,就等于既没有嫁接传统的儒家政术智慧,又没有汲取儒家政治实践智慧在现代政治实践过程当中磨砺而得的经验。

古典儒家的"主与民"关系的核心问题之一是对王道的理解和重构。当代关于王道的讨论中,学者们多忽视王道跟霸道的关系问题,而讨论王道问题,王霸关系应该是很难绕过去的问题。我们当然可以信奉三代曾经实行王道,如今王道缺位了,或者王国不再了,那么王道又如何建立?如果说儒家可能"王"在三代,也就是古代的理想化社会,但这是不确切的传说;即使孟子也没有提供一个现实政治的出路,其所提出的王道在某种意义上实际成了精神性内在超越,变成儒家很重要的传统,而孟子一系的王道政术历史上并没有让儒家真正"王"起来。"王"在朱熹和陈亮的争论当中更多是理论性的假设,也不是一种现实性的、制度性的设计。今天如果想超越朱熹、陈亮关于王霸争论的进路,就必须把王霸作结合,但"霸"的问题作为"王"的前提,常常被忽略。换言之,现代政治的民主问题,主要讨论的是"民"的问题,而古典儒家政术集中于"主"的问题,因为"主"是掌权者,对于把握"主与民"的关系有决定性的作用,正如"王与霸"之间,"霸"常常是"王"的前提,否则王道就流于空想。

历史地来看,我们可以说儒家一系的圣王基本没有"王"过,而现在也不"王",在可预见的未来也很难"王"起来。我们曾经是中央之"中"国,如今现代化全球化之后变成了非"中"之国,不再是中央之国。现代历史上,西方民族国家兴起并征服世界之后,我们被迫成为民族国家的一员。这样的历史背景下,我们谈论王道就成为非中心化的王道,因为我们不再是中央之国,没有中央之王,古典意义上天下归于中央的王道也就无从立基。或者说在一个没有王的世界当中,如果不能通过"霸"而"王"就是虚谈王道。在这个意义上,不"霸"而"王"的王道只能是理想化的。即使"为政以德"也要以北辰之位或一个好的位置为前提，不是每个有道德的领导人都可以做到，只有得位的君王或者现实中有权位的人才能施行德政以让大家如影随形。

王道的立足点何以在"民"而不在"王"？王道是王之仁政，或王之德政，它与非王道的区别应该说仅仅在于"王"的心念之间，"王"是考虑还是不考虑天下苍生即"民"的利益？但是这种传统的王道，或者是基于君王善心的王道，什么时候曾经"立足在民"过？现代版本的立足于"民"的阐释，可以继续发挥古代"民本"思想，以期跟西方的民主潮流结合。但既然提出说王道是"立足在民"，似乎"民道"而非"王道"的说法更合适一些。可惜的是，"民道"概念在传统文本当中，以及近现代的思想史文本当中，都基本上不是一个具有实际意义的概念，我们要把它与"王道"对应而确立起来反而有相当的困难。

当代儒家政治制度设计者们致力于转换主与民关系的理论建构，他们或者致力于"大一统"（春秋公羊学），或"王道之三纲"（董仲舒），"孔子改制"（康有为），"政治儒学"（蒋庆），"儒家宪政"（康晓光），"通三统"（甘阳）等等。历史上对儒家的制度设计似乎从未如此热烈，种种学说众说纷纭。在康有为以前，中国传统政治制度是超级稳定的，之后"大同"的儒家理想以近代军事胜利转化出新的政治制度，如今这种政治制度如何与已经发展接近成熟的市场经济体系相适应成为儒家伦理在主与民维度上的核心问题。从90年代以来，自由主义经济学家推进的政治体制改革虽然受到挫折，但致力于宪政建构、权力制衡、自由选举制度等等相关学说，一直层出不穷。希望中国的政治制度的改革尽快提上日程，让中国百姓像西方百姓一样享受到更多的政治权利。

种种学说之中，或者完全否定现行政治体制的合理性，希望彻底嫁接西方政治自由主义，甚至有渴望中国激进改革的学者，认为传统革除未尽，现行政体缺乏合法性、合理性、正义性，需要彻底隔绝传统，完全照搬西方，以期再来休克疗法，再来殖民主义。但随着知识精英对于中西制度优劣逐渐明了，盲目轻信这种说法者日趋减少。与之相关的较低版本有各种宪政学说，提倡中国当有合理的宪法，以宪法为中心展开自由民主主义，实现自由选举，以人民的名义顺从民意，这个非极端版本的中间道路似乎得到以认同市场经济发展的新生中产阶级和知识精英的认同，也似乎正成为一个改革的共识。

即使如此，儒家学者还是提出了许多种政治伦理方案，以期中国的政治运作方式更加合理。比如蒋庆一方面要设国教，一方面又要让国教独立于政治权力之外并高于政治权力，这比孔子、董仲舒、康有为走得更远。依他的思路，没有极权政治而要有国教，那就要实现民主政治，实现分权，再设一个国教统一思想，凝聚共识，实现儒家大一统。他认可儒家原来就有自由主义因素，但儒家无力地批判现实政治，有些人卒以身殉，未必完全是单纯出于对自由的向往和追求。他以西方各国有国教无专制论证中国也可以有国教而不会有专制，逻辑上把中国按照西方之一国来推，其实是并不尊重中国的特殊性的。近代历史已经证明，即使有现实的分权制度，也未必不能出现极权政治。而他把儒家的生命信仰分成两个层面，这就分裂了儒家的信仰作用，本来是对庶民和士大夫同样有用的。他把信仰放在学理之前，也颠倒了传统儒家先学理后信仰的进路。他觉得古人读儒书自然就有儒家信仰，就没有注意到信仰的主观性，否则许多宋明儒者年轻时代就不应该出入佛老了。他还反对西学，这也是将儒家学理固步自封，不跟西学、西方宗教对话。如果儒学按照他的说法，第一要影响政治，第二让老百姓信仰，那就是用儒教信仰去改变现实政治。

正是在这个意义上蒋庆认可道统说，上起尧舜禹这样的道统，本来是为了回应佛教的佛法传世谱系而来，面对几百年来的西学冲击，回到"道统"可以说不是合理的方向，有流于重建精神胜利之嫌。在儒学早已飘零的时代，儒学的世俗载体是否存在都是疑问，一盘散沙之上何来监督"政统"的道统？如果重建"道统"只是诉诸"民间精神道德的力量"，那中国历史上民间的精神真正主导"政统"的时刻恐怕很少。他针对现代"人权"编出"圣权"，就走到孟子"天爵"的内向超越轨道上去了。

更低版本的是新左派知识分子群体反对西方自由民主主义，希望寻找与中国现实较为切实可行的路径。其中有站在儒家传统立场和仅仅站在中国本位立场之不同。儒家传统立场以儒家知识分子为主，认为不能离开儒家制度传统；而中国本位立场主要坚持从中国现有实际现实出发。不少学说是以人民的名义，为人民的利益辩护，为民请命，可是却莫衷一是，让人不知所以。如今学说众多，有些甚至提升到救国救民的高度，可是各种说法似乎都有道理，那么哪种学说更可能成为未来政治伦理建构的出路呢？

随着市场经济的发展，新兴中产阶级已经意识到现政权无所谓合理与不合理，这是"存在即是合理"意义上的合理性，既是无可选择的现实，又是市场经济和新兴阶层兴起的基础。市场经济的发展使人们对于西方民意能够得到充分表达的制度的合理性更加了解，不少人充满向往，认为这符合古代"天听自我民听"的儒家治国传统，中国应该尽快让转型到与自由市场经济相配合的机制上去。西方的民意与政权权力基本分开，基于国家经济和军事实力的国家权力基础一般都相当稳定，而民意反馈主要针对现政府的政策，而较少针对"民"之"主"，即隐形的真正掌权者。把儒家的优点和自由民主主义制度相结合的"儒家宪政"制度设计意味着中国基本被西方的自由主义制度同化，可能继续保留一点点儒家的特色罢了，这些儒家特色不过是自由民主主义的一点儒家油彩。在西方的自由民主主义者看来，保留一点儒家油彩是可以理解的，也是对民族独特性的充分尊重。"儒家宪政"基本完全认可自由民主主义的制度设计，而且渴望付诸实践。但不容忽视的是，古往今来中国政治制度都是军事立国的军国体制，政权的现实合理性首先来自军事胜利，之后才可以说"顺乎天而应乎人"，以合理的暴力手段反对不合理的霸权统治。这当然有一定道义上的合理性，比如时代到了一个拐点，人民起义支持，但很难说流血漂橹、生灵涂炭，残酷而灭绝人性的战争有多少道德上的合理性，何况革命胜利之后，强权体制的暴政可能继续。

理论家们多只看到中国政治的问题，而漠视当代政治的出发点和基础。传统儒家提倡"仁"—"人"治国的理想传统，希望仁人能够掌握国家权力，寄望于现实中有一定之恶的君主能够发出善心，或者对于现实较恶的君主之"恶"视而不见，总是相信人性之中皆有一点善的灵明，只要君主能够扩充和推广这点善意，天下苍生就有救了。当然即使最恶的君王也未必没有善良的一面，但没有什么能够保证他不发扬其恶的一面。儒家政治理想化地处理"主"与"民"的关系基本是一种鸵鸟策略，即使饱经风霜的儒家思想者也似乎往往对现实的恶视若无物，真诚地相信人性善和关爱的力量足以改变世界。但从另一个方面，这又是儒家政治思想非常现实的地方，看到人民的软弱和无力，必须借助君王的良心来拯救天下苍生。

应该说，儒家道统基本上只是文人理想，没有真正进入过政统（治统），要设计出一套制度，去维护和实践从来没有被付诸实践的道统关怀，其实是非常困难的。两千多年中，统治者以军事立国，很少依赖道统这个儒者看来带有宪法意味义的东西来约束他们。如果不在乎欧美政体和自由民主观念的挑战，中国就无所谓政治正当性危机，因为欧美政体从来就没有，将来也永远不可能认可中国政权存在的正当性，而当代政治理论家们却深为所困，希望能够取悦西方的自由民主主义，让中国也走向政治正当性的康庄大道。这其实与对西方民意正当性的迷失和对西方政治伦理的表面理解有关。

欧美的民意正当性以开放选举为特征，人民有权利每隔一定时期更新自己的代表——议员，从而迫使选出的民意代表为自己的利益服务，即所谓"民治"，进而实现"民享"，让人民享受这样的自由所带来的可能性与政治愉悦。但是西方"民有"就未必尽然。人民并不直接拥有国家权力，但是人民代表或议员组成的议会拥有国家权力，人民选举的总统被授予治权，如果总统的政绩不佳，就会在下一轮选举中被替换。但西方政治统治的基础或西方政体设计的基础是民意吗？未必全是。只是西方的制度设计给民意留下了地盘，延续了中世纪市民与教权对立的传统，而不是遵从民意来设计制度。

可见中华民族不仅仅是文化立国的民族。中华文化首先是地域文化，原先强盛时期似乎有普遍性，后来衰落了，但文化本身并不决定中华民族如何发展，更多的是民族的特质罢了。这个文化有不变的道，却没有立于不变的道的永恒法精神。该文化有不可移易的经典，但历代立法更多是依据君主和统治阶级的需要，而不是经典文献的精神。所以要在经典地位不再的基础上确立不可移易的"根本法"，可谓难上加难。把文化决定论上升到宪政高度，以道统统摄政统，应该说只能是一厢情愿。"文化的宪法"作为"活着的、强有力的宪法"仅仅只能是概念上的。

在异族打败中国之前，几千年政权的延续性依赖的是地缘的安全和农民战争自然而然的兴替。在列强环伺的现代丛林世界，统治集团如果还是仅仅在乎自身利益，就可能面对被激发的民众的空前压力。儒家特征的文化社会对于政治制度有自己的传统和设计安排，不见得非要采用西方三权分立的制度。如果人民不珍惜稳定的历史阶段和生活现状，那是因为暴政已经偏离仁人政治的要求。虽然政治家从来都要有充分和足够的恶才能应付现实的恶，但当人民的生存和发展权力受到压制，而恶人加剧了暴政之后，就成为革命的诉求。人民的发展得不到公平，生存权亦受威胁，就基本上要揭竿而起了。当有外敌的时候，发展的不公平主要来自异族的压迫，人民即使不得生存也要争取独立自主。但当人民成为独立国家的主人，就要求能够生存而且发展，即使一时达不到政治权利的平等，也希望能够参与社群生活。但传统儒家的"定分"思想致使底层民众的利益长期处于被损害的地位。要理想性地实现通过"定分"来止争是不很现实的。"定分"的思想假定人所得的"分"都是按照礼制的安排，都是合理的，不需要改变的的社会阶层难以改变，这与市场经济条件下个人社会地位和角色可能出现迅速变化的现代社会情形是根本冲突的。

中国大陆普通民众所了解的是一个过分简单化的、超薄版本的自由主义解说。儒家、法家和道家，在治国的理念上都有道理，也都在历史上被运用，但如今如果强行套上自由民主主义的外衣，却显得不伦不类。如何在一个开放社会中让人民享有治权，看来不是一件容易的事情。儒家实意伦理认为主政者应该致力于"善良政治"，而不是"善良制度"，让制度为政治服务，而不是政治为制度服务。制度并不等于效率和有效性，但善良政治是可能努力的方向。不存在没有制度的政治，但仁人当政可以改良制度，实现善良政治。不能把现实政治和政治理想混为一谈。如果政治理想为了追求绝对正义也就罢了，但是现实政治只能够追求有限政治团体的最大公益。"有限"因为不包括罪犯和被排除在公民范围之内的部分人民，公益是求人民共同利益的通约性，而不是追求共同的理想，如正义、大同可能遥不可及，无法落实，不如就现有的有限条件寻找一种可行而有效的路径。

本文认为，"主"与"民"的关系是儒家伦理政治哲学思考的重要内容之一，今后将继续与西方自由民主精神对话，但儒学不可能也不必要完全引入自由民主的"西体"不可，新儒家如牟宗三等人煞费苦心地希望老内圣开出新外王，这其实是舍本逐末，把古老的处理"主"与"民"关系的智慧抛诸脑后，非得拥抱自由民主体制不可。古典儒家关于"主"与"民"关系的智慧并不因为在世纪转型期间不能与西方自由民主顺利嫁接就黯然失色。恰恰相反，本文旨在说明，儒家实意伦理的政治智慧仍然是当代中国政治伦理话语转型的活泼源泉，能够为具体历史时代和政治情境中的人们应该如何实化其政治意念提供参考。从儒家实意伦理学出发，"主与民"的理论向度能够回应当代儒家"政治哲学"的主要问题，如儒家与宪政的关系问题、王道问题、社会公正问题等等。本文的结论在于，在儒家实意伦理学延伸到政术实践智慧的问题上，虽然政治制度的改善仍然是发展的方向，但"主"的心意有时比"民"的制度还重要，这是古典儒家政术智慧在当代不应该被忽略的核心。

# 全媒体语境下传统价值观的影像转译与"故事"表述[*]
## ——基于电影《孔子》等的文化分析
### 中国艺术科技研究所助理研究员　许立勇

## 一、传统价值观的影像转译——视觉迷途

追溯"孔子"影像传统,《论语》颜渊眼中的孔子是:仰之弥高,钻之弥坚,瞻之在前,忽焉在后。《史记·孔子世家》记载孔子的身世是:纥与颜氏女野合而生孔子,祷于尼丘得孔子。孔子被贴上了人神交合的标签。《春秋纬·演孔图》、《孝经援神契》等书中,孔子被形象化为:长十尺,海口方面,手垂过膝,耳垂珠庭,立如凤峙,坐如蹲龙等。"宣物莫大于言,存形莫善于画。"东汉桓帝时(147~167)即在苦县赖乡老子庙的壁上曾画有《孔子像》[①],光和元年(178)灵帝时传有鸿都门学《孔子及七十二弟子像》[②]。自汉代以来,孔子造像一直延续到清代甚至民国,以木版画、"圣迹图"等画图形式传播。当代,电影《孔子》(2010)等使传统价值观得以影像化、互动化、故事化的方式进行表述与传播。2011年"十一"国庆日,孔子行教画像更是以全新"作揖行礼"的动画影像,在美国纽约时报广场亮相传播中国形象[③]。

关注当代影像传播的现实,上世纪80年代末以来,"视觉的转向"代替了"语言学转向",在"第三次浪潮"的信息化时代背景下,视觉文化研究已成为前沿性领域。W. J. T. 米歇尔在《图像转向》中指出:视觉文化是指文化脱离了以语言为中心的理性主义形态,日益转向以形象为中心,特别是以影像为中心的感性主义形态[④]。丹尼尔·贝尔在《资本主义文化矛盾》中认为"当代文化正在变成一种视觉文化,而不是

---

[*] 本文为国家社科基金艺术学重点项目"文化艺术与科技融合视域下的文化产业发展路径研究"(立项号:13AH006)阶段成果。
① (晋)陈寿撰,(南朝宋)裴松之注.《三国志·魏书》卷十六"仓慈传",中华书局1959年版,第514、515页。
② (南朝宋)范晔:《后汉书》卷六十下"蔡邕列传",中华书局1965年版,第1998页。
③ 来源:新华网 2011 年 10 月 01 日 14:56:59 孔子形象亮相美国纽约时报广场 http://news.xinhuanet.com/world/2011-10/01/c_122115030.htm
④ W. J. T. 米歇尔著,范静晔译:《图像转向》,《文化研究》第3辑,天津社会科学院出版社2002年版,第13~38页。

印刷文化,这是千真万确的事实"①。20世纪60年代,法国哲学家居伊·德波在所著《景象社会》中大胆宣布"景象社会"的到来。他认为由于景象就是使人们借助各种专门媒介去观看世界(这个世界已经不再可能被直接把握住)的一种倾向。在景象社会中,视觉具有优先性和至上性,它压倒了其他观感,现代人完全成了观者②。作为最"抽象"、最"易骗人"的感觉,视觉当然最符合当今社会普遍化了的抽象。图像变成了与语言、思想同样重要的观念。

社会存在方式的多样性又决定了影视艺术的多重本质属性③。如何汲取孔子的人文智慧,传播与展现主流的、正确的、向上的传统价值观,是富有多重属性的影像的责任。电影《建国大业》、《建党伟业》、《辛亥革命》、《孔子》等都在运用"明星"影像来拉近受众观感与真实时空之间的距离,以直观的、冲击眼球的方式对"舍生取义"、"天下为公"、"克己复礼"、"正身修身"等价值观进行影像"转译"。《洗澡》、《那山那人那狗》、《和你在一起》、《台湾往事》、《美丽上海》、《美丽的大脚》、《花腰新娘》等影像都是达到或者部分达到了传统与当代价值观的共谋与合塑。

从另外一个方面来看,"看"与"被看","奇观"与"消费"成为时代的主题词。"看,不是一个被动的过程,而是主动发现的过程。"④ 在这种主动发现的过程之中,在"视觉转向"的影像逻辑面前,"传统"价值观的表述似乎是那样的不合时宜。于是典籍中所形容孔子的"战战兢兢"、"如履薄冰",在电影《孔子》中被影像真实地表述出来了:繁重的竹简,摇晃的车轮,战栗的冰面,随后演绎为不惜改变史实而让"颜回"捞简而亡的段落,意在"撕毁有价值的东西给人看"。在此,观者似乎却找到"罗盛教"式的影子。电影新《少林寺》的结尾曾经锄奸务尽武艺高强的十三棍僧,在炮火面前的无助,本来以身罹火的方丈却被大炮轰炸而死。电视剧新版《红楼梦》夸张的"铜钱头"造型以及导演固执的"黛玉裸死"段落,在迎合受众视觉消费的同时,也在陷入视觉"迷途"——传统价值观如何进行转译与表述?

## 二、传统价值观影像转译之"道"——视觉叙事

运用后工业的影像去"传播"与"表述"前工业的传统价值观,有一定的"转化"逻辑,一定要以故事为核心。正如电影《星球大战》的制片人马克·拜尔斯总结

---

① 丹尼尔·贝尔著,赵一凡等译:《资本主义文化矛盾》,生活·读书·新知三联书店1989年版,第156页。
② 居伊·德波著,肖伟胜译:《景象的社会》,《文化研究》第3辑,天津社会科学出版社2002年版,第61页。
③ 贾磊磊:《镌刻电影的精神——关于电影学的范式及命题》《当代电影》2004第6期。
④ 朱立元主编:《当代西方文艺理论》第2版(增补版),华东师范大学出版社2005年版,第306页。

的一句娱乐业古老名言：a good story, well told（讲好一个好故事）。

**吸引看**：漂亮的起跳，吸引人的开头。在收视竞争激烈的"三步五秒"时代，"吸引即成功一半"。电影《孔子》(2010) 开头即用虚构的追逐场景来描写漆思弓为季平子殉葬的事件，将受众的心理视线迅速地扣入情节之中，巧妙地引出孔子"仁者爱人"、"以礼杀人非礼也"、"己所不欲，勿施于人"的思想。

**看什么以及怎么看**：热闹的花样动作，悬在空中的创造。吸引受众的首先是娱乐性叙事。运用流行元素对主流价值观进行包装，已经成为了当代影视表述故事的重要手段。电影《孔子》本来就是以"贺岁片"的名义登上院线的。"子见南子"成为了最炫眼球的桥段。原本在《论语》中是一笔带过的简短记录："子见南子，子路不悦，夫子矢之曰：予所否者，天厌之！"在电影中，却被演绎成长达十余分钟的重要段落，将孔子拉入到情色的世俗之中，表述逻辑是孔子如何如唐僧般经历女色诱惑而成圣的锻造过程。而这种"情色"桥段是以"心"相通为前提的，南子所说"很多人知道你所遭受的苦难，却不知道你在苦难中所体悟到的境界"，堪称孔子红颜知己。再次是"微观叙事"。与宏大的史诗背景相对应的是更贴近生活的"微观叙事"。"吃饭"是人类日常生活的原点，电影设定"孔子"不得已离开鲁国的缘由是：孔子见鲁君而不得，在居所长廊焦急等待每年分来的"祭肉"，结果等到的不是"肉"，而是大司徒季氏假托鲁君之名送来的"玉玦"。在影片后半部分，孔子在生命垂危之际将仅有的一碗马肉汤转给弟子们。命垂一线之际，此时的人性回到生命的原点，对于生活的渴求是最简单的，对于"食色"本能诱惑的抵制体现着孔子有"仁者人恒爱之"的君子之"仁"，更有"克己复礼、正身修身"的克制。最后是"奇观叙事"。视觉传播从平面时代的"静观"转为在数字时代的"奇观"，从"扁平化"传播转向"立体化"传播；受众接受从"静观"转向"震惊"。当代形成了"选用静观与震惊来分别描述从传统到现代的视觉范式"① 主流，周宪等提出从"叙事电影"向"奇观电影"转变（2005）。大制作以及视觉奇观成为《孔子》的看点，如影片分为三个阶段：鲁国建功业、被迫游历、重返故土，并着重表现"建功业"与"追游历"之间的反差与对比。荣则志在必得春风得意："人殉之辩"、"夹谷会盟"、"堕三都"；潦则末路穷途不堪：掉进冰窟、爱徒丧命、饥渴难活。不仅将史书记载的所谓孔子"惶惶然如丧家之犬"、"战战兢兢"、"如履薄冰"的状态进行视觉表述，给受众以很强的冲击力，而且拟造孔子最心爱的弟子颜回溺亡（实际在孔子归鲁之后亡）段落，进行直接煽情。再如孔子出走段落，大雨倾盆，他摔倒在满是泥水的地上仰天大笑，这种视觉冲击力极强的画面对人物内心世界进行了丰满的刻画。再如子路为保护幼主而死段落，在生命的最后，子路跪地正冠以求遵师之教，用子路对主的"忠"与重"君子之礼"来反衬孔子教育思想的成功。

---

① 周宪：《视觉文化：从传统到现代》，《文学评论》2003 年第 6 期。

实际上，孔子周游列国时已名满天下，除在"陈"绝粮等少数情况外，并非只是一路的穷困潦倒宛若"丧家之犬"。《史记·货殖列传》就载其弟子子贡乃有名的"中华商圣"。而电影为展现"常人成圣"的过程而着力扩大前后两个段落的反差，着力表现种种戏剧冲突。《论语》中描绘的"莫春者，春服既成；冠者五六人，童子六七人，浴乎沂，风乎舞雩，咏而归"的平和才是孔子追求的境界，而电影的"视觉叙事"迎合了受众视觉消费的需求。

**看的背后**：主题的升华，坚实的结尾。影像的表述，在审美的形式之外，要对主旨价值观进行合理塑造。电影《孔子》的表述逻辑是"常人成圣"，影像富有文化内涵。电影《画皮》刷新了2012年国产电影的票房纪录，其东方魔幻史诗的光环之下实际上笼罩着"劝人戒色"的伦理光辉。电视节目《非诚勿扰》经过不断改版，试图洗刷掉"娱乐类"、"选秀类"节目的标牌，而愿以"服务类"、"民生类"、"幸福类"的节目定位示人，这些都为《非诚勿扰》的价值观表述提供了较好的矫正码。

## 三、传统价值观影像转译之"道"——互动叙事

"视觉文化"让人们认识世界的方式越来越依赖于图像，而"网络文化"尤其是在小屏时代的全媒体语境下，让人们走进世界以及认识彼此的方式越来越倾向于在"故事"中寻求"自身"与"主角"的互动，以达到"参与性"的虚拟感受。如果说大屏幕的电影黑屋子使得人们沉迷于"视觉奇观"的盛宴，那么小屏的全媒体则更倾向于让人们热衷于互动式的故事体验与富有真实感的日常海量小餐。小成本的电影《人在囧途之泰囧》（2012）成为国产票房第一名，似乎在验证小屏时代的"交互叙事"对于大屏时代的"奇观叙事"的代替，观众认同的是在喜剧故事的参与感以及对于"爱"的价值观的认同感。同样高票房的电影《画皮》系列则在魔幻现实主义的影像中传递着"正室无敌小三是妖"的"正能量"价值观，维系了穿越古今的互动。电视媒介与观众似乎从来没有这样接近过，屏幕的界限被打破，网络交互式的审美体验得以生成，观众得到了用户式的审美体验，"媒介即身体的延伸"得到了确认。

相对于传统的叙事模式，影视的"交互叙事"呈现着以下几个特点：首先是数字化。几乎所有的热播类影视节目都可以在网上进行再次观看，部分节目实现了在线同步播出。"故事"的数字化使得线上线下的交互成为可能，虽然这种数字化仅是"模拟级"的，但它毕竟使得沦为传统媒体的影视与网络等新媒体有了对话的平台，并在三网融合、三屏合一的发展趋势中确立自己的一席之地。其次是模块化。几乎所有的热播电视节目都有着某一种相对固定的模式与套路，"类型化"成为当下电视、电影的发展特点。在相对固定的节目样式与类型之下，每个"故事"都是在模块化的设置之下产生，时间长度、关键性问题等设置都是统一的，影视成为生产节目作品模块的

流水线。再次是片段化。电视选秀节目中每个"故事"设置情景基本同一,分成各个独立的片段并相互勾连,形成《十日谈》般的"套中套"结构,这符合小屏时代时间碎片化的观看需求。最后是生活化。"日常生活审美化"拉近明星、名人与观众的距离,《孔子》电影讲述的是走下神坛的"孔子"。

"互动叙事"为文化创意产业生成提供更多的可能。数字化形成文化资源的碎片化,即文化的要素化,为我们如同研究文化"构成"提供了前提。例如运用不同的语言、美术、文学(故事)等要素构成去阐释故事,不同的组合将产生电影、电视剧、广播剧、舞台剧、音乐剧、话剧等不同的分类,传统的"单数"研究也将在"复数"式实践中走向"复数"研究。同时文化创作体系社会化,将产生分布式创作体系,在故事大纲之下公布剧本的各个单元,一系列的社会要素以及专业分布可以在全球范围内进行创作与组装。新科技提供技术保障的同时更丰富着人们的创造智慧与审美想象,从而将更快的刺激文化创意产业发展。"互动叙事"是"文化科技融合视域下的文化产业发展"命题中的一个重要的关键点,有着极强的战略意义与现实意义。

## 四、传统价值观影像转译的故事范式

传统价值观与视觉、传播、产业的共谋,在传统—当代、东方—西方的转换之中,需要形成消弭界限、直达心灵的故事范式。

**普世价值与共同情怀的故事范式**。找到中西方的普世价值,首先是找到人性的共同点。孔子所谓"己所不欲,勿施于人"与《圣经》中的黄金法则"你希望别人怎么对待你,你就怎么对待别人"在表述逻辑上恰恰是对同一价值观的正反同复。党的十八大报告中对于"社会主义核心价值观"的表述中,出现了"自由、平等"以及与西方"博爱"类似的"友善"字样。近期习近平主席出访美国对奥巴马总统表述的是:中国梦与美国梦相通[①]。中方与西方的价值观在当代正逐渐演进为普世价值。无论过程如何,价值观的表述都需要在艺术的框架下传达审美的、喜闻乐见的、大众传播的、普世的故事范式。

**"日常生活审美化"的故事范式**。基于"生活美学"的确立,"审美"走下高高的艺术殿堂,走到人们身边,为影视作品中"生活流"等创作手法提供了理论前提。一方面是"审美日常化",例如对"名人"、"伟人"进行消解,在具体情节设置上,如前所述将孔子不得已离开鲁国的场景设定为等待"祭肉"。节目《非诚勿扰》24 位佳丽大都长着"明星脸",浙江卫视的《爱情连连看》,更是有数十位佳丽抢位。另一方

---

① 新华网,2013 年 6 月 9 日 7:19:55,中国梦与美国梦相通,来源:《广州日报》。http://news.xinhuanet.com/world/2013-06/09/c_124836150.htm

面是"日常审美化",例如"全民明星式"运动。从湖南卫视的"超女选秀"、"快乐男声"到浙江卫视的"舞林大会",再到上海卫视的"立波秀",现代明星产业链的打造也催生了这场"全民明星式"运动。

**以杂糅为核心的故事范式**。在价值观杂糅方面,传统文化与主流文化的消解共谋,使得当代对于儒学等传统价值观的转化,形成了复合多元的特点。奥斯卡最佳外语影片《卧虎藏龙》,就蕴含着"儒释道"综合的中国传统价值观。在叙事杂糅方面,将微言大义的细节刻画镶嵌在宏大叙事的历史真实之下,"既在宏大叙事中张扬英雄主义,又在世俗叙事中舒缓平民情结","使自己成为既是社会生活需要也是广大民众喜爱的艺术"。① 在艺术形式的杂糅方面,台湾云门舞集《行草》等运用现代"舞蹈"形式将"草书"转译,经过对"草书"的二次还原,回归了汉字的图像中心传统。在这种书法—舞蹈、时间—空间进行"互译"的过程中,形成了独特的视觉表述之"道"。

## 五、传统价值观影像转译的迷途之思

**机械复制与视觉迷途**。历史上,绘画作为中国古代艺术的载体,曾是影像传播的主要方式,蕴含着中国文人的审美情趣与韵味。自汉代以后的孔子历朝造像多悬挂于庙堂之上。而到了机械复制时代,本雅明比较了绘画和电影之后认为:绘画属于传统文化,而电影则是机械复制时代的产物,因此两者区别甚大。首先,绘画是手工的,具有"韵味"与此时此地的独特性。而电影因为广泛的可复制性已经不再有什么"韵味",传统艺术品的那种独一无二权威性不复存在。同时,绘画具有某种膜拜价值,而电影具有某种展示功能。绘画的观赏是一种个体性的艺术性的静观,是三五知己雅集小聚的文人情怀的映照,是知识分子灵魂深处欠缺DNA的弥合,是直达内心的深层次快感,美学观感往往表现为"崇高"与"净化"。而观看电影则是群体的、大众化、娱乐化、消解与排遣日益成为观影者的诉求,需要"有一种子弹击穿观众的速度和震惊效果"②。运用当代影像表述传统文化的深厚积淀似乎如同"小马拉大车"般的勉为其难。美学观念以及受众审美心理的变化让人们警醒影像的视觉"迷途"。

**"看"的本质与电视"假象"**。蕴含在"奇观"之下的电视的"假象"。影像是对现实的再现与表现,是编导者对于生活的加工并对受众进行的选择性传播,哪怕是看似最真实的选秀节目,从最初的人员选定再到主题表现等都是经过"加工"的再造品。这种"看"与"被看"注定了影像的悬空性。尼采说过人对于"真实"的追寻如同拉磨驴子追寻蒙眼布前面的胡萝卜,驴子想抓到它却永远也抓不到。这种看似的

---

① 周来祥:《崇高·丑·荒诞——西方近、现代美学和艺术发展的三部曲》,《文艺研究》1994年第3期。
② 同上。

"真实"是一种悬空式的"真实",是"再造"的"真实",是对于生活的碎片式"假想"。不论是娱乐性故事表述,还是"全民明星",都是符合影像传播规律与视觉接受规律的再造,在电视屏幕中出现的不是生活本身,受众看到的也不是真实的"自我",这一切都是"镜中之像"。这样的玄奇妙想显然是迎合受众的需求。电影《孔子》肯定不是"为艺术而艺术",而是当代对"孔子"形象认识的投射。"在景观社会里,我们贩卖的是烤牛排的咝咝声而不是牛排,是形象而不是实物。"①

"视觉逻辑"与"文化逻辑"。影像表述中视觉逻辑与文化逻辑应该是同一的。影片《白银帝国》的核心镜头是康家后代从地窖里挖出来的那幅写着"仁义"的条幅,从头到尾在商业经的阐述之下隐藏的是对"仁"的文化解读。另一方面,本应并行不悖的视觉逻辑与文化逻辑,在对传统价值观进行当代性转化的时候,往往会被割裂。如新版电视剧《红楼梦》中的"黛玉裸死"段落成为吸引受众眼球的看点与茶余饭后的街头热议,从文化逻辑上来看,其原著所着力刻画的令人落泪的无助的黛玉,最经典之语"宝玉你好,你好……"的含蓄之美荡然无存,文化逻辑与视觉逻辑截然分裂。电影《孔子》中,周润发饰演的"孔子"虽然进行了视觉"包装",但是对于"君子敏于事讷于言"的性格内涵仍然不能予以文化内核式的把握。

"价值判断"与"扬弃创新"。传统的价值观也存在不适应时代的元素,需要在当代性转化中予以扬弃,进行合理的创新与时代的再造。《赵氏孤儿》是传统戏曲的经典剧目,陈凯歌的电影《赵氏孤儿》对其传统的"血亲之上"的复仇伦理价值观进行了扬弃,改变了那种"以暴易暴"的单纯黑色逻辑,并且改变了原作中报恩的叙事逻辑,而改为不太相识的平民医者以"公义"为理的逻辑起点,处理的更加可信,正如陈凯歌所言:民做了士的事。这对传统戏曲中因身份取向所产生的恩怨负价值进行了调校。

## 六、传统价值观影像转译的理想之途

对于"仁",孔子也认为"君子之所谓仁者,其难乎!"孟子亦慨叹"今之为仁者,犹以一杯水,救一车薪之火"。"和实生物,同则不继",中国传统文化所谓"和"是把不同事物结合在一起并且不断加以调和,在冲突和碰撞中追求中和的美感。在复杂而又多元的当代,或许传统的影像转译还要从"本身"寻求千古不变的核心之道。对传统价值观的转译,也必然成为人类对现实世界进行文化救赎与道德重构的理想之途。第三届"中美文化论坛"(2012年9月,北京)刘梦溪先生以魏晋时期(220—420)竹林七贤35岁的阮籍与15岁的王戎之间的争论为开头,而后又引用《晋书》的

---

① [美]尼古拉斯·米尔佐夫著,倪伟译:《视觉文化导论》,江苏人民出版社2006年版,第34页。

记载，数十年之后阮籍的重侄孙阮瞻在一次去拜见当时已经位列三公的王戎，当王戎问这位年轻人对当年争论问题的看法时，得到的回答是"将无通"（同）。前辈们争论不休的明教与自然的问题，到了下一个时代那里已经超越对立，摆脱指责，变成无需争论、不必争论的问题了。我们也以此"理想之途"关照儒学等传统价值观的当代性转化命题。

# 林文庆的儒学思想体系

海南师范大学历史学教授　严春宝

　　林文庆一生中撰写了大量专述儒家思想的中英文论著，从不同的侧面分别说明了儒家的基本原理和儒家对相关问题的观点与看法等。这些著述围绕着儒家思想这个核心问题，构成了一个相对独立、较为完整的儒学思想体系。这在中国哲学史和儒学史上是非常罕见的一种现象，因为，从方法论上来看，林文庆的儒学思想体系基本上符合西方哲学的一般建构模式，而从其内容上来说，它所反映的核心思想，却无疑又是儒家的一系列原理和观点。林文庆将西方哲学中的"理性"和"批判意识"与中国哲学中的"体悟"方式融为一体，从而创造出了一个颇具特色的哲学或思想体系。因而，要理解林文庆的儒学思想，就不能脱离了东西方文化和哲学的背景知识，单纯从中国思想史或西方哲学史的视角看待林文庆的儒学思想，将很难全面领会深藏在林文庆儒学思想中所蕴含着的横跨东西方文化，因而也可以说是超越了东西方文化的特殊价值和意义。

　　为何说林文庆的儒学思想是融合了东西方文化于一体颇具新意的思想体系？这与东西方文化对哲学或思想的不同理解与认识方式有关。中国思想强调以体悟的方式来探索和感知外部世界，相信并依赖于直觉，因而并不强调严密的逻辑推理，虽然它也重视对"名"的辩析，却并不看重西方哲学中非常重视的概念分析与逻辑推理，因而，中国的思想家们自然也不屑于建立什么理论体系。而哲学体系的建构，恰是西方哲学家赖以立足的根本：如果不能建构出自己的思想概念体系，那么哲学家自然也就无从诞生！

　　中国思想不止轻视逻辑推理，就连构成哲学体系的最基本单位——概念，都不是十分明晰。譬如，主导我们生活两千多年的《论语》，就缺乏西方哲学史意义上的统一概念：基于"因材施教"的理念，针对不同弟子同类问题的提问，孔子经常会给出不同甚至是截然相反的答案。而中庸之道的奉行，在强化"继承"的同时，也导致哲学的批判功能被轻视：两千多年前是诸子百家，时至今日，我们依然是儒释道并行！不管是"我注六经"还是"六经注我"，都没有超越"六经"的范畴。这与西方哲学史是由不同的哲学体系所组成大为不同：中国基本上没有出现基于批判意识基础上的"独立思想家"，只有延续了上千年的诸子百家！中国思想史就像一条环环相扣的链子：思想家们为了完成一项接力赛，前后相继自愿手拉手地协同合作、共同谱写出了崇尚和谐的中国思想史。作为个体的思想家其外观是模糊的，他们宁愿将自己隐退、掩藏在浩瀚无比的中国思想史中，也不肯过分强调和突出自己的个性特征。就算是不赞同前人的观点，也很少公然予以指责批评，反而是以伪装的方式，把自己的思想寄生于诸子百家中的其中一家。

西方哲学史则迥然不同，它像是被"外力"串起来的一串珠子：众多形象鲜明的哲学家以自己不同于其前人的哲学体系，组成了色彩变化多端的西方哲学史。哲学家不愿意自己被前人的光芒所掩盖，个个都像是被毛遂藏进口袋中的那把锥子，一定要露出自己的锋芒，且为了彰显其与众不同，还要尽可能把锐利的哲学刀锋指向自己的前辈甚至是自己的老师。虽然个体的哲学家看起来似乎是各自独立的，但批判的力量，却又像是一股无形的外部"力量"，将貌似独立的哲学家串联在一起。通过哲学家之间的相互批判，仍可以间接地了解西方哲学史的承继与发展历史。

总之，中西方哲学是两个完全不同的思想体系，如果强以其一为标准去衡量另外一方，则无异于以尺画圆、以规为矩。实际上，正是由于中西方哲学思维上的巨大差异，才导致了中西方思想哲学各自存在的意义与价值。如果坚持以同求异而去异，则中西方哲学必将具亡矣。正所谓"猪往前拱，鸡往后刨"，各有自己求生存的方式，如果强其划一，则六畜不复存焉。

林文庆受西方文化影响极深，这导致他在思考问题时，会自然地流露出类似于西方哲学的某些思维方式和特征。从哲学解释学的原理来看，林文庆具有西方文化的知识背景（Background），但他研究认识的文本（Text）对象却是古老的东方儒学，因而，他会不自觉地运用类似于西方的逻辑推理及论证方法，对儒学展开分析研究，并因此建构出了一个类似于西方的哲学体系。

笔者以为，林文庆的儒学思想具有以下明显特征：

其一，主观上存有较为强烈的批判意识；

其二，对儒家的重要概念进行了较为明晰的界定；

其三，对儒学的重要原理进行了较为缜密的逻辑推理和分析；

其四，基本上构成了一个较为完整的哲学体系。

首先看林文庆的批判意识。与中国传统文化一贯表现含蓄、重包容轻批评不同，林文庆经常对其他宗教展开批评，其目的就在于树立和维护儒家的地位和尊严："统而言之，数教之中，惟孔子教为大中至正，亘千古而不可易。"[①] 这与西方哲学家否定、批判他人、以建立自己哲学体系的做法，有着异曲同工之妙，因为，批评别人的目的只有一个，那就是为了树立自己！林文庆甚至因"赞扬儒教，批评基督教，引起当地传教士的不满。从 1895 年到 1910 年之间，双方展开一场长达十六年的儒教与基督教

---

① 林文庆：《论儒教》，《日新报》1899 年 12 月 13、14、15 日三天连载之。

的辩论"①。

其次，再来看林文庆对儒家重要概念的辨析与界定。从 1904 年开始，林文庆陆续发表了 10 篇以"儒家"冠名的文章，将儒家的诸多重要概念当作单一命题，分别撰写文章展开论述说明。恐怕只有接受西方教育的人，才会下意识地运用这种思维方式。林文庆的这一做法，对于厘清和说明儒家一向给人印象模糊的概念，从而更好地理解和认识儒家思想，应该是有帮助的。

其三，林文庆对儒学的重要原理进行了较为缜密的逻辑推理和分析。他会在一篇文章中围绕一个主题进行论证、分析，将儒家的主张和思想加以反复说明。然后，以这些文章之间存在着的逻辑递进关系为纽带，共同构成了一个有内在联系的统一整体。

其四，建构起了一个较为完整的哲学体系。林文庆虽然没有明言他要为儒学建构一个类似于西方的、基于逻辑学意义上的哲学体系，但正所谓"证据会讲话"，我们从林文庆撰写发表文章的内容及其先后次序上，可以看出其中的端倪：在他的心目中，应该有一个轻重缓急的先后秩序，而这种秩序，恰好就形成了林文庆儒学体系的基本框架。这些文章所反映的问题，代表了林文庆内心深处思考问题时的出发点和基本思路，反映了他潜意识中对有关问题的重视程度。

林文庆在将儒家文化与西方文化进行比较研究的基础上，从各个不同的方面系统地阐释了儒家的主要观点，基本上涵盖或构成了整个的儒家伦理体系。为了能更直观地认识和理解林文庆的儒学思想体系，下面将重点结合林文庆发表在《海峡华人杂志》上的 10 篇文章，对林文庆的儒学思想体系作一个概括性的分析和说明。

林文庆研究儒学的出发点，是从自然开始的，从天道到人性，正是其思路出发点。作为一个接受现代西方医学训练出来的科学家，林文庆对达尔文的进化论学说深信不疑。② 进化论不止是他研究种族问题时的原则："欲研究种族问题，不得不先考人类之进化，而尤必重视乎性灵，盖人之身体发肤，本与禽兽无异。"③ 也是他倡导儒学时所依循的出发点："地球与人本身仅仅只是宇宙进化途中的一个阶段，生与死纯粹是由固定法则所掌控的自然现象。"④

林文庆比较了不同民族文化中的创世说，从科学的角度批驳了创世说的荒谬："不管是印度、迦太基、埃及还是欧洲，一直到中世纪为止，他们在人类起源问题上所给出的种种猜测，都被证明是既荒唐又错误的。"⑤ 而儒家，"尽管孔子在人类和宇宙的

---

① 李元瑾：《新马儒教运动（1894—1911）的现代意义：以 1980 年代新加坡儒学运动验证之》，李元瑾：《南大学人》，新加坡南洋理工大学中华语言文化中心 2001 年版，第 171~190 页。
② 《林校长讲演进化论之科学及哲学观》，《厦大周刊》总第 174 期，1927 年。
③ 林文庆：《人类种族问题》，《厦门大学季刊》第 1 卷第 1 号。
④ Lim Boon Keng, CONFUCIAN COSMOGONY AND THEISM. (The Straits Chinese Magazine，以下简称为 S. C. M), Vol. 8 (2), 1904. 6.
⑤ Lim Boon Keng, CONFUCIAN VIEW OF HUMAN NATURE. S. C. M. Vol. 8 (3), 1904. 9.

起源问题上保持了缄默,但我们却发现他的伦理学体系实际上是建立在宇宙的自然进化这一假设的基础上。"① 虽然儒家"从来不去怀疑或探索人类本性的起源,因而没有关于人、神之间关系讨论的任何详细记录。但从儒家经典作家们的著作中可以很容易看出,人被看作是宇宙进化过程中自然产生的一种有机生物。"② "孔子不仅没有对当下流行的宇宙进化论思想发表过任何评论,反而严肃地劝诫人们不要对超自然的东西进行毫无意义的猜想。"③ 正因为儒家没有所谓的创世说,反而使得儒家的天道观拥有了现代科学的基础,因而,与所有的宗教比较起来,儒家就拥有了更多的合理性。

林文庆认为,人性是人与动物区别开来的标志:"人与动物的根本不同之处,并非仅仅因为他有智力和会说话的能力,而是因为他所体现出来的善良本性。"④ 在认同"人性本善"的基础上,林文庆强调人性在社会中的进化过程:"虽然每个人的心中都有善的本性,但是,它能否在有限的时间内发展、进化到完美的程度亦或是扭曲变形,则完全依赖于社会的影响和个体的智力状态。"⑤ 人性之所以能够进化,是因为"儒家所关注的人性是一种具有很大可塑性的材料,它能够发展出一个优雅文明人所应具有的各种美德。"⑥ 林文庆在强调人性进化的同时,也不忘提醒人们避免在这个问题上落入神学的陷阱:"人类本性的成长,如果我们可以那样说的话,完全依赖于人类自身的努力,而决非依赖于任何神的影响或超世俗外力牵引的丝毫控制。"⑦

按照林文庆的思维逻辑,人的伦理观念建立在人性观的基础上。在《儒家的伦理基础》⑧ 一文中,林文庆引用了《论语》中的这句话:"孝弟也者,其为仁之本与。"显示出林文庆完全认同儒家的仁爱学说。林文庆的最精彩之处,就在于他比较了儒家和基督教博爱观的异同:"儒家提出了实质上完全不同于基督教的观点。在这两大体系中,'爱所有的人'都是其至高无上的最高境界。只是,在基督教中,它是以耶稣诫命的形式来教导这一点的,而与之相反的是,我们发现,早在基督教纪元的五百年前,关于普世之爱这一责任,就已被儒家完整地阐释过了。除此之外,儒家强调,这种对全人类的爱只有经过后天的艰苦努力才能拥有,爱必须首先从爱父母开始,然后依次将爱施予亲戚、朋友,最终达于陌生人。基督教却明显地低估了爱人的困难程度:一开始就以耶稣的道德标准号召人们去爱普天之下所有的人!"⑨ 也就是说,儒家的爱是

---

① Lim Boon Keng, CONFUCIAN COSMOGONY AND THEISM.
② Lim Boon Keng, CONFUCIAN VIEW OF HUMAN NATURE.
③ Lim Boon Keng, CONFUCIAN COSMOGONY AND THEISM.
④ Lim Boon Keng, CONFUCIAN VIEW OF HUMAN NATURE.
⑤ 同上。
⑥ 同上。
⑦ 同上。
⑧ Lim Boon Keng, THE BASIS OF CONFUCIAN ETHICS. S. C. M. Vol. 8 (4), 1904. 12.
⑨ Lim Boon Keng, THE BASIS OF CONFUCIAN ETHICS. S. C. M. Vol. 8 (4), 1904. 12.

有一个起点的,即它开始于对亲人的爱,由父母兄弟姐妹开始,逐步延伸及于外人,这与基督教明显不同。林文庆的爱人观,可视为是对儒学的一大贡献。

既然林文庆坚持"必须承认孝道是公认的人类特有的个性品质"①,那么,将孝道视为儒家的伦理基础也就不足为奇了。从进化论出发,林文庆认为"父母与子女之间是一种自然的关系",在任何情况下,"子女都应该竭力维护而不是去破坏这种关系,一方面劝告父母要尽心抚养孩子、给予他们无私的父爱和母爱,另一方面,又告诫子女要以发自内心的行动孝顺、奉养父母,使他们得以安享晚年,以此来报答父母的养育之恩"②。

林文庆从无神论和科学的立场出发,来理解孔子关于祭祀的本意:"儒家的祭拜礼仪只是一种简单的家庭纪念活动,只要一个人曾经有过父母,那他就应当对他们保持永恒的爱心,这就是孔子关于祭祀的本意。"③林文庆坚持认为"孔子从来没有将祭祀或拜神看作是向逝者的灵魂进行赎罪,他只是告诫人们,祭拜行为可以影响人类的行为。从真正儒家的立场来看,崇拜祖先的主要目的在于维持国人都能拥有崇高的道德标准"④。因而,"儒家进行祭拜的基本原则是为了生动的回忆起与逝去父母相关的历史,这种回忆的目的既是作为对美德的一种鼓励,同时也是为了给自己一个忏悔与自我调适的机会"。同时,"祖先崇拜的目的并非只是为了使孝子能得到一时的赞美,而是通过提醒他不要遗忘了前人的成就,以敦促他做出更大的成就。如果一个人无意于炫耀自己祖先的光辉历史,那他也不需要为生祖先所犯下的过错而感到羞耻"⑤。林文庆对儒家祭拜仪式的阐释,充满了睿智。其实,在这个问题上,林文庆认为孔子多少显得有些很无奈:"假如孔子说出'(人死之后并没有灵魂,所以)无需祭祀父母'那样的话,他担心子女会遗忘了逝去的父母。孔子知道自己无法清楚地向弟子们解释人死之后的情形,因此他只好说:'祭如在。'"⑥(《论语·八佾篇》)

林文庆认为"儒家的首要目标可以说是要培养完美的人",而儒家真正理想中的完美,显然"并非指超自然意义上神灵在人世间的化身,而是说一个人在能力、体力、智力和道德等方面都达到了完美的程度"⑦。这也是林文庆为教育所设定的终极目标,他将"止于至善"确立为厦门大学校训,力图将大学变成培养仁人君子的地方:"中国无礼拜堂无寺院,所以全靠有相当的大学指导人格教育,养成全国的风气,使人人

---

① Lim Boon Keng, THE BASIS OF CONFUCIAN ETHICS. S. C. M. Vol. 8 (4), 1904. 12.
② Lim Boon Keng, THE CONFUCIAN CODE OF FICIAL PIETY. S. C. M. Vol. 9 (1), 1905. 3.
③ 同上。
④ Lim Boon Keng, THE CONFUCIAN CULT. S. C. M. Vol. 9 (2), 1905. 6.
⑤ 同上。
⑥ Lim Boon Keng, THE CONFUCIAN CODE OF FICIAL PIETY.
⑦ Lim Boon Keng, THE CONFUCIAN IDEAL. S. C. M. Vol. 9 (3), 1905. 9.

为士君子。"① 因为，"如果没有了教育，那么，人类只不过是一头会说话的动物！"②

在林文庆的儒学体系中，儒家的兄弟观是从属于孝道的，因为，"如果孝子不是只考虑自己的需求，也会顾及到父母的感受，那么，珍视兄弟之情就会成为孝道的必然结果。父亲自然会疼爱自己的儿子，儒家只不过试图利用人的自然情感作为培养利他主义意识的一股道德力量。既然孝道要求儿子热爱父亲所喜欢的一切，那么，作为孝道的首要结果，兄弟之间互敬互爱就是必然的了"③。林文庆发现了儒家与所有宗教在这个问题上的不同之处："所有的宗教都要求兄弟们要彼此相爱，但唯独只有儒家，指出了为什么兄弟之间应该这样做的原因，并提供了持久地维持兄弟间情感的原动力。"④ 儒家的高明之处，就在于"它的简单易行：既没有神秘的教条也没有玄妙的仪式，全部学说可以简单地归结为一句话，随时随地都可以叫家中幼小的孩子加以练习"⑤。让林文庆感到有些不可思议的是，尽管"手足之情的反复演练为那些美德的最终落实提供了最为切实有效的方法，虽然几乎所有的文明人都会赞同这一点，但似乎很少有人在日常生活中能实践这一点"⑥。

对于一向为人诟病的儒家妇女地位低下的问题，林文庆对之进行了辩护。林文庆主张应该站在历史发展的高度来看待这个问题，因为，"在孔子那个时代，中国妇女通常都受到良好的教育，作为一个社会群体，比起同时代的其他国家，她们在各方面都受到了很好的训练"⑦。林文庆指出，儒家"为女性提供教育的目的，主要在于培养女性的优良品格并充分发挥母性的本能，以使每一个女性不仅仅能成为贤妻，更要努力成为良母。教育的目的从来就不是期望女性应该篡夺男性的职能，因此，自然也就不可能教育她们去同男性展开竞争"⑧。这么做的目的，不止是出于社会分工合作的需要，也完全符合生命科学的理论："根据儒家的理论，妇女的工作领域恰好是对于男人工作的补充。……儒家将传宗接代这一母性特征视为是女人最重要的天职，这样一来，就于无意之中在生物科学真理的基础上建立了它的最根本原则；也就是说，种族的繁衍对于维持物种的连续性或物种的保存是必需的。因此，我们可以明白：儒家对于女

---

① 林文庆：《厦大五周年纪念会之演说辞》，该文原发表于1926年4月10日的《厦大周刊》第145期，转引自厦门大学校史编委会：《厦大校史资料》第一辑，标题为原编者所加。
② Lim Boon Keng, THE CONFUCIAN IDEAL.
③ Lim Boon Keng, THE CONFUCIAN DOCTRINE OF BROTHERLY LOVE. S. C. M. Vol. 9（4），1905. 12.
④ 同上。
⑤ 同上。
⑥ 同上。
⑦ Lim Boon Keng, THE STATUS OF WOMEN UNDER THE CONFUCIAN REGIME. S. C. M. Vol. 10（4），1906. 12.
⑧ Lim Boon Keng, THE STATUS OF WOMEN UNDER THE CONFUCIAN REGIME. S. C. M. Vol. 10（4），1906. 12.

性的定位是无懈可击的。……在儒家那里,从来就没有视女人为一种低等生物的假想。"① 为了全人类的福祉,在性别上对男女进行分工是必需的,因之,"儒家坚持认为:失去了性别特征的女人才是文明和人类的敌人!"②

"为了能使种族得以长久地繁衍生息下去",③ 儒家必然重视婚姻关系。林文庆认为,"在儒家的意识中,一个男人结婚的目的并非仅仅出于满足自己情欲的需要,而是出于种族繁衍和履行家庭使命的要求"④。与西方基督教社会认为"婚姻是一件令人烦恼的事情"⑤ 不同,林文庆认为,"儒家认可一种比情欲冲动更高级的伦理道德准则——一个人对于家庭的伦理道德责任,它能恰如其分地调控两性之间的交往。从儒家的观点来看,让情爱不受控制地随意膨胀、泛滥,与养育一个人长大但却不为他提供相应的教育是极为相似的"⑥。婚姻的目的就在于,"一方面确保人性能以自然的方式持续发展,而另一方面又要适当的抑制激情"⑦。两者兼顾的结果,恰到好处地体现了儒家在这个问题上的"中庸之道":既不违背人性、又顾及到了文化在婚姻中的特殊作用。

儒家重视交友,因为友谊是架接在家庭与社会之间的桥梁:"通过友谊的桥梁还使得家庭获得了进一步的拓展而变得更大了。"⑧ 友情也是 "从家人亲情走向纯粹利他主义的桥梁,而利他主义是全人类的伟大理想。作为孝道的第一个成果,友情是仁爱的真正来源——也是成就所有公民道德的主要推动力"⑨。所以,"儒家从一开始就强调友谊观念。因为朋友不仅被认为是快乐的源泉,更被认作是提升我们同伴美德的道德工具"⑩。儒家交友的出发点,是出于巩固美德、维护全人类福祉的目的,而绝不是为了个人的一己之私:"美德的巩固与人类福祉的提升必须成为人类团结的明确目标,这就是儒家关于友谊的思想。美德就是给予德美者的最好奖赏,而善行则是送给行善者的最高祝福。"⑪

通过上述分析,可以看出林文庆儒学思想体系的大体轮廓。他力图将儒学建立于科学的基础之上,从而使儒学摆脱迷信、走向理性。他认为,既然人是自然进化的结

---

① Lim Boon Keng, THE STATUS OF WOMEN UNDER THE CONFUCIAN REGIME. S. C. M. Vol. 10 (4), 1906. 12.
② 同上。
③ Lim Boon Keng, THE CONFUCIAN IDEAL.
④ Lim Boon Keng, THE CONFUCIAN CODE OF CONJUGAL HARMONY. S. C. M. Vol. 11 (1), 1907. 3.
⑤ Lim Boon Keng, THE STATUS OF WOMEN UNDER THE CONFUCIAN REGIME.
⑥ Lim Boon Keng, THE CONFUCIAN CODE OF CONJUGAL HARMONY.
⑦ 同上。
⑧ Lim Boon Keng, THE CONFUCIAN ETHICS OF FRIENDSHIP. S. C. M. Vol. 11 (2), 1907. 6.
⑨ 同上。
⑩ 同上。
⑪ Lim Boon Keng, THE CONFUCIAN ETHICS OF FRIENDSHIP. S. C. M. Vol. 11 (2), 1907. 6.

果,那么人性也必然由进化而来,只有在人类诞生之后,才依次进化并出现各种各样的社会关系,如下图所示:

```
自然 > 人性 > 婚姻家庭(孝道) > 朋友 > 社会
```

其中,孝道作为儒家的伦理基础与核心,它上承父母(孝)下启兄弟姐妹(悌),其继续向外延伸,即指向朋友。从更广义上来看,由于"真正的孝道能唤起整个国家的感恩之心"[1],因而,它也是爱国主义精神诞生的温床。为了维护上述体系的完整,在特定的历史阶段,尤其是在科学不够发达的情况下,维持对祖先的祭祀是必不可少的,因为"祭祀的仪式维系着我们与过去的联系,它使我们以感恩之心重新唤醒我们对于过去的记忆"[2]。

林文庆通过对西方文化、尤其是对基督教文明的批判,逐步地勾画出了他理想中的儒家学说体系。林文庆对儒学的认识和研究方法具备西方哲学的某些特点,但我们也不怀疑他对儒家思想的透彻认识与准确把握。那么,我们到底是应该将林文庆及其儒学思想划归到西方哲学史中,还是将其纳入到中国思想史里去?抑或将其当作儒学史的一个分枝?林文庆在研究儒学的时候,他实际上是运用了西方的哲学思维模式,即,从研究方法上看,林文庆是倾向于西方文化的。然而,当我们进一步考察研究林文庆儒学思想的内容时,又不得不承认他的确是儒家的忠实信徒,因为内容决定形式,形式受制于内容。林文庆所信奉、并为之奋斗了终生的儒学思想决定了他只能是一个传统的东方思想家!就连西文媒体都称其为东方的"圣人"[3],显见是没有把他当成是一个西方的哲学家。如果从林文庆个人的角度来看,则他不仅是一个中国人,而且还是一个"真正的儒者"(郁达夫语)。很可惜的是,林文庆一心向往中华文化,然而时至今日却仍旧不得不徘徊在中国文化的大门之外、不得其门而入,"我本一心向明月,无奈明月照沟渠",实乃一大悲剧也。

---

[1] Lim Boon Keng, THE CONFUCIAN CULT.
[2] 同上。
[3] "*The Sage of Singapore*", Singapore: Straits Times, 1948 – 10 – 22.

# 成人之道与为政之德

孔子研究院院长、研究员　杨朝明

九十多年前,著名文化史学者柳诒徵反思"近世之病源",深刻指出:"今日社会国家的重要问题,不在于信不信孔子,而在于成人不成人。那些破坏社会国家者,皆不成人者之所为也。"① 这些人不具备成人内涵,或者他们的作为"非人",要改变这种情况,要建设新社会、新国家,"必须先使人人知所以为人",就要做到人人知道如何做人。值得注意的是,柳诒徵先生接着说:"而讲明为人之道,莫孔子之教若矣。"② 要解决"人之为人"的问题,离开孔子之教,离开传统文化,是不可以做到的。

所谓"为人之道"或"成人之道",实际是孔子、儒家思想论述的核心问题。至迟自周代以来,中国已经形成了对于社会民众的教化系统。从根本上讲,中国源远流长的教化系统,其中心则又不离"讲明为人之道"。按照儒家所讲,人道应该效法天、地之道,从而自强不息,厚德载物。在人道之中,为政者的德行又处在最为关键的位置,这便是我们常常说到的"为政之德"。孔子说:"人道,政为大。夫政者,正也。君为正,则百姓从而正矣。"③ 因此,当今时代,要发掘孔子儒学的精义,发挥孔子思想与儒家学说对于社会的作用,最为紧要的,就是进一步"讲明"和申说其成人之"道"与为政之"德"。

## 一、所谓"道"与"德"

道德问题是儒学的核心问题,是儒家文化最根本的问题。学术界把儒学称为"人学",是因为儒学关注现实世界,关注"人间秩序"。说到底,儒学就是"人学"。

所有的人都具备有两重属性:自然性、社会性。作为一个自然的人,人人都有自己的喜怒哀乐,都有自己的七情六欲。但人们又是社会的人,我们在社会上有不同身份,那么,如何处理好与他人的关系?如何处理好与集体的关系?如何处理好与社会的关系?这就是儒家思想的核心问题所在。

---

① 柳诒徵:《论中国近世之病源》,《学衡》1922 年第 3 期。
② 同上。
③ 《孔子家语·大婚解》。

应该如何做人？孔子在谈到道德问题时有这么一句话，他说："夫道者，所以明德也；德者，所以尊道也。是以非德，道不尊；非道，德不明。"① "道"很抽象，用老子的话说："道可道，非常道。"② 这个"道"，有时候说不明白，但"道"又无处不在，每个人的德行实际上都被"道"所决定。比如说："大学之道，在明明德……"③ 大学就是大人之学，小学就是小子之学。人长大了，应该学习"大人之学"。大人之学是做什么的呢？大人之学在于"明德"。"道"就是来观察每个人德行的。如果遵从"道"，按照"道"去行事，德行可能就会好，否则德行就差。"道"可以"明德"，"德"用于"尊道"。

我们该如何做呢？这就要求每一个人自觉遵从为人处世之道，遵从所在岗位的职责要求。既然都受道的支配，我们不妨"把自己的工作岗位作为道场"。在自己的道场上，每人都是舞者，都是表演者。你是不是"有道道"，一定体现在你的"境界"、"格局"中。换句话说，你的境界的高低，其实是由你本人的"德行"高低决定的！

儒家认为，为人之"德"有三个方面最重要，这便是"三达德"。"三达德"就是"三大德"。"达"，"大"也。"达"就是"最重要的"，"最重要的"自然就是"最大的"。"三达德"就是"智"、"仁"、"勇"。"智"就是智慧，一个人没有智慧，这个人便是愚昧的、愚笨的；如果一个民族缺乏智慧，这个民族就没有希望，就非常可怕。但仅有智慧也不行，仅有智慧没有仁德更可怕。除了这些，还要有"勇"，人没有"勇"，就是没有担当，作为民族的一分子，只有勇于担当的人越来越多，这个民族才更有希望。人没有勇于担当的精神，无论国家、集体，还是个人，就没有什么希望。

## 二、传统中国论"成人"

如何加强自身的修养？中国传统文化给今人很深的启迪。比如说，教育有"小子之学"，有"大人之学"。"小子之学"是教小孩子的，而"大人之学"就是"成人"教育。按照传统的记载：小子之学学习"洒扫、应对、进退之节，礼、乐、射、御、书、数之文"。到了一定年龄，一般是15岁左右，开始进行"大学"教育。大学教育就是"大人之学"。大人之学教穷理正心、修己安人之道，学习修身、齐家、治国、平天下。穷理，就是了解社会、人生，自然也包括天地自然的道理。然后是"正心"，即端正人心。修、齐、治、平以修身为基础，首先就是如何做人的问题。

人之为人，最重要的是具备人的内涵。人有自己的本性或者自然性，但还要区别

---

① 《孔子家语·王言解》。
② 《老子》第一章。
③ 《礼记·大学》。

于其他的动物。孟子说:"人之所以异于禽兽者几希。"① 人与禽兽的区别就在这个"几希"上。人懂得礼义,懂得自己是一个社会的人,就必须处理好与他人、集体、社会、国家的关系,处理得越好,人的起点就越高。

儒家教育就是关于"成人"的教育。礼有表面的仪式,也有深层的内涵,表层的仪式固然重要,内在的礼义更加根本。表面仪式服务于内在的礼义。比如冠礼,一个人举行了礼仪就一定"成人"了吗?当然不是!这一仪式是一个标志,提醒人按照"人的要求"去做。所以《礼记》说:"人之所以为人者,礼义也。"冠礼的礼义在于人具备人的内涵。《礼记》又说:"礼义之始,在于正容体,齐颜色,顺辞令。"

《左传·昭公二十五年》中说:"人之能自曲直以赴礼者,谓之成人。"这里说到了"人之成人"的标志,就是"能自曲直以赴礼"。所谓"自曲直",就是知道如果自己路走弯了,就应该及时修正自己的行为。唯有如此,才说明他有了正确的价值观、是非观、荣辱观。如果是这样,自己出了问题就应该自己负责了,这才是"成人"。

按照孔子的理解,一个人可以有智慧,可以"不欲",可以有"勇",可以多才多艺,但仅仅这些还不够,还必须"文之以礼乐"。礼乐,其实就是人的素养。比如,我们"勇"好不好?当然好!但这绝不是说可以"勇而无当","勇"绝不是那种"匹夫之勇",也不是荀子所说过的"小人之勇",而是"士君子之勇"。有时,为了正义,可以舍生忘死,为了民族大义可以不怕死。这是说,作为人,人们属于一个家庭,属于一个社会,也属于一个国家和民族,作为社会的人,当然应该有智慧、有才干、多才多艺,而与之同时,还要具备"三达德"。三者之间不是孤立的,德行应该是多方面的。如果一个人仅仅是个好人,如果一个人仅仅有知识,那是不够的。一个人智、仁与勇的有机结合,才能达到一定的境界。只有"文之以礼乐",才叫"成人",他们的行为才是"成人之行"。

## 三、孔子儒家论"君子"

很多事情,不仅要看到,更重要的是要做到,这是最起码的要求。如果做得好,就应该成为"君子"。

从字形来看,"君"这个字是个会意字,上边是个"手",手里拿着东西,下面是"口"。"君"手里拿着"权杖",下面的"口"代表发号施令,表示管理。"君"表示为政者发号施令。"君子"是对统治者和贵族男子的统称,后来变成了对"高尚的人"的称呼。与"君子"相对的概念是"小人",从本意上讲,"君子"是为政者,"小人"是地位低的人,指平民。后来,概念发生了变化,"小人"成了不好的人。

---

① 《孟子·离娄下》。

为什么"地位高的人"就应该是"道德高尚的人"呢？道理很简单，因为责任大，所以要求高！既然是尊贵的人，就应是高尚的人！尊贵不尊贵，高尚不高尚，是相对而言的。早期儒家就是在这样的理论基础上，形成了他们的管理学说。其学说就是教化人心，使人的品格更加高尚。

儒家是孔子创造的，但在孔子之前就有"儒"。"儒"是一种职业，孔子的"儒家"则是一个学派。孔子希望天下有道，希望人心向善，倡导人们遵守礼仪，倡导人们自觉遵守社会规范。可以说，儒家追求的就是这种改变。这就是儒家的思想，这就是儒家的学术特征。孔子告诫学生："汝为君子儒，毋为小人儒。"要做君子儒，要行教化，正人心，使人具备君子的内涵。

孔子曾说："君子之德风，小人之德草，草上之风，必偃。"君子为政，他的道德表率作用十分关键。为政者不是一般的人，其影响力很大。对"君子"要求要高，因为"政者，正也"①，为政者必须行得正。因为"其身不正，虽令不行。其身正，不令而行"②。这个"正"就是对为政者的要求。以前，社会基层有"里正"，县下面将百姓分为若干里，里有里正。这个"正"就是"表率"的意思。这是"君子"的本意。

说到"君子"这个概念，从道德意义上讲，君子处在什么位置呢？孔子有一番话能说明问题。一天，鲁国国君向孔子请教，希望能够选拔人才帮助治理国家。孔子说，人可以分为五等，你清楚这些，治理国家的问题就解决了。那么，分为哪五等呢？孔子说：有庸人，有士人，有君子，有贤人，有圣人。所谓"君子"，就是孔子自许的那种人。出言一定忠诚守信而心里无怨咎，自己施行仁义而面无夸耀之色，思虑通达明智而言辞并不自以为是。笃厚地施行所信守的道义，自强不息，态度舒缓，好像很快就能被超过而最终却无法企及一样。

## 四、孔子论为政之"德"

说到为政之"德"，其内容十分广泛。按照我的归纳，其中应该包含信念、明礼、诚敬、知民、爱民以及心态等方面。

### （一）信念：士志于学，士志于道

信念是为政的基础。所谓"信念"，其实就是理想。一个有追求的人，必须将自己的努力目标确定下来，将奋斗目标明确起来。试想，如果一个人整天专注于生活的细节、小节，此人一定没有什么崇高追求。所以孔子说："士志于道，而耻恶衣恶食者，

---

① 《论语·颜渊》。
② 《论语·子路》。

未足与议也。"① 一个人应当追求"道术",如果穿衣不如人、吃饭不如人就觉得没有面子,我们不宜与这样的人多交流。

孔子主张人"志于学"、"志于道",人应当思考怎样度过自己的一生?在孔子看来,人应当"志于道,据于德,依于仁,游于艺"②。这样才能使自己的人生更有意义。儒家有自己的政治追求,孔子有自己的社会理想。《礼运》记载说:"大道之行,天下为公,选贤与能,讲信修睦。故人不独亲其亲,不独子其子,老有所终,壮有所用,矜寡孤疾,皆有所养。货恶其弃于地,不必藏于己;力恶其不出于身,不必为人。是以奸谋闭而不兴,盗窃乱贼不作,故外户而不闭。谓之大同。"

孔子儒家的社会理想是追求社会的"大同",那么,具体到我们每一个人,就应该有自己的"道"的追求。有了理想和信念,就好像播下了人生的种子。明代大儒王阳明说,梦想就像种子,没有种子,即使你有再多的努力,也不会生根发芽,枝繁叶茂,硕果累累。因此。有了理想,才有人生的支点,才使自己的人生更有价值和意义。

### (二)明礼:明理知耻,好恶有节

"明礼"就是"明理"。提到"礼",很多人习惯想到"封建的"或者"吃人的"礼教。当然,"礼"与"礼教"有区别又有联系。封建时代,人们将"礼"扭曲化,以至于近代以来尤其现代,一提到"礼",人们就十分反感。

其实,在早期儒家那里,"礼"就是人应遵循的法则。"礼"就是"理","礼"乃"合于天时,设于地财,顺于鬼神,合于人心,理万物者也"③。像孔子所说:"谁能出不由户?何莫由斯道也?"④ 就像孟子所说:"夫义,路也;礼,门也。惟君子能由是路,出入是门也。"⑤ 人出门从门里走,走路从路上走,自然而然,人人都应如此。但实际上,就是有人不遵从规范。

每一个人刚出生时,都天真无邪。随着年龄的增长,人对外部世界产生了一种认知。在外物的诱导下,"好"与"恶"的情感产生了。然而,人被外物所"化"往往是无休无止的,如果是这样,"好"与"恶"的情感就应该有所节制,不然就会滑向危险的边缘。这个节制人的东西,应该能够处理人的好恶与天理之间的平衡,以防止"人化于物",防止"灭天理而穷人欲"⑥,避免产生人间的罪恶。这个东西就是礼。

社会治理可以分成三种境界:一是以德教民;二是以政导民;三是以刑禁民。当然,政治实践不是简单化的,这些治理往往综合使用,不会孤立进行。不过,这些关

---

① 《论语·里仁》。
② 《论语·述而》。
③ 《礼记·礼器》。
④ 《论语·雍也》。
⑤ 《孟子·万章下》。
⑥ 《礼记·乐记》。

系处理得好，使用的治国方略不同，效果往往会大不相同。

从治国效果上，最高的境界是"有耻且格"。孔子说："道之以政，齐之以刑，民免而无耻。道之以德，齐之以礼，有耻且格。"① 人如果明理，人人知其所止，懂得修养的境界，社会就有希望了。人"知其所止"，就是明理，如果不明理，怎么"知其所止"呢？人知所止，就有了明确的是非观，就明白了哪些可以做，哪些不能做。这便是"有耻且格"了。

显然，"有耻且格"是"以德教民"的结果。不难理解，如果仅以政策来管理老百姓，老百姓往往会"免而无耻"。所谓"免而无耻"，就是力求不违背规则，但没有是非、荣辱观念，只要我不违背法律，你就抓不着我，我可以钻法律的空子。"有耻且格"则不同，它建立在民众知荣辱、明是非基础之上，建立在民众素质大大提高的基础之上。

可以说，"有耻且格"这四个字是儒家的向往，是孔子的追求，是政治管理的最高境界。没有民众的"明理"，这种境界是无法达到的。

### （三）诚敬：至诚无息，诚外无物

这个诚敬，我在后面用两个词：一个是至诚无息，一个是诚外无物。我以为，这两个词语都十分重要！

什么叫"诚外无物"呢？任何一个人实现自己的追求，都必须有一个内心的"诚敬"。大学之道在明明德，在新民，在止于至善。这叫大学的"三纲领"。之下还有"八条目"，"八条目"中有致知、格物、正心、诚意。所谓"诚意"，就是真心真意地坚守。认为是正确的事，就坚持去做而且长期坚持，不懈地坚守不改，这就叫"诚"。只有做到了"诚"，我们的修养才能真正做到位，才能真正做到家。舍此无他，这叫"诚外无物"。

《中庸》特别谈到"诚"，只要做到心"诚"，认识也就达到了一种境界，这种人生的境界并不是我们想达到就能够达到的，达到这种境界必须有修养、有知识、有能力。必须有认识的高度、宽度和深度。要做到至诚，认识到"诚外无物"，就要加强学习，提高能力和修养。

这个"诚"对我有很好的启发，一个人只要做到"至诚"，就能"无息"，所以《中庸》说："至诚无息，不息则久，久则征，征则悠远，悠远则博厚，博厚则高明。"只要不停息，那么它就会长久，至诚长久了就会有显示，有显示就更表现出它的由来已久。越是由来已久越能够显出它的广博深厚，越是广博深厚就越显出它的高大光明。

既然"至诚"，就不会今天诚，明天就不诚了。这样的情况应该是不可能发生的，否则就不能称作"至诚"了。一个真正高明的人一定是有所坚持、有所遵循的。做到

---

① 《论语·为政》。

至诚的人，一定是境界高的人，一定是有知识的人。因此说至诚非常重要，而做到了至诚，其实就要做到"敬"。

有一次，孔子和鲁国国君在一起，他们俩有一个对话。鲁君问孔子："人道，什么最要紧？"意思是为人之道最重要的是什么。孔子听到，马上脸色都变得严肃了，他认为国君问这样的话简直就是老百姓的福气，这说明国君真想做好。孔子在论述中，关键的有这样几句：第一，人道，政为大。第二，古之政，爱人为大。第三，爱人，礼为大。第四，礼，敬为大。①

在孔子看来，在人道中管理最重要；在管理中则要提倡"爱人"；而在管理中的"爱人"或"爱民"又必须符合"礼"，既不能无原则地亲近，也不能疏远、忽略、忽视，因为孔子也说过："近之则不逊，远之则怨。"②爱民也有个"度"，那叫"礼"，叫符合规范、符合道理。礼，则以"敬"为大。说到底，就是人之道以"敬"为最重要。

这个"敬"不仅是生活细节，更是人生态度，所以才说是"人道，敬为大"，人道最终以"敬"为大。历史上的古代"圣王"就十分重视"敬"。比如，周武王灭商前，他找来大小头目，对他们说："呜呼，敬之哉！无竞惟人，人允忠。惟事惟敬，小人难保。"③他要求大家一定要做到"敬"。怎么做到"敬"呢？要"无竞惟人"，就是不要与老百姓争利。这里，"人"就是"民"，大家知道，很多的书经过唐朝抄写，为避李世民的名讳，不少的"民"都改成了"人"。这里的"人"应该就是"民"。他要求大家必须爱护老百姓，不能与民争利。

总之，"至诚"就是敬，敬就是"慎终如始"。

### （四）知民：知民之性，达民之情

所谓"知民"，很简单，无非就是了解管理对象。为政者不能粗暴，不能盲动，要清楚管理对象，只有了解管理对象，管理才能成功。孔子说："君子莅民，不可以不知民之性而达诸民之情，既知其性，又习其情，然后民乃从其命矣。"④为政者管理百姓，不可不"知之性"，"达民之情"，既知民性，又达民情，然后才有可能得到民众的支持。

这个道理比较简单，历史上这样的例子很多。在刚发现的一批战国竹简中，就有周文王的临终遗言。文王告诫儿子，举例子说到当年古代的圣王为什么能够做得好。他说到舜，舜长期在民间，"久作小人，亲耕于历丘，恐求中，自稽厥志，不违于庶万

---

① 《孔子家语·大婚解》。
② 《论语·阳货》。
③ 《逸周书·和寤解》。
④ 《孔子家语·入官》。

姓之多欲"①，他长期在民间耕作，长期在基层，便能够了解民生疾苦，所以他能"顺民情"，从而掌握了百姓管理的"中"。

孔子儒家的观点是一贯的。以往人们对孔子有误解，经过"文革"的很多人都知道，那时批判孔子，因为孔子有一句话，叫"民可使由之，不可使知之"②。直到现在很多人依然误读。传统上怎么翻译呢？"老百姓，可以使他们照着我们的道路走去，不可以使他们知道他是为什么。"③ 这是显而易见的"愚民"政策。其实，这句话是标点的错误，应该是"民可使，由之；不可使，知之"，老百姓可使，你就不要过多干预他；不可使，你要了解到底是为什么。所以这不仅不是"愚民"，反而是"重民"。

### （五）爱民：恺悌君子，民之父母

关于"爱民"，顾名思义，就是爱护百姓。那么，怎样才能做好，却不是很简单的问题。

有一天，子夏侍坐于孔子。子夏对《诗经》很有研究，《诗经》里面有一句话："恺悌君子，民之父母。"子夏就问孔子，这句话什么意思？他问："何如斯可谓民之父母？"④恺悌，意思是平易近人，性情随和。是啊，什么叫"民之父母"？我们以往说基层领导是"父母官"，我觉得"父母官"这个概念还是有它的深意的。现在，人们觉得"父母官"有所谓"封建色彩"，据说现在的《现代汉语词典》把这个词都抹去了，不要这个词了。其实，作为一个历史概念，这个"民之父母"还是非常重要的。

孔子在回答子夏的话时，他说道："夫民之父母，必达于礼乐之源，以致五至而行三无，以横于天下。"⑤又说："四方有败，必先知之。此之谓民之父母。"⑥ 如果哪个地方有问题，有灾殃，他第一个先知道，这才是民之父母。孔子还引《诗》说到："凡民有丧，扶伏救之"，老百姓有事，他就不顾一切地施救、帮助，就像父母对待他的子女。爱民就是"王道之始"，要使"天下有道"，就要从管理者开始。试想：在了解老百姓前提下，管理者爱护百姓就像爱护自己的子女一样，效果会如何？

关于"爱民"问题，孔子的论述很多。爱护老百姓当然不是无原则的爱护，前面说到："爱，礼为大。"孔子说："世举则民亲之，政均则民无怨。故君子莅民，不临

---

① 《清华大学藏战国竹简·保训》。
② 《论语·泰伯》。
③ 杨伯峻：《论语译注》，中华书局1980年版。
④ 《孔子家语·论礼》。
⑤ 同上。
⑥ 同上。

以高，不道以远。"① "政均"自然不是说绝对平均，乃是指公平正义。多劳多得就是"均"，就是公平、公正，该表扬的表扬，该批评的批评，也许这是最大的爱。爱民也不是无原则的爱，很多父母爱子女可能是溺爱，效果一定不好，儒家的论述非常完备。

### （六）心态：自汝之仕，何得何亡

最后是为政的心态问题。心态很重要，为政者尤其要注重自己的心态。现在很多人心态失衡，心态不平衡就容易出问题。

孔子的哥哥有个儿子叫孔篾，与自己的弟子宓子贱一起做官。孔子到孔篾那里去，问他说："自从你做官以来，有何得失啊？"孔篾回答说："没得到什么，但在三个方面有所失。公事一件接一件，自己的理想怎么能够实现呢；获得的俸禄太少，连稀饭都不能分给父母兄弟，因此骨肉之亲日益疏远；公务大多急迫重要，不能吊唁死者、探望病人，因此朋友之情渐渐缺失。我说的在三个方面有所失，就是指这些。"

孔子听了很不高兴。他又到宓子贱那里去，问了与孔篾同样的问题。宓子贱回答说："自从做官以来，没失去什么，而在三个方面有所得。以前树立的理想，现在能够在实践中努力实现，自己的方向和追求更加明白清楚；所得到的俸禄，分给父母兄弟，因此骨肉之亲更加亲密；虽然公务缠身，但仍兼顾到吊唁死者、探望病人，因此朋友之情更加深厚。"

孔子感叹地称赞宓子贱说："这人真是个君子啊！鲁国如果没有君子，那么宓子贱又是从哪里学来的这种品德呢？"

实际上，一个人的定位越高，你的亲人、朋友越关注你。很多人升官以后更忙了，别人也许就认为你变得"大"了。其实未必，也许是人们对你的要求变了，是别人的感觉变了。不在其位，不谋其政。你也许真的很忙，但别人或许感觉不到你的忙。但在这时，作为为政者，你如何端正心态就很重要了。

我们比较孔篾和宓子贱。孔子的侄子有一种焦虑情绪、一种悲观。他觉得当了官以后，这辈子就这么过了吗？其实，这样过也未尝不可，但他自己的心态却是这样。宓子贱不这样，他很乐观，很踏实，很平和。他有一种满足感，在自己的工作中，他一定会越来越好。举这个例子，是想说明如何对待自己的现状。实际上，人们平时也往往遇到这样的情况。

孔子周游列国的时候，他们有时十分落魄，有的学生不理解他。孔子说，真正有学问的人不一定遇到非常好的时机，这样的人多了，不光我自己。孔子弟子颜回理解孔子，他说："夫子之道至大，天下莫能容，虽然，夫子推而行之，世不我用，有国者之丑也。夫子何病焉？不容，然后见君子。"② 越容不下的时候，越是考验人的胸怀，

---

① 《孔子家语·入官》。
② 《孔子家语·在厄》。

越能考验人的境界。

  总之,一个人只要埋下理想的种子,耐心去培育它,不断去施肥、浇灌,那么它一定会生根、开花、结果,即使遇到暂时的不顺,没人理解,也不轻易改变自己的志向,仍然坚定自己的修为,做一个对社会有用的人。当晚年回头想起来的时候,一定会感到欣慰,因为自己不愧为对社会有用的人。

# 从儒学正义到法律正义①

西南政法大学教授　俞荣根

中华法系以儒家思想为灵魂。因而,中华法系的正义问题,又可分两个相互衔接的部分来思考:一是儒学的正义学说问题;二是中国古代法的规则正义和制度正义问题。

本文就上述两个部分的思考作一个简要综述,藉以向各位师友请教。

## 一、儒家仁学正义论

笔者在拙著《儒家法思想通论》中说过:

> 礼义、仁或仁义、天道、天理便是儒家法哲学中的理想法,是儒家之法的价值本体,是他们用来判断现实社会的法律和法制的是非善恶的价值标准。……儒家法文化的批判精神确具有"为天地立心,为生民立命"的意义,它包含了良法观念,包含了正义和公道。②

诚然,肯定儒学有自己的正义学说是远远不够的,还得进一步揭示儒学正义论的理论样态。

在儒学范畴中,最接近现代正义的是"义"。儒家学说是一个自洽圆融的思想体系。其中,"仁"是"众德之总",其他的德目,如孝、慈、义、礼、智、信、勇、忠、恕、恭、宽、敏、惠,等等,都不能离开"仁"而存在,都须得到"仁"的改造和重新诠释。儒家以"仁"率"义"、以"仁"释"义"。其正义论是以"仁"为核心的"仁义"正义论。

讨论儒学正义论时,不能不引入儒家仁学的另一个重要范畴——"中庸"或"中道"。"中",包含"中和"、"中正"、"中平"、"中直"、"中节"、"中常"、"时中"、

---

① 拙稿应台湾大学人文社会科学高等研究院召开"中华法系与儒家思想"国际学术研讨会之邀而撰写,本文的繁体中文版已收编在此次研讨会的学术论文集中。此稿在繁体版的基础上作了较大幅度的删改。
② 均见拙著《儒家法思想通论》,广西人民出版社1998年修订版,第687~689页。

"适度"、"适当"、"适时"等涵义。通常所说的"不轻不重"、"不高不低"、"不宽不严"、"无冤无滥"、"不枉不纵"等等,也就是孔夫子主张的"无过无不及",讲的都是要"守中"、"持中"的意思,都是一种"宜"的哲学、"度"的哲学。"中"就是有度、适宜。在儒家仁学体系中,"中"和"义"是相通的,互为表里。"仁义"存于心,"中和"、"中平"、"中节"发于外。"中庸"、"中"是实践正义的原则和方法。尤其在法的领域,有度、适宜,符合"中道",是正当性、正义性的基本要求。这一点,古今中外概莫能外。因此,儒学正义论,作完整全面的表述,则为"仁义—中道"结构的仁学正义学说。

没有正义理想追求的民族是没有生命力的,因而是不会有前途的。《礼记·礼运》的"大同"章云:

"大道之行也,天下为公。选贤与能,讲信修睦。故人不独亲其亲,不独子其子。使老有所终,壮有所用,幼有所长,矜寡孤独废疾者,皆有所养。男有分,女有归。货恶其弃于地也,不必藏于己。力恶其不出于身也,不必为己。是故谋闭而不兴,盗窃乱贼而不作。故外户而不闭。是谓大同。"

这段慷慨激昂的文字引导着中华民族千秋万代的正义追梦!孔夫子传《大同》篇肇其始,孙中山题"天下为公"继其后,邓小平勾画"小康"蓝图而复兴于今。《大同》篇是中华民族的正义篇,是儒家仁学正义论的代表作。

那么,这些关于正义的原则和准则与中华法系的关联性如何呢?

## 二、儒家正义论与中华法系的法律正义

下面,来梳理一下中华法系法律正义的方方面面。

1. 关于政治统治的合法性正义。

在"礼法"体制中,礼典的地位高于刑法典。礼典首先要解决的是一代王朝的正统性、合法性的问题。[①] 所谓统治的合法性,也叫正当性,指人民对政权的认可、信仰和服从。统治者在论证自身合法性的过程中,最重要的就是要在统治者与被统治者之间寻求一个共同的价值基础,从而使得被统治者认为统治权力是正当的,而甘心接受被统治的现实。在古代中国,"礼"就是这样一个存在于统治者与被统治者之间的共

---

① 对此,葛兆光先生有精辟的论述:"古代中国所有的王朝,都曾经借助一系列的仪式与象征,来确立自己的合法性,这叫'奉天承运',在国家典礼的隆重仪式中,拥有权力者以象征的方式与天沟通,向天告白,同时又以象征的方式,接受天的庇佑,通过仪式向治下的民众暗示自己的合法性。"葛兆光:《中国思想史》第二卷,第261页。

同价值基础,"礼"用其特有的诠释方式把国家形态与社会结构概念化、合理化,使所有成员都相信那样的结构形式与内容是天经地义的,是命定不可更改的。中国传统政治统治需要四重合法性:"天命"的神圣合法性;"以德配天"的德性合法性;以祭祀天地、山川、祖宗为主的礼仪程序合法性;以建筑、印玺、钟鼎、服饰、仪仗为载体的器物合法性。这四重合法性都通过礼表达,并由礼典规范。它们既是统治者自证的内容,同时也是被统治者批判、抨击的内容。

礼典的另一个重要功能是确定王朝内部内朝外朝、省部院寺、中央和地方,还有中央王朝和藩邦属国的权利与责任,规范君臣使佐、文武百官、士庶百姓的尊卑秩序。

古人说:"夫礼,天之经也,地之义也。""礼,上下之纪、天地之经纬也。""礼,则天地之体。"①礼和礼典,在古代社会从来是经国安邦的"大经大法",是相当于近现代宪法地位的法上之法。在中国古代两千多年的帝国时代,尽管王朝更迭不断,宫廷政变频仍,但其合法性论证,都得依礼而行。合礼即合法,非礼即非法。

2. 关于科举取士制度的择优选任正义。

美国著名学者顾立雅认为,科举制度是"中国对世界的最大贡献",其影响的重要性要超过物质领域中的四大发明②。古代科举制度自隋大业元年(605)创始至清光绪三十一年(1905)被废除,历经1300年之久。其间产生出700多名状元、近11万名进士、数百万名举人。历史上诸多治国安邦的名臣、名相、有杰出贡献的思想家、文学家、艺术家、科学家、外交家、军事家等大都出自这些状元、进士和举人之中。孙中山称赞其为世界各国中用以拔取真才之最古最好的制度。他设计的"五权宪法"制度的"考试权",就汲取了科举制的优长。

科举一般属于礼部职能,有严格的管理和程序规定,其法规体系至宋朝而趋于完备。两宋涉及科举的编敕就有《天圣礼部考试进士敕》、《至和贡举条制》、《熙宁贡举敕式》、《政和新修御试贡举敕令格式》、《绍兴重修贡举敕令格式》、《考校进士程式》、《亲试进士程式》等。元朝仁宗皇庆二年(1313)颁发《皇庆诏书》,对主考官的条件、规格、人数、试卷要求、弥封制度、誊录制度、回避制度、应举人的资格与健康条件等作出了具体规定。明清时期,科举制度臻于烂熟,科举法规更加丰富而完善。1384年,明太祖命礼部颁布《科举集成》,是中国第一部完整的考试规则,自此有了独立编制的科举法。清朝编撰有六十卷的《钦定科场条例》以及《续增科场条例》和专门的《兵部题准武场条例》,古代科举法走向顶峰。

中国古代科举法律制度不仅有严格的实体正义规则,而且有看得见的程序正义细

---

① 《左传·昭公二十五年》。
② H. G. Creel, The Beginning of Bureaucracy in China: TheOrigin of theHsien. Journal of Asian Studies, Vol. 23 February1964. 转引自刘海峰《科举制——中国的"第五大发明"》,《探索与争鸣》1995年第8期。

则，从而形成公开考试、公平竞争、择优录取的人才选拔制度。在科举时代，科场舞弊并非没有，但那时违法的，只要王朝还不到足够衰朽而致无力执法之时，违犯者终究会受惩治。由是，入仕主要不是靠血缘、靠关系、靠门第而是靠"学问"成为一种共识。

3. 关于法贵"中平"的立法正义。

西周史官史伯有句名言："夫和实生物，同则不继。"法和法律，理所当然是世界万物之一"物"，故"和实生物"，其中也包含着"和实生法"的天才猜测。法律，实在是"中和"的产物，或者说，"中和"是立法原则。史称《唐律》"一准乎礼，得古今之平"。"平"，就是公平，亦叫"中正"、"中平"，指其法律条款疏而不漏、宽严得当，犯罪与刑罚两者相当、轻重适度，既不像秦代的严刑峻法，也不至于"网密于凝脂，而漏吞舟之鱼"。在世界法制史上，唐律被公认为中世纪最好的法典。它在犯罪构成制度、定罪量刑制度、诉讼程序制度、官员回避制度、法官责任制度等方面堪称"允当"和"中平"，在法律篇章结构、法条设置、法律用语、法律解释等方面相当缜密和确切。

有人批判说，唐律有"十恶八议"、"官当"之制，有"亲属相容隐"条款，等等，是一部"封建特权法"，无正义性可言。唐律是中世纪法典，有"十恶八议"、"官当"等特权条款不假。在帝制时代，有这些内容很正常。没有哪个立法者能超越自己的时代。正义是有适宜性的，即上文说到的地宜性和时宜性。① 唐律的正义，是中世纪帝制时代的法律正义，是与其他文明体同时代的法律相比显现出来的立法正义。

4. 关于"德主刑辅"的治国方略所含正义元素。

孔子主张"为国以礼"。若以为"为国以礼"就必定排斥以法治国、以刑治国，至少是一种误解。"为国以礼"包含着两对中国古代法的范畴关系：一是礼与法、德与刑；一是人与法。儒家答案是：礼法并用、德刑相济，但德礼高于法刑；贤人与良法并重，但贤人更重于良法。而贤人就是德礼的人格化。用孔子的话说是："道之以政，齐之以刑，民免而无耻。道之以德，齐之以礼，有耻且格。"② 由此奠定儒家德礼优于政刑，德礼为主、为本、为体，政刑为从、为末、为辅的治国理论原则。汉儒归结为"德主刑辅"。《唐律疏议》以"德礼为政教之本，刑罚为政教之用"两句脍炙人口的法制格言将其作了总结性概括，成为法定治国方略和原则。

若从社会控制、犯罪的预防和矫治的角度来看，德礼为主、法刑为辅带有古人所

---

① 以系统研究"中国正义论"著称的黄玉顺教授认为，"中国正义论有两条基本的正义原则"：一是"正当性原则"，其中包含"公正性"和"公平性"两个准则；二是"适宜性原则"，也包含"地宜性"和"时宜性"两个准则。载黄玉顺：《中国正义论纲要》，《四川大学学报》2009 年第 5 期。

② 《论语·为政》。

谓的"标本兼治、重在治本"的法制辩证法，未尝不是一种古老而朴素的综合性犯罪控制理论和社会治理学说。与一味的严刑峻法、动辄"从重从快"相比，要来得正当、适宜一些，正义一些。

在礼法、德刑关系中还涵摄着一个人与法的关系问题。重德礼、行德教和礼教，自然需要贤人治国。贤人是德礼的人格化而已。不然，"为上不正"焉能"正人"！所谓的"贤人"，就是遵礼守法的典范。儒家重视贤人，不是不要法律和刑罚，而是为的更准确、更有效地实施法律和刑罚，使之尽可能达到公平和正义状态。

现在有一种比较流行的观点，认为"贤人政治就是人治"。其实，法治与贤人政治不相矛盾，更不相对立。法治需要贤人，贤人更能促进和完善法治。法治社会离不开贤人，人治社会就更需要贤人。在人治体制下，如果不贤、不善、不直的人在上位，就更无正义可言。况且，其本身就是一种不正义。中国古代重视建立和完善科举取士制度不失为维护社会正义的一条路子。

5. 关于定罪量刑原则和司法制度中的正义。

罪刑法定无论是作为一种学说还是作为一种法律制度，均成就于西方近代。① 其基本含义是"法无明文规定不为罪，法无明文规定不处罚"。它可分解为以下主要原则：(1) 不溯及既往，亦称禁止事后法；(2) 刑事立法必须清晰明白，刑法规范以成文法而不是以习惯法的形式公布；(3) 禁止类推；(4) 法官应当严格解释，其解释必须符合法律的本义。据此反观中国传统法制，确不存在严格意义的罪刑法定主义。但我国古代立法及司法上亦"重视"罪刑法定，严格规定中下层官吏必须依律断罪。中华法系在儒家仁学正义论和"中道"思想的指导下，罪刑关系处于一种既法定又非法定、既非法定又法定的状态。这种理论是在西晋时期确立起来的。

晋武帝时，廷尉刘颂提出了三个层次司法制度设想：

> 使主者守文，死生以之，不敢错思于成制之外，以差轻重，则法恒全。事无证据，名例不及，大臣论当，以释不滞，则事无阂。至如非常之断，出法赏罚，若汉祖戮楚臣之私己，封赵氏之无功，唯人主专之，非奉职之臣所得拟议。②

第一层次是"主者"，即主司官吏，他们执法断狱必须严守律文；第二层次叫"大臣释滞"，即像刘颂这样的廷尉、三公尚书才有权"议事以制"，运用法理、经义解决疑难案件；第三层次为"人主权断"，即皇帝有生杀予夺的擅断之权。这样就形成了一个

---

① 从学说而言，兴起于对中世纪封建制度下罪刑擅断的批判之中，是 17、18 世纪资产阶级启蒙运动的思想成果之一。从法律制度而言，首定于 1789 年法国《人权宣言》，再创于 1791 年《法国刑法典》，后为越来越多的国家所仿效。
② 《晋书·刑法志》。

法吏实行严格的罪刑法定、"大臣"实行罪刑非法定、"人主"有权罪刑擅断的司法体制。

在这种司法制度下,州县依律断案,有严格的司法责任,定罪量刑是确定的。大案、要案、疑难案件上报后,三法司会审、九卿会审,或朝审、秋审也都有确定的程序。一般情况下,皇帝的最后"擅断"大多是例行公事,任意改变会审结果,或一意孤行地生杀予夺,也是不合礼法的。

6. 关于刑罚制度中的正义。

有论者认为,古代中国冤狱遍地,酷刑泛滥,儒家法思想既然占有主流地位,难逃罪责。事实恰恰相反,儒家历来反对酷刑,主张慎刑、恤刑。

中国古代反酷刑的历史大致可分为三个阶段:

一是反肉刑阶段。时间大致上在隋唐以前。汉文帝废肉刑,但仍保留宫刑和斩右趾。这以后,肉刑时废时兴、时多时少,直到隋《开皇律》、唐《永徽律》的制定,确立了笞、杖、徒、流、死的新五刑制度,肉刑作为一种法律明文规定的正刑、主刑方告终结。

二是反各种残酷的身体刑阶段。时间大致上为清末以前。这一时期,除了继续巩固反肉刑的成果,重点转到减轻和取消残酷的身体刑。历代有识之士主要是在实施笞、杖的刑具、对象、部位、数量上加以限制,并明文规定可以用钱赎,以减轻它的残酷性。

三是以反对各种刑讯逼供和非法定的酷刑为重点的阶段。时间是在清末刑制改革以后。

第三个时期的反酷刑任务至今尚未完成,不是本文讨论的范围。一、二两个时期反酷刑的思想武器主要是儒家的仁学正义学说。

酷刑是一个历史的、时代的范畴。儒家是反酷刑的,儒家反酷刑又是有局限性的。儒家是家族主义法律原则的提倡者,容忍家族内部的酷刑,也不反对为亲人复仇。在惩治犯罪中,往往把毁损犯罪嫌疑人或犯罪人本人及其家庭、家族的荣誉和名誉作为一种附加的惩治手段。因此,中国古代广泛存在着游街、示众等做法,按今天的文明水平和维护人权的要求,也是一种酷刑。

7. 关于"无讼"和"调处息讼"中的正义。

在古代中国,调处息讼有久远的文化和制度传统。儒家的"无讼"思想是一种历史传承,当然也是对调处息讼的一种推动,一种提升和强化。

"调处息讼"的制度可能形成于西周①。汉、唐时期,在乡级基层组织设有"啬夫"②、"乡正"之类小吏,负责调处民事纠纷。宋代,调处制度得到法律的确认。司

---

① 《周礼·地官司徒》有"调人"一职,主要职责是"掌司万民之难,而谐和之"。
② 《汉书·百官公卿表》。

法官吏对于民间诉讼，一般先行采取调处息讼①。元代形成了"调处"和"息讼"的系统法律。在基层乡里设社，社长负责调处民事纠纷，调处结果对双方当事人具有法律约束力②。明代在全国各乡设立"申明亭"，民间纠纷小事由老人主持，在申明亭调处。经调处不能和息的，方得向官府起诉③。清代，调处在民事诉讼中处于被优先考虑的地位。康熙《圣谕十六条》的"和乡党以息争讼"、"明礼让以厚风俗"④，成为清代处理民间纠纷的最高准则。

"调处息讼"制度为民众提供了一种解决纠纷的"非诉讼"途径选择，减少"累讼"对当事人造成的压力，有效协调"熟人社会"的人际关系，缓和社会矛盾，以最小的经济成本和社会成本换得经济活动和社会生活秩序的正常化。在传统中国社会，"调处息讼"无疑是古代司法制度中一种最经济、最快捷地解决纠纷的制度，是当事人不需要告官府、匍匐跪拜、受凌辱呵斥和勒索盘剥而获得适当救济的制度，也是对当事人的人格尊严侵害得比较少一些、轻一些，而使其所享有的伦理和人性温情相对地多一些、浓一些的制度。

上述七个方面只是有关中华法系法律正义性的例证。限于篇幅，诸如古代法制中的检察制度、家产制度、契约制度、县以下自治制度等等都未能涉及，其中的合理正当元素也不当忽视。

## 三、现代法治与中华法系的正义价值

罗尔斯在《正义论》第11节中提出正义的两个原则：第一，每一个人都有平等的权利去拥有可以与别人的类似自由权并存的最广泛的基本自由权。第二，对社会和经济不平等的安排应能使这种不平等不但（1）可以合理地指望符合每一个人的利益；而且（2）与向所有人开放的地位和职务联系在一起。⑤ 他的第一个原则体现西方正义论传统的人人平等和基本自由价值观念；第二个原则包含机会平等与差别原则，即机会和利益的分配应惠及每一个人，而人总是有差别的，因此在分配规则上应该有利于不利者，也就是要向弱势群体倾斜。

---

① 《名公书判清明集》卷之一，《官吏门·申儆·劝谕事件于后》载："遇亲戚骨肉之讼，多是面加开谕，往往幡然而改，各从和会而去。""如卑幼诉分产不平，固当以法断，亦须先谕尊长，自行从公均分。"
② 《至元新格》规定"社长"的职能之一是"诸论诉讼婚姻、家财、田宅、债负，若不系违法事重并听社长以量谕解免使妨废农务，烦扰官司"。
③ 顾炎武《日知录》卷八："命有司择民间高年人公正可任事者理其乡之词讼，若户婚、田宅、斗殴则会里胥决之。事涉重者，始白于官，若不由里老处分径诉县官，此之谓越诉也。"
④ 康熙《圣谕十六条》，载《圣祖实录》康熙九年十月癸巳。
⑤ 参见罗尔斯著，何怀宏等译：《正义论》，中国社会科学出版社1988年第1版，第7~8页。

西方正义论植根于西方的社会和文化的历史与现实之中，不是所有文明的唯一标准，也不是评判儒家仁学正义论和中华法系法律正义之有无多寡的唯一标准。然而，各种文明的特殊性和个性不能否人类文明的普遍性和共性。人类毕竟有着共同的文明追求和公认的良知正义。因此，我们仍然有必要探讨儒家仁学正义论与罗尔斯为代表的西方正义论的在正义价值论上的共性和个性。

儒家所主张的制民恒产、轻徭薄赋、优待鳏寡孤独老弱幼稚者，以及其"有教无类"、"学而优则仕"等思想中体现的仁学正义论，与机会平等与差别原则的正义价值观是相向而立的。中国古代法中，科举制度不问身份地位，以考试方式择优选拔人才的机会平等原则；刑事法中体现儒家"恤刑"精神对老幼笃废疾减免刑罚，社会经济方面的"常平仓"制度、赈灾制度等，在一定程度上体现差别原则。

儒家仁学正义论与西方正义论的主要差别在平等自由问题上。基督教的教义认为人是"上帝的孩子"，在上帝面前都是平等的。这里的"人"是宗教意义上的抽象的个体，是"原子"人，没有父母、子女、兄弟姐妹的差别。人生而平等，生而自由，也是个体与个体间的平等，"原子"人的自由。这一原则成为基督教文明国家和地区一切法律的铁则，违反这一条，统统是不正义的。

儒家依据的是人类自然繁衍的血缘存在。"子生三年，然后免于父母之怀。"这是一个血缘繁衍事实。儒家思想家以此为基础构建伦理规则：父慈子孝、兄义弟恭、夫敬妇顺。再推及社会，老人之所老，幼人之所幼，形成社会道德规范。由于人世间每个人既是父/母，同时也是子/女，还是夫/妻。因此，从每个自然人的角度，在其一生中，权利、义务是相对等的，或者说是均等的。

血缘伦理是古代家长制的秩序规则。家长制的基础是家产制，而只有家产制才适合以家庭为基础的自然状态下的农业经济。在家产制下，家长通常由家父担当，对内负责领导和指挥生产经营，对外代表家庭与政府、与社会打交道。家长在家庭中的权力和权利并不像过去有些教科书写的那样绝对，他更多的是责任，或者说，是与其责任和义务相对等的。家长只是把家产从父辈手中接过来再传承下去的血缘链条中的一个中间传人，除了养家糊口、纳税完赋，还负有保值和增值家产的责任，也就是通常所说的"发家致富"、"光宗耀祖"。如果家产败落，那就是"败家子"了，会遭到家族和社会的唾弃。家产制是得到古代法律认可和保障的。它的法律概念叫做"户"，家长是"户主"，户主吸收了户成员的权利和人格。在古代中国，是户，而不是自然的"原子"人，才是主要的民事主体，还是政府征收赋税和社会管理的行政相对人。户主代表一户人行使权利，承担义务。户是自治的，经营什么，怎么经营，由户自主。户与户之间在法律上也是平等的。儒家仁学正义论和中华法系的法律正义就是这种家庭结构和家产制的产物，并反过来维护和保障它们。

因此，不能说古代中国和中国古代法没有平等，没有自由，没有权利。确切地说，是不表现"原子"式的个人平等、个人自由、个人权利。这便是儒家仁学正义论和中华法系法律正义不同于西方正义论的一个特点。

正义是随着人类文明的进步而进步的。在西方正义论的基本自由、平等和权利原则普世化的时代，中国正义论需要从传统走向现代。古老的传统正义学说已经式微，而一个崭新的融汇中西方传统的"中国创造"的正义理论和法律制度尚未产生。旧的正义堤防毁坏了，新的正义堤防又没有筑起来，结果只能导致非正义的、蔑视正义的，乃至蔑视正义的洪水泛滥。这是社会转型时期的困惑，长此以往，还可能会成为一种危机。后果很严重。

举一个亲属权的法律问题。我们从一个众所周知的"佘祥林案件"[1]说起。佘案背后有个案中案，发生在佘祥林母亲杨五香身上[2]。她为给自己的儿子洗冤而反复上访和申诉，被有关部门认定为"包庇犯罪"、"妨碍司法公正"，关进看守所长达九个月，身心备受折磨，回家后三个月，这位母亲在郁郁中去世，年仅54岁。佘母的悲剧极具典型意义。假如佘案发生在古代中华法系的法制环境中，她不可能被关押，因为有"亲亲相隐"的法律明文，为儿子辨诬，人情所然，天理所使，至大至爱，何罪之有？！

佘母的悲剧在于，现行法律否定了"亲亲相隐"伦理亲情正义，又未确认以人为本的人权正义，因而出现违背基本人性的有悖情理之法。美国大法官霍尔姆斯在投票赞成米兰达无罪之判时说："罪犯逃脱法网与官府的非法行为相比，罪孽要小得多。"我们套用他的话语逻辑：维护亲属特权可能会致罪犯逃脱法网，但这与以法律的名义撕裂人性、践踏亲权相比，罪孽要小得多。

---

[1] 佘祥林，男，1966年3月7日生，京山县雁门口镇何场村九组人，捕前系京山县公安局原马店派出所治安巡逻员。1994年1月2日，佘妻张在玉因患精神病走失失踪，张的家人怀疑张在玉被丈夫杀害。同年4月28日，佘祥林因涉嫌杀人被批捕，后经原荆州地区中级人民法院一审被判处死刑，剥夺政治权利终身。湖北省高级人民法院二审认为事实不清、证据不足发回重审。后因行政区划变更，佘祥林一案移送京山县公安局，经京山县人民法院和荆门市中级人民法院审理。1998年9月22日，佘祥林被判处15年有期徒刑。在佘祥林服刑11年后，即2005年3月28日，佘妻张在玉突然从山东回到京山。4月13日，京山县人民法院经重新开庭审理，宣判佘祥林无罪。

[2] 自佘祥林出事后，佘母杨五香走遍了周围的村落寻找出走的儿媳。因为佘祥林跟她说过"我确实没有杀她"，这个倔强而爱子的农村妇女就开始了为儿子辩污的艰辛之路。她穷困潦倒，身无分文被人接济着四处寻找，1995年元旦前后，杨五香寻访到了离雁门口几十公里远的天门市石河镇姚岭村，发现儿媳的线索。姚岭村副书记倪乐平给她出一个见过张在玉的证明。这份证明后来被媒体称为"良心证明"，如果没有它，也许佘祥林早已做了枪下冤魂。然而，这份证明送到有关部门后，并没有得到令佘家惊喜的结果，对方的回答是"这一套我们见得多了"。反而是杨五香因为反复上访和申诉被抓了起来，抓起来的原因是"包庇犯罪"、"妨碍司法公正"。九个月后，看守所通知佘家带上3000元钱去领人，看守人员把杨五香背了出来。"她变得又聋又瞎，不会走路。"佘祥林的父亲佘树生说。在病痛中捱了三个月后，佘母杨五香去世，死时才54岁。（参见毛立新：《拿什么纪念佘祥林的母亲》[EB/OL]（2006-04-02）[2008-8-20]. http://www.dffy.com）

儒家仁学正义论的另一个局限和困境是制度性的程序正义不足。与英美法系相比，中华法系更加关注实体正义、事实正义。且以辛普森案①为例。辛普森被宣判无罪而释放时，"美国公众接受调查，对是否认为辛普森有罪，回答是 yes；对是否认为辛普森受到了公正的审判，回答也是 yes。"② 显然，在这两个"yes"的回答里，前一个"yes"表明，美国民众认为辛普森在实质上是有罪的。后一个"yes"表明，美国民众对审判过程和结果是认可的，认为其程序是公正的。在美国民众眼里，一个案件只要法院按照正当程序进行审判，不管结果如何都是公正的，可接受的。这是一种典型的程序优先的司法文化。

但是，中国人会接受这样的程序正义观念吗？

我们拿轰动一时的许霆案③来作一分析。对于广州中院一审判决许霆无期徒刑所具有的程序上的正当性，当时的法律界和社会舆论并没有提出质疑④，但却众口一词："量刑太重。"⑤ 有趣的是，一向强调程序正义的律师们也同样认为审判有违公正而不能接受。这就很能说明中国人重视实质正义的心理期待和价值判断。正是许霆案，唤醒了中国人对自己民族数千年传统司法文化和法律正义的记忆。这也许就是许霆案的标本意义。

可以想象得到，如果辛普森案发生在中国，那么，主办法官和受理法院将被抛到十三亿人唾沫掀起的风口浪尖上。

在中国人看来，当程序正义与实质正义矛盾冲突的时候，服从实质正义是天经地义的。在这一点上，从普通百姓到受过专门法律训练的法律人，没有什么不同。原因无他，由于中国的法律人和普通民众生活受着共同的法律文化和法律正义观念的熏陶，即便是拥有丰富的法律知识，也不能改变这种文化基因。

---

① 辛普森案：1994 年 6 月 12 日深夜，美国著名橄榄球运动员辛普森的前妻妮科尔与其男友罗纳德·戈尔德曼被发现死于洛杉矶南邦大街 875 号。从作案动机、作案时间和证据表明辛普森具有重大嫌疑，辛普森遂因涉嫌谋杀前妻及其男友而被检方起诉。辛普森聘请了被人称为"梦幻队"的辩护律师团。经过一年多的被媒体称为"世纪"审判，在控方"铁证如山"的情况下，只因为警方取证时程序上的一些瑕疵和证人的种族歧视嫌疑等问题，涉嫌杀死前妻的辛普森最终被无罪释放。
② 杨新亮：《再论程序正义和实质正义——由刘涌案和辛普森案引发的思考》，《中南民族大学学报》（人文社会科学版）2005 年第 5 期。
③ 许霆案：2006 年 4 月 21 日晚至 22 日凌晨，许霆利用自动取款机的故障，超额刷卡取走了 17 万 5 千元。2007 年 11 月 20 日，广州市中院认定许霆盗窃金融机构罪成立，判处许霆无期徒刑，剥夺政治权利终身，并处没收个人全部财产。许霆一案在互联网上得以广泛传播，其定性和判决引发了社会各界包括众多法学界人士的激烈争论。后广东省高院以"事实不清证据不足"为由裁定发回重审。2008 年 3 月 31 日，广州市中院重审判决，以盗窃罪判处许霆有期徒刑 5 年，并处罚金、追缴违法所得。广东省高级人民法院终审维持了一审判决。
④ "没有人指出有可能影响这一判决的程序错误或非法行为。"见苏力：《法条主义、民意与难办案件》，《中外法学》2009 年第 1 期。
⑤ 这类批评很多，可参见陈瑞华：《许霆案的法治标本意义》，《南方周末》2008 年 1 月 17 日。

我们的体会是：在当代法治语境下，中国传统的儒家仁学正义论和中华法系的法律正义文化仍有值得肯定的正面能量，是实现这种转型的资源；传统的中华法系法律正义在现代转型中，要特别注重建构起与实质正义与程序正义相互匹配的法律正义原则与规则体系。

# "仁者安仁"：孔子仁学新论

闽南师范大学特聘教授　曾振宇

## 一、"仁"的语源学考察

论及"仁"字起源，不可不提清代学者阮元一个颇有影响的论断："'仁'字不见于虞夏商周《书》及《诗》三《颂》、《易》卦爻辞之内，似周初有此言而尚无此字……盖周初但写'人'字，《周官礼》后始造'仁'字也。"① 郭沫若或许受到他的影响，在上世纪40年代的《十批判书》中进而论定"'仁'字是春秋时代的新名词，我们在春秋以前的真正古书里面找不出这个字，在金文和甲骨文里也找不出这个字。"② 随着地下考古材料的不断问世，"仁"究竟起源于何时，已有重新考辨的必要。罗振玉《殷墟书契前编》2卷19页的第1片卜辞中收录一个很像"仁"的字。杨荣国态度非常坚定地认为，"卜辞中有'仁'字。"③ 但也有学者提出质疑，认为此片甲骨残缺不全，"仁"右侧的'二'实际上是卜辞之序数'二'"④。再三观摩罗振玉所收此片甲骨文片，上下虽有残缺，但"仁"字比较完整，字形为左右结构，左边的"人"与右边的"二"各占一半位置，相互呼应。如果"二"只是兆序数，应当刻写于"人"字之下，而非"人"字之右，并且位置应当居中。同一甲骨文片中的数字"一"和"十"，皆是位置居中，正好可作旁证。如果"二"是重文，也应刻写于"人"字右下方，且短而斜。但是，"仁"右侧的"二"笔画平而直，完全不像是重文。从传世文献考证，仁和人、夷，形、音、义皆同，章太炎先生曾经指出："仁，古文作𡰥，与古文夷同，盖古文仁、夷同字也。"⑤ 王献唐先生继而指出，"人和夷是一个字。所谓

---

① 阮元：《论语论仁论》，《揅经室集》上册，中华书局1993年版，第179页。
② 《郭沫若全集》历史编第二卷，人民出版社1982年版，第87页。
③ 杨荣国：《中国古代思想史》，人民出版社1973年版，第89页。
④ 参见刘文英：《"仁"之观念的历史探源》，《天府新论》1990年第6期。[韩]赵骏河：《对中国传统伦理的现代理解》，《国际儒学研究》第2辑，中国社会科学出版社1996年版。孟世凯：《甲骨文中"礼"、"德"、"仁"字的问题》，《齐鲁学刊》1987年第1期。白奚：《"仁"字古文考辨》，《中国哲学史》2000年第3期。刘翔：《中国传统价值观诠释学》，上海三联书店1996年版，第157～159页。
⑤ 王宁主持整理：《章太炎说文解字授课笔记》，中华书局2010年版，第329页。

'仁道'即是'人道','人道'又即是'夷道',因而秦汉以来,有'夷人仁'和'君子国'的记述。"① 庞朴的观点与王献唐类似,他认为从尸从二的古"仁"字,与"尸方"(夷方、人方)文化有关,"古'仁'字从尸实系从夷,而从夷之所以为'仁',当是夷风尚仁,风名从主的缘故。"② 有关"夷风尚仁"、"夷俗仁"的记载,在《论语》、《山海经》、《礼记》、《风俗通》、《世本》、《汉书·地理志》、《说文解字》、郑玄《仪礼》注等文献中多有证验。

《中庸》云:"仁者人也,亲亲为大。"郑玄《注》曰:"人也,读如相人偶之人,以人意相存问之言。"郑玄以"相人偶"释"仁者人也","相人偶"的基本特点就是"以人意相存问"。"相人偶"是夷人文化,《仪礼》存在大量"一耦揖"、"耦揖进坐"、"揖以耦"等礼仪,"耦"有"配"、"合"之意,强调彼此之间见面相揖为礼,互致敬意。"相人偶"礼仪内在文化精神彰显的就是仁爱基础上的"敬",《仪礼·聘礼》云:"公揖,入,每门每曲揖。"郑玄《注》云:"每门辄揖者,以相人偶为敬也。"③ 从字形上分析,"尸方"(夷方、人方)之"尸",与古代夷人祭祀时的跪拜风俗有关,"尸"就是一跪拜之形的象形化④,换言之,"尸"的基本含义便是敬,"敬"凸显的是仁之内在精神。《后汉书·东夷列传》云:"夷者,柢也,言仁而好生,万物柢地而出。"⑤ 从大汶口文化与龙山文化考古发掘可证明,"九夷"远在夏商之前就已存在⑥,从这一意义上考论,"仁"字或许在夏朝就已出现。不仅如此,蕴含伦理道德义项的"仁",也应该在夏朝甚或更早时期就已产生。王国维先生尝言:"故自五帝以来,政治文物所自出之都邑,皆在东方,惟周独崛起西土。"⑦ 王国维所说的"东方",就是《后汉书·东夷列传》所说的"东方曰夷"的"东方"。夏商制度文明不仅多源自东夷,有些核心伦理价值观也出于东夷。

## 二、孔子:仁者"爱人"与"仁者安仁"

在仁学史上,孔子贡献之一在于将"仁"提升为位居诸德之上的上位概念。仁是"全德",孝、义、忠、信、礼、智等具体德目是仁之精神在不同层面、不同领域的彰

---

① 王献唐:《山东古国考·山东古代的姜姓统治集团》,青岛出版社2007年版,第286页。
② 庞朴:《庞朴文集》第二卷,山东大学出版社2005年版,第72页。
③ 郑玄:《仪礼注》,安作璋主编:《齐文化丛书·文献集成》5,齐鲁书社1997年版,第407页。
④ 参见张富祥:《东夷文化通考》第一章,上海古籍出版社2008年版,第1~5页。
⑤ 范晔:《后汉书》卷八十五《东夷列传》,中华书局1965年版,第2807页。
⑥ 考古发掘与传世文献可相互证明,《后汉书·东夷传》云:"夷有九种,曰畎夷、于夷、方夷、黄夷、白夷、赤夷、玄夷、风夷、阳夷。"这九种夷都见于古本《竹书纪年》关于夏朝与东方诸夷关系的记载中,一一得到证明,且多有补充增益。
⑦ 王国维:《殷周制度论》,《观堂集林》上册,中华书局1959年版,第452页。

显与证明。《论语》全书20篇，仅有《为政》、《乡党》、《先进》、《季氏》四篇未言及仁。孔子仁学有三大特点：

### （一）哲学性质上的"爱无差等"

《论语》属语录体著述，"与人相答问辩难"，一般由学生提问，夫子回答。这与古希腊时代的苏格拉底辩论方式有所不同。在苏格拉底那儿，往往是苏格拉底提问，别人回答。孔子的仁学，大多还是"子贡问为仁"性质上的"为仁之方"，而非哲学与逻辑学层面上的"仁是什么"。面对学生们涉及"仁"的提问，孔子作为老师总是具体针对学生不同的学养与性格特点，作出不同的回答，最典型的莫过于《雍也》篇①。在《雍也》篇中，先后有樊迟、宰我和子贡三位弟子"问仁于孔子"，孔子的回答有所不一。在《雍也》篇中孔子对樊迟所作的答复，并非泛泛而论，根据朱熹的考证，当是"此必因樊迟之失而告之"。②樊迟年少好勇，急于求成，所以孔子又以"居处恭，执事敬，与人忠"③劝勉。宰我之问，也是有感而发，刘聘君认为"宰我通道不笃，而忧为仁之陷害，故有此问"。君子"可欺以其方"，不可"罔以非其道"。④ 孔子之答，是对宰我立志行仁道的勉励。至于对子贡的答复，吕公著认为"子贡有志于仁，徒事高远，未知其方。孔子教以于己取之，庶近而可入。是乃为仁之方，虽博施济众，亦由此进"。为仁之方，在于"能近取譬"，脚踏实地，不可好高骛远，空发高论。基于对《雍也》篇的分析，我们不难发现，在大多数语境中，孔子立足于伦理学与工夫论层面讨论"为仁之方"，而非哲学形上学意义上的"仁何以可能？"尽管孔子因材施教，面对同一个问题，回答有所不一。但将孔子仁道内在人文精神抽绎为"爱人"⑤，学界对此率无歧义。在哲学性质上，孔子的"仁爱"是超越宗法关系与社会等级的人类普泛之爱，"泛爱众，而亲仁。"⑥用先秦时代固有范畴来表述，可概括为"爱无差等"。在学术史上，历代有不少哲人对此作过阐发：孟子说"仁者爱人"⑦，"仁"源于先在性的人类"恻隐之心"，仁爱是一种悲天悯人的终极关怀。荀子说"仁，爱也"⑧，"凡生乎天地之间者，有血气之属必有知，有知之属，莫不爱其类"。⑨可谓直指要害，言简意赅。《吕氏春秋·开春论·爱类》云："仁于他物，不仁于人，

---

① 全篇论文所用"四书"版本为朱熹《四书章句集注》，中华书局2011年版。
② 朱熹：《论语集注》卷三《雍也》。
③ 朱熹：《论语集注》卷七《子路》。
④ 朱熹：《孟子集注》卷九《万章上》。
⑤ 朱熹：《论语集注》卷六《颜渊》，"樊迟问仁，子曰：'爱人。'"
⑥ 朱熹：《论语集注》卷一《学而》。
⑦ 朱熹：《孟子集注》卷九《离娄章句下》。
⑧ 《荀子·子道》，诸子集成本，中华书局2006年版，下同。
⑨ 《荀子·礼论》。

不得为仁。不仁于他物，独仁于人，犹若为仁。仁也者，仁乎其类者也。"仁者所爱的范围是普天下之万物，而非仅"仁于"人"类"，或者仅仅"仁于""他物"。董仲舒云："故仁者爱人类也，智者所以除其害也。"① "人类"相对于"物类"而言，仁者应当超越宗法血缘关系，泛爱天下之人，"仁之法在爱人，不在爱我；义之法在正我，不在正人。……人不被其爱，虽厚自爱，不予为仁"。②《淮南子·主术训》云："遍爱群生而不爱人类，不可谓仁。仁者爱其类也，智者不可惑也。"唐朝韩愈在《原道》一文中也说："博爱之谓仁，行而宜之之谓义。"③

从道德形上学高度论证孔子开创的仁学具有普适性、永恒性特质，最终由二程、朱子完成。在二程、朱子思想体系中，"万物皆只是一个天理"④。"宇宙之间，一理而已。"⑤ 二程和朱熹的理本论哲学将人伦道德与哲学本体相"挂搭"，为人伦道德寻觅哲学依据。"人伦者，天理也。"⑥ 人伦道德源于天理，是天理的社会化外现。"仁，理也。人，物也。以仁合在人身言之，乃是人之道也。"⑦ 仁是天理之体现，以仁合人，就是将天理与人道相结合，这正是二程倡导"人伦者，天理也"思想之目的。天地之理彰显"公"之伦理特点，"公道"在人心彰显为仁。"仁之道，要之只消道一公字。"⑧ "公"是仁内含之天理，仁是"公"之具体实现。"仁之道，要之只消道一公字。公只是仁之理，不可将公便唤作仁。公而以人体之，故为仁。只为公，则物我兼照，故仁，所以能恕，所以能爱，恕则仁之施，爱则仁之用也。"⑨ 朱熹对此诠释说："理无迹，不可见，故于气观之。……人与己一，物与己一，公道自流行。"⑩ "心无私淬与天同，物我乾坤一本中。随分而施无不爱，方知仁体盖言公。"⑪ 朱子所言"公"与"公道"，也就是王夫之所言"公欲"："天下之公欲，即理也；人人之独得，即公也。"⑫ 二程、朱熹把天理称之为道心、公心，把人欲称之为人心、私心。公心又被称之为"天心"，天心是共相，而且是一种先在性的人类本质上的道德共相。私心是殊

---

① 董仲舒：《春秋繁露·必仁且智》，曾振宇、傅永聚注：《春秋繁露新注》，商务印书馆2010年版，下同。
② 《春秋繁露·仁义法》。
③ 韩愈：《原道》，《韩愈全集》文集卷一，上海古籍出版社1997年版，第120页。
④ 程颢、程颐：《河南程氏遗书》卷二上，《二程集》，中华书局2004年版，第30页。
⑤ 朱熹：《读大纪》，《朱熹集》卷七十，四川教育出版社1996年版，第3656页。下引此书只标注篇名、书名和页码。
⑥ 《河南程氏外书》卷七，《二程集》，第394页。
⑦ 《河南程氏外书》卷六，《二程集》，第391页。
⑧ 《河南程氏遗书》卷十五，《二程集》，第153页。
⑨ 《河南程氏遗书》卷十五，《二程集》，中华书局1981年版，第153页。
⑩ 黎靖德编：《朱子语类》卷六，中华书局1994年版，第111页。以下引此书，只标注书名、卷数与页码。
⑪ 《朱熹外集》卷一，《朱熹集》，四川教育出版社1996年版，第5733页。
⑫ 《张子正蒙注·中正》，第165页。

相，私心是天理被私欲遮蔽造成的社会道德现象，因此私心又被称之为"利心"。"公"既然源出于天理，落实于人道为"仁"，"公"在伦理学层面上自然具有"善"之品格。因为二程一再强调"天子之理，原其所自，未有不善"。①天理至善，善是绝对命令意义上的善。天理具有"公"且"善"之特点，仁作为天理在人心之落实，自然也先在性具有"公"且"善"之品格。

### （二）社会伦理学与工夫论意义上的"爱有差等"

在哲学性质上，孔子"仁"之核心为"爱人"。但是，在社会伦理学与工夫论层面，孔子主张"立爱自亲始②"。孔子仁学进而凸显出"爱有差等"的根本特征。"立爱自亲始"可从两大向度解读：首先，在实践伦理层面，仁爱之心源自何处？历代儒家对此解释不一，在孔子思想体系中，仁爱之心源自孝，"孝弟也者，其为仁之本与"。③"本"是根、是基，有根才有枝繁叶茂。王弼说："自然亲爱为孝，推爱及物为仁也。"④滋生于自然亲情之上的孝爱，推而广之，就呈现为仁爱；其次，"立爱自亲始"彰显出孔子仁学思想体系内在的逻辑方法论：

其一，由家至国、家国并举，家庭伦理放大为社会政治伦理。其二，推己及人。孔子仁学强调爱人如己，由爱己之心扩展为爱他人之行。"己所不欲，勿施于人。"⑤"己欲立而立人，己欲达而达人。"⑥郭店楚简《六德》也有类似的记载："孝，本也。下修其本，可以断讪。"⑦儒家的逻辑方法论可以高度概括为一个"推"字，从己推及他人，从家推及天下。从这一逻辑思维模式出发，家庭伦理自然放大成为社会伦理，对父母亲的孝爱自然就扩充为对全社会的仁爱之心。"故人不独亲其亲，不独子其子。使老有所终，壮有所用，幼有所长，矜寡孤独废疾者，皆有所养。"⑧老吾老及人之老，幼吾幼及人之幼。孔子仁爱，既顺遂自然亲情，又得以实现人生社会远大理想。儒家仁学自然亲切，切实可行。《中庸》言"仁者人也，亲亲为大"。"亲亲"是爱之源、爱之起始。孟子起而踵之，提出仁爱三种境界："君子之于物也⑨，爱之而弗仁。于民也，仁之而弗亲。亲亲而仁民，仁民而爱物。"⑩第一层境界是"亲亲"，"亲亲，

---

① 《朱子语类》卷八十三，第 2159 页。
② 《礼记·祭义》，孙希旦：《礼记集解》，中华书局 1989 年版，第 1215 页。
③ 《论语·学而》。
④ 王弼：《论语释疑》，楼宇烈校释：《王弼集校释》，中华书局 1980 年版，第 621 页。
⑤ 《论语·颜渊》。
⑥ 《论语·雍也》，张岱年先生甚至认为，这 12 个字就是对"仁"范畴的界定。
⑦ 刘钊：《郭店楚简校释》，福建人民出版社 2005 年版，第 119 页。
⑧ 《礼记·礼运》，孙希旦：《礼记集解》，中华书局 1989 年版，第 582 页。
⑨ 物：朱熹《集注》："谓禽兽草木。"
⑩ 《孟子·尽心章句上》。

仁也。敬长，义也。"① "亲亲"是人之所以为人的起始，是仁之源头活水；第二层境界是"仁民"，焦循《正义》对"亲"与"仁"有所甄别："《说文·人部》云：'仁，亲也。'亲即是仁，而仁不尽于亲。仁之在族类者为亲，其普施于民者，通谓之仁而已。仁之言人也，称仁以别于物；亲之言亲也，称亲以别于疏。"② 相对于"亲"而言，"仁"的适用范围更广。以"亲亲"之爱推广至天下大众，四海一心，天下一家；第三层境界是"爱物"，以生发于自然亲情基础上的爱心，向外辐射推广，能到达的空间极限便是"爱物"，"爱物"即张载哲学意义上的"物与"。万物一齐，天人同一。程颐对此曾有一个详细的论证："人之初生，受天地之中，禀五行之秀，方其禀受之初，仁固已存乎其中。及其既生也，幼而无不知爱其亲，长而无不知敬其兄，而仁之用于是见乎外。……能亲亲，岂不仁民？能仁民，岂不爱物？若以爱物之心推而亲亲，却是墨子也。"③ "爱物"与"物与"是一种天地境界，这一境界是对天地人关系之洞察与觉解，也是对人在宇宙中责任与使命的觉悟。因此，天地境界就是圣人境界，所谓圣人境界，意味着这一境界是哲学的而非宗教的。天地境界最重要的不在于提供高深的知识，而在于提升人之生命境界。正如冯友兰先生所言："一个人可能了解到超乎社会整体之上，还有一个更大的整体，即宇宙。他不仅是社会的一员，同时还是宇宙的一员。他是社会组织的公民，同时还是孟子所说的'天民'。有这种觉解，他就为宇宙的利益而做各种事。他了解他所做的事的意义，自觉他正在做他所做的事。这种觉解为他构成了最高的人生境界，就是我所说的天地境界。"④

### （三）"仁"自然亲切，不含功利性

孔子云："仁者安仁，知者利仁。"⑤ 孔子把"仁"分为"安仁"与"利仁"两类，《礼记·表记》进而将"仁"细分为三类："仁有三，与仁同功而异情。与仁同功，其仁未可知也，与仁同过，然后其仁可知也。仁者安仁，知者利仁，畏罪者强仁。"⑥ "安仁"也可理解为"乐仁"，《大戴礼记·曾子立事》有"仁者乐道，智者利道"的记载，正好可作佐证。"仁者安仁"，发前人之未发，儒家仁学开始臻于一前所未有的道德形上学高度。孔子开始从人性论层面思考"仁"之缘起，换言之，仁存在的正当性与普遍性何在？孔子以"仁"为"安"、为"乐"，实质上是说明仁出自人之本性，仁内在于生命本然，仁不是外在的强制性行为准则。仁是目的本身，而非手段。仁实质上已含有自由意志色彩。可惜孔子只是高屋建瓴地提出"仁者安仁"，并未全

---

① 《孟子·尽心章句上》。
② 焦循：《孟子正义》卷十三《尽心章句上》，中华书局 2006 年版。
③ 《河南程氏遗书》卷二十三，《二程集》，第 310 页。
④ 冯友兰：《中国哲学简史》第二十八章，北京大学出版社 1985 年版，第 377 页。
⑤ 《论语·里仁》。
⑥ 孙希旦：《礼记集解》卷五十一《表记》，中华书局 1989 年版，第 1301 页。

面且深入证明仁者何以"安仁"。但问题的首次提出,其哲学形上学意义同样重要。我们从后世儒家对"仁者安仁"的不断诠释中,也可窥测孔子思想的内在精髓。《史记·滑稽列传》裴骃《集解》云:"安仁者,性善者也;利仁者,力行者也;强仁者,不得已者也。"① 反求诸己,体悟自性先验性存有仁心仁德,人性天生有善,无需外假,人生之幸福莫过于此。也正是在这一意义上,君子可以"安仁"、"乐道"。徐复观先生将孔子人性学说高度概括为"人性仁",也正是基于这一材料有感而发。既然"仁者安仁",而非"利仁",仁就不是手段,而是目的本身。仁是自由意志,自作主宰。君子行仁,是内在仁心仁德之彰显,不做作,不虚饰,自然纯粹,天然混一。犹如鱼不离水,瓜不离秧。"安仁者不知有仁,如带之忘腰,履之忘足。利仁者是见仁为一物,就之则利,去之则害。"② 朱熹的这一训释,通俗易懂,切近要害③。"上者率其性也,次者利而为之。"④ 卢文弨所说的"率其性",也就是孟子仁学思想体系中的"由仁义行"。与此相对,"利仁"之仁,是外在于人心的价值规范,"利仁"是孟子思想中的"行仁义",是朱熹所说的"硬去做"。⑤ "是真个见得这仁爱这一个物事好了,犹甘于刍豢而不甘于粗粝。"⑥ "利仁"既然是"以仁为利而行之"⑦,行仁是手段,而非目的,因此智者之仁含有极强的以人为中心的社会功利性。"至若欲有名而为之之类,皆是以为利也。"⑧

## 三、结语

孔子仁学有三大贡献:其一,把仁提升为位居诸具体德目之上的上位概念,仁是"全德";其二,仁者"爱人"观念,涵盖了人类道德生活的全部范围,为全人类道德生活提供了普适性原则。德国著名宗教学家孔汉思(Hans Küng)在论及儒家的普世性价值时尝言:"在当今世界宗教相互对话的语境下,把儒家的仁作为人类共同伦理的基础,难道没有考虑的价值吗?"⑨ 其三,"仁者安仁",实属空谷足音,发前人之未发,儒家仁学开始进入到了一个前所未有的道德形上学畛域。因为"仁者安仁"开始触及

---

① 司马迁:《史记》卷一百二十六《滑稽列传》,中华书局1959年版,第3214页。
② 黎靖德编:《朱子语类》卷二十六,中华书局1994年版。
③ 朱熹这一表述或受庄子影响,《庄子·达生篇》云:"忘足,履之适也;忘腰,带之适也;忘是非,心之适也。"
④ 王聘珍著,卢文弨注:《大戴礼记解诂·曾子立事》,中华书局1983年版,第77页。
⑤ 黎靖德编:《朱子语类》卷二十六,中华书局1994年版。
⑥ 同上。
⑦ 程颢、程颐:《二程集·河南程氏外书》卷六,中华书局2004年版,第381页。
⑧ 同上。
⑨ 孔汉思、秦家懿(Küng, Hans; Ching, Julia):Christentum und Weltreligionen: Chinesische Religionen. Auflage, München, Zürich: Piper, 2000年,第140页。

到了这样一个重大理论问题：仁何以可能？人何以要奉行仁为最高行为原则？换言之，仁存在的正当性何在？孔子虽然对"仁者安仁"并未作详细而深入论证，但问题的第一次提出比对该问题的证明同样具有哲学价值。在孔子之后，孟子"即心言性"，从心性论高度证明仁为人心的本质属性和人性固有基本义项，不仅初步解决了仁的来源和正当性问题，而且把孔子的仁学推进到了道德形而上的新高度。朱熹对此评论说："孟子发明四端，乃孔子所未发。人只道孟子有辟杨、墨之功，殊不知他就仁心上发明大功如此。看来此说那时若行，杨、墨亦不攻而自退。辟杨、墨，是捍边境之功；发明四端，是安社稷之功。"① 朱熹之论，确乎不谬！在哲学史上，从道德形上学高度论证孔子仁学何以可能，这一伟大的"文化工程"最终由二程、朱子完成。"人伦者，天理也。"二程和朱熹以"天理"论仁，天理至善，所以仁善。仁是天理之本质属性，以仁合人，就是天理在人道之彰显与澄明。经过二程和朱子的创造性诠释，儒家仁学广度和深度上都获得了重大的提升，理论形态趋向成熟与完备。

---

① 黎靖德编：《朱子语类》卷五十三，中华书局1994年版，第1290页。

# 简论《困学纪闻》中王应麟的儒家教育思想

宁波大学人文学院讲师　张骁飞

宋末著名学者王应麟，幼承父训而立志为"通儒"，入仕后坚持治学，博综兼取，得朱熹、陆九渊、吕祖谦等大儒之传，晚遇宋元之变，衡门著书，课子授徒而终。当其暮年，有感朱陆末流"简便日趋，偷薄固陋"之弊，以毕生学养著《困学纪闻》，培育出胡三省、史蒙卿、戴表元、袁桷等著名弟子，"东南学者以为宋三百年文献所存，莫不翕然宗之"。①当是出于对他们学术成就及对当时学术与浙东文化影响的肯定，清人全祖望在补《宋元学案》时，将王应麟及诸高弟别置为"深宁学派"，王应麟一生治学、教学、劝学，积下了丰富的教育经验，相关言论虽未有专辑论述，但于生平著作中则随处可见，尤以《困学纪闻》中为多。梳理王应麟的教育活动与教育思想，对我们深层次地了解传统教育，合理地为今所用，当不无启益。

王应麟自治学伊始就有着强烈的经世致用思想，这种思想驱动着他刻苦向学，立志以"通儒"自显，驱动着他立身庙堂后希望以教育来化正风俗、提振国势，驱动着他在失国之后培养"君子儒"、"化海濒为洙泗"。其《德润斋记》中"世故缊纷，人以我为子綦之槁木，吾方浩浩乎无闷；末俗混浊，人以我为壶丘之波流，吾独皦皦乎自洁。道腴可味，不以脂膏自润；仁宅可居，不以富贵为润。得时则泽润生民，卷怀则玉在山而木润，孰非是德之流行夫"之语，实为夫子自道。②在仕途显达时，王应麟能着意整理文献，形如槁木而心实泰然；在文教不兴时，他又能专事著述育徒，不随波流而沉默自守，经过家国陵谷的变迁，他经世致用的思想并没有变，只是由经邦济世的政治抱负升华为了传承文脉的文化抱负。

因而，经世致用是王应麟的教育宗旨。他说"召平、董公、四皓、鲁两生之流，士不以秦而贱也。伏生、浮丘伯之徒，经不以秦而亡也。万石君之家，俗不以秦而坏也。《剥》之终曰'硕果不食'，阳非阴之所能剥"③，鼓励士子自觉负起文化传承的责任。他说《诗·雨无正》中"周宗既灭，靡所止戾"一语"哀痛深矣，犹以敬畏相戒"，提醒士子"中夏虽亡，而义理未尝亡，世道虽坏，而本心未尝坏"，勉励他们

---

① 详见袁桷：《清容居士集》卷二一《王先生〈困学纪闻〉序》；黄溍：《文献集》卷八《前承务郎墓志铭》。
② 王应麟：《四明文献集（外二种）》，中华书局2010年版，第40页。
③ 王应麟：《困学纪闻》，上海古籍出版社2008年版，第17页。

"修身以俟命"①。他告诉士子"有常心曰士，无常心曰民"、"困而不学则下民尔，待文王而兴则凡民尔"，号召士子专心向学。② 通过教育来移风乡里，是王应麟着意于治学教学的精神之源。

在经世致用思想指导下，王应麟从事教育活动的目标在不同条件下也有不同的变化。南宋宝祐年间，他呼唤学子成为"进而经纶天下之大经，退而居贤德善俗"的"通儒"；咸淳、德祐年间，他提醒学子"学为君子"、"学者当辨其志"；而在去世前所作《重修鄞县学记》中，他勉励学子"学所以学为人，学为君子，学为忠与孝也。服膺三言，是训是行，化海濒为洙泗，以一邑为天下式，将自吾鄞始"③。王应麟晚年的教育目标，对个体而言，是培养自觉学习和传承文化的"君子儒"，对社会而言，是造就文献彬彬的"洙泗之乡"。

教育关乎风俗，风俗关乎世道，是王应麟教育思想的逻辑起点。考察了周代以来历朝之兴衰，王应麟说："教行而俗美，然后托以安危存亡之寄，而国有兴立矣。"④ 儒家素来重视风俗，经历了家国之痛，他对风俗与国家的关系有更深刻的体认。在谈论《尚书》的精义时，王应麟指出"《毕命》一篇，以风俗为本"，又列举"殷民既化，其效见于东迁之后。盟向之民，不肯归郑；阳樊之民，不肯从晋。及其末也，周民东亡而不肯事秦，王化之入人深矣"四处史实，说明风俗在维系人心上的作用，然后引唐代贾至《议杨绾条奏贡举疏》，高度赞赏其"国之存亡在风俗"为"知本之言"⑤。谈论《诗经》时，王应麟借《葛生》、《驷驖》、《小戎》三篇，讲晋献公、秦襄公虽能使尧、周好善之民变为"北方之强"、"山西之勇猛"，但商、周之遗风旧俗犹存，而"晋之分为三，秦之二世而亡"，此皆"风俗使之然"，深叹"风俗，世道之元气也"。⑥ 王应麟深知好的风俗难成而易败，他说："周之兴也，商民后革，百年化之而不足；周之衰也，卫风先变，一日移之而有余。"⑦ 他认为，转化风俗的关键在于教育，于是在谈论《春秋》"或名以劝善，或名以惩恶"的笔法时，他列举东汉度辽将军皇甫规"耻不得豫党锢，慕其流芳"、北宋刻工常安民"不肯附名党碑，惧其播恶"二事，感叹"名教立而荣辱公，其转移风俗之机乎！"⑧

由此出发，王应麟形成了诸事以教育为先、教育以德育为先、知识教育以博通为先、官学与家学并重等教育原则。

---

① 《困学纪闻》，第 365 页。
② 《困学纪闻》，第 2144 页。
③ 《四明文献集（外二种）》，第 253 页。
④ 《困学纪闻》，第 238 页。
⑤ 《困学纪闻》，第 254 页。
⑥ 《困学纪闻》，第 457 页。
⑦ 《困学纪闻》，第 255 页。
⑧ 《困学纪闻》，第 743 页。

诸事以教育为先。先教化而后政刑，是儒家的传统教育思想，也为王应麟所始终坚持。在《困学纪闻》中，他说春秋诸侯"急攻战而缓教化"，"唯鲁僖公能修泮宫，卫文公敬教劝学"，鲁国遂由海邦"一变而至道"，郑国的子产仅能不毁乡校，《郑风·子衿》遂有"城阙之刺"。① 他认为"去民愈近，施教愈密"，越是乡里越应当以教育为先。

教育以德育为先。儒家传统教育思想一贯重视道德教育，"教以人伦"、"教以仁义"的观点在王应麟处都得到认真贯彻。他说："惟圣贤是式，惟德性是尊。少而洒扫庭对，大而格物致知"②，他说："圣贤言忠，不颛于事君，为人谋必忠，于朋友必忠告，事亲必忠养。以善教人，以利及民，无适非忠也"③，他引王遂之语要求"学者学乎孝，教者教乎孝"④，《通鉴答问》之"田单复齐"条中他还说："尊名节，崇礼教，重伦纪，厚风俗，立国之根本也。"王应麟发扬了陆九渊"学先辨志"的观点，说："《学记》以'发虑宪'为第一义，谓所发之志虑合于法式也。'一年视离经辨志'，一年者，学之始；辨云者，分别其心所趋向也。虑之所发必谨，志之所趋必辨；为善不为利，为己不为人；为君子儒，不为小人儒：此学之本也。能辨志，然后能继志，故曰'士先志'。"⑤ 他要求学子在治学之前先明了自己是要追求"善"还是"利"，要做为己之学还是为人之学，想成为君子儒还是小人儒。王应麟不但把道德教育放在了治学内容的首位，还把它放在了治学之先。

王应麟注重教育的道德功能，极其反对以利啖学。在《困学纪闻》中，他全引邓肃《沙县重修县学记》中"崇宁以来，蔡京群天下学者，纳之簧舍，校其文艺，等为三品。饮食之给，因而有差。旌别人才，止付鱼肉铢两间。学者不以为羞，且逐逐然贪之。部使者以学宫成坏为州县殿最。学校之兴，虽自崇宁，而学校之废，政由崇宁。盖设教之意，专以利禄为轻重，则率教之士，岂复顾义哉"语，仅在其后小注曰："崇宁学校之事，概见于此。昔之所谓率教者犹若此，今之所谓率教者又可见矣。"⑥ 用意昭然若揭。

以德育为教育之先，又不像前代理学教育家那样试图用德育涵盖教育的全部内容，是王应麟与当时多数四明学者的区别。在四明，朱子之学于南宋末年渐渐取代盛行已久的陆学，至元代更盛，然多数学者"涉猎朱子如干卷书，自谓得其真传，且讥议淳熙诸老。不知诸老与朱子同时，言论虽不尽合，而博闻实践为朱子推许。今人耳目所

---

① 《困学纪闻》，第 450 页。
② 《四明文献集（外二种）》，第 25 页。
③ 《困学纪闻》，第 798 页。
④ 《困学纪闻》，第 980 页。
⑤ 《困学纪闻》，第 638 页。
⑥ 《困学纪闻》，第 1749 页。

不及,乃借口性理,以自文其寡陋,高谈阔视,渐成虚诞之风"。① 王应麟著《困学纪闻》即为箴此"但慕高远,不览古今,务为高论,不在书策"②之膏肓,对此,袁桷记曰:"礼部尚书王先生出,知濂洛之学,淑于吾徒之功至溥。然简便日趋,偷薄固陋,瞠目拱手,面墙背芒,滔滔相承,恬不以为耻;于是为《困学纪闻》二十卷,具训以警。"③

知识教育以求博求通为先,由博而约,亦为王应麟的教育原则之一。王应麟在少年时期即以"通儒"自期许,治学兼取众家之长,于天文、地理、史学、目录学、辑佚学等无不造诣精深,以学问淹博著称于生前身后。其对学子亦作这般要求,"君子所以贵乎多识也"、"学者耻一物之不知"、"博之以《五经》而约之以《孝经》、《论语》;博之以太史公、欧阳公史记而约之以《资治通鉴》"。④ 他又说:"'四教'以文为先,自博而约;'四科'以文为后,自本而末。"⑤

王应麟既重官学,又重家学。对官学,《困学纪闻》中多有对其办学主体、场所的介绍,如"庠为乡学,有堂有室。序为州学,有堂无室。有室则四分其室,去一以为室,故浅。无室则全得其四分以为堂,故深"⑥,如"天子、诸侯有君师之职,公卿有师保之义,里居有父师、少师之教"。⑦ 对家学的重要性,他说:"君陈,盖周公之子,伯禽弟。见《坊记》注,他无所考。《传》有凡、将、邢、茅、胙、祭,岂君陈其一人欤?凡伯、祭公谋父皆周公之裔,世有人焉,家学之传远矣。"⑧ 回顾一生求学之旅时,王应麟唯一承认的老师是父亲王撝⑨,而应麟子昌世、孙厚孙、宁孙均能守王氏家学而不失,虽然他们义不仕元在某种程度上影响了深宁学派的传播,但由此可见他们对家学的看重。

王应麟于治学颇多心得,《困学纪闻》中多见深启后人的精妙之语,围绕辨志、立志、逊志三个教育次序,其分别都有具体的方法指导。

治学先须辨志。王应麟说:"学者欲学为圣贤,当自辨志始。辨志莫先于义利之趋舍,喻义为君子,喻利为小人,为善则为舜之徒,为利则为跖之徒,人之为人,以有仁义也,否则人化物矣。学者欲为人乎?欲为物乎?"⑩ 在《困学纪闻》中,他说"辨云者,分别其心所趋向也。虑之所发必谨,志之所趋必辨;为善不为利,为己不为人;

---

① 郑真:《荥阳外史集》卷四七《遂初老人传》,影印文渊阁四库全书本。
② 《四明文献集(外二种)》,第47页。
③ 袁桷著,杨亮校注:《袁桷集校注》,中华书局2012年版,第1097页。
④ 《困学纪闻》,第1033、2173页。
⑤ 《困学纪闻》,第936页。
⑥ 《困学纪闻》,第594页。
⑦ 《困学纪闻》,第639页。
⑧ 《困学纪闻》,第247页。
⑨ 《四明文献集(外二种)》,第635页。
⑩ 王应麟:《通鉴答问》卷一"孟轲至梁见惠王条",影印文渊阁四库全书。

为君子儒，不为小人儒；此学之本"，告诉学子在"利与善之间，君子必审择而明辨"，提醒学子"仁义之心存与不存而人禽别"。① 在治学之前，他要求学子先确定追求的目标，是"善"与"义"还是"利"，要为己还是为人，是成君子还是做小人。不仅如此，王应麟还认为，好的老师不但要让门生辨志，还要使门生能够传承自己的志向。他说"学所以治己，教所以治人。不勤学无以为智，不勤教无以为仁"，"善教者，使人继其志。弟子累其师，李斯、韩非之于荀卿也。弟子贤于师，卢植、郑玄之于马融也。"② 从深宁门人的处世治学来看，他成功地做到了这一点。

辨志后要立志。王应麟引三国时魏人蒋济《万机论》"学如牛毛，成如麟角"语告诉学子求学之难，又引晋人虞溥《厉学》"学者不患才不及，而患志不立"语，说此乃"天下名言，学者宜书以自儆"，对学子加以鼓励。③

立志后贵在坚持。王应麟说："君子无斯须不学也，黄霸之受《尚书》，赵岐之注《孟子》，皆在患难颠沛中，况优游暇豫之时乎？《易》曰：'困而不失其所，亨。'"④ 他又说："苏魏公《书帙铭》曰：'非学何立？非书何语？终以不倦，圣贤可及。'蒲传正《戒子弟》曰：'寒可无衣，饥可无食，至于书，不可一日失。'"⑤ 鼓励学子无论身处何种境遇，都要坚持学习，只要如此必有所成。

王应麟还提供了许多治学的法门。如介绍如何收心，他说："陈烈读'求其放心'而悟曰：'我心不曾收，如何记书？'遂闭门静坐，不读书百有余日，以收放心，然后读书，遂一览无遗。"并在此条下注曰："古人之读书如此。"⑥ 他让学子攻书先易后难，引《列子·汤问》"良弓之子，必先为箕；良冶之子，必先为裘"一句古诗，及晋人张湛对"学者必先攻其所易，然后能成其所"的注释予以开导。⑦尽管王应麟出身词科，长于记诵，但他以《史记·封禅书》言管仲只记得泰山封禅七十二家中的十二个、《孟子·万章下》言孟子只记得孟献子五友中的两人为例，告诉学子"记诵之学，勿强其所不知"⑧。王应麟提醒学子学习要把握要点，不必求全。他说颜回问学，只问"为仁"、"为邦"，已"成己成物，体用本末备矣"，又引刘盛读书只读《孝经》、《论语》，苏绰告诫儿子读书只须读《孝经》事，说："学不知要，犹不学也。"⑨ 王应麟又说："善读书者，或曰'此法当失'，或曰'一卷足矣，奚以多为'，或不求甚解，或

---

① 《困学纪闻》，第 638、1018、2144 页。
② 《困学纪闻》，第 1084、667 页。
③ 《困学纪闻》，第 1084、1516 页。
④ 《困学纪闻》，第 61 页。
⑤ 《困学纪闻》，第 2112 页。
⑥ 《困学纪闻》，第 1026 页。
⑦ 《困学纪闻》，第 639 页。
⑧ 《困学纪闻》，第 2139 页。
⑨ 《困学纪闻》，第 972、981 页。

务知大义。不善读者,萧绎以万卷自累,崔儦以五千卷自矜,房法乘之不治事,卢殷之资为诗。"① 所论皆读书知要事。关于日常读书,王应麟引邵雍"二十岁之后,三十岁之前,朝经暮史,昼子夜集"之说,言"学者当以此为法",又引王微之"读书每得一义,如得一真珠船"语来作以激励。②

治学,要先立下宏大志向才能有所成,但虚心谨慎的学习态度也必须具备。王应麟说:"学,立志而后成,逊志而后得。立志刚也,逊志柔也。"③ 立志,要求有远大志向,是阳刚;逊志,要求有良好态度,是怀柔,只有刚柔相济才能成就学问。对汉学与宋学之别,《困学纪闻》中有一段经典论述被广为引用,此中针对宋代盛起的疑经之风,王应麟说:"元丰间,陆农师在经筵始进讲义。自时厥后,上而经筵,下而学校,皆为支离曼衍之词。说者徒以资口耳,听者不复相问难,道愈散而习愈薄矣",并引陆游"唐及国初,学者不敢议孔安国、郑康成,况圣人乎!自庆历后,诸儒发明经旨,非前人所及,然排《系辞》、毁《周礼》,疑《孟子》,讥《书》之《胤征》、《顾命》,黜《诗》之《序》。不难于议经,况传注乎"一语,认为"斯言可以箴谈经者之膏肓"。④他又说:"《无逸》多言'不敢',《孝经》亦多言'不敢'。尧、舜之兢业,曾子之战兢,皆所以存此心也。"⑤ 提醒学子治学应当谨慎,切忌空谈。

王应麟要求学子要认真切己省察,他说:"吕成公读《论语》'躬自厚而薄责于人',遂终身无暴怒。絜斋见象山读《康诰》有感悟,反己切责,若无所容。前辈切己省察如此。"⑥ 省察是为了立身精纯,王庆麟引汤汉《自儆》语云:"《春秋》责备贤者,造物计较好人。一点莫留余滓,十分成就全身。"此老晚节,庶几践斯言也。⑦

在元代,王应麟所处的环境是非常艰难的,因之他对处困之道颇有心得,亦不吝相授。他说王辅嗣对《易·颐》初九一爻的注释"安身莫若不竞,修己莫若自保。守道则福至,求禄则辱来"极妙,"至哉斯言,可书诸绅。"⑧ 他告诉学子面对困境,当持"不妄出入,不妄言语,不妄忧虑"之三戒⑨;要能够处穷,"'若将终身焉',穷不失仪;'若固有之',达不离道。能处穷,斯能处达⑩;要做到问心无愧,"不求人知而求天知,处困之道也。"⑪ 他所说"中夏虽亡,而义理未尝亡;世道虽坏,而本心未

---

① 《困学纪闻》,第 2161 页。
② 《困学纪闻》,第 2173、1085 页。
③ 《困学纪闻》,第 2173、1085 页。
④ 《困学纪闻》,第 1095 页。
⑤ 《困学纪闻》,第 244 页。
⑥ 《困学纪闻》,第 956 页。
⑦ 《困学纪闻》,第 2001 页。
⑧ 《困学纪闻》,第 71 页。
⑨ 《困学纪闻》,第 2104 页。
⑩ 《困学纪闻》,第 1018 页。
⑪ 《困学纪闻》,第 132 页。

尝坏，君子修身以俟命而已"，可谓一个总结。①

治学中，王应麟认为，学生对于老师要谨守长幼之礼序，他很注重日常礼仪规范的养成。他说："古者重长幼之序。齿幼位卑而名韦、杨二君，李翱所以戒朱载言也。后生不称前辈字，刘元城所以称马永卿也。"② 面对真理，他则提出议论不必苟同于师。他说："欧阳公以《河图》、《洛书》为怪妄。东坡云：'著于《易》，见于《论语》，不可诬也。'南丰云：'以非所习见，则果于以为不然，是以天地万物之变为可尽于耳目之所及，亦可谓过矣。'苏、曾皆欧阳公门人，而议论不苟同如此。"③ 对于师生，他要求都须坚持操守，不可附合流俗，他说："伯宗好直言而不容于晋，国武子好尽言而不容于齐，小人众而君子独也。汉士习于诡谀，而以汲长孺为戆，朱游为狂。晋士习于旷达，而以卞望之为鄙。君子之所守，不以习俗移也。"④

最后，王应麟要求治学要知行合一，学思结合。他说："人而不学，命之曰视皮。学而不行，命之曰辎囊。"⑤ 又说："群居终日，言不及义，而险薄之习成焉；饱食终日，无所用心，而非僻之心生焉。故曰：'民劳则思，思则善心生。'瘝寐无为，《泽陂》之诗所以刺也。"⑥

宋代是中国教育史上名家荟萃、流派纷呈的时代。王应麟求学成长的四明地区，正是朱熹、陆九渊、吕祖谦三家思想交汇碰撞之处，他的治学博综兼取，源自三家，他的教育思想，亦形成于以朱、陆、吕为代表的诸大家之后。宋元之变的巨大冲击，使王应麟自觉将庙堂所论的"教育——风俗——世道"的教育观念实实在在地转化为了移风乡里的教育实践，教育目标也转为培养居德善俗之材、化海滨为洙泗之乡、为故国存文脉。王应麟的教育观，不出传统儒家"好学"、"问道"、"圣人可学"、"为己之学"、"成人之道"等基本理念⑦，面对宋末"尊德性"与"道问学"并重的儒家传统原则渐渐深化为朱陆异同的一大焦点，两家学派末流弊端丛生的局面，王应麟对先贤"持身"与"义理"之道皆作以阐明，对此进行了有力的纠正。

《大戴礼记·文王官人篇》说"其少不讽诵，其壮不论议，其老不教诲，亦可谓无业之人矣"，王应麟认为"此言可以儆学者"。⑧ 他的教育方式，从童蒙时即注重知识的普及，提倡"蒙以养正"⑨，寓教于乐，对青少年则以辨志立志为先，以主题编目

---

① 《困学纪闻》，第 365 页。
② 《困学纪闻》，第 2144 页。
③ 《困学纪闻》，第 116 页。
④ 《困学纪闻》，第 867 页。
⑤ 《困学纪闻》，第 1255 页。
⑥ 《困学纪闻》，第 2172 页。
⑦ 陈来：《论儒家教育思想的基本理念》，《北京大学学报》（哲社版）2005 年第 9 期。
⑧ 《困学纪闻》，第 689 页。
⑨ 《困学纪闻》，第 628 页。

的方式，把握要点，渐次扩大知识面，求博求通，至有所成后则务求精深，以期传承。"深宁学派"的形成，是他自成一家的证明。

王应麟的教育思想体系也有其自身的缺陷。《困学纪闻》中曾单引吕祖谦"争校是非，不如敛藏持养"一言，全祖望对此注曰："此名言也。深宁其有感于晦翁、同甫、黄中（林黄中）、子静之事乎？"① 朱熹与林黄中、陆九渊、陈同甫等的辨论，王应麟是非常清楚的，因此他很认同治学不必争是非、当敛藏持养的观点。他高度赞叹孟子"养心莫善于寡欲"一语，认为虽道家"丹经万卷，不如守一"语比之不如，又说："不养其心而言养生，所谓'舍尔灵龟，观我朵颐'也。"②《困学纪闻》中多排列经语史实、案而不断之处，虽然其距正确答案仅一步之遥，令今人读之颇为叹息，这与王应麟"不争是非"的观点应当是紧密相关的。

---

① 《困学纪闻》，第 2105 页。
② 《困学纪闻》，第 1018 页。

# 荀子"化性起伪"教育思想逻辑进路述略

内蒙古科技大学文法学院中国史系主任、讲师 赵雪波

荀子言"教"以"性恶"论为基础。在荀子这里,儒家的"道"不是起于人性分自然中的"仁"的根荄,而是起于"心"对趋"恶"的人性的察识与矫治,这决定了荀子的教育思想从一开始起就进入了一条别样的致思路径。

## 一、荀子对人性的重新认定

对人"性"的认定为说明儒家教育的可能性与必要性提供了依据,故而荀子也对"性"作了大量的阐发。荀子并不认同蕴蓄于孔子而由曾子、子思、孟子渐次阐释清晰的认为人天性中有"善"的端倪的观点,荀子论"性"的起点是"朴"①,但荀子又认为人性会自然地趋向于"恶","所谓恶者,偏险悖乱也"②,这是荀子以"礼"、"义"为尺度对人性发展的自然趋势作观照时所得出的结论。荀子认定人性趋"恶"有两个理由。首先,人的"性"、"情"天然地会向"恶"发展。荀子论"性"说:"今人之性,生而有好利焉,顺是,故争夺生而辞让亡焉;生而有疾恶焉,顺是,故残贼生而忠信亡焉;生而有耳目之欲,有好声色焉,顺是,故淫乱生而礼义文理亡焉。然则从人之性,顺人之情,必出于争夺,合于犯分乱理而归于暴。"③ 顺从人的性情,必然会出现争夺,以至于不守伦理分际、败坏礼义而归于暴戾。④ 荀子又假托以论人"情"说:"尧问于舜曰:'人情何如?'舜对曰:'人情甚不美,又何问焉?妻子具而孝衰于亲,嗜欲得而信衰于友,爵禄盈而忠衰于君。人之情乎,人之情乎!甚不美,又何问焉?'"⑤ 人的"性"、"情"、"欲"在荀子这里是关联在一起的,"性者,天之就也;情者,性之质也;欲者,情之应也。"⑥ 他认为人天然生就了"性","情"是"性"

---

① 《荀子·礼论》:"性者,本始材朴也。"
② 《荀子·性恶》。
③ 《荀子·性恶》。
④ 黄克剑:《由"命"而"道"——先秦诸子十讲》,中国人民大学出版社2010年版,第206页。
⑤ 《荀子·性恶》。
⑥ 《荀子·正名》。

的质体,"欲"是"情"的感应。① 由这种关联不难看出,人的"好利"、"疾恶"、"耳目之欲"实际上是由人先天的"性"在推动着的。也即是说,人欲肆意发展导致出的"辞让亡"、"忠信亡"、"礼义文理亡"、"孝衰"、"信衰"、"忠衰"的局面,实际正是人顺"性"而为所产生的恶果。

其次,荀子论"性恶"还遵循着另外一种逻辑:人竭力求"善",正可以证明自身不"善",故而可以说人性为"恶"。荀子借批驳孟子而立论说:"所谓性善者,不离其朴而美之,不离其资而利之也。使夫资朴之于美,心意之于善,若夫可以见之明不离目,可以听之聪不离耳。故曰:目明而耳聪也。今人之性,饥而欲饱,寒而欲暖,劳而欲休,此人之情性也。今人饥,见长而不敢先食者,将有所让也。劳而不敢求息者,将有所代也。夫子之让乎父,弟之让乎兄;子之代乎父,弟之代乎兄。此二行者,皆反于性而悖于情也。然而孝子之道,礼义之文理也。故顺情性则不辞让矣,辞让则悖于情性矣。用此观之,然则人之性恶明矣,其善者伪也。"② 儿子对父亲谦让,弟弟对哥哥谦让;儿子代父亲劳作,弟弟代哥哥劳作,这两种行为都是违反人性而背离人情的,却是孝子的行为准则和礼义的规章制度。顺从了情性人就不会辞让,辞让就一定是悖于情性而为了,荀子由此当然可以说"人之性恶明矣"。

主张"性恶",必然会面对代表着"善"的"礼义"从哪里来的问题。对于孟子来说,"礼义"的端倪天然为人所有,而荀子则认为"凡礼义者,是生于圣人之伪,非故生于人之性也"③,即是说礼义产生于圣人的人为造作,并不是人的本性自然产生的。荀子借譬喻对"伪"与"性"作了区别:"故陶人埏埴而为器,然则器生于工人之伪,非故生于人之性也。故工人斫木而成器,然则器生于工人之伪,非故生于人之性也。"④ 荀子的意思是说,礼义之于人性,就像木器或陶器之于木材与黏土一样;人性是天生的,"礼义"却来自于人为的制作。

人性皆"恶","圣人"亦然,那么"圣人"为什么又会制作代表着"善"的礼义?荀子的回答是:没有"礼义"的社会将会"乱"。"乱"指的是由于人与人之间的争夺而产生的混乱局面。荀子说:"礼起于何也?曰:人生而有欲,欲而不得,则不能无求,求而无度量分界,则不能不争。争则乱,乱则穷。先王恶其乱也,故制礼义以分之,以养人之欲,给人之求。使欲必不穷乎物,物必不屈于欲,两者相持而长,是礼之所以起也。故礼者,养也。"⑤ 人天生对外物的欲求将引发争斗。争斗的混乱使社

---

① 杨倞注此句为"性者成于天之自然,情者性之质体,欲又情之所应"。物双松注:"情之应也,情之感应也。"冢田虎注:"情之应也,言情之所应物而动也。"并见于王天海:《荀子校释》,上海古籍出版社2005年版,第923页。
② 《荀子·性恶》。
③ 《荀子·性恶》。
④ 《荀子·性恶》。
⑤ 《荀子·礼论》。

会陷入困境。先王制定"礼"、"义"来划分界限，以此调节人们的欲望，使财物不因为人们的欲望过度而用尽，而是使这两个方面相互制约而协调增长，这就是礼的起源。所以，"礼"就是调养。

"礼"何以能"养"，亦即何以它具有划分界限、调节欲望、使社会不会出现"乱"的局面的作用，荀子解释说："先王之道，仁义之统"，以及记载着它们的《诗》、《书》、《礼》、《乐》等典籍，对于人的作用，就像蓄积储备之于度日一样，平日人的欲望虽不免因此受到约束，但却可以应付长远的需要。"礼"对于人来说是一种长远而不能为短视者所知的"大利"，故而"礼"可以"养"。

荀子论"礼"的本源，以往被讨论较多的还有他的礼"三本"说。荀子认为"天地者，生之本也；先祖者，类之本也；君师者，治之本也"①，但"三本"中的"本"与其被释为"礼"的本源，不如将其释为先王制作"礼"的根据。"三本"显然都有生人养人的共同特点，所以才受到人们的礼敬。也即是说，礼有"三本"实际正是对"礼者，养也"的证明。

荀子以"养"言"礼"，与孟子对"礼"的起源的观点相比，是有着重大差异的。孟子明确说"礼"起源于人的向"善"之心，"辞让之心，礼之端也"②，"恭敬之心，礼也"③，对于孟子来说，"礼"的根荄本就蕴藏在人天然即有的"辞让之心"中，其作用在于裁制人的"仁"与"义"。由孟子的观点推论，荀子的"三本"说大致也会被孟子所认可，但孟子认可这说法的原因却与荀子相异。孟子说："口之于味也，有同耆焉；耳之于声也，有同听焉；目之于色也，有同美焉，至于心，独无所同然乎？心之所同然者何也？谓理也，义也。圣人先得我心之所同然耳。故理义之悦我心，犹刍豢之悦我口。"④ 礼敬先祖、君师在孟子这里是由于先祖、君师——他们常常被尊奉为"圣人"——率先觉悟并扩充了"心之所同然"的"理"、"义"的缘故；而对于荀子来说，先祖、君师被礼敬则首先是由于他们能够调处人的口之"同耆"、耳之"同听"、目之"同美"的缘故。荀子与孔、孟的这种分别，决定了他始终不能脱开"利"而言"礼"、"义"。

## 二、荀子对化性起伪可能性的说明

人天性趋于"恶"，如果任凭这天性发展，社会将陷入争斗而使物用耗尽，圣人为保证社会的长期供给而制作了"礼"。"礼"是对人"性"的节制与疏导，它扭转了人

---

① 《荀子·礼论》。
② 《孟子·公孙丑上》。
③ 《孟子·告子上》。
④ 《孟子·告子上》。

本性一味"好利"、"疾恶"、"好声色"的趋向。由这样的逻辑，荀子提出"化性起伪"的主张。荀子说："故枸木必将待檃栝、烝矫然后直，钝金必将待砻厉然后利。今人之性恶，必将待师法然后正，得礼义然后治。……今之人，化师法、积文学，道礼义者为君子；纵性情，安恣睢，而违礼义者为小人。"①

"师法"、"六艺"、"礼义"虽可以使人"化性"而向"善"，但人为什么能够选择"起伪"，荀子的回答是："生之所以然者谓之性。性之和所生，精合感应，不事而自然谓之性，性之好、恶、喜、怒、哀、乐谓之情，情然而心为之择谓之虑，心虑而能为之动谓之伪，虑积焉，能习焉，而后成谓之伪。"② 荀子认为"性"是人的与生俱来、没有人为因素的禀赋，"情"是"性"以爱好、厌恶、喜悦、愤怒、悲哀、欢乐等方式的流露或显现，"心"对显现"性"的种种情愫作出选择而有所谓"虑"（思考），经过思考，人的能力被调动起来而有行为，进而积聚思考、增益能力而达到成功，这就是所谓"伪"③。从荀子的话中可以看出，人能实现从"性"到"伪"转变的关键是人的"心"有着能"择"、能"虑"、能"习"的功能。

荀子论"心"，以其为"形之君也，而神明之主也。出令而无所受令。自禁也，自使也，自夺也，自取也，自行也，自止也。故口可劫而使墨云，形可劫而使诎申，心不可劫而使易意，是之则受，非之则辞"。④ 由于"心"具有这种特性，故而荀子认为人只要专注于"养心"，就可以实现"化性起伪"，乃至成为掌握着"伪"的标准的"圣人"。他借"涂之人可以为禹"的旧说论证说："'涂之人可以为禹'，曷谓也？曰：凡禹之所以为禹者，以其为仁义法正也。然则仁义法正有可知可能之理，然而涂之人也，皆有可以知仁义法正之质，皆有可以能仁义法正之具；然则其可以为禹明矣。……今使涂之人伏术为学，专心一志，思索孰察，加日县久，积善而不息，则通于神明，参于天地矣。故圣人者，人之所积而致也。"⑤ 普通人只要修习自己，就可以成为禹那样的圣贤人物，这是以现实中的人皆能知"仁义法正"为依据来说明人人皆有知悉"仁义法正"的资质禀器。这样，荀子就在坚持人性趋"恶"的基础上，通过论证人"心"有掌握"礼义"或"仁义法正"的天然能力，证明了"化性起伪"的可能性。

以"涂之人可以为禹"来说明"化性起伪"的可能性，荀子旋即又遭遇到"尧、舜不能教化"的问难。"尧舜"在荀子的语境中是"圣人"，本应是将"化性起伪"做得最成功的人物，但尧子丹朱、舜弟象却是传说中有名的顽恶不化之人。荀子对此问

---

① 《荀子·性恶》。
② 《荀子·正名》。
③ 见黄克剑：《由"命"而"道"——先秦诸子十讲》，中国人民大学出版社 2010 年版，第 208～209 页。
④ 《荀子·解蔽》。
⑤ 《荀子·性恶》。

难的回答是：尧舜是天下最善于教化人的人，然而唯独丹朱和象不接受教化，这不是尧舜不能教化的罪过，而是丹朱和象的顽梗之过。尧舜是天下英主，丹朱和象是一时偶有的怪异委琐之辈。这就像后羿与逢蒙不能用歪弓曲箭中的，王良与造父不能靠跛马破车致远一样。由此，荀子说，尧与舜虽是天下最善于教化的人，然而不能使怪异的宵小之辈从化。荀子发出一种带有反问意味的感叹说，哪个时代没有怪人？什么时候没有委琐之辈？从远古的太皞氏、燧人氏以来，就一直有这样的人啊！荀子在这里遇到的是儒家教化效果的问题，但问难者自身并没有领悟儒家教化的实质，故而从功用的角度提出质疑，这其实是将儒家教化看作了一门特定的技术。但教化本身并不是某种"教育方法"，或者说它并非一剂保证人由"恶"变"善"的神奇药方，教化只是启发人去自觉向至高的"仁"境或"圣"境致力，这启发只会发生在对有意解决自己的终极眷注的人身上，故而先秦儒家虽有通过教化使"天下归仁"的宏大志向，但孔子也会说"困而不学，民斯为下矣"①，《易》象辞会有"匪我求蒙童，蒙童求我"②的辞句，而孟子亦有"自暴者，不可与有言也；自弃者，不可与有为也"③的说法。问难者在这里以"朱、象不化"的事例来质疑荀子，实际是与儒家教化不相应的。这样，荀子一方面通过证明人性"恶"，人情"不美"说明了"化性"是必要的；另一方面又通过证明"涂之人可以为禹"及批驳"尧、舜不能教化"说明了"起伪"是可能的。从论"性恶"出发，荀子也开出了一条使人向"善"的儒家教化之路。

## 三、荀子对人生基本价值的重新措置

荀子由"性恶"而提出"化性起伪"的逻辑似乎也还不能说已经圆融无隙了，如他在说明代表着"善"的"礼义"从哪里来时所取的譬喻："故陶人埏埴而为器，然则器生于工人之伪，非故生于人之性也。故工人斫木而成器，然则器生于工人之伪，非故生于人之性也。"④ 这是一种逻辑并不严密的类比推理，真正说来，"陶人埏埴而为器"、"工人斫木而成器"与"圣人""化性起伪"之间也还有微妙的分别。黏土与木料固然可以"伪"而成器之用，然而即使没有陶工与木匠的使用，黏土与木料也将仍然是黏土与木料而不会发生变化；而人"性"却不同，虽然荀子也说人性"本始材朴"，但他所强调的重点始终是在人性自然而然趋向于"恶"这一点上。由这样的逻辑来推论，众人固然可能为了长远的"大利"而行"善"，但本性趋"恶"的众人同样也可能为了一己之利而不顾"圣人"所指示的长远的"大利"而行"恶"，而且后

---

① 《论语·季氏》。
② 《易·蒙》。
③ 《孟子·离娄上》。
④ 《荀子·性恶》。

一种选择似乎更合于荀子所设定的逻辑前提。

在论"众人"行"善"的逻辑似有这样的裂隙的同时,荀子论圣人制作"礼义"的逻辑也似有可推敲之处。按照荀子的说法,"礼义"指示着一种分际,这分际对于众人来说意味着一种根本的"大利",而"圣人"即是率先觉悟并掌握了"礼义"分际的人。但"圣人"本人也是"性恶"的,"性恶"的人即只为"利"所驱动,何以众人的"大利"也会成为"圣人"个人最关注的"利"而使他愿意为之?或者说是什么样的"利"促使"圣人"停止了为自己争利的行为而去制止"乱"、"穷"的社会局面的出现?当然,荀子也曾有过"夫薄愿厚,恶愿美,狭愿广,贫愿富,贱愿贵,苟无之中者,必求于外。故富而不愿财,贵而不愿执,苟有之中者,必不及于外"①的说法,但"富而不愿财,贵而不愿执,苟有之中者,必不及于外"这样的说法依据何在?况且,如果圣人为了"利"可以化性起伪,又有什么能保证"圣人"不会像庄子在"胠箧"的卮言②里所讲的那样,同样为了"利"而去破坏此分际以谋取更大的个人之"利"呢?荀子的"化性起伪"说虽拓展了先秦儒家的教育思想,但他实际并未从根本上解决掉"'性恶'之人'欲为善'的那种'欲'从何而来"与"'性恶'之人'欲为善'的那种'善'从何而来"③的问题。由"陶人埏埴而为器"、"工人斫木而成器"而论说"圣人化性起伪"的提法实际与告子"性,犹杞柳也,义,犹桮棬也"④的观点是颇有类似之处的,对于告子的观点,孟子曾诘问说:"子能顺杞柳之性而以为桮棬乎?将戕贼杞柳而后以为桮棬也?"⑤如果孟子可以与荀子对话,他也可能也会问:"子能顺人之性而以为礼义乎?将戕贼人之性而后为礼义也?"

根本说来,荀子的人性"恶"而欲为"善"的说法实际显示出他一方面力图证明人对"欲"的追求是人所有价值追求的根本动因,另一方面却又力图使人将价值追求的重心确立在对"善"的追求上。这样的致思格局本身即决定了荀子会对先儒的思路有所偏离。如果将孟子的说法与荀子的相比照,可以看出,对于孟子来说,人"性"与人追求"善"的同一关系是很自然的。孟子明确认为对"善"的追求为人所独有,代表着人与其他生物的最终区别,是人之所以为人的根本所在,故而人在"善"的追求上才体现着人之"性"。在荀子的致思格局中,人"性"与人对"善"的关联却不然;对于荀子来说,人的作为"天之就也"的本性是趋"恶"的,因而也是不可信任的。"起伪"实际上意味着逆"性"而为,故而荀子一方面需要证明"性"不仅必须

---

① 《荀子·性恶》。
② 《庄子·胠箧》:"将为胠箧探囊发匮之盗而为守备,则必摄缄縢,固扃鐍,此世俗所谓知也。然而巨盗至,则负匮揭箧担囊而趋,惟恐缄縢扃鐍之不固也。然则乡之所谓知者,不乃为大盗积者也?"
③ 黄克剑:《由"命"而"道"——先秦诸子十讲》,中国人民大学出版社2010年版,第207页。
④ 《孟子·告子上》。
⑤ 《孟子·告子上》。

被逆而且能够被逆，同时还需要证明并非禀受自天的"礼义"反而是人最可信赖而且能够追求得到的价值。取消了可信赖的"天"，荀子其实也就取消掉了在孟子那里使人生本性与自然追求统一起来的基础，故而荀子的"性"、"伪"的关联方式是颇为迂曲的。按荀子的逻辑，一方面，"伪"既有"化性"之能，则"性"便不应该统摄"伪"；但"性"既作为人"不可学、不可事"的本质，代表着人价值追求的根本动因，则"伪"似也难以统摄"性"，这意味着二者首先并不构成一种主从关系。另一方面，"性"趋恶而"伪"向"善"，二者明显是对立的，然而荀子又认为"礼者，养也"，作为"伪"的"礼义"对于人来说意味着一种长远"大利"，则"性"与"伪"似又是一致的，因此这样的"性"、"伪"也很难说构成了哪一种并列关系。力图使人觉悟"礼义"以制约其一味求"利"，同时却又认为"礼义"来源于人求"利"的行为并最终保护着人的"利"，荀子实际在努力对"欲"、"善"这两个人生最基本的维度做出一种新的措置。从荀子的意图来看，他似乎只是想把人生对"欲"的需求作为人对"善"的追求的一种前提或根据，这已经对孔子以来的儒学主脉有所歧出了。当然，这歧出只是相对于先秦儒学的孔子、曾子、子思、孟子一脉而言，荀子并未离开儒家的立场，在他的逻辑中，人性"恶"实际更多地在做为人起"伪"向"善"的一种必要前提。

## 参考文献

（清）王先谦：《荀子集解》，中华书局 1999 年版
王天海：《荀子校释》，上海古籍出版社 2005 年版
熊公哲：《荀子注译》，重庆出版社 2009 年版
梁启雄：《荀子简释》，中华书局 1983 年版
黄克剑：《由"命"而"道"——先秦诸子十讲》，中国人民大学出版社 2010 年版
《十三经注疏》整理委员会：《孟子注疏》，北京大学出版社 1999 年版
（清）焦循：《孟子正义》，中华书局 1987 年版
余家菊：《荀子教育学说》，首都师范大学出版社 2011 年版
王军：《荀子思想研究：礼乐重构的视角》，中国社会科学出版社 2010 年版
陆建华：《荀子礼学研究》，安徽大学出版社 2004 年版
李桂民：《荀子思想与战国时期的礼学思潮》，中国社会科学出版社 2012 年版
俞启定：《先秦两汉儒家教育》，齐鲁书社 1987 年版
王炳照、阎国华：《中国教育思想通史》，湖南教育出版社 1994 年版
李景林：《教养的本原——哲学突破期的儒家心性论》，辽宁人民出版社 1998 年版

朱汉民：《儒家人文教育的审思》，湖北教育出版社 2000 年版
韩钟文：《美善境界的寻求——儒家教育哲学思想研究》，齐鲁书社 2002 年版
李兆祥：《儒家教育思想研究》，中华书局 2003 年版

# 陈旸及其《乐书》的当代意义探讨

中国艺术研究院文化发展战略研究中心研究员　郑长铃

礼乐文化作为儒家思想体系的核心价值观念,是中国传统文化的重要组成部分。北宋陈旸[①]所著《乐书》,是一部重要的儒家音乐文献资料,该书继承儒家传统礼乐观念,对儒家传统艺术观、音乐思想作了系统的阐述。当今社会,挖掘借鉴礼乐文化中的积极成分,能为现代和谐社会建设提供有益的启迪。

## 一、北宋后期社会背景下的陈旸其人其书其说

贯穿北宋(960—1127)社会政治的主线,是危机与变革。仁宗时,宋夏战事趋向激烈,宋军连遭失败,危机感在士大夫中日逐流行,于是"庆历新政"、"熙丰变法"相继而起,意在变革,由此引起朝野骚动,遭到因循守旧势力的反对,士大夫竞相诋毁,"朋党"说兴,新旧党争日趋激烈。宋后期四朝,是政治上的改革与反改革时期,熙丰变法引发北宋最激烈的一次党争,使两党从政见的不合走向全面的仇视。"元祐更化"时司马光立心尽废变法措施,元祐党人将熙丰党人流放到岭南,从此种下恶果,使党争向个人报复方面发展。绍圣年间,章惇上台,遂对元祐党人大加报复。由此,作为参政主体的士大夫极大地张扬了喜同恶异、党同伐异的主体性格。在宋初培养起来的"以天下为己任"的积极淑世的精神在政治斗争的旋涡中扭曲、变形。

陈旸,北宋福建福州人,祖居闽清漈上,生于神宗熙宁年间,死于南宋高宗建炎年间,行走社会的主要阶段是徽宗时期。历史文献和当代研究都显示,作为执政者,宋徽宗在位期间,耽于享乐,荒淫无度。他大肆搜刮民财,建立了专供皇室享乐的物品造作局,还四处搜刮奇花异石。他信奉道教,自称"教主道君皇帝",大建宫观,设道官并发给道士俸禄。宋徽宗宠信蔡京等人,以致蔡京先后四次任相,权倾一时。蔡京在任时设应奉局和造作局,大兴花石纲之役,还推行钞盐法,行铜铁钱法之变,导致盗铸横行、物价浮动,使"新法"成了聚敛不择手段,支费不计国力的害民之法,

---

[①] 闽清当地陈氏家族有累世珍藏的《梅阪陈氏族谱》,其上记载:"(旸)公生于宋神宗熙宁元年戊申(1068)四月十六日丑时,享寿六十一岁,卒于高宗建炎二年戊申(1128)三月初一日。"

百姓怨声载道①。

祖居闽清漈上的陈氏家族源于官宦世家，时有"一门七进士，五子四登科"的美誉。宋代文化教育蓬勃发展，陈旸的少年时期正逢北宋第二次兴学运动②，是王安石新学塑造出来的正统儒家知识分子。陈氏家族中对陈旸影响最大的是其同父异母的仲兄陈祥道。陈祥道著《礼书》一百五十卷，与陈旸并称"礼乐两先生"。由《乐书·序》可知，陈旸作《乐书》是受其兄祥道的嘱托，是祥道著述理想的延续。

宋哲宗绍圣元年（1094），九月丙午，陈旸策"贤良方正能直言极谏科"进士，授节度使推官，签判③顺昌府。宋徽宗建中靖国元年（1101），陈旸进《乐书》，得到当朝官员乃至皇帝的赞许，上迁太常丞，进驾部员外郎，为讲义司参详礼乐官，后官至礼部侍郎。宋徽宗政和二、三年（1112—1113），陈旸言事放归，时年45—46岁。

综合史料及相关研究，陈旸的人生轨迹如下：首先接受的是作为"儒士"的培训——为其打造"为官"和"为学"的基础；继而是"学而优则仕"；然后是在"为官"的过程中结成"为学"之果——《乐书》，并试图以此实现其"齐家治国平天下"的人生目标。

陈旸之著《乐书》是其一生之重要事例，其自言："闭孙敬之户余四十年，广姬公之书成二百卷，人多嗤为传癖，世或指为经痴。"（进《乐书》表）虽或是夸饰之词，但结合《乐书》之卷帙浩叠、文章繁复观之，亦可见陈旸于《乐书》著述倾注了极大精力心血。

《乐书》前95卷为训义部分，引《礼记》、《周礼》、《仪礼》等十部儒家经典中关

---

① 以上论述参见汪圣铎著：《两宋财政史》（上），中华书局1995年7月版。
② 从宋仁宗开始，至北宋末年，有所谓三次兴官学运动，有力地推动了宋代学校教育的发展。第一次兴学运动发生在宋仁宗庆历四年（1044），史称"庆历兴学"，范仲淹主张把兴学育人和科举考试结合起来，主要内容有：州县立学；改进太学和国子学；改革科举。目的在于使应科举者先受到学校相当之教育，矫正宋初以来科举考试只重录取人数而忽略德行考察的弊端，尽管第一次兴学以失败告终，但它却揭开了宋代教育改革的序幕。第二次兴学运动始于宋神宗熙宁四年（1071），到宋神宗元丰元年（1078）继续推行，史称"熙宁、元丰兴学"，这次兴学运动，是王安石两次为相期间，总结了前次兴学的经验教训，对教育采取了一系列的改革措施：首先，改革科举制度，针对科举考试重强记博诵的弊端，废除明经科，增加进士科，进士科考试取消诗赋、帖经和墨义，改为经义和策论；整顿学校教育，整顿州县地方学校，改革太学，创立和恢复专科学校；统一编写教科书《三经讲义》。各项措施先后付诸实施，使宋代官学为之一振。元丰八年（1085），高皇太后专权，起用守旧人物，于是包括兴学在内的新法终遭废弃。虽然如此，宋代第二次兴学措施较全面、系统，持续时间也较长。第三次兴学是在宋徽宗崇宁元年（1102）蔡京为相时发动的，史称"崇宁兴学"，有崇述熙宁之意，大用新派人物，恢复熙宁、元丰时期的一些改革措施，始终围绕着科举取士和学校育才的关系来进行。尽管这三次教育改革都以失败告终，但成绩是巨大的，它推动了学校教育事业的发展和教育制度的完善，在整个社会造成了重视教育的显著影响。
③ 签书判官厅公事，幕职官名。从八品，皆以京官充，位在诸使判官（选人充）之上。参考龚延明编著：《宋代官制辞典》，中华书局1997年4月版。

于"乐制"和"乐用"的论述，一一加以训义。后105卷为"乐图论"：卷96～97为乐图论总论；卷98～104为十二律的序论和本论；卷105～150论五声、八音；卷151～164论歌；卷165～184论乐舞；卷185～188论杂乐（俗部）；卷189～200论五礼。

陈旸著《乐书》是基于自己"礼乐并行于世"的理想，他主张恢复三代礼乐制度，提倡"雅乐"，反对滥用"胡乐"和"俗乐"，强调"乐用"要符合祖制，要加强传统"乐制"修复与当代"乐制"建设。作为现存为数不多的儒家音乐理论著述之一，《乐书》对古代儒家典籍中与音乐有关的部分作了解释论述，反映了儒家几千年来一脉相承的艺术观、音乐思想。书中还对古代及当时的音乐种类做了记录及考证，对"俗部"、"胡部"音乐也有叙述，并配以大量绘图和说明，是极为珍贵的音乐文献资料，具有重要的音乐史学价值。

综观两百卷的《乐书》，陈旸花了相当的篇幅来讨论当代礼乐制度的建设问题，其中常流露出规劝徽宗远佞人、去糜乐之意。如卷185《俗部》（杂乐）"宫伶"条对唐代宫廷以宫伶"锡宴宰辅百辟，至于连日抵暮"提出批评："以禁中女伶连袂歌怨以尽臣下之懽，岂不几于君臣相谑邪！"认为此为"唐之所以衰乱不振"的主要原因，其言"可不戒哉！"或为规劝徽宗之实。其中亦不乏对从臣以异伎淫声逢迎君主的指责，如卷186《俗部》（杂乐）"剑戏、燕戏"条先赞南朝宋元君远异技之举，又言隋高帝初"不好声伎，遣牛洪定乐，非正声清商及九部四舞之色，一切罢去"。后因"从臣奏括天下周、齐、梁、陈乐家子弟，皆籍为乐户，其六品以下至于民庶，有善音乐及倡优百戏者，皆直太常"，致使"异伎淫声咸萃，乐府悉置，博士弟子递相诲导，增益乐人动至三万余矣"，终于隋高帝"无复初举之意"。陈旸指出此纯属从臣之罪责："岂非从臣有以逢君之恶而长之，有至于是邪！"

陈旸对礼乐制度下君臣各自的职责在《乐书》卷118《鼓论》一节中作了隐晦的表述：

> 唐明皇虽通音律，尤善羯鼓，而宋璟相之不知师用雅乐以革君心之非，反善腰鼓、羯鼓，深论制作之法，使其君闻而悦之。夫岂知周公之于成王，作六乐禁四声，以善其心之意哉！唐之贤相称于前者不过房、杜，闻于后者不过姚、宋。然文皇有兴礼乐之问，而房、杜不能对；明皇有喜夷乐之心，而宋璟又从而道之。终唐之世典章、文物，虽号为至盛，然卒于昏乱而后已，无礼乐以文之故也。彼哉！彼哉！亦焉用彼相为哉！

或是由于《乐书》中的这种对徽宗隐晦的讽谏和对从臣的影射，《乐书》未被当权者接受，但身处其中的陈旸是时进献《乐书》，至少在理论上表达了超越于个人或集体的私利之上的以"礼乐制度"来规范士人行为的良好愿望。

作为士阶层，而且身处当时的政治中心京城洛阳，陈旸对官场党争不可能不有所体验。但是陈旸对待政治是中和的，亦可说是理想化的，并未局限于一种非此即彼的分明的党派界限。处于党争迭起的年代，陈旸对政治秩序的良好愿望还是比较崇高的，他希望在端正的"礼乐"仪式、制度中，强化君主至高无上的权威，从而规范臣民的行为，特别是文官秩序的稳定。出于对道德政府和政治统一的需要，陈旸致力于让历史的鉴戒和典籍传统的理想对政治权力产生影响。陈旸认为，必须为那些依据自然秩序的条理而建立的统一政体树立典范，官员的行为应该在形式和功能上与儒家经典有共同的目的。于当时不以政事为要、纷争迭起的官场，陈旸的观点确是一个正统儒士对国家社会的终极关怀。

## 二、北宋后期社会政治秩序与陈旸儒家音乐思想阐发

陈旸所处的北宋后期，面临着严重的社会问题，外有异族频繁侵扰，民族矛盾尖锐，内有财政危机，政治腐败，社会矛盾激化。陈旸其书其说的形成，离不开其所处的时代背景，借由《乐书》及其反映的思想观念，我们可以窥见北宋后期混乱社会的一隅。

### （一）由儒士议政参政看北宋社会阶层规范与制度建设

从唐朝中期开始的社会变革，到宋朝完全定型。由门阀士族和部曲、奴客、贱民、番匠、奴婢等组成的旧的阶级结构，到宋朝终于转变为官僚地主和佃户、乡村下户、差雇匠、人力、女使等组成的新的社会阶级结构，这是中国封建社会内部阶级关系的一次重大变化。在此基础上，宋代生产力发展取得了前所未有的成就，世态风情、生活风尚、民间流俗比前代更加异彩纷呈、绚丽多姿。宋人无论在人生理想、精神境界、审美意识、价值观念或社会心态，乃至生活情趣等方面，自与前代不同。刻板印书业及造纸技术的发展，使书籍的流通量得以扩大，加之宋代较为宽松的文化政策和科举的动力，宋代文化在中国封建社会的历史长河中达到了登峰造极的高度。

北宋的士大夫，有知识，明吏道，对国家大事的认识，有一定深度，故言事多能切中时弊，从而也增加了他们对于国家大事的兴趣和干预的信心，于是就更积极地投身于论辩之中。① 因此，北宋时期，士大夫参政、议政的积极性很高，他们以天下事为己任，对国家大事，必直抒己见，章凡数上，争辩不休，激烈交锋，蔚成风气。

熙宁四年（1071）三月，枢密使文彦博对神宗说："为与士大夫治天下，非与百姓治天下也。"② 一语道破了北宋统治的奥秘。北宋的士大夫是参政的主要力量，对君

---

① 张其凡：《宋初政治探研》，暨南大学出版社1995年10月第1版，第2页。
② （南宋）李焘：《续资治通鉴长编》卷221，参见《文献通考》卷12《职役一》。

主和国家等政治观念的认识与以往朝代不同。他们感到，国家的盛衰与自己息息相关，对于国家的治理和维护，不仅皇帝有责任，自己更有责任。他们认为，"夫国之所谓大臣者，莫尊乎宰相，君为元首，宰相乃其股肱，动静休戚，义犹一体"①；"政令当出中书，陛下审而行之，人主操柄，无要于此"②。作为士大夫中地位最高的宰相，是士大夫的最高政治代表，其权力与皇权是相辅相成的。至仁宗时，台谏权势最盛，士大夫积极参政、言事成风而无杀身之虞③，限制着相权，也制约着皇权，使与皇帝共治天下的士大夫代表面更为宽广，从而使北宋国家机器均循制运行，表现出前所未有的稳固性。但北宋政治稳定结构的基础是法制，北宋用法制化、制度化的改革，重建并加强了中央集权，宋太祖曾对宰相赵普说："朕与卿平祸乱以取天下，所创法度，子孙若能谨守，虽百世可也。"而且士大夫们认为，"天下惟道理最大，故有以万乘之尊屈于匹夫一言，以四海之富而不得以私于其亲与故者"④。即以道理制约一切人，则为治国之道的法制，自不能例外。法制的普遍有效性，是道理最大思想的直接产物，从而奠定了共治结构的牢固基础，也使北宋的政治呈现出比较清明的气象。

陈旸如此热衷礼乐制度，固然和他作为朝廷礼部官员的身份有关——不享有过多实际的政治权力使之只能在仪式的规正中表达对"治体"的关注和改良的见解，但陈旸作为"士"，个人的价值观仍是一个不容忽视的因素。包弼德先生把中国9世纪到北宋晚期的"士"称为"学者官员"，并进一步指出："当宋朝国初的君主支持士，我认为，他们这样做是因为士是心甘情愿的下属，没有独立的权利，依赖于至高的权威来获得政治地位，而且他们是出于对文官文化的追求来履行职责，这对于中央权威的制度化，其价值之大，无法估量。……为了实现他们的政治和社会野心，士倚仗更高的权威去重建一个国家的社会政治集团，并把他们自己置于集团的顶端。这样一来，在所有的政治成员中，他们的利益最接近皇帝的利益：两者都相信他们将通过中央集权获益。"⑤ 因此，笔者以为陈旸在其《乐书》中极力强化君主至尊的地位，也是作为弱势政治角色维护政治秩序的方式，体现的还是"官员"的价值取向。

陈旸所处的时期已是11世纪末，"更多的人开始坚持认为一个优秀的士视德行高于仕宦，或者说为学的一生使做官变得不那么必要"⑥。虽然这期间，最有影响的思想人物仍是王安石，但在没有政治权利的民间思想世界中已呈现出一种高调的道德理想

---

① 《乐全集》卷19。转引自［美］包弼德著，刘宁译：《斯文：唐宋思想的转型》，江苏人民出版社2001年1月南京第1版。
② 《宋史》卷406《洪咨夔传》。
③ 北宋有一惯例：不杀大臣及言事官。
④ 《中兴两朝圣政》卷47，乾道四年三月。转引自［美］包弼德著，刘宁译：《斯文：唐宋思想的转型》，江苏人民出版社2001年第1版。
⑤ ［美］包弼德著，刘宁译：《斯文：唐宋思想的转型》，江苏人民出版社2001年第1版，第57页。
⑥ 同上，第77页。包弼德先生在《斯文：唐宋思想的转型》"士的转型"一章中对此有详细论述。

主义与文化保守主义的思想趋向,并以此来追究政府行为在伦理上的合理性——与"绝对的皇权"相抗衡。① 其中最具代表性的是程颢、程颐两兄弟。和程氏主张用"理"来制约皇权的理想主义思想相比,陈旸的建议显得更为保守。他企求用全面恢复上古三代的礼乐制度来维护皇权,而民间的思想潮流则是用"理"来制约皇权②,后人称陈旸思想反动,概是基于这一点。但是,陈旸是"布衣举贤良",他跻身"文官"系统,实为不易,所以在维护现有正统的君臣秩序上就远比民间的士阶层来得忠诚。

### (二) 礼乐制度传统与徽宗颁布大晟乐

"礼"和"乐",起源于上古的原始崇拜。《礼记·礼运》曰:"夫礼之初,始诸饮食,其燔黍捭豚,汙尊而抔饮,蒉桴而土鼓,犹若可以致其敬于鬼神。"可见,"礼"原指祭祀活动中的仪式规范,"乐"则是祭祀仪式中所使用的歌乐舞。中国古代礼乐文明在周代形成和完备起来,周公将远至殷商的礼乐改造发展成系统严密的礼乐制度,并赋予其深刻的文化内涵。

周王朝解体后,诸侯争霸,纷争相继。这一时期,出现了礼乐文明发展过程中的另一位代表人物——孔子。生活在礼崩乐坏的春秋战国,孔子对礼乐制度的价值有着更深的思考和体会。他提倡礼乐,将之上升为治国的理论,强调礼乐的教化及治世功能。他还整理编撰了儒家经典《六经》,整理、继承、传播了古代礼乐文明。"中国历史上近两千多年的时间里,以孔子为代表的儒家思想一直占据着统治地位。由于孔子提倡礼乐,并将之上升为治国理论,所以两千多年来的历朝统治者,只要社会上没有出现大动荡、大混乱的局面,至少表面上总是要标榜礼乐,以证明自己的'正统'地位,是'奉天承运'的。礼乐既与国运绑在了一起,'乐'自然就成了儒家的一门主修课了。儒家有所谓'六艺',这个'六艺'不管是六门必修课(礼、乐、射、御、书、数)也好,是六部经典(《诗》、《书》、《礼》、《乐》、《易》、《春秋》)也好,'乐'都是其中不可或缺的一个重要部分。在世界各国的历史中,把'乐'的地位抬得这么高的,恐怕仅此一家而已。这也构成了中国的一大历史特色。"③

《宋史》载:"徽宗锐意制作,以文太平,于是蔡京主魏汉津之说,破先儒累黍之非,用夏禹以声为度之文,以帝指为律度,铸帝鼎、景钟。乐成,赐名'大晟',谓之雅乐,颁之天下,播之教坊,故崇宁以来有魏汉津乐。"④ 崇宁元年(1102),宋徽宗

---

① 语出葛兆光先生在《中国思想史》中对"文化重心与政治重心的分离"的论述。
② 葛兆光先生认为是为了保护国家与民众之间的"宗族社会"与"士绅阶层"的存在。《中国思想史》第二卷《七世纪至十九世纪中国的知识、思想与信仰》,复旦大学出版社 2000 年 12 月第 1 版,第 313 页。
③ 冯洁轩:《陈旸及其〈乐书〉研究·序二》,文化艺术出版社 2005 年 10 月版。
④ 《宋史》卷一百二十六,"志"第七十九"乐"一,第 2937 ~ 2938 页。

以太常雅乐制度讹谬、大乐合奏失之太高而博求知音之士。魏汉津出，献其指律之说。早在皇祐年间，"汉津与房庶即同以善乐荐，不获用，汉津至是九十余，蔡京复荐之，乃得召。汉津陈其指尺之说于太常，当时以为迂怪，独蔡京神其说，用其指律理论而成'大晟'之乐。""汉津本范镇之役，稍窥见其制作"，"略取之"。"以范镇知旧乐之高，无法以下之。乃以时君指节为尺"，"使众人不敢轻议"。"其尺虽为诡说，其制乃与古同，而清浊高下皆适中，非出于法数之外私意妄为者也"。① 是时，蔡京擅权，宋徽宗极其崇信道教、迷恋方术，终日伴在徽宗左右的正是魏汉津等方士。

### （三）陈旸的儒家思想阐发

按陈旸所言，他之作《乐书》是为了明经正乐得补圣朝制作。陈旸对圣朝的礼乐制度状况颇有非议，可以明确地说，造成他这种不满情绪的正是圣朝不合古制的"乐用"实践。在《乐书》的著述中，陈旸对"圣朝"的礼乐制度的状况是极为关注的，略作统计，在《乐书·乐图论》部分，"圣朝"二字共出现152次。他对"圣朝"礼乐制度的基本态度是很明确的，即须"厘正之"，故陈旸多有如"臣恐未合先王之志，不可不革之也"（卷173）。"厘而正之，实今日急务也"（卷97）。"窃观圣朝郊庙之乐，琴瑟在堂，诚合古制。绍圣初，太乐丞叶防乞宫架之内复设琴瑟，岂先王之制哉？"（卷119）这样建议性的语句。在《乐书》中，陈旸非常系统地表述了他对"礼乐治国"的期盼；表达对恢复三代"礼制"规范，使官员能各司其职的国家政治秩序的理想。

作为一名正统儒家知识分子，陈旸继承了以孔子为代表的儒家传统礼乐观念。他著《乐书》，志不仅仅在于其对个人仕途的影响，他作为礼部官员（累官至礼部侍郎），有更高层次的治国理想——明经正乐，以求治世之功。

1. 重视礼乐的治世功能。

儒家常常将"礼"与"乐"并提。《乐记》中载："乐者为同，礼者为异"，"乐者，天地之和也。礼者，天地秩序也"。儒家认为，"礼"的作用是区别次序，"乐"则是"礼"的补充，用以调节人心。礼与乐功能不同，二者互相补充，相辅相成，达到平衡统治、和谐社会的作用。

陈旸在《乐书·序》中写道：

> 臣先兄祥道是时直经东序，慨然有志礼乐，上副神考修礼文、正雅乐之意，既而就《礼书》一百五十卷。哲宗皇帝祗遹先志，诏给笔札缮写以进，有旨下太常议焉。臣兄且喜且惧，一日语臣曰，"礼乐者，治道之急务，帝王之极功，阙一不可也。比虽笼络今昔，上下数千载间，殆及成书，亦已勤矣。顾虽寤寐在乐，

---

① 《宋史》卷四百六十二，列传第二百二十一，方技下；《金史》卷三十九，志第二十，乐上。

而精力不逮也",嘱臣其勉成之。臣应之曰:"小子不敏,敬闻命矣。"

在陈祥道看来,礼乐是治国的理论,二者缺一不可。陈旸的思想受陈祥道影响颇深。他认为,"礼乐"是王朝"治体"之根本:"六经之旨同归,莫先礼乐"(进《乐书》表);"先天下而治者在礼乐,后天下而治者在刑政"(《乐书·序》);而"礼因天泽而制,乐象地雷而成,实本自然,非由或使。帝王殊尚,不相袭而相沿;文质从宜,为可传而可继"(进《乐书》表)。《礼记》中说:"礼缘人情而作",礼是基于人情制定的,因此更为符合人性的需求,用它来规范人在社会中的地位及关系,能使人自律,引人向善。"乐也者,圣人之所乐也;而可以善民心,其感人深,其移风易俗,故先王著其教焉"(《乐记》),乐教有陶冶情操、移风易俗的作用,可以协调社会关系,缓和矛盾。礼乐制度,既有外在行为规范的约束,又有内在道德规范的自觉,因此,对维持社会秩序、维护统治者统治具有十分重要的作用。

2. 崇尚三代礼乐制度。

陈旸主张恢复三代礼乐文化。《乐书》二百卷,洋洋近五十万言,极力颂扬、强调并以期恢复的就是上古的"礼乐"制度。陈旸在《乐书》将尽时直言:"臣因五礼之实辨六乐之用,庶几礼乐并行,有以形容太平之极功也,岂不盛哉!"(卷189《五礼论》)陈旸著述的理论基础缘于儒家的经典著作,他对经典的解读是一种循环反复的重申,并始终保持着谦恭的尊崇。综观《乐书》二百卷,前95卷陈旸对十三经的训义,早已表明了他对"古礼"仪式的执意和尊崇,其所期望的"礼乐并行"无疑是要在"古礼"的规制下让"乐"发挥最实在的——至少陈旸认为本来就具有的——社会政治功用,即"礼"为实,"乐"为用,不然何须以"五礼之实辨六乐之用"?!

在陈旸看来,"礼乐"坏之久矣,"自商周之损益,更秦汉而陵迟,乐谢夔襄,音流郑卫。浸废修声之瞽,上下何几?更乖旋律之宫,尊卑莫辨。或指胡部为和奏,或悦俗调为雅音。二变兴而五序忿期,四清作而中气爽应。欲召和于天地,其道无由;思飨德于鬼神,何修而可?"(进《乐书》表)"《乐经》之亡久矣!情文本末,湮灭殆尽。心达者体知而无师,知之者欲教而无徒。后世之士,虽有论撰,亦不过出入先儒臆说而已。是以声音所以不和者,以乐不正也。乐所以不正者,以《经》不明也。"(《乐书·序》)并以历史事例为据,指出乐不可妄作①。所以陈旸所作为"据《经》,考《传》,尊圣人,折诸儒,追复治古,而是正之。囊括载集,条分汇从,总为六门,别为三部。其书冠以经义,所以正本也;图论冠以雅部,所以抑胡、郑也"(《乐书·序》)。他所企盼的就是上古三代的礼乐制度的恢复,他一再表明只有三代的礼乐才真

---

① "唐调露中太子,使乐工于东宫,奏《宝庆》之曲,李嗣真闻之,曰,'此乐宫、商不和,君、臣相阻之验也。角徵失位,父子不协之兆也。杀声多而哀,调苦非美善之音也。'数月而太子废,可谓深于音乐者矣。由是言之,乐其可妄作哉!"(《乐书》卷107之《辨四声》)

正起到了"维纲治具"的作用，其在《乐书·序》之首即言："三代而上，以礼乐胜刑政，而民德厚；三代而下，以刑政胜礼乐，而民风偷。是无他，其操述然也。"

作为一个正统儒士，他诉求的指向是很明确的，即"志在华国，义在尊君"(《乐书·序》)。他在《乐书》中所保持的"为臣上疏"的姿态，足以表明他著述《乐书》的指向就是"以备圣览"，希望《乐书》能达到如"疏"、"谏"那样的效果——徽宗能因此而依"先王古制"制作礼乐。

3. 强调"乐制"与"乐用"。

陈旸强调"乐制"的规范和"乐用"的观念。《乐书》前95卷为训义部分，综观《乐书》中对十三经各书进行训义时所选取的内容，陈旸选择的标准就是"制"和"用乐"，用当下流行的学术术语来说就是"仪式中的音乐"，从另一个角度而言，也可以说是"音乐中的仪式"，这些例子包含了什么仪式用什么音乐，如何在规制中用这些音乐……略举数例：

> 乡饮酒之礼。主人就先王而谋宾、介，……（云云）设席于堂廉，东上。工四人，二瑟，瑟先。相者二人，皆左何瑟，后首，挎越，内弦，右手相。乐正先（升），立于西阶东。工入，升自西阶。北面坐。相者东面坐，遂授瑟，乃降。工歌《鹿鸣》、《四牡》、《皇皇者华》。卒歌，主人献工。工左瑟，一人拜，不兴，受爵。主人阼阶上拜送爵。荐脯醢，使人相祭。工饮，不拜既爵，授主人爵。众工则不拜，受爵，祭饮，辩有脯醢，不祭。大师，则为之洗，宾、介降，主人辞降。工不辞洗。笙入堂下，磬南，北面立。乐《南陔》、《白华》、《华黍》。主人献之于西阶上。一人拜，尽阶，不升堂，受爵，主人拜送爵。阶前坐祭，立饮，不拜既爵，升授主人爵。众笙则不拜，受爵，坐祭，立饮，辩有脯醢，不祭。乃间歌《鱼丽》，笙《由庚》；歌《南有嘉鱼》，笙《崇丘》；歌《南山有台》，笙《由仪》。乃合乐，《周南》：《关雎》、《葛覃》、《卷耳》，《召南》：《鹊巢》、《采蘩》、《采蘋》。……
> 
> ——《乐书》卷第五十六《仪礼》训义·《乡饮酒礼》

> 笙师掌教龡竽、笙、埙、籥、箫、篪、篴、管，舂牍、应、雅，以教祴乐。凡祭祀、飨射，共其钟笙之乐，燕乐亦如之。
> 
> ——《乐书》卷第五十一《周礼》训义《春官》·《笙师》

> 乃分乐而序之，以祭、以享、以祀。乃奏黄钟，歌大吕，舞《云门》，以祀天神。乃奏太簇，歌应钟，舞《咸池》，以祭地示。乃奏姑洗，歌南吕，舞《大韶》，以祀四望。乃奏蕤宾，歌函钟，舞《大夏》，以祭山川。乃奏夷则，歌小吕，舞《大濩》，以享先妣。乃奏无射，歌夹钟，舞《大武》，以享先祖。

——《乐书》卷第四十一《周礼》训义·《春官·大司乐》

关于仪式的文字，可以说陈旸是不厌其烦地不断检取，目的是很明确的，就是要强调"乐"的仪式重要性，通过这种仪式的规范来确立"乐"在国家政治事务中的崇高地位，也借此说明其追求"礼乐制度"的完备对于儒家知识分子而言是一项高尚的行为。与此同时，在十三经中，不能够明显体现"乐用"、"乐制"即"仪式"需求的内容，就少在陈旸选取之列。仅以《礼记》为例，在《礼记》中，有涉及"乐"但陈旸没有选取的有42条①。如：

　　琴瑟张而不平，竽笙备而不和，有钟磬而无簨簴。（《礼记·檀弓上》）；

　　大夫具官，祭器不假，声乐皆具，非礼也。（《礼记·礼运第九》）

从《乐书》训义部分在训义对象的选取上，不难看出陈旸所倚重的是"乐用"、"乐制"，而陈旸自己的训义内容就更体现了他恢复礼乐"制度"的强烈愿望。从《乐书》的训义部分，乃至于整部《乐书》，陈旸在讨论"乐"时，秉承的是大多数传统儒者对待"乐"的态度，即和"礼"一起视为一种制度的存在而并非欣赏和审美的对象。所以，在训义时，陈旸极力论证的就是"乐"作为制度应该具备的规范特征和维持秩序的作用。如《乐书》卷第三十六《礼记》训义，《乡饮酒义》："工入，升歌三终，主人献之。笙入三终，主人献之。间歌三终，合乐三终，工告乐备，遂出。一人扬觯，乃立司正焉。知其能和乐而不流也。"陈旸训义的指向就是"乐"必须在完备、规范的制度下使用。

《乐书》虽在著述质量和著述精神上得到诸多嘉许，但却惨遭"诸之秘府，久而未彰"②的厄运。在不再或无心视礼乐制度为支撑王朝声誉和统治秩序之手段的徽宗时期，陈旸的主张是"不合时宜"的，《乐书》的这种落寞的结局，便也在情理之中了。

## 三、陈旸《乐书》的当代意义

胡锦涛同志在《坚定不移沿着中国特色社会主义道路前进 为全面建成小康社会而奋斗——在中国共产党第十八次全国代表大会上的报告》（以下简称《十八大报告》）

---

① 在《礼记·月令》中诸条和"乐"相关的未进行训义，可能是出于训义本身的需要（陈旸在训义的篇什中多见《礼记·月令》中的内容）。
② 见陈歧《乐书·跋》所附迪功郎、建昌军南丰县主簿林字冲附言。

中指出:"文化是民族的血脉,是人民的精神家园。全面建成小康社会,实现中华民族伟大复兴,必须推动社会主义文化大发展大繁荣,兴起社会主义文化建设新高潮,提高国家文化软实力,发挥文化引领风尚、教育人民、服务社会、推动发展的作用。建设社会主义文化强国,必须走中国特色社会主义文化发展道路,坚持为人民服务、为社会主义服务的方向,坚持百花齐放、百家争鸣的方针,坚持贴近实际、贴近生活、贴近群众的原则,推动社会主义精神文明和物质文明全面发展,建设面向现代化、面向世界、面向未来的,民族的科学的大众的社会主义文化。建设社会主义文化强国,关键是增强全民族文化创造活力。要深化文化体制改革,解放和发展文化生产力,发扬学术民主、艺术民主,为人民提供广阔文化舞台,让一切文化创造源泉充分涌流,开创全民族文化创造活力持续迸发、社会文化生活更加丰富多彩、人民基本文化权益得到更好保障、人民思想道德素质和科学文化素质全面提高、中华文化国际影响力不断增强的新局面。"

2014年2月17日,中共中央总书记、国家主席习近平同志"在省部级主要领导干部学习贯彻十八届三中全会精神全面深化改革专题研讨班开班式上的讲话"中进一步指出:"要加强对中华优秀传统文化的挖掘和阐发,努力实现中华传统美德的创造性转化、创新性发展,把跨越时空、超越国度、富有永恒魅力、具有当代价值的文化精神弘扬起来,把继承优秀传统文化又弘扬时代精神、立足本国又面向世界的当代中国文化创新成果传播出去。"

"优秀传统文化凝聚着中华民族自强不息的精神追求和历久弥新的精神财富,是发展社会主义先进文化的深厚基础,是建设中华民族共有精神家园的重要支撑。要全面认识祖国传统文化,取其精华、去其糟粕,古为今用、推陈出新,坚持保护利用、普及弘扬并重,加强对优秀传统文化思想价值的挖掘和阐发,维护民族文化基本元素,使优秀传统文化成为新时代鼓舞人民前进的精神力量。"① 在复兴传统文化的伟大旗帜下,我们首先要研究传统文化的诸多不同表现形式之于当代社会文化建设的价值和意义,只有这样,才能更好地继承传统,推动当代社会文化的建设。

### (一)《乐书》具有极大的文献史料价值

正如前文所述,在中国历史上,"乐"的地位被提得很高,并形成独有的特色,举世无双。"乐"被重视,"随之而来的必然就是论'乐'的著作涌现,自先秦公孙尼子著《乐记》始,直至清代,站在儒家立场上专门论'乐'的著作,有案可查的就不少。其名称则大都学太史公,叫做《乐书》(古代'记'、'书'同义,《乐书》与《乐记》同)。以今天科学的眼光加以审视,它们都是很宝贵的历史文献,是官修二十五史('二十四史'加《清史稿》)中各种《乐志》的重要补充。但是很可惜,这许

---

① 引自《中共中央关于深化文化体制改革推动社会主义文化大发展大繁荣若干重大问题的决定》。

多《乐书》几乎都在改朝换代的内乱和外族入侵的外患中失传了。其中硕果仅存的，则是要属宋代陈旸的一大部《乐书》。"①

《乐书》共两百卷，近 50 万言，体制宏大、资料丰富，其对儒家经典的训义阐释几乎集纳了儒家有关音乐的全部论述。《乐书》的后半部分论述了律吕五声、历代乐章、乐舞、杂乐等，对前代及当代的音乐、乐器做了记录及考证，并配以大量绘图和说明。《乐图论》中有 540 幅的乐器图和乐图，虽然说这些图例并非准确测量，只是一种大致的概貌，但作为交流使用的文献资料，仍然非常珍贵。王世襄先生认为《乐书》是"中国现存历史上较早出现的音乐百科著作，比较全面地记录和反映了当时的音乐状况"。作为官修史书中《乐志》的重要补充，以及传存至今硕果仅存的儒家论"乐"及"音乐百科"式的著作，《乐书》无疑具有极大的学术价值和历史价值，为今人了解古代音乐形态、典章制度、社会民俗等都提供了重要的文献资料。

诚如中国著名音乐史学家、文献学家冯洁轩所说："检阅陈旸《乐书》，我们可以清楚地了解中国两千年来一脉相承的儒家艺术观、音乐思想。即使历代《乐书》基本失传，我们也不难通过陈旸《乐书》的章节安排和内容而略知它们的大概面貌，虽然具体细节存在着一些时代差异。就这一点而言，陈旸《乐书》是一个可供学者们解剖、分析、研究的典型，是中国长期的封建社会遗留下来的一株完整的标本。"②

### （二）礼乐文化对构建和谐社会具有重要价值

几千年来，中国传统的礼乐文化在维系社会关系、维护社会秩序、维持社会稳定方面发挥着十分重要的作用。相较于强硬被动的法制而言，礼乐更重视人的内在道德修养，它能给人予教化，最终达到身与心的和谐，人与人的和谐，人与社会的和谐。在提倡建设社会主义和谐社会的今天，在传统礼乐文化中发掘合理、有益的因素，能为当今的社会建设提供积极的启发与帮助。

《乐书》产生于各类矛盾激化的北宋后期，面对当时复杂的社会环境，陈旸希望通过恢复三代的礼乐制度来规范人们的行为，恢复社会的秩序，维护尊卑有序的君臣纲纪。当今社会，同样处在社会转型的关键时期，经济快速发展，各种新旧观念相互碰撞，精神文明的发展跟不上物质文明的脚步，产生了道德沦丧、人情淡漠、社会冲突激化等许多问题。在这样的时代背景下，用现代眼光考察陈旸《乐书》及其观点，我们能够发现许多值得思考与借鉴的地方。

1. 礼乐文化有助于加强道德建设。

《十八大报告》中指出："全面提高公民道德素质。……要坚持依法治国和以德治国相结合，加强社会公德、职业道德、家庭美德、个人品德教育，弘扬中华传统美德，

---

① 冯洁轩：《陈旸及其〈乐书〉研究·序二》，文化艺术出版社 2005 年 10 月版。
② 同上。

弘扬时代新风。推进公民道德建设工程,弘扬真善美、贬斥假恶丑,引导人们自觉履行法定义务、社会责任、家庭责任,营造劳动光荣、创造伟大的社会氛围,培育知荣辱、讲正气、作奉献、促和谐的良好风尚。深入开展道德领域突出问题专项教育和治理,加强政务诚信、商务诚信、社会诚信和司法公信建设。加强和改进思想政治工作,注重人文关怀和心理疏导,培育自尊自信、理性平和、积极向上的社会心态。深化群众性精神文明创建活动,广泛开展志愿服务,推动学雷锋活动、学习宣传道德模范常态化。"

在建设和谐社会的过程中,精神文明建设是不可或缺的重要部分,而公民思想道德建设正是精神文明建设的中心环节。中国传统礼乐文化与道德品质养成密不可分。《论语·泰伯》中说:"兴于诗,立于礼,成于乐。"可见,立身处世离不开礼,个人修养的养成离不开乐,礼乐教化对提升个人道德修养具有十分重要的意义。陈旸认为,音乐可以陶冶人的性情,提升道德修养。在论述五声时,他将"宫、商、角、徵、羽"五声与儒家传统道德中的"仁、义、礼、智、信"五常联系在一起,认为"闻宫声斯达诚实之心而为信,闻徵声斯达恭敬之心而为礼,闻商声斯达羞恶之心而为义,闻羽声斯达是非之心而为智,闻角声斯达恻隐之心而为仁","五声之和"有提升道德修养的功用。礼乐对提升公民的道德修养具有积极作用,而个人道德修养的提升又会对整个社会的文明水平产生重要影响。正如《大学》中所说的:"身修而后家齐,家齐而后国治,国治而后天下平。"用礼乐修身,能保持社会的和谐稳定,达到"国治"、"天下平"的目的。

当今社会强调法治,但要建设和谐社会,仅仅依靠法律制度的制约是不够的。《论语·为政》中说:"道之以政,齐之以刑,民免而无耻;道之以德,齐之以礼,有耻且格。"用政治手段来治理人民,用刑罚来整顿人民,人民只会免于犯罪而不会有廉耻之心;用道德来教化他们,用礼教来约束他们,人民不但会有廉耻之心,还会不断地完善提高自己。礼乐能教化人民,使他们自觉地约束自己,积极主动地提高自身修养,较之刑政更具积极性和先进性。礼乐制度中对道德与教化的强调,对当今的社会建设无疑是有很大启发的。

"一个国家、一个民族的强盛,总是以文化兴盛为支撑的,中华民族伟大复兴需要以中华文化发展繁荣为条件。对历史文化特别是先人传承下来的道德规范,要坚持古为今用、推陈出新,有鉴别地加以对待,有扬弃地予以继承。……国无德不兴,人无德不立。必须加强全社会的思想道德建设,激发人们形成善良的道德意愿、道德情感,培育正确的道德判断和道德责任,提高道德实践能力尤其是自觉践行能力,引导人们向往和追求讲道德、尊道德、守道德的生活,形成向上的力量、向善的力量。只要中华民族一代接着一代追求美好崇高的道德境界,我们的民族就永远充满希望。"2013年11月26日,习近平同志在山东考察时的这段讲话,可以引发我们就如何汲取包括礼乐文化在内的传统文化的营养,促进当今社会道德教化的建设,进行全面深入思考和大胆探索。

2. 礼乐文化有助于改善社会风气。

礼乐制度既能区别次序，又能协调人心，礼乐相辅相成，能创造出严谨有序又稳定和谐的社会风气。和谐社会必然是有序的社会，有序的社会离不开合理的规范与要求。传统礼乐文化中，礼规范着人在社会中的地位和关系，给人以道德的引导，使人自律。和谐社会又是安定的社会，安定的社会需要有效的协调与平衡。在传统礼乐文化中，乐教就起着社会"润滑剂"的作用。

《乐记》曰："致乐以治心，则易直子谅之心油然生矣。"音乐能给人以美的享受，陶冶人的情操，审视钻研音乐以加强内心修养，平易、正直、慈爱、诚信之心就会油然而生，人就能得到快乐和安宁。如果人人都能在音乐的教化中得到心灵的安宁与平静，自然能在整个社会形成稳定和谐的社会氛围。正如陈旸在《乐书》中所说的，"乐行而伦清"，通过乐教，能彰显社会伦理道德，净化社会风气，达到"移风易俗，天下皆宁"的境界。

一段时间以来，人们往往较为关注音乐本身的内涵，在音乐技巧、理论等方面取得了很大的发展，却在某种程度上忽视了音乐的道德教化作用。因此，在构筑和谐社会的过程中，要充分认识中国传统礼乐文化对营造社会风气秩序的积极意义，发挥礼乐文化协调社会关系、促进社会和谐的作用，真正体现礼乐文化在当代社会中的价值。2013年岁末，在中共中央政治局就提高国家文化软实力研究进行第十二次集体学习时，习近平同志指出，提高国家文化软实力要努力夯实国家文化软实力的根基。……夯实国内外汇建设根基，一个很重要的工作就是从思想道德抓起，从社会风气抓起，从每个人抓起。作为当代的知识分子，我们如何履行社会良知的职责，进而加入到民族文化复兴的洪流大业中去，陈旸的一生及其撰述《乐书》行为值得我们深思！

陈旸对礼乐文化的高度崇敬之情，以及一份封建时代知识分子的政治文化理想，成就了音乐巨著《乐书》，也为我们今天构建和谐社会提供了有价值的参考。与其说陈旸是一个音乐家，不如说他是一个试图用礼乐来治理国家的文人，文人的社会责任感促使他写成了这部鸿篇巨制。不管是陈旸还是陈祥道，都是胸怀大志的知识分子，他们承担的是社会良知这样一个重要的责任。"处江湖之远忧其君，居庙堂之高忧其民"，他们的理想情怀是很高尚的。他们著书，不是为了一己之私，而是为了使社会的发展更加和谐。从这个角度讲，研究陈旸及其《乐书》，弘扬礼乐文化，对当代是很有意义的，有助于推动当代社会的和谐发展。

# 孔子"三月不知肉味"实指

云南师范大学文学院讲师　周　燕

古今学者《论语·述而》中的"子在齐闻韶，三月不知肉味"的阐释存在不少分歧，其中很多说法不甚通达。此句的解释大致有下面几种。

何晏等注《论语》曰："周曰孔子在齐闻习韶乐之盛美，故忽忘于肉味。"① 此解对《韶》如何盛美？孔子如何忽忘？其间的道理如何？等问题并未讲清。

另一说法认为孔子"不知肉味"是因感伤齐政之弊而食不甘味，梁代皇侃说："齐是无道之君，而滥奏圣王之乐，器存人乖，所以可伤慨也。……孔子言实不意虑奏作圣王之韶乐而来至此齐侯之国也。"② 此说借僭礼一事抛开韶乐本身的美学特质而论，回避了问题关键。

朱熹提出孔子因学习《韶》乐时精神极度专注而"不及乎"肉味。《论语集注》说："《史记》'三月'上有'学之'二字。不知肉味，盖心一于是而不及乎他也。曰：不意舜之作乐至于如此之美，则有以极其情文之备，而不觉其叹息之深也，盖非圣人不足以及此。"③ 朱子虽提及《韶》之美，但仅以"极其情文之备"带过，实际是把"不知肉味"的原因归结到学习的专注上，避谈《韶》乐自身的何种特征引起不知肉味。

阮籍《乐论》的讨论最为中的，他说："故孔子在齐闻韶，三月不知肉味，言至乐使人无欲，心平气定，不以肉为滋味也。以此观之，知圣人之乐和而已矣。"④ 但作为玄学家对儒家思想的阐发，此论历来极少被关注。

今人虽多肯定《韶》乐本身特征导致不知肉味，但对二者间关联难以辨明，多限于字面直译。如杨伯峻先生说："孔子在齐国听到韶的乐章，很长时间尝不出肉味，于是道：'想不到欣赏音乐竟到了这种境界'。"⑤ 侯敏泽先生说："《韶》是'美'和'善'高度统一的典范……因为它不仅乐舞是美的，又歌颂了孔子理想的'礼让'政

---

① （魏）何晏等注，（宋）邢昺疏：《论语注疏》，《十三经注疏》，上海古籍出版社1997年版，第2482页。
② （梁）皇侃：《论语集解义疏》卷四，商务印书馆1937年版，第90页。
③ （宋）朱熹：《四书章句集注》，中华书局1983年版，第96页。
④ （清）严可均：《全上古三代秦汉三国六朝文》，《全三国文》卷四十六，中华书局1958年版，第1314页。
⑤ 杨伯峻：《论语译注》，中华书局1980年版，第70页。

治,所以在齐国听到《韶》乐时,孔子竟然三月不知肉味,赞不绝口地说:'不图为乐之至于斯也'。①"美和善的高度统一"、"歌颂礼让政治"何以能导致三月不知肉味这么强烈的个人感受?这些问题都说不透。李泽厚、刘纲纪先生认为孔子闻韶三月不知肉味"一方面说明乐与肉二者同是感性的愉快可以比较,另一方面说明由于乐这种感性愉快具有精神上的审美性质,使得纯粹满足口腹之感性愉快的肉,变成了无味的东西。"② 此解探及审美感官与精神审美层面,但却未说明"乐这种感性愉快"如何同时具有精神上的审美性质,会使纯粹的口腹之欲变成无味?

论者虽多附和孔子对《韶》的赞赏,实际却不以为然。蔡仲德先生说:"孔子闻韶,至于三月不知肉味,似乎真是臻于尽善尽美之境了。但从《诗经》看,颂乐大多无韵,不分章迭句,音调平和,节奏缓慢。从《乐记》看,政治上颇有作为的魏文侯每听雅颂之乐便'惟恐卧',可见它们并不那么悦耳动听。因此,'三月不知肉味'云云似乎主要是出于对雅颂之乐的偏爱,出于'正乐'、'复礼'的需要,不可不信,也不可全信。"③ 显然蔡先生认为引起不知肉味的只可能是音乐"悦耳动听"的特征,韶乐的悦耳动听并不突出,此逻辑下,孔子"三月不知肉味"被视为有目的性的夸张。蔡先生并不认可"三月不知肉味"的记载。

可以肯定的是孔子对在齐所闻《韶》乐赞叹极高,可知它体现了完美的礼乐精神。据之判断此《韶》乐基本保持了舜时的面貌并不为过。前述论说之所以回避或否认《韶》乐的审美特征是由于预先认为审美即顺从感官欲望,这与礼乐精神相悖。要释"三月不知肉味"必须回到对礼乐精神及对其审美特征的确切理解上。礼乐与现代音乐审美观之间存在巨大隔膜,欲真正抓住礼乐精神主旨,须抛开现代审美思维模式,从音乐、礼乐及人心之根本看起。

## 一、礼乐深层内涵解析

首先,礼乐中的声、音、乐是三个差别很大的概念。对此问题的忽视是误会的关键。《乐记》载:

> 凡音之起,由人心生也,人心之动,物使之然也。感于物而动,故形于声,声相应,故生变,变成方,谓之音。比音而乐之,及干戚羽旄,谓之乐。……
> 凡音者,生于人心者也;乐者,通伦理者也。是故知声而不知音者,禽兽是也。知音而不知乐者,众庶是也。惟君子为能知乐。是故审声以知音,审音以知

---

① 敏泽:《中国文学理论批评史》,人民文学出版社1981年版,第23页。
② 同上。
③ 蔡仲德:《中国音乐美学史》,人民音乐出版社1997年版,第95~96页。

乐，审乐以知政，而治道备矣。是故不知声者不可与言音，不知音者不可与言乐，知乐则几于礼矣。礼乐皆得谓之有德。德者，得也。

"声"是自然界中一切单音的物理声音，"宫商角徵羽杂比曰音，单出曰声。"①"音"是把单出的物理声音加以排列组合而成的有美感的曲调，指一切音乐。"乐"可以说是音的一种，但其独特内涵使之必须与音作区分，这也是乐存在的第一要义。乐不同于一般音乐的特征有三：一是将道、自然秩序表达出来："铿锵之类皆为音，应律乃为乐"②，律即用乐表达的自然秩序；二是圣人所作；三是形式上有明确的限度。"乐"特指礼乐，是由通达天地之理的圣人根据人心与音乐之间真实不伪的感应制作的符合天地自然之道、有政教功能的音乐；其艺术特征平和，旨在陶冶世人性情，维护社会良好运转。或曰乐是种境界极高的音乐。然而圣人与天道在现代观念中几遭废弃，人们更不知音乐能表达天道，所以现代音乐观念中不存在可与"乐"对应的概念。

其次，乐概念的根基是对人本性的深刻认识。对于人性，古今中外有言善有言恶，皆因对人之恶意、恶行的源头把握不定。而人性之清净在儒释道三家皆无异义。《乐记》曰："人生而静，天之性也。"郑康成注曰："人心本寂。"孔颖达正义曰："人初生未有情欲，是其静禀于自然是天性也。"③孔子说："人之初也，性本善也。"《老子》言"致虚极，守静笃。万物并作，吾以观复。夫物芸芸，各复归其根。归根曰静，是谓复命。复命曰常，知常曰明。不知常，妄作凶"。佛家对自性清净讲得更多，如《坛经》曰："何其自性本自清净。"三家皆认为本性为善，性流为情，情流为欲；情、欲是对本性的背离。

人的欲望及意恶、行恶是本性之外的习性，受外物触发而生："人生而静，天之性也。感于物而动，性之欲也。物至知（智）知，然后好恶形焉。"人心之静极不稳定，易受外界影响而生出种种欲望，偏离本性。因而人的性情、心术看上去总是不恒定的无常。欲望虽内在，但绝非本性，"自然谓之性，贪欲谓之情"④。

性情变动影响并不局限于一人一物，它还是一切社会问题的源头。《乐记》释此过程为：

> 好恶无节于内，知诱于外，不能反躬，天理灭矣。夫物之感人无穷，而人之好恶无节，则是物至而人化物也。人化物也者，灭天理而穷人欲者也。于是有悖

---

① （汉）郑玄注，（唐）孔颖达等正义：《礼记正义》，上海古籍出版社1997年版，第1527页。本文所引《乐记》正文皆出自此版，不再一一注明。
② （汉）郑玄注，（唐）孔颖达等正义，《礼记正义》，上海古籍出版社1997年版，第1540页。
③ 同上，第1529页。
④ 同上。

逆诈伪之心，有淫泆作乱之事。是故强者胁弱，众者暴寡，知者诈愚，勇者苦怯，疾病不养，老幼孤独不得其所。此大乱之道也。

因而，儒释道并将去欲和恢复人之本性作为个人及社会文化修为的根本指向。

其三，音乐作为一种从心天然发出的声音，未经任何表义的中间转换步骤，它与人心的对应绝对真实，"惟乐不可以为伪"。这种直接性与真实性决定了特定音乐形式与情感类型之间有固定对应。

其哀心感者，其声噍以杀，其乐心感者，其声啴以缓；其喜心感者，其声发以散；其怒心感者，其声粗以厉；其敬心感者，其声直以廉；其爱心感者，其声和以柔。六者非性也，感于物而后动。

音声与特定情感的对应因其天然而一定，同样，它与意义间的对应亦无需人为外加任何指定，不经由任何人为思考或规定而传达，任何地方、任何种族的人，某一心境下发出的音声不必任何译介便可为他人正确感知。音乐不可能为伪，较之语言它呈现为另一种表义的精确——音乐式的尽意，而无语言式的歧义。语言无力阐明音乐内涵恰恰是因语言手段相对于音乐的粗疏与拙笨。人心对音乐的感知大部分不经由显意识层面，人更多时候并不能清晰意识到自己对所听音乐的理解程度。人只要听到音乐，其真实影响就无可避免，只是多数人不自知。

民有血气心知之性，而无哀乐喜怒之常，应感起物而动，然后心术形焉。是故志微、噍杀之音作，而民思忧，啴谐、慢易、繁文、简节之音作，而民康乐，粗厉、猛起、奋末、广贲之音作，而民刚毅，廉直、劲正、庄诚之音作，而民肃敬，宽裕、肉好、顺成、和动之音作，而民慈爱，流辟、邪散、狄成、涤滥之音作，而民淫乱。

音乐的无伪是古圣贤治礼作乐的道理所在。他们明了音乐对人心作用的精确与真实任何文化手段都无法比拟："音乐至重，所感者大"[1]，如班固所言："夫乐本性情，浃肌肤而臧骨髓，虽经乎千载，其遗风余烈尚犹不绝。"[2]

音乐还是"人情所不能免"，因而圣贤将之作为疗治社会最根本、最高明的手段："乐也者，圣人之所乐也，而可以善民心，其感人深，其移风易俗，故先王着其教焉。"音乐产生的同时就作为极具感发力的外"物"而存在，深切作用于人心，并最终造成

---

[1] （汉）应劭撰，王利器校注：《风俗通义校注·声音第六》，中华书局1981年版，第278页。
[2] （汉）班固：《汉书》卷二十二礼乐志第二，中华书局1962年版，第1039页。

各种社会行为的发生。先王将音乐作为影响人之社会行为的首要因素加以规范，以和平的礼乐对人心施以陶冶，实现社会行为的端正。

  ……故人不耐无乐，乐不耐无形。形而不为道，不耐无乱。先王耻其乱，故制雅颂之声以道之，使其声足乐而不流，使其文足论而不息，使其曲直、繁瘠、廉肉、节奏足以感动人之善心而已矣，不使放心邪气得接焉。是先王立乐之方也。……
  君子反情以和其志，比类以成其行，奸声乱色不留聪明，淫乐慝礼不接心术，惰慢邪辟之气不设于身体，使耳目鼻口心知百体皆由顺正以行其义。
  是故乐在宗庙之中，君臣上下同听之则莫不和敬；在族长乡里之中，长幼同听之则莫不和顺；在闺门之内，父子兄弟同听之则莫不和亲。故乐者，审一以定和，比物以饰节，节奏合以成文，所以合和父子君臣、附亲万民也。是先王立乐之方也。

但因乐的道理非见微知著者难以体察，音乐对人心的影响极其内在，此影响表现在行为上也不立竿见影，人们便误以为音乐除满足感官享受外对人没有更大的影响，很难将乐与教联系起来。实际上礼乐远远超越感官层面的享受，其最终着眼点在人生、社会合乎道的运行。礼乐表达的天地原则落实在社会生活层面即"行适"所带来的和合的人伦道德，以及"四海之内，合同敬爱"的良好社会秩序。

  是故先王本之情性，稽之度数，制之礼义，合生气之和，道五常之行，使之阳而不散，阴而不密，刚气不怒，柔气不慑，四畅交于中而发作于外，皆安其位而不相夺也。然后立之学等，广其节奏，省其文采，以绳德厚，律小大之称，比终始之序，以象事行，使亲疏、贵贱、长幼、男女之理皆形见于乐，故曰"乐观其深"矣。……

在礼乐刑政这些层面中，礼乐从最根本处——心地上避免负面影响，即治心，是要求在音乐产生之时就确保其具有和乐的正面效用，避免那些引人情绪动荡的乐音，力求以雅正的音乐充盈人之心田，"是故先王慎所以感之者。故礼以道其志，乐以和其声，政以一其行，刑以防其奸。礼乐刑政，其极一也，所以同民心而出治道也。"

合于本性的音声之理也必合乎自然大道。《吕氏春秋》曰："音乐之所由来者远矣，生于度量，本于太一。太一出两仪，两仪出阴阳。"① "乐者感天地之气，是天地

---

① 许维遹：《吕氏春秋集释》，中华书局2009年版，第108页。

之教命也。"① 《史记乐书》曰："礼乐法天地之事，天地应礼乐也。"② "天地以气氤氲，合生万物。大乐之理，顺阴阳律吕生养万物，是大乐与天地同合也。"③ 乐的原则实为天道原则，但因过于隐微需有明了天地之理、洞悉世界运行原则的圣人方能予以揭示和教化，"大人举乐，天将为昭焉"、"作乐以应天，制礼以配地"。所以贤明如孔子尚且不敢以圣人自居，一生"述而不作"，自谓能够明了、阐发和继承圣人所言之理的"明"人，所谓"知礼乐之情者能作，识礼乐之文者能述。作者之谓圣，述者之谓明。明圣者，述作之谓也"。制礼作乐的尧舜禹汤文武周公是能够通达天地之理的圣人，后世新王朝的天子已不通天地之理，他们制作礼乐多靠前代传承。

乐的"和平"标准也是天道之一端："动四气之和者谓感动四时之气，序之和平使阴阳顺序也。"④ 遵循它即是涵养从心性到社会的和平之德：

> 乐之道归焉耳者，言所以致此在上诸物各顺其性，……乐道所以然者，乐之根本由人心而生，人心调和则乐音纯善，协律吕之体，调阴阳之气，二气既调故万物得所也。⑤

> 欲之者，耳目口鼻也。乐之弗乐者，心也。故乐之务在于和心，和心在于行适。⑥

> 乐者，天地之和也。礼者，天地之序也。和，故百物皆化；序，故群物皆别。乐由天作，礼以地制，过制则乱，过作则暴。明于天地，然后能兴礼乐也。

保护好人心的"平和之德"，维护人本"静"的心性，这是维系社会道德保证社会良性运转的根本途径。

## 二、由古今音乐美学观念析"不知肉味"实质

孔子所论《韶》之"尽善"言其礼乐精神，"尽美"着眼于形式。然而《韶》之"尽美"内涵与今天说的音乐形式美差异很大，若等同审视则根本无法理解礼乐形式

---

① （汉）郑玄注，（唐）孔颖达等正义：《礼记正义》，上海古籍出版社1997年版，第1545页。
② 《史记·乐书》第1193页。
③ （汉）司马迁：《史记·乐书正义》，中华书局1959年版，第1190页。
④ （汉）郑玄注，（唐）孔颖达等正义：《礼记正义》，上海古籍出版社1997年版，第1536页。
⑤ 同上，第1537页。
⑥ 许维遹：《吕氏春秋集释》，中华书局2009年版，第114页。

特征。现代音乐美学观念将听觉美感作为音乐形式美近乎唯一的标准,听觉美感越高则音乐美越高,这是种单向度的追求,即很多人青睐的"为艺术而艺术"。

现代人认为很自然的审美标准却是我们理解古代礼乐的巨大障碍。欲辨明其中差异,应先明晰礼乐对感官欲望的界定。单纯的音乐形式美只关注满足人的感官享受,《乐记》则曰:

> 是故乐之隆,非极音也;食飨之礼,非致味也;清庙之瑟,朱弦而疏越,壹倡而三叹,有遗音者矣。大飨之礼,尚玄酒而俎腥鱼,大羹不和,有遗味者矣。是故先王之制礼乐也,非以极口腹耳目之欲也,将以教民平好恶,而反人道之正也。

繁复的音乐技巧也是淫:"烦手淫声,慆堙心耳,乃忘平和,君子弗听也。"①(《左传·昭公元年》)然而现代艺术观念中,技巧的复杂、高超却往往是博得喝彩的筹码。在古代礼乐观念看来,这种繁复与过度正是乱人心性的有效手段。

> 土敝则草木不长,水烦则鱼鳖不大,气衰则生物不遂,世乱则礼慝而乐淫。是故其声哀而不庄,乐而不安,慢易以犯节,流湎以忘本;广则容奸,狭则思欲;感条畅之气,而灭平和之德。是以君子贱之也。

儒释道皆以感官享受为偏离本性的欲望。《老子》曰:"五色令人目盲,五音令人耳聋,五味令人口爽,驰骋畋猎令人心发狂,难得之货令人行妨。是以圣人为腹不为目,故去彼取此。"佛家讲一切遮蔽自性智慧的的虚妄意识皆来自无明驱使下眼耳鼻舌身意六根对色声香味触法六尘所起的执着,所谓"一念不生全体现,六根忽动被云遮"。②

今人言尽美指追求极致的形式美。人们以悦耳或艺术技巧的复杂与否来论艺术家天赋高低。艺术家们推崇一己的喜怒哀乐,并奉之为艺术灵感、"天地之理",至于这样的作品对社会将产生何种影响几乎无所知也不甚关注。形式美被视为纯粹、无功利的美,其价值高于着眼于社会性的功利的美。

顾颉刚先生即以单向度的音乐形式美释"尽美"而误将《韶》视为齐乐中的新乐,即"文娱活动"。他说由于齐地经济优厚,"文娱活动自有迫切之需要,其质量亦遂有不断之提高,韶乐之所以尽美尽善,风靡一世,西被乎秦,南暨乎楚者以此,谈说之士之所以乐为夸张,必遥托之若干古帝王或直托之天帝者亦以此。此固非拘虚之

---

① 杨伯峻:《春秋左传注》"昭公元年",中华书局1990年版,第1221页。
② 宣化上人讲《楞严经》。

儒者所能解也"。① 顾先生所言质量"提高"指音乐娱乐耳目功能的提高，这在礼乐概念中恰恰是危险的堕落。

李斯《上书谏逐客》中提到"夫击瓮、叩缶、弹筝、搏髀而歌乎呜呜、快耳目者，真秦之声也；郑、卫、桑间、韶、虞、武象者，异国之乐也。今弃击瓮、叩缶而就郑卫，退弹筝而取韶虞，若是者何也？快意当前，适观而已矣"②。顾先生认为《韶》、《虞》与郑卫之音都是"快意者"，以为春秋时的《韶》乐必已"发展"至与郑声齐等的新声俗乐；《韶》乐若果真是出于远古圣贤，则李斯就不会将之与郑卫、桑间等俗乐为侪偶③。而实际上俗乐不仅不是音乐的发展，反而是欲望放纵的堕落。李斯将《韶》《虞》与新乐并列是肯定了古乐不缺乏优美悦耳的形式，秦人即便不理解礼乐之旨，却也喜其悦耳。古乐新乐皆悦耳，区别在于古乐的悦耳有度能反，新乐无止境地追求感官刺激不知反，即为淫。顾颉刚先生将音乐形式美与善的主旨对立起来，预先将礼乐定性为不美，显然是对礼乐精神的误解。

此类误会在孔子时代也不罕见，此谓知音而不知乐。礼乐精神一旦失掉，创作、欣赏音乐的人不明了礼乐反躬、知止的精神，"所好者音也"，尽情放纵耳目之娱，则必然流于沉溺、放逸，典型代表便是郑声。嵇康《声无哀乐论》对之有透彻的阐发：

> 若夫郑声，是音声之至妙。妙音感人，犹美色惑志，耽盘荒酒，易以丧业，自非至人，孰能御之！先王恐天下流而不反，故具其八音，不渎其声；绝其大和，不穷其变；捐窈窕之声，使乐而不淫，犹大羹不和，不极勺药之味也。④

古今都不否认声音和谐的音乐形式是美的，但悦耳的音乐中却福祉与祸患并存。古人对音乐美有明确区分：好的音乐知反，有道德教化意义，"乐盈而反，以反为文"；若美的形式超过一定的度，"乐盈而不反则放"，就成为沉溺、放纵的淫。听者沉溺于感官享受的愉悦不知道德，社会将被导向危险境地。郑声形式至美，可谓典型的"为艺术而艺术"，《乐记》谓之"郑卫之音，乱世之音也，比于慢矣。桑间濮上之音，亡国之音也。其政散，其民流，诬上行私而不可止也"。因此孔子教导颜渊治理国家时说："行夏之时，乘殷之辂，服周之冕，乐则韶舞，放郑声，远佞人。郑声淫，佞人殆。"⑤ 礼乐从人心源头杜绝摇荡性情的影响，极力避免过度、无节的形式美，但并不

---

① 顾颉刚：《史林杂识·韶》，中华书局1963年版，第278页。
② （清）严可均：《全上古三代秦汉三国六朝文·全秦文》卷一，中华书局1958年版，第118页。
③ 顾颉刚：《史林杂识·韶》，中华书局1963年版，第272页。
④ 嵇康：《声无哀乐论》，（清）严可均：《全上古三代秦汉三国六朝文·全三国文》卷四十九，中华书局1958年版，第1333页。
⑤ （魏）何晏等注，（宋）邢昺疏：《十三经注疏·论语注疏》，上海古籍出版社1997年版，第2517页。

等于排斥形式美，所以乐在形式上的最大特征就是音调和谐，节奏和缓、平和，对技巧、音声等形式美手段作明确的节制，这与听觉美感并不矛盾。

很多人据《乐记》中魏文侯"端冕而听古乐，则惟恐卧；听郑卫之音，则不知倦"认为，礼乐的形式糟糕到令人昏昏欲睡，似乎形式美只是郑声俗乐的专利。这是极大的误会。习惯于强烈音乐刺激的人所需的刺激点高，突然进入到和缓的、刺激度很低的音乐中，由于音乐感受力过弱，必然昏昏欲睡。魏文侯"惟恐卧"非因古乐不悦耳，只因和缓的古乐对感官的刺激较弱，而这恰是古乐的长处所在。

礼乐与悦耳的形式绝不冲突，若能确保音乐有度，形式美当然能为之增色。《韶》就是一部形式、内涵兼极的乐。圣人治作礼乐时有意"绝其大和，不穷其变"，以"知止"保持人的平和之德，避免激发人的感官欲望，其中蕴含着深厚的社会责任感，绝非反对形式美。若古人作礼乐排斥形式美，刻意作得难听，无人喜闻，又何以实现其教化之用？

综上可知，孔子赞叹《韶》乐"尽善尽美"是说它在知止的内容与音乐形式美方面共同实现了最好的效果，若简单地以今人之"尽美"释孔子之"尽美"就完全背道而驰，带来严重误解。

前述论者未能明晰的核心问题在于：《韶》乐的什么特征导致孔子"三月不知肉味"？详究儒家礼乐对外物的谨慎戒备可知，"三月不知肉味"的真义实为欲念的成功节制。礼乐根据音乐与人心真切感应的原理，通过有节度的音乐形式来节制人的欲望、情绪，以协调人伦、实现社会生活的和乐安宁。孔子具有良好的音乐感悟力也是礼乐专家，特别能深切体会到《韶》乐以优美的形式有效地节制听者欲望的作用，口欲淡薄而"三月不知肉味"。现代艺术观追求审美愉悦的极致实为礼乐标准下耳目口腹之娱的放纵，也正是礼乐要竭力杜绝的，二者主旨完全相反。所以"三月不知肉味"的问题不可能在现代美学观念标准下解释清楚。

# 儒家礼乐教化及当代实现

吉林师范大学马克思主义中国化问题研究中心主任、教授 祖国华

儒家有着悠久的礼乐教化的传统。"'礼'之于人伦秩序,'乐'之于内心和谐,'礼'之于行为规范,'乐'之于心性陶然,是道德伦理和美感的结合,是行为规范和内心感召的结合。"①"礼"是人伦规范和行为准则,旨在实现人伦与社会的有序和谐;"乐"是表达人的情感、激荡人的内心、引起共鸣的艺术表现,旨在提炼、升华个体内心的审美情感和道德情操。儒家将"礼"、"乐"结合,通过"作乐"以"兴礼",外在的礼制规约通过乐的性情陶冶、道德养成内化为人的道德品质,从而使礼乐具有了教化意义。

## 一、儒家礼乐教化的本质

"一个社会不可能完全破除其传统,一切从头开始或完全代之以新的传统,而只能在旧传统的基础上对其进行创造性的改造。"② 一如梁启超对待中国传统道德的态度,对待儒家礼乐教化同样应做到"既要批判又要继承,既要反对顽固守旧,又要反对民族虚无主义"。③ 儒家礼乐传统固然存在维护等级秩序的封建性、落后性等问题,但其作为民族文化传统的一部分其经久不衰的生命力量,已经积淀成为一种潜藏于文化深层的民族文化心理结构。随着社会进步与文化变迁,儒家礼乐教化也必然泛出其历久弥新的光辉。而重新阐述儒家礼乐文化,挖掘礼乐文化的时代价值,对其进行符合时代要求的转换就成为弘扬礼乐文化传统的任务所在。

"礼乐教化"之"教化",区别于一般意义上的"教育",有特殊的指向意义,既包括教育主体具有特定主观目标的教育、培养活动,又有自然生成、缓慢演进、潜移默化、氤氲化生的意思。不仅涉及政教风化、教育感化以及环境影响对主体生成的作用,更强调教化对象的内在因素转变、性格品质形成的过程和意义。由是观之,教化

---

① 祖国华:《"礼乐教化"对高校思想政治教育的当代价值阐析》,《社会科学战线》2009 年第 10 期,第 37 页。
② [美] E. 希尔斯,傅铿、吕乐译:《论传统》,上海人民出版社 1991 年版,第 2 页。
③ 张锡勤、孙实明、饶良伦:《中国伦理思想史先秦—现代(1949)》(下册),黑龙江教育出版社 1992 年版,第 247 页。

对象的自我生成、自我转化、自我发展的含义，是培育等概念所无法包容的。从这一层面而言，对儒家礼乐教化的传统予以客观的揭示和表达，对其教化功能予以转换并将其应用于社会礼乐文明创建和个体道德品德养成的过程中是具有现实意义的。

儒家礼乐教化，其本质是儒家礼乐文明"缓慢渐进，氤氲化生"的内化外现过程。是以维护社会秩序的和谐与稳定、提升个体的道德修养为目的的社会礼乐文明的创建过程。这一创建过程主要包括两方面：一是儒家礼乐传统自身的传承、扬弃、开拓。表现为儒家礼乐传统的要素即"礼"与"乐"之间如何达到和谐状态，二者以"矛盾"、"斗争"和重组、再生为表现形式和基本前提，逐渐互补，从而形成具有"礼"之实质内容和"乐"之教化方式的可资借鉴的、新形态的礼乐文明；二是儒家礼乐传统涵括的教化功能，即儒家礼乐传统内化为个体精神秩序和心理结构中的构成要素，外现为个体的具体思维方式、情感认知、行为习惯等环节。进而通过对个体道德修养的提升，整合为良性的社会秩序的一种理想建构，即外现为社会秩序的和谐与稳定。这种内化外现的双重过程，既体现了儒家礼乐传统的扬弃、整合、内化、外现的内在机制和规律，又揭示出儒家礼乐传统缓慢渐进、氤氲化生的本质。

## 二、儒家礼乐教化的特点

教化，从本质上讲体现为个体道德修养提升与社会秩序和谐、稳定两大渐进性过程。个体道德修养提升过程，就是将儒家礼乐传统内化为个体精神秩序中的构成要素，并将其转变为个体的素质、性格等外在表征，即个体的道德化过程。社会秩序的和谐与稳定过程，是儒家礼乐传统通过社会成员个体道德品格的培养，人际关系的融洽，社会风尚的形成达到维护中国社会秩序以实现和谐稳定的过程，即社会的秩序化过程。个体道德化与社会秩序化有机统一、和谐共生，共同实现了儒家礼乐文明的教化功能。而在个体道德化与社会秩序化的发展进程中，儒家礼乐传统表现出了明显的特点。主要包括以下几个方面：

一是过程性。儒家礼乐传统不是既定的、静止的、封闭的文化样态，而是一个发生、发展的动态的历史过程。正是在这一动态发展过程的基础上，儒家礼乐教化体现为一种"渐进式改革"的模式。其"渐进式改革"正如宋代哲学家张载所言："变言其著，化言其渐。"（《横渠易说·乾卦》）教化是儒家礼乐传统的作用与价值潜移默化地感染着、熏陶着每个个体，使个体内在的道德修养得以提升，使社会秩序达到和谐与稳定，实现个体道德化与社会秩序化的完美统一。"礼乐文明不是一个纯理性的认知模式，而是包含了大量感性行为化的内容。一切都需要在动态中求得稳态、平衡、协调。"① 在动态发展中实现目标，最为明显地体现了事物发展的过程性特征，即儒家礼乐教化的实现过程，并不是一蹴而就的，而是建立在一个复杂的、综合的、渐进的发展过程基础之上的。从这一点不难看出，无论是从儒家礼乐传统自身的传承与发展，还是从其教化的的本质与内涵上看，过程性都表现得尤为明显。

二是秩序性。社会秩序是社会系统诸要素之间的关系和状态，是"社会得以凝结在一起的方式"②。"没有社会秩序，一个社会就不可能运转。"③ 同样个体存在也具有秩序要求，个体内在的和谐，归根到底，也是一种秩序状态，是身与心的和谐，是一种高度的精神秩序。个体的失序和不和谐对个体以及社会造成双重危害。儒家礼乐文明，正是基于维护社会秩序的和谐稳定与个体和谐的目的而发挥其教化功用的。其秩序性，一方面表现为"礼"与"乐"之间关系的确立与实现，即以乐从属于礼，二者之间关系的混乱甚至本末倒置体现的是社会的失序。另一方面体现为个体精神秩序的诸多要素的和谐状态，这些体现精神秩序的要素和谐与否，直接决定着儒家礼乐教化功能能否顺利实现。个体精神秩序紊乱的状态下，"社会既有行为范式、价值观念被普遍怀疑、否定，或被严重破坏，逐渐失去对社会成员的影响力与约束力，人们的行为缺乏明确的社会规范约束，在现象界形成社会缺少某种正常交往秩序、行为规范的事实'真空'缺失现象，呈现出某种紊乱无序状态。"④ 而这种"行为失范，秩序紊乱"的状态，在孔子生活的礼崩乐坏的时代体现得淋漓尽致。这充分体现了儒家礼乐传统教化对于维护社会秩序的重要意义和巨大价值。

三是向善性。向善性是儒家礼乐教化的价值取向和完满实现，是儒家礼乐教化的理想目标与道德境界。具体可概括为三个方面：首先，优化个体生命。任何一项社会实践活动，最基本的价值目的就是个体生命得以存续与完善，儒家礼乐教化也不例外。它以有利于个体追求并享有一种更好质量、更高层次、更加幸福的生活为基本前提。是否有利于个体生活向好、向善的方向发展，便构成了儒家礼乐教化的第一维度，也是最基本的价值指向。其次，助推社会进步。儒家礼乐教化还着眼于推动社会的全面进步。社会持续发展、不断进步的基本前提是有一个良好的社会秩序，这个良好社会秩序的建立和维护离不开社会的核心价值体系和道德风尚，而儒家礼乐文明塑造了传统社会的秩序，并为之提供了一整套的价值体系以及社会成员所应遵守的行为准则，对维护社会秩序的稳定提供了巨大的精神动力支持。最后，传承普世价值。"一种精神要素成为民族精神秩序中恒久性的因子，其历史的根据就在于它符合了人类历史发展

---

① 张晓虎：《礼乐传统的现代转化途径》，《兰州学刊》2012 年第 10 期，第 58 页。
② [美] 李普塞特，张华青等译：《一致与冲突》，上海人民出版社 1995 年版，第 12 页。
③ [美] 布罗姆利，陈郁等译：《经济利益与经济制度——公共政策的理论基础》，上海人民出版社 1996 年版，第 55 页。
④ 高兆明：《制度公正论——变革时期道德失范研究》，上海文艺出版社 2001 年版，第 16 页。

的要求与规律,具有一定的超时代、超民族的精神价值。"① 儒家礼乐传统之所以能够缓慢渐进、氤氲化生地改变着人与社会,就是因为其包含一些"超时代、超民族的精神价值",其所传承的仁善正义、中庸温和、明礼诚信、慎独自律等精神内涵作对人的生成、对社会的进步具有普遍的价值意义。并在社会发展进程中不断地发挥着作用。

## 三、儒家礼乐教化的功能

儒家的礼乐传统包括"礼"与"乐"两个方面,二者相辅相成,缺一不可。"礼"是教化的根本,"乐"是教化的形式,以礼维秩序,以乐促和谐,二者结合,共同实现儒家礼乐的教化功能。

### (一)礼之教化功能

"礼"是中国儒家思想的基本理念,自古以来儒家就非常重视礼的教化功能。儒家礼之教化,并不像法律的严肃、法规的严苛使人被动的服从,而表现得更为含蓄,通过道德的教育与感化使人如沐春风,潜移默化中受到熏染。如:"礼云礼云,贵绝恶于未萌,而起敬于微眇,使民日徙善远罪而不自知也。"(《大戴礼记·礼察》)"礼之教化也微,其止邪也无形,使人日从善远罪而不自知也。"(《礼记·礼察》)因此,礼的重要功能之一便是使人"日从善远罪而不自知也"(《礼记·经解》)。即潜移默化地使人趋向善良、远离罪恶,在这个过程中个体形成了对善的道德认知、对善的道德选择,以及趋善避恶的道德自觉和实践善良意志的道德自由。由此,个体由自然的人成长为道德的人、社会的人需要一个渐进的过程,这个过程不是主体刻意而为,而是在礼之教化下"不自知"的实践过程。

由此观之,礼之教化功能的一个维度就是潜移默化地规范和制约人们的行为。孔子有言"克己复礼为仁"(《论语·颜渊》)。儒家用"礼"来进行自我约束,言行皆要合于礼,"夫子博我以文,约我以礼"(《论语·子罕》)。在封建社会,礼是一整套森严的等级制度,个人在"礼"之制度中要通过身份和角色来确证自己,所以明晰自己的身份和角色,恪守符合身份和角色的义务,是个体在"礼"之规约中的职责和本分。在中国古代社会,"'礼'的功用偏重于对人们的行为加以限制,时刻提醒人们注意不能超出自己的身份,而不是鼓励人们如何如何。"② 儒家的礼对人的教化,按照朱子的解释就是克去己私,"非礼勿视,非礼勿听,非礼勿言,非礼勿动"(《论语·颜渊》)。实现的途径是为人们提供必须遵守的行为准则,激发人们执行礼制规范的自

---

① 冯秀军:《教化·规约·生成:古代中华民族精神化育研究》,中国社会科学出版社 2009 年版,第 64 页。
② 白奚:《儒家礼治思想与社会和谐》,《哲学动态》2006 年第 5 期,第 18 页。

觉,并通过教化和渗透提升人们的文明意识和道德素养,以礼为教,节制人的私欲,引导人的道德境界趋于圆满,而这一过程正是外在规范的制约逐渐内化为道德内省的过程,也是由外而内的战胜自我,无限趋向"仁"之美德境界的过程。这个过程不只是用礼来规约、限制人们的行为,而是鼓励人们在守礼、行礼的前提下应该如何,即由被动的接受变为主动的汲取,在潜移默化中将人引入道德之途,在不知不觉中提升人的道德情操,形成人的道德自觉,实现个体的道德化。

礼乐教化功能的另一维度是润物无声地维护社会秩序。"为国以礼"(《论语·先进》),"礼,经国家,定社稷,序人民,利后嗣者也"(《左传·隐公十一年》),"礼,王之大经也"(《左传·昭公二十六年》),"礼之于正国也,犹衡之于轻重也,绳墨之于曲直也,规矩之于方圆也"(《礼记·经解》)。自汉代以来,"礼"的内涵不断丰富,不仅对个体的道德化具有规范和指导的作用,对人伦、国家、社会的秩序化也有着调控和稳定的作用。第一,礼对社会秩序和政权的巩固,是通过对人的精神陶染而实现的。礼具有非强制性的特征,人们对礼的接受和认同不是迫于压力、出于畏惧,而是自觉、自愿的行为。用道德观念的内化,即道德教育,使人们的行为发乎情止乎礼,从而实现礼对人的道德制约作用。第二,礼对社会秩序的维护是通过维护社会关系展开的。中国传统社会的伦常以君臣、父子、兄弟、夫妇、朋友为中心,礼制不仅规定了尊卑、长幼、上下、男女之别,更包含了君仁臣忠、父慈子孝、兄友弟恭、夫义妇顺、朋友有信的相处之道。所以"夫礼者,所以定亲疏,决嫌疑,别异同,明是非也"(《礼记·曲礼》),也是尊卑有等、长幼有序、进退有礼的和合之道。礼制实现传统社会秩序有差别的和谐,对社会稳定发挥着重要的作用。第三,礼对于社会秩序的维护,是通过社会发展蓝图的设计实现的。《礼记·礼运》篇设计了"小康"与"大同"两种不同的社会理想蓝图,在小康社会里,人们"各亲其亲,各子其子,货力为己",血缘亲疏和利益分配是小康社会存续的基础,为了维持这种具有私有性质的社会秩序,礼是必不可少的制约手段。"大同"是儒家最理想的社会建构,是"人不独亲其亲,不独子其子,使老有所终,壮有所用,幼有所长,矜寡孤独废疾者皆有所养"的天下为公的社会形态,大同社会的构想是礼制发挥作用的最高层次的体现,其中个体在礼乐文明的教化下达到了更高层次的道德境界。尽管有些空想成分,但在一定程度上折射出礼对社会秩序的维护与促进作用。

需要指出的是,礼若要实现上述二维功能,必须以其所确认的身份区别、等级关系、整合机制能够被社会成员普遍接受和认同为前提,只有这样才具有可操作性和广泛适用性,才能为社会成员自觉遵守,也只有这样才能使个体产生强大的精神动力,以实现社会秩序的有效和谐运转。否则,礼只能作为一种空洞的口号或限定方式,不能真正发挥其应有的教化功能,更有甚者还会引发社会矛盾和冲突,进一步导致社会动荡和危机。而要保证这个前提,就需要"礼"进行不断地自我调节,以适应个体完善、社会发展的需要,这也是礼之教化功能的应有之义。

### (二) 乐之教化功能

儒家非常重视音乐的社会功能和文化教育意义。儒家认为乐之本真发于人心,心有所感而发声,声变化而成五音,音传递的媒介不同而有了丝竹管弦之乐。乐源于内心之感,和谐顺正的情感会生发出优美动人的音乐,凌乱邪逆的情感则会产生低沉阴郁的曲调,所以音乐是人情感的自然流露,是饱含着各种精神内涵的声音,它给人以情感(如快乐、悲伤、激动、愤怒等)的力量。"乐者,通伦理者也"(《乐记·乐本篇》),"凡音乐,通乎政而风乎俗者也,俗定而音乐化之矣。故有道之世,观其音而知其俗矣"(《吕氏春秋·适音篇》)。乐通伦理,乐与政通,音乐不仅仅是音符、曲调、钟鼓、歌唱,还可以使民心向善,可以感人至深,更可以明人伦情感,和人伦秩序,移风易俗,纯净社会风气。由此可知,乐之教化也是在个体与社会的双重维度展开的,既发挥着潜移默化地熏陶、感染人们的内心精神世界的作用也具有着促进社会和谐发展的重要功能。

对个体而言,乐之教化首先构建了人的审美心理结构。音乐塑造人的情感美和品德美。它通过和谐的音律激荡人的情绪,使人与人生、生活、感情、世界等一切高尚的事物产生美的通感,在人心中陶铸出对真假、是非、善恶的辨别力,培养出对真、善、美的热爱之情,对假、恶、丑的憎恶之感。审美具有非利害关系性、超越性以及精神愉悦性等特征,音乐作为一种审美的艺术形式,使人淡薄名利、宁静致远,内心宁静、放松、释然,有利于形成个体和谐的心灵世界和精神境界。"动物只是按照它所属的那个种的尺度和需要来构造,而人懂得按照任何一个种的尺度来进行生产,并且懂得处处都把内在的尺度运用于对象;因此,人也按照美的规律来构造。"① 音乐是人自我构建的一种方式,是遵循美的规律,承载美的内容,以美的道德情操为目标来实现自我。

儒家乐的教化功能还体现在对个体的道德教育上。其一,关注人内心世界的发展。乐源之于心,通过构建人的道德精神世界,去感知、体悟外在世界,如此,外在的规范才能实现内化,更好的发挥其意义和价值。乐还可以使人心情愉悦、舒畅,陶冶人的道德情操,培养人的审美情趣,建立完美的精神世界。其二,注重对人潜移默化的熏陶和感染。这是儒家礼乐教化在道德教育领域的价值核心所在。乐不立文字,以更形象的表达、感人的方式得到教育对象在感官上、情感上、心灵深处的认同,这种身心和谐与愉悦使人因感而动,从而激发个体向善、求善、行善的自觉,成为个体人格完善、人伦关系和谐、社会不断发展的原动力。

对社会而言,乐的教化功能体现为促进社会的和谐发展。其一,乐本身就具有和谐的本质和特征,乐之所以可以产生美感在于声音、音符之间的相倾与相合。这一特

---

① 马克思:《1844年经济学哲学手稿》,人民出版社2000年版,第58页。

点与中国传统社会有分有和的礼制秩序具有形式上的一致性。"乐者为同，礼者为异。同则相亲，异则相敬。乐胜则流，礼胜则离。合情饰貌者，礼义之事也。礼义立，则贵贱等矣。乐文同，则上下和矣"（《礼记·乐记》）。"礼"强调差异与不同，要求建立人人各安其位，有所区别的社会秩序；"乐"强调人间的和谐，调和万物，使得万物共同繁荣。乐之教化不同于礼之教化侧重于秩序的确定，而是期望达到浑然的和谐，二者共同发挥作用，既为社会订立了"礼"的秩序，又减少了人与人、人与自然、人与社会的区隔、矛盾和对立，使社会得以和谐有序的发展。其二，音乐可以移风易俗，敦厚民风。《吕氏春秋》有言："观其音而知其俗矣，观其政而知其主矣。"可见，音乐的正与邪在某种程度上可以表达政治是否清平、民风民俗是否良善。美好的音乐可以引导民众向善，培养民众高尚的道德情操，使民众自觉遵守道德规范，形成道德的社会风气和文明的行为习惯。人与动物的区别就在于社会性，社会性是人的根本属性，乐的教化功能之于人的社会属性而言，其意义则更为明显。

## 四、儒家礼乐教化的当代实现

只有正确认识儒家传统礼乐文明，实现儒家礼乐教化的现代转化，才能使其为当代中国社会礼乐文明的构建提供可资借鉴的文化资源与精神动力。

首先，坚持实践的发展方式。"实践是人所特有的对象性活动，是人类的存在方式。"[①] 人类通过实践活动不断地改造着客观世界和主观世界。儒家礼乐传统的继承和发展，是通过各种各样的社会实践活动来完成的，其教化功能的实现就是人以及人类社会发展的印记，是人以及社会在实践过程中的自我实践。自周代以降，我国历史上每个朝代建立后，都会有一番"制礼作乐"的实践活动，或者把前代流传下来的礼乐加以改造，或者根据当时的需要制定新的礼乐，无论哪一种方式，都是因地制宜、因时制宜地传承和发展了礼乐文明。而现在，礼乐文明的创建更需要我们将礼乐制度和规范付诸实践，通过科学的、合理的礼乐转化路径，发挥其作为现代礼仪和审美教育的教化作用，建构与现代经济生活、政治生活、文化生活相适应的个体道德与社会秩序。

其次，实现思维路径的转换。从儒家礼乐传统自身的角度看，积极性与消极性并存。提升个体的道德情操、稳定社会秩序、推动社会进步，这是其积极价值和意义所在。儒家礼乐制度具有浓厚的封建主义传统和理念，如根深蒂固的等级秩序、腐朽过时的礼乐仪式等，严重束缚了人的思想，阻碍了社会的进步。所以，对待传统礼乐文

---

① 李秀林、王于、李淮春：《辩证唯物主义和历史唯物主义原理》（第四版），人民大学出版社1995年版，第71页。

明,应避免以往片面的或崇尚、或批判的方式,而是对其进行辩证的分析和综合的考证。此外,要认识到儒家礼乐传统传承与发展是一个渐进改革与发展的历史过程,并非一朝一夕之功,需要代代传承并完善、发展,才能使之发挥出本应具有的文化资源价值。儒家礼乐文明已内化为中国人的文化精神和民族性格,是中国人文化生命的重要组成部分,是中华民族伦理道德的自我实践。因此,以传统为起点,认识到传统礼乐文明在个体道德化、社会秩序化过程中的积极价值,立足于现实,剖析传统礼乐教化对中国现代化进程中的桎梏性作用,双管齐下,才能建构具有深厚文明底蕴的现代礼乐文明。

最后,进行传统与现代的资源整合。现代中国社会礼乐文明构建,离不开儒家礼乐资源的支撑和参与。儒家礼乐资源,作为礼乐文明构建的重要理论来源,具有其不可替代性。那如何发挥其不可替代的作用?从理论资源整合上看,一方面要夯实基础。要坚持实事求是、一分为二的态度和原则,对儒家关于礼乐的理论进行有针对性的、全面的总结和概括,做到概念明确、条理清晰、理论系统。另一方面要坚持理论创新。所谓"理论创新",就是指传承和发展现有优秀礼乐资源,并在此基础上加强对礼乐资源的开发利用,保持一脉相承,坚持与时俱进,发挥出理论对于实践的先导作用。从这个意义上说,传统礼乐文明既是一笔宝贵的文化资源,起到了一种资源供给的作用,同时礼乐文明在不断地变革创新、内在超越过程中,也对实践起到了巨大的引领作用,又不失为一种推动实践发展的强大精神动力。无论社会如何发展,礼乐作为一种重要的行为规范和文化形态,都不失为一种宝贵的精神财富。"哲学不是宗教,却给人以信仰;哲学不是艺术,却赋予人以美感;哲学不是道德,却培育人的思想行为以崇高。"[1] 儒家礼乐文化,作为一种哲学智慧与文化资源,必将在现当代中国礼乐文明的构建过程中发挥其应有的教化意义,必将在实现个体道德化与社会秩序化进程中贡献其卓著的精神力量。

---

[1] 卞敏:《论中国传统文化的礼乐特色》,《江苏社会科学》2008 年第 5 期,第 23 页。

# 海外部分

## 东南亚华人·从礼入门而成就德

国际儒联副理事长、马来西亚儒学研究会署理会长　陈启生

自从华夏文化断层之后,温良被狠心取代、博大被狭隘了、纯朴被心机吞噬,只有浮躁在浮华里,更坏的是失去"敬畏"的节制,人的脑海中没有别的,只有图利一事,为了利,不择手段谋取,欺瞒蒙骗、抢拐偷盗,如今更是把发达的科技全给用上,沉沦严重;下位者不畏造假暴取,上位执法者不忌弄权贪腐,急不可待以权分利。广大的生活群,只好仇富仇官,走上与汝同亡的极端事也时有所闻,掌权者只好再加强"以匪待百姓,以犯待学生,以奴待下属",上下失心疯,为了利益权力,无所不用其极,乃至互相残害。几千年来以孝齐家、以孝治国的传统,本来已日渐败坏,还只是四处呼吁挂布条,如今写进法律中,可见"父慈子孝"违道严重之一斑。摆在前面的这个社会,是"好话讲完,坏事干尽",看着有识之士的挣扎,其大害已不能止,足以祸延数代或有灭族可能。——确是给了许多再思考空间。

在多种族、语言、宗教、教育体系、文化、政经文煎迫、东西相遇的环境里,最先体会的是:华人不会因为穿起西装,学讲得一口洋腔,便会受到尊重;当变成香蕉假洋人时,更加被蔑视……的经验后,体悟了一个道理,做一个真正的华夏子孙,能讲述自己文明思想,洋人反而给于尊重;是个"人",值得尊重,果然不虚,故为今之务,自己对华夏文化要博学以释蔽闭不通,还要加以传达,让外族学者以外的人,认识我们是具有完整体系,虽然与他们不同,却不会逊于他们的文化;从沉溺在生命的"只求生存"最低阶段中拔升,这是唯能消除"钱奴禽兽"印象,是受到真正的尊重之道路。

再来,令人深思的,为什么道德嘉言挂在幢幡上而无效?因为这些形式化的东西,长久来滥用,已被认为只是为遮掩坏事干尽之后的口号吧了!就好像贪污腐败的大人先生,却要青年有道德,去为人民服务,一样可笑。仅仅是动听的好话,写写论论,无论如何美丽辞藻包装,都不会令人感动,没人认真,更不会去学习和实践,若有,是调侃!"其身正,不令而行;其身不正,虽令不从"《论语·子路》,道理在此。

推"德"无效,在于上行者无"礼";上下皆不行"礼",无所"敬畏"故。这是华人有幸之处,对于华夏文化中所具有的"敬畏"心,未曾流失,体理"天知地知,神知鬼知,你知我知,莫以为人不知"之"道",而令"天良"不敢泯失。对节抑

起着大用的"礼",不须从零开始,而是加强和提升。

## 谈礼

  国际视野的扩大,看到西方人的中庸态度,当他们面对恶法时,会群起反对,甚至有人牺牲了生命,却没有人偏激极端,企图要把全部法律推翻消灭,因为没有人半夜乱发噩梦:"翻开历史一查,这历史每页都写着'仁义道德'几个字,我细看了半夜,才从字缝里看出字来,满本都写着两个字'吃人'……"就算是完全没有念过书的无识平民百姓,吃饭时,发现饭里有几粒谷壳,也不会把整碗饭全给倒掉。

  国家首长出访,国人都在注意,会受到什么规格的接待,红地毯、二十一响礼炮、检阅、夹道欢迎……而首长又何尝不是非常讲究,着"出门如见大宾"的衣着打扮,讲究言止进退有度,以免失礼。一般人的日常生活,互相赠馈,举行宴客,嘉会庆典,奠祭吊丧……还有孩子称父亲为爸爸,称父亲的父亲为爷爷,没有"喂"、"老东西"喊叫……这些都是礼吧!看来没有失去价值!

  孔子说儒,有小人儒,也有君子儒,可见"礼"亦不例外,有善恶之分。以今天来讲,掌权者为了稳定权位,都会设计许多有利的法律,所以恶法必多,过去的帝王又何尝不是如此制礼。古代智者明白这个道理,故以"自然"为标准,符合天理者为礼,有违天理的恶礼无礼,就算自许天子者,也不可太过违道逆天,这一点倒比时下来得好。若鲁迅在天之灵,知道有这么回事,又看到"吃人"的礼教被消灭之后,换来的是严重失德,可能会生出一点悔意。

  海外华人接受"道之以德,齐之以礼",此时讲讲"礼"大概没问题吧!

  南洋华人有几个很具影响力的宗教,略谈一谈他们行教,都是以"礼"入门,有礼了,自然而然成就修德,求道;从"见面礼"、"常礼"开始,效果卓越,确实做到移风易俗。

  佛教徒见面,双手合十胸前,互称一句"阿弥陀佛"。阿弥陀佛的佛国土是个在西方极乐世界,地理距离遥远,却是"一念"即可达,此佛国净土是庄严功德所成就,那儿没地狱、恶鬼、畜牲三恶道,是个和平美好的地方,凡修行善根福德,放下烦恼,一心不乱,便可往生。那儿具足善根善缘的护持,不退转成佛的环境,可以提供无有挂碍修行,乃至了悟成佛为止。佛教信徒们见面,聚集,都以合掌当面念称"阿弥陀佛",可以互相提醒,别忘了前往此佛国土,这佛国土非常美好,只要你略修善根,便可前往,是人人可成就的地方,应生向往。口念"阿弥陀佛",当下即修口业,不敢起恶心。把人视为"阿弥陀佛",自谦而敬人,就把人己带进"善良"之境。难怪先贤说,一句"阿弥陀佛",功德大无比!

  儒教徒(又称孔教)见面和集会时之礼,称"唯德动天!"另一方回应"咸有一德!""唯德动天"这句话来自《尚书·大禹谟》"三旬，苗民逆命，以师临之。一月不服，责舜不先有文诰之命，威让之辞，而便惮之以威，胁之以兵，所以生辞。益赞于禹曰："惟德动天，无远弗届。满招损，谦受益，时乃天道。……"其义说"只有依靠'德（行）'才能够感动上天；只有以'德'服人，才能无所不到（受到影响），假如言行上，自满傲慢，会遭受损害，谦和虚心者就会得益……"满招损，谦受益，是天道的行为。

"咸有一德"是《尚书》中的一篇文章，伊尹对太甲的讲话。咸是皆也、恶也（《说文》）、普遍、全部之意。"一德"，是指"纯一于天命之德"，上天自然会庇佑具备"纯德"的人，"天道无亲，常与善人"；"一德"是道的"性"，不会受到邪恶所污染和歪曲，天行刚健，启人坚定信念，自强不息；是格物致知，诚意正心的根本。"一德"是华夏文化的体系。

"唯德动天"、"咸有一德"是儒教徒的见面相呼。

德教会信徒则用以"教不离德、德不离身"。教：指为广义宗教，德教非一神式宗教，但具备人神接触（扶鸾）、神（师尊）、神殿（阁）、礼拜（诵典）……含履行儒教、道教之理、仪。与神接触甚于耶、回。"教"更具教化义；鸾文皆是师道之行"传道、授业、解惑"，无不是在于论德、教德、行德、修德、弘德，神道设教兼施。德教以"孝、悌、忠、信、礼、义、廉、耻、仁、智"十德为训，以"不欺、不伪、不贪、不妄、不骄、不怠、不恶"八则为戒；戒则含藏在德之内的行为，如行"孝"者，只要对父母不欺、不伪、不贪、不妄、不骄、不怠、不恶，"孝"德便成就了。其余悌、忠、信、礼、义、廉、耻、仁、智九德亦以此类推，皆以礼完成。德教会要信徒行八则成就十德，所以以"教不离德、德不离身"是为安身立命之训。

一贯道是以求道为旨的宗教，他的信徒互相称呼为"道亲"，吃素为净身，四书五经为经典。入门信徒学礼为先，相聚、说法、传道，从个人、家庭、佛堂道场，皆以礼待人，以礼化人。一个陌生人走进"佛堂"，道亲们就有人走过来，恭敬打招呼，让你净手时，递条毛巾抹手，请坐，奉杯茶请喝，问可否给你帮忙，谈谈天……很快的，你马上在人人微笑之中，减除了陌生和隔膜。反而会让那些已经习惯于冷漠无情的人，忽然遇到温暖，不知所措了！有时候彼此会间接、直接谈到"求道"时，语言不投机，只用以"缘份未到"想，不会恶言相向，也不会因此拒人千里……从"礼"开始，道场和谐人人亲近，家庭很快进入温馨安宁，个人行止越来越文质彬彬。

为什么这些人会如此恭敬履行，尊礼守戒，因为有敬畏之心。佛教徒敬畏"佛"；佛不是主宰者，不是赏罚的审判者，但却在敬畏之中成为"向往"。

儒教徒，敬畏"天"，怕"天网恢恢，疏而不失"的天谴，所以言行要求不违天理，认真落实"道之以德、齐之以礼"。

德教会信徒不敢不"重德尊义"，履则修德，敬畏师尊故。师灵常降与人灵通，借鸾文示义，诲人，明显展示人人"头上三尺有神明"的实事。

一贯道,以求道为宗,道者示于无极,形于天,布满虚空,故敬畏之。

耶教徒敬畏上帝,回教徒敬畏安拉。

"敬畏"成为克己支柱,故复礼;诚、戒、律、则……乃至法的遵守有了基础,因此大部分的百姓,会害怕报应、神的惩罚、堕入地狱、受到天谴……因此"善良"不泯,连最穷凶极恶者也不敢"尽极凶残"。

有敬畏心者怕天的谴责。文化有别,说话各有不同,如:神的终结审判惩罚,下堕无间地狱惩罚;因果报应丝毫不爽,善有善报、恶有恶报,不是不报,时辰未到;内心生起愧疚,痛苦忏悔,乃至法律制裁……都是违"道"(天理)的必然结果,在"天无私覆,地无私载、日月无私照"之下受到天的谴责。

## 礼·说源

华夏的"礼"结构非常独特,是以"节"为主,起着制度、秩序、诚、戒、律、法……道德,乃至个人的看、听、言、行制约功能,对个人言行举止、常礼、家庭伦理、群体社会秩序、国家政治、祭祀信仰,提出"礼教、礼仪、礼制、礼法、习俗"的规范,在《礼记》中所纳的,如《大同篇》、《学记》、《大学》、《中庸》等篇章,就知道其体系庞大,覆盖面的深广。

伏羲以后至黄帝,吉、凶、宾、军、嘉五礼如具,皇氏云"礼有三起,礼理起于太一,礼事起于燧皇,礼名起于黄帝"(《礼记正义卷》一)。文后言及燧人氏与伏羲之前后关系,"礼理起于太一"此言乃不差。日月星辰运行刚健不悖,春夏秋冬不忒,一寒一暑为年,一昼一夜为日,循环不息……之天地秩序,圣人效天法地,"道生一、一生二、二生三、三生万物,万物负阴而抱阳,冲气以为和"(《老子》),以天地相似,不违道,制礼以济天下;仿"天地节而四时成,天地以气序为节,使寒暑往来,名以其序,则四时功成之也,王者制度为节,使用之有道,役之有时,则不伤财,不害民也"(《易·节》),制事有节,故"礼"就与"道"有同具"天无私覆,地无私载,日月无私照","各正性命","成性存存",能"保合太和",则"万国咸宁"的性质了,所以可以说"礼理起于太一"。而人类群居,会用"火"之后,聚集必大,礼之用自然被强化,"礼事起于燧皇"。黄帝垂"衣裳而天下治","礼名起于黄帝"也。"夏人尚天命、商人敬鬼神、周人尊德礼";夏朝时期的人处在朴素阶段,重视与顺从天命;商朝时候,人们已懂得祭祖,殷人尚鬼,鬼归也,崇拜祖先,"礼履也,所以事神致福也",古人祭祀为敬畏的表现。至到周朝,人们进步,能理论、系统、组织化,故依于道行礼修德。由此可见,"礼"的衍进缓慢,却也成熟发展,正是人异于禽兽的重要因素。

"礼天地之序也"(《礼记·乐记》),周公以"敬天法祖"为基础而制礼,礼是天经地纬，规矩、节度人伦行为规范，周朝论"礼之为履也，可履践而行"（《白虎通·礼乐篇》），故人的秩序，重五伦：父慈子孝、兄友弟恭、夫义妇随、朋宜友仁、君礼臣忠（《孟子》：父子有亲，君臣有义，夫妇有别，长幼有序，朋友有爱），亦为十义，父慈、子孝；兄友、弟恭；夫义、妇听；长惠、幼顺（朋宜友信）；君仁、臣忠。是彼此相辅相承，仁义兼备的取法"天"伦（自然性）关系；天伦乱，不能为人。

## 礼·履也

礼，履也。顾名思义，"礼"是在于笃行，若只是高谈阔论或喊喊口号，却没有落实实践，是起不了作用，可能反而有害，促进了人们"好话说完，坏事干尽"的危险。"礼云礼云，玉帛之严哉？乐云乐之，钟鼓云乎哉！"（《论语·阳货》）两千多年前，华夏人民便已经开始明白祭祀的可贵之处，"敬畏"不在于奇珍祭品、玉器锦帛上，而是精神深处的"敬"意，就如奏乐的珍贵不在钟鼓，而是可以陶冶人心的音乐。故古人说"礼者，敬而已矣！"（《孝经》）为什么能敬人，有仁，所以连苦力脚夫亦有可敬之处，何况是有学问有道德的人，因此能敬人者，人恒敬之。仁是行礼之本，心中有仁，则能生敬，故仁是行礼的途径。

行礼是为了"和"，"礼之用，和为贵，先王之道，斯为美，小大由之；有所不行，知和而和，不以礼节之，亦不可行也！"（《论语·学而》）古代圣王就是以礼来调节人民，而达到社会和谐，人人有礼，身心安乐，社会有礼，就有了德！和谐太平。

因此孔子教育就"循循善诱，博我以文，约我以礼"，从"君子博学于文，约之以礼，亦可以弗畔夫！"（《论语·雍也》）认识到"恭而无礼则劳，慎而无礼则葸；勇而无礼则乱；直而无礼则绞……"（《论语·泰伯》）

## 礼·作为

"人无礼则不生，事无礼则不成，国家无礼则不宁"（《荀子·修身》），制礼是关系到人们的生存空间、办事的顺畅乃至国家的安宁与否！在个人来讲，"君子非礼而不言，非礼而不动；好色而无礼则流，饮食无礼则争；流、争则乱"（汉·董仲舒《春秋繁露·卷十七天道施》）。仅仅好色的放纵和饮食的无礼便足以构成大乱，更何况其它经政文教的无礼，礼是规矩人们生活德行的基础。"礼禁未然之前，法施已然之后"（《史记·太史公自序》），礼能够达到预防乱象生起，不像法律是在事发之后才制裁，甚至只能做到有犯才制。尤其是"今人之性恶，必将待师法然后正，得礼义然后治"（《荀子·性恶》）。现在的人，确是如此，放纵已惯，必须以法制拘约，施以教育，再导引入尊礼、守礼：国人知礼，人人齐之以礼，礼辅法，达到"法之大分，去争夺之道"（宋·朱震《汉上易传》）才能治安，康乐富强，所以礼还是社会规范立国之维。

以仁为本，以礼为节，以义为衡。（《礼记·中庸》）

礼，经国家，定社稷，序民人，利后嗣者也。（《左传·隐公十一年》）

古人对礼的分析，正是今日社会的症结，特别是政治上的礼，自古至今都是帝王家（政治集团）拨弄的对象，千变万化，所有的"恶礼"都是创自他们手中；初政时以屠杀巩固权力，取得一时的宁静，时治略备，专权者就出现夺利，进而心狠手辣，予取予夺，官僚成为合"法"的土匪强盗，把体制推向邪恶乃至邪恶泛滥，视人民为仇敌。中外古今，无有例外，若有不同，只是道具科技化，令互相屠杀越来越残忍。

孟子就把个中原因说出来："孟子见梁惠王，王曰：叟不远千里而来，亦将有利吾国乎。孟子对曰：何以利吾家，士庶人曰：何以利吾身。上下交征利而国危矣。万乘之国弑其君者，必千乘之家；千乘之国弑其君者，必百乘之家。万取千焉，千取百焉，不为不多矣，苟为后义而先利，不夺不餍。未有仁而遗其亲者也，未有义而后其君者也。"

若以儒家的天礼，"民为邦本，本固君宁"（《尚书》），"民为贵，社稷次之，君为轻。是故得乎立民而为天子，得乎天子为诸侯，得乎诸侯为大夫"。当"诸侯危社稷"，又得重复一遍"则变置。牺牲既成，粢盛既洁，祭祀以时，而旱干水溢，则变置社稷"（《孟子》）。

社会无礼的结果，就产生上下交征，开始互相夺利，公德心尽失，互相不信任，随着彼此见死不救，互相敌视，人民和统治集团把对方当敌人，就会互相屠杀。这种恶性循环何时止休，至业力消灭，善根生起为止。

## 礼·如何礼

孔子教导伯鱼说："不学礼，无以立。"（《论语·季氏》）在《尧曰》篇再说：不知礼，无以立也。"兴于《诗》、立于礼，成于乐。"（《论语·泰伯》）可见"礼"是人"所以正身也"（《荀子·修身》）的基础。人不知礼，无礼，就会无恶不作。

"能行礼者，其身必安"（宋·胡瑗《周易口义·说卦》），"夫礼者，自卑而尊人"（《礼记·曲礼上》）。一个人能学礼、知礼、守礼，可以建立完善的品格，明人情世故，进而办不朽大业。

人又如何礼呢？礼是具体生活，战胜己欲，什么该做，更要什么不该做，待人接物的方法，子曰"克己复礼为仁"（《论语·颜渊》），"颜渊问仁，子曰：'克己复礼为仁。日克己复礼，天下归仁焉，为仁由己，而由仁乎哉！'颜渊曰：请问其目，子曰：'非礼勿视、非礼勿听、非礼勿言、非礼勿动。'书曰："惟圣罔念作狂，惟狂克念作圣。"心思通明天理就是圣，霸道倨傲不循为狂，是在于罔念克念，故克己是克制邪念，立正念。

"见贤思齐焉，见不贤而内自省也。"（《论语·里仁》）曾子曰："吾日三省吾身，为人谋而不忠乎？与朋友交而不信乎？传不习乎？"日常的行住坐卧、语默动静，皆循准则，既不过分，亦无不及；独处时安适，相处时不妨害别人，做到傲不长，欲不纵，志不满，乐不极；定亲疏，决嫌疑，别同异，明是非……孔子还提醒，礼以自谦而尊敬人。

孔子曰："君子有三戒：少时血气未定，戒之在血；及其壮也血气方刚，绝之在斗；及其老也血气既衰，戒之在得。"（《论语·季氏》）人要戒冲动，否则"一朝之忿，忘其身，以及其亲，非惑与？"（《论语·颜渊》）

"礼义之始，在于正容体，齐颜色，顺辞令。"（《礼记·冠义》）更具体一点，"足容重，手容恭、目容端、口容止、声容辞、头容直、气容肃、立容德、色容庄"（《礼记·玉藻》），从礼貌开始，行止坐立端正，脸色要和善，讲话文雅；走路跨足稳重，举手动作要恭敬，目不斜视，讲话谨慎有所止，声音柔和不喧嚣，头首昂直不歪斜，气势要严肃，站立要有气质，脸色要庄重，所以礼是为了正身。

观察一个人的外表仪态，可以知晓他的内涵和气质，从中就会知道他的未来顺逆。礼以立身处世，《曲礼》说："毋不敬，俨若思，安定辞，安民哉。"心意要诚正，仪表要庄重，言辞要安慎。

故"志于道，据于德，依于仁，游于艺"，都必须从"礼"做起。

## 礼·来自道

"道德仁义，非礼不成"（《礼记·曲礼》），"礼"经过几千年的演变，社会越来越复杂，礼目就越是分得仔细繁多，然而只要抓着一个原则，"道之以德，齐之以礼"，视"礼"含藏在"德"之中，而"德"乃"道"之性，三位本是一体，那就比较容易分别合礼或非礼恶礼了。而此"道"莫以"导"解，会失去"敬畏"基础，德礼皆无所循，便落入今天之灾。

"道之以德，齐之以礼。"这个"道"很有意思，把它解释为"导"，那就是教导、指导、引导；用德来教导、指导、引导，使人有良好思想行为，做一个学礼、守礼、行礼，有道德的人。看这百多年来，好像都不成功，而是道德尽失，全失心疯！执行无效，反而恶果连连，可见这个解释有问题。在一个多世纪来，恶性循环，而恶化更甚，已经形成确确实实"本性恶"（"谴"有过程，西谚说：要他自灭，先让他发疯，有相近之处）。实想，连极刑的法律，倘且视如无物，只具"口号"方式的"教导、指导、引导",又怎能起到作用。

让"道"回归到"形而上"的"道"上,就会改观了,人们就会发现到,"天网恢恢,疏而不失","天道无亲,常与善人"乃至"积不善之家必有余殃","善有善报,恶有恶报;不是不报,时辰未到"是宇宙的实相,真实不虚,无论用什么恶毒的言辞"迷信"、"吃人"、"毒草"……也不能令"它"不存在,甚至一须臾间息。几千年来"道"的实相信仰若得到恢复,则可以再次回到"道生之、德畜之、长之、育之、熟之、履之……",了解"天道无亲、唯与善人"的道理,才能"齐之以礼",人才能"有耻且格"。

"天"是"道"的形象化,这是方便说,容易认识,违道者必受"天"的谴责,能促成人们修德,唯有修德者才能合道,而心归纯一,道力自然形成。

天的谴责,可以从以下感受——

## 天谴

不识字的华人先辈,看不懂高深的论文,讲不了引经据典的理论,谈不上"道"的理解,只是简单认知,"道"是要了悟而证,文字解说是不可得;悟的唯一途径,是修德;修德要以履礼成就;礼是含藏在德之中,因此对"道"化成"理"的理是坚信不移。华人的善根确是很好,虽然过去没有深沉文化环境的影响,却也没有受到文化破坏的洗礼,反而能正确认识与继承华夏文化,因此,今时年轻一代,教育水平大大提高,而且学习东西,在生活之中反而更能体悟它的实实在在。

举一个道化成理中的"天谴"来说,华人对"天谴"的理解,并不只是限于"天灾"之害,还包括以下多种:(文义取自《东南亚华人文化——道、德、礼 的继承》)

(一)受到反击是"天谴":开口骂人、失礼的事,对方马上给予回敬。做坏事伤害了人,欺人太甚,对方一时奈何不了,但复仇心存在,伺机报复,令你不得安乐。今天的报复行为,令人侧目,很多敢于采用"与汝同亡",玉石俱焚方式,这是弱势绝望者的手段,而且越来越普遍。强如美国者,也会恐慌。

(二)受到揭发是"天谴":东窗事发,结果让你的"事"不成。小如奸商、赖账、造假、欺骗,达到一时致富,却因纸包不住火,信用全失,成为过街老鼠。大如美国委任高官,都接受民众的检验,经不起"人肉搜索",过往的坏事、色事、奸事、欺事……全给揭开,遮盖不了,"官"途完了!名誉扫地!

(三)恶行的回馈是"天谴":种瓜得瓜,种果得果。老一辈人,常给为人新妇提醒,为了享受二人天下,鼓动丈夫离开父母,让老父老母孤单失天伦,这种报应很快来临,因为到他讨媳妇时即现!那些胆敢凌虐父母者,把年老父母赶出家门,却让自己不敢生子女，怕让角色扮演对调，重复一次。"……燕燕尔勿悲，尔当反自思，思尔为雏日，高飞背母时，当年父母念，今日尔应知！"

（四）祸延子孙是"天谴"：最明显不过一句话："富不过三代。"商人是处在"可以使奸"的"江湖"之中，若把持不住，以诈致富暴发，欠债不还召至怨恨缠命，更甚是伤"天"害"理"，造假毒害召至怨魂随身，结果"人在天堂（恐怕不是在天堂，而肯定是在地狱），钱在银行，还生个'大有问题'的子孙来'坑爹'"，"来个讨债子孙，几年便把一世不义的努力全败完"。万一非常不幸，生一个在社会有点作为的孩子，他会无所适从，他要不要在族谱上，或坟碑上，或 face book 上 …… 自己或者让别人写上："我的爸爸是吸取民脂的贪官而致富"、"我的爸爸是卖假药致富"、"我的爸爸是靠豆腐渣工程致富"、"我的爸爸是三聚氰胺奶粉公司的老板"等等。

（五）犯罪被逮到，直接受法律的制裁，就是"天谴"。

（六）良心谴责是"天谴"："良心"是"人"所独有的，会产生"后悔莫及"和"忏悔"，是一种可怕的天谴，毫无逃避空间，特别年纪越大，"良心"力显现越强。有如日军暴行者，美军的越战者，"文革"的残暴者…… 忏悔生起，阴影不散，余生自责内疚，痛苦如入无间地狱，乃至自行了断。华人用"小心最后那几年"成为了警诫的口头禅。

（七）现眼报就是"天谴"：当官或是任职高位之日，仗势凌人，还能车水马龙，下位了失势了，门可罗雀。恨气、怨气、白眼在发酵。

凡是不懂、不知、不信这些的人，本身就在受着"天谴"。有人把"天谴"列为"迷信"，大喊打倒，是因为他自己坏事干尽，"喊打倒"，希望真的会不存在，就如走夜路吹口哨，掩耳盗铃；看看现实"天谴"的"执行"：自从毁灭传统之后，没有了文化，因此集体无道失德。当向钱看成为唯一目标时，弊害无所不及，官场横行腐败，司法是为了保护特权，贫富悬殊，社会百病重生；人心丧尽天良，见死不救是常态是合理，处处都是暴戾气，只因交通小事，就把婴孩摔死，人性灭绝；好勇斗狠，动辄杀人放火…… 已令世界目瞪口呆，如此严重，也不敢面对问题症结，学人专家还轻描淡写，左顾右盼而言他。社会上大部分人，都抱着这个态度，就会导致天的谴责汹涌而来，天灾人祸不断，互相残害，无止无休。

有人由于反省能力薄弱，忘了自己身口意过去的恶行，受报时呼天抢地，不知所以然；华人对个中有很多因果不能完满回答，但不会影响"天谴"的敬畏，故普遍接受"天知地知、神知鬼知、你知我知，莫以为人不知"。人有不敢胡作非为、为非作歹的善根，就有缘求之，离"道"不远。

更有幸是，科学的进步，终于可以把"道"理显著于"形"。如"水"的实验，水受到"爱恶"对待之后，反应出来，可以在显微镜之下看到结果，好坏、美丑、善凶的"结晶体"，科学把它现于在眼前。身体的水液占70%，把"恶"水喝进去，怎么会有好结果。不仅矿物质的水可以如此验证，植物、昆虫也可以用这个方法实验。

试想仅水一样,便会因心恶生出而得到残害的回报;万物一起受"恶"感应之后,把所有"恶"全给反馈回来,这就是天灾"天谴"的来龙去脉了。"人与物的灵性是相感的",几千年前老祖宗讲了这话,今天由西方学人说出来,终于让多几个现代中国人相信,这是很可喜的现象;华人所深信的,科学可以证实"道"力"天谴"的脉络。

宇宙万物,包括人类、动物、矿物、植物……皆在"道"的"力量"之下化育而生成、生长、繁衍……彼此的生存方式、空间、条件……皆具公正、共存的"权利",彼此就要互相接受、互相尊重,这是"各正性命"应有的本质;如此格物,彼此的生存是息息相关,认同了"成性存存",万物"一体"的"道"理可成;互相依赖,互辅互生才能"保合","太和"和平方可期;有这样的宇宙观,自然就会和谐相处共生,岂不是"万国咸宁"天下太平了?

# 浅谈儒家伦理

爱尔兰考克大学哲学系教授　Hans – Geory Moeller
上海社会科学院　赵峰芳译

## 一、儒家的"角色伦理"

19世纪初,西方帝国主义敲开了中国的大门,此后中华大地上开始了轰轰烈烈的现代化进程,其中一项重要任务是对文化遗产的彻底改革,包括语言、宗教,以及哲学。大约一个世纪之前,伴随着大量的西方词汇被引入了汉语口语,古典中国的"消逝"(书面语中常用到这个词汇)已经使儒释道以及其他传统经典中所倡导的道德准则面临被抛弃的危险。为此,20世纪的中国哲学家联合研究中国哲学的中西学者,开始对中国传统经典进行的广泛的重新诠释,并且也使用现代词汇教学,具体来讲,便是将中国哲学纳入到西方哲学的概念和体系之中。

从20世纪前半叶具有哲学倾向的学者(如胡适、梁漱溟)到20世纪末期的"新儒家"(如唐君毅、杜维明),20世纪中国学者的主要成就便是成功地提出了各自对经典哲学教育的不同观点。在将古典学说"转换为"现代形式(主要是西方的形式)的过程中,学术界产生了一个新的学科——"比较哲学",旨在研究丰富的西方哲学词汇在多大程度上可以用来诠释中国学者的思想。这些努力在国内和国际两方面都为中国古典哲学提供了一个新的学术平台。这些交流都是在一套行之有效的西方语言体系的框架之下进行的。像许多传统思想家已经尝试过的方式一样,近年来,一些学者也通过写和"做"中国哲学来做这些工作,也就是在现有的语言体系之外再创造新的词汇和概念。也许这一派别的当代继承者,或者,如果有人会使用新儒家这一标签,那么他们便是安乐哲和亨利·罗斯芒特。

在安乐哲题为 *Confucianism Confucian Role Ethics：A Vocabulary* 的文章中便清楚地体现了他和亨利·罗斯芒特所使用的这种方法。因此,"角色伦理"一词便既不是来自于汉语体系,也不是来自西方的词汇。例如,安乐哲创造这一新的词汇以使自己区别于比较哲学领域的最新"风尚"。这种风尚将儒学解释为"道德伦理"的传统的一种变式。与其从儒学经典中寻找,安乐哲选择了构造一个新的儒学词汇表。当然,他也是在现有词汇表的基础上这样做的,如"角色"、"重点领域"、"动名性"等,这些词汇目前还没有固定的哲学含义，因此，一定程度上可以自由地被用于组建一个独特而新颖的"词汇表"。

我赞同安乐哲和亨利·罗斯芒特的方法，因为这一方面将用西方哲学"殖民"中国哲学（或更准确地说是儒学）的风险降到了最低。同时，另一方面，避免仅仅大量依赖中国传统词汇，使其观点更容易为当代"国际化"的读者所接受。

我不仅赞同安乐哲和亨利·罗斯芒特的方法，而且也同意他们根本上把儒家哲学解释为角色伦理。这意味着，首先，儒家哲学并不是一种本体论、认识论，或者是"超然的"或"救赎的"理论，也不是一种宗教，而是一种对"生活方式"的关注。它是一种主要回答"如何生活得更好"这一问题的哲学。儒家假设人们的生活根本上是在与他人的关系中形成的，或者，如亨利·罗斯芒特所说，"孤独状态下是没有自我的，抽象点说便是：我完全是角色的集合，我生活在与他人的关系之中。"在这一理解的基础之上，儒家回答了"如何生活得更好"这一问题，并由此获得了其独特性。安乐哲和罗斯芒特在研究人类生存时，非常注重采用的这种"非孤立主义"，同时也是"非个人主义"的方法，并且我相信，他们在解释儒家经典时也是以此为基础的。这为儒学研究开启了一个关于人类生活的新的视域。因为之前从未有人如此关注严格意义上的个人经历，从正面来说，这些经历完全都是由人们的相互交往构成的。因此，可以说，生活得更好并不只是意味着"开明的"现代人获得"自主权"，变成一个自治且独立的主体，或者按照黑格尔的说法，去发展一个精神的"自我意识"，其真实的含义而是在于去实践一种与他人共存的艺术。

本文并不想去概述安乐哲和罗斯曼特关于儒家角色伦理的哲学观点（他们自己将做得更好）。而是将从心理方面为儒家的角色伦理划定一个范围。这并不总是他们关注的焦点，或其哲学兴趣所在，但是深入考察，这也许会揭示一些有趣的特征。并且，我认为这种范围也可以阐明角色伦理与"以准则为基础和道德为基础的伦理学"之间的差别。安乐哲和罗斯曼特经常强调这点，并且这不仅证实了，而且可能也扩充了他们在当代文本中用来解释儒家伦理学的"词汇表"。

## 二、角色，关系，以及祖先崇拜

如果一个人的人格只能通过其所扮演的"角色"来呈现，那么个性和主体的概念将没有容身之地。

为了正确理解儒家思想，那么，目前使用的建立在"内在主体性"基础上的共同体的通用概念，或者是作为"个体集合"的社会的一般概念必须得到根本性扭转。社会并不是孤立的个体的集合，相反，所有个人的身份都是在社会关系中获得的。在这种模式下，并不是先有一个实质的自我，然后来扮演某种社会角色（如父亲、丈夫），而是相反，社会成员的身份只有在满足某种社会模式（如丈夫—妻子，父亲—儿子）的情况下才能产生。角色伦理的含义在于是社会角色构成人格，而不是人格在社会角色中表现自己。

《孟子》一书中包含了很多引导人类从动物性的状态走向中国经典作品中所提倡的文明状态的描述。它是通过"发明"社会角色来描述人格的"创造"。

在社会角色产生之前，人类生活并不是真正人性化的，而是仅限于纯粹的存活和繁衍。只有在建立成员间的某种关系模式之后才能产生真正意义上的人类生活。这种模型为社会奠定了一个最根本的基础，只有在此之上，社会成员才能获得自己的人格。孟子中所使用的词汇反映了古代中国父权制的社会结构，如文本中仅提到父亲和儿子，而没有提到母亲和女儿，但这种关系显然也隐含了"异性"。在古代汉语中，"人伦"是性别中立的词汇，其中包含①直系血缘亲属间的父（祖父）子（孙子）关系；②不同血缘群体之间成员的关系，如君臣关系或上下级关系；③同代中不同性别之间的关系，以扩展并延续一个血缘群体，如夫妻关系；④同代、同性别、同血缘群体成员间的长幼关系，如兄弟关系；⑤同代、同性别，但是不同血缘群体成员之间的关系，如朋友关系。

虽然一个人通常会处于好几种不同的关系之中，如一个人可以既是其父亲的儿子，也是其儿子的父亲，在工作中既可以是上级，同时也可以是下级。超出这一模式之外的关系是无法想象的。这便从两方面排除了"个体性"：一方面，单干是不可能的。另一方面，我实际上从来也不仅仅只是一个独特的不可分割的自我，因为出生伊始，我便已经具有了很多种角色，例如，在同一个大家庭中，可以既是孩子又是其他孩子的兄弟姐妹。在这种模式中长大并成长为一个"人"，并不意味着就能获得越来越多的"个体性"，相反，在长大的过程中，我将会参与到越来越多的关系网中，扮演越来越多的角色。在我长大以后，我不再只是小兄弟姐妹，而成为大的兄弟姐妹，我将会超出学院亲属的圈子结交新的朋友，也会结婚，也会参加工作，成为上级和下级，等等。成长为一个人便意味着我需要不断地融入到多样且变动着的社会"环境"之中。

与杜维明提出的将儒家的人称为"关系核"的概念相类似，安乐哲和罗斯曼特也认为，在社会关系的领域中，人是关注的焦点。我很赞同这个观点，特别是在考虑到他们对发展一个新的儒家词汇表的希望时，这有助于使角色伦理能够参与到当代西方伦理学的讨论之中。然而，阅读古代儒家文本时，人们关系的最直接的体现并不是社会关系网中的单个的人，而应该是五伦，也即父子关系。我觉得至少从历史上看这是很有道理的，接近了人与人之间的道德关系，而不是只着眼于个人的角度。

在祖先崇拜的大背景下，祖先和后人的联系对于维系和发展一个血缘家庭来说具有十分重要的意义。通过对祖先的崇拜和供奉，家族成员成员获得了身份认同和归属感。一方面，前面几代人以及家族创始人的的宗教地位为他们的后代提供了某种先天的神圣性。另一方面，宗教性的礼节和仪式（尤其是集体祭祀庆祝活动）为活着的人建构了一种共同的身份认同。由此，血缘集团通过与祖先建立联系的方式而加强了自身内部的联系。与此同时，这种宗教性的活动不仅赋予了其后代祭祀的传统，而且也赋予了他们维护宗族延续的责任。

代际间的联系对于维系宗族发展是至关重要的。宗族能否延续下去完全依赖于后代的责任感及其行动。这种宗教结构解释了代际关系在五伦中的首要地位及其重要性。只有当后代努力维系血缘亲属关系时，宗族的未来才能有所担保。这种家族制度不仅仅只是为了稳固当前的社会而做的暂时性工作，而更重要的，它是为了延续和发展过去和未来的人类文明所做的历时性努力。父子关系代表了社会的历时性发展。社会文明也只有在代代相传中才能成为永恒。两性间的关系可以保证人类物种的延续，但是真正人类社会的延续，超越于仅是动物层面的存在，而是依赖于后人与祖先之间的强大而持久的伦理性和宗教性的联系。

因此，儒家角色伦理中最基本的道德价值便是孝。《论语》中也明确指出，"孝"是"仁"之根本，因此，也是儒家日常生活的重要内容。如果根基动摇，那么整个儒家学说便会必然消亡。如果没有代际纽带，道德生活便失去了其赖以存在的土壤，人类也将重新回归到野蛮时代。因为如果没有孝，宗族内部的凝聚力将消解，而人类的文明也将随之消失。如果没有家庭在时间上的延续，那么也就无所谓人类社会和道德方面的人格，进而道德的存在也将完全不可想象。

## 三、儒家的角色模式

当代一些对中国哲学"门外汉"的西方学者在读到《孟子》中所提到的一个核心伦理观念"不孝有三，无后为大"时，通常会感到难以理解。解决这一问题的关键在于理解"孝"的观念，以及从整体上把握儒家角色伦理的思想。这并不是对女性价值的否定，因为它是对宗族中的几代人和传统儒家的角色伦理之间关系的确证。在古代中国父权制的家庭结构中，女儿会嫁到另一个家庭中，因而无法维系本家族的血脉。因此，女儿的孩子没有资格祭拜先祖。一个家庭中没有男性的后代便意味着将来也没有人能通过实践礼制来传承先祖的精神。于是，"无后"不仅意味着弑父，更是会毁灭整个家族。在这种背景下，说"无后"是最大的不孝便可以理解了。

与其过于关注不孝的行为，《孟子》中则列举了很多关于孝的例子。这便是传说中的舜帝孝敬父母故事的重要来源。换句话说，这个故事描述了一个按照儒家角色伦理生活的典型案例，从字面上来看，舜也成为了《孟子》中一个重要的角色。在舜帝的故事之后，儒学中又记载了很多孝的例子，其中便包括"二十四孝"的故事，介子推放弃高官而回到绵山赡养老母的故事也被人们广为传颂。

舜虽然出身低微，但却德行高尚，故而被尧帝选为做自己的继承人。故事中舜的父母和其继母所生的哥哥都是邪恶的角色,出于自私和恶意多次想置舜于死地而未能成功。但是,无论他们如何虐待自己,也不管他们对自己犯下怎样的罪行,舜始终将其看作是自己的亲人而给予无私的孝顺和关爱。他最看重的是家人间的感情。封帝后,舜更是以德报怨,给予他们更多关爱,希望通过更大的努力来争取家人对自己同样的感情。

由于其纯粹和坚定的孝,舜被尧帝选中来娶自己的女儿,并参与处理政事,而最终成为了国家的君王。如果孝的"根基"确实如此深厚而且坚实,由此,尧似乎便可以作出推断,舜不是也同样可以成为完美的丈夫和国君吗?尧的理由非常明确,如果一个人对待家人能够如此孝顺关爱,那么他一定也会以同样的感情和方式来对其他人。在孟子看来,舜对妻子乃至整个国民的关爱是由其对父母和兄长的感情直接转化而来的。

以现代的观点来看,孟子对舜孝的赞扬似乎略显尴尬。一个人在五十岁时仍然渴望父母亲对自己的疼爱,尤其是当其父母还时刻在虐待自己,这似乎显得有点不成熟,甚至也是缺乏全面发展和个性独立的体现。但是这种逻辑依赖于这样一个假设,即个体人格优先于其社会角色,而且同时也忽略了角色伦理假设的反面,人格是通过与他人关系的内化而体现出来的,因此,一个好的人即使在五十岁时仍然会孝顺父母,同时也需要父母的疼爱。

《孟子》中舜的故事回应了《论语》中许多关于孝道的具体规定。例如,《论语》2.5 中提到"孝敬"便意味着无论父母在世与否都永远不要做违背父母意愿的事情。4.18 也提到"树艺五谷,五谷熟而民人育。人之有道也,饱食、暖衣、逸居而无教,则近于禽兽。圣人有忧之,使契为司徒,教以人伦:父子有亲,君臣有义,夫妇有别,长幼有序,朋友有信"。

在当代西方读者眼中,这些文字似乎有点苛刻或奇怪。它们给了年轻的一代巨大的道德责任,并要求其成员完全遵守服从,而且在情感上也要求晚辈对长辈保持温顺谦恭之情。然而,这种奇怪的感觉可能是有儒家的角色伦理与西方"主流"伦理观对道德责任的不同要求而导致的。在古代中国关于祖先崇拜以及角色伦理的文本中,坚持认为晚辈的心情和行动应该符合长辈的需要,这一要求是合情合理的。这也证实了年轻一代对于维系和发展宗族负有重要责任。通过履行孝道,年轻一代使自己完全融入了祖宗并且也认同了与生俱来的这一血缘关系。只有通过这种道德实践,人们对于一个宗族的身份认同感才能持久不变,这种道德实践也使孝道一代代传承下去。

《论语》中另一段文字也清楚地阐释了孝的相互性。这种相互性表明,孝并不是对人们个性品质的假设,而是在与他人的关系中自然生成了一种人性。孝并不是一种"个人的",或者可以独立发展的个性品质,而是在社会中在与他人的相互交往中产生的一种感情共鸣。

与角色伦理的框架截然不同,当代西方道德观倾向于将更重大的、更多数的道德责任赋予长辈,而不是孩子。在这里,父母被看作是成熟的主体,并具有完全的"个性化",他们有帮助自己小孩成长的责任,使其也获得与他们同样的自主人格。反之,孩子们则被看作是他们已经"独立的"父母的家属。在孩子长大之前,父母们都负有广泛且是单向的责任。有趣的是,如果将父母与孩子的角色互换,那么,《论语》中这些看似过时甚至有点奇怪的关于孝道的描述便可以很容易被西方读者所理解。例如,在当代西方社会中,父母应该温和地劝诫其犯错的孩子,而不能采取粗暴的方式。对于当代的父母来说,"保持礼貌"、"不抱怨"、"行为恰当"是值得赞赏的,因此,当孩子不听话时,父母的行为应该是负责任的并且理智的,而不应该轻蔑或嘲笑。父母通常被建议告诉孩子"除了自己的身体健康外什么都不用担心",例如,不要让孩子卷入自己的私人关系问题(如分居或离婚),当家庭陷入经济困境时也不要让他们为此担心,更不应该让他们放弃学业而去工作。类似的还有,当代西方社会通常不建议父母们离开孩子去"远游",如果必须这样做也要告知孩子们"确定的归期"。而且,父母还应当掌握孩子们具体的成长阶段,并采取相应的教育方式。套用《论语》的内容便是"父母之年,不可不知也。一则以喜,一则以惧。"如果父母与孩子的关系是建立在独立与依赖相分的基础之上,那么一切便都可以理解了。然而,从儒家角色伦理的角度来看,"独立性"并不存在,因为所有的人都处在共同的、相互的关系之中,其中包括代际关系。舜的孝心显示了其卓越的才能,这种才能并不是一个人去做什么事,而是与他人的互动。因此,他是理想的君王。他的坚定的孝心使他完全符合《孟子》中对"国王"的描述:"人伦明于上,小民亲于下。有王者起,必来取法,是为王者师也。"同上类似,《孟子》赞扬道:"舜明于庶物,察于人伦,由仁义行,非行仁义也。"正如"孝"是"仁"之根本,因此,通过一个人杰出的孝行便可以推测出他在与其他人的关系中总体上也会处理得很好。对"明"字的理解不应从认识论的角度来解释,这样一来,舜的孝便似乎是其理性地领会了孝的含义之后作出的行为。而事实上,孝更多的是指示了一个完全实用的和移情的认知方式。通过动词"明","明人伦"一词便可以得到更清晰的理解。作为一个儒家角色的典范,舜的故事揭示出孝道渗透在人们全部的社会关系之中。

## 四、葬礼

在父母去世时最能体现出一个人是否具有孝的品格,以及其处理人际关系的能力(虽然这种说法有点残忍)。正如《论语》17.28 中孔子对弟子宰我所说,如果一个人受到了父母无私的关爱,那么,父母去世时他便会经受巨大的伤痛,并且渴望能为去世的父母做些什么。这种强烈的痛苦和渴望将使服丧中的晚辈无法像往常一样生活,也不能再去工作。最直接的行为便是完全中断一切享乐活动。他将没有心情再去参加任何传统的社会交往。这也意味着他将简衣素食，远离一切娱乐活动，是独自在一个隐蔽安静的地方默默怀念死者。如果一个人是真正的孝，那么他便会这样生活三年时间，孔子和孟子都认为，对于一个真正孝的人来说，无论是精神上还是生理上，他们都需要一个为期三年的服丧期。

《论语》19.17 指出："吾闻诸夫子：人未有自致者也，必也亲丧乎！"准确地说，这种行为并不是自我反省，相反，却是自暴自弃。在服丧期间，人们已经全身心地投入到了对死者的缅怀之中，因此，此时，这个人的生活中只有这一种关系。在平常的生活中，人们通常不会完全陷于一种关系，而是穿梭于各种复杂的社会关系网之中。但是，当父母亲去世时，我们便会无法再去想其他事情。这种情况某种程度上与我们出生时父母的经历相类似。当孩子出生时，爸爸妈妈便无法再像往常一样生活。他们需要请产假而暂停工作，不能出席各种聚会，同时将全部的注意力都转移到刚出生的婴儿身上。

出生和死亡是连接两代人最紧密的时刻，同时也是宗族维系和发展的关键环节。这里，父子关系的核心地位得到了最直接的体现。正如宗族在未来的发展依赖于团结和维护，那么，宗族在过去得以保存的原因则在于先辈们的团结和维护。

在描述悲伤孩子的自暴自弃时，《孟子》用了一个与《论语》中描述十分类似的表达。3A.2 中写道："孟子曰：不亦善乎！亲丧固所自尽也。曾子曰：生事之以礼；死葬之以礼，祭之以礼，可谓孝矣。诸侯之礼，吾未之学也；虽然，吾尝闻之矣。三年之丧，齐疏之服，飦粥之食，自天子达于庶人，三代共之。"这段文字是在滕国储君与孟子的对话中提到的。储君不确定在父亲去世后自己是否真的需要服丧三年。孟子认为，虽然大臣们都强烈希望储君能够缩短丧期，但是他仍然应该坚持这样做。储君最后也遵从了孟子的建议。某种意义上可以说，这是一个完满的结局，人们对储君在服丧期第一阶段的行为表现表示满意。"世子曰：然。是诚在我。五月居庐，未有命戒。百官族人可谓曰知。及至葬，四方来观之，颜色之戚，哭泣之哀，吊者大悦。"储君在服丧期间的感人行为体现了自己对父亲及整个家族的孝心，而且，在更重要的是，这种行为直接"转化"为了对其人际关系的肯定。通过其自暴自弃以及表现出来的悲伤之情，在臣民和亲人们心中，他已经成为继舜之后的道德模范。通过履行孝道，储君践行了自己的道德策略，让人民满意自己的行为，从而实现了对人民的教化。因此，葬礼是一种寄托哀思的仪式，将生者和逝者紧密联系在一起。与此同时，葬礼也通过一种人际关系间的集体活动而实现并体现了当前这一社会群体成员的幸福。

## 五、情感性

至此，我已经描述了儒家角色伦理是如何通过五种人伦关系来认识社会的。这些关系都是在晚辈对长辈的孝的基础上发展而来的。葬礼和服丧期是人们履行孝道和最大程度上团结宗族关系的最重要的场合。在这种背景下，自主的个体便无法存在，相反，人们只能在人际关系中来获得自身的人格。

正如《论语》、《孟子》等经典文本中所提到的，在对角色伦理的实践中有一个问题需要特别注意。当文本中在通过具体的例子来说明角色伦理的优点或不足时，通常会强调例子中主人公与其行为相伴随的思想感受。由此，我认为在理解儒家角色伦理的思想时，也应该注意其与人类情感之间错综复杂的关系。严格来说，角色伦理与人的情感有着密切的联系。

《孟子》中用大量篇幅描写了舜帝孝的故事，并且接着写道："舜往于田，号泣于旻天，何为其号泣也？"我们立刻便了解，舜之所以绝望时因为其父母没有回应他的感情（孝），而是仍然对他冷漠无情。他的妻妾、财富，以及事业的成功都不能缓解他得不到父母疼爱的痛苦。舜的道德是由他的情感来引导的，并且他也战胜了悲伤和恐惧。当代的精神专家可能会建议他去接受心理治疗或者服用药物。当然，儒家绝不会这样认为，而且儒家认为，在得不到亲人关爱的情况下，舜的感情不仅没有消失，反而更加坚定，这是值得赞扬的，他是道德模范。即使在了解到其哥哥谋害自己的计划之后，舜仍然以理解和同情作为回报："奚而不知也？象忧亦忧，象喜亦喜。"舜的所有感受都不是来自自身，而且，他似乎也没有对自我人格的意识。他完全被其角色关系所影响和引导。对于他的亲人，他完全受感情的支配。

然而，舜的感情却不是自私的。虽然其家人对他的孝始终都无动于衷，但是，这种行为对他身边的其他人却产生了重要而深远的影响。正如前文中提到的《孟子》3A3中对舜的赞扬，说他是"明五伦"，并由此得到了人民的拥戴。推测可知，普通百姓也会从舜的孝心中受到教育而努力以他为榜样。舜的孝为他增添了光环。由此，通过履行"人伦"也可以对其他的人（精神失常的人除外）产生积极的影响。

滕国储君在服丧期的表现之所以重要也是同样的道理。正是他"极度悲伤的表现"得到了人们的认可。感情是自己的，但是恰当的时候却可以激励他人的行为。如果情感与自己的社会角色和当时的具体情况相符，那么，它们通常也会影响身边的人。在滕国储君的故事中，一种恰当的情感回应并不是意味着要与他具有同样的感受，而是一种"相应"的感受：我们愿意看到一个人在其父母去世之后是悲伤的，由此，我们也会赞赏和同情他。但是，如果看到一个对自己亲人的苦难幸灾乐祸，那么我们便会产生惊骇和厌恶之情。

《孟子》中齐宣王的故事可以阐明恰当的情感有助于很好地扮演社会角色。此处孟子称齐宣王善于执政，是一位"真正的君王"。孟子举了齐宣王观看杀牛祭祀的例子。文本中生动地描绘了齐宣王看到牛将被杀时同情和难过的心情。而且，齐宣王阻止道："舍之！吾不忍其觳觫，若无罪而就死地。"孟子对这种情感和行为表示赞扬："是心足以王矣。百姓皆以王为爱也，臣固知王之不忍也。"并且他进一步解释道，这是"仁人的行为",因为,"君子之于禽兽也,见其生,不忍见其死;闻其声,不忍食其肉。是以君子远庖厨也"。孟子指出,齐宣王只需要将自己在看杀牛祭祀时的这种感受应用于其人际关系之中,他便可以成为一位好的君王。作为一国之君,齐宣王应该对自己的臣民也怀有同情之心。一旦他这样做了,他的臣民们便会热爱和拥戴他。

## 六、道德体现

确切地说,感受不仅仅限于情感体验的范围,还常常伴随着生理反应,体现于某种行为。回头再看看《论语》、《孟子》中的文字,可以很容易发现很多关于主人公某种情绪下行为特点的描写。《孟子》5A 中描写了舜的哭泣和哀嚎。他的绝望决不仅仅只是一种自己内心的体验,而是在场的所有人都可以看得到的,而且,书的读者们通过孟子的描写也是可以"看"到的。伦理情感并不是隐藏着的,而是通过身体反应表现出来,并且感染着身边的人,由此,人们的情感体验趋于相同。悲伤是个人的感受,但是流泪和哭泣使这种感受具有了公共性。

《论语》中不仅包含孔子的哲学言论以及具体的道德事例,而且有很多对统治者道德行为的情感和身体方面的描写。例如,7.14 中写到:"子在齐闻韶,三月不知肉味。曰:不图为乐之至于斯也!"显然,此处对情感的身体反应的描写是在回应享受礼乐表演的情况。有好几段都是在描写孔子的身体姿势、面部表情,以及谈话语气。10.4 描写了他在朝廷的行为:"入公门,鞠躬如也,如不容。立不中门,行不履阈。过位,色勃如也,足躩如也,其言似不足者。摄齐升堂,鞠躬如也,屏气似不息者。出,降一等,逞颜色,怡怡如也。没阶趋进,翼如也。复其位,踧踖如也。"这些文字都显示了行为、情感和身体反应都属于角色伦理的范畴。

《孟子》3A.5 讲了一个关于埋葬"起源"的传说。它出现在上面引述的 3A4 部分,这部分讲述了作为文明基础的人类五种关系的建立。正如已经指出的,这些关系中的核心部分——父子关系便通过葬礼得到了证实。因此,葬礼的起源直接与人伦的建立相关,由此建立了一系列角色伦理主体的行为规范。这个故事中讲的是还没有产生土葬这一习俗的"古老时代":

> 孟子曰:"夫夷子,信以为人之亲其兄之子为若亲其邻之赤子乎?彼有取尔也。赤子匍匐将入井,非赤子之罪也。且天之生物也,使之一本,而夷子二本故也。盖上世尝有不葬其亲者。其亲死,则举而委之于壑。他日过之,狐狸食之,蝇蚋姑嘬之。其颡有泚,睨而不视。夫泚也,非为人泚,中心达于面目。盖归反蘽梩而掩之。掩之诚是也,则孝子仁人之掩其亲,亦必有道矣。"

在讲到舜哭泣和哀嚎时，故事中用了"其颡有泚，睨而不视"来描写舜的这种孝的感情。有趣的是，文中后来又强调说这种行为并不是假装的。正如将父母与孩子联系在一起的葬礼所表现出的，对角色伦理履行包含着动作、情感，以及身体反应等方面。这几方面都是个人具有但同时又可以为他人所见，因此，正如文本中所提到的，这为区分真正的角色伦理行为与假装的角色伦理行为提供了一种方法。

也许，在理解儒家角色伦理主体身体反应的度时，最重要的是"气"。这个词语通常用来表示万物所蕴含的原始能量，无论是一阵风还是一块石头，一个鲜活的生命还是一具尸体，也无论是一个人还是一件人造的物品。例如，气可以是音乐或艺术品中蕴含的"情感"，当人们去欣赏时，便会产生共鸣；可以是一个人的"气质"，有时使人着迷，有时也让人敬畏；可以是石头的"力量"，当我们的头撞上去时会感到痛；可以是天气的"能量"，让我们感受到酷热和严寒；气可以是士兵的"精神"，促使他要么逃走，要么拼死奋战；气也可以是会议的"气氛"，有时让我们感到轻松，有时也让我们紧张。

虽然"气"在《论语》中并没有特别的哲学意味，但是在《孟子》中却变得十分重要。虽然文本中只出现了三段，而其中两段便成为了整本书中在历史上最有影响的部分。另一个不太出名的事件记载在7A.36：

> 孟子自范之齐，望见齐王之子。喟然叹曰："居移气，养移体，大哉居乎！夫非尽人之子与？"

在文体上，"气"与"身体"相比较，而这种比较已经包含了生理意义上的含义。正如食物会塑造我们的身体，而我们生活的环境也会改变我们的气质。孟子在很远的地方便看到了国王儿子的"气"，这种"气"显示了他堕落的道德状态。因此，道德教化不仅包含着情感、行为、才智等方面，而且，与"气"也具有密切的关系。

《孟子》6A.8一章讲了公牛山的寓言。这座山本来并非不毛之地，由于无节制的放牧与砍伐而遭到破坏。孟子以山喻人，认为恶劣的生活方式也会使人丧失好的道德本性。对于这个故事，许多学者都忽视了这样一个事实，即孟子认为此处的道德下滑对人们日常生活中的气场的道德性产生了消极影响。"其所以放其良心者，亦犹斧斤之于木也，旦旦而伐之，可以为美乎？其日夜之所息，平旦之气，其好恶与人相近也者几希，则其旦昼之所为，有梏亡之矣。"就像水能够滋养植物一样，在这段文字中，积极的气也是培养人类伦理性的道德养料。

《孟子》中另一段著名的文字便显示了气的培养与道德培养之间的这种密切关系。2A.2中，当问到被问到他最大的愿望时，孟子回答说："曰：'我知言，我善养吾浩然之气。'"接着他解释道：

曰："难言也。其为气也，至大至刚，以直养而无害，则塞于天地之闲。其为气也，配义与道；无是，馁也。是集义所生者，非义袭而取之也。行有不慊于心，则馁矣。我故曰，告子未尝知义，以其外之也。必有事焉而勿正，心勿忘，勿助长也。无若宋人然：宋人有闵其苗之不长而揠之者，芒芒然归。谓其人曰：'今日病矣，予助苗长矣。'其子趋而往视之，苗则槁矣。天下之不助苗长者寡矣。以为无益而舍之者，不耘苗者也；助之长者，揠苗者也。非徒无益，而又害之。"

随着道德的成熟，人们的气也将变得更加浑厚博大，越来越明显而可以被人们感受到。道德上坚定的人的气也是完好无缺的。在人际关系中，道德之气能够立刻被人们所察觉。孟子对此便十分敏感，在齐王儿子的故事中，孟子很远便已经感受到了他的"气"。一个人的道德"气质"就像某种好的或不好的气味一样，能够直接而源源不断地充满整个房间。那些对"气"具有高度敏感性的人（如孟子）会时刻关注着它。在关于人际关系的文本中，"吾善养吾浩然之气"便意味着这个人善于通过自身的行为举止来使他人产生某种道德敬畏，而且，当和他人在一起时，也会善于感受他人的道德品质。

## 七、精神方面的角色伦理

正如《论语》、《孟子》等核心经典中记录的许多故事、寓言以及传记中所提到的，儒家角色伦理的愿景与人们在人际关系（尤其是宗族中的父子关系）中的个性品质密切相关，并且十分关注人类集体生活中的精神和生理两个方面。具体来说，人际关系总是表现出来的。在与人交往中，为了使他人感觉好一点，儒家坚持将"合乎理智"作为交往的艺术来强调，这体现了儒家角色伦理行为性的一面。与他人相处中感受到的舒适惬意当然包含着情感和身体体验两个方面。儒家角色伦理中的这三个方面是紧密联系不可分割的。在儒家看来，如果在相处中没有体验到精神和身体方面的舒适感受，那么便不能算作是好的亲子关系或师生关系。这三方面并不是相互依赖的因果关系。无礼和粗鲁的行为会引起不良的感受，不仅是精神上，而且是身体上。在情感上不怀好意的人也会发现很难与他人高效地相处，并且一个具有不良"气"的人（尼采意义上的病人）也会使他人在精神感到不适，在行为上无所适从。

相反，按照儒家角色伦理来行为的人则会充满吸引力，因为他们全身心地享受着与他们相处的状态。《论语》和《孟子》中许多章节都讲到了类似于齐宣王观看杀牛祭祀的故事，试图以此来教导儒家弟子行为的艺术。这种艺术不仅具有政治色彩，同时也具有精神引导的方面。一个好的君王应该是人民乐于接受其统治，受到了人民的爱戴和拥护，并且人民愿意对其忠诚对其服务的君王。类似的，一个好的儒家父母也应该不仅仅只是关心孩子的喜好,而且也应该关注孩子的内心需求和对爱的渴望。人际关系中卓越的道德包含着行为、情感以及身体反应之间的互动关系。用当代的话来说,它促进了人们关系的发展。

从比较哲学的角度来看,安乐哲认为,一个很重要的观点是,不能将儒家角色伦理与根植于古希腊传统中的道德伦理相混淆:角色伦理的"大师"并不是一个强大的个人,一个具有坚强性格的道德的人。再回到舜的故事,原文对这一道德模范的描写是:在原野中哭泣和哀嚎,五十岁时仍然渴望着父母的疼爱。在古典的英雄观中,他几乎没有一点儿个性。在他自己看来,他表现了一个弱者的角色,而与亚里士多德所说的道德英雄有着本质的区别。

舜的道德性并不是只关于他自己的,而是只存在于与他人的关系之中。儒家大师可堪比天才的音乐家,只有在表演中才能体现出他的卓越,而此时,他的情感和身体的潜能也得到了充分地显示。钢琴家需要通过钢琴来演奏,同样,舜也需要他的父母和臣民。正如伟大的钢琴家只有通过真实的钢琴练习才能变得技艺精湛,按照安乐哲的话来说,独立于一个"具体的动态的环境",舜自己本身并无所谓道德性,因为严格的说,他本来就没有自我。相反,他所拥有的是在他所处的任何人际关系中都不会消失的行为和身体的直觉和技艺。

康德坚决反对掺杂任何情感和身体的成分,或者,按照他自己的话来说,人的感情不属于道德范围之内。愿望的好便意味着对其起决定作用的理性原则的好。我们只能期望理性认为是对的事,而不能被可能将我们引入歧途的观点所误导。

如果这个人仅仅是因为自己所理解的理性原则认为一件事情是正确的,并且违反自己的内心愿望而表现出一种道德上好的行为,那么"这种行为便首先具有纯粹的道德价值"。受心理(精神)倾向引导的行为可能也会产生积极的结果,但是,对于行为道德品质的判断只能是根据其背后的道德意志。换句话说,一个怀着良好愿望的人行为仍然可能是不道德的,好的行为只是偶然为之。另一方面,一个没有任何心理倾向,但是具有理解何为正确的能力,并且其意志仅受伦理道德引导的人,这样的人所做的好事才能被称作是"具有真正的道德价值"。

齐宣王出于同情而救了牛,但是严格按照康德哲学的理解,这是一个伦理错误:他没有取消整个礼制,而只是用羊代替了牛。《孟子》中明确记录了这个决定的矛盾性,并由此提问:"王若隐其无罪而就死地,则牛羊何择焉?"原则上来说,齐宣王的行为没有任何道德意义,因为这一决定并不是基于任何内心的道德意识(如动物权利)。然而,《孟子》真正感兴趣的并不是这种依赖于人类理智的伦理,而是国王"心"的意愿,或者说是"精神倾向"。

# On Confucian Ethics

National University of Ireland—University College Cork
Department of PhilosophyCork, Ireland   Hans – Geory Moeller

## I. Confucian "Role Ethics"

One of the major tasks China has been facing in the course of its monumental modernization process, triggered by the exposition to Western Imperialism since the early 19$^{th}$ century, is the forced reinvention of its cultural heritage, including its languages, religions, and philosophies. The "death" of Classical Chinese as the common written language along with the extensive import of a Western semantics into spoken Chinese about a century ago threatened to make the ancient canon of revered texts from the Confucian, Daoist, Buddhist, and other traditions obsolete. In response, Chinese philosophers of the 20$^{th}$ century, in conjunction with both Chinese and Western scholars of Chinese Philosophy, engaged in the wider project of reinterpreting the traditional Chinese texts and teachings in modern terms, or more concretely, in terms of the systems and concepts which dominated the Western philosophical discourse.

Major intellectual figures of the 20$^{th}$ century, ranging from philosophically inclined scholars such as Hu Shi and Liang Shuming in the first half of the past century to "New Confucians" such Tang Junyi or Du Weiming in more recent decades, succeeded in presenting their respective "narratives" of the classical philosophical teachings in a language and style that connected with current (largely academic) audiences. This process of "translating" the classical teachings into contemporary formats—of mainly Western origin—gave also rise to the academic discipline of "comparative philosophy" which predominantly occupied itself with testing out in how far various Western philosophical vocabularies could be used to make sense of Chinese thinkers. These efforts to provide ancient Chinese philosophy with a new significance for both a Chinese and a global public by communicating it within the framework of a well – established Western semantics have recently been complemented by attempts to write about and thereby "do" Chinese philosophy by a method that productive thinkers of many traditions have tried and tested, namely through forging a largely new semantics and set of concepts out of existing linguistic reservoirs. Perhaps the major representatives of this wing of contemporary philosophers, or, if one may use this label, New Confucians, are Roger Ames and Henry Rosemont Jr. .

Ames and Rosemont's methodological approach is clearly reflected in Ames' title and subtitle of a programmatic outline of this version of a contemporary Confucianism *Confucian Role Ethics*: *A Vocabulary*. As such, the concept of "role ethics" is neither found in the Chinese nor in the Western tradition. On purpose, Ames coins this new expression to distance himself, for example, from the most recent "fashion" in comparative philosophy which interprets Confucianism as a variant of the honored tradition of (Aristotelian or post – Aristotelian) "virtue ethics." Rather than trying out yet another "vocabulary" taken from the history of Philosophy on Confucianism, Ames sets out to construct a new Confucian vocabulary. Of course, he also has to rely on existing language—he cannot simply coin altogether new words—but he does so by making use of a vocabulary, including terms as "role", "focus – field", or "gerundive persons" which have as of yet no fixed philosophical school connotations and are thus more or less "freely" available for putting together a distinct and novel set of "vocabulary."

I sympathize with Ames' and Rosemont's methodology because, on the one hand, it minimizes the risk of "colonizing" Chinese Philosophy—or, more precisely, Confucianism—by means of an established foreign semantics, while, on the other hand, it also succeeds in making his version of Confucianism accessible for the contemporary "globalized" reader by avoiding a wholesale reliance on the traditional Chinese vocabulary alone.

I do not only concur with Ames' and Rosemont's methodology, though, but also with their interpretation of Confucian Philosophy as, most essentially, role ethics.① This means, first of all, that Confucian Philosophy, is not so much an ontological, epistemological, or, in a "transcendent" or "soteriological" sense, a religious project, but concerned with expounding a "way of life". It is a philosophy that cares mostly about the question of how to live well. It gains its distinctiveness from tackling this question on the basis of conceiving of human life as fundamentally shaped by relations to others, or, in the words of Henry Rosemont, by assuming that "there can be no me in isolation, to be considered abstractly: I am the totality of roles I live in relation to specific others."② Ames and Rosemont take this non – isolationalist and thus non – individualist approach to human existence very seriously, and, as I believe, correctly make it the foundation of their interpretations of the Confucian texts. Their reading of Confucianism thus opens up a spectrum of views on human life as never reducible to strictly individual experi-

---

① While agreeing with their *interpretation* of Confucianism, I, as Luhmannian Daoist, do not go as far as fully embracing their *commendation* of Confucianism.
② Henry Rosemont Jr. , "Rights – Bearing Individuals and Role – Bearing Persons" in Mary L. Bockover (ed.), *Rules, Rituals, and Responsibility*: *Essays Dedicated to Herbert Fingarette*. La Salle: Open Court, 1991. Quoted from the citation in Roger T. Ames. *Confucian Role Ethics. A Vocabulary*. Honolulu: University of Hawai'i Press, 2011. xvi.

ences, or positively, as entirely constituted through human interaction. To live well, accordingly, can never mean, as, for instance, for the "enlightened" modern human, to achieve "autonomy", to become a self-determining and independent subject, or, in a Hegelian sense, to develop spiritual "self-consciousness"; it rather means to practice the art of coexistence.

## II. Roles, Relationships, and Ancestral Religion

If personhood emerges only through the "totality of roles" one assumes, the conception of the "in-dividual", in the literal sense as an "in-divisible", or, "a-tomic" (as derived from the Greek word for indivisibility) self-contained unit or "subject" has to be discarded. Currently common conceptions of a community based on "inter-subjectivity", or of society as a "sum of individuals" have to be radically reversed in order to do justice to the Confucian approach. It is not the case that society emerges as the result of a conjunction of originally distinct "selves", but, to the contrary, any form of personal "identity" can only be attained as an effect of social relations. It is crucial to see that according to this model, there is not first a substantial self who then assumes a social "role", such as father or husband, but, vice versa, identifiable social agents in society only come into existence as an effect of "filling" certain social patterns, such as the husband-wife or father-son relationship. Role ethics means that the social role constitutes personhood, and not that personhood expresses itself in social roles. Roles are not attributed to persons, but personhood is attributed on the basis of roles.

The book of *Mencius* contains one of various descriptions of the foundational act of raising the human species from an animalistic state into civilization found in classical Chinese texts. It depicts the "creation" of human personhood, through the "invention" of social roles in the following way:

Hou Ji taught the people how to cultivate land and the five kinds of grain. When these ripened, the people multiplied. This is the way of the common people: once they have a full belly and warm clothes on their back they degenerate to the level of animals if they are allowed to live idle lives, without education and discipline. This gave the sage King further cause for concern, and so he appointed Xie as the Minister of Education whose duty was to teach the people human relationships: love between father and son, duty between ruler and subject, distinction between husband and wife, precedence of the old over the young, and faith between friends. ①

Prior to the imposition of social roles, human life is not yet humane, but limited to purely physical survival and procreation. Proper human existence emerges as an effect of the establishment of a pattern of relationships. This pattern of relationships shapes society on the most basic

---

① *Mencius* (D. C. Lau, transl.). London: Penguin, 1970. 102 (3A4).

level, and only within its mould can personhood be attained. The specific vocabulary used in the *Mengzi* reflects the patriarchic structure of ancient Chinese society and therefore speaks, for instance, only of fathers and sons, and not of mothers and daughters, but it seems evident, that the relationships are supposed to also implicitly include the "other sex". In gender – neutral language, the five "human relationships" (*ren lun*) include 1) the (grand – ) parent – (grand – ) children relationship within a kinship group, 2) the relationship between members of different kinship groups who, respectively, give and receive orders or are subordinated to one another, 3) the relationship between the sexes within one generation, joining to perpetuate a kinship group, 4) the hierarchical relationship between older and younger members of the same generation (the older brother – younger brother relationship) within a kinship group, and 5) the reciprocal relationship between members of the same generation and the same sex, but of different kinship groups.

While any person will normally be simultaneously engaged in a multiplicity of such relationships (e. g. a father of someone and a son of someone else, a superior of someone and an inferior of someone else), relationships outside of this pattern are not envisioned. This excludes "individuality" in two ways: On the one hand, there is no possibility of "going it alone" — there is simply no point in time when one is not, e. g. , someone's child or grandchild, because the relationship with one's (grand – ) parents also, and emphatically, includes deceased predecessors. On the other hand, I am practically never just "one" particular indivisible self, because as soon as I am born I am already simultaneously engaged into a multiplicity of roles, such as, e. g. , *both* child and sibling/ cousin of several others within the kinship group (in ancient China children grow up in large family units, not in the "core family" of contemporary Western society). Growing old and maturing as a "person" within this pattern does not mean to attain increasing "individuality", but, to the contrary, engaging in an increasingly complex network of roles which "splits" me into an evermore relational being: Once I grew older, I am no longer just younger sibling/cousin, but also and at the same time older sibling/cousin, I will establish relationships to members of the same sex outside of my kinship group (or "make friends"), I will marry, and thus establish relationships with members of the opposite sex outside my kinship group, I will give orders and receive them, etc. , etc. To "mature" as a person means to increasingly "dissolve" into a multifarious and evolving social "sphere". ①

Ames and Rosemont argue—similar to Du Weiming's concept of the Confucian person as a "center of relationships" —that, within the "field" of social relationship, the person is constituted as a central "focus". I quite agree with them on this, particularly when taking into account their common aspiration to develop a new Confucian "vocabulary" that makes role ethics a serious interlocutor in debates with contemporary Western ethics. ② However, when reading the ancient Confucian texts, the more immediate "center" of the "human relationships" appears to be not a single "person" at the pivot of a social network, but rather the first and, I believe truly *pivotal*, of the five *ren lun*, namely the (grand-) parent-(grand-) children relationship. I think it makes sense, at least historically, to approach an inter-personal ethics such Confucian role ethics from an interpersonal rather than from a personal perspective

In the context of ancestral religion, the dominant belief system in ancient China, the bond between the preceding and the succeeding generations was of crucial importance for sustaining and perpetuating the kinship group which constituted both the subject and object of religious practice. Through the veneration and deification of the deceased generations, the kinship group provides itself with an identity and ascribes religious value to itself. On the one hand, the religious status of the preceding generations and the alleged founders of the clan provide the kinship group, as their descendents, with a sort of immanent sacredness. On the other hand, the religious ceremonies and rituals, in particular the collective sacrificial festivities, establishes a collective religious identity of the living. In this way, the kinship group performatively confirms itself to itself by ritually connecting with its antecedents. At the same time, the performance of the rituals installs the younger generations as heirs to this tradition, and assigns them the responsibility of maintaining the existence of the clan.

The confirmation of the bond between the successive generations is vital to the perpetuation of the kinship group. Its continued existence depends entirely on the commitment of future gen-

---

① In this way, attaining personhood in the context of a Role Ethics is quite exactly the opposite of what it was, for instance, for Hegel: I am *never* a "for-itself" (*für-sich*), i. e. a subject that can conceive of itself as being on its own; and also *never* an "in-itself" (*an-sich*), i. e. an objectively definable and coherently outlined person from the perspective of society in "general" (e. g. a "citizen", or, in a Marxist context, a Proletarian, as abstracted from my various social relationship) —and thus I can *never* become, as is required for the Hegelian concept of selfhood or "self-consciousness", an in-and-for-itself (*an-und-für-sich*) as a "free" individual in a "free" society of others like me.

② Ames and Rosemont, as well as Du Weiming (to a lesser extent, though), basically remove Confucian Role Ethics from the context of ancient Chinese ancestral religion, as outlined in this essay, and attempt to re-establish it within the context of contemporary "liberal" ethics acknowledging in effect, if not on principle, contemporary human rights and other enlightenment values.

erations to the clan. This religious structure explains the primacy of the inter-generational relationship as the first and in some respect also foremost of the *wu lun*. The future of civilization can only be guaranteed if the succeeding generations devote themselves to the preservation of the kinship lineage. The institution of the family is not only or primarily a "synchronic" project serving the purpose of stabilizing society in the present, but, and probably more importantly, a diachronic project aimed at extending the civilized state of humankind into both past and future. The relationship between (grand-) parents and (grand-) children represents the diachronic extension of the social bond. Civilization can only become permanent through inter-generational perpetuity. The relationship between the sexes may grant the biological maintenance of the species over time[①], but the maintenance of a truly human society, elevated over and above a merely animalistic level of existences, hinges upon the establishment of a strong and enduring ethical and religious connection between the preceding and succeeding generations.

The most basic moral value of Confucian role ethics is therefore *xiao*: "filial piety" or "family reverence" as Roger Ames renders it. The *Analects* of Confucius point out very clearly that it is the root of *ren* ("benevolence", "humaneness", or "authoritative conduct")[②], which, in turn, is the main value in Confucian daily practice. If the root is removed, the whole Confucian project is doomed to vanish. Without the inter-generational bond, moral life loses its grounding, and humankind will be condemned to return to a state of utter brutishness, because without it, clanship unity will be dissolved and thus civilization will disappear. Without temporally extended family units, an ethical existence is completely unimaginable, since there would be no roles for supplying humans with social and moral personhood.

---

① Probably acknowledging this biological precondition of civilization, the *Mencius* says that the male-female or husband-wife relationship is the/a "great relationship" (*da lun*). See *Mencius* 5A2. The same chapter, however, is nearly entirely dealing with Shun and other examples as outstanding examples of honouring the parent-child relationship.

② See *Analects* 1.2

# 西方化的儒家伦理

华东师范大学博士后、讲师　德安博
上海社会科学院　赵峰芳译

在对儒家伦理的研究中,欺骗一般被看做是不道德的行为。但这个观点在一些情况下却难以自圆其说。学界对于这种困境的讨论和努力从未间断,但至今仍未达成共识。例如,孔子认为,儿子不应该揭发偷羊的父亲。但是,学者们在讨论儒家伦理时却不会提到这个例子,甚至还会持批评的态度。当代学者刘清平就认为,这是在讲裙带关系,有可能成为滋生贪污腐败的温床。因此,他主张将其清除出儒家伦理的范围。美国教授 May Sim 认为,这是儿子在为父亲着想,天经地义,符合道德的要求,并且这样的行为对社会也会产生积极的影响。另外,Roger Ames 和 Henry Rosemont 认为,这件事情应该在家庭内部得到处理,因此儿子无需去官府揭发父亲。而 Bryan van Norden 则认为,对于向来反对欺骗的儒家来说,这个故事仅仅只是一个例外。由此可以看到,除了刘清平对不诚实持坚决的否定态度以外,另外几名学者都认为儿子不应该去揭发偷羊的父亲,即使撒谎也是可以得到原谅的。他们都在努力维护儒家思想的统一性,以及其中说实话与道德的一致性。

我认为,学者们在讨论这个问题时之所以会产生矛盾和困境,根本原因在于他们都将撒谎和欺骗赋予了道德色彩,并且当然地将其划归在了不道德的一边。本文主张,撒谎、欺骗和假装本身并无道德意义,伦理层面上,它们与说实话和诚实具有同样的道德价值。我们也可以看到,儒家经典也从未对这样的行为本身给予任何辩护。这便表明,其实在儒家传统思想中,撒谎、欺骗和假装本身与道德无关。本文将以《孟子》中的一个故事为例来讨论儒家伦理,并将其与柏拉图《理想国》中关于欺骗的思想(例如:高贵谎言)进行比较,以此说明当前学界对于儒家伦理的研究其实是在柏拉图思想的框架之下进行的,而不一定符合原文本意。本文将尝试从新的角度来解读儒家关于撒谎、欺骗和假装的思想。

一

《孟子·公孙丑》中讲到,孟子正要去拜见齐王,恰好齐王派人来说:"我本应该来看您,但是不巧生病了,不能见风。明早我将上朝处理政务,不知您是否能来朝廷与我相见。"但是孟子知道齐王没有生病,他是在撒谎。于是回答说:"真是不幸,我也生病了，不能上朝。"第二天，孟子去东郭氏家吊丧，公孙丑问他："昨天您托辞生病谢绝了齐王的召见，今天却出来吊丧，也许不合适吧？（昔者辞以病，今日吊，或者不可乎？）"孟子说："昨天生病，今天好了，为什么不可以去吊丧呢？"同天齐王派人来看望孟子，并带了医生来为他看病，但是孟子却还在外面。孟仲子担心触怒齐王，于是便告诉来人，孟子今天病情转好，已经在去朝廷的路上了。同时派人通知孟子，请他立刻上朝去拜见齐王。孟子不得已便去找景丑并住在了他家。景丑批评道："在家有父子，在外有君臣，这是人世间最大的伦理关系。父子关系以慈爱为主，君臣关系以恭敬为主。我只看到了齐王对你的尊敬，却没有看到你怎么尊敬齐王。（内则父子，外则君臣，人之大伦也。父子主恩，君臣主敬。丑见王之敬子也，未见所以敬王也。）"虽然孟子为自己的行为辩护，说这样仍然是恭敬的，但景丑坚持认为孟子违反了礼制："礼经上说，父亲召唤，不等到答应就起身；君王召唤，不等到车马备好就起身。可您呢，本来就准备去拜见齐王，听到召见反而不去了，这似乎和礼经上所说的不大相合吧。（《礼》曰：'父召，无诺；君命召，不俟驾。'固将朝也，闻王命而遂不果，宜与夫礼若不相似然。）"孟子回答："大有作为的君主一定有他不能召唤的大臣，如果他有什么事情需要出谋划策，就会亲自去拜访他们。这就叫尊重德行喜爱仁道，不这样就不能做到大有作为。（故将大有为之君，必有所不召之臣；欲有谋焉，则就之。其尊德乐道，不如是不足与有为也。）"最后，两人的对话无果而终。

从故事中可以看到，二人是在讨论孟子对待齐王的方式，但值得注意的是，虽然景丑也责怪孟子，但只是认为他最后没有应诏拜见齐王是不敬和违反礼制的行为，而没有说他撒谎和欺骗的行为本身有错。因为在景丑看来，撒谎和欺骗本身不具有道德性，所以只是君臣之礼的角度批评孟子，而根本没有提到撒谎和假装。

朱熹在注释《孟子》的这段内容时也提到了类似的故事："儒悲欲见孔子，孔子辞以疾。将命者出户，取瑟而歌，使之闻之。"儒悲是鲁哀公身边的人，亦可列为孔门弟子。孔子称病不见，却又取瑟而歌，有意使儒悲听到。朱熹指出，这是只一种"深教"的方式，孔子故意使儒悲受挫，促使其反省自己的行为，以达到教育的目的。由此可以看出，朱熹认为孔子撒谎称病欺骗儒悲这种行为本身并没有不道德。而且，如果儒悲不知道孔子是在撒谎的话，这次良苦用心的教育便也失去了意义。在这里，朱熹认为孟子也用了同样的方式来教育齐王。

不过，两个故事的区别在于，我们不知道齐王是否也知道孟子是在撒谎。但是，从孟子回答景丑的话中可知，他认为此时的齐王已经不是真正意义上的君王，而自己便也不需要再以君臣之礼来侍奉他了。由此可以看到，孟子认为，首先他的行为没有不敬，是符合礼制的，而且，他称病拒召欺骗齐王的行为本身并没有错。无论他这样做是否有教育意义，他的行为也都是对的，符合道德要求的。也就是说，孟子的撒谎和欺骗并不是由于基于某种目的而正确。因为，在孟子看来，欺骗和假装本身就不具有道德色彩，而仅仅只是特定情况下的一种恰当的行为策略。

## 二

在柏拉图的著作中可以找到结果主义论的根源。《理想国》第一段中，当苏格拉底向克法洛斯（Cephalus）请教关于财产的问题时，克法洛斯回答说正义的人是绝对不应该撒谎或欺骗的，尤其是在归还所借的金钱或物品时。但是，苏格拉底对此提出了怀疑：

> 克法洛斯，您说得妙极了。不过讲到"正义"嘛，究竟正义是什么呢？难道仅仅有话实说，有债照还就算正义吗？这样做会不会有时是正义的，而有时却不是正义的呢？打个比方吧！譬如说，你有个朋友在头脑清楚的时候，曾经把武器交给你；假如后来他疯了，再跟你要回去；任何人都会说不能还给他。如果竟还给了他，那倒是不正义的。把整个真情实况告诉疯子也是不正义的。

由此，苏格拉底的结论是，单纯讲实话或归还物品并不能算是真正意义上的正义，而在某些特殊的情况下，欺骗也是应该得到谅解的。

《理想国》第二章中，苏格拉底从教育和审查制度两个方面来阐明其理想国的思想。并且对撒谎和欺骗提出了严厉的批评。虽然他在理想国中也没有完全消除撒谎和欺骗，但是他认为，只有在某些极其有限的特殊情况下才可以使用。比如：不要把武器还给疯子，编造故事给孩子或百姓听，或者欺骗政敌。因为柏拉图认为，现实世界并不完美，在这些特殊情况下仍然是需要采取极端手段的（包括撒谎和欺骗）。而如果是在理想状态下，谎言和欺骗便不被允许，因为它们与善（Good）无关。即使在儿童的寓言中苏格拉底也不允许上帝或神造成任何的伤害或恶。他说：

> 神既然是善者，它也就不会是一切事物的原因——像许多人所说的那样。对人类来说，神只是少数几种事物的原因，而不是多数事物的原因。我们人世上好的事物比坏的事物少得多，而好事物的原因只能是神。至于坏事物的原因，我们必须到别处去找，不能在神那儿找。

人类只爱真实而痛恨谎言和欺骗，于是苏格拉底总结道："因此，有一切理由说，心灵和神性都和虚伪无缘。"

由上可知，柏拉图认为，如果是基于善的目的，人们也可以将撒谎和欺骗作为一种行为策略来使用。这个观点与当前学者们对儒家经典中关于欺骗的解读不谋而合。

也就是说，他们都认为撒谎和欺骗本身永远是错的，与善无关，而只有是为了某些伟大的道德目的，不得已时才可以使用，否则根本不允许欺骗。那么，我们是否可以说两者的思想真的相同的呢？或者进一步说，我们是否可以用《理想国》的观点来解释孟子对齐王撒谎的原因呢？

## 三

总之，苏格拉底认为只有在某些特殊情况下才可以撒谎和欺骗，而学者们在解读儒家经典时所用的观点也常常与此一致。正如文章开头所提到的，学者们往往认为在儒家传统中只有是为了某个道德目的（如"深教"），欺骗和撒谎才可以得到谅解。但是，我们应该看到，所有的这些观点其实都有一个共同的前提：撒谎和欺骗已经被设定为是不道德的行为。

但实际上，由于苏格拉底已经将它们抽象于现实世界，因此他可以脱离具体情况来独立讨论撒谎和欺骗本身的价值。在这种纯粹的观念中，欺骗是真实（truth）的反面，因此它是错的或恶的。但是先秦儒家并没有像古希腊那样，将方法和行为与具体情况分开讨论，更没有将其作抽象分析。他们强调的是因时制宜，审时度势，根据实际情况来采取恰当的行为方式。因此，在儒家看来，撒谎和欺骗本身并没有道德意义，而只是在特定情况下采取的一种恰当的行为策略罢了。这便是孔子在回答"什么是仁"时，从来也没有一个统一答案的原因，以及孟子说"此一时、彼一时"的深刻内涵。由此看出，儒家传统所使用的方法与古希腊并不完全相同。

现在我们便可以理解，孟子称病不去拜见齐王并不需要从其目的角度来获得谅解。而他的行为从始至终都是对的。我的观点与安乐哲的"角色伦理"和 van Norden 的"具体主义"相类似，区别在于我认为撒谎并不是需要谅解的权宜之计。

综上所述，现在我们可以从另一个角度来重新解读儒家经典中关于撒谎和欺骗的思想。通常情况下，它们之所以被认为是消极的，是因为其常于恶意的动机和不道德的行为相联系，而说实话则与道德的行为相联系。但实际上，真实（truth）和欺骗（虚假）本身并没有道德意义，而是应该放在特定的情况下来具体讨论。甚至在一些情况下，它们本身也可以成为一种合乎道德的行为。

# The Dilemma of Deception in Confucian Ethics

East China Normal University, Shanghai, China

(Post – Doc Student)    Paul D'Ambrosio

## Introduction

Last spring, while working at an English school in Hangzhou, I encountered a situation that I think is fairly representative of the difficulty many foreigners can have working with Chinese. This is what happened (only the names have been changed): My boss Jane called me extremely upset after the "ridiculous" actions of another English teacher. She explained that a Russian teacher Mary, a girl in her mid – twenties, who had worked teaching English in China for over two years, had just quit.

Earlier that day Mary had called the school to cancel her one – on – one session with a young student. The school promised Mary that they would inform the pupil, but they did not. Instead they found another teacher to substitute for Mary. Later on the same day Mary called again saying that she would be able to teach, and asked the school if the student could still come. Being in somewhat of a bind Jane decided to tell Mary that it was not possible, and simply let someone else teach Frank that day's class. Unfortunately Mary went to the school to prepare some material for the following day's lessons. When she arrived she saw that her student was being taught by someone else, and realized that she had been lied to about the whole thing. When Jane tried to explain the situation Mary would not hear a word, and insisted that she had been disrespected and lied to. Although Jane kept her cool and even offered to pay Mary for the class, promising that this would never happen again, Mary would not stop screaming. The violation of trust, despite ten months of cooperation, proved too much, and Mary promptly quit. (It is important to note that there was no unhappy build up to this incident. Mary had been perfectly content with her job and felt that they treated her much better than other English schools.)

Although this example could easily take place in any country, I do think it is representative of some general differences between two different perspectives on falsehood. Overall, arguments in the Western tradition, including normative ones, are made against the background of truth. But in Chinese thought truth has no primacy over morality; doing what is right means acting appropriately, and if lies or deception are used no apologies or excuses need follow. In this essay I wish to demonstrate that Classical Chinese thought, particularly the Confucian tradition, views falsehood as a fundamentally amoral issue. This point has been largely overlooked, resulting in problematic interpretations of deceptive strategies found throughout Confucian texts.

Based on the view that falsity is inherently bad, commentators have debated so-called "controversial" passages for centuries without much consent. For example, in the *Lunyu* 论语 Kongzi 孔子 says that a son should cover for his father who has stolen a sheep. This story has been rejected, apologized for, or excused, all based on the assumption that lying is inherently immoral. For example, contemporary scholar Liu Qingping sees this as an example of nepotism, and desires to "purge" Confucianism of this "practical evil" as he believes it fosters corruption in China. (Liu 2009) According to May Sim, the son acts for his father's good, which, in turn, becomes the good of society. (Sim 2007: p. 153) Roger Ames and Henry Rosemont explain that *this* theft can be dealt with in the family, so there is no need for the son to report anything to the authorities. (Ames and Rosemont 2009) Bryan Van Norden argues that this case is an exception because Confucians generally looks down on falsity, as it might begin to spread to other parts of one's life. (van Norden 2007: 122) In other words, barring Liu – who is categorically opposed to dishonesty – scholars have found that they can excuse or apologize for the use deception in ways that make Confucian thought consistent with a unification of truth-telling and morality.

The major difficultly with this type of interpretation is that these scholars themselves give dishonestly moral overtones that are not present in the primary texts. In this essay I will show that lying, deception and pretense are just as morally worthy as truth-telling and honestly, and that the lack of explanation or justification is precisely what should *not* makes these issues controversial. I will focus on one example from the *Mengzi* 孟子, taking the author's own actions as a model for morality. After this "case study" I will turn briefly to Plato's *Republic* where Socrates explains that falsity is sometimes necessary. And outline how his rational for deceptive methods (mis) informs readings of Classical Chinese thought.

## The Mengzi: Where Morality Lies

One of the most interesting examples of deception in the *Mengzi* involves the author himself. The story begins as he is leaving his home to see the King of Qi. A messenger suddenly arrives who says that the King is sick and cannot visit Mengzi at his home – apparently there was some misunderstanding about where they were supposed to meet. The messenger then relays the King's request to have Mengzi appear at court. The latter somehow realizes that he is being lied to, and despite the fact that he was originally on his way to see the King, he says that he is also sick and must stay at home. The next day Mengzi is out and his disciple Gongsun Chou 公孙丑 asks, "Yesterday you said you could not attend court because you were sick (昔者辞以病), but today you are [out] mourning, there seems to be something amiss (或者不可乎)." (Mengzi 2008: 242. 2B2) Mengzi replies that he was not seriously ill and now feels good enough to leave his house. That same day the King sent a physician to check on Mengzi. But Mengzi was still out, and so one of his servants, worried that the King might take offense, told the doctor that Mengzi was on his way to the court. After learning what had happened Mengzi went and stayed the night at Jing Chou's 景丑 house. Jingzi (Jing Chou) apparently found out about the situation, and reproached Mengzi saying,

内则父子，外则君臣，人之大伦也。父子主恩，君臣主敬。丑见王之敬子也，末见所以敬王也。(Mengzi 2008: 242. 2B2)

In the family there is the father – son relation, in society there is the ruler – minister relation, these are the most important relationships. The son (should) show love to his father, and a minister (should) respect his ruler. I have seen the King respect you, but I have yet to see you respect the King!

When Mengzi defends his actions as respectful Jingzi then tries to maintain that Mengzi also violated ritual appropriateness. Jingzi argues,

礼曰："父召，无诺；君命召，不俟驾。"固将朝也，闻王命而遂不果，宜与夫礼若不相似然。(Mengzi 2008: 243. 2B2)

The Book or Rites says: 'When a father summons, there can be no hesitation, when a ruler gives an order one does not wait for a horse and carriage.' You were certainly on your way to court, but when you heard the King's command you did not follow through [and go to court], [what you did] does not seem fitting with ritual. ①

Again Mengzi stands his ground, and the dialogue ends with neither party having convinced the other.

Clearly the background of their argument is the way Mengzi treats the King, but interest-

---

① Jingzi's problem with Mengzi changing his mind about going to court is in many ways this is reminiscent of the type of filial piety (xiao 孝) Kongzi laments in the second chapter of the *Lunyu*. There we find that merely providing for one's parents, as one does to farm animals, is not enough. In order to be actually filial one must have the corresponding thoughts and feelings. Jingzi similarly seems to believe that simply following through, and being respectful, despite the situation, is always proper. Mengzi's own understanding of morality is much more dynamic. Later in this same chapter he writes "the great person does not necessarily keep his word, actions are not always carried out to the end, [the great person] is only concerned with doing what is appropriate." (大人着，言不必信，行不必果，惟义所在) (*Mengzi* 2008: 4B11) In other words, "making good on one's word" or completing an action is not as important as being moral.

ingly Jingzi never mentions pretending or lying as improper. The fact that Mengzi did not continue on his way to court is the only part of his conduct that Jingzi finds significant enough to mention. He blames Mengzi for being disrespectful and for violating ritual, but he does not reproach him for deceiving the King.① Of course these charges concern the lies and pretending, but Mengzi is only criticized because his deception is done in a way that is "disrespectful" and "in violation of ritual." The false methods *themselves* are not considered wrong, and this is why Jingzi says nothing about them. In other words, *the most serious charges Jingzi can bring against Mengzi do not include the use of falsehoods as immoral.*

In his commentary to this section Zhu Xi 朱熹 (d. 1200) finds parallels between this passage and section 17.20 in the *Lunyu*. There Ru Bei 孺悲 goes to visit Kongzi, but is refused reception on the grounds that the Master is sick. Then, as he is leaving Ru Bei hears Kongzi play the zither. Zhu Xi remarks that this is an effective method for "deep teaching" (*shen jiao* 深教) as it forces Ru Bei to analyze his own behaviors. (Mengzi 2008: 180) Zhu Xi is implying that Mengzi uses a similar method to educate the King about proper action. According to his reading the lie is not actually deceptive since no one believes it, and is rather useful for a "deep teaching." Unfortunately, however, Mengzi's story does not say whether or not the King ever knows that Mengzi was feigning sickness. In any case, educating the King is not necessarily Mengzi's goal.

When questioned, by Jingzi, about his role as a subject Mengzi replies, "[a ruler who] respects virtue and delights in the [proper] way (*dao*), those who are not like this are not worth serving/working with. (其敬德乐道, 不如是, 不足有为也。)" (Mengzi 2008: 243) Here it is clear that Mengzi believes that what he did was already right regardless of some edifying point, or "deep teaching." Accordingly, Mengzi's story actually differs from the *Lunyu*. Whether the King is tricked or learns a valuable lesson is completely beside the point. Mengzi is only concerned with making sure his own actions are in line with *ren* 仁 or "humaneness" and *yi* 义 or "duty." When he is disrespected, or finds that the King is unworthy, he no longer feels obliged serve him. But he does remain moral. It is not for the sake of some better end that Mengzi lies, he simply does not find difficulty in using deception as a moral device.

---

① In fact it is Mengzi's own disciple, Gongsun Chou, who comes closest to accusing his master of deception. When Gongsun says "you could not attend court because you were sick", this expression already implies suspicion. The "because" in this sentence, *yi* (以), *could* also be rendered "on the claim that", or more distrustfully, "according to... (pretense)." As he goes on, his doubtful attitude becomes clearer; he says, "There seems to be something amiss. (*huozhe bu ke hu* 或者不可乎)" A more literal translation of this line is "this is *not possible*." Mengzi's reply is simply a bold face lie, but Gongsun does not expose it and only hints at the mere possibility that there is something wrong.

## The Republic: the Reluctant use of Falsity

Some roots of the "end justifies the means" or consequentialist moral approaches, can be found in Plato's writings. In the first lines of the *Republic* Socrates asks Polemarchus' father, Cephalus, about property. Cephalus says that to be a just person one must never cheat or act falsely, especially in the reimbursement of borrowed money or goods. Socrates famously questions this, asking:

But speaking of this very thing, justice, are we to affirm thus without qualification that it is truthtelling and paying back what one has received from anyone... as everyone I presume would admit, if one took over weapons from a friend who was in his right mind and then the lender should go mad and demand them back, that we ought not to return them in that case and that he who did so return them would not be acting justly. (Plato 1974: 331c p 580)

Socrates' conclusion is that simply telling the truth or returning goods is *not* the definition of justice. (Plato 1974: 221d p 580) But Socrates is only sympathetic to the use of deception if the situation meets certain "qualifications."

In the second book of the *Republic*, Socrates starts his description of the ideal state by expounding on education and censorship. He takes a harsh view on misrepresentation and falsity. Though they are not completely ruled out, their use is very limited (for example, to fables). Socrates explains that exceptions to truth–telling and accurate representations of the facts can only be made in the rarest and most extreme cases. Keeping weapons from a madman, telling made–up stories to children or ordinary citizens, and deceiving enemies are some of the few concrete examples that Socrates can imagine. And in each of these cases the particulars of this imperfect world require severe measures. Ideally, lies and deception would never be allowed since they have nothing to do with the Good. Even in children's fables Socrates rules out any mention the gods being the cause of even the slightest harm or evil. He argues, "God is not the cause of all things, but only the good." (Plato 1974: 380d p 627) Furthermore, humans only love what is true, and hate being deceived more than anything. (Plato 1974: 382b/c p 629) Socrates thereby concludes: "from every point of view the divine and the divinity are free from falsehood." (Plato 1974: 382e p 630)

The overall idea, which seems similar to many interpretations of the Confucian tradition, is that falsity is an acceptable *means* to a moral *end*. In other words, lies and deception are, in and of themselves, always wrong, and have nothing to do with the Good. They are allowable only as a last resort, and only if they are used for some greater moral outcome. Otherwise, they should be avoided at all costs. The question then becomes, is this the same, or similar, to the view held by the originators of Confucian thought. Or, more specifically, does the *Republic* provide an interpretive model for why Mengzi lied to the King?

## Conclusion: No Means, Ends

In general Socrates' approach to the practical necessity of lies is based on the extremity of concrete circumstances, and the expected good they will bring about, is echoed by many interpreters of Confucian texts. As I pointed out in the introduction, commentators often excuse lies or deception as unfortunate expedients to be used only in the most extreme situations, or the means for a moral end (or "deep teaching"). However, this all rests on the assumption that falsity is innately immoral.

In addition to lacking a suitable vocabulary to present this view, the very methodology Confucians used in their teachings is quite opposed to that of the Ancient Greeks. Socrates can discuss the value of lies and deception independent of their concrete situations because he is able to abstract them from the actual world. Falsity, viewed in this pure sense, is wrong since it is opposed to the truth (and thereby truth-telling as well), which itself is coupled with the Good. But pre-Qin Confucians do not discuss means or ends independent of actual circumstance. These thinkers do not attempt to dissect actions into distinctive parts, nor do they abstract methods or behaviors from particulars and attempt to analyze them purely in and of themselves. This is the reason Kongzi never has the same answer to the question "what is *ren* 仁". And it is why when Mengzi is called out for contradicting himself he retorts, "that was one time, and this is another time.（彼一时，此一时）" (Mengzi 2008: 2B12) (In fact, in the passage immediately following Mengzi deceiving the King we find him cautioning his student against drawing out standards or rules from concrete situations.)

We can thereby understand that Mengzi's pretending to be sick was not an excusable *means* for a greater moral *end*. His conduct, from start to finish, was already appropriate. Even if he did not to Jingzi and make his edifying point, feigning sickness would still have been the proper response. My point here is somewhat similar to Ames and Rosemont's "Role Ethics" or Van Norden's "particularist" explanations, with a minor exception. Instead of excusing lies and deception as unfortunate expedients, I think that we should read them in a different way. For Confucian thinkers whatever is appropriate in a given circumstance *is* moral – and there is no reason to attach special importance to truth (-telling).

Lies and deception are generally negative, but that is because they are usually coupled with vicious intentions, and give rise to immoral behavior. Similarly, truth-telling and following through are only valued insofar as they are connected to moral conduct. In and of themselves truth and falsity are amoral, and they should not be viewed independent of the situation in which they arise. In the times that dishonest methods are required, there is no need to apologize or explain them, since they become moral themselves.

Based on this conclusion I believe that further research can be done to show that the terms *xin* 信 or "making good on one's word" and *cheng* 诚 or "sincerity" should be interpreted as concepts that correspond to moral rather the truth – based ideas. Mengzi already hints that this when he writes: "Without being clear [about how to be] good, one cannot be sincere about themselves [their bodies] (不明乎善,不诚其身矣) (Mengzi 2008: 4A12)."

Returning to the example in the introduction, I think the approach to falsity that we find in Confucian texts provides a useful insight for the difficulties many Westerners face in personal, business and political relations with their Chinese counterparts. Mary, who was willing to quit her job over a lie, felt extremely disrespected or "wronged." But Jane was honestly unaware that Mary would react so strongly. Each believed the other was totally ridiculous based on their own assumptions about the importance of truth – telling. To reproach Jane as manipulative would be just as naive as attributing Mary's behavior to Kant's Categorical Imperative. Mary is also dishonest at times, and accepts that "white lies" are practical and useful in life. The difference between the two girls, and perhaps their respective cultures, is the extent to which they accept falsity as a necessary part of life. Or, basically, the breathe of their scopes on "white lies". One perspective is simply narrower than the other when it comes to accepting falsehoods. Mary sees lying as something bad, but potentially *excusable*. For Jane, on the other hand, falsity is *not inherently wrong*, nor does she view it independent of the situation. She does not think "I lied in order to…" she thinks "I skillfully handled a difficult problem, albeit dishonestly." But Mary focuses exclusively on the lie, she abstracts, and finds that the ends do not justify the means. Jane is unaware that Mary does this, since she does not abstract the lie, and views the situation as a whole. Accordingly, Jane cannot but conclude that was she did was appropriate.

The second reason Mary quits is that she is worried that this lie may lead to others. For her this one instance of deception hints at a possible vicious pattern. For Jane, however, the pattern has already been established, i. e.: helping Mary and her students work together in the most productive way possible, while protecting their feelings and making sure that everyone is happy, even if it means occasionally sacrificing her own integrity.

# 儒家思想与生态文明：儒学所面临的最大挑战

澳大利亚邦德大学教授　李瑞智

## 概要

　　中国和亚洲的和平经济崛起，正在迅速终结几个世纪以来英美主导的世界秩序，对维持此种秩序的思想文化的批评之声也因此变得日益尖锐。曾任里根政府高级经济顾问的保罗·克雷格·罗伯茨博士所著《自由放任资本主义的失败与西方经济的解体》便是适例。

　　这种情况表明，自人类社会步入 21 世纪以来，西方经济思想一方面在市场中缺乏竞争力，另一方面又对人类和自然环境具有破坏作用。此外，这种情况还促使人们对当代英美世界秩序思想文化与复兴中的中国古典传统文化之间的根本差异进行反思。这二者，一个以抽象、理性、体系严谨和信仰为本，另一个则显示出动态、直观、全面和务实的特点。在题为"外部成本问题"和"自然资本"的章节中，罗伯茨概述了经济理论的根本缺陷，详细阐述了因思想文化失当给人类和自然生态造成的某些最严重危害，而这种思想文化的创设初衷本是为满足企业原始的贪婪本性而服务的。

　　当前市场经济竞争环境下，亚洲思想文化在与英美文化碰撞交锋中更有优势。若要扭转当前发展趋势，由生态文明决定未来的全球秩序，则仍需要用类似的方式解决生态与科学的对立问题，这预示着东亚社会"君子"与西方企业"小人"必将展开战略较量。最近的经验表明，在复杂严苛的竞争环境下，东亚社会"君子"具有一大优势，即中国源远流长的历史文化传承为这种竞争提供了智慧之源，当今许多成功之道均发端于此，《黄帝内经》道出了对西方既成秩序构成挑战的基本特征，而这一智慧源泉在西方尚鲜为人知。

## 历史背景

　　2013 年伊始，中美两国领导人在加利福尼亚州会晤，这实际上是对"两国集团"的确认，或者说是承认中美两国为当今国际社会中两个最强大的国家。然而，美国的国力看起来正在减弱，而中国则表现出在未来几年和平崛起的态势。

中国已经成功采纳了许多美国的经济发展模式，但才刚开始全面感受其诸多不利后果，具体包括化学农业、食品加工和合成药物对自然环境中的空气、水和土壤造成的广泛破坏，对人类健康和福祉造成的严重损害。

这种发展模式的不利特征可追溯至有限责任公司的出现。这是一种调动未得到充分利用的劳动力到遥远国度去寻求财富的创新方式（这些国度在下文称为"空荡的世界"），它为后来出现的大英帝国奠定了基础。在西方，许多经济理论的主体都被贴上了资本主义的标签，它们是应将此类活动合法地规范为良性互惠互利交易的需求而出现的。共产主义的兴起提供了阐释和理解西方资本主义的另一种视角，但这种视角逐渐被边缘化，在世界大部分地区都失去了影响力。

直到1945年第二次世界大战结束后，一种卓有成效的战略才在某个非西方国家中逐步发展起来，并最终为西方资本主义企业所采纳。这个国家就是日本——虽为战败国，但其国民仍团结在信奉"通过服务进行征服"的统一的政府周围。这或许可看作是取自姜太公《六韬》中的一条策略，盖因其在与征服者兼占领者的斗争中寻求赢得先机，所采用的方式即投其所好，先助长其依赖之心后乘虚谋之。其他熟谙此道的亚洲国家均采取了类似的策略。这种策略与共产主义的不同之处在于，它有赖于对西方资本主义命令和理论的显然明确的顺从。

"通过服务进行征服"的战略促成了亚洲的和平崛起，和西方主导地位的日益衰落。1945年以来，英美始终毫无争议地主宰着世界秩序；可如今，中国正日益被视为对这种既成秩序构成了真正挑战。

中国的崛起可能会打乱现有世界秩序，尽管中国千方百计要将这种影响降至最低，某种程度的根本性秩序重建仍在所难免，原因有二：首先，1945年后的英美世界秩序在很大程度上就是早期大英帝国秩序的延续，其中包含了许多英语母语者专享的特权，而该群体现在既无力为这种特权辩解，也没有能力捍卫这种特权了。第二个原因涉及到一个事实，亦即英美势力下的企业基本原则过度依赖狭隘、短期的量化利润理论。这就说明其破坏性越来越强，对人类福祉的危害也日甚一日。换言之，事实证明，以私营公司特权职能为基础的西方经济学理性主义，无论是在维护西方经济体竞争力方面，还是在维系人类（据说经济活动原本就是为他们而开展的）福祉方面，都存在缺陷。

保罗·克雷格·罗伯茨博士曾任里根政府财政部部长助理，负责经济政策事务，他在其所著《自由放任资本主义的失败与西方经济的解体》一书中概述了这些缺陷及其后果的特征。在这一过程中，罗伯茨博士把西方经济思想所谓的公信力批驳得体无完肤，认为正是这种思想导致了西方的解体，并不断破坏着"充盈世界"的自然环境和人类福祉。

随着对西方主流经济及其他思想缺陷的理解程度日益加深，一个崛起的中国所面临的主要挑战也就越显突出。中国不仅需要处理困难重重的权力过渡问题，其在慎重地重新评估这一思想以及一系列塑造了两百年世界史的各种理想方面所面临的压力也越来越大。

本文论述的主题是儒家思想与生态文明，所提出的问题都很尖锐，不仅涉及企业的角色和经济理论的特征，还涵盖真正的进步愿望和未来科学的恰当本质等问题。在21世纪初，或许只有中国儒学有能力破解此类难题。儒家丰富的经典思想传统和管理意图在很大程度上未受几个世纪以来流行思想的影响，其灵性和策略的精妙之处也基本未受企业成见所害。儒家思想对历史经验和智慧兼容并蓄，这也与英美的正统观念和合理化大不相同。只有儒家文化传统才具有如此合乎需求的多种政治文化资源，可将人类从西方经济进步和科技创新的过剩发展与反常的商业行为中解救出来。

## 挑战的特征

若论对这一挑战的表述之简洁性与当下性，或许无出《自由放任资本主义的失败与西方经济的解体》之右者。该书不仅将西方主流经济思想理论的公信力驳得体无完肤，还概述了该思想对环境和人类福祉所造成的无情破坏。

有趣的是，尽管作为经济学家，罗伯茨博士的资历无可挑剔，但他却是一位离经叛道者，西方主流学术权威对其见解嗤之以鼻。他不得不在德国和中国寻找译者和出版商，其著作的英文版才得以以 Kindle 形式上市。该书德文译者最初采用的一些字眼，表明其无疑对西方权威和特权者所抱有的安稳和舒适的错觉提出了挑战：

> 我们是历史转折点的见证人，新的世界秩序正在形成，经济主导权正迅速转移到金砖国家及其他新兴国家手中。上海合作组织（SCO）之类的新联盟均以中国和俄罗斯为主导力量，它们一直都在为新世界经济秩序的到来而有条不紊地准备着，并且极有可能主导这一新的秩序。
>
> 然而，过去几十年来一直引领全球经济的美国、英国、欧元区和日本等主导力量如今都处于举步维艰的境地。他们的经济正在瓦解，其中尤以美国和欧盟国家为甚，这些国家有越来越多的人陷于贫困之中。福利保障缺口继续扩大的危机时刻威胁着他们。其中绝大多数人在全球经济中看不到自己的未来在哪里。

罗伯茨博士在结论中言简意赅地介绍了支撑这一推断的复杂论点：

> 本书证明，空荡世界经济理论本身已经失败，决策者采用该理论也已导致资本主义受挫。由于追求国外廉价劳动力的绝对优势，第一世界的公司企

业已彻底毁掉了第一世界劳动力的前程，其中尤以美国为甚，收入和财富也日益集中在少数人手中；金融管制的放松使得私人养老金流失，无家可归者越来越多。

美国财政部因无谓战争和银行紧急财政援助而导致的开支，已经对社会安全网、社会保障和医疗保险构成了威胁。公众反对强加给他们的经济紧缩政策（施行该政策是为给战争和紧急财政援助筹措资金），政府对这种抗议行为所作出的反应充满专制主义色彩，从而使西方的民主和公民自由制度处于风雨飘摇之中。第三世界国家的经济发展也因脱离现实的西方经济理论误导而止步不前。

这一切本身已经够糟了。可当我们抛弃空荡世界经济理论转而进入丰盛世界经济学时，就会发现其中自然资本（自然资源）和吸纳废弃物的能力正处于枯竭边缘，这种情况无疑更糟。就算各国有能力实现空荡世界的经济增速，经济学家也无法判断GDP的增长值是否高于其成本支出，因为在计算时未包括自然资本的成本。可如果不把自然资源的消耗计算在内，只说全球GDP增长了4%又有什么意义呢？

经济学家赫尔曼·戴利写道，决策精英"已经找到了把利益留给自己，把成本支出'分享'给穷人、未来和其他物种的法门"（《生态经济学》第72卷，第8页），这一表述恰如其分。强调通过人造资本积累刺激经济增长的空荡世界经济理论已处于穷途末路境地，充盈世界经济理论裹足不前，对努力为充盈世界创建新经济学说的经济学家而言已属过时。

罗伯茨著作的出版对本文意义重大，这一点体现在两个方面。首先，本文有很大一部分引用该书内容作为极具权威性的陈述，其内容不仅涉及经济思想的条件，还关注人类生活状况持续恶化的方方面面，从而凸显了长期为人忽视的不幸的思想和政治状况。其次，这本著作的出版受阻以及试图对一位如此杰出的美国人的思想进行审查的事实清楚表明，权力利益集团为了免遭批评可谓绞尽脑汁。

当企业开始通过殖民冒险改造世界之际，衡量产品价值时几乎无需考虑自然资本的支出问题。这种成本耗费发生在异国他乡，距离尽享消费乐趣的商业中心十分遥远。时至今日，企业摧毁了罗伯茨笔下"充盈世界"中的自然资本，这在世界各地都已显现，这一快乐世界不复存在。从某种意义上说，殖民者与被殖民者之间的旧有划分已经为全球富人和全球穷人所取代，或者说是1%的全球人口与99%的全球人口。过去看起来颇有道理的经济理论，现在更容易被看成是对自然环境及其孕育的有机生命进行渐进破坏的工具。

问题在于绝大多数有利可图的成功的经济生活都是由近乎无视自然资源耗费的定量计算方法所支撑的，因此人们对自然资源的破坏更加无所顾忌。随着这种不计后果的破坏过程愈演愈烈，生活质量亦每况愈下。然而，任何旨在纠正这种反常现象的当代会计、经济学和商业的知识重建都将颠覆甚至危及当代生活的方方面面。现代政治尤其是现代民主政治，不太可能会容忍这种英勇尝试。巧舌如簧的企业游说团体很快就能使这样的努力付之东流，更何况民选政府的任期不过三四年，任谁都没有这样的权力或时间去追求这样的目标。如此说来，这是否意味着人类注定将自我毁灭？

不一定！所幸，深受儒家思想影响的东亚和东南亚经济的和平崛起提供了一种替代选择，它与西方受企业支配的民主和不择手段的破坏性经济增长模式全然不同。儒家替代模式具有两大西方社会难以理解的优势。它们在中国典籍中保存下来，至今仍焕发着生机与活力，并具有现实意义，在西方传统中没有什么可与其相提并论。

第一个独特优势是有关政府提供优质教育和无私社会服务的道德思想和理想精神，对更具现代气息的商业界也有这样的期望。得益于此，那些采取民主体制的亚洲国家才能免遭系统的企业腐败肆虐问题的伤害，而这种腐败已经侵蚀了欧美经济社会。更重要的是，它帮助建立起了能够制定使整个社会受益的健全稳固、协调一致的战略政策的行政和商业阶层。

第二个独特优势是一种具备流动性、直觉性、整体性、战略性和实用性的思想文化。处于最佳状况时，它不受任何概念、理性、理论以及对信仰的依赖等的束缚，而西方的传统思想和文化却往往以其为特征并受其羁绊。从柏拉图哲学形式开始，通过罗马教会的教义教条、欧洲启蒙运动之普世价值直到英美的经济理性主义，西方有着不懈追求社会政治秩序的传统，所采用的方式正是乔治·奥威尔在其小说《1984》中以滑稽手法表现出来的洗脑。思想文化中的这种差异赋予亚洲各国领导人以更大的能力去改变国家的目标，因为他们并不需要事先重建国民的思想习惯和信仰。

上述两个儒家思想优势在东亚和东南亚经济的和平崛起中是显而易见的，即便稍显谨慎。具备这两个优势的领袖均属同一类型，他们是受儒家思想影响的亚洲国家所独有的，中国典籍将这种人称为"君子"。有趣的是，"君子"与"小人"是对立的，而"小人"或许可以看成是美式 MBA 的典型产物，他们更看重短期量化利润，甚至不惜以环境和人类福祉为代价。难怪，这两个词都没有完美的英语译文。

随着对生态文明相关问题的认识程度日益加深，在制定可以将全球经济从英美"经济理性主义者"（保罗·克雷格·罗伯茨语）的盲目破坏中拯救出来的政策过程中，具有儒家气质的亚洲领导人似乎比西方领导人更具备领导风范。

未来的挑战或许可以冠以一般标题，如政治问题、人类健康问题、环境问题和思想问题，加以探讨。

## 政治问题

在考虑生态文明问题时，从一开始就要清醒地认识到，当代问题的最根本层面都是从全球占主导地位的政治文化中衍生出来的，这点至关重要。这种文化是打着诸如平等、自由、民主、法治和自由贸易等显然属于理想愿望的幌子建立起来的；但从本质上讲，它是以从殖民历史文化派生出来的、为企业利益服务的量化经济生产与增长为基础建立起来的，罗伯茨指出的缺陷现在都一览无余。

占主导地位的英美全球领导者极力推销诸多当代民主价值观念，以此作为对各国政府施加影响的手段，令其在英美企业的影响和剥削面前毫无招架之力。就某种重要意义而言，在英美世界里这些民主价值观念已经逐渐发展成为政治宣传口号，所谋求的是利用强势企业维系其繁荣局面，而这种繁荣是建立在从遥远的被殖民国度搜刮来的财富基础上的，即便当今世界各地的民众都已经赢得了所谓的"独立"。

独立亚洲经济体的和平经济崛起正不断削弱英美的这种战略。西方企业已被卷入罗伯茨所描述的经济活动中：外包其生产和技术能力，日益依赖于会对其自身家园的自然资源和人文环境造成破坏的量化利益。

诸如《哲基尔岛上的大人物》和《财神》之类的书籍表明，西方民主国家不仅听命于企业，而且从更深层次来说，还听命于金融家，这些金融家经常以世代相传的强势金融家族形式出现。他们对私有中央银行的发展实施监督，银行负责发行货币并对货币进行控制，控制货币的目的是为了制造机能失调的经济体，在这样的经济体中金钱更多地被导向金融投机一类的赌局里，而非用于改善教育、生产和人类福祉。在纠正这种金融钳制状况面前，大多数西方民主国家似乎既不具备完整的思想，也无坚定的政治意愿。

此外，大型企业和金融机构的权力如此之大，资源如此之广，法律和宪法程序在面对其意图和野心时几乎无招架之力。它们不仅有能力使那些有志于从政的人平步青云或身败名裂，从而对他们的选票和决策实施控制，而且还具备足够的资源，以确保掌握最精干的法律代理人。此外，它们还能左右学术研究和学术权威的特性，这种情况越来越常见。结果，举例而言，尽管转基因产品饱受争议，也有大量报道指出消费此类产品存在严重危害，但是为此类产品大开绿灯的法律决定照样一个接一个地获得了通过。

中央银行或许拥有最大的权力，它可以印制钞票、放贷，甚至能够使广大民众负债乃至陷入贫困。在困难时期，央行甚至可凭借其影响力轻而易举地决定大企业的生死。操控中央银行的幕后财权经纪人是何方神圣？此类信息往往很难取得，但通过阅读上文提到的这类著作以及密切关注主流信息，即可了解西方国家的中央银行在很大程度上是由私人控制的；而东方国家一般都是由国家拥有并在全国范围内进行部署的，以便为审慎确定的国家优先发展权益服务。

1945年，日本战败并被占领后，首先确认了亚洲的和平崛起模式并付诸实践。这一模式似乎是受姜太公《六韬》之《文伐》所列举的十二条文伐策略的启发。我们可以认为，日本采取的形式是通过服务进行征服，力图以全球最高的标准和相对低廉的价格满足美国企业的需求。通过此举，美国逐渐养成了对日本的依赖，这也日渐成了美国某种形式的弱点。其他亚洲国家领导人很快理解了日本的意图并纷纷效仿，进一步促成了美国经济活动向境外的转移，罗伯茨对此喟叹不已。值得注意的是，无论在什么时候，美国政府或企业的当权者都只承认并实施符合美国长远利益的工作模式。

在遵循这一模式的亚洲国家中，中国是最后也是最重要的一个。就经济而言，中国所取得的成功是毋庸置疑的；就环境和人类福祉而言，中国的成就则更值得商榷。可想而知，身为战败国并遭占领的日本，在满足美国企业需求方面更显谨小慎微，在保护其传统环境和健康事业方面也更为成功。在这点上必须得承认，中国取得的经济成就一直都是以高昂的环境和人类福祉为代价的。

中国面临着进退两难的抉择，即任何以环境和人类福祉为优先考量的重大而一致的努力都可能会置其于与美国重要企业金融利益发生冲突的境地，而美国并不习惯面对来自与其地位相当者的挑战。来自像罗伯茨这样心怀不满的保守者的批评是一回事，但市场中出现一支具备罗伯茨所描述的那种认识和评价的重要力量，且其还想施展才能，则无疑会带来前所未有的挑战。

当然，亚洲的和平崛起始于1945年后的日本，其成功策略都具有一个共同点，即随时准备为美国经济活动模式的价值观（即便这因时因地而异）做出重大让步。然而，由于美国模式的竞争弱点和破坏性倾向越来越为人所知，亚洲模式的其他优点日益凸显，难怪有越来越多的人希望制定出相应策略以扭转罗伯茨所言的破坏性影响。

源自中国和亚洲其他地区的精明战略新动向将会日益增多，它们都汲取了中国多元文化和政治智慧的精髓。亚洲地区之外的民众会发现，很难效仿这种正在发挥作用的力量。为了维护现有西方既得利益而散布的虚假消息甚嚣尘上，这就进一步加重了这种困难。

亚洲各国与西方战略关系的发展在很大程度上是由彬彬有礼的君子之道主导的，而这种君子之道又是以最高超的技术、策略和人力技能为特点的，这一事实将会再度在协助亚洲社会中发挥作用。在东西方利益处于微妙平衡之际，亚洲将再次展现出更高超的策略能力。相比之下，西方国家的利益往往会落在最配得上"小人"称号的人之手，这些人更倾向于做出只关注眼前蝇头小利的决定。

在这一背景下，儒家教育和价值观又再度在中国流行起来并渐入人心，这反映出官员和民众不容忽视的人心所向；由于当代国际社会对东西方价值观各自优势的认识日渐深入，才孕育了这种发展趋势。西方社会对彼此优势的理解并不对等；同样，也不会有人会切实做出努力，以了解这一以亚洲传统智慧形式出现的信心回归的深远含义。结果，西方鲜有或者说根本没有人能够利用这类非传统文化视角解读不断演变的东西方关系的复杂性。

东方将继续专注于对源自《论语》、《道德经》和《易经》等古典文献的东方思想，以及对发端于古希腊思想家、历经中世纪罗马天主教会和欧洲启蒙运动演进而来的西方思想进行审慎的比较考察和评价，但西方却无意这样做。美国汉学家的重要代表安乐哲在《汉哲学思维的文化探源》一书中，对这种西方关注空白之重要性的某些方面进行了强调，但其影响却基本囿于专业学术圈内。他可以证明，中国古典传统基本不包含自我、真理与超然等西方基本理念；但这不太可能导致人们对在西方得到广泛应用的权威至上、抽象真理和自我认同的弱点进行普遍反思。至于那种认为与《论语》、《道德经》、《易经》之玄辞奥意孕育出的东方思想相比，我们所熟知的这些工具显得较为笨拙且效果不佳的想法，就更无可能成为主流意识了。

中国有文字可考的历史源远流长，这也成为"君子"手握的无价财富。西方萎靡不振的征兆中，很多都与王朝没落皇室的纵情声色和自欺欺人如出一辙。只要看过描写19世纪中叶汉族封疆大吏曾国藩的系列电视剧，我们很容易就会注意到，在当时满洲贵族身上普遍存在的自满、放纵和昏聩，与今日华尔街银行家之表现颇有相似之处。二者都视权力如儿戏，凭心血来潮作决断，最终成了自己的掘墓人。西方的金融和企业领袖，大体上当属"小人"之流，既没有训导过其子女，也没有教育过同为民主国家公民的其他民众，所以他们都不知道怎样应对未来的挑战，甚至无法区分"君子"和"小人"。

亚洲精英阶层表面上对西方规范、观念和价值泰然纳之，而对自身的传统文化却弃如敝屣，这种态度令当今世界更显复杂混乱。当然，本文主要论述了这种表面现象纯属错觉。事实上，亚洲经济接连创造的奇迹，就是从对儒家传统经典和价值观的深刻（有时可谓直观）理解中获取灵感并受其指引的。这种成功之关键一部分即为固有的审慎与谦逊，这已成为一种重要的战略资产。

西方对自身思想传统和东方儒家思想传统各自优势的讨论持忌讳态度，这种态度是心照不宣的，但却是刻意和普遍存在的，它根深蒂固且不容动摇，这种决绝致使美国和其他主要西方大国继续无视了解儒家教育、文化和价值观的需求。相比于大家更为熟悉的种族隔离制度，这种思想隔离态度对始作俑者的危害更甚。从某种意义上说，这意味着西方可能会加速衰落，其命运更容易旁落至"小人"之手，而这些"小人"可能均出身于西方名校且具备MBA资历。

西方的思想隔离在亚洲表现为多种形式，致使西方未能对过去五十年来改变世界的力量进行探究、考察和解读。在这种障碍下，西方对东方借助文治、西方诉诸武功这一事实也知之甚少，而文治武功往往互相补充，共同造就了西方的死穴。西方往往会夸张渲染其实力，而东方则更偏好韬光养晦，对此种张弛之道的理解同样受到了思想隔离的阻碍。思想隔离给西方带去的是虚假有害的安全感，很显然，西方失败的根源往往在于对东方文化的精妙奥义缺乏认识和尊重。为西方所忽视的阴阳之道，在东方人手里却运用自如，现如今这样的例子很多，其中有几个在纠正西方生态破坏的步骤中可能会发挥关键作用，兹概述如下。

第一，儒家传统为人处世之道使社会之和谐与目的得以维系，这种处事之道的方式给个人主义色彩浓厚的西方留下了错误的印象。纪律严明、凝聚力强、服从管理的日本人对 1945 年战败和被占领做出的回应,一直都把美国领导人蒙在鼓里,使他们看不到为获得短期企业利润而付出的代价,因而做出了将制造业与技术向国外转移的决定。亚洲各国都效法日本,向美国企业提供最热情周到的服务,以确保这些企业能在美国的政治进程中成为维护发展亚洲利益的强力游说团体。有意思的是,倘若不计福岛核泄漏后果的话,日本可能已经成为保护人文环境与提高经济利益并行不悖的最佳成功典范了。

第二,亚洲以温和顺从的态度回应西方短期企业利润最大化的咄咄逼人之势,其实是内藏玄机、奥妙无穷的,似乎总能达成自己的长期战略目标。在确定前后一致、针对性强的战略思想时,西方一再表现出无能为力;而这种思想可利用可预测的总体优先事项占得先机。其结果就是,美国和欧洲的制造业和科技业屡屡受到廉价但纪律严明、受过教育的熟练亚洲劳动力所提供的短期收益的引诱。

第三,亚洲各国领导人和社会为欧美的西方假设、价值观和理论优越论的自大心态推波助澜,亚洲利益体一边表现得与西方的主张一拍即合,一边却根据自己的传统规范及筹划,在语言和思想文化的庇护下小心行事,而他们的语言文化对几乎所有西方人来说都难比登天,遑论过问。

第四,很多亚洲思想具有直观、动态和全面的特点,容易预测,便于利用以谋取战略优势,这是熟谙抽象和理性规范的西方所不能理解的;相比之下,西方的抽象和理性思维习惯颇显笨拙,并阻碍了对东方思想文化的理解。

第五,亚洲常见的一类政府往往受过良好教育、足智多谋、脚踏实地,能够比较容易地理解并将造就西方经济和政治神话的过分简单、抽象和理性思维转化为优势。修养极高、纪律严明、平等共事的亚洲行政和商业精英发现,相比之下,他们能够较容易地将过于简单的市场竞争和民主进程(这些都是西方意识形态、行为和辩论之本)化为优势。

第六,东方思想文化带有混沌的动态特性,例如阴阳相生、刚柔相济等,这很难为西方社会所理解。西方精英阶层将其归为非主流和边缘文化群体,进而在很大程度上有效降低了《周易》之类富含深刻哲理的中国典籍的影响力;对其他中国经典著作(例如《论语》、《道德经》)所采取的类似做法也收到成效,这即保证了此类中国典籍智慧很难被用于放松企业对可接受的智力活动的控制。

第七,东方世界的教育、行政和战略文化卓尔不群,源远流长。然而,即便有证据显示西方大学中亚洲学生的学业成绩普遍良好,西方主流思想的卫道士依旧阻碍了对这一现实的正确解读。亚洲在儿童启蒙阶段普遍采用的背诵学习法广受曲解和嘲讽。随着这种学习方法在中国的日益普及,加之西方教育标准的不断下滑,这可能会令东西方教育规范及相关政治、经济和技术表现之间的差距空前拉大。

第八,深厚的历史情感在亚洲仍保持着活力,这不仅是因为古代典籍教育,还因为小说、电视、录像和电子游戏等当代流行文化中也富含历史元素，这足以确保王朝的兴衰枯荣史（19世纪清朝的衰落以及几千年来中华民族的辉煌成就）永葆活力，供中国人随时以史为鉴。相比之下，近期才取得主导地位的美国只有几百年历史，西方有关国家埋头关注发展、科学与创新，这导致当代西方国家在对当今全球活动进行评估管理时，鲜少能从过去的历史经验中受益，何况它们也没有这样做的习惯。西方对帝国末日给予的历史教训漠不关心，这无疑削弱了其本身，同时使东方更加强大。

上述有关东西方主要思想文化特质比较的研究已经在某些细节层面展开，以便对在经济发展中取得成功并促成亚洲和平崛起的亚洲（儒家）关键特征进行概括。在建设当代生态文明的早期阶段，在允许亚洲国家管理其与日益陷入困境的西方企业和金融利益集团的关系以求取得良好成效时，这种思想文化特质定会发挥至关重要的作用，这样的想法在所难免。

## 人类健康问题

在寻求理解21世纪生态文明的性质时，认清这一事实的两个方面已变得相当重要，亦即经济的增长和进步已经开始对自然进程创造出来的秩序、平衡和动态产生了破坏作用，而自然进程的这种创造是为了赋予地球以有机生命并维系之。这两个方面既密切相关又相互影响，但人们往往将二者割裂开来进行研究。第一方面有关人的机体和人类福祉，第二方面有关行星环境和四季、过程与气候。

罗伯茨在《自由放任资本主义的失败与西方经济的解体》一书中所采用的方法具有特殊价值，他将这两个方面置于经济理论和原则的框架内进行考察。二者发展演进的方式与生态文明相抵触，它们很可能是当代最强大的力量，其催生的做法足以对人类健康和地球环境造成毁灭性影响。潜在破坏性中经济理论和原则的主要竞争对手就是科学理论和原则主体，其所共有的思想文化在构建学说和教条的过程中过于依赖抽象、理性和理论化，所构建的学说和教条反过来又成为信仰和信念的对象。

这种思想文化，无论是在经济还是科学领域，都会表现出无视意外后果或副作用的倾向。专注于具体目标且有明确的理论主体对实现目标进行指导，这种文化几乎不考虑更为动态、直观或全面的思想文化可能发出的警告。在几个世纪以来的英美秩序建设过程中，这似乎已经成为一股无所顾忌的力量；但现在这股力量已然弊大于利，这点显而易见。罗伯茨将其称为"外部成本问题"，并列举了多个例子以说明诸多主流经济行为的深层次破坏性：只要其能够增加国内生产总值或者使公司最终盈利，它们就会继续博得掌声。

只有在价格反映生产之所有成本时，价格才可成为资源的高效配置器。在理论著作中，经济学家们主要处理的是"外部成本"问题，所谓外部成本，是指生产者无需承担而强加给第三方的成本支出。不过在现实世界中，外部成本却是一个棘手且日益严重的问题。通常情况下，经济学家和企业所谓的"最低成本生产"，就是将很大一部分成本强加给第三方的生产，这部分成本不会在产品价格中反映出来。生产的这种"外部"或"社会成本"即是企业强加给社会的成本。

监管是处理外部成本的一种方式。然而，正如经济学家乔治·斯蒂格勒几十年前所指出的那样，监管机构已沦为其所监管行业的阶下囚；他可能还补充说，由行业基金提供经费的大学和科研机构也被生擒活捉了。因此在控制外部成本方面，事实已经证明，无论是监管还是对监管效果进行研究都不是万全之策。

罗伯茨将西方理论和实践的系统性缺陷明白无误地展现了出来。无论是在市场、政府监管机构还是在所谓的独立权威学术研究机构中，行业企业利益都掌控了一切。

罗伯茨在接下来的寥寥数段中，以科学研究的最新奇迹之一——基因改良为例，详细阐述了有机生命和人类生活诸多方面可能会遭受的普遍损害。

例如，用某些转基因种子培育出来的农作物可以耐受除草剂，从而降低杂草控制成本，但为此付出的外部成本巨大，越来越多的人开始注意到这点。2011年，普渡大学教授、植物病理学家兼土壤微生物学家唐·胡贝尔致函美国农业部，就有关转基因生物的非故意后果谈了自己的看法，其中包括对重要微量营养素、土壤肥力以及食物营养价值造成的有害影响。与转基因生物相关的新陈代谢途径缺陷阻碍了植物积累储存矿物质的能力，而像铁、锰和锌一类的矿物质对动物和人类的肝功能和免疫反应都有着重要作用。

土壤中微生物的毒性效应扰乱了大自然的平衡，其结果之一就是植物病害急剧增加，另一个则是肉毒中毒引起的牲畜死亡，接下来是大量涌现的动物生殖问题，以及动物的过早衰老问题。由于人类的日常饮食已经开始转向转基因农作物，肉畜也是用转基因谷物、大豆和苜蓿喂养出来的，因此人类的不孕不育问题陡然增多。胡贝尔教授在采访中表示，孟山都公司和农业综合企业的势力很大，几乎使有关转基因生物的研究难以为继。他还说，我们就好比盲人骑瞎马，朝着自我毁灭的方向行进。监管机构依赖于行业自身的研究，没有独立的客观科学研究可供参考以便作出监管决策。

如果将营养价值降低、动植物发病率增加、动物和人类的生殖问题以及其他我们尚不清楚的问题等有关转基因生物的外部成本综合在一起加以考察就会发现，显然，抗除草剂作物降低的成本与这种高昂的外部成本支出相比微不足道。

与抗除草剂作物有关的另一个问题是除草剂的有效成分——草甘膦，孟山都公司用于转基因作物喷洒的农达除草剂中就含有这种成分。美国国家环境保护局的数据显示，草甘膦的成人致死剂量为30克。

2011年12月22日，互联网网站OpEdNews报道称，《分析和生物分析化学》期刊的一项新研究成果显示，在采自西班牙加泰罗尼亚的140份地下水样本中，有41%的样本含有草甘膦，其含量之高出人意料。这表明，草甘膦会在环境中慢慢累积，而不是逐渐分解。①

美国地质勘探局的报告指出，草甘膦现在"在密西西比河流域的雨水和河流中甚是常见"②。考虑到草甘膦的毒性效应，转基因作物或许会带来规模空前的外部成本。

罗伯茨在对转基因制品出现前的美国食品的一般特征进行研究时，也得出了令人不安的结果。显然，由于受考虑不周的经济和科学思想主导，美国的食品品质不断下降，有赖其获得营养和健康的人类生活的质量亦每况愈下。当然，对任何一家宣称要解决因美国食品质量下降而引发健康问题的食品公司来说，这一局面可能会为其带来双重利益。

美国农场土壤养分耗竭，农作物现在全靠化肥，化学成分进入地表径流，从而污染了水源。牲畜的工厂化养殖会产生致命病毒，例如 H1N1 猪流感病毒，这种病毒于 20 世纪 80 年代后期首次在北卡罗来纳州的集约化养猪生产场出现，最近在史密斯菲尔德公司墨西哥子公司大规模蔓延，因此被看成是一种威胁整个世界的病毒。猪肉生产的"低成本"，并不包括死亡和疾病、治疗费用、收入损失和丧亲家庭之痛在内。

美国人所吃的肉类，是在最不人道的环境下生产出来的，其残忍程度超乎想象，以至于科幻小说都无从描述。在如此恶劣的条件下，在如此危险的病菌温床中，若想让这些牲畜存活，就必须给它们服用大量抗生素。我知道，有些人并非素食主义者，他们不吃肉是因为这些肉是在不人道的"低成本"环境下生产出来的。

同样的情形在蛋类和禽类生产中也普遍存在。禽流感病毒是在非人道的条件下以"低成本"生产蛋白质的产物，几乎没有人会怀疑这一点。

不幸的是，美国经济学家认为，"低成本"生产是"消费者满意"的终极目的。在经济学专业术语中，"低成本"生产可能仅仅意味着把最大的外部成本强加给社会和环境，在经济学家或者说最好是社会大众意识到这一点以前，自诩不受监管的市场经济将会继续行进在毁灭地球生命的道路上。

正如前文所述，中国的和平崛起在很大程度上已经不可避免地牵涉诸多美国产品和标准的接受问题。难怪，这给中国带来了罗伯茨所称的许多愚蠢想法和做法。不过，中国现在已经足够强大，完全有能力采取独立政策纠正这种错误。

## 环境问题

当罗伯茨着手解决他认定的"自然资本"问题时，他的批评愈发犀利，对正统经济思想不屑一顾。

---

① http://www.opednews.com/articles/How-Did-This-Weedkiller-En-by-Sayer-Ji-111219-801.html
② http://www.usgs.gov/newsroom/article.asp?ID=2909

到目前为止，我们都是在现有范式内处理经济学问题。本节将抛开这种范式来谈经济学。经过这种取舍的经济学极为重要，舍去就意味着需要引入新的经济范式。

正如我们所看到的那样，一个基本问题在于，经济学并不能衡量所有成本，所忽略的成本或许就是最重要的成本。既然经济学并不能衡量所有成本，经济学家就不能确定经济增长是否具有经济效益。举例而言，经济学家赫尔曼·戴利曾经问道，经济增长所带来的生态和社会成本的增加值是否大于生产所创造的价值增值。

未计入国内生产总值的成本即对自然资本的消耗，例如石油、矿产资源和渔业的损耗，以及对空气，水和土地资源所造成的污染。

在使经济理论与时俱进方面，经济学家们的表现很差。所得税和自由贸易理论创立之时也就是国际资本固定的历史时期，商品贸易以气候和知识差异为基础，而资本理论在此之前就已经出现了；与此类似，经济学家们无视生态系统，视其为有限、无序、静止且物质封闭的系统，这段历史时期也可以追溯至更早的"空荡世界"。在空荡的世界中，人造资本稀缺而自然资本充足。

在空荡的世界中，捕鱼量受限于渔船数量而非剩余鱼类种群，石油能源受限于钻探能力而非地质储藏量。空荡世界所关注的是人造资本的可持续性，而非自然资本的可持续性；自然资本被视为免费的午餐，消耗自然资本不算是一种投入，但却被看成是一种产出的增加。

经济理论是以"空荡世界"经济学为基础创建的，但实际上，当今的世界并不空荡。在这样一个"充盈世界"中，捕鱼量受限于剩余鱼类种群而非渔船数量，而渔船数量则是供应过剩的人造资本；石油能源受限于地质储藏量而非人造资本的钻探能力和泵送能力。在国民收入核算中，人造资本的使用计提折旧，但是自然资本的耗费则不予考虑，除非是开采成本。这样算下来，自然资本的耗费总会带来经济的增长。

罗伯茨告诉我们，在21世纪初指导几乎所有人类行为的经济理论，单凭不把自然资本列为经济生产成本这一做法，就有意无意地显示了其毁灭自然资本的意图。有人可能会指望，一旦确认了这种系统性的具有破坏力的缺陷，只要将其作为当务之急处理即可纠正疏漏。然而，这种想法不啻天方夜谭，原因如下：

首先，企业利益无处不在，它们会动用庞大的资源使此类措施胎死腹中；因为，如果非要将它们日常消费的各种形式的自然资本通盘考虑在内的话，它们既定的如意的商业算盘就会被打乱。其次，在市场中，具有某些客观中立意味的经济理论和信仰已经广为传播，难于触碰。如果试图为生产活动消耗的各种形式的自然资本确定价值和成本，则有可能引发层出不穷的难解纷争，甚至比尝试实行碳定价导致的困局还要棘手得多。再次，握有实权的权威机构若要决定归入自然资本的价值和成本，就需要对商业活动的开展方式进行深刻反思。所有这些考量都需要根基稳固的资本主义社会投入大量精力，国际商务的特点又会使看似无穷的一系列难解谜团进一步倍增。罗伯茨向我们表明，即便是最优秀的经济思想家，也很难摆脱现有理论的错误假设。

现代经济学以"生产函数"为基础，与两位诺贝尔奖获奖者罗伯特·索洛和约瑟夫·斯蒂格利茨不无关系。生产函数所解释的是投入和产出之间的关系，索洛－斯蒂格利茨生产函数假定，人造资本是自然资本的代替物；因此，只要可以再生产出人造资本，增长即可无限进行下去。正如经济学家詹姆斯·托宾（另一位诺贝尔奖获得者）和威廉·诺德豪斯于1972年所指出的那样，其隐含的假设是，"可以再生产出来的（人造）资本是土地和其他可耗尽资源近乎完美的替代品"。

罗伯茨还提到了西方思想的发展趋势：即成为一种可抵制现实考量和问题侵入的以意识形态为基础的信仰。这就使得延误确认和解决那些迫在眉睫的问题变得更容易，即便情况表明问题会变得更为严重和难以掌控。

现代经济学已经将经济增长变成一种意识形态，一如自由贸易已经成为一种意识形态那样。索洛－斯蒂格利茨生产函数是对投入产出过程的一种错误阐释。相比之下，尼古拉斯·杰奥尔杰斯库－勒格恩明确表示，生产就是将资源转化为有用产品和废弃物的过程；劳动和人造资本是转化过程的动因，而自然资源则是转化为有用产品和废弃物的对象；人造资本和自然资本是互补关系而非替代关系，二者不可相互代替；构成现代经济学基础的索洛－斯蒂格利茨生产函数只是一种空想。

真正的问题在于，世界上现存自然资源和吸纳废弃物的"汇"是否如同传统看法那样足以维持经济的持续增长，并使其得以向不发达国家扩展。

罗伯茨首先关注的是发达国家。令人遗憾的是，他对中国、印度和其他发展中国家的论述正如下面这段所写的那样，充其量不过是蜻蜓点水罢了。

> 经济增长模式在中国和印度收到成效，因为第一世界的经济活动都向这些国家迁移。这样一来，中国人的收入不断上升，而美国人的收入则在下降。在其他非西方国家和地区，增长模式会破坏经济生活的可持续性并代之以单作。因此，生计尚可维持的国家现在不得不进口食品。

有一段讲的是不存在全球政府情况下的经济全球主义，重点关注企业作为一种组织以政府无法企及的手段攫取权力的方式。这段所突出的是这样一种途径：其中只有那些以某种方式系统构建的跨国公司才更有可能逃过各国政府的监管。

这应该没什么可奇怪的，因为实际上正是企业在几个世纪以前创建了当代全球经济，首先是以大英帝国的名义，后来到了1945年以后，则是打着英美全球秩序的旗号。通过国际机构发挥作用的英美政治权力，往往是企业利益的延伸和代表；全球金融利益体也经常借助相同的架构发挥作用。国际形势也因此而变得错综复杂，往往难以清楚分辨到底是哪些力量在发挥作用。当然，罗伯茨已经证明，无论是在与某些外部利益团体竞争还是在保护其自身福利生存之所系的关键地区自然资本时，这些力量依然经常干着与自身利益背道而驰的事情。

经济全球主义远远超前于全球政府。正如赫尔曼·戴利所写的那样，全球主义是"跨国公司躲避各国政府监管的避难所"。缺少全球政府的经济全球主义有利于跨国公司逃避责任。这种优势意味着，当今公司正在逃避其应付成本之责，而把这种成本强加于世界其他地区。如果将这些"外部化"的成本计入其生产成本中，公司老总们还有什么理由拿着比一线员工工资高出300、400或者500倍的薪水？

倘若有人站在第三者的立场上认真考虑罗伯茨所罗列的情况，可能就会发现，控制着当代国际社会的商业和智力力量似乎正在卖力地自掘坟墓而不自知。很显然，似乎并没有什么致力于发展重大长远战略的有效权力机构在发挥作用。从某种意义上说，正是这些现象似乎经常在表征着帝国的末日情形；在这种情形下，那些牢握特权和权力的商业和智力力量已经失去了审慎思考求生必需举措的能力，也就无法根据这些措施展开行动了。从另一种意义上说，在当今全球化的社会中，还存在着一种表现为机能失调和自我伤害的与普遍认同的思想文化有关的危机。

国际社会若要发展生态文明，那么很显然，必须从根本上改变经济活动的性质以及使经济活动合法化的思想特质。近几个世纪以来的惯例似乎再也行不通了。

儒家在21世纪初所面临的最大挑战，就是针对上文指出的生态挑战，在协助制定周密有效的应对之策中发挥主导作用。目前情况下的主要问题可以看成是应用诸多抽象理性理论的结果，即便这些理论在几个世纪中调动巨大力量方面发挥了关键作用，它们还是存在根本性缺陷。若果真如此，则必须找出这一思想的缺陷，并在拟定取而代之的一系列思想中确定改进措施和优势。本文的最后一部分将考察中国古典作品的相关情况，它们可能会启发出有助于满足这类需求的替代思想和行为。

## 思想问题

可以从多个角度对生态文明进行思考。不过保罗·克雷格·罗伯茨已经证明，在当今全球秩序中，占据最普遍和权威地位的商业和金融思想在很大程度上消除了与生态文明相关的诸多需要加以考虑的因素，所采用的方式就是在常规主流评价中直接将自然资本边缘化，或者干脆忽略之。

罗伯茨已经证实，这种目光狭隘的思想不仅使实践者难以与更精于长期战略组织谋划的对手相匹敌，而且使人类及其他有机生命不可或缺的环境开始遭到破坏。这使得以下鲜明对比再次成为关注的焦点：一方面是英美人赖以构建当代全球秩序的抽象、理性、具有理论性且往往依赖信仰的思想；另一方面是一种深受熟谙中国经史典籍的人青睐的更为动态、直观、全面和务实的思想。除了数千年的辉煌成就外，在过去五十年中，后一种思想在指导几乎所有东亚和东南亚经济体的和平崛起过程中大获成功，这种崛起之势经常与主要英美经济体的衰落形成反差。

罗伯茨认为，英美商业和经济思想无视自然资本，由此导致了环境和生态危机，这促使人们反思替代思想。源于中国典籍的那种更加动态、直观、全面和务实的思想文化更有可能造就一种人们不会因为一味追求急功近利的企业利润而无视人类生活环境的生态文明吗？直到最近，亚洲才刚刚开始集中财力物力，积极开展独立的政治行动，以便为这一问题奠定客观实际基础。长期以来的主导思想都是建立起雄厚的经济实力，以便恢复政治和文化自主性。

卡罗琳·贝克写过一篇题为《我们真能从帝国一走了之吗？》的文章，于2013年7月10日在信息交换中心发表。这篇文章准确描述了生态文明挑战面临的各类问题的性质，其中几段重点强调了与以下这种西方思想文化有关的两难困境——它仅仅简单地将其学说教条的习惯从精神世界转向物质世界。在这一过程中，该思想文化明确界定了当代全球秩序，但却忽视了生态文明的所有意义。

对我来说，离开帝国面临着三个巨大障碍，它们都与帝国编制规划的内部动态机制有关。这种内部动态机制具有如此重大的影响，以至于从某个层面来说，彻底改变一个人的生活安排或许只是完成这种突破的诸多阻碍中难度最小的一个。

## 启蒙教化

第一大障碍就是启蒙教化。启蒙运动这一思想巨变发生在17和18世纪的西方世界，在此之前就是我们现在所说的黑暗时代。启蒙运动致力于根除因受罗马天主教教会和民间思想影响而长期存在的无知和迷信思想。一方面，与当时盛行的妇女和黑猫导致了14世纪黑死病以及教会顽固坚称地球而非太阳才是宇宙中心等观念相比，启蒙运动无疑带来了清新的空气；另一方面，启蒙运动也和罗马天主教教会一样冥顽不化，固守知识路线这一条道，名曰"理性"。就这样，启蒙运动的模式在某种程度上启动了工业文明范式，这种工业文明推崇逻辑和阳刚，贬低直觉和阴柔，并建立起了一种以权力、控制、分割和资源开发为基础的生活方式。最终，这种模式的规则曾经以及现在与教会统治下的等级森严的基要主义有什么区别是值得商榷的。

这段话认为，1945年后的当代英美全球秩序与帝国没有什么差别，并进而提出，无论是西方中世纪的宗教神秘主义还是当代的世俗经济理性主义，都具有基要主义与极端专制主义的特色。存在着这样一种意识，即与普遍信仰和异议截然不同且除了少数例外以外，西方意识从未真正自由地探索并运用过心理学家卡尔·荣格确定的四种意识功能：思维、情感、感觉和直觉。与此相反，所有这些特质似乎都在中国典籍中以多种方式生根发芽了。

罗伯茨和贝克都是西方思想家的代表，他们对西方思想的禁忌和约束深感担忧，并表达出各种形式的绝望，这在贝克的最后段落中即显而易见：

因此，如果对我们人类物种和星球而言为时已晚，如果我们真的来日无多，那么这最后的日子，是否会因我们采用从未体验过甚至意想不到的方式与地球重修旧好而明显充实起来呢？

只有傻瓜才会认为得用一种"正确的"方式来做这件事。说到底，体验与宇宙重修旧好的方式，就和宇宙中存在的生命形式那样多不胜数。不过，有这么一种集科学与神圣于一身的途径一直让我着迷不已。多年来，我一直潜心研究已故文化历史学家兼生态神学家托马斯·贝里（Thomas Berry）以及哲学家、神父兼古生物学家德日进（Teilhard de Chardin）的著作。此外，加州积分研究学院教授布赖恩·斯威姆（Brian Swimme）也在研究这两位先生，他同时还是物理学家和数学宇宙学家。2004 年，斯威姆制作了一套名为《宇宙的力量》的纪录片，他在片中探讨了塑造宇宙的十种宇宙力量，提供了观察到的例子，同时还就人类有意识地参与其中提出了建议，以使人类能够在更伟大的生命历程中认识自己。换句话说，这套系列片的终极目的就是促进人类与地球建立亲密关系，并敞开胸怀去面对由此带来的生活巨变。

斯威姆承认，地球正面临着极为严峻的形势。他重申爱森斯坦的观点，坚持认为"正在毁灭地球的所有体系架构同时也使我们得以解脱，使我们得以深入探究我们是谁这一本质问题。"

我们无法与帝国完全割舍，但我们可以利用其伤口和一些可取的方面与地球重修旧好，这会引发一场人类存在的变革。这就需要我们敢于质疑启蒙教化，与将永远禁锢心灵的帝国幽灵做斗争，和具有一种全身心投入与宇宙的亲密无间中的意愿，即便生态环境已被踩躏殆尽。

值得一提的是，21 世纪有很多西方哲学反思都对柏拉图式的抽象和理性思想传统提出了批评和质疑，但这几乎未对主流经济、金融、企业和帝国的思想和行动产生影响。当西方思想家开始意识到因对经济利益的共同痴迷引发的生态破坏的程度和严重性时，沮丧和绝望之情也就随之而来，进而强化了以下这种思想观念，即西方思想文化几乎无力克服自身带来的种种问题。

在寻求在帝国环境下经实践证明有效的其他形式的替代思想文化的过程中，很难找到比中华思想文化更优秀的了，其中以《论语》、《道德经》和《易经》为核心典籍，以及《黄帝内经》等独树一帜的相关典籍。

《黄帝内经》尤其具有特殊意义，这是因为，这部书除介绍了西方传统文化未曾涉及的人体感应官能（例如气、经络和针刺疗法等）外，甚至还有几个章节的标题将人类生命与福祉描述为依赖某种存在微妙而复杂的作用关系的自然生态。

第一篇　上古天真论
第二篇　四气调神大论

第三篇　生气通天论
第五篇　阴阳应象大论
第九篇　六节藏象论
第十三篇　移精变气论
第十四篇　汤液醪醴论
第二十八篇　通评虚实论

当我们在古典传统的背景下阅读时，《黄帝内经》与《论语》、《道德经》、《易经》以及其他古代典籍一样占有一席之地，时刻提醒我们，有一种生态文明长期以来一直在为中国取得的成就提供灵感源泉。生活在儒家传统中的人在向先贤寻求真知方面拥有得天独厚的优势，他们可以以史为鉴，给那些身处全球环境之中、已经向西方急功近利、抽象、量化、工于算计的企业和金融统治屈服的价值观重新注入活力。

这一结论中固有的真相令人困惑，即最近占主导地位的西方已经没有能力重构其思想与行动以迈向生态文明了。如果这一结论基本属实的话，建设生态文明的挑战就更加艰巨了。这就需要逐步废除当代全球秩序中的大部分概念和制度结构，可能还需要对除东亚和东南亚人民（他们已经熟谙东方哲学）外的广大民众逐步开展东方智慧再教育。然而，考虑到罗伯茨和贝克的观点，抛开长达几个世纪的思想隔离，事实可能会证明这样一份计划是符合全人类利益的。如果时间倒退回明朝，在当时人看来，人类社会更有可能实现生态文明，而非形成如今的全球秩序——这么说是有道理的，毕竟明朝航海家郑和所展现出的克制与文明意识在近几个世纪都十分罕见。

# Confucianism and Ecological Civilization
# Confucianism's Greatest Challenge

Bond University    Reg Little

## Abstract

The peaceful economic rise of China and Asia is rapidly bringing to a close several centuries of Anglo American global order. This is leading to increasingly trenchant criticism of the thought culture that has sustained that order. One example is The Failure of Laissez Faire Capitalism And Economic Dissolution of The West by Dr. Paul Craig Roberts – a senior economic advisor under President Reagan.

This reveals Western economic thought to be both uncompetitive in the marketplace and destructive of the human and natural environment in the early 21st Century. It also leads to reflection on fundamental differences between the thought cultures of the contemporary Anglo American global order and of the renascent Chinese classical tradition. One tends to be abstract, rational, theoretical and faith based and the other to be fluid, intuitive, holistic and practical. Roberts outlines critical failings of economic theory in passages headed "The Problem of External Costs" and "Nature's Capital". These detail some of the most serious harm inflicted on human and natural ecologies by a failing thought culture that is programmed to serve feral corporate greed.

The contest between Anglo American and Asian thought cultures favours the later in the contemporary economic marketplace. It still needs to be resolved in a similar manner on ecological and scientific battlefields, if present trends are to be reversed and an ecological civilization is to define future global order. This foreshadows a strategic contest between the Asian community Junzi and the Western corporate xiaoren. Recent experience suggests the former has a major advantage in a complex and demanding contest where the Chinese classics and history offer a wisdom resource that is essentially unknown in the West and that has already informed many successful strategies. The Yellow Emperor's Classic of Medicine suggests the fundamental character of the challenge to Western certainties.

## Historical Background

The meeting between the leaders of China and America in California at the beginning of

June 2013 effectively recognized the two countries as a G2, or the two most powerful nations in the contemporary global community. American power seems, however, to be in decline while China appears to have many years of peaceful rise ahead.

China has adopted successfully much of the American model of economic development. It is, however, only beginning to comprehend fully many of its consequences. These include extensive damage to the air, water and land of the natural environment and serious harm to human health and well being caused by chemical agriculture, processed food and synthetic drugs.

The negative characteristics of this model of development can be traced back to its origins in the emergence of the limited liability corporation. This was an innovative means of mobilizing underutilized labour to seek wealth in distant lands, identified below as an "empty world". This lay the foundations for what became the British Empire. Much of the body of economic theory in the West, often labelled Capitalism, was motivated by the need to legitimise and formalize this activity as benign and mutually beneficial transactions. The rise of Communism offered an alternative way of interpreting and understanding the West's Capitalism, but this was gradually marginalized and rendered ineffective in most parts of the world.

It was only after 1945 and the end of the Second World War, that an effective strategy evolved for a non-Western country to win out over the West's Capitalist corporations. This was achieved in Japan, where a defeated but unified people were led by a coherent administrative class to "conquer through service". This could be seen as a strategy taken from Jiang Taigong's Liu Tao in that it sought to gain the upper hand over a conqueror and occupier by service that first bred dependence and then vulnerability. Other Asian communities familiar with the strategy followed a similar path. Unlike Communism, this strategy depends on apparent explicit submission to Western Capitalist dictates and theories.

The "conquer through service" strategy has led to the peaceful rise of Asia and the steady decline of Western dominance. A moment has now been reached where an Asian state, China, is increasingly accepted as a genuine challenge to the continuation of the Anglo-American global order taken for granted since 1945.

Although China shows every evidence of seeking to minimize disruption in the existing order that might be caused by its rise, some measure of substantial restructuring seems inevitable for at least two reasons. The first is that the post 1945 Anglo-American global order was in important respects a continuation of the earlier British imperial order. It had built into it many privileges for English speaking peoples who no longer have the capacity to justify or defend those privileges. The second reason relates to the fact that the corporate fundamentals of Anglo-American power have been excessively dependent on narrow and short term theories of quantified profit. These are revealing themselves to be increasingly destructive and harmful of human well being. In other words the West's economic rationalism, founded on a privileged role for the private corporation, has proved defective both in maintaining the competitiveness of Western economies and in preserving the well being of the people for whom economic activity is supposedly initiated.

*The Failure Of Laissez Faire Capitalism And Economic Dissolution Of The West* by Dr. Paul Craig Roberts – formerly Assistant Secretary of the US Treasury for Economic Policy under President Reagan – outlines the character of these failings and their consequences. In the process, it demolishes the credibility of the economic thought that has led both to the dissolution of the West and to the relentless devastation of environmental and human well – being in a very "full world".

The growth in understanding of the failings of mainstream Western economic and other thought highlights the major challenge that now confronts an ascendant China. Not only does it need to manage a difficult transition of power but it will also encounter increasing pressure to undertake a major re – evaluation of the thought and a wide range of aspirations that have shaped the past two centuries of global history.

The theme which is addressed by this paper, Confucianism and Ecological Civilization, raises acute questions not only about the role of the corporation and character of economic theory but also about the true aspirations of progress and the appropriate nature of future science. In the early 21$^{st}$ Century, it may be only Confucian China that is capable of managing these riddles. Its rich tradition of classical thought and administrative purpose remains largely independent of the fashions of recent centuries. Its robust subtlety of spirituality and strategy has been little compromised by corporate pre – occupations. And its resilient reservoir of historical experience and wisdom is independent of Anglo – American orthodoxy and rationalization. No other cultural tradition has the diverse political and cultural resources likely to be necessary to rescue humanity from the excesses and commercial perversions of Western economic progress and scientific innovation.

## The Character of the Challenge

There is perhaps no more succinct and up to date statement of the challenge than that of *The Failure of Laissez Faire Capitalism And Economic Dissolution of The West*. Not only does it demolish the theoretical credibility of mainstream Western economic thought but it outlines the relentless devastation of environmental and human well – being caused by that thought.

Interestingly, despite impeccable qualifications as an economist, Dr Roberts is a heretic. The West's mainstream authorities do not welcome his insights. Translators and publishers had to be found in Germany and China before his book could be made available in English, on

Kindle. Some initial words by his German translator leave no doubt about the book's challenge to the illusions of certainty and comfort cultivated by those in positions of authority and privilege in the West:

We are witnesses to a historical turning point. A new world order is emerging. Economic power is shifting to the BRIC states and to other emerging countries at an enormous pace. New alliances such as the Shanghai Cooperation Organisation (SCO) with China and Russia as driving forces have been preparing the new economic world order well in advance. It is very likely that they will dominate it.

However, the forces that have been leading the global economy throughout the past decades – the U.S., UK, Euroland, and Japan – are struggling to survive. Their economies are in a process of disintegration. Especially in the U.S. and in EU countries more and more people are living in poverty. Further significant losses in welfare are looming ahead. Major parts of these populations do not see any future for themselves in the global economy.

Dr Roberts' conclusion presents succinctly the complex thesis that underpins this projection:

This book demonstrates that empty – world economic theory has failed on its own terms and that its application by policymakers has resulted in the failure of capitalism itself. Pursuing absolute advantage in cheap labour abroad, First World corporations have wrecked the prospects for First World labour, especially in the US, while concentrating income and wealth in a few hands. Financial deregulation has resulted in lost private pensions and homelessness.

The cost to the US Treasury of gratuitous wars and bank bailouts threaten the social safety net, Social Security and Medicare. Western democracy and civil liberties are endangered by authoritarian responses to protests against the austerity that is being imposed on citizens in order to fund wars and financial bailouts. Third World countries have had their economic development blocked by Western economic theories that do not reflect reality.

All of this is bad enough. But when we leave empty – world economics and enter the economics of a full – world, where nature's capital (natural resources) and ability to absorb wastes are being exhausted, we find ourselves in a worse situation. Even if countries are able to produce empty – world economic growth, economists cannot tell if the value of the increase in GDP is greater than its cost, because the cost of nature's capital is not included in the computation. What does it mean to say that world GDP has increased four percent when the cost of nature's resources are not in the calculation?

Economist Herman Daly put it well when he wrote that the elites who make the decisions "have figured out how to keep the benefits for themselves while 'sharing' the costs with the poor, the future, and other species" (Ecological Economics, vol. 72, p. 8). Empty – world economics with its emphasis on spurring economic growth by the accumulation of man – made capital has run its course. Full – world economics is steady – state economics, and it is past time for economists to get to work on a new economics for a full world.

The publication of Roberts' book is significant for this paper on two counts. First, much of this paper uses content from the book as a highly authoritative statement not only about the condition of economic thought but also about the deteriorating condition of many aspects of human life. This highlights a hapless condition of thought and politics that has long gone largely unremarked. Second, the story about the book's publication and the attempted censorship of the thought of such a distinguished American illustrates much about the way corporate power and interest works to avoid criticism.

When the corporation started to transform the world through colonial adventures there was little need to account for the cost of nature's capital in measuring the value of production. This cost was incurred in a distant place far away from the centres of commerce which enjoyed the pleasures of consumption. This happy world no longer exists today as the consequences of corporate destruction of nature's capital in Robert's "full world" have become acutely obvious in all parts of the world. In one sense, the old division between colonizer and colonized has become the division between the global rich and the global poor, or the global 1 percent and the global 99 percent. The economic theory that seemed to make sense in the past is today much more easily recognised as a formula for the progressive destruction of the natural environment and the organic life that it nurtures.

The problem resides in the fact that most profitable and successful economic life is supported by quantitative calculations that largely ignore the cost of, and therefore happily destroys, nature's resources. As this cost free destruction progresses so does the quality of life deteriorate. Yet, any intellectual reconstruction of contemporary accountancy, economics and commerce designed to correct this anomaly would leave few aspects of contemporary life secure and uncompromised. Modern politics, especially modern democratic politics, would not tolerate such an heroic endeavour. Powerful corporate lobbies would quickly derail any such endeavour and, in any case, governments elected for three or four year terms do not have the authority or longevity to pursue such a goal. Does this mean that mankind has doomed itself to its own destruction?

Not necessarily! Fortunately, the peaceful economic rise of Confucian East and South East Asia offers an alternative to the West's corporation dominated democracy and indiscriminate, destructive economic growth. The Confucian alternative has two major strengths that largely escape comprehension in the West. These are preserved in the Chinese classics which retain vitality and relevance today that is not present in any comparable manner in Western tradition.

The first unique strength is an ethos and spirit of aspiration towards educational excellence and selfless community service in government, as well as in commerce in more modern times. This has helped protect even those Asian communities with democratic forms of government from the excesses of systemic corporate corruption that have so eroded American and European economies and communities. Even more important it has helped to build administrative and commercial classes capable of nurturing robust, coherent and strategic policies that advance the interests of the broad community.

The second unique strength is a thought culture that can be fluid, intuitive, holistic, strategic and practical. At its best, it is free of the abstractions, rationality, theory and dependence on faith that tends to characterize and imprison the West's thought tradition and culture. From Plato's forms through the Roman Church's doctrine and dogma, the European Enlightenment's universal values to Anglo – American economic rationalism, the West has a relentless tradition of seeking social and political order through what George Orwell caricatures as brain washing in his novel 1984. This contrast in thought cultures tends to give Asian leaders much greater capacity to redirect national purpose, as there is not a prior need to reconstruct a population's thought habits and beliefs.

Both these Confucian strengths have been evident, if discreet, in the peaceful economic rise of East and South East Asia. They both characterize a type of leader largely unique to Confucian Asia who is identified in Chinese classics as a *Junzi*. Interestingly, the *Junzi* is contrasted with the *xiaoren*, who might be identified as the typical product of an American MBA, focused on maximizing short term, quantified profit even at the cost of the environment and human well being. Not surprisingly, neither of these words translates satisfactorily into English.

With the rapidly increasing awareness of problems associated with ecological civilization, Asian Confucian leaders seem much better placed than Western leaders to take the lead in constructing policies that have the capacity to rescue the global economy from the mindless destruction of the Anglo – American economic rationalists identified by Paul Craig Roberts.

The challenge ahead can, perhaps, be best explored under tour general headings – Political Problems, Human Health Problems, Environmental Problems and Thought Problems.

## Political Problems

In considering Ecological Civilization, it is essential to recognise clearly from the beginning that the most fundamental aspects of contemporary problems derive from a globally dominant political culture. This culture is rhetorically founded on apparently desirable aspirations like equality, freedom, democracy, rule of law and free trade. Essentially, however, it is founded on quantitatively measured economic production and growth derived from a colonial past and culture that serves corporate interests and that displays today all the defects noted by Roberts.

Many contemporary democratic values have been aggressively marketed by dominant Anglo – American global leaders as a means of influencing governments in ways that leave them vulnerable to corporate influence and exploitation. In an important sense, they have evolved as a political rhetoric in an Anglo – American world that seeks to use powerful corporations to preserve prosperity founded on wealth gathered from distant colonial relationships, even though people everywhere have now won their "independence".

The peaceful economic rise of independent Asian economies has steadily eroded this strategy and Western corporations have been drawn into the activities described by Roberts where they offshore their manufacturing and technological capacities and increasingly find themselves involved in quantitative profit generation that is destructive of nature's resources and the human environment in their own homelands.

Books like *The Creature from Jekyll Island* and *The Gods of Money* have shown that Western democracies have been at the command not just of their corporations but also, at a deeper level, of their financiers, who often take the form of powerful intergenerational financial families. These have overseen the growth of privately owned Central Banks which issue and control money but create dysfunctional economies where money is directed more to casino like financial speculation than to education, production and human well – being. Most Western democracies seem to retain neither the integrity of thought nor the robustness of political will to correct this financial strangle hold.

Moreover, the power and resources of large corporations and financial institutions is such that legal and constitutional processes are little protection against their intentions or ambitions. Not only do they have the capacity to make or break those aspiring to political office and thereby control their votes and decisions but they also have the resources to ensure they retain the best and most effective legal representation. Moreover, increasingly, they determine the character of academic research and authority. As a consequence, there has, for example, been a succession of legal decisions that have facilitated the growth of unidentified genetically modified products in the marketplace, despite an increasing volume of reports of serious dangers associated with their consumption.

Perhaps nowhere is power more concentrated than in Central Banks, with their ability to print and lend money, even to the point of indebting and impoverishing large populations. Moreover, their influence can easily become the final arbiter of success or failure for large corporations at times of difficulty. Information on the hidden financial power brokers who own Central Banks is not easily obtained but books like those mentioned above and careful attention to mainstream information would suggest that the West's Central Banks are largely privately owned and controlled and the East's are without obvious exception nationally owned and nationally deployed to serve carefully calculated national priority development interests.

Japan, after its defeat and occupation in 1945, first identified and practiced the model for Asia's peaceful rise. This appears to have drawn inspiration from the Twelve Civil Offensives in Jiang Taigong's Six Secret Teachings. One could say that the Japanese practiced a form of conquest through service, whereby they sought to meet every American corporate need more cheaply and at a higher standard than possible anywhere else. They cultivated an American dependence that gradually became a form of American vulnerability. Other Asian leaders quickly understood and emulated Japan's example and further facilitated the off – shoring of the American economy lamented by Roberts. Remarkably, at no time does anyone of influence in American government or corporate leadership seem to have identified a pattern at work that was not in America's long term interest.

China has been the last and most important Asian nation to follow this pattern. Economically, its success is beyond question. In terms of the environment and human well – being, China's success is much more open to question. It is possible to sense that the Japanese, being a defeated and occupied nation, were more cagey and cautious in meeting American corporate demands and were more successful in protecting their traditional environmental and health practices. At this time it is hard not to conclude that China's economic success has been at a higher cost to the environment and human well being.

China faces a dilemma in that any substantial and coherent attempt to give priority to environment and human well being issues is likely to bring it into conflict with substantial American corporate and financial interests who are not accustomed to challenge from any comparable form of power. The criticism of a disaffected conservative like Roberts is one thing, but a major force in the marketplace that seeks to deploy its energies with the type of understanding and evaluation detailed by Roberts would represent an unprecedented challenge.

Of course, the successful strategies, which have characterized Asia's peaceful rise beginning with Japan after 1945, have all shared a preparedness to make major concessions to the values of the American model of economic activity, even if these differed from case to case. Nevertheless, as the competitive failings and destructive inclinations of the American model become much better understood and the competitive strengths and other virtues of Asian models become more broadly understood, it is inevitable that there will be a growing desire to devise strategies to reverse the destructive influences identified by Roberts.

Strategically astute new directions will come increasingly from China and other parts of Asia, drawing on China's diverse cultural and political wisdom. Peoples from outside the Asian region will find it difficult to follow the forces at work. This difficulty will be compounded by the large volume of disinformation generated to defend established Western vested interests.

The fact that the strategic cultivation of relationships with the West is largely conducted throughout Asia by highly qualified *Junzi* who are characterized by the highest technical, strategic, political and human skills will again work to assist Asian communities. At this time of delicately balanced East West interests, there will again be a higher quality of strategic competence on the Asian side. In contrast, Western interests will often be left in the hands of those best identified as *xiaoren* and inclined to make short term, narrow profit focused decisions.

Against this background, the recent popular development and spread of Confucian education and values in China reflects important official and popular sentiment. This has been nurtured by a growing awareness of the respective strengths of Eastern and Western values in the contemporary global community. There is little parallel understanding in Western communities of these respective strengths. Equally, there is little prospect of any practical effort to understand the implications of this revived confidence in forms of traditional Asian wisdom. As a consequence there is little or no Western capacity to use these alternative cultural perspectives to comprehend the complexities of evolving East West relations. .

Serious comparative examination and evaluation of Eastern thought that derives from classical texts like the *Lunyu*, *Daodejing* and *Yijing* on the one hand and Western thought that derives from the Greek thinkers and evolves through the Medieval Roman Church and the European Enlightenment on the other will continue to be a concern of the East, and not the West. While the important American sinologist Roger Ames has highlighted in *Thinking from the Han* something of the significance of this Western neglect, his influence does not reach far beyond specialized academic circles. He can show that the fundamental Western notions of self, truth and transcendence are largely lacking from the classical Chinese tradition, but this is unlikely to lead to widespread reflection about failings in the West's widespread use of transcendent authority, abstract truth and individual identity. Even less is there likely to be any mainstream realization that these familiar tools are comparatively awkward and ineffective when matched against Eastern minds nurtured on the subtleties of the *Lunyu*, *Daodejing* and *Yijing*.

China's long recorded history also becomes an invaluable asset in the hands of the *Junzi*. Many of the symptoms of the West's malaise are not dissimilar to the indulgences and self-deception of imperial families towards the end of a dynasty. Watching a long television series on the life of the Han General, Zeng Guofan, in the middle of the 19th Century, it is easy to notice many similarities of complacency, self-indulgence and misjudgement that are common to that time's Manchu aristocracy and today's Wall Street bankers. Both exercise power and decision by whim, and both preside comfortably over their own self-destruction. The West's financial and corporate leaders, essentially *xiaoren*, have not educated either their children or others in their democracies to understand the challenges ahead, or even the distinction between *Junzi* and *xiaoren*.

The contemporary world is made much more complex and confusing by the apparent acceptance by Asian elites of Western norms, concepts and values and by their apparent abandonment of their own traditional culture. Of course, much of this paper argues that this appearance is profoundly misleading. In fact, successive Asian economic miracles have been informed and guided by a profound, if sometimes intuitive, understanding of classical Confucian tradition and values. A critical part of this success has been an inherent discretion and humility that has become a critical strategic asset.

The West's tacit, but deliberate and pervasive, discouragement of any discussion of the respective merits of the West's thought traditions and those of the Confucian East is profound and robust. This resolution ensures that America, and other major Western powers, will continue to ignore the need to understand Confucian education, culture and values. This intellectual apartheid is much more harmful to its perpetrators than the more familiar form of racial apartheid. In a sense, this suggests that the West could decline rapidly and have its fate easily relegated to management by *xiaoren*, possibly all qualified with MBAs from good Western universities.

The West's intellectual apartheid takes many forms in Asia that contribute to its failure to probe, explore and understand the forces transforming the world over the past half century. It obstructs any understanding of the fact that the Western disposition to use hard and the Eastern mastery of soft strategies often complement one another to the disadvantage of the West. It also blocks comprehension of the way Western inclination to exaggerate its strength is complemented by an Eastern preference for humility. This works to provide false and harmful reassurance in the West. It is clear that Western failure is often rooted in an inability to recognize and respect Eastern subtleties. Of many contemporary examples of a type of *Yin* and *Yang* play that goes unnoticed in the West, but that is mastered in the East, a few that may prove critical in moves to correct the West's ecological destructiveness are outlined below.

First, traditional Confucian forms of behaviour preserve harmony and purpose in society. They do this in a manner that misleads the more individualistic West. The disciplined, coherent and obedient Japanese response to defeat and occupation in 1945 has never ceased to blindside American leaders to the price being paid for short term corporate profits obtained by transferring manufacturing and technology offshore. All of Asia has followed the Japanese in providing the best and most obliging service to American corporations to ensure they act as a powerful lobby in defending and promoting Asian interests within American political processes. Interestingly, if one puts aside the consequences of Fukushima, Japan has possibly been the most accomplished and successful in protecting its human environment while it advanced its economic interests.

Second, soft and yielding Asian responses to aggressive, short – term Western corporate profit maximization has a subtlety and charm that invariably seems capable of obtaining long term strategic goals. There is recurring Western inability to identify coherent, purposeful and strategic thought that uses predictable corporate priorities to advantage. As a consequence both American and European manufacturing and technological capacity has been repeatedly seduced by the short term gains offered by cheap but disciplined, educated and readily skilled Asian labour.

Third, Asian leaders and communities have encouraged Western arrogance about the superiority of Western assumptions, values and theories. Asian interests have readily agreed with Western assertions and then discreetly behaved according to their own traditional norms and calculations, behind the shelter of languages and thought cultures that almost all Westerners find too difficult to bother about.

Fourth, the intuitive, fluid and holistic character of much Asian thought escapes the understanding of the West's long practiced abstract and rational norms, which are readily predictable and exploited to strategic advantage. In contrast, Western abstract and rational thought habits are clumsy and get in the way of attempts to understand Eastern thought culture.

Fifth, educated, resourceful and practical government of the type commonly encountered in Asia does not encounter too many difficulties in comprehending and turning to advantage the simplistic, abstract and rational thought that shapes the West's economic and political mythologies. The highly cultivated, disciplined and collegiate administrative and commercial elites of Asia find it comparatively easy to manage to advantage simplistic mythologies of the marketplace and democratic process, which are fundamental to Western ideology, behavior and debate.

Sixth, Eastern thought culture with imprecise dynamics, like yin and yang and soft and hard, has qualities that defy ready Western comprehension. Western elites have succeeded in disparaging the influence of a profound Chinese classic like the *Book of Changes* by identifying it as belonging to alternative and marginal cultural groups. Something similar has also been achieved with other Chinese classics like the *Analects* and the *Daodejing* and this ensures that there is little prospect of this Chinese wisdom being used to compromise corporate control of acceptable intellectual activity.

Seventh, the Eastern world has long cultivated superior education, administrative and strategic cultures. Again, no understanding of this reality is permitted by the guardians of mainstream Western thought, even though evidence of it is widespread in the performance of Asian students in Western universities. The widespread Asian practice of early childhood rote learning is widely misrepresented and mocked. With the growing popularity of such learning in China and the deterioration of many education standards in the West, this is likely to create an ever expanding difference between Western and Eastern educational norms and related government, economic and technological performance.

Eighth, a profound sense of history is kept alive in Asia, not only by classical learning but also by popular, modern culture such as novels, television, video and electronic games. This ensures that not only the humiliations of the decline of the Qing Dynasty in the 19$^{th}$ Century but also the grandeur of Chinese achievements across the millennia are kept alive for ready reference. In contrast, the recent pre – eminence of America with only several centuries of history and the related Western preoccupation with progress, science and innovation ensures that the contemporary West is little equipped or inclined to use past experience in evaluating and managing global events today. This insensitivity to historical lessons related to End of Empire situations disables the West and empowers the East.

The above exploration of comparative qualities of the major Eastern and Western thought cultures has been undertaken in some detail to outline the critical characteristics of Asian (and Confucian) success in the economic advance that has led to Asia's peaceful rise. It is hard to avoid the impression that in the early stages of building a contemporary ecological civilization the same qualities will play a critical role in allowing Asian nations manage relationships with increasingly troubled Western corporate and financial interests to good effect.

## Human Health Problems

In seeking to understand the nature of an ecological civilization in the 21$^{st}$ Century it has become important to recognize two dimensions in which economic growth and progress has begun to destroy the order, balance and dynamic that natural processes have created in giving birth to and sustaining organic life on the planet earth. These two dimensions are closely related and interactive but tend to be thought about independently. The first dimension is that of the human organism and human well being. The second dimension is that of the planetary environment and its seasons, processes and climate.

Roberts' *The Failure of Laissez Faire Capitalism And Economic Dissolution Of The West* is of particular value in the manner in which it treats both these dimensions within the framework of economic theories and principles. These have evolved in ways that are the antipathy of ecological civilization. They are probably the most powerful contemporary forces generating practices that destroy human health and the planetary environment. The major rival of economic theories and principles in potential destructiveness is a body of scientific theories and principles, which share a thought culture that is overly reliant on abstraction, rationality and theorizing in constructing doctrines and dogmas that then become the object of faith and belief.

This thought culture, whether in economics or in science, tends to be neglectful of unintended consequences or side effects. Focused on exact goals and a clear body of theory on how to attain those goals the culture allows for few of the warnings that a more fluid, intuitive or holistic thought culture would provide. For several centuries this has seemed an unqualified strength in building an Anglo – American order but it has now become clear that it has unqualified perils that overwhelm its benefits. Roberts addresses these as "The Problem Of External Costs" and uses several examples to illustrate the deep destructive character of much mainstream economic behaviour that continues to be applauded as long as it adds to Gross Domestic Product or a corporation's bottom line.

Prices are efficient allocators of resources only if prices reflect all costs of production. In theoretical writings, economists have dealt extensively with "external costs," which are costs that the producer does not incur but which are imposed on third parties. However, in the real world external costs are a large and growing problem. Often what economists and businesses describe as "lowest cost production" is production that imposes very large costs on third parties, costs that are not reflected in the prices of the products. These "external" or "social costs" of production are costs that businesses inflict on society.

Regulation is one way of dealing with external costs. However, as economist George Stigler pointed out several decades ago, regulatory agencies are captured by the industries that they regulate. Stigler could have added that universities and research institutes financed with industry funds are also captured. Therefore, both regulation and studies of its effects have proven to be imperfect tools for controlling external costs.

Roberts lays out the systemic failings both of Western thought and Western practice. Industry corporate interests have simply taken control of all the processes, whether in the marketplaces, government regulatory bodies or supposedly independent and authoritative academic and research institutions.

Roberts goes on to detail in a few paragraphs the pervasive damage that can be inflicted on diverse aspects of organic and human life by just one of the more recent forms of scientific wonder, namely genetic modification.

Information is coming to light that genetically modified seeds such as those that produce crops resistant to herbicides, thus lowering the cost of weed control, have massive external costs. In 2011 Purdue University professor Don Huber, a plant pathologist and soil microbiologist, wrote to the US Secretary of Agriculture about the unintended consequences of GMOs. Among these are adverse effects on critical micronutrients, soil fertility, and the nutritional value of foods. The impairment of metabolic pathways that is associated with GMOs prevents the ability of plants to accumulate and to store minerals, such as iron, manganese, and zinc that are important for liver function and immune response in animals and people.

Toxic effects on the microorganisms in the soil have disrupted nature's balance. One result has been a sharp increase in plant diseases. Another is livestock deaths from botulism. Yet another is a sharp increase in animal reproductive problems. And another is premature animal aging.

As the human diet has transitioned to GMO crops and meat produced with genetically modified, corn, soybeans, and alfalfa, there has been a sharp rise in human infertility.

In an interview, Professor Huber said that the power of Monsanto and agri – business has made it almost impossible to do research on GMOs, that we are flying blind, and might be in the process of killing ourselves. Regulatory agencies are dependent on the industry's own studies and have no independent objective science on which to base a regulatory decision.

If we add up the external costs of GMOs – – reduced nutritional value, rise in plant and animal disease, human and animal reproductive problems, and other problems of which we might not be aware – – it seems obvious that the external costs are far greater than the savings from the lower cost of production made possible by herbicide resistant crops.

Another problem with herbicide resistant crops is the active ingredient, glyphosate, in Monsanto's Roundup herbicide with which the GMO crops are sprayed. According to the US Environmental Protection Agency, 30 grams of glyphosate is a fatal dose for adults.

The Internet site OpEdNews reported on December 22, 2011, that a new study in the journal, Analytical and Bioanalytical Chemistry, reported that 41% of 140 groundwater samples taken from Catalonia, Spain, contained unexpected levels of glyphosate. This is an indication that glyphosate is accumulating in the environment instead of breaking down. http: // www. opednews. com/ articles/ How – Did – This – Weedkiller – En – by – Sayer – Ji – 111219 – 801. html

The US Geological Survey reports that glyphosate is now "commonly found in rain and streams in the Mississippi River Basin." http: // www. usgs. gov/ newsroom/article. asp? ID = 2909. Considering the toxic effects of glyphosate, the external costs of GMO crops might be unprecedented in scale.

When he examines the general character of American food even before the arrival of the wonders of genetically modified products, Roberts is no more reassuring. It is clear that ill considered economic and scientific thought has long been engaged in the process of debasing the quality of American food and the human life that depends on it for nourishment and good health. Of course, this situation can have double benefits for any corporation that is also engaged in the marketing of products claiming to address health problems caused by the deteriorating quality of American food.

American farm soils are depleted, and crops now depend on chemical fertilizers, the run-off from which destroys water resources. The factory farming of animals produces dangerous viruses, such as the H1N1 swine flu virus, which first emerged in the late 1980s from intensive pork production in North Carolina and recently was thought to be threatening the world with a pandemic originating in a subsidiary of Smithfield Farms in Mexico. The "low-cost" production of pork does not include the deaths and illnesses, the expense of treatment, lost incomes and grief suffered by families.

The meat that Americans eat is produced in the most inhumane conditions imaginable. No science fiction could do the production process justice. The animals exist in dangerous germ pools in such deplorable conditions that they must be pumped full of antibiotics. I know people who are not vegetarians who refuse to eat meat because of the inhumane, "low-cost", conditions in which it is produced.

The same goes for the production of eggs and poultry. There is little doubt that the bird flu virus is a product of the inhumane conditions under which "low-cost" protein is produced.

Unfortunately in America, economists believe that "low-cost" production is the be-all and end-all of "consumer satisfaction". Until economists, or preferably people in society, realize that in economic jargon "low-cost" production might simply mean maximum external costs imposed on society and the environment, the vaunted unregulated market economy will continue on its path toward the destruction of life on earth.

As noted earlier, much of China's peaceful rise has inevitably involved the acceptance of many American products and standards. Not surprisingly, these have brought to China much of the thought, practice and folly identified by Roberts. China has, however, now become strong enough to adopt independent policies designed to correct

## Environmental Problems

When Roberts turns to address what he identifies as "Nature's Capital" his criticism becomes even more trenchant and dismissive of orthodox economic thought

So far we have dealt with economics within the existing paradigm. This section deals with the economics that is omitted from the paradigm. The omitted economics is so important that the omission indicates the need for a new economic paradigm.

As we have seen, a basic problem is that economics does not measure all the costs, and the omitted costs might be the most important costs. Since economics does not measure all the costs, economists cannot know whether growth is economic or uneconomic. Economist Herman Daly, for example, asks if the ecological and social costs of growth have grown larger than the value of the increase in production.

The costs that are left out of the computation of Gross Domestic Product are the depletion of natural capital, such as oil and mineral resources and fisheries, and the pollution of air, water and land resources.

Economists do a poor job of adjusting economic theory to developments brought by the passage of time. Just as capital theory originated prior to the income tax and free – trade theory originated at a period in history when capital was internationally immobile and tradable goods were based on climate and knowledge differences, economists' neglect of the ecosystem as a finite, entropic, non – growing and materially closed system dates from an earlier "empty world." In an empty world, man – made capital is scarce and nature's capital is plentiful.

In an empty world, the fish catch is limited by the number of fishing boats, not by the remaining fish population, and petroleum energy is limited by drilling capability, not by geological deposits. Empty – world economics focuses on the sustainability of man – made capital, not on natural capital. Natural capital is treated as a free good. Using it up is not treated as a cost but as an increase in output.

Economic theory is based on "empty – world" economics. But, in fact, today the world is full. In a "full world", the fish catch is limited by the remaining population of fish, not by the number of fishing boats, which are man – made capital in excess supply. Oil energy is limited by geological deposits, not by the drilling and pumping capacity of man – made capital. In national income accounting, the use of man – made capital is depreciated, but the use of nature's capital has no cost other than extraction cost. Therefore, the using up of natural capital always results in economic growth.

Roberts shows that the economic theory that governs almost all human behaviour at the beginning of the 21$^{st}$ Century is, whether intentionally or not, designed to destroy "Nature's Capital" by simply not making a provision to recognize it as a cost in economic production. One might expect that once such a systemic and damaging failing had been identified it would be a matter of priority to correct the omission. This, however, is close to impossible for several reasons.

First, corporate interests everywhere would mobilize substantial resources to block such measures as their established commercial calculations would be thrown into chaos if it was necessary to account for the full cost of the various forms of nature's capital they consume routinely. Second, economic theory and belief in some sort of even – handedness in the market place has been so propagated as to make it almost untouchable. Attempts to attach a value and cost to the various forms of nature's capital consumed in production activity would be likely to provoke an endless stream of irresolvable disputes, much greater even than the confusion that surrounds attempts to put a price on carbon. Third, the need for an authority with the power to determine the value and cost to be attributed to nature's capital would require a profound rethinking of the manner in which commercial activity is conducted. Each of these considerations would demand exhausting attention in the long established Capitalist communities, and the character of international commerce would further multiply a seemingly infinite range of intolerable riddles. Roberts shows how difficult it is for even the most advanced economic thinkers to escape the false assumptions of present theory.

Modern economics is based on a "production function," associated with Robert Solow and Joseph Stiglitz, two Nobel prizewinners. A production function explains the relationship between inputs and outputs. The Solow – Stiglitz production function assumes that man – made capital is a substitute for nature's capital. Therefore, as long as man – made capital can be reproduced, there are no limits to growth. As the economists James Tobin (another Nobel prizewinner) and William Nordhaus put it in 1972, the implicit assumption is that "reproducible [man – made] capital is a near perfect substitute for land and other exhaustible resources."

Roberts also addresses the tendency for Western thought to become a faith based ideology that resists the intrusion of practical considerations and problems. This makes it easier to delay the recognition and solution of looming problems, even as it ensures that the problems become more serious and difficult to manage.

Modern economics has turned economic growth into an ideology, just as free trade has become an ideology. The Solow – Stiglitz production function is a false explanation of how inputs produce outputs. In contrast with Solow – Stiglitz, Georgescu – Roegen made it clear that production is the transformation of resources into useful products and into waste products. Labor and man – made capital are agents of transformation, while natural resources are what are transformed into useful products and waste products. Man – made capital and natural capital are complements, not substitutes. Neither can serve as a replacement for the other. The Solow – Stiglitz production function, the basis of modern economics, is fantasy.

The real question is whether the world's remaining natural resources and the "sinks" for waste products are sufficient to sustain the continuation of economic growth as traditionally understood and its expansion to underdeveloped countries.

Roberts priority concern is the developed world. Unfortunately, his treatment of China, India and other developing countries is at best cursory as in the following paragraph.

The growth model works in China and India because of the relocation of First World economic activity to those countries. Thus, Chinese incomes rise, while US incomes fall. In other non – western lands, the growth model destroys sustainable economic life and substitutes in its place monocultures. Consequently, countries where life was sustainable now have to import their food.

A passage on economic globalism, in the absence of global government, focuses attention on the manner in which the corporation, as a form of organization, has seized power in a way that is beyond the reach of any government. It highlights the way in which it is only the corporation that is structured to cross borders in a manner that more often than not escapes meaningful oversight by national governments.

This should not be surprising as it is the corporation that effectively created the contemporary global economy several centuries ago, first in the name of the British Empire and then later, after 1945, as an Anglo American global order. Anglo American political power exercised through international institutions is often an extension and representation of corporate interests. There are global financial interests that also frequently work through the same structures. This creates a complex international dynamic where it is often near to impossible to identify clearly the forces at work. Roberts has, of course, demonstrated that these forces still often work against their own interests, whether in competing with some outside interests or in preserving critical areas of nature's capital on which their own welfare and survival depends.

Economic globalism is far in advance of global government. As Herman Daly writes, globalism is the "space into which transnational corporations move to escape regulation by national governments." Economic globalism in the absence of global government permits transnational corporations to escape accountability. This advantage means that today corporations are escaping accountability for costs that they impose on the rest of the world. If these "externalized" costs were included in their cost of production, would there be any basis for CEOs to be paid 300, 400, or 500 times the pay of a production employee?

When one stands back and reflects on the situation laid out by Roberts, it seems that the commercial and intellectual forces in command of the contemporary global community are unwittingly committed to their own destruction. Clearly, there seems to be no effective authority at work committed to developing meaningful long term strategies. In one sense, it is the phenomena that often seems to characterize End of Empire situations, where those with entrenched privilege and power have lost the capacity to reflect and act on the measures necessary to survive. In another sense, in today's globalized community there is also a crisis in terms of a widely shared thought culture that is demonstrably dysfunctional and self harming.

If the global community is to develop an ecological civilization, it seems self evident that there will have to be fundamental changes both in the character of economic activity and the quality of thought that legitimizes economic activity. The formulas of recent centuries no longer seem viable.

Confucianism's greatest challenge at the beginning of the 21$^{st}$ Century is to play a leading role in helping develop thoughtful and effective responses to the ecological challenges identified above. It is possible to see the major problems in the present situation as the application of a body of abstract, rational theory that is fundamentally flawed even if it has played a critical in mobilizing great power over several centuries. If this is true, it is essential to identify the failings in this thought and to identify necessary remedies and strengths in an alternative body of thought. The final part of this paper will examine aspects of the Chinese classics that might encourage alternative forms of thought and behaviour that address these needs.

## Thought Problems

Ecological civilization can be thought about in many ways. Yet, in the contemporary global order, Paul Craig Roberts has shown that commercial and financial thought, which is the most pervasive and authoritative thought, largely eliminates much relevant consideration of ecological civilization. It does this simply by marginalizing, or omitting, nature's capital in routine mainstream evaluations.

Roberts has shown that not only has this narrowly focused thought left its practitioners vulnerable to rivals who are more capable of long term strategic calculation and organization but that it has begun to destroy the very conditions necessary for human and other organic life. This leads then to a focus again on a striking contrast. On the one hand there is abstract, rational, theoretical and often belief dependent thought, which Anglo American peoples have used in constructing the contemporary global order. On the other, there is the more fluid, intuitive, holistic and practical thought, which tends to be favoured by peoples influenced by Chinese classical texts. Apart from remarkable achievements over several millennia, the latter type of thought has been outstandingly successful over the past half century in guiding the peaceful economic rise of almost all East and South East Asian economies. This rise often has been mirrored by decline in the major Anglo American economies.

Roberts' view that the neglect of nature's capital by Anglo American commercial and economic thought is leading to an environmental and ecological crisis invites reflection on alternatives. Would the more fluid, intuitive, holistic and practical thought culture that derives from the Chinese classics prove more inclined to give rise to an ecological civilization where the environment for human life is no longer neglected in the pursuit of short term, narrowly defined corporate profit. Until very recently, there has not been the concentration of resources and independence of political action in Asia to give practical substance to such a question. The dominant preoccupation has been to develop sufficient economic strength to restore political and cultural autonomy.

The character of the issues now confronting the challenge of an ecological civilization was captured by an article titled *Can We Really Walk Away From Empire*? by Carolyn Baker which appeared on July 10, 2013 on Information Clearing House. This contained paragraphs that highlighted the dilemmas associated with a Western thought culture that has simply transferred its habits of doctrine and dogma from the spiritual to the material world. In the process it has defined contemporary global order but neglected any sense of ecological civilization.

For me there are three enormous obstacles to exiting empire, all of which are related to the internal dynamics of empire programming, and they are so profound that, on one level, radically altering one's living arrangements may be the least daunting facet of making the break.

### Enlightenment Enculturation

The first of these is Enlightenment Enculturation. The Enlightenment, that intellectual about – face that occurred in the seventeenth and eighteenth centuries in the West following what we now call the Dark Ages, was committed to eradicating the ignorance and superstition perpetuated by the Roman Catholic Church and folk wisdom. On the one hand, the Enlightenment was a breath of fresh air when compared with commonplace beliefs that women and black cats caused the Black Death of the fourteenth century and the Church's implacable insistence that the earth, not the sun, was the center of the universe. On the other hand and equally implacably, the Enlightenment committed itself to one path of knowledge only, namely reason. In doing so, the Enlightenment paradigm, in part, set in motion the paradigm of industrial civilization which glorified logic and the masculine, disparaged intuition and the feminine, and instituted a way of living based on power, control, separation, and resource exploitation. Ultimately, how different the rule of this paradigm was and is from the hierarchical, fundamentalist domination of the Church is arguable.

This passage identifies contemporary post 1945 Anglo – American global order with empire and suggests that both Western medieval religious mysticism and contemporary secular economic reason have been characterized by fundamentalist and tyrannical extremes. There is a sense that, contrary to widespread belief and protestation and with only a few exceptions, the Western mind has never been truly free to explore and exploit the four functions of consciousness identified by the psychologist Carl Jung – thinking, feeling, sensation, and intuition. In contrast, these qualities all seem to be nurtured and cultivated in diverse ways by the Chinese classics.

Roberts and Baker are two examples of Western thinkers who are deeply concerned about the inhibitions and constraints of Western thought and who express forms of desperation and despair, such as evident in Baker's concluding paragraphs.

And so if it is too late for our species and our planet, if we truly are in hospice, would our last days not be deeply enriched by falling back in love with the earth in a manner we have not yet experienced or even begun to imagine?

Only a fool would suggest that there is a "right" way to do this. After all, there are many ways to experience falling in love with the universe as there are life forms in it. However, I have been intrigued by one path that integrates science and the sacred. For some years I have been a student of the works of the late Thomas Berry, cultural historian and ecotheologian, and Teilhard de Chardin, philosopher, priest, and paleontologist. Another student of Berry and Chardin is physicist, mathematical cosmologist, and California Institute of Integral Studies professor, Brian Swimme. In 2004 Swimme produced a video series entitled "The Powers Of The Universe" in which he explores ten cosmological forces that shaped the universe, offering observable examples, as well as a variety of suggestions for conscious participation by humans in them for the purpose of empowering people to discover who they are in the greater story of life. In other words, the supreme intention of the series is the facilitation of intimacy with the earth and an openness to radical change in our lives as a result of it.

Swimme recognizes the dire predicament of our planet in the present moment and echoing Eisenstein, asserts that "All of the structures that are destroying the earth are releasing us into the essential nature of who we are."

We cannot sever ourselves entirely from empire, but we can utilize both its wounding and its few admirable aspects to fall back in love with the earth and in so doing, engender a revolution in our human – beingness. This requires confronting our Enlightenment Enculturation, grappling with the shadow of Empire that will forever inhabit the psyche, and a willingness, even on our ecological deathbed, to immerse ourselves in unrestrained intimacy with the universe.

It is worth noting that much Western philosophical reflection of the 20th Century questioned and criticised the Platonic tradition of abstract and rational thought but this had little impact or influence on mainstream economic, financial, corporate and imperial thought and action. The resultant sense of dismay and despair as Western thinkers begin to recognise the extent and seriousness of the ecological destructiveness produced by common economic obsessions reinforces the sense that Western thought culture has little capacity to overcome the problems it has created.

In seeking some form of alternative thought culture that has actually proven itself in action, and in an imperial environment, it is hard to go beyond that of China with central classics like the *Analects*, *Daodejing* and *Book of Changes* and unique relevant classical texts like *The Yellow Emperor's Classic of Medicine*.

The latter is of particular relevance because, apart from the presence of human sensitivities absent from Western tradition such as energy, meridians and acupuncture, even a few chapter titles project an image of human life and well – being as dependent on a sense of a natural ecology with subtle and complex interactions.

Ch 1    Ancient Ideas on How to Preserve Natural Healthy Energy
Ch 2    The Art of Life Through the Four Seasons
Ch 3    The Union of Heaven and Human Beings
Ch 5    The Manifestation of Yin and Yang from the Macrocosm to the Microcosm
Ch 9    The Energetic Cycles of the Universe and Their Effects on Human Beings
Ch 13   Treatment of the Mind and the Body
Ch 14   The Art of Medicine
Ch 28   The Nature of Excess and Deficiency

When read in the context of the classical tradition *The Yellow Emperor's Classic of Medicine* takes its place alongside the *Analects*, *Daodejing*, *Book of Changes* and other classics in reminding of an ecological civilization that has long inspired Chinese achievements. People within the Confucian tradition are uniquely qualified to deploy vital wisdom from the past to re – energize values that have been compromised in a global environment dominated by the West's short term, abstract, quantitative corporate and financial calculations.

The bewildering truth inherent in this conclusion is that the recently dominant West no longer has the capacity to restructure its thought and action to work towards an ecological civilization. Should this conclusion be basically sound the challenge of working towards an ecological civilization becomes even more daunting. It will require the dismantling of much of the conceptual and institutional structure of the contemporary global order. It may require the gradual re – education of people in a wisdom that remains alien to all but the populations of East and South East Asia. Yet, considering the perspectives of Roberts and Baker and putting aside several centuries of intellectual apartheid, such an agenda may prove to be in the interests of humanity as a whole. Arguably, it is less improbable than today's global order would have seemed in the Ming Dynasty, when the Chinese Admiral Zheng He demonstrated a constraint and sense of civilization that has been little in evidence in recent centuries.

# 跨文化重建：朱舜水的日本大名宗庙

英国牛津大学圣东方学院副教授　罗伯特·恰德

众所周知，儒学由中国传播至东亚其他国家，尤其是韩国、日本和越南。在儒学传播中，最突出的是"礼"规定的儒学文化形式的传播。这些文化形式不仅包括祭祀仪式，还包括通用礼仪和服饰、建筑等有形事物。在中国传统话语中，"礼"等同于"文明"本身：任何国家都可以习"礼"，从而实现文明开化；因此，"礼"，或者更概括地讲，儒学，被认为是具有普遍性的。本文将从历史视角而非哲学视角出发，以朱舜水试图为17世纪的两位日本大名建筑宗庙为例进行个案研究，探讨在中国以外的文化中进行儒学文化形式重建的一次尝试。尽管案例中的两位大名（德川光圀与前田纲纪）都是其各自领地的儒学支持者，朱舜水也提供了详细且切实可行的建筑计划及相关仪式的指示和说明，但因缺乏适当的文化环境，最终他们的儒学重建都成就有限，而且如昙花一现般转瞬即逝。该案例对中国乃至世界各地的儒学重建都具有一定的启发意义，但确定礼仪形式的古代典籍与试图进行儒学重建的文化环境之间不可避免地存在着文化鸿沟。只有相关社会理解并真正相信儒学重建，并在基础文化层面承认其价值，儒学重建才能获得成功。

## 导论

本次大会的主题为"儒家思想与当地社会建设"，反映了中国多地对复兴儒家道德规范与制度的浓厚兴趣。在这个主题范围内，我选择探讨的话题是"儒学与文化传播"，我的阐释包括儒学在其他文化中的传播，这也是数百年来东亚历史上一个引人注目的现象。本文以朱舜水（1600—1682）试图为17世纪的两位日本藩主建设宗庙为例进行个案研究，探讨在中国以外的文化中进行儒学文化形式重建的一次尝试。我的重点并不在于日本当时发生了什么，而在于朱舜水在尝试重建儒学礼仪形式时的作为，以及他作为中国晚明时期的一位典型儒家学者在尝试这种重建时的思想意识。以此作为出发点，我将进一步简要阐述这一特殊案例对中国及世界其他地方进行儒家思想现代复兴的几点启发。

进行宗庙规划时，朱舜水极其重视其建筑设计，并投入大量精力绘制建筑图纸，用作建造实际建筑的基本参考。值得注意的是，朱舜水重建的这种宗庙式样在中国古代儒学典籍中被称为诸侯"五庙"①，当时已经不复存在。重建是中国历朝历代贯彻儒学的一个重要组成部分。尽管儒学礼制文本（仪礼、周礼和礼记）为帝王礼仪的形式提供了权威典范，但却鲜有可用于施行这些形式的足够详细的操作说明。需要受过儒家经典②注释训练的学者通过研究制定出切实可行的细则，再依据这些细则进行古代形式重建。这就是朱舜水试图做的事情，这是一项艰难的事业，因为他所设计的建筑自从周代诸侯国消失以后就不复存在了。

从更宏大的背景来说，本文是受到对儒学基于实践的、仪式化和宗教化方面的二次学术现象的启发。在儒家传统本身，以及许多现代儒学研究中，我们可以找到证据支持以下论点：儒学这些"礼"范畴下的实践层面，对于儒学伦理教义的教授和表达至关重要，并且居于儒学礼仪形式重建——无论是为帝王宫廷抑或是广大民众的儒学礼仪形式重建——的核心地位。很明显，在当代社会结构的语境下任何形式的儒学传播中，"礼"都将发挥关键作用。

在西方学术界，作为界定儒学本质的一个重要因素，"礼"受到越来越多的关注。有些学者强调对孔庙和祭祀仪式等实践形式的研究，并以此反驳他们眼中的一种儒学研究的失衡现象：即大多数现代儒学研究（包括西方和中国的儒学研究）主要将儒学视为一种世俗的伦理哲学或治理意识。事实上，这些学者认为，如将儒学的仪式实践和礼仪制度排除在外，儒学的实际存在形态将无法被人理解；而且儒学的确具有宗教的一面，最突出的例子就是孔庙和对孔子的祭拜。③ 但我们是否应当将整个儒学归为一种宗教，本文无法回答。许多有影响力的观点将其视为一种儒学精神，并将儒学本身视为一种宗教④。当然，我们也看到儒学拥护者表现出的那种堪比宗教信徒的献身精神，因此，将儒学视为一种哲学确实带有误导性。

我认为，朱舜水计划在日本建造宗庙的特例（不可否认，也是一个比较狭隘的例

---

① "五庙"出自《礼记》，即为祖先立的庙，庙中供奉神位等，依时祭祀。古时对庙的数目有着严格的等级规定，其中《祭法》、《礼器》、《王制》的记载最为详细：天子七庙，诸侯五庙，大夫三庙，士（或士的直系子孙，适士）一庙，庶人（有时也包括士的非直系子孙）祭于寝。参考《礼记·十三经注疏》（中华书局1980年版），46.8a-b，23.6a-b，12.13b。在"庙"的翻译上，我采取了麦克·罗威等人的译法，即将早期的"庙"译为"shrine"（晚期的宗庙则译为 ancestral shrines），以区别于任何人都可以进入的公众寺庙，说明是家宅的一部分，仅供家庭成员使用，特殊场合也可接待宾客。
② 笔者将中文"经"译为"canon"，"经"常被译为"classic"，但这一译法带有误导性：因为这些文本并非《奥德赛》或《埃涅伊德》之类的经典作品，而是某种类似经文的内容，旨在为法律和治理体系等各种机制提供权威典据。
③ 请参阅托马斯·威尔逊编：《神圣论：文化、社会、政治，及儒教的形成，哈佛东亚专著217》，马萨诸塞州剑桥市：哈佛亚洲中心2002年版。
④ 类似观点请参阅 Tu Wei-Ming：《中而庸：论儒学的宗教性》（纽约州奥尔巴尼：纽约州立大学出版社1989年版），罗德尼·泰勒：《儒学的宗教维度》（纽约州奥尔巴尼：纽约州立大学出版社1990年版）。

子）与儒学自身的本质，尤其是"礼"范畴下的儒学层面有很大关系。礼制的形式与实践（如建筑、服饰与仪式器皿）在儒学的中外传播中尤为突出；它们在儒学的宣传和接受中处于一线位置，并决定了人们对儒学的认知与理解。朱舜水致力于在日本宣传儒学，并认为传播儒学的最佳方式就是说服各领土的统治者建立孔子学校，他还认为实现这一目标的最佳途径就是帮助重现礼仪形式，例如宗庙和庙宇，这是必要的第一步。在"五庙"一例中，尽管日本领主对儒学深感兴趣，并且要求朱舜水提供了庙宇设计方案，但从未真正动手建造，这是因为中国古代庙宇的功能、意义与日本政治文化环境下的真实情况存在偏差。这个案例强调了，在任何时期、任何地区进行儒学形式的复兴和重建时都不应忽视一个重要方面：儒学形式的复兴与重建在依据古代经典权威的同时，还应适应重建发生的社会现实环境。

## 朱舜水在日本

朱舜水（原名朱之瑜）是明末大儒，在日本尤为著名。明朝灭亡时，朱舜水从中国逃亡至日本，后辗转于长崎、越南和中国东南部等地，最终于1660年定居日本。前文已经介绍了他的大量信息，这里不再赘述。① 朱舜水流亡日本后逐渐被国人淡忘，直到梁启超（1873—1929）来到日本并再次发现这位大儒后，中国学者们才纷纷将其塑造为一位明朝爱国人士和中国文化大使，并著述大量作品论述其对日本文化的各种影响。不过，笔者的关注点稍有不同：朱舜水之所以如此重要，不仅因为他被视为明末一位典型的"士"阶层成员，还因为他的作品（包括大量私人信件）被水户藩和加贺藩的日本弟子们细心保存至今，其规模在中国尚属罕见。进入异族文化后，朱舜水需要回应日本藩主们提出的协助建立儒学思想的恳求，其间他不得不对许多事情进行解释和思考，而这正是中国境内其他儒家学者不可能去做的事情。

有关朱舜水在日本的生活，有两点必须着重强调。首先，当时在日本生活的中国人很多，朱舜水是其中最独特的一人，因为他被日本大名兼水户藩主德川光圀（1628—1701）任命了官职，即为建立儒学礼仪及儒家思想充当顾问。德川光圀十分敬重朱舜水，朱舜水也将德川光圀视为一位开明的统治者，一位他有望辅以实现儒学典范中的理想治理——即朱舜水所称的"王道"——的君主。朱舜水甚至将德川光圀比作周公姬旦，并期望藉此在日本开启儒学治理的千秋大业。② 由于与德川光圀之间的这种关系，朱舜水自然在日本享有较高的社会地位，并与关注儒家思想的家臣和学者交从甚密。

---

① 有关朱舜水研究书目，请参阅"有关朱舜水研究文献目录"（日、中、英），吕玉新：《汉学研究通讯》23.4（2004年），第21~37页。更多最新研究请参阅徐兴庆编：《朱舜水与近世日本儒学的发展》，台湾大学出版中心2012年版。
② 参阅《致长崎官员黑川正直》，出自朱谦之编撰：《朱舜水集》卷一，中华书局1981年版，第76页。

其次，就是朱舜水过人的才干，他能为中国的礼仪形式提供详细、切实的指导，包括建筑平面图和草图，衣冠、祭祀器皿、墓葬和典礼程序。这些内容大多记载于《舜水朱氏谈绮》中，该作品由水户藩的儒家学者人见懋斋、今井弘斋和安积澹泊根据朱舜水提供的信息编撰而成。① 通过这些精确度和技术性惊人的资料，朱舜水为日本藩主们提供了切实可行的指导意见，使准确地再现——或是重建——中国儒学礼仪成为可能。这些资料包括为孔子学校建筑群（"学宫"）绘制的图纸，其中包括一座孔庙，但不包括"五庙"。

## 重建五庙

1669 年，朱舜水开始着手重建"五庙"，但并非受德川光圀所托，而是为加贺藩主前田纲纪（1643—1724）所建。加贺藩是江户时期最广阔、富庶的一块封地。前田纲纪为德川光圀之侄，和德川一样，他也对热衷于沿袭前任藩主们的传统，在本藩贯彻儒家思想。他所效法的那些藩主们，早在 17 世纪初就开始对儒学产生兴趣。除在水户藩拥有正式官职外，朱舜水与加贺藩的联系也十分紧密。前田不仅派遣年轻学者跟随朱舜水学习中国文化，就连许多地位崇高的加贺封臣也成为朱舜水的弟子。鉴于笔者曾在其他文章中论述过朱舜水为加贺宗庙绘制的图纸，这里就仅列举几处要点。②

首先，我们知道，朱舜水为这些宗庙绘制了平面图。但据我所知，这些平面图未能保存至今，唯一幸存的仅有一篇图册序言《宗庙图序》③。在序言中，朱舜水论述了绘制草图的背景情况，尤其是最初设计图纸时的勉为其难。这种勉强与他初建孔子学校和孔庙时的巨大热情形成了鲜明对比。据他所述，是因为缺乏自信，怀疑自己无法独立制定皇家礼仪体制，并为与宗庙有关的复杂祭奠仪式提供指导。只有一群儒家学者群策群力，互相补充和质疑，才能制定出可为后世所用的设计图和仪式指导。④ 但最终，他还是不得不独自扛起重任。

第二个重要论点是，德川光圀认为日本江户时期的大名可等同于中国周朝时期的诸侯，对此朱舜水表示赞同，并决定以曾经存在于古代中国的"诸侯五庙"为参照，在日本重建五庙。尤其是，朱舜水认为朱熹《家礼》中描述的古代祠堂是为"士庶人"设计

---

① 该书影印版《朱氏舜水谈绮》已在中国出版（华东师范大学出版社 1988 年版）；原版为 1707 年神京书铺柳枝轩茨城方道藏版。
② 有关朱舜水与加贺渊源的更多细节，请参阅"朱舜水所绘加贺宗庙平面图"，罗伯特·恰德，《东洋文化研究所纪要》，第 164 页（于 2013 年 12 月出版）。有关加贺儒家弟子学习中文的更多资料，请参阅《近现代日本与中文的文化政治碰撞：Kinoshita Jun'an（1621—1698）案例分析》，Zenan Shu，哲学博士毕业论文，牛津大学 2009 年，第 59~90 页。
③ 收录于《朱舜水集》卷二，第 480~483 页。
④ 《朱舜水集》卷二，第 482 页。

的（而《家礼》正是当时日本建立儒学礼仪的主要依据来源），不适用于诸侯家庙①。朱舜水使用的是北宋宰相文彦博（1006—1097）的家庙图纸，而文彦博的家庙则是以唐朝杜佑（735—812）的家庙遗址为依据建造的，因此被认为是现存的最接近诸侯五庙的实际模型。尽管如此，朱舜水承认中国帝制时期的三公仍有别于真正的古代诸侯，因为诸侯通过分茅建国获得封地并世代承袭，是唯一可等同于日本大名的中国封号。据朱舜水称，只有这种"有土之君"，才"得建太祖之庙，为祧为祔"。②

因此，朱舜水对文彦博的家庙图纸进行了相应修改，使其符合《诗经》、《左传》等儒家典籍所载的五庙之设计特征。譬如，在反驳"寝无两庑"的做法时，朱舜水引证道：

《诗经》曰："奕奕寝庙"③。奕奕一词有相连的意思，那么，怎么可能只有"寝"是孤立且暴露于外的呢?④

以上便是朱舜水依据儒教经典进行推论的一个典型例子。人们可能不赞同他的最终推论，但他精通典籍的事实无可否认。

不过，在其他情况下，他通常援引仪式施行的惯例或某一特定仪式的潜在意图作为反驳经典权威的根据。譬如，他将烹煮祭品的灶移入庙内一处看不见的地方，而非仪式规范规定的"庙门外东南方"。这一位置的依据似乎是《仪礼》的规定，《仪礼》称："牲鐭在庙门外东南"，不过朱舜水并没有引述这句原文⑤。朱舜水对此作出更改，是因为贵客出入必须经过宗庙大门，一旁便是喧哗忙碌的炉灶景象实为不妥——即便《诗经》有云："执爨踖踖"，即暗示在祭祖过程中厨子们的忙碌也是来宾们有目共睹的，由此推测炉灶确是置于庙门之外。⑥ 显然，朱舜水的重建在一定程度上适应了当代需求，甚至有些置《诗经》和《礼仪》于不顾，但在其他方面仍坚持古代经典文本的权威准则。

据朱舜水解释，其工作方法中的基本原则包括，试图在古代与现代、隆重与简朴之间取得平衡，并将难以实现的功能去除。⑦ 他的平面图只能称为"草本"，有待真正

---

① 朱舜水以强有力的论证支持了该观点："殊不知家礼乃庶士官司之礼……岂所以施于诸侯者哉?"《朱舜水集》卷二，第468页。
② 《朱舜水集》卷二，第480～481、482页。
③ 出自《诗经·小雅·巧言》。
④ 《朱舜水集》卷二，第480～481页。
⑤ 《礼记》46.12a（见特牲馈食礼部分的注解）。此炉为烹煮肉食供奉的炉，共有三种炉：分别烹煮肉食、鱼类和谷物，分布于庙的不同位置。
⑥ 《朱舜水集》卷二，第481页。
⑦ 《朱舜水集》卷二，第482页。

理解古代贤君意图的学者予以修订。① 此言一方面是自谦，另一方面也反映了此次为加贺藩的孔子学校绘制平面图，是他首次对日本大名的宗庙建筑设计和祭祀礼仪进行研究，更多详细的研究工作仍待日后完成。

最后，我们还可从《宗庙图序》中看出朱舜水对统治者宗庙的仪式功能和政治功能的观点。这也是一个重要标志，表明朱舜水将宗庙视为一种制度的中国式解读。在进行宗庙设计时他就意识到了宗庙存在的目的，但这些目的最终未能引起日本社会的共鸣。朱舜水解释到，宗庙的功能是道德性的，目的在于捍卫等级社会秩序和善治良政。无论是帝制中国还是诸侯国，均同样适用。朱舜水的论证主要基于经典话语，他主要引据的是《中庸》的词句，还有《礼仪》、《左传》和《尚书》中的其他文本。他着重引述《中庸》中的"治国其如示诸掌乎"②，以证实在太庙和宗庙上遵行正确礼仪具有积极影响。此话应当是针对日本大名及其属臣提出的，说明贯彻儒家思想可实现善治良政。

《宗庙图序》反映了朱舜水对诸侯五庙的早期研究成果。后期他还编撰了另一部有关五庙的文献，书名可能是《奉神主宜庙宜寝议》或《五庙图议》③。朱舜水在为水户藩德川光圀设计宗庙时编撰了这部文献，与《宗庙图序》相比，本书包含了更多技术性细节。这部文献最初也附有图纸，现已散佚。《五庙图议》成书较晚，大概在1670年至1674年间。在《宗庙图序》中，朱舜水曾经提及《五庙图议》这一书名，考虑到文献内容，《五庙图议》也更为恰当。因为朱舜水仅在文献开头用小部分篇幅论述了祖宗牌位的位置，在他看来，祖宗牌位通常摆放于"寝"，实际上应移至主庙，供祭祀典礼时祭拜。文献的剩余篇幅基本上是对建筑物理特征的描绘。以下将摘取几个例子进一步解释朱舜水的工作方法。

首先是宗庙建筑的整体布局。与"天子七庙"一样，"诸侯五庙"一词最初可能指五座独立的宗庙建筑，但后世一般认为，五庙是由几间独立祖庙组成的一座建筑，位居正中的是太祖庙，祭祀首位封君（被永远供奉为太祖）；其他四庙分居左右，左昭右穆，祭祀四位血缘关系最近的先祖。如果某位重要先祖建立了特殊功勋，则有可能将供奉他的宗庙另命名为"宗"，该庙号也将永远保留。（图1、图2均出自《仪礼图仪礼旁通图》，代表了对《五庙》格局的两种不同观点。）

---

① 《朱舜水集》卷二，第483页。
② 《礼记·十三经注疏》52.16b。
③ 该文献被收录于日本出版的两版《朱舜水文集》中，但名称不一样。在于1684年（即朱舜水逝世后两年）五十川刚伯（朱舜水的加贺弟子）编撰的10卷本《明朱徵君集》中，该文献的名称为《五庙图议》。而由德川光圀所编并于1715年出版的28卷本《朱舜水先生文集》中，该文献则被命名为《奉神主宜庙宜寝议》。该文献收录于《朱舜水集》，第463~469页；另一文献名出现在オセネ~セノス所编ヨ·エヒョネォツツ（东京：ホト·フテ抱øê，1912年），第604页。

经部/礼类/仪礼之属/仪礼图/仪礼旁通图 宫庙门

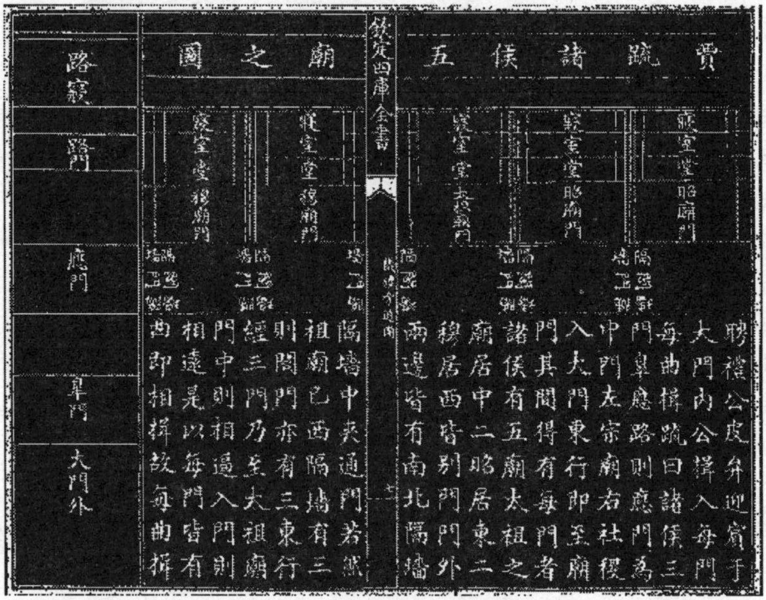

图1 据贾公彦描述所绘"五庙"图

经部/礼类/仪礼之属/仪礼图/仪礼旁通图 宫庙门

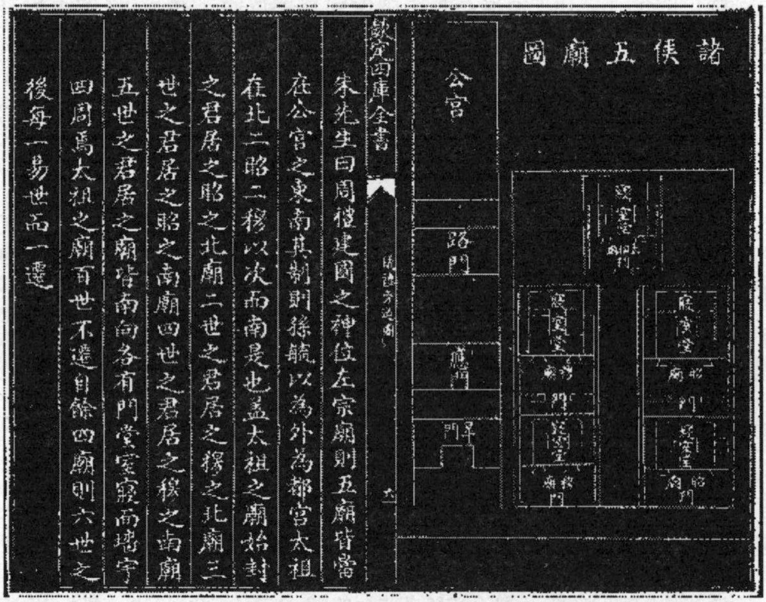

图2 据朱熹描述所绘"五庙"图

朱舜水所绘《五庙》图现已散佚，尽管相应的对建筑特征的文字描述尚存于世，但信息不足以还原原图。不过，我们仍可据此作出一些推断。"同堂异室"是人们经常提及的一种宗庙形式，但在朱舜水看来，这种形式于"礼制非宜"①。笔者认为，朱舜水所构画的"五庙"为一幢独栋建筑，内部空间相连，中间有隔墙，"寝"、"庙"被一堵带有门窗的照壁隔开，两堵边墙（两序）之内则是祭室②。他还以"庙五间"和"寝五间"为论据，进一步反驳"同堂异室"的格局。③

朱舜水描述中另一建筑特征值得一提，因为它清楚地展现了朱舜水重建"五庙"的工作方法。楹柱位于两序之内的祭室中。据《仪礼》等典籍记载，祭室中有两楹，一为东楹，一为西楹。据记载，各种仪式中的重要人物都以其中一楹为参照，站立在各自的指定位置，"东楹之东"就是一个常见例子。但是，《仪礼》和其他一些权威规范均适用于"士"阶层，而朱舜水希望重建的却是诸侯五庙。有鉴于此，朱舜水额外增加了一东一西两个中楹。尽管笔者未在典籍中找到"中楹"一词，朱舜水却称，（某一）中楹处正是诸侯面见贵宾的地方，根据仪式程序规定也是外交访问中授玉的地方。他引用了《左传》的一段文字，文中记载，公元前 585 年，郑伯在出访晋国时，因"授玉于东楹之东"而受到严厉批评，故朱舜水认定郑伯礼节有误。

如上所述，"东楹之东"是《仪礼》中一个常见的方位，在招待"尸"或其他地位更高的宾客时（如君主），主人（仪式的主办者）应位于东楹之东，面南而立。基于上述《左传》文字，朱舜水论述道，"故知（诸侯之庙）两序之间列四楹也"，他还据此推断，伯爵授玉应在两中楹之间，而非东楹之东。④ 无论朱舜水的这一结论是否正确，我们再次从这一范例中看到了他的工作方法：即引据对古代儒家经典的诠释，将其作为权威规范，据此对士族宗庙的设计进行修改，以符合规模更大、更豪华的诸侯五庙之特征。

## 重建儒家礼仪形式

朱舜水对"五庙"的论述中包含了许多此类技术细节，上文所举不过其中一二。读者无疑会感到好奇，为何需要考虑这么多细节问题？这也是西方读者在面对儒家礼仪形式的诸多细节时的普遍反应。1885 年，理雅各完成《礼记》翻译，当时的批评家

---

① 《朱舜水集》卷二，第 480 页。
② 《朱舜水集》卷二，第 464 页。我认为他的意思是，五间庙均有两堵边墙包围。
③ 《朱舜水集》卷二，第 464、465 页。
④ 原文出自《左传·成公六年》，尽管文中未对郑伯礼节错误的性质作出解释，但对其行为的记载显然暗示他违反了某种礼仪规范。文中的明确批评仅针对其不和礼法的举止："视流而行速，不安其位。"《朱舜水集》，第 465 页。

十分困惑：为何花费如此多时间，翻译一部充斥着服饰、帽冠、战车和各种毫无意义的仪式等细节的冗长作品？① 但在理雅各看来，"人们从这部经典中可获得的有关古代中国宗教的信息，远胜于其他所有书的集合"②。《仪礼》的译者约翰·斯蒂尔在译本前言中也表达了类似的观点：

> 数量惊人的重复和多余细节，使阅读本书的某些部分变得乏味，翻译时更是令人生厌。尽管如此，此处描述的细节构成了三千年前古代中国普通人的教育、家庭和日常信仰等公私生活图景的必要组成部分③。

对于这两位将上述两部儒学经典全文英译的西方汉学家而言，以上对儒家礼仪形式的详细描绘具有丰富意义，值得忠实地译出，并展开深入研究。他们还意识到，对于生活在这些经典编撰之时的古人而言，这些礼仪形式的意义更为重大。我使用"具有丰富意义"一词，说明礼仪形式所承载的意义不仅为参与者所理解，而且对其而言十分重要，甚至非常神圣。它们被当时的中国人理所当然地视为文化中深植的一部分，但在另一文化语境下或是另一时代的人看来，这些礼仪形式却毫无意义，或具有不同的意义。

再举一个例子，白话本小说《儒林外史》是清代中国文人学士们耳熟能详的一部讽刺作品，作品第 37 章中对一场祭祀吴太伯的典礼作了细致入微的描绘，其仪式程序和当时仪式规范中对孔子祭典的描述十分相似，而且，显然本章也是整部小说中的一个关键转折点。对于现代评论家乃至晚清读者而言，作者在叙事中纳入如此冗长琐碎的一章，实在让人费解。笔者的理解是——当然，仅仅是个人推断，而非基于其他评论——对于吴敬梓成书之时的文人读者而言，祭祀吴太伯（或者孔夫子）的典礼所蕴含的意义十分丰富，每个细节都很亲切，绝非冗长多余。祭礼代表了文人学士们的行为典范，而书中随处可见的却是儒生们的反常失调行为，显得迂腐不入时，两者形成鲜明对比。从这个角度看来，本章显得颇有趣味，并且极具感染力。当然，小说中类似的描述还有许多，但我要指出一点，了解仪式所蕴含的意义，有助于我们解释这点：相比许多现代读者，18 世纪的读者认为第 37 章的存在更加合理，而且绝不显得"无

---

① 理雅阁译：《礼记：古代礼仪用法、宗教信仰和社会机制之百科全书》，出自《东方圣书·中国圣书·儒家经典》卷 3，第 16、27、28 页（牛津：牛津大学出版社，1879 – 1986）。（《礼记》部分包括《儒家经典》卷 3、卷 4，《东方圣书》卷 27、卷 28）评论界对此译本的反响请参见 Norman J. Girardot：《维多利亚时期的中国作品翻译：理雅阁的东方朝圣》（伯克利：加利福利亚大学出版社 2002 年版），第 380 ~ 381 页。

② 理雅阁译：《礼记》，第 13 页。

③ 约翰·斯蒂尔译：《礼仪——礼节与典礼之书》，《普罗赛因之东方系列》卷八，卷九（伦敦：普罗赛因 1917 年版），第 vii – viii 页。

趣与让人费解"。①

那么,这与朱舜水设计的诸侯宗庙有何关系?因为朱舜水尝试的是一种重建,他重建或重现的这种礼仪形式应当符合其古代原型,符合儒家经典中描绘的特征。这种重建,尤其是宫廷礼仪语境下的重建,在中国历史中屡见不鲜。理解朱舜水的五庙设计及其在经典文本中的出处并不难。但在重建的背景下理解该重建过程则没那么容易,当然,正是在该背景下出现了重建的推动力,而重建的结果也产生了现实意义。

在中国文化语境下,帝王宗庙作为权力和君权神授的象征,蕴含着丰富的意义。这种意义可能被朱舜水视为理所当然。尽管在当时中国"诸侯五庙"早已不复存在,但在他看来,"五庙"仍是当时仅存的象征统治权的"帝王七庙"的近亲,只不过级别更低。但在日本,宗庙的含义却大相径庭。

有关对日本祭祀规范以及儒学在日本传播历史的解释,当属日本学研究学者们的工作范畴,这里我们仅作几点简述。首先,显而易见,水户藩的德川光圀和加贺藩的前田纲纪等一些日本大名学习儒学,其真实目的是希望将其作为一种改良治理的途径,而学习儒学,就需要他们本人及治下民众奉行某些儒家礼制,如葬礼和祭祀先祖等。尽管如此,这并不意味着他们就是"纯粹"的儒家弟子。他们身份及行为在很大程度上遵循的是日本本族规范,而非儒家规范。多数情况下,他们只是将儒家思想叠加于现有的日本思想之上,而非取而代之。

朱舜水对于在日本推行儒家思想极为热心,尽管他认为推行儒学的最佳方式是开办孔子学校,灌输儒家文本教育和道德教育,但他很快发现其日本东道主十分看重那些有形、可见的礼仪形式。当德川光圀提出重建一些儒家礼仪形式,包括深衣、孔庙,以及葬礼和奠基孔子的释奠等典礼仪式,并向他征求具体意见时,朱舜水做出了积极回应。同样,当日本藩主们恳请他协助重建宗庙时,朱舜水也给予了热情的回应,还花费大量时间绘制建筑设计图,并为宗庙内举行的祭祖仪式制定准确的规范,德川光圀于 1673 或 1674 年还吩咐据此举办一场排演。②

尽管两位藩主对儒学表现出浓厚兴趣,而且朱舜水也对宗庙建设投入了大量工作与努力,但没有史料记载他的设计最终得以建成。此外,从更广泛的角度看,日本领

---

① 有关论述请参阅托马斯·威尔逊编:《神圣论》,第 18～21 页;此外,学者 Shang Wei 详细深入论述了仪式在小说中的重要意义,其论述比本文中的简要论述更加成熟,并涉及了对当时复杂的人文背景等其他领域的探讨,见 Shang Wei:《〈儒林外史〉与后帝制中国时期的文化转型》,《哈佛燕京学社专著系列》第 59 期(马萨诸塞州剑桥市:哈佛亚洲中心 2003 年版),及 Shang Wei:《仪式、仪式手册与儒家世界的危机:论〈儒林外史〉》HJAS 58.2 (1998),第 373～424 页。"无趣与让人费解"一说出自《仪式、仪式手册与儒家世界的危机:论〈儒林外史〉》,第 375 页。
② 史料中并无对这次释典排演的相关记载,但在写给日本学者的几封信中,朱舜水提过排演的准备工作,他在信中称筹备排演是一项艰难的工作。见《朱舜水集》,第 282～284、335～336 页。对这些信件的更多深入探讨,请参阅罗伯特·恰德:《论朱舜水重建儒家宗庙的计划》。

主极少在宗庙或其他远离逝者遗骨的场所供奉祖先牌位。冈山藩的儒士池田光政大名（1609—1682）是仅有的几例之一，他于1655年首先在自家住宅供奉祖先牌位，后于1659年将其移至冈山城门外一座新建的祖庙中①。德川光圀在1661年（即聘请朱舜水之前）为其父頼房（1603—1661）举办了一场儒家式葬礼，并在水户藩都城修建了一座儒家式宗庙，即威公庙。不过，当德川光圀辞世时，尽管子嗣为其供奉了儒教和佛教两种牌位，但似乎未为其另造宗庙②。加贺藩的前田纲纪是首位要求朱舜水提供儒家宗庙设计图的日本大名，他坚持在存放祖先遗骨的佛庙里进行儒家式祭拜③。但是，朱舜水试图重建五庙，以复兴这一古老的儒家礼仪形式的努力最终归于失败，问题究竟出在哪里？

一项礼仪形式的重建必须具备使与之接触的人在文化意识上产生共鸣的意义，使他们受到鼓舞，并感知到它的价值和神圣。在17世纪的日本，期望学习儒家礼仪形式的大有其人，至少其中不乏一些拥有政治实权的人物，他们希望藉此加强其政治统治和权力——儒教在中国也发挥着同样作用。但是，应日本藩主的要求，朱舜水呈现的"五庙"是一种完完全全的中国模式；即便他根据日本的实际情况做出了让步，这种让步也是中国式的。最终，他的中国模式未能在日本社会产生共鸣（或产生了非预期的共鸣），因此只能被重新改造成一种更加实用的、更符合日本文化语境的模式。供奉在中国式宗庙中的祖先牌位既与逝者遗骨无关，也与政治权威无干系，因此在日本无法发挥与在中国一样的功能。

本文所举重建五庙的特例描述了儒学重建的过程，及其失败的原因。目前，出于社会建设的目的，儒学的现代重建正在中国和世界其他地区兴起。本例与之有何关系，我没有资格评说，但仍希望在此发表几点个人之见：

首先，在与推行儒学复兴（我必须得承认，我对当代中国和其他国家儒学复兴现象的关注并不十分密切）的倡导者们的交谈中，我获得了如下印象：人们普遍认识到道德教育是一项当务之急，并希望借此改善现代化导致的价值观普遍沦丧的状况——这种趋势在世界各地普遍存在，并非中国独有。人们还认为，单纯的道德价值说教远远不够。根据我基于历史方法论的儒学研究，我认为，以儒学为基础的道德教育需要联系实践和象征符号，尤其是"礼"规定的行为、仪式和物质形式，这也是传统中国

---

① 见ハツロ猖ニェホタノ编：《ゥリフ・籃ヶォ・》（东京：Ishizaka Zenjirō, 1932年）卷1，第705页；有关宗庙的描述和图表请参阅 Azuma Jūji ホ眸ョリカ, "Ikeda Mitsumasa to jukyō sōsai gireiゥリフ・籃、ネネ蠖フ・ツタベタñ," *Higashi Ajia bunka kōshō kenkyū* 翻・「・ク・「ホトサッッサ祖ムミセソ1（2006），第85～87、104页。

② 见 Kurakazu Masae・・ユ ユ, "Mito-han ni okeru sōsai girei ni tsuite no ichi kōsatsu: Tokugawa Mitsukuni no sōsai, byōsei o chūshin ni ヒヨ託ギ1、ヒ、エ、ア、・眈タベタ ヒ、ト、、、ニ ホメサソイ・D イD 蕉エイ介計 杆眈タ・蹴ヨニ、 ミミト、ヒ," *Ningen kagaku kenkyū* 社濡ソニムァムミセソ 9（2012），第283-282页，结论见第282页。

③ 前田纲纪曾亲拟一份先祖祭品清单，收录于 Kondō Iwao ス・ルトヘミロ, *Kaga Shō'unkō* シモルRヒノ・ケォ（东京：Hano Tomoaki Shuppan モーヱ・ゥ æ,1909）卷3，第248～249页。

的儒家道德教育方法。这无疑需要专事古代儒家经典研究的专家学者提供协助,就如何重建"礼"形式提出建议。当然,需要重建哪些形式是个难题。这些形式既要足够纯正(即植根于传统儒家经典文化),以彰显权威,同时又要富于意义,以使现代人感受其魅力和神圣感。"礼"规定的传统礼制中有许多方面不易被现代社会接受,例如,现代儒家学者十分熟悉的森严的社会等级秩序,在灌输这些内容时就必须做出相应调整。显而易见,在现代中国,象征着权威的世袭君主的宗庙已经失去意义,但其他礼仪形式——如孔庙——仍然承载着丰富含义。

如将本论述进一步展开并扩大至全球范围,我们就可以注意到,过去一个多世纪以来,世界上许多文明都经历了巨变,人们意识到了传统宗教和道德体系的衰败,和由此引发的一种普遍的道德危机感。例如,法学家哈罗德·伯尔曼声称,尽管西方世界法律的基督教基础得以保留至20世纪,但随着宗教信仰的削弱,这一基础却迅速走向消亡。人们不再将法律本身视为一种权威加以信任和尊重;法律开始变得更像是一种过于复杂的强制系统,如果能逃脱处罚,人们就会肆无忌惮地违反和操纵法律。伯尔曼认为,回归从前的基督教信仰和价值观已经不可能。在一个后基督教世界,必须找到一套能被大多数人接受的新道德标准,以加固法律的根基[①]。一些基督教神学家甚至认为,西方世界已经进入一个后基督教时代,完全意义上的基督教社会已无可能存在,因为宗教信仰正在经历普遍衰退:历史的车轮无法倒转。

对此的一个反应是,恢复传统的道德和宗教体系并非不可能。历史不能倒退,但传统形式却可以通过某种能满足当代需求的方式进行重建。正统派基督教和穆斯林仍在寻求对从前传统宗教的回归,并倡导在各自经文基础上进行传统法律和思想的重建。由于经文仍能激起许多人的共鸣,所以这种重建在某些情况下能取得一定成功。在正统派基督教和穆斯林社会,他们的重建似乎取得了一些成果,并对周围更广泛的社会产生了一定影响。

在中国,有许多人提倡重建儒家思想,这必将涉及重建儒家经典记载的一些古礼形式。儒家思想的一个优点在于,复兴儒学对信仰的依赖性不如有神宗教那么强;有些人还宣称,儒学将在现代西方世界受到欢迎,并为其奠定一种基督教等宗教再也无法提供的道德基础。我个人认为,儒学不大可能在西方普通大众中取得较大成功,但在哲学界,寻求新的伦理体系的确成了一种严肃研究,人们希望找到一种与主流伦理相比,更能增强人们道德意识的新的伦理体系,它还能更好地应对医学、环境和商业领域的新兴问题。

古希腊的亚里士多德提出了"卓越"(aretē)、"实践智慧"(phronesis)与"幸

---

[①] 伯尔曼在某部著名作品中表达了这类观点,并详细论述了西方法律传统的历史,作为该观点的有力支撑,见哈罗德·伯尔曼:《法律与革命:西方法律传统的形成》(马萨诸塞州剑桥市:哈佛大学出版社1983年版)。

福"（eudaimonia）等概念，这为当前影响日增的西方美德伦理学提供了诸多启示；同样，古代儒家经典的某些价值观也将给予美德伦理学以重要养分。美德伦理学是近五十年来兴起的一项运动，它反对伦理应建立在某种逻辑性或功利性的基础之上的说法，并期望回归一些早期的美德观念——即通过道德教育和培养，这些特定的美德可在个人身上得到确定和完善。上述古希腊美德来自一个与现代西方截然不同的社会，因而往往使现代伦理学家们难以理解，但也因此为他们思考个人美德提供了完全不同的视角。古代儒家美德的观念不仅高度成熟，而且与现代西方世界更加相距遥远；我相信，它们将会如古希腊美德观一样，为推动现代美德伦理学的进一步发展作出巨大贡献。[①]但这不仅意味着引入一些抽象的美德概念，还必须进行一系列必要培训，譬如中国儒学中"礼"的各种指导和规定，以使伦理融入现代文化，并成为它的一部分。

说到这里，我的论述已经离题很远，看似涉及了各种复杂的技术细节和概括性推断，显得庞杂而奇怪。前现代社会中，伦理主要植根于宗教或类似宗教的传统。此类传统依赖于精确的礼仪形式，如儒教中无处不在的礼仪。儒家思想若要在中国取得更高地位，仅依赖于抽象思想和伦理观念是不够的，还需要结合对经典所载礼仪形式的重建。这种重建必须兼顾当前的现实环境，并设法激起大多数中国人的共鸣。例如，类似家族宗庙的制度或许还有其现代意义，但建立象征国家权力的帝王宗庙却无疑是不合时宜的。我无法断言重建传统儒教到底是好是坏，但从历史的角度来看，所有此类重建都必须明确在当前时代什么是切实可行的，朱舜水在17世纪的日本重建诸侯五庙的尝试显然就是不切实际的。

---

[①] 罗杰·克里斯普教授（一位专门从事美德伦理学研究的古典学者和哲学家）和我在牛津共同发起了一个合作研究项目，旨在通过深入的语言学和哲学研究，比较古希腊和古代中国对美德的理解，并希望借此对美德伦理学研究作出新的贡献。

# Intercultural Reconstruction: Zhu Shunshui's Ancestral Shrines (zong miao 宗庙) for the Feudal Lords in Japan

Faculty of Oriental Studies, University of Oxford
Associate Professor of Classical Chinese    Robert L. Chard

It is well known that Confucianism spread from China to other countries in East Asia, specifically Korea, Japan, and Vietnam. This spread is particularly conspicuous in the Confucian cultural forms governed by *li* 礼, forms which included not only rituals but also general etiquette and material objects such as clothing and buildings. In traditional Chinese discourse, *li* is equated with civilization itself: any country can acquire *li* and become civilized; *li*, and Confucianism more generally, were thus regarded as universal. This paper, which adopts a historical rather than philosophical approach, will examine one instance of the attempted reconstruction of a Confucian cultural form in a culture outside China, namely Zhu Shunshui's 朱舜水 plans for ancestral shrines (*zong miao* 宗庙) for two feudal lords (*daimyō* 大名) of seventeenth century Japan. Although both the lords in question (Tokugawa Mitsukuni 德川光圀 and Maeda Tsunanori 前田纲纪) were supporters of Confucianism in their domains, and Zhu provided detailed and practical plans for the buildings and instructions for the associated rituals, in the end their adoption was limited and short-lived, because the appropriate cultural environment was not present. This example may have implications for the reconstruction of Confucianism anywhere, whether in China or globally: a cultural gulf inevitably exists between the ancient canonical texts which define the ritual forms and the environment in which the reconstructions are attempted. Reconstructions can only succeed when the relevant society understands them, genuinely believes in them, and acknowledges their value at a fundamental cultural level.

## Introduction

The theme of this conference is "Confucianism and Contemporary Social Construction", reflecting the considerable interest from many quarters in a revival of Confucian ethics and institutions in China. Within this theme, the topic I have chosen to address is "Confucianism and Cultural Transmission", which I interpret as including transmission to other cultures, a phenomenon conspicuous in the history of East Asia for many centuries. I shall do so by examining one instance of the attempted reconstruction of a Confucian cultural form in a culture outside China, specifically the plans by Zhu Shunshui 朱舜水 (1600—1682) for ancestral shrines (*zong miao* 宗庙) according to the regulations for feudal lords (*zhuhou* 诸侯) in seventeenth century Japan. In doing so, my interest is not so much in what actually happened in Japan, but rather in what Zhu Shunshui was doing as he reconstructed a Confucian ritual form, and how he perceived what he was doing, as a typical member of the Confucian scholar class in late Ming China. From there, I will proceed to a few simple observations on how this particular case might inform modern attempts at a restoration of Confucianism in China and elsewhere in the world.

In formulating his plans for the ancestral shrines, Zhu Shunshui took their architectural design seriously, and devoted a great deal of effort to formulating practical drawings which could be used as a basis for constructing the actual buildings. It is important to note that he was reconstructing a version of them which no longer existed in China, namely the "Five Shrines" (*wu miao* 五庙) for feudal lords recorded in ancient Confucian ritual texts.① Reconstruction was an important part of the implementation of Confucian institutions throughout the history of imperial China. The Confucian ritual texts (*Yi li* 仪礼, *Zhou li* 周礼, and *Li ji* 礼记), which provided the canonical authority for the forms of imperial ritual, seldom contained a level of detail sufficient to be used as direct instructions for enacting these forms. Scholars trained in the exegesis of the canons② were needed to work out practical instructions, which were purported to be reconstructions of ancient forms. This is what Zhu Shunshui was trying to do, a difficult undertaking given that he was designing a building which had not existed since the disappearance of the "feudal lords" (*zhuhou* 诸侯) of the Zhou period.

In its wider context, the current paper has been inspired by secondary scholarship on the practice–based, ritualized, and religious aspects of Confucianism. Within the Confucian tradi-

---

① The "Five Shrines" originated as part of a numerological scheme laying out the number of shrines according to the number of ancestors for whom active cults were maintained, mentioned in several texts of the *Li ji* 礼记, particularly the *Jifa* 祭法, *Liqi* 礼器, and *Wang zhi* 王制: seven shrines (*qi miao* 七庙) for the 'Son of Heaven' (*tianzi* 天子), five for the feudal lords (*wu miao* 五庙), three for great officers (*dafu* 大夫), one for gentry (*shi* 士, or direct lineal gentry, *shi shi* 适士), and none for ordinary people (*shuren* 庶人, and sometimes also non–lineal gentry, *shu shi* 庶士), who make offerings to their ancestors in the inner chambers (*qin* 寝) of their homes instead. See *Li ji*, in *Shisanjing zhushu* 十三经注疏 (rpt. Beijing: Zhonghua Shuju, 1980), 46.8a–b, 23.6a–b, and 12.13b. I follow Michael Loewe and others in translating *miao* as "shrine" in the early period (and for the ancestral shrines of later times), as a way of signalling that they were quite different from the temples of later times, not public buildings which anyone could enter, but part of a family compound, used only by the family, or by guests under special circumstances.

② I use "canon" to translate the Chinese word *jing* 经, more commonly rendered as "classic", which is misleading: these texts are not "classics" equivalent to the *Odyssey* or *Aeneid*, but something closer to scriptures, providing the authority for a variety of institutions, including law and the structures of government.

tion itself, and in much modern scholarship on it, we can find support for the idea that these practice – based aspects of Confucianism, which come under the heading of *li* 礼, are essential to the inculcation and expression of its ethical teachings, and lay at the centre of the reconstruction of Confucian ritual forms, whether for the imperial court or for the population at large. It is evident that *li* 礼 would have to play a key role in any deployment of Confucianism in contemporary social construction.

In Western scholarship, there has been increasing attention on *li* as something essential to defining what Confucianism is. Some scholars have emphasized practice – based forms, such as Confucius temples and sacrificial rituals, to counter what they regard as an unbalanced characterization of Confucianism in most modern scholarship (both Western and Chinese) as primarily a secular ethical philosophy or ideology of government. In fact, these scholars argue, Confucianism as it actually existed cannot be understood without taking into account its ritual practices and institutions, and it has its genuinely religious side, conspicuous for example in the temples and sacrifices to Confucius.① Whether or not we should characterize the whole of Confucianism as a religion is a question I cannot answer. Many influential voices identify a Confucian spirituality, and do classify Confucianism as a religion in itself.② Certainly we can see in the adherents of Confucianism a level of dedication equal to that of religious believers, and it does seem quite misleading to characterize it as a philosophy.

I would argue that the specific (and admittedly narrow) case of Zhu Shunshui's plans for ancestral shrines in Japan has much to do with the nature of Confucianism itself, and in particular those aspects of Confucianism governed by *li* 礼. The forms and practices defined by *li* (such as buildings, clothing, and ritual vessels) become particularly conspicuous in the transmission of Confucianism, both within China and in other cultures; they are a front line in the propagation and reception of Confucianism, and define what people perceive and understand Confucianism to be. Zhu was committed to propagating Confucianism in Japan, and felt that the best way to do this was to persuade rulers of domains to establish Confucian schools, but he decided that the best way to do this was to assist in the production of ritual forms, such as shrines and temples, as a necessary first step. In the case of the "Five Shrines", the Japanese domain rulers who requested the shrine designs from Zhu never actually built them, despite their inter-

---

① See the collection of studies on the Confucius cult in Thomas A. Wilson, ed., *On Sacred Grounds: Culture, Society, Politics, and the Formation of the Cult of Confucius*, Harvard East Asian Monographs 217 (Cambridge, Mass.: Harvard University Asia Center, 2002).

② See, for example, Tu Wei – Ming, *Centrality and Commonality: an Essay on Confucian Religiousness* (Albany, NY: State University of New York Press, 1989), and Rodney L. Taylor, *The Religious Dimensions of Confucianism* (Albany: State University of New York Press, 1990).

est in Confucianism, owing to a mis‐alignment between the function and significance of ancestral shrines in China and the actualities of the Japanese cultural and political environment. This underscores an important aspect of the restoration and reconstruction of Confucian forms in any time and place: at the same time as they are based on the canonical authority of antiquity, they must also be adapted to the realities of the environment in which the reconstruction takes place.

## Zhu Shunshui in Japan

Zhu (original name Zhu Zhiyu 朱之瑜) is well known, especially in Japan: he was a Chinese refugee who fled China at the fall of the Ming, and after that travelled between Nagasaki, Vietnam, and southeast China before eventually settling permanently in Japan in 1660. There is a good deal of information on him in previous scholarship, most of which will not be repeated here.① Chinese scholars since Liang Qichao 梁启超 (1873—1929), who rediscovered Zhu in Japan after he had been forgotten in China, have cast him as a Ming patriot and emissary of Chinese culture, and much work has been done on aspects of his influence in Japan. My own interest in him is somewhat different: his significance lies in the fact that he may be regarded as a typical member of the *shi* 士 class in the late Ming, and in the fact that his Japanese students in Mito 水户 and Kaga 加贺 domains carefully preserved his writings, including a large body of personal letters, to an extent that would have been unusual in China. By entering a culture different from his own, and having to respond to requests from his Japanese hosts for assistance in establishing Confucian institutions, he was obliged to explain many things, and think about many things, that others of his background would not have done inside China.

Two points about Zhu's life in Japan need to be stressed here. First, among the many Chinese living in Japan at that time, he was unique in having been appointed to an official post by a Japanese daimyō, Tokugawa Mitsukuni 德川光圀 (1628—1701), ruler of Mito 水户 domain, to advise on Confucian rituals and institutions. Mitsukuni treated him with great honour, and in Zhu's eyes, Mitsukuni was an enlightened ruler whom he could assist toward the achievement of ideal government according to the Confucian model, which Zhu described as "the Way of the true King" (*wang dao* 王道). He even went so far as to compare Mitsukuni with Ji Dan 姬旦 (the "Duke of Zhou"), and anticipated the start of ten thousand years of Confucian gov-

---

① See the bibliography of materials on Zhu in Japanese, Chinese, and English in Lü Yuxin 吕玉新, "Youguan Zhu Shunshui yanjiu wenxian mulu 有关朱舜水研究文献目录: Collected Bibliography on Study of Zhu Shunshui." *Hanxue yanjiu tongxun* 汉学研究通讯 23.4 (2004), pp. 21-37. More recent studies are cited in Xu Xingqing 徐兴庆 ed., *Zhu Shunshui yu jinshi Riben ruxue de fazhan* 朱舜水与近世日本儒学的发展 (Taibei: Taiwan Daxue Chuban Zhongxin, 2012).

*ernment in Japan*.① The relationship ensured that Zhu himself commanded high status, and became part of a network of statesmen and scholars interested in Confucianism.

The second point worth mentioning is Zhu's ability to provide detailed, practical guidance on Chinese ritual forms, such as plans and drawings for buildings, clothing, ritual vessels, graves, and ceremonial procedures. Much of this is preserved in a Japanese text called the *Shunsui Shushi danki* 舜水朱氏谈绮, compiled by the Mito Confucian scholars Hitomi Bōsai 人见懋斋, Imai Kōsai 今井弘斋, and Asaka Tanpaku 安积淡泊 on the basis of information supplied by Zhu.② This material is striking for its precise and technical nature; Zhu was providing his Japanese hosts with practical guidance to allow for the exact reproduction – or reconstruction – of Chinese forms. This included drawings of the buildings making up a Confucian school complex, including the Confucius temple, but not the ancestral shrines.

### Reconstructing the Five Shrines (wu miao 五庙)

Zhu Shunshui first began working on reconstructing the "Five Shrines" in 1669, not for Mitsukuni but for another daimyō, Maeda Tsunanori 前田纲纪 (1643—1724), ruler of Kaga 加贺, the largest and wealthiest of the Edo – period domains. Tsunanori was Mitsukuni's nephew, and like Mitsukuni was interested in implementing Confucian institutions in his domain, following in the tradition of his predecessors, who had been interested in Confucianism since the early seventeenth century. Zhu Shunshui, in addition to his formal position in Mito, also had a close relationship with Kaga: Tsunanori sent young Kaga scholars to study Chinese with Zhu, and high – ranking Kaga vassals also became Zhu's students. I have written elsewhere about Zhu's plans for the Kaga ancestral shrines, so here will only list some of the main points.③

First, we know that Zhu drew plans for the shrines. These have not survived, as far as I have been able to determine, but a preface attached to the drawings does, under the title *Zong*

---

① Letter to the Nagasaki Commissioner Kurokawa Masanao 黑川正直, in Zhu Qianzhi 朱谦之 ed. and comp., *Zhu Shunshui ji* 朱舜水集 (Beijing: Zhonghua Shuju, 1981) vol. 1, p. 76.

② A photoreproduction of this text was published in China under the title *Zhushi Shunshui tanqi* 朱氏舜水谈绮 (Shanghai: Huadong Shifan Daxue Chubanshe 华东师范大学出版社, 1988). The original version is the Shinkei Shoho Ryūshiken Ibaraki Hōdō zōhan 神京书铺柳枝轩茨城方道藏版 edition of 1707.

③ For a more detailed account of Zhu Shunshui's relationship with Kaga see Robert L. Chard, "Zhu Shunshui's Plans for the Confucian Ancestral Shrines (*Zongmiao* 宗庙) in Kaga Domain," *Tōyō Bunka Kenkyūjo kiyō* 东洋文化研究所纪要 164 (forthcoming December 2013). For more on the Kaga students' study of Chinese language, see Zenan Shu, "Cultural and Political Encounters with Chinese Language in Early Modern Japan: The Case of Kinoshita Jun'an (1621 – 1698)," D. Phil. thesis, University of Oxford, 2009, especially pp. 59 – 90.

*miao tu xu* 宗庙图序. ① In this, Zhu discusses the background of his creating the plans, in particular the fact that he was originally reluctant to work up the designs, in striking contrast to his enthusiasm for Confucian schools and Confucius temples. He claimed a lack of confidence in his ability, working alone, to formulate ritual institutions related to rulership, and produce instructions for the complex rites associated with the ancestral shrines. Only a group of Confucian scholars working together, supplementing and challenging each other, could produce plans and instructions capable of being used for many generations. ② But, in the end, he was given no choice but to take on the task himself.

A second point of importance is that he agreed with the view of Mitsukuni that the Japanese daimyō 大名 of Edo-period Japan were equivalent to the Chinese feudal lords (*zhuhou* 诸侯) of the ancient Zhou 周 era, and that he should reconstruct the Five Shrines for feudal lords (*zhuhou wu miao* 诸侯五庙) as they had supposedly existed in ancient China. In particular, he determined that the ancestral hall (*citang* 祠堂) design in Zhu Xi's *Jia li* 家礼 (which at that time was the main source for Confucian ritual in Japan) was intended for "gentry and commoners" (*shi shuren* 士庶人), and therefore not applicable to feudal lords. ③ Instead, Zhu used a diagram of the family shrine (*jia miao* 家庙) of the Northern Song chief minister Wen Yanbo 文彦博 (1006—1097), which in turn had been based on the remains of the Tang dynasty family shrine of Du You 杜佑 (735—812). This was the design that he regarded as being the closest actual model he could find to the feudal lords' shrines, though he concedes that the Three Ministers of state (*san gong* 三公) in imperial times were still not quite the same as the true feudal lords of antiquity, who were the only true Chinese equivalents to the Japanese daimyō, receiving their domains through formal enfeoffment (*fen mao jian guo* 分茅建国), and inheriting them generation after generation (*shi shi cheng xi* 世世承袭). Only such landed lords (*you tu zhi jun* 有土之君), Zhu said, "were allowed to establish true ancestral shrines to founding ancestors, and to make shrines for removed ancestors and accompanying relatives" (*de jian taizu zhi miao, wei tiao wei fu* 得建太祖之庙, 为祧为祔). ④

Zhu then made modifications so as to accord with design features he thought were reflected in canonical sources, such as the *Shi jing* 诗经 and *Zuo zhuan* 左传. For example, in rejecting

---

① This document is in *Zhu Shunshui ji* vol. 2, pp. 480 – 483.
② *Zhu Shunshui ji* vol. 2, p. 482.
③ In one case he makes this point quite forcefully: 'This is to be extraordinarily unaware that the *Jia li* is [for] the rituals of the ordinary gentry and officials (*shu bu zhi Jia li nai shu shi guansi zhi li* 殊不知家礼乃庶士官司之礼) … How could this be the way to be applied to feudal lords (*qi suoyi shi yu zhuhou zhe zai* 岂所以施于诸侯者哉)?' *Zhu Shunshui ji* vol. 2, p. 468.
④ *Zhu Shunshui ji* vol. 2, pp. 480 – 481, p. 482.

the practice of the inner shrine chambers not having twin outer corridors (*qin wu liang wu* 寝无两庑), he says:

The *Shi jing* says, 'Grand and beautiful are the inner chambers and shrines' (*yiyi qin miao* 奕奕寝庙). ① *Yiyi* is a word signifying that things are joined together, so how is it possible for the inner chambers alone to have been isolated and exposed? ②

This is a typical example of his reasoning on the basis of canonical texts; one might disagree within his final conclusions, but he clearly knows the texts well.

In other cases, though, he cites practicality of ritual performance, or the underlying intent of a particular ritual, as grounds for rejecting canonical authority. For example, he moves the stove (*zao* 灶) for cooking the sacrificial offerings to a location inside the shrine chambers, hidden from view, rather than the position required by ritual regulation, which he says was south and east of the main gate. The position outside the shrine appears to be based on the *Yi li* 仪礼, which says that 'the stove for animal offerings is located outside the gates to the shrine, to the southeast' (*sheng cuan zai miao men wai dong nan* 牲爨在庙门外东南), though he does not actually mention this text. ③ He made this change because the main gate of the shrine was a place where important guests would come and go, and hence inappropriate for the noise and fuss around a cooking stove, even though, he says, a line in the *Shi jing* itself suggested that the bustle of the cooks in an ancestral sacrifice were in plain view during (*zhi cuan jiji* 执爨踖踖), and hence outside. ④ It is clear that Zhu's method of reconstruction allowed for a degree of accommodation to contemporary needs, even to the extent of disregarding both the *Shi jing* and the *Yi li*, while otherwise maintaining the principle of the authority of ancient canonical texts.

By way of explaining the general principles of his working methods, he says that he has attempted to balance ancient and modern, grandeur and simplicity, and omitted features which were difficult to implement. ⑤ His plans are only a "rough draft" (*caoben* 草本), awaiting modification by a scholar truly capable of understanding the intentions of the ancient sage kings. ⑥ This may have been partly modesty on his part, but it also reflects the fact that this de-

---

① This line is from the Xiaoya 小雅 ode "Qiao yan" 巧言.
② *Zhu Shunshui ji* vol. 2, pp. 480 – 81.
③ *Yili* 46.12a (*ji* 记 commentary in the *Tesheng kuishi li* 特牲馈食礼 section). The stove for meat offerings is one of three in this passage; additional stoves for cooking fish and grains were located in different places around the shrine.
④ *Zhu Shunshui ji* vol. 2, p. 481.
⑤ *Zhu Shunshui ji* vol. 2, p. 482.
⑥ *Zhu Shunshui ji* vol. 2, p. 483.

sign for Kaga was his first study of the buildings and rituals for the ancestral shrines of a Japanese daimyō, and he would have been conscious that more detailed research remained to be done.

Finally, we can also see in the *Zong miao tu xu* document Zhu's view of the ritual and political function of the ruler's ancestral shrines. This is an important indication of his fundamentally Chinese understanding of these shrines as an institution, and his perception of the purposes of the shrines as he was designing them, purposes which in the end were unable to find resonance in Japan. As he explains it, the shrines' function is moral, supporting a hierarchical social order and good government. This applies equally to the Chinese imperial court and to the states of the feudal lords. The language Zhu uses is based on canonical discourse, in particular quoting words and phrases from the *Zhong yong* 中庸 and other texts in the *Li ji*, from the *Zuo zhuan*, and from the *Shang shu* 尚书. In particular he quotes the *Zhong yong* on the beneficial effects of correct ritual observance at the state altars, including the ancestral shrines: "Governing his state will surely be like displaying it on his palm (*zhi guo qi ru shi zhu zhang hu* 治国其如示诸掌乎)."① This message must have been directed at the Japanese daimyō Tsunanori and his subordinates – good government can be achieved through Confucian institutions.

The *Zong miao tu xu* document discussed above gives us an view of Zhu's earlier work on the "Five Shrines" for feudal lords. There is another later document written by Zhu on the Five Shrines, titled either *Feng shenzhu yi miao yi qin yi* 奉神主宜庙宜寝议 or *Wumiao tu yi* 五庙图议.② This document, which also originally accompanied drawings now lost, was created for Mitsukuni in Mito domain rather than for Kaga, and includes more technical detail than the *Zong miao tu xu*. It was written later, probably sometime between 1670 and 1674. The alternate title *Wumiao tu yi* as given in the earlier Kaga edition of Zhu's collected works is actually more suitable, given the content of the document; Zhu's argument that ancestral tablets be kept normally in the inner chambers (*qin* 寝) and moved out to the main shrine hall only for sacrificial ceremonies is confined to a small proportion of the text at the beginning. The rest is devoted to various points concerning the physical features of the buildings, a few of which are worth men-

---

① *Li ji* (*Shisanjing zhushu*), 52. 16b.
② The title is different in the two versions of Zhu's collected works originally published in Japan. These versions are the *Min Shu Chōkun shū* 明朱徵君集 in 10 *kan* 卷, compiled by Zhu's student Isogawa Kōhaku 五十川刚伯 of Kaga domain in 1684, two years after Zhu's death; in this version the document is titled *Wumiao tu yi* 五庙图议. A larger collection, the *Shu Shunsui sensei bunshū* 朱舜水先生文集 in 28 *kan* was published in 1715 under Mitsukuni's name, in this the title is *Feng shenzhu yi miao yi qin yi* 奉神主宜庙宜寝议. The document is in *Zhu Shunshui ji*, pp. 463 – 469; the alternative title appears in Inaba Kunzan ~ comp., *Shu Shunsui zenshū* · (Tokyo: Bunkaidō Shoten · 抱 ê, 1912), p. 604.

tioning here as further examples of Zhu's working methods.

One is the overall layout of the building. The term "Five Shrines" (*wu miao* 五庙), like the "Seven Shrines" (*qi miao* 七庙) of the emperor, may once have signified separate buildings, but the usual understanding in later times was a single structure with separate compartments, one for the originally – enfeoffed feudal lord (enshrined in perpetuity as the founding ancestor, *taizu* 太祖), and four others for the four most recent ancestors, divided into *zhao* 昭 and *mu* 穆 to left and right, with the possibility of one ruling ancestor of special merit designated with a temple name, or *zong* 宗, and also retained in perpetuity. (Figures 1 and 2 below, from the *Yi li tu Yi li pang tong tu* 仪礼图仪礼旁通图, represent two different understandings of how the Five Shrines might have looked).

Figure 1: Diagram of the 'Five Shrines' according to Jia Gongyan's 贾公彦 description:
Figure 2: Diagram of the 'Five Shrines' according to Zhu Xi's 朱熹 description:

Zhu's diagrams of the 'Five Shrines' are lost, and his verbal descriptions of architectural features, which refer to his diagrams, are not complete enough to create an actual picture. We can make a few general observations about the building, however. A commonly – mentioned feature for ancestral shrines generally is "a common hall with separate chambers" (*tong tang yi shi* 同堂异室), but this is a feature Zhu rejects as not being in conformity with ritual regulations (*lizhi fei yi* 礼制非宜).[1] My understanding of Zhu's description of the layout is that he envisioned a single structure containing a connected space divided by walls, one perpendicular screen wall (*zhao bi* 照壁), with doors and windows, separating the inner chambers from the outer halls, and the double side walls (*liang xu* 两序) enclosing the sacred spaces.[2] He mentions both 'five shrine chambers' (*miao wu jian* 庙五间) and "five inner chambers" (*qin wu jian* 寝五间), further confirmation of his rejection of the *tong tang yi shi* 同堂异室 layout.[3]

Another architectural feature Zhu describes is worth mentioning because it sheds light on his methods of reconstruction. This is the pillars (*ying* 楹) located in the sacred space between the double side walls (*xu* 序). According to canonical sources, such as the *Yi li* 仪礼, there are two of these (*liang ying* 两楹), one to the east, and the other to the west (*dong ying* 东楹, *xi ying* 西楹). During various rituals, key participants are said to take their assigned places in reference to one of the pillars, a common example being "to the east of the east pillar" (*dong ying zhi dong* 东楹之东). However, the *Yi li* and other canonical formulations are for gentry (*shi* 士), whereas Zhu wished to reconstruct designs for feudal lords (*zhuhou*

---

[1] *Zhu Shunshui ji* vol. 2, p. 480.
[2] *Zhu Shunshui ji* vol. 2, p. 464. I believe he means that the side walls enclose each of the five spaces.
[3] *Zhu Shunshui ji* vol. 2, pp. 464 and 465.

诸侯). In view of this, Zhu has reconstructed two additional "central pillars" (*zhong ying* 中楹), one to the east and one to the west. I have not found the phrase *zhong ying* in any canonical text, but Zhu says that (one of these?) central pillars is the place where a feudal lord faces an honoured guest, and where, according to ritual, offerings of jade should be made on diplomatic visits. He cites one passage in the *Zuo zhuan* 左传, in which the Earl of Zheng (Zheng bo 郑伯) made a diplomatic visit to Jin 晋 in 585 BC, during which he "bestowed the jade to the east of the east pillar" (*shou yu yu dong ying zhi dong* 授玉于东楹之东), which Zhu identifies as a lapse in ritual for which the Earl was much criticized.

As already noted, The position "east of the east pillar" is common in the *Yi li*, as the place where the host (the master of ceremonies) stands, facing north, when dealing with a spirit personator (*shi* 尸) or other person of higher status, such as his own lord. On the basis of this *Zuo zhuan* passage Zhu argues that in the shrines of the feudal lords there must have been four pillars in a line between the two inner walls (*gu zhi liang xu zhijian lie si ying ye* 故知两序之间列四楹也), and seems to have concluded that the Earl should have bestowed the jade at one of the two central pillars, instead of at the eastern one.① Whether or not Zhu was correct in his conclusion, we again see a good example of his working methods: using an interpretation of an early canonical source as authority to modify the design of the gentry ancestral shrine to suit the larger and more elaborate building for feudal lords.

## Reconstructing Confucian Ritual Forms

The above discussion does not begin to exhaust the variety of technical detail included in Zhu's discussions of the Five Shrines. The reader will no doubt be wondering why so much detail needs to be considered at all. This is a common response of Western readers when confronted with the detail of Confucian ritual forms generally. For example, when James Legge completed his translation of the *Li ji* in 1885, critics of the time were perplexed: why spend so much time on such a tedious work filled with details of clothes, hats, chariots, and meaningless rituals?②

---

① *Zhu Shunshui ji*, p. 465. The original passage is at *Zuo zhuan*, Chenggong 成公 6, where the nature of the lapse in ritual is not explained, though a violation of some sort is obviously implied by the very fact that the action was recorded. The stated criticism of the Earl relates instead to his poor deportment: shifting gaze, over-rapid walk, and uneasiness in his place (*shi liu er xing su, bu an qi wei* 视流而行速,不安其位).

② James Legge tr., *Lî Kî: An Encyclopaedia of Ancient Ceremonial Usages, Religious Creeds, and Social Institutions*, The Texts of Confucianism, Sacred Books of China, Sacred Books of the East vols. 3, 16, 27, 28 (Oxford: Oxford University Press, 1879 – 1885). (The *Li ji* comprises vols. 3 – 4 of *Texts of Confucianism*, and 27 – 28 of *Sacred Books of the East*, published in 1885.) For the critical reception of this translation, see the account in Norman J. Girardot, *The Victorian Translation of China: James Legge's Oriental Pilgrimage* (Berkeley: University of California Press, 2002), pp. 380 – 381.

Yet in Legge's own view, "More may be learned about the religion of the ancient Chinese from this classic than from all the others together."① John Steele, in the preface to his translation of the *Yi li*, has something similar to say about his text:

> The amount of repetition and unnecessary detail will make the reading of parts of the book as wearisome a task as was the translation of it; but when all is said and done, the details found here are an essential part of that picture of the public and the private life, education, family interests, and work – a – day religion of an average man in the China of 3,000 years ago...②

For these two Western sinologists who translated the whole of two Confucian ritual canons into English, the detailed Confucian ritual forms described in these texts were meaningful, worth close translation and intensive study. They were aware that these ritual forms must have been even more meaningful for those who lived in the times the texts were compiled. I use "meaningful" to indicate that the ritual forms carried significance which the participants understood, and also to suggest that they were important to these people, and even sacrosanct. This would have been taken for granted by the people of the time as something deeply embedded in their culture, but to people of another culture, or of another time, would read no meaning, or a different meaning, into the same ritual forms.

To give one more possible example of this: the vernacular novel *Rulin wai shi* 儒林外史 is a well – known tale of literati in late imperial China, but within this satirical work chapter 37 contains a detailed description of a sacrificial ceremony to Tai bo of Wu 吴太伯 which is a close reproduction of instructions for the sacrifices to Confucius in the ritual manuals of the time, and it is clear that this chapter constitutes a crucial pivot in the narrative as a whole. To modern critics, and even to late Qing readers, the inclusion of such a tedious chapter in the midst of the novel is difficult to understand. My own reading of this, which is admittedly speculative rather than based on any text itself, is that to literati readers at the time when the novel was written, the ritual to Tai bo (or to Confucius) would have been rich with meaning, every detail familiar, and not tedious at all. The ritual represents the ideal behaviour of literati, in contrast to their dysfunctional behaviour depicted elsewhere in the novel, and the chapter would have seemed interesting and quite likely emotionally moving. A great deal more is going on in this novel than I have described here, of course, but I would suggest that the meaningfulness of the ritual helps explain why chapter 37 would have seemed rather less out of place in the novel as a whole to an eighteenth century reader than it does to many modern critics, by no means "boring and puz-

---

① Legge tr., *Lî Kî*, p. 13.
② John Clendinning Steele, tr., *The I – li, or Book of Etiquette and Ceremonial*, Probsthain's Oriental Series vols. 8, 9 (London: Probsthain, 1917), pp. vii – viii.

zling". ①

What does this have to do with the ancestral shrines designed by Zhu Shunshui? Zhu was attempting a process of reconstruction, reconstructing or reproducing a ritual form that was supposed to conform more or less to what it had been in antiquity, and to what is revealed in the Confucian canons. This sort of reconstruction was something that occurred many times in Chinese history, particularly in the context of court ritual. It is easy to look at Zhu's design for the Five Shrines and understand their origin in canonical texts. It is less easy to look at the process of reconstruction within the context in which it occurred, and it is of course this context in which the impetus for the reconstruction operates, and in which the results of the reconstruction have their real significance.

In the Chinese context, the ancestral shrines of the emperor were highly meaningful as a symbolic expression of the power and legitimacy of the sovereign. This meaning would have been taken for granted by Zhu. Even though the "Five Shrines" were not a living institution in China, he regarded them as a close counterpart, albeit a lesser one, of the imperial shrines, which were very much alive, and serving as a symbol of the ruling authority. In Japan, though, it was a different story.

An account of Japanese ancestral observances, and the history of Confucianism in Japan, must be left to specialists in Japanese studies, but a few generalizations may be made here. First, it is clear that some Japanese domain rulers (daimyō 大名), Mitsukuni of Mito and Tsunanori of Kaga among them, took a genuine interest in Confucianism as a way of improving the governance of their states, and that for them this included the observance of certain Confucian ritual observances, including funerals and ancestral worship, both by themselves and by their people. However, this does not mean that they were "pure" Confucians. A large part of what they were and what they did conformed to native Japanese models, not Confucian ones. In many cases they were adding Confucian institutions to pre-existing Japanese ones, rather than replacing them.

Zhu Shunshui was keen to propagate Confucianism in Japan, and though he thought the best way to do this was through the establishment of Confucian schools to inculcate Confucian

---

① See the discussion in Thomas A. Wilson, ed., *On Sacred Grounds*, pp. 18 - 21; for a much more detailed analysis of the significance of the ritual in the novel, much more sophisticated than what I have sketched out here, including such areas as the complex intellectual background of the time, see Shang Wei, Rulin waishi *and Cultural Transformation in Late Imperial China*, Harvard Yenching Institute Monograph Series 59 (Cambridge, Mass.: Harvard University Asia Center, 2003), and Shang Wei, "Ritual, Ritual Manuals, and the Crisis of the Confucian World: An Interpretation of *Rulin waishi*," HJAS 58.2 (1998), pp. 373 - 424. The phrase 'boring and puzzling' is used by Shang in the latter, p. 375.

textual and moral learning, he soon came to recognize that the visible, tangible ritual forms were taken very seriously by his Japanese hosts. He responded positively when Mitsukuni approached him for practical advice on reproducing a variety of Confucian ritual forms, including the *shenyi* 深衣 garment, Confucius temples, and ceremonies such as funerals and the *shidian* 释奠 offerings to Confucius. In the same spirit, he responded positively to the requests for assistance with the ruler's ancestral shrines, and spent much time in drawing up plans for the building, and for formulating precise instructions for the ancestral offerings to be made in the shrines, for which Mitsukuni wanted a rehearsal to be held, probably in 1673 or 1674. ①

Yet despite this interest from the two lords, and the considerable work and effort Zhu put into the project, there is no record of his designs ever having been built. And, more generally, there are very few instances of offerings to ancestors by Japanese lords to tablets in shrines or other locations not associated with the actual remains of the dead. One of the rare exceptions was the Confucian daimyō Ikeda Mitsumasa 池田光政 (1609—1682) of Okayama 冈山 domain, who in 1655 installed tablets to his ancestors first in his residence, then in 1659 he moved these to a new ancestral shrine (*sobyō* 祖庙) outside the Okayama city walls. ② In 1661 (before he retained Zhu Shunshui) Mitsukuni gave his father Yorifusa 绹 (1603—1661) a Confucian funeral and burial, and also created a Confucian shrine separate from the grave to his father inside the Mito capital, the Ikōbyō 威公庙 . Yet when Mitsukuni himself died, both Confucian and Buddhist spirit tablets were used, and there seems not to have been a shrine separate from his remains. ③ In Kaga also it is clear that Tsunanori, the man who earliest requested Confucian shrine designs from Zhu Shunshui, continued to perform observances to his ancestors at the location of their physical remains in Buddhist establishments. ④ Zhu's reconstruction, as an attempt at a restoration of an ancient Confucian ritual form, failed to take hold. Why was this?

---

① There is no record of this rehearsal actually being carried out, as there is for his rehearsal of the *shidian* 释奠 ceremony to Confucius, but Zhu mentions preparing for the rehearsals in letters to Japanese interlocutors, in which he says that he found these preparations quite difficult. See *Zhu Shunshui ji*, pp. 282 – 4 and 335 – 6. These letters are discussed in more detail in Chard, "Zhu Shunshui's Plans for the Confucian Ancestral Shrines."

② Ishizaka Zenjirō 猖 comp., *Ikeda Mitsumasa kōden* · 籃 · (Tokyo: Ishizaka Zenjirō, 1932) vol. 1, p. 705; see also the account and diagram of the shrine in Azuma Jūji 眸, "Ikeda Mitsumasa to jukyō sōsai girei · 籃蠖 · べñ," *Higashi Ajia bunka kōshō kenkyū* 翻祖 1 (2006), pp. 85 – 87, p. 104.

③ See the primary sources reproduced in Kurakazu Masae · ·, "Mito – han ni okeru sōsai girei ni tsuite no ichi kōsatsu: Tokugawa Mitsukuni no sōsai, byōsei o chūshin ni 託 · 眈べ · DD 蕉廾眈 · 蹴," *Ningen kagaku kenkyū* 冯 9 (2012), pp. 283 – 2, and her own conclusions on p. 282.

④ There is a list of offerings to his ancestors written by Tsunanori himself, transcribed in Kondō Iwao · , *Kaga Shō'unkō*R · (Tokyo: Hano Tomoaki Shuppan 5 · 2 æ, 1909) vol. 3, pp. 248 – 249.

The reconstruction of a ritual form must have meaning which resonates within the cultural consciousness of the people who come into contact with it, such that they are moved by it and perceive it to have value and sanctity. In seventeenth – century Japan the desire to adopt Confucian forms was certainly there, among some of those in positions of political power at least, and, as in China, these forms were meant to reinforce political power and authority. However, what Zhu Shunshui presented was a purely Chinese model, as he had been asked to do; even the concessions he made to the Japanese situation were made on Chinese terms. In the end his Chinese models did not resonate (or resonated differently) within the Japanese environment, and were reconfigured into patterns expected by – and useful to – the Japanese context. Chinese ancestral shrines, with spirit tablets disassociated from the remains of the dead, and without a connection to political authority, could not serve the same function as they did in China.

This particular case illustrates the processes of Confucian reconstruction, and how these may result in failure. Whether this has any relevance to a modern revival of Confucianism in China and elsewhere in the world for the purposes of social construction is something I am not really qualified to pronounce upon. However, I will attempt a few comments.

First, my impression from talking to people who advocate a revival of Confucianism (and I must confess that this is a phenomenon in contemporary China and elsewhere that I have not followed closely) is that there is a wide perception that moral education is an urgent priority, to counter a general decline in values that has accompanied modernism, not just in China but worldwide. There is also an awareness that more than simple teaching of moral values is needed. My historically – based research leads me to remark that Confucian – based moral education needs to be linked to practice and symbols, in particular the behaviours, rituals, and material forms determined by *li* 礼, just as it was in the Confucian – based education of traditional China. This will inevitably require the assistance of scholars expert in the ancient Confucian canons to advise on how to reconstruct the forms of *li* 礼. Which forms should be reconstructed is of course a difficult question. They must at once be sufficiently genuine (i. e., rooted in traditional Confucian canonical culture) so as to carry authority, but at the same time meaningful enough to modern people as to command liking and veneration. The traditional ritual order prescribed by *li* 礼 contains many aspects which are not easy to accept in the modern world, such as a strongly hierarchical social order, which, as modern Confucians know very well, must be somehow adapted before attempting to implement them. Obviously, the ancestral shrines of hereditary rulers as a symbolic expression of authority are a ritual form that is no longer meaningful in modern China, but there are other ritual forms – such as the temples to Confucius – which could still be.

To widen the discussion still further, to a global scope, we can note that many civilizations in the world have undergone great change over the last century or so, and perceive a weakening of traditional religious and ethical systems, leading to a widespread sense of moral crisis. For example, the legal scholar Harold Berman has argued that in the West the Christian basis of law survived well into the twentieth century, but then swiftly disappeared with the decline of religious belief. People no longer trust and respect law as an authority in its own right; it has become little more than an over – complex system of coercion, which people feel free to evade and manipulate whenever they can get away with it. Berman believes that a return to previous Christian belief and values is not possible. In a post – Christian world, a new moral standard accepted by the majority must be found to underpin the law. ① Some Christian theologians go so far as to acknowledge that the Western world has entered a post – Christian age, and that a fully Christian society is no longer possible, since religious faith in general has declined: history cannot run backwards.

One response to this is that a restoration of traditional religious and ethical systems is not impossible. History cannot run backwards, but traditional forms can be reconstructed in such ways as to meet contemporary needs. Fundamentalist Christians and Muslims seek a return to traditional religion as it was before, and advocate reconstructions of traditional law and institutions on the basis of their respective scriptures. The scriptures still resonate with many people, so the reconstructions can in some cases achieve a measure of success. Within their own communities, their restorations seem to achieve some success, and exert a degree of influence among the wider societies around them.

In China, there are many who advocate a restoration of Confucianism, which presumably would entail some reconstruction of ancient forms as preserved in the ritual canons. One advantage of Confucianism is that it does not require the strong reliance on faith that theistic religions do, and there are those who say that Confucianism can win acceptance in the modern Western world, and provide a moral foundation that religions like Christianity no longer can. I personally think that this is unlikely to make much headway across Western society generally, but there is certainly a serious search in philosophical circles for new systems of ethics, better able than prevailing systems to strengthen ethical consciousness and deal with new problems in medical, environmental, and business spheres.

The growing field of Virtue Ethics in the West may find significant inspiration from specific

---

① One of Berman's best – known works in which these views are expressed, backed up by a detailed account of the history of the Western legal tradition, is Harold Berman, *Law and Revolution: The Formation of the Western Legal Tradition* (Cambridge, Mass.: Harvard University Press, 1983).

values in the ancient Confucian canons, just as it has from the Aristotelian concepts of *aretē*, *phronesis, and eudaimonia* from ancient Greece. Virtue Ethics is a movement over the last fifty years which rejects the idea that ethics should have a logical and utilitarian basis, and goes back to earlier conceptions of specific virtues that can be identified and refined in the individual through moral education and cultivation. The ancient Greek virtues, which are from a world quite different from the modern West and often are challenging for modern ethicists to comprehend, have for that very reason offered significantly different angles for considering what individual virtues might be. Ancient Confucian concepts of the virtues are highly developed and even further removed from the modern West, and I am confident that they will contribute as much to the further development of modern Virtue Ethics as the ancient Greek concepts have done.[①] And, it is much more than abstract concepts that are needed: a system of training, such as that which is offered by Chinese *li*, will embed ethics as a part of living culture.

This discussion has wandered rather widely, and may seem a strange mix of complex technical detail and broad speculation. Ethics in pre-modern societies worldwide has been mainly rooted in religion, or in religion-like traditions. Such traditions rely on precise ritual forms such as those which are so conspicuous in practice of Confucianism. If Confucianism is to be given a higher profile in China, it cannot rely on abstract ideas and ethical concepts alone; it will need to incorporate the reconstruction of canonical ritual forms. Any such reconstruction will need to take account of current circumstances, and resonate with a large proportion of the Chinese population; an institution such as ancestral shrines might make sense for families, but imperial shrines as an emblem of national power are certainly obsolete. It is not for me to say whether or not the reconstruction of traditional Confucianism is a good thing, but from the perspective of history all such reconstructions need to keep a sharp eye on what is genuinely viable for the current age, as Zhu Shunshui's shrines for feudal lords in seventeenth-century Japan clearly did not.

---

[①] Professor Roger Crisp (a classicist and philosopher specializing in Virtue Ethics) and I have initiated a collaborative research project at Oxford to make comparisons between ancient Greek and Chinese understandings of virtues, based on close philological and philosophical analysis, in hopes of making new contributions to the field of Virtue Ethics.

# 从封建时代科举制度看越南文化性格

越南胡志明市国家大学所属社会科学
与人文大学文化学部博士 阮玉诗

## 一、儒学与越南的文化特征

### （一）越南的文化特征

越南位于东南亚大陆（即中南半岛）的东海岸，面积33万平方公里，人口9000（2014）。越南有54个民族，其中越族占绝大多数，占总人口的85%。

纵观历史，越南北部地区（红河三角洲）历来是孕育越南民族和文化的摇篮，越南的主体民族越族就居住在此。越南属于越芒语族，这是由古雒越语与孟高棉语相结合形成的一个新语族。此外，来自澳大利亚土著语、南岛语族、泰语和汉语对越南语的影响也十分显著。古代越南人早期定居于红河三角洲地区，农业类型以稻米种植为主，过着"封闭村落式"的农村生活。

历史上，越南文化经历了三大主要时期，包括（1）从史前时期至公元前的文化形成时期（雒越文化形成时期），（2）公元纪年至18、19世纪与中、印两国的文化冲突和交流时期，其中受中国文化影响最深，以及（3）18、19世纪以后与西方文化交流的时期。

在文化类型上，越南属于典型的东南亚农业国家，表现出强烈的集体主义精神和"阴"性文化。

这是以下三个元素的共同作用的结果：（1）便利的生活环境，湿热的气候，以及河道密集的地形特征；（2）属于南亚语系的古代越南人的宁静天性，以及原始的集体经济类型，都对后世的越南传统农业社会产生了影响；（3）以水稻农业为基本的经济类型。

越南阴性文化类型源自外国文化流的深刻影响，尤其是来自中国儒家思想和西方文明的影响。越南本土文化与中国儒学的交流互动产生了两分思维的影响。儒教自进入越南后就引起了热烈反响，并被广泛采纳，因此对越南文化特征的塑造发挥了巨大作用。

Tran Ngoc Them（2007）曾总结了越南文化特征的五个要点，包括：社群精神、和谐、阴性本质、综合性与灵活性。

（1）集体精神/社群精神。

越南是一个纯农业国。季节性收成，对克服自然灾害、维护安全和社会秩序的需求，都促进了社群精神类型的形成。在维持这种基于社群的生活方式的过程中，越南人必须关注群体关系，这对越南的文化特征产生了重大影响，塑造了越南人强烈的社群精神，维护面子的传统〔在 Phan Ngoc 的论述中，也被称为面子理论（2002）〕，以及民主主义等文化特征。相反，这也导致了对个体角色的忽略（造成了较弱的竞争意识），具有依赖性的平齐划一的行为和党派主义等薄弱点。

（2）和谐。

生活在农业社会的越南人很早就有了两分思维的意识，后来这种两分思维又发展为阴阳说（其理论基础被认为源自中国）。越南人认识到，通过一种平均的生活方式可以实现生活的平衡原则。阴阳和谐的法则不仅符合宇宙或自然世界的本质，而且也是社会生活的准确描述。因此，越南人总是试图维持阴阳平衡，在应对自然和社会环境时保持一种平均态度，避免过于极端。西方作家尼尔·杰米逊（1993：13）评论道："传统越南文化、社会组织和行为中的许多地方都表明了阴阳作为一对相克相生的范畴间的平衡对立。"尽管阴阳同时存在，但由于官方社会意识的影响，人们曾一度重阳而轻阴。但是，随着阳趋于极盛，社会系统中对阴的需求也登上舞台，从而产生了相应的社会变化。这也是越南文化特征中"中庸"的体现。

（3）阴性文化传统。

尽管越南人以阴阳平衡或和谐为宗旨，但事实上，由于当地自然气候炎热（这也促进了以阴为本的水稻农业的形成），越南文化表现为某种程度上的以阴为本的特征。这一体现可从认知文化的许多方面找到证明，如社会组织、物质和精神生活。因此，越南人也以亲切友好和"女士优先"的精神而著称。但以阴为本也带来了一些负面影响，如生理活动和心理活动迟缓、敏感性能力较低以及理性思维特征较弱……这些弱势无形中减慢了越南当前经济发展的脚步。

（4）综合思维。

纯农业的生活方式要求越南人努力把握每个气候变动或环境变化，以保证丰收。农业文明的历史促进了综合思维风格的塑造。举一个生动的例子：越南并没有产生一种本土的传统宗教，但在现代越南，佛教、儒教、道教、伊斯兰教、基督教和各种地方信仰都找到了生存土壤。在综合思维的推动下，越南人又在这些各自独立的宗教哲学的基础上形成了新的宗教（如融合佛教、儒教、基督教、伊斯兰教和祖先崇拜发展而成的高台教；结合佛教和祖先崇拜而形成的和好教等）。结果，越南人形成了较强的抽象思维，却缺乏分析式的思维方式，而这种思维方式正是经济、科学和技术发展必不可少的。

（5）灵活性。

封闭式村落下的农业生活方式塑造了越南人的灵活意识，这也是维持其生存的一种重要行为模式。在应对自然和社会环境问题时，越南人的灵活性在思维方式、生活方式和行为模式中清晰展现出来。从而培养了他们对环境的高度适应性和创造力的高度灵活性，但也带来了一些负面影响，包括行为的随意性、不够尊重法律等。

**（二）传统儒家的文化特征与越南文化特征的对比**

儒教诞生时的中国处于社会动荡之中，人民生活在贫穷和疾苦中。当时正是中国著名的诸子百家现象的开始，各个学派都争相推行各自平息动荡、稳定社会以及维持和平的理论学说，这也是儒教诞生的一个重要背景。儒教推行的则是儒家原则，当时对"道德价值"的需求也是十分迫切的。儒教的最高目标，就是鼓励培养愿意参与社会管理且才德兼备的官员（Trinh Chinh Doan 2002：43）。

| 特征 | 越南文化特征 | 儒教文化特征 |
| --- | --- | --- |
| 文化 | 阴性文化 | 阳性文化 |
| 后果 | （注重感情） | 仁治（等同于德治），后期被法治（注重理性）所替代 |
| 空间视野 | "农业村落"视野（农业文化基础） | "修身，齐家，治国，平天下" |
| 女性角色 | 注重女性 | 男尊女卑 |
| 民主/社会阶层 | 村落式民主性 | 社会尊卑性 |
| 文化类别 | 民间文化 | 官方文化 |

通过上面的对比表，我们可以发现越南传统文化与儒教文化在本质、内容和表达上的基本区别。由于特殊的社会历史条件，儒教被引入越南，并扎根于当地文化。

从积极方面来看，儒教的引进满足了当时越南社会的几项实际需求：

（1）统一社会意识形态的需求；

（2）政府组织和运作的需求；

（3）培养人才和复兴教育的需求；

（4）增加古典文化流（学习文化）的需求。

在本土文化形成期间（史前时期至公元初年），越南社会主要建立在本地习俗的基础上，而本地习俗主要基于当地农业的特定条件。由于产生于同样的地理条件、同样的物质和精神生存环境，这些习俗在内容上存在许多相似点。公元前7、8世纪期间，文郎国在当地建立并发展（即东山文化），但总体说来，社会思想的基础还处于最初阶段。当时的国法建立在习俗的共同基础上。民间智慧是唯一的知识来源。社会意识和完整的教育系统尚未成型。

公元前214年，秦始皇占领百越族群聚居的岭南地区，并设立桂林郡、南海郡和象郡三大郡（现广西、广东两省）。秦二世继位后，秦朝副将赵佗自立为南越王，后起兵兼并越南的文郎国。公元前111年，西汉平定岭南，并在越南北部设郡（交趾郡，后划分为三个行政区域：交趾、Cuu Chan，及一南）。自此，越南开始与儒教接触。中国官员运用儒家思想意识达到统治与同化的目的。在文化中，我们称之为

"强制交流时期"。另一方面，越南传统文化特征与上述儒教特征的基本区别也使汉朝官员与越南民众之间产生了一定距离。除儒教外，佛教与道教也被引进越南，于是越南民众运用这两种宗教的基本哲学作为意识形态的武器抵制儒教（Tran Ngoc Them 2004；Tran Van Doan 2002：82）。尽管如此，儒教开始或多或少地被当地知识分子和官员接受，这意味着儒家思想逐渐被越南所熟知。

公元938年，长期处于外国统治下的越南重新独立。Ly、Tran、Le等当地的封建家族各自建立了大越文化，尤其为现代越南文化的产生奠定了基础。与公元纪年至938年处于中国统治之下的"强制交流时期"不同，儒家思想开始为大越国的历朝历代所主动接受。

同时，在历史上数位著名儒家学者的推动下，如朱熹、程颢和程颐等，中国的儒教经历了数次变革，并在宋代发生重大改变而进入新儒教时期，表现为将理视为中心点，受佛教、道教的进步思想如民间智慧的影响，儒教与普通社会阶层也日益接近了。得益于新儒教的影响，幅员广阔的中国开始有效地组织、运行政府国家，建立儒家教育体制。这也是越南封建朝代自主选择新儒教作为统一国家和政府运作的官方意识工具的基本出发点。在Ly、陈朝（11—14世纪），佛教被作为国教（意识形态）受到官方崇拜，但他们仍然依赖于儒教，尤其是，首座文庙建于1070年（李朝），用于供奉孔子以及著名的越南学者和中国学者。首座国立大学即国子监建于1075年，为皇室子女和官员子女提供教育。此外，第一次全国性的考试于1075年开始，旨在为国家招募有才华的官员。

在李朝和陈朝，尽管佛教思想被视为官方意识，但儒教的地位也十分稳固。Tran Van Doan（2002：82～83）认为，越南封建朝代的统治阶层之所以主动推行新儒教，是因为越南需要一个有效的社会政治意识形态。在当时的宗教中（包括佛教、道教，儒教和传统崇拜），儒教由于其世俗化意识成为唯一符合要求且充满智慧的宗教。首先，儒教在中国统治阶段（即公元1000年前）已经在一定程度上"被越南化"了。其中一位在一定程度上获得当地居民拥戴的统治者是士燮（137—226）。他被认为是第一位为儒教的越南化过程奠定了基础的儒家学者。其次，国家科举制度模式向民众规范并宣扬了忠心报国，"克己复礼"和社会等级秩序的概念，而这都是佛教与道教无法提供的，从而使越南与儒家思想（自1075年开始）的结合更加紧密。

16—17世纪，越南进入持续200多年的南北纷争阶段，先是爆发了Trinh与Mac内战，后来形成南阮（内越）北郑（外越）两个政权共存的局面。所有封建朝代都继续选择将儒教尊为正统意识，不过此时的儒教价值观已不如之前开明。较为显著的是，越南的儒教再也没有经历任何革新性改变。同时，中国在明清时期经历了更多社会变革，而通过吸收新时代的重要思想，中国的儒教也得以丰富。

### (三) 越南儒教纵览

学者 Phan Ngoc（2002）提出了"选择方式"的概念，据他的"从精神论到操作论"，越南从身份论、祖国论、家庭论、面貌论（或文化人格论）四个类心理范畴出发接受了中国儒教。因此，进入越南文化的儒教引起了强烈反响，因为越南人是从四面极为重要的棱镜（1）祖国棱镜，（2）村落棱镜，（3）东南亚文化棱镜，（4）身份论棱镜透视儒教的。

受越南传统文化的影响，儒教表现出多个不同的发展趋势，各有其积极面和消极面。

（1）忠君—爱国。这是国家棱镜与儒教思想碰撞产生的不可避免的产物（Phan Ngoc 2001）。越南人被视为国民，越南文化代表着其最高原则：即拯救国家。中国儒教中的"至忠"进入越南文化后，则具有了"忠君—爱国"的双重意义。Tran Nguyen Dan 之孙 Nguyen Trai 曾经是胡朝的一位高级官员，但他后来逃至 Lam Son 地区跟随具有正义感的领袖 Le Loi。黎朝之后（15世纪之后）出现的社会长期动荡，使儒家学者们"修身、齐家、治国，平天下"的高尚原则发生了变化。忠君的概念变得薄弱，因为君主们无法平息动荡。儒家学者们自己找到了另一条思想出路：即爱国（同见 Tran Ngoc Them 2004）。

同样，越南文化中的孝心也分化为小孝和大孝。小孝针对纯粹的亲属关系传统，而大孝则是爱国行为，表达了对国家、人民和祖国的孝道。

（2）民间文化及正统文化并存

这是从村落棱镜透视儒教的结果（Phan Ngoc 2001）。农业文化被视为促进形成越南社会意识的基础，因此，越南人都来自村落，他们的一切行为也是为了村落。封闭的农村一直是传统越南的基本社会单元，而在中国扮演这一角色的是家庭（或家族）（Nguyen Quang Dien 2002：69）。在中国，人们称自己的国家为"祖国"或"国家"，清楚地展示了家族与国之间的联系。越南人自幼年时代就对民间歌谣耳濡目染，在学习儒家书籍之前经常参加村落节日、民间游戏，和听长辈讲述祖先的神迹故事。在社群组织中，越南的每个村落都可以建立一个完整的文化国度，有着各自的村落神灵/女神、公屋和习俗，以至于有些西方研究人员宣称，"越南不仅存在着一个国家，简直是由数以千计的国家组成"，每个村落都是一个"最小版的越南国"。这种生机勃勃的乡村文化精神影响并改变了越南的儒教。相比而言，中国重德，越南则重仁、爱与爱国（Nguyen Quang Dien 2002：69）。

（3）阴性文化与尊重女性。这是儒教经过东南亚文化棱镜过滤的产物（Nguyen Quang Dien 2002：69）。传统的东南亚文化属于以水稻种植为主的农业文化，与阴性文化有着天然的联系。因此，女性的地位得到重视，这点从各种传统崇拜如女神崇拜、多神信仰等传统崇拜的各种形式中即可找到生动的证明。

越南儒家中阴性文化首先体现在"儒教、佛教和道教三教并存"的趋势中。实际上，没有哪一种宗教独自在历史上占据主导地位。李朝和陈朝都被认为是"儒教、佛教和道教三教同源"趋势的典型时期。在黎朝，国王Le Thanh Ton被奉为"明君"，他明令禁止建立新的佛教寺庙（以尊儒教）。而作为平衡，国王Le, Mac和Trinh的后妃们则纷纷捐赠大量金钱，以资助宏伟的新佛寺的建立和旧佛寺的修缮。显然，宗教合一、容忍（宽容）或意识形态与宗教和谐的倾向成为了越南人思想精髓的明确标识。

李朝（10—12世纪）佛教中的龙体现了本土民间传说中的温和特质

陈朝（13—14世纪，佛教和儒教的过渡时期）的龙

黎朝（17世纪）的龙体现了儒教文化的明确特征

其次，体现在维护对女性的尊重这一趋势上。在传统中国，女性在经济上依赖于男性。女性被认为属"阴"，与男性相比，特征为软弱、落后、消极和不自立。女性的裹足就是一个生动的例子。而在越南传统文化中，女性则是经济的管理者，正如越南人人皆知的谚语所说，"金钱、安全和钥匙的管理者"，"一名官员的命令不如其夫人的吩咐有力"。在以儒教为本的黎朝，越南人常常唱诵这首歌谣：

"一群男人值3分钱，买来只能关进笼子喂蚂蚁，一个女人值300分，买来应该坐在华丽的地毯上。"

同样，民间信仰（多为女神崇拜）遍布全国。在其他东南亚文化中，即使在当地信仰被其他官方宗教取而代之，女神尤其是母神的角色始终存在于当地文化中。

（4）爱好和谐。这是儒教文化透过历史身份棱镜的折射而产生的重要产物（Phan Ngoc 2001）。事实上，与中国相比，越南是一个很小的国家；因此，她不得不发挥智慧，设法在保持国家独立和维护两国友好关系这两者之间取得平衡。在西方学者Brantly Womack（2006）的著作《中国与越南：不对称的政治》中，这个问题得到了清晰的反映。尽管如此，据这位学者的论述，在与中国的往来中，越南自己的身份得到了保留。

儒教在越南社会的折射发展也带来了一些负面影响，其中最严重的当属应对自然和社会环境时的消极态度。

仙女驾龙——这个形象代表了越南儒教中的阴性文化（Tran Ngoc Them 2004）

欢喜男女（Tran Ngoc Them 2004）

历史上，中国的儒教在封建社会时期经历了多次变革，而越南儒教在重获独立后的1000年里（10世纪以后）几乎没有变化。具体而言，春秋战国时期的孔孟思想在西汉成了官方的儒家思想，在宋朝经过变革后成为新儒教，后期又出现了明朝儒教和清朝儒教，即使历史上外族对中国的统治（蒙古族的元朝和满族的清朝）也没有中断儒教的传播。在日本，7世纪和9世纪的"海外学习"的政策为日本引进了许多有益的价值观，一些日本知识分子从长安回国后就开始将儒家思想运用于各个方面（Doan Le Giang 的"自由的儒教"）。无可否认，在实际生活中吸收和运用儒教价值观方面，日本人表现出了杰出的创造性。

Tran Quoc Vuong（2000）曾论述道："越南的儒教君主专制是最不时宜的，历来被认为是一种过时的社会文化政治模式，限制了社会生产力的发展。官僚政治体制这种典型的社会群居寄生方式使越南深陷于10世纪诞生的新儒教教条中难以自拔。越南儒教因此被认为是基于外国文化的和落后的。"

儒教在越南的推行没有表现出任何杰出的创造性。对于封建越南而言，这是由历史证实的事实。Tran Minh Tong Tran 和 Tran Nghe Tong Tran 等一些陈朝国王提出"不被唐宋同化"和"在本国法律体系内进行国家建设"等口号，但这并非事实。十五世纪，在抵御明朝侵略者之后，黎朝的开国国王 Le Loi 就立即试图维持和发展新儒教。与日韩相比，越南对儒教的接受表现出完全消极的特征，日本作家冢本善隆（1973：191-193）的作品即描述了这一现象。布兰德利·沃麦克（2006：10-11）论述道："总体而言，没有哪个国家比越南更像中国，也没有哪个国家比中国更像越南。"陈朝

官员 Tran Nguyen Dan 在诗歌中表达了他的失落感:

汉唐二宋又元明,例设词科选俊英。
何似圣朝求实学,当知万世绝讥评。

台湾作家 Tran Van Doan（2002：82-88）认为越南化的儒教植根于中国统治时代（即公元前 1000 年）。汉朝官员在越南社会广泛地传播儒家思想。通过这一手段,儒教逐渐成为一种隐性的统治工具,无法完全从当地文化中清除。相比而言,越南人对儒教的接受仅限于满足其现实需求,因此越南儒教并非真正的儒教。越南儒教侧重于统治阶层的权利,主要与政治体系相关。有人认为,越南儒教偏离了其他东方传统。

## 二、越南封建时期的儒家教育与科举体制

### （一）儒教的人才培养与选拔

1. 作为一种培养有才干的官员的专门社会学说,儒学期望发展一种具有如下特点的官方教育（Trinh Doan Chinh,2002：44-45）：

（1）建立师生间（苏格拉底式）对话（或辩论）的方法,提高学生的创造性和独立性。

（2）实际方法,避免理论与实际应用脱节。

（3）促进自我创新和独立探索知识的方法,提高学生独立工作的能力。

这种培养模式的主要特征为中世纪冥想哲学（禅宗教育传统）奠定了一定基础:"大疑大悟,小疑小悟,不疑不悟。"

儒教教育体系完全满足了越南社会的这一需求,即培养胜任国家管理和社会发展的知识分子、官员和学者。出于同一目的,日本也派出更多青年远赴唐朝的都城长安留学。

科举体制创立于中国。据称科举最早起源于西汉,但直到隋唐时期才正式建立。

在越南,独立的科举体制始于李朝（10 世纪）,并成为新儒教教育体系的中心。自陈朝以后,科举制度开始标准化,儒教考试也得到全面、系统化的推行。公元 1247 年,陈朝设三魁之选（即三种不同级别的功名,分别为秀才、举人和进士）。1422 年后,科举考试开始每三年举行一次。最值得注意的是莫朝（1527—1592）,短短 65 年间就举办了 22 场科举考试。后代历朝都保留了科举考试的传统。在最后一个封建朝代阮朝（1802—1945）,皇室意欲重振儒家教育,但由于来自西方教育的压力,复兴计划受到了较大限制。越南的儒家科举考试最终于 20 世纪 20 年代正式终

结。儒家教育为越南培育了许多著名的学者，如阮廌、梁世荣、阮秉谦、阮兴、吴世莲等。

事实上，佛教也为封建教育作出了杰出贡献，可佛教哲学大多倾向于精神世界的修为，而现实世界需要的却是一种入世的意识形态。因此，儒教是唯一合适的选择。

2. 在儒教引进之前，越南仅有一种简单的象形文字系统，文字数量十分有限（越南西北 Sapa 遗址就是一个典型的例证（Tran Ngoc Them, 2004；vanhoahoc. edu. vn），此外就是民间智慧和口口相传的生存经验。

儒教于公元纪年进入越南，儒学教育体系（汉字系统）也随之扎根。中国官员锡光、任延、士燮等被认为是越南汉学的启蒙者。士燮甚至被越南人成为"越儒之祖"，因为他主张将儒学精神与当地传统相结合；因此，作者 Tran Van Doan（2002：82 - 88）称其是"越化儒学"运动的先行者。自此以后，儒学官方知识（广义上的汉学）成了越南传统文化的有力补充，并在一定程度上促进了古典文化的完善。处于中国统治下的这段期间，许多越南学者参与了在中国都城长安举行的科举考试，其中很多人考取了功名，并进入中国的政治体系，如汉代的 Truong Trong、Ly Tien，唐代的 Khuong Than Duc 等。

大越国时期（10 世纪后，重获独立期间），儒家教育继续影响着整个越南文化体系。同时，越南对儒教的接受也从被动（附属）转为主动（独立）。1070 年升龙（即河内简称）修建了数座文庙，即是一个很好的例证。学术体系完全把握在皇室家族手中。自 1075 年，大越国首次开放科举考试，并自陈朝之后（13 世纪）定期举办科举考试。由于越南整个国家是由无数个村落组成，因此，儒教教育也被推行至各村落。每个人都有机会参与学习、考试并被国家聘用。

越南的科举制度分两种。一种是制科，根据皇帝之令不定期举行，用于招募宫廷官员或政治官员。第二种则是进士科，进士科出现稍晚（首次进士科考试于 1442 年举行），当时（黎朝）儒教已在越南主流意识形态中占据独特地位。

历史上，独立的越南科举体制始于李朝（10 世纪），但直至黎朝（15 世纪）才得到全面完善，并采用乡试、会试和殿试三级齐备的考试制度。

乡试即地方级别的考试。黎朝的乡试由四部分组成：

（1）四书经典考；

（2）五经经典考；

（3）行政诏书表格考；

（4）千字长篇作文。

四部分全部通过者称为乡贡，只通过三部分者称为生徒。19 世纪阮朝则改称为举人和秀才。举人可直接被聘任为地方官员，未全部通过的考生必须参加下一次考试，以期获得举人名号。

会试为国家级别的考试。所有举人（包括受聘任或未获聘任的举人皆可参加）均可参加，会试在当地市政厅举办。黎朝的会试也分为四部分，包括（1）四书五经考；（2）行政诏书表格考；（3）赋诗考；（4）长篇作文。

廷试是最高级别的考试，由中央政府组织。皇帝本人为考试出题。参加会试的考生都期望进入廷试，以取得学术头衔。进入廷试的考生需到首都升龙参加考试。廷试共有三种等级的头衔：

- 一甲进士：状元（一甲第一名）、榜眼（一甲第二名）、探花（一甲第三名）
- 二甲进士：黄甲进士/二甲进士，通常为三名以上
- 三甲进士：其他进士

阮朝的会试还于正式录取的正榜外，再选若干人列为副榜。胡志明之父阮生色就是一位典型的副榜。

就考试内容的设置而言，越南科举完全以中国为样板。但仍存在一些细微差别。除四书五经和北越历史外，学生还要学习南越历史，了解越南民间文化。汉字一直作为越南科举的官方文字，但自胡朝（1400—1407）开始，增加了喃字语（即在汉字基础上创造的一种越南文字）的考试。与中国封建王朝的科举政策一样，通过廷试的考生可获得丰厚的待遇（Nguyen Thi Quynh Chan 1989）。

3. 在越南推行独立儒教教育的844年间（1075—1919），共开科180次，通过两种类型的科举考试（制科与进士科）共选拔了2900多位进士（廷试）。

黎朝历时215年，先后产生8位君主，举办了7次中央考试（制科）。第一次开科是在1075年，称为"明经博学"。这次开科是为了选拔最杰出的学者，担任于次年（1076）开设的国子监的老师。此外，还有一场"文试"（1086）、一场"殿试"（1152），三场"天下士人"（12世纪后期陆续举办）。1195年，儒教、佛教和道教三教还联合举办了一场考试。设置这类制科，是专门为了选拔符合政治官职要求的人才。

陈朝历时173年，被认为是真正实行儒家教育的朝代。升龙的国立学院于1236年升级为国立大学。1281年，南定升设立了另一个国立学院。1337年，陈朝将各区域中心的文官头衔推行至全国范围，以鼓励巩固儒家教育和在全国范围内选拔人才的运动。通过设立这一覆盖面极广的体系，陈朝被认为在建立越南儒教科举考试方面迈出了一大步。在陈朝统治的173年间，统治者共开科19次（都为制科），包括1227年举办的一次儒教、佛教和道教的联合考试（也是越南历史上最后一次）和10次太学生考试（分别于1232、1247、1304、1374和1384年举行）。首次太学生考试始于1232年，之后每7年举办一次，旨在选拔太学生。1247年举办的太学士考试上首次有了进士这一头衔，并为前三甲分别颁布状元、榜眼和探花的称号。

胡朝统治时期较短（1400—1407），但也举办了两次太学士考试，一次在1400年，另一次在1405年。

黎朝（1438—1526）被称为儒教的朝代。儒教科举考试在黎朝发展至顶峰。黎朝总共举办了4次制科，26次进士科。四次制科分别在1429、1431、1433和1435年举

办。越南历史上的进士科考试始于 1442 年，吸引了 450 名考生，最终选拔了 33 名进士，共分为三个级别（一甲进士三人，包括状元、榜眼和探花；二甲进士 7 人；三甲进士 24 人）。继首次进士科考试后，黎朝在后来的 100 年内（15 世纪）举办了 25 次考试，选拔了 989 名进士和 20 名状元。特别是在黎圣宗皇帝（1460—1497）在位期间，共开科 12 次，据记录产生了 501 名进士，9 位状元。黎朝也是首个开始在升龙（现河内）的文庙建立"进士牌"的朝代（1484），目前进士牌已被联合国教科文组织列为世界记忆遗产（2010）。

莫朝的统治仅维持了 65 年（1527—1592），尽管期间动乱不断，莫朝的科举开科竟也高达 22 次。首次开科是 1529 年，此后每 3 年举行一次。莫朝也模仿黎朝实行三级进士制度。莫朝的 22 次科举考试共甄选了 485 名进士，包括 13 名状元。莫朝的统治者承袭黎朝传统，于 1529 年建立进士碑。

莫朝之后，由于封建家族 Trinh - 莫、Le - Trinh 及 Trinh - 阮长达 233 年的纷争（1592—1778），Le Trung Hung 时期的越南面临着国家分裂的局面。尽管社会动荡不安，这一时期也举办了 73 次科举考试，大多数是进士科，仅有少数几次制科（分别在 1554、1565、1653 和 1787）。南方的阮族统治者曾指定了几次额外的考试，如"文花"（文学考试）和"正徒"（诗歌、写作和古典文学考试），主要目的是招募官员填补一些政治官职空缺。

西山王朝同样历时短暂（1778—1802），并面临来自外国入侵者的巨大压力（1788 年清朝入侵），因此仅在全国范围内举办了一次乡试，而未举办会试和廷试，因此也没有选拔进士。尽管如此，这一阶段产生了许多著名越南学者，如 Nguyen Thiếp、Phan Huy Ich、Nguyen Huy Luong 和 Ngo Thi Nham 等，为越南文化作出了难以磨灭的贡献。

阮朝（1802—1945）的科举面临着越南与西方文化的冲突和交流带来的压力，西式教育的影响日益深远，1858 年法国殖民者占领越南南部并在 19 世纪后期建立法式学校之后，更是如此。尽管如此，阮朝仍效仿前朝做法，制定三级式科举考试体系（乡试、会试与廷试）。但有几次仅举办了乡试以招募当地官员，未能举办更高级别的会试和廷试。譬如，1821 年和 1848 年仅举办了两场考试。因此，阮朝共举办 47 次乡试，选定 5226 名举人，但进士科仅举办了 39 次，555 人中进士。阮朝首届进士科于 1822 年开科（明命帝统治期间），最后一次则在 1919 年举行。除进士科外，有时也根据政府的实际需求组织制科考试，譬如 1851 年和 1865 年举办的考试。越南的儒家科举体制于 1919 年结束，尽管如此，儒家教育对越南中北部许多村落的影响仍然持续了几十年。越南科举制度的结束甚至晚于中国（1900）和韩国（1894）。

### （二）越南儒教人才培养和招募体系的文化特征

越南对儒教的接受是实用式的，其目的主要是满足培养国家官员的需求（科举儒学）。"孔子之门，二程之院"是一句广泛流传于越南普通阶层的俗语。尽管如此，越南对儒家学说的接受并不全面彻底,尤其忽略了儒学那些深奥、抽象的哲学理论。除极少数真正的儒家学者外,在建立家庭和社会群体时,大多数追随者都采取了一种实用主义方法对待道德—伦理问题。因此,一般认为越南儒教是一种简化的儒教。

显然,儒教培养的主流贯穿整个越南封建辞章儒学(科举儒学)的历史。封建时代的越南学者主要学习四书五经,目的在于获得官职,仅有数十位著名学者潜心研究义理儒学,以期丰富儒教哲学,阐释理论,并将儒教应用于越南社会的实际情况。越南的儒教科举体制与辞章儒学息息相连,很早就被历史证明是过时和教条主义的。在儒教教育进入越南长达844年的历史中,儒教教育几乎没有任何发展和变化。儒家文学、典礼仪式,和儒家教科书中的大部分内容都停留在新儒教时期,直至20世纪早期才有所改变,而中国的儒教却在宋、明、清三个朝代经历了巨大变化。历史证明,越南儒教是保守和停滞的。

越南儒家教育主要致力于培养和选拔符合条件的学者,这一路线并非毫无成果,其成果就是将擅长死记硬背的学习者培养成官员,而不需要对经文中蕴含的真正涵义或寓意进行脑力激荡或解释。这种培养方式大大限制了越南人的思维能力,也将批判性和科学性思维能力从越南封建阶层中——尤其是那些决定着越南教育体制发展方向的决策者——完全剔除。结果便是,培养的"教师"越来越多,实际工作者越来越少;同样的,空谈者和模仿者越来越多,实践者和研究者越来越少,这也是现代越南社会的一个显著现象。

现代作家Tran Van Doan在探讨越南儒学(越儒)文化特征的文章中反复申明,越南对儒教的学习仅限于满足其现实需要。具体而言,这些需求包括国家意识形态的塑造,政府组织和管理的工具,培养和选拔官员的方式。现代作家Tran Ngoc Them (2001)运用文化类型学对这一现象进行了解释:因为越南长达4000年的水稻农业传统塑造了越南人综合而注重实际的思维方式,因此,在面对与世界的文化交流时,越南人仅采纳必要的内容,并在实际运用之前对外来文化的核心元素进行大幅调整(本土化)。在这种心态和行为类型的作用下,越南文化和社会的运作与发展表现为以阴性文化为轴线,这点与中国、韩国和日本等其他儒教国家截然不同。

越南的儒教教育和考试体系未给义理儒学的发展留下任何空间。尽管越南举办了如此多的科举考试,产生了众多拥有进士头衔的儒士,但致力于真正的儒学研究的学者不过寥寥数十人。那么,越南封建社会是否真的不需要义理儒学?水稻农业传统下的越南人是否更关注民间智慧应用于实际生活的使用效果,而忽视其哲学研究?是否因为越南人根深蒂固的综合思维不允许他们将仪礼哲学作为研究的重点?我认为,这三种原因都正确。尽管如此,在儒学发展历史上,越南也不乏研究成就斐然的著名儒家学者,如黎贵淳(1726—1783)、吴时壬(1746—1803)、阮辉想(1713—1798)、阮攸(1765—1820)和阮祥云(1795—1872)等。

绝大多数儒教学者都是农民出身。据黎贵淳研究,1462年在南山(升龙南部的一个小镇）举办的一场乡试吸引了超过 4000 名考生。而 1499 年参加该地乡试的考生更是多达 5000 人。据官方记录，黎朝时期（15 世纪），整个红河三角洲地区每次乡试都有数以万计的考生参加。这些数字表明，儒教科举考试在越南社会的认可程度较高，因而也逐渐在推行乡试的村落扎下根基。在中国南部，尤其是明清时代，儒士们多是城市居民，而且商人也可以走儒士之路（Phan Dai Doan 2010：325 - 326）。相比之下，大多数越南儒士显得比较消极，生活视野比较狭隘，国际交流经验也十分有限。1858 年，法国占领越南，在应对外国入侵者和外国文化方面，当时的越南学者就显得十分消极。这就与积极和西方交流的日本学者形成鲜明对比。19 世纪日本的明治维新就是一个生动的例子。

经过培养并被国家录用后，越南学者通常能获得优渥的待遇，尽管如此，他们常保持思维的双重性：忠君（即提供俸禄者）和爱国。事实上，并不是所有国王都得到国民的支持。莫朝历经 65 年，共开科 22 次，封进士 485 人次，但莫朝国王并不得人心，因为他们不关注国计民生，也无意平息社会动乱。在本文的第一部分，我探讨了越南水稻种植农业类型的文化效应，它塑造了越南的民间农业民主，极大地限制了儒教中的社会阶层思想。第二个原因在于，在科举考试体制的引导下，越南儒生的目标在于获取一种社会地位，而没有深入钻研儒教哲学的动力。因此，儒家教育的真实意义发生了重大改变。下表展示了四个亚洲国家中儒教文化性质的区别。

|  | 越南 | 中国 | 韩国 | 日本 |
| --- | --- | --- | --- | --- |
| 儒学教育性质 | 科举儒学 | 科举儒学与义理儒学 | 科举儒学与义理儒学 | 自由儒学及义理儒学 |
| 儒士成分 | 文士为主 | 文士武士双全 | 文士武士双全 | 武士为主 |
| 儒教本质特征 | 义 | 忠（国家级）；孝（家族级） | 忠，顺，敬 | 忠，勇， |

## 结论

作为一种具有政治意义的意识形态，儒教为越南补充了具体的官僚文化精神。对于孕育于东南亚典型水稻农业传统中的越南本土文化（表现为集体精神、和谐、阴性文化、综合思维和灵活性等特征）而言，这是一种外来的文化传统。由于两种传统分别源自不同的文化类型，两者之间存在显而易见的鸿沟。随着文化交流的深入，在两种传统的自我调节和相互补充之下，这一鸿沟逐渐缩小。

儒教促进了越南封建社会的官方意识形态的形成，为越南的政权组织和运行提供了方向，并对法律进行调节，建立了教育体系，对越南人的生活方式、思维和情感产生了深刻影响。儒教对越南的文化特征产生了直接影响。

相比而言，受限于本土文化的强烈折射，越南儒教表现出阴性文化的倾向，并缩小了其抽象哲学以适应越南人的实际生活和综合思维。越南人透过以下四面特定棱镜接受了儒教（1）国家棱镜，（2）村落棱镜，（3）东南亚文化棱镜，以及（4）历史身份棱镜。

与日韩两国相比，越南接受儒教哲学思想的态度较为消极，对儒教的应用也主要注重实用性。这一传统无意间将儒教哲学深奥丰富的一面拒之门外，而这些内容正是提高社会竞争力所必需的。在接受儒家思想及其教育体制方面，这种综合性和实用性的思维同样限制了越南人的创造力。这是越南文化特征造成的必然结果，而这一文化特征又是由越南的密集型纯水稻农业经济所决定的。

如上所述，封建儒家科举考试体制在越南将近千年的发展历程，展示了越南人的综合性和实用性思维，及在引进和运用外国文化价值观方面的消极性与随意性。目前，处于发展过程中的越南社会正面临许多巨大挑战，例如哲学理论与实际需求不平行的消极效应，和社会层级结构的衰微，国家法律实施的混乱状态，传统美德的淡薄趋势，以及越南人狭隘的战略视野和薄弱的国际一体化能力等。

# 作为圣人的儒家君子与作为人文主义者的犹太教义人：
## 读《论语1:1》和《诗篇1:1》有感

山东大学博士生　Inbal Shamir

本文旨在比照分属犹太教和儒家这两种古老传统的两个主要典范形象，即，犹太教的"义人"和儒家的"君子"。

本文将重点论述《旧约·诗篇》首章中"义人"形象与《论语1:1，1:2》中"君子"形象的相似点。尽管这两个文本诞生于不同的地理区域，且成书时间也相差约200年，但两者都在各自的文化中产生着重要影响，发挥着支配性的传统功能。

从《诗篇 A》和《论语1:1》的开篇第一句，我们就能轻易辨认出犹太教义人和儒家君子这两位主人公。在文本的最开始就呈现出这两个人物形象，说明了他们在全文中的中心地位和重要性。两者都将扮演主人公的角色，在后文频繁出现。

对开篇中"义人"和"君子"的生存条件稍作对比，我们就可以发现相似之处：两者拥有相似而独特的生存条件。他们的内在心理结构是十分相似的，他们在世上表现出的具体行为也具有相同的标记。一方面，这些相似点使儒家文本表现出犹太教的宗教性。另一方面，它们又揭示了具有神性的义人身上的世俗化、人文化特征。①

在对这两个文本首章展开分析之前，首先容我简要介绍一下《诗篇》这部作品。《诗篇》是《圣录》(the "Writings") 的第一部分，而《圣录》则是希伯来圣经的第三部分，也就是最后一章［前两章为《律法书》(Torah) 和《先知书》(Nevi'im)］，在现代也被认为是《旧约》的一部分。

《诗篇》是一部由150首诗组成的诗集，犹太传统认为该书的作者为金·大卫。但圣经学者们广泛认为这部诗集跨越了多个世纪（从公元前9世纪至公元前3世纪），收录了各种类型的礼拜诗。诗歌主要表达了对神的赞美和歌颂。圣经研究者们还认为，在古代以色列最早的神庙中，这些诗歌曾供人们伴随音乐吟诵。

《诗篇》中收录的诗歌可分为三大类：悼亡诗、感恩诗和赞美诗。《诗篇》的诗歌通常表达了对神的敬爱，以及神对作为个体和整体的人类的生活的重要影响。著名犹太哲学家马丁·布贝尔②曾指出，人们可以在《诗篇》中找到神的指引。文本本身即神圣而深刻，通过伦理美德的灌输让人类获知真实的人生之道。义人能跟随神的真实

---

① 在以色列特拉维夫大学的一次比较哲学研讨会上（我也有幸参与了此次会议），Yoav Ariel 教授对此进行了深刻而富有成果的探讨，并得出这一结论。
② 马丁·布伯：《对与错：诗篇解读》，（伦敦）SCM 出版社1952年版。

之路前行，而自私、邪恶的人则迷失在歧途。

今天，诵读《诗篇》中的诗节仍是犹太教日常祷告仪式中必不可少的一部分，圣日和节日更是如此。犹太教传统认为，诵读《诗篇》是一种独特美德。不管是在困难时刻祈求神的力量和帮助，还是获得成功后感谢神的恩典，诵读诗篇都可以促进人与神圣力量的联系。

《论语》也是一部文集，收录了孔子与弟子的对话，体现了孔子的教义。《论语》被称为儒家"四书"之一，深深植根于中国的文本传统。《论语》在中国社会建立了伦理价值和行为道德守则，因而至今仍在文化"思维"中发挥着积极影响。尽管《论语》不被视为一种神圣文本，但它的确能帮助人更接近"道"。人们在身处困境时阅读和分析《论语》可获得道德上的指引，并领悟人生之道。

本文将从文学和戏剧性角度对《诗篇》和《论语》的开篇进行文本细读。换句话说，本文将把这两章作为反映主人公相似生存条件和行为的两个"场景"加以分析。

《诗篇 A》：
《诗篇 1》：
1.1　不从恶人的计谋，不站罪人的道路，不坐亵慢人的座位
1.2　惟喜爱耶和华的律法，日夜思考，这人便为有福！
1.3　他要像一棵树栽在溪水旁，按时候结果子，叶子也不干枯。凡他所做的尽都顺利。
1.4　恶人并不是这样，乃像糠秕被风吹散。
1.5　因此，当审判的时候恶人必站立不住；罪人在义人的会中也是如此。
1.6　因为耶和华知道义人的道路；恶人的道路却必灭亡。

《论语 1:1》：
子曰："学而时习之，不亦说乎？有朋自远方来，不亦乐乎？人不知而不愠，不亦君子乎？"①

由此，我们可注意到这两个文本在主题和词源学上的相似点。幸福感、学习活动和一种独特的内在与外在条件是这两个人物的主要表现。似乎这两个人物都生活在某种与其伦理或精神美德相悖的环境中。尽管义人或君子面对的都是一种在他们看来不合正义的恶劣环境，但两者的行为和感受都体现出道德上的坚忍和精神上的丰富。

这种脱离社会的孤立状态通常会带来一些苦恼，从戏剧性角度观察这两个场景时可以发现，君子和义人以不同的方法应对这种孤立。《诗篇》中，义人似乎只能从阅读

---

① 刘殿爵：《论语》，英国企鹅经典丛书，1979 年。

中获得慰藉。而在《论语》中，君子的快乐来自与朋友的相会。在远道而来的朋友的陪伴下，君子获得了莫大的快乐，这说明了他在当下环境或原生环境中可能没有朋友。也就是说，他无法在周围环境中找到和他一样的君子。

换言之，儒家君子所处的社会缺乏与其志同道合并能在同一精神高度对话的个体。距他最近的君子也生活在遥远的地方，两者相见的机会屈指可数，但每次相聚都充满了喜悦。因此，《论语 1:1》中君子所处的社会，不管是在道德还是精神层面，在他看来都是不同寻常的。尽管人们无法断言君子在其身处的环境中扮演着孤僻角色，但毫无疑问，他与君子群体是隔离、孤立的。

《诗篇 1:1》中的主人公也忍受着同样的命运。这里，我们甚至可以更加清楚地看到，义人被一群邪恶和意志薄弱的敌对者们所包围。但义人并没有走上恶人的道路，也没有被嘲笑者们所同化。在此，我们再次注意到义人的孤独处境，他的道德境界使他孑然孤立于所处的原生环境。但与君子不同，义人无法找到一个能让他"不亦乐乎"的同类朋友。他唯一能做的，就是献身于对神圣经文《律法》的钻研。

如前所述，尽管身处逆境，但君子和义人都表现出一种强大的内心力量，这使他们过上一种幸福、平和的生活。据犹太思想家马丁·布伯①称，诗篇中第一首诗歌的主题就是义人的真正幸福。那是一种潜藏的幸福，深深隐藏于对个人存在的内在意识之中，即使身处孤独、艰难的社会环境，也不改初衷。这也是一种能攻克艰难困境的幸福。尽管在"台上"呈现的是一个无法融入社会的孤独者，但实际上他正体验着这一生的伟大成功。布贝尔认为，幸福的源泉与生活境遇或具体现实无关。实际上，幸福只与义人和神圣力量的交流有关。在诗歌结尾，恶人之道，即一种缺乏方向和价值的人生之道，最终轰然倒塌并消失无踪。恶人的生活是一种没有方向的生活，而义人的人生之道则包含着神圣的美德。

布伯还认为，我们应当注意"知道"一词的意义（因为神知道义人的道路；恶人的道路却必灭亡）——这里，神的"知道"指出了神与义人之间存在某种直接交流。"神知道义人的道路"，说明神总是出现在他们的人生道路上，时刻为义人们指引前进的方向。布贝尔还指出，神圣的幸福是义人区别于恶人和罪人的标志特征。义人的道路有神圣力量相伴。因此，那些人生之道与神之道存在交集的人，应当致力于学习神的法则，从而维持与神的这种独特、直接的交流。

相比之下，君子的喜悦和幸福似乎源自某种内在的自我建构。这是一种自发、自然的喜悦，源于自我内在意识与其在世上行为的关联和统一。这种喜悦感显然为行"道"之君子所独有，并区别于其他未达此种境界的人的喜悦。我们还可以从《论语》中找到很多有关快乐和喜悦的陈述，这种快乐和喜悦都是因顺应正道而产生的。孔子常常强调学道和悟道带来的喜悦，不过，他仍警告世人，仅仅学习道德价值和传统还

---

① 马丁·布伯：《对与错：诗篇解读》，（伦敦）SCM 出版社 1952 年版。

远远不够，如《论语 6:20》中：

> 子曰："知之者不如好之者，好之者不如乐之者。"

"好之"胜于单纯的"知之"，而"乐之"又更胜于单纯的"好之"。

我认为，《论语》中通往喜悦感和幸福感的道路与儒家思想中另一重要概念"仁"存在紧密联系。据《论语1:1》，幸福源于学习和与朋友的相会，源于摆脱因生活在一个不合道德价值标准的社会而常常滋生的苦恼和忧虑。本杰明·史华慈在论著《古代中国的思想世界》中巧妙地将喜悦、仁和道德独特性联系在了一起：

> "仁"最重要的体现，就是对待个体无法直接控制的幸或不幸之事所持的一种内在的冷静、平衡和超然的态度。人们甚至可以说，仁与仁者的幸福相关，但这是一种完全建立在"美德伦理"基础上的幸福。美德即幸福。①

现在再回到这两个文本的开篇，考察文中两个象征着主人公坚定信念和道德富足的关于成长的比喻。《论语1:2》将"本立"比作"道生"的开始。《诗篇》则将义人比作一棵深深扎根于溪水或支流旁的按时结果的树，与糠秕般被风吹散的恶人形成鲜明对比。

这两段引文中使用成长和本源的概念，是为了更具体地描述君子和义人的本质和性格。君子务本，本立而道生。义人则是一棵栽在溪水旁的树，按时结果，叶子也不会枯萎。

由此可见，坚定或正直对于成长必不可少——孝顺或许是立人之本。"本"就是"仁"，为"仁"就是尽孝，而只有君子能追随和遵循"仁"之道。同样，追随伦理美德之本的义人也能走向成长和成功，且事事皆顺利。而恶人则不会如此成功。

总之，从《论语》和《诗篇》的开篇似乎可看出，君子和义人都通过作为"中道"的化身而发挥着道德媒介的功用。二者都居于一个关乎世界本质的、完美的道德理想和其作为人类所实际身处的不完美的生活环境之间。换言之，他们的生活方式是一种持续的"居间"状态，一边是与世界的真实性相一致的、道德上理想且完美的状态，而另一边则是有缺陷的、现实存在的生活状态。

我将参考哥舒姆·舒勒姆的研究成果对这点进行论证。哥舒姆·舒勒姆描述了犹太神秘主义传统中义人的形象和象征。此外，我还希望对君子的描述和"仁"的概念进行深入研究。

下文论述中，将考察君子和义人这两个个体是如何成为儒家社会和犹太教哈西德

---

① 本杰明·史华慈：《古代中国的思想世界》，马塞诸塞州剑桥市：哈佛大学出版社1985年版。

派中的理想人物的。这两者在各自的社会环境中似乎都扮演了向导的角色,指明了实现某种社会秩序的道路,宣传了某种个人和道德行为的标准。他们是通过与神圣力量(义人)或道(君子)保持某种独特、直接的联系而做到这点的。

哥舒姆·舒勒姆在论著《卡巴拉及其象征主义的元素》[①]中追溯了义人的发展历程,从义人在《圣经》和《塔木德经》中的首次出现,到后来13、14世纪的神秘主义论述,直至哈西德派社会中最终的人文主义结构。以下引述了舒勒姆研究中的几个要点:

A. 根据《圣经》和《塔木德经》,义人代表了世界秩序的基础,使世界得以持续存在。他是一个积极维持社会秩序并努力促进其提升的理性社会人。舒勒姆将义人的形象区别于哈西德派教徒和犹太学者,在他看来,哈西德派教徒和犹太学者这两种个体在宗教和社会行为中表现更加激进。在《卡巴拉及其象征主义的元素》出版之前,义人一直被广泛认为是犹太司法和律法系统中的一部分,积极扮演着法官和仲裁者的角色。

B. 在13、14世纪的神秘主义论述中,我们发现《圣经》和《塔木德经》中的义人形象发生了转型。义人不再是公正和正义的具现,而成了不同来源的神谕的一种神秘象征。这种转型体现在犹太散居群体及以色列犹太人所发展出的不同文本来源和传统中。对神秘义人的描述复杂多样,这里我仅列举一二:

1. 神秘义人象征着整个世界的根基,实际上正是他使世界的存在成为可能。这反映了义人拥有的宇宙力量,这种力量对于世界上所有自然现象和秩序的维系至关重要。

2. 神秘义人的灵魂被称为宇宙中所有灵魂的源泉。换句话说,义人的灵魂承载着一种类似于神圣力量的生命本质。当神秘义人的灵魂具化为人时,这个生活在俗世的义人在世上的所有实际行为(主要为宗教行为)都将被赋予神圣意义。

3. 义人的神秘象征是生命之树的十个圆中的第九个圆,这些圆也是神在卡巴拉中的象征。义人所代表的圆象征着安息、和平、统一、和谐和正当的世界秩序。

在17和18世纪的后神秘主义文献中,我们可以发现义人的形象变得更加真实。义人开始呈现为一个具体的人类形象,将义人作为神秘主义象征的特征与其在《圣经》与《塔木德经》中形象的古老涵义结合在一起。

舒勒姆指出了这个义人形象的两个方面。首先是其社会维度:在东欧哈西德派运动的开端,义人担任了监督者的职责——他认为自己负有对普通大众宣扬道德之路和道德价值的责任。尽管这位监督者没有正式的官职,但他总是辗转于各地,教育和指引人们走近通往神的道路。

其次便是义人的内在结构:许多时候,在面对邪恶时,义人必须忍受不幸的生活境遇。这些体验虽然不愉快,却能让他通过自己的纯粹德行转变邪恶。的确,对于义

---

[①] 哥舒姆·舒勒姆:《卡巴拉教及其象征主义的元素》,耶路撒冷:Bialik Institute,1980年。

人思想的成长及社会秩序而言，遭遇并面对邪恶似乎是必不可少的一部分。

在这篇简评中，我提到了犹太哈西德派传统中义人形象的演变。在这一传统中，义人成了神秘、神圣符号和力量的具现，并因此被认为是哈西德社会中的一个核心人物。兴起于东欧国家的哈西德运动创建了一个独特的犹太群体，这个群体依赖于卡巴拉教义，并试图在实践中推行该教义。我们可以看到，卡巴拉所推行的一个主要成分便是作为联接神和犹太群体纽带的义人的形象。义人与神之间存在着某种个人的、紧密的联系。事实上，哈西德派中的义人代表了一种因其作为"中道"化身而体现出来的完美，一种源自现实与神性合二为一的完美。

尽管《论语》中君子与上文中义人的生存环境不同，但很多人认为君子也是孔子学说中变革元素的主要象征。孔子改变了君子的概念，使之从曾经拥有社会政治地位的皇族成员，演变成了一个经济政治地位对其而言不再重要的道德媒介。

《论语》中的君子可以是任何人，只要他真正忠于道，且其内在结构与礼、义、仁存在自然关联。君子的特征为无私、非功利主义，以及对学习和自我修养的追求。譬如：

  4:16 里仁：子曰："君子喻于义，小人喻于利。"①
  12:4 颜渊：司马牛问君子。子曰："君子不忧不惧。"曰："不忧不惧，斯谓之君子已乎？"子曰："内省不疚，夫何忧何惧？"②
  15:32 卫灵公：子曰："君子谋道不谋食。耕也，馁在其中矣；学也，禄在其中矣。君子忧道不忧贫。"③
  20:3 尧曰：子曰："不知命，无以为君子也。不知礼，无以立也。不知言，无以知人也。"④

此外，我还希望回到"仁"的概念，因为"仁"作为最重要的纽带，将在现实世界中没有明确表现形式的、抽象甚至于超验的"道"，与作为人的君子联系起来。⑤ 这里，我们又一次遇到"中道"这个概念，君子通过他的人文美德"仁"赋予了抽象的道以具体形象。

仁反映了一种世界观，它将人类个体视为一个有能力超越其"自我"限制的，并自然而然地认为其个体生存实为全人类生存一方面的个体。

---

① 安乐哲、罗思文译：《论语》，中国古代经典丛书，（纽约）巴兰坦1998年版，第92页。
② 同上，第153页。
③ 同上，第190页。
④ 同上，第229页。
⑤ 杜维明：《人性与自我修行：儒家思想文集》，（伯克利）亚洲人文出版社1979年版。波士顿：Cheng & Tsui，1998年重印。

当代儒学思想家成中英对仁的力量及其在全球社会中的推行充满了信心:

> 基于普遍的"仁"的理念,人能够体验生活的最终目的,并在本体性修养的意识上发现与终极的关系。我们可以在精神实现和自我超越的意义上将其称为"宗教体验"。这个无疑是非常重要的,因为作为个体,我们都需要面对生与死。而化解人们的在生死问题上的忧虑意识的超越性,是人们必须承认和建立的。有的人可能会依据传统儒家的"天"或"道"来定义人的自我超越性。"天"或"道"是驻扎在人的深层体验中的人格化的本性。然而,它却没有被作为一种客观的宗教信仰,而是被视为一种生活的深刻体验方式或超越生死的实在。从这种意义上讲,儒学不是宗教,但它却体现了宗教精神或生活信仰。儒家学说中更令人启发的是,宗教情感和经验必须由个人亲自体会到,因此也是一种私人性与个体性的认知。①

这一论证解释了在《论语》君子的人类自我结构中,道是当下且活跃的。根据成中英的论证,我们发现有两种通往人的道德和精神的(哲学和宗教)途径(儒家和犹太教)。这两者的区别在于,儒家的"救赎"来自自我结构,是一种人文哲学,而哈西德派犹太人的救赎则来自与神圣力量的联系(尽管也涉及一些内在的自我体系,但主要受外在的神主导)。

尽管如此,我仍希望读者注意这两种方式之间一些相同的价值观和概念。通过比较分析,我们发现哈西德派犹太义人的生活中存在着"仁"的美德,单从他的人格具现了宇宙神圣力量这点即可看出。而对于君子而言,我们认为成中英提出的"自我超越"的概念与犹太义人与神的密切联系存在异曲同工之处。

综上所述,本文对《诗篇》和《论语》两个文本的开篇进行文本细读,展示了两个主人公行为的相同点。两者都致力于学习,代表了伦理美德,展现了复杂的内在结构。两者的主要区别在于他们与世界现象的抽象、隐秘本质——即神与道——的联系方式。我认为,这两个理想化人物代表了应贯穿于日常生活中的终极道德理想。这些理想人物的出现可促使人们自觉遵守精神和道德价值标准。

如此看来,本文所采取的此类比较阅读可在不同文化和宗教之间创建某种普遍联系。从宇宙层面来看,我们作为一个全球共同体分享着同样的地理位置和规模,但在文化和精神价值上,我们又有着各自的鲜明特点。尽管这个全球共同体存在多元文化结构,但至少在儒家君子和犹太教义人的例子中,我们可发现价值观和人类行为方面的共同特点。对这种文化"共性"的考察和认可,引导我们走向跨文化和跨宗教的对

---

① 成中英:《后现代语境中的儒家本体伦理学发展》,《道:比较哲学杂志》2010年第3期,第3~17页。

话，促进全球化宽容的进一步提升。当然，这种探讨目前只能发生在理论层面。对具有差异的其他人或"他者"持开放态度远远不够，但仍能促使我们将全球人类共同体视为差异不断碰撞的交汇点。

我们都很熟悉当代儒家思想家杜维明，他依照儒家思想的原则，积极推进文化、宗教之间的全球对话。本文中，我试图指出受成中英、杜维明两位当代儒家思想家启发而产生的多重"精神交汇点"中的一重。他们的作品给予我动力，使我得以在不忽视个人身份构成的前提下，继续活跃在这广阔的宇宙和人类空间之中。

# The "Divine" Confucian Junzi and the "Humanistic" Jewish Just man: Reading in 论语 1:1 and the Psalms 1:1

Israeli PhD candidate at
Shandong University   Inbal Shamir

The purpose of this paper is to present an encounter between two ideal figures from the Jewish and Confucian traditions – the Jewish "*Just Man*" (*Tzadik*), and the Confucian "*Noble Man*" 君子 (*Junzi*).

The present analysis will focus on the similarities between the figure of the Just Man in Old Testament's *Psalms* chapter 1, and the figure of the 君子 junzi in Lunyu 1:1 and 1:2. Although both texts were compiled in different geographical areas and in different eras separated, approximately, by two hundred years, both are known by their respective influences and their central traditional functions in the Chinese and Jewish cultures.

Looking at the opening lines of the first verse of Psalms A, and the first line of Lunyu 1:1 we can easily recognize the two protagonists; the Confucian *junzi* and the Jewish *tzadik*. The presence of these two figures right at the beginning of the texts points on their centrality and importance to the rest of the text. Both will play the protagonist role and will appear frequently along the texts.

From a brief comparative glance on the condition of the Just Man and Junzi in the opening chapters, we can identify some similarities: both share a unique existential condition. They possess an internal, psychological structure that is quite similar, and their concrete actions in the world bear the same hallmarks. On the one hand, these similarities imbue the Confucian text with Jewish religiosity. Conversely, however, they also serve to expose the secular humanistic character of the divine just man. [1]

Before we analyze the two openings, allow me to say a few words about the book of Psalms:

---

[1] This idea is a result of a prolific and deep discussions happened in Professor Yoav Ariel's seminar on comparative philosophy at Tel – Aviv University (2011), which I had the honor to participate in.

The Book of *Psalms* is the first section of *Ketuvim* (the "Writings"), which is the third and final section of the Hebrew Bible (the first two chapters are *Torah* and *Nevi'im*), which is known in modern times as part of the Old Testament.

Psalms is an anthology of 150 poems, which according to Jewish tradition were written by King David. Still, Biblical scholars widely agree that Psalms is a textual collection of different kinds of liturgical poems (*mizmorim*) spanning many centuries (from the 9$^{th}$ century to the 3$^{rd}$ century BC). The poems are particularly dedicated to the praise and glory of God. Moreover, biblical researchers assume that that type of poetry was intended to be set to music and to be prayed in worship in the first temple in ancient Israel.

There are three main classifications of Psalms poems: the Lament psalms, the Thanksgiving psalms, and the Hymns. The Psalms songs generally express the affinity to God and his significant involvement in human life as an individual and as a community. The famed Jewish philosopher Martin Buber[①] noted that in Psalms one can find God's instructions. The text itself contains divine intension to ad Righteous the human kind with the true way of life by instilling ethical virtue. The Just mancan practice the true ways of God while selfish and evil men walk in their own ways.

Today, reciting tracts from the Book of Psalms is an integral part of daily Jewish prayer services as well as those incanted on holydays and festivals. The Jewish tradition views the practice of reading Psalms, as some kind of unique virtue. By reciting Psalms, one facilitates his attachment to the divine power, whether it is asking for God's strength and help in time of trouble or thanking God after achieving successes.

The Lunyu 论语 is also an anthology, a collection of fragments that represent the teaching of Confucius through his conversations with his disciples. As one of the four books of Confucian tradition, the Lunyu 论语, is deeply rooted in the Chinese textual tradition. To this very day, it remains an active and influential force on the cultural "mind" by establishing ethical values and moral codes of conduct in Chinese society. Although the Lunyu is not considered a sacred text, it does allow one to become closer to the 道 *Dao*. Those who read and examine the text derive moral instructions in times of dilemma while also learning about the human way of life.

The close reading presented in this paper offers an opportunity to look at the two openings from a literary and dramatic point of view. In other words, the goal is to analyze the two chapters as two "scenes" that reflect similar conditions and actions of their main figures.

Psalms A:

Psalm 1

---

① Buber Martine. *Right and Wrong: An Interpretation of Some Psalms*, London, SCM Press, 1952

1:1 Happy is the man, who doesn't walk in the counsel of the wicked,

nor stand in the way of sinners,

nor sit in the seat of scoffers;

1:2 but his delight is in Yahweh's law.

On his law he meditates day and night.

1:3 He will be like a tree planted by the streams of water,

that brings forth its fruit in its season,

whose leaf also does not wither.

Whatever he does shall prosper.

1:4 The wicked are not so,

but are like the chaff which the wind drives away.

1:5 Therefore the wicked shall not stand in the judgment,

nor sinners in the congregation of the righteous.

1:6 For Yahweh knows the way of the righteous,

but the way of the wicked shall perish.

Lunyu 1:1 :

*The Master said, "Is it not a pleasure, having learned something, to try it out at due intervals? Is it not a joy to have like – minded friends come from afar? Is it not gentlemanly not to take offence when others fail to appreciate your abilities?"* [1]

Here we notice the thematic and etymological similarities between the two texts. Happiness, learning, and a unique internal and external condition are the main representations of the two figures. It seems that both figures are surrounded by an environment and burdened with life circumstances that are not in correlation to their ethical or spiritual virtues. Although they are faced with a hostile environment that is not appreciative of the *Junzi* or the Just man, both demonstrate mental fortitude and spiritual richness in their actions and feelings.

When we look at the two scenes from a dramatic perspective, we note that the two figures deal with social isolation which normally was followed by some distress. In Psalms, it seems that comfort is solely derived from learning. In Lunyu, it is derived from meeting with a friend. The joy and happiness of the *Junzi* while in the company of a friend who came from afar, indicates the possibility that in his current or natural environment he does not have friends. Namely, he cannot find any *Junzi* of his kind near.

In other words, it seems that the Confucian *Junzi* are living in a society that is devoid of likeminded individuals with whom they can relate on an exalted spiritual level. The nearest *Jun-*

---

[1] Lau, D. C. *Confucius The Analects*. U. K, Penguin Classics, 1979.

zi people are in far-off, distant locales, and their encounters, while rare, are nonetheless joyful occurrences. Thus the *Junzi* of Lunyu 1:1 lives in a society which he considers unusual from both a moral and spiritual standpoint. While one cannot contend that the *Junzi* is not an active part of his immediate, surrounding community, he is definitely detached and isolated from the *Junzi* brethren.

The protagonist in Psalms 1:1 endures a similar fate. In this instance, it is even clearer that the Just man is surrounded by group of evil and weak people that stand against him. The Just man does not walking in the footsteps or adopt the ways of the evil men, nor does he sit among the scoffers. Here we can once again note the isolation of the Just man who is ethically distinct from his natural environment. Unlike the *Junzi*, however, the Just man is unable to find a friend of his kind with whom he can be happy. All he can do is devote himself to the study of the divine text, the Torah.

As mentioned, despite these difficult social conditions, both *Junzi* and the Just man share an inner strength that allows them to lead lives full of happiness and peace. According to Jewish thinker, Martin Buber,[1] the first Psalms song focuses on the theme of the Just man's true happiness. It is a latent happiness that is deeply hidden within the internal sense of a person's existence even if that person is living in social isolation and hardness. It is also a happiness that is capable of overcoming the hard predicament. Even though "on stage" we see a lonely man that fails to be part of is society, this man will actually experience great success in his life. According to Buber the source of true happiness has nothing to do with life circumstances or the concrete reality. Rather, it is simply a matter of the Just man's interaction with the divine. By the end of the poem, the way of the evil men – a way devoid of direction or value – collapse and disappear. The life of evil men is a life without a path, while the way of the Just man contains the divine virtue.

Buber also argues that we should note the meaning of the word: to "know" (For God knows the way of the righteous, but the way of the wicked shall perish) – here the knowledge of God refers to some direct interaction between God and the Just man. "God knows the ways of the righteous," means that God is touching the ways of the Righteous men, doing so by constantly being present in their life paths. Buber mentions that the divine happiness is what distinguishes the Just man from the evil men and sinners. The way of the Just man is accompanied by the divine power. Thus, the person whose paths are intertwined with those of God should devote himself to learning God's law and maintain this unique, immediate interaction with the divine.

In contrast, the *Junzi*'s sense of joy and happiness seems to emerge from some internal self-structure. It is a kind of spontaneous, natural joy that springs from a correlation and unity be-

---

[1] Buber Martine. *Right and Wrong: An Interpretation of Some Psalms*, London, SCM Press, 1952

tween the internal sense of self, and his actions in the world. This sense of joy is apparently what differentiates the man who unified with the *Dao* from the one who is not yet on that level. We can find in the Lunyu many more statements regarding the pleasure and joy that can be derived from following the right path. Confucius is wont to stress the joy in learning and realization of the 道 *Dao*, although he does caution that simply learning the moral values and traditions is insufficient to lead a convenient existence, for example Lunyu 6:20:

To be fond of it (好之) is better than merely to know it (知之), and to find joy in it (乐之) is better than merely to be fond of it.

In my opinion, the Lunyu approach to the sense of joy and happiness has a close connection to another major Confucian notion: 仁 Ren. The source of happiness in Lunyu 1:1 is learning, meeting a friend, and shedding the worries and apprehensions that are common in a society that does not comport itself according to the values of morality. In his book: *The World of Thought in Ancient China*, Benjamin Schwartz creates an interesting link between joy, 仁 Ren, and moral uniqueness:

*Ren is marked above all by an inner serenity, equanimity, and indifference to creaturely matters of fortune and misfortune over which one has no direct control. One may indeed say that ren relates to the happiness of its possessor, but that this happiness is based wholly on a "virtue ethic". Virtue is happiness.* [1]

Back to the two openings, let us now examine the growth metaphor as a symbol for the two figures' stability and moral prosperity. Lunyu 1:2 makes reference to knowing the root from whence a path develops. In Psalms, the Just man is likened to a tree whose roots dig deep into the floor of a brook or tributary. The tree then grows to yield the fruits of the season, in contrast to the evil man, who is likened to dust that is blown away by the winds.

Employing the concepts of growth and originality in both excerpts is done to describe in greater detail the make-up and character of the *Junzi* and the Just man. The *Junzi* follows the root from whence the *Dao* is created: 君子务本，本立而道生. Meanwhile, the Just man is like a tree planted in the streams of water that brings forth its fruit in its season and whose leaf also does not wither.

We can see how stability or uprightness is necessary for growth – Being good like a son and obedient like a young man is, perhaps, the root of man's character. The root is 仁, to express 仁 is to practice 孝 *xiao*, only the *Junzi* is able to follow and act upon it. The Just man also follows the root of moral virtue so he can approach growth and success. Thus, whatever he

---

[1] Schwartz, Benjamin. *The World of Thought in Ancient China*. Cambridge, Mass.: Harvard University Press, 1985.

does shall prosper. The wicked are not so successful.

To summarize, it seems that according to the opening lines of the Lunyu and Psalms, the *Junzi* and the Just man function as moral agents through their existential embodiment of the middle way. Both live between a complete moral ideal in correlation to the nature of the world, and their incomplete life circumstances. In other words, their lives are a constant "in between" condition (between a morally ideal and total perfection that is in synch with the reality of the world, and a flawed, physical existence).

To demonstrate that point, I refer to the study of Gershom Scholem, who describes the image and symbol of the Just man in the Jewish Mystical Kabalistic tradition. I also wish to delve into descriptions of the *Junzi* and the concept of 仁.

The discussion will observe the ways in which the two individuals became ideal figures in the Confucian society and in the Jewish Hassidic community, respectively. It seems that both figures served their communities as guides who pointed the way to a social order and preached a brand of personal, moral behavior. They are able to do that through a unique and direct attachment to the divine (in the case of the Just man), and to the 道 (*Junzi*).

In his book "Elements of the Kabbalah and Its Symbolism,"[①] Gershom Scholem traces the development of the Just man, from its first Biblical and Talmudic representations, through later its mystical writings from the 13th and 14th centuries, until its final humanistic structure in modern Hassidic society. Here are some of the main points of Scholem's study:

A. According to the Bible and the Talmud, the Just man represents the foundation of the world order that enables its continued existence. He is a reasonable social person who actively maintains social order and works to promote it. Scholem distinguishes the figure of the Just man from the Hassid, and Talmid Hacham, individuals whom he considers more radical in their religious and social behavior. Until the publication of the Kabbala writings, the Just manwas widely considered to part of the Jewish judicial and legal system law, by taking an active role as a judge and an arbiter.

B. In the Mystical texts we notes a transformation of the Biblical and Talmudic Just man. Instead of embodying righteousness and justice, the character becomes a mystical symbol of providence that sprang from various sources. This transition is happening from different textual sources and traditions which developed in the Jewish Diaspora communities as well as in Israel. Among the complicated and varied descriptions of the mystical Just man, I will mention only a few:

1. The mystical Just man symbolizes the foundation root of the whole world, he is the one

---

① Scholem Gershon. *Elements of the Kabbalah and its Symbolism*, Jerusalem, Bialik Institute, 1980.

how actually enables the existence of the world. This aspect of the Just man reflects its cosmic power which is vital to maintain all world natural phenomena and order.

2. The soul of the mystical Just man is known as the source of all souls contained within the universe. In other words, the soul of the Just man bears an essence of life that is similar to the divine powers. When the mystical Just man's soul is embodied in the human being, it enables the earthly Just man to attach divine significance to (mostly religious) actions that he performs in the real world.

3. The mystical symbol of the Just man is the ninth of the *Ten – Sephirot*, the attributes through which God reveals itself in the Kabbala. The Just man *sephira* also symbolizes the Sabbath, peace, unity, harmony, and the proper world order.

In later Mystical literature that dates from the 17th and 18th centuries, we find representations of the Just man which appear to be more real – Just man taking the form of a concrete human being. This human figure weaves together the character of the mystical symbol with the old meaning of the Biblical and Talmudic figure of the Just man.

Scholem notes two aspects of this Just man. The first is the social dimension: At the beginning of the Hassidic movement in Eastern Europe, the Just man functioned as a *mochiach* ("proofer") – the one who sees himself responsible for preaching moral ways and values to the general community. The "proofer" had no official job title, and he moved from one place to another in an effort to teach and guide the people to become closer to the way of God.

The second aspect is the inner structure: In many cases the Just man must suffer from unfortunate life events, when he meets the evil. These experiences, however unpleasant, enable him to transform the evil through his pure virtue. Indeed, it is almost necessary for the Just man to meet the evil and face it for his own mental growth as well as for the social order.

In this brief review, I cited the evolution of the Just man figure in the Jewish Hassidic tradition that embodies mystical, divine symbols, and power. As such, he is an individual that is thought to be a central social figure in Hassidic society. Founded in Eastern Europe, the Hassidic movement formed a unique Jewish community that relied on the teaching of Kabala while trying to implement it in practice. We saw that one of the main ingredients in the implementation of the Kabala is the figure of the Just man, who functions as a link between God and the community. The Just man shares a personal, intimate relationship with the divine. The Hassidic Just man in fact represents perfection that manifests itself through his middle way, a kind of perfection that originates from the encounter between the real and the divine.

Although dissimilar to the above context of the Just man, many consider the Lunyu's *Junzi* the main symbol of the revolutionary element of Confucius' work. Confucius has transformed the concept of the *Junzi* from one that belongs to social and political rank and royal family line to a moral agent whose socio – economic and political status is of no importance.

The *Junzi* of the Lunyu can be any person who has authentic attachment to the 道 and whose inner self – structure is acting with natural correlation to the 礼 Li, 义 Yi, and 仁 Ren. The *Junzi* is characterized by not being selfish or utilitarian and by the devotion to learning and self cultivation. For examples;

*The Master Said*, "*Exemplary person （junzi 君子）understand what is appropriate （yi 义）; petty person understand what is of personal advantage （li 利）.*"①

*Sima Niu inquired about the exemplary persons （junzi 君子. The Master replied*, "*The exemplary person is neither worried nor apprehensive.*" "*Does just being free from worry and apprehension make one an exemplary person?*" *he asked.*

"*If examining oneself there is nothing to be ashamed of, why be worried or apprehensive?*" *Confucius replied.* ②

*The Master Said*, "*Exemplary perso ns （junzi 君子）make their plans around the way （dao 道）and not around their sustenance. Tilling the land often leads to hunger as a matter of course; studying often leads to an official salary as a matter of course. Exemplary persons are anxious about the way, and not about poverty.*"③

*The Master Said*, "*Someone who does not understand the propensity of circumstances （ming 命）has no way to becoming exemplary person （junzi 君子）; someone who does not understand the observance of ritual propriety （li 礼）has no way of knowing where to stand; a person who does not understand words has no way of knowing others.*"④

In addition to these quotes from the Lunyu, I wish to go back to the idea of 仁, as the cardinal component that enables a link between the abstract or even transcendence presents of the 道, which has no clear and distinct manifestations in the real world, and the human *Junzi*. ⑤ Once again, we encounter the idea of the middle point, where the *Junzi* embodies the abstract 道 through his humanistic form of virtue － 仁.

仁 reflects a world view that sees the human individual as the one who is able to go far and beyond his "self" boundaries, naturally feeling his own individual existence as an aspect of the universal human kind.

---

① AMES, Roger T., and Henry Rosemont, Jr., trs. *The Analects of Confucius: A Philosophical Translation*. Classics of Ancient China. New York: Ballantine 1998. p. 92.
② Ibid, p. 153.
③ Ibid, p. 190.
④ Ibid, p. 229.
⑤ Tu Wei – ming,. *Humanity and Self – Cultivation: Essays in Confucian Thought*. Berkeley: Asian Humanities Press, 1979; rpt., Boston: Cheng & Tsui, 1998.

Cheng Chungying is a contemporary Confucian thinker who believes in the power 仁 of and its application in global societies:

*It is in light to the sense of universal ren that one can come to experience the ultimate purpose of life and find rapport with the ultimate in one's cultivated sense of the reality. Here we may call this the "religious experience" of the individual in the sense of spiritual realization and self – transcendence. This aspect is no doubt very important because one has to face the problem of life and death as an individual. The transcendence which resolves one's sense of anxiety over life and death is precisely what one has to recognize and develop. One may identify one's self – transcendence in terms of what the classical Confucian called the tian or the Dao. Tian or Dao is nature personalized in one's own deep experience of it. But instead of making it an objective belief – faith as religion, it is to be seen as a deep form of experience of life or reality which is beyond life and death. In this sense, Confucianism is not religion and yet it embodies the spirit of religion or faith of life. What is even more instructive from Confucian teaching is that such religious sentiment and experience must be realized by oneself and thus realized privately and personally.* [1]

This argument explains the way in which the 道 is present and active, in the human self – structure within the context of the *Junzi* of Lunyu. In the light of this argument of Cheng Chung – ying we notes the two (philosophical \ religious) different approaches (Confucian and Jewish) to moral and spiritual aspects of the human being. The difference between the two is that while the Confucian "salvation" comes from the self – structure and offers humanistic philosophy, the Hassidic Just man's salvation comes from his relation with the divine (which also involves some inner self processes but mainly directed by the external divine).

Yet I hereby propose to observe the way in which the two approaches share some similar values and notions. By a comparative analysis, we can pinpoint the virtue of 仁 in the life of the Hassidic Just man by simply considering the way his personality embodies the cosmic divine powers. In the case of the *Junzi*, we can think of Cheng Chungying notion of "self transcendence" as the Jewish Just man's close attachment to the divine.

In conclusion, I have cited the two openings of Psalms and Lunyu to demonstrate that the two main figures of the texts act almost the same. They both devote themselves to learning, both represent ethical virtue, and both inner structures are complex. The main difference between the two is the manner in which they relate to the abstract and hidden aspects of world phenomena – God and 道. In my view, these two ideal figures represent the ultimate moral ideal that is to be frequently present in our daily life. The appearance of these ideal figures in our life can

---

[1] Cheng Chung – ying. "Developing Confucian Onto – Ethics in A Postmodern World/Age", *Dao: A Journal of Comparative Philosophy*, p. 3 – 17, March 2010.

enable any individual to abide by spiritual and moral values.

In that sense, comparative reading as discussed in this paper can create some general closeness between different cultures and religions. On a universal level, we as a global community share the same geographical area and land mass, yet we are distinct and different in cultural and spiritual values. Despite the multicultural structure of the global community, we saw that, at least in the case of the Confucian *Junzi* and the Jewish Just man, we find similarities in values and human conduct. The examination and recognition of this cultural "sameness" can lead us to inter – cultural and inter – religious dialogue, enabling us to further promote global tolerance. Of course, this kind of discussion can today occur only on a theoretical level. The openness to those who are different and the "other" is far from ideal, but it can still enable us to view the global human community as a meeting – point of constant encounters between the differences.

We all familiar with the contemporary Confucian thinker; Tu Weiming, who is actively promoting a global dialogue between cultures and religions according to Confucian principles. In this presentation I sought to point out one of the multiple "spiritual meeting points" inspired by Contemporary Confucian thinkers; Cheng Chunying and Tu Weiming. In their work, I derive motivation to continue taking part in the broad cosmic and human sphere without ignoring components of my personal identity.

# 港澳台部分

## 心有所偏，即为不纯
### ——《左传》"郑伯克段于鄢"与"卫州吁弑桓公而立"叙事结构之分析

台湾政治大学中文系主任、教授　陈逢源

## 一、前言

《左传·隐公元年》有关"郑伯克段"之事，诚乃《左传》开卷最具结构的一段文字，饶富破题趣味，精彩绝伦，成就斐然，归有光《文章指南》云：

> 学者作文，最难叙事。古今称善叙事者，左氏、司马氏而已。如叙郑庄公、叔段本末，此左氏笔力之最高者。①

只是后人关注所及，或讥郑伯失教，或论叔段不弟，意见纷呈②，原因所在，乃是以褒贬作为观察重点，陷于人言言殊的诠释困境，毕竟评价来自于后人建构的结果，仁智互见，难有定论。为求化解困境，笔者改变思考方向，尝试以叙事观点，分析视角与情节发展，得出母与子和谐的隐藏主题，了解《左传》对比、递进的叙事安排中，存在一种思维结构，饶有暗示作用，《左传》叙事结构并非单独存在，而是在不同事例之中，彼此呼应，相互衔接，形成层层而进的推论脉络，如同涟漪激荡，成为主副旋律交叠情况，事例无关乎考证，内容超乎章法结构，然而精彩之布局，横跨不同记载，形成超越性的联结。此一特殊叙事手法，遂使《左传》阅读必须入乎其内，也必须出乎其外，寻求呼应的线索。以《左传·隐公四年》载"卫州吁弑桓公而立"作为参照材料，虽然事异国殊，结局不同，但同属于兄弟阋墙的人伦之变，于载录之末，同引

---

① 归有光：《文章指南》集部 315 总集类"仁集"，《四库全书存目丛书》本，台南庄严文化事业公司 2003 年 6 月版，第 315 页。
② 韩席筹：《左传分国集注》卷九"郑共叔段之乱"，华世出版社 1978 年 12 月版，第 493 页。吴闿生：《左传微》列标题为"郑共叔段之乱"，下文注"此篇以诛庄公之不孝为主"，第 10 页。

"君子曰",评颍考叔"纯孝也",言石碏"纯臣也","孝"、"臣"皆属人伦德目,以"纯"为说,更是《左传》仅见的用法,郑、卫两国原为雠仇,事件各有缘由,但《左传》叙事却深有手法呼应之安排,只是前人强调《春秋》大义,分判书法精神,重点在于道德①,然而观察所及,却未及于布局细节,不免于巧思缺乏检讨,是以援取比较,期以彰显《左传》深意所在。

## 二、检讨叙述主轴

《左传》说明事件本末,选择叙事角度,乃是读者形成初步印象最重要关键,郑庄公与公叔段,州吁与卫桓公,两则载事皆属兄弟人伦之变,郑庄公布局以逐公叔段,卫州吁好兵弑桓公而立,前者兄胜其弟,后者弟弑其兄,结局截然相反。前者以郑庄公为主,叔段成为讲论的对象,叙事以兄长为主调;至于卫州吁弑君,于兄弟之间,从介绍"公子州吁,嬖人之子也"到"卫州吁弑桓公而立",明显以州吁为核心,《左传》以胜者为主轴,胜者主导诠释方向。但不同于"郑伯克段于鄢"纯然以郑庄公为叙事主轴,《左传》叙写"卫州吁弑桓公而立",固然以"州吁"为核心,但全篇内容,却是采取多重叙事角度的方式,呈现纷然并起的样态,以卫庄公娶庄姜,卫人赋《硕人》而言,重点在于铺排庄姜之德,从"美而无子"至"以为己子"②,于无限遗憾之中,深有寄望。《左传》下文说明桓公为庄姜所爱,而州吁为庄姜所恶,两人之评价,截然相反,情形一如郑武姜恶庄公而爱叔段,但关注所在,诉求迥然有别,武姜出于一己之私,遂有兄弟争立之祸;姜庄好恶深得民心,州吁终难改变其势,《左传》于铺排之际,饶富对比巧思。事实上,两段文字皆是先由父母婚姻谈起,叔段得武姜宠爱,势力几可敌国,《左传》一句"谓之京城大叔",极具光彩,诚如竹添光鸿《左传会笺》所言"隆重尊严,威焰逼人之状如见"③。至于公子州吁,《左传》言"嬖人之子也。有宠而好兵,公弗禁"④。女爱则子抱,州吁既得卫庄公关爱,声势同样显赫,《韩非子·内储说下》云:"卫州吁重于卫,拟于君。群臣百姓尽畏其势重,州吁果杀其君而夺之政。"⑤情形一如叔段,两人分别于郑、卫皆有拟君之势,也是春秋之初,下僭于上最重要的事例,积微之渐,开启是非二百四十二年间事,家毁国灭,诸侯奔走不得保其社稷,按核《孟子》云:"世衰道微,邪说暴行有作,臣弑其君者有

---

① 参见余蕙静:《"戊申,卫州吁弑其君完"考辨——以〈四库全书·春秋类〉为范围》,《国立高雄海洋科技大学学报》第22期(2008年2月),第145页。
② 杨伯峻:《春秋左传注》隐公三年,洪叶文化事业公司1993年5月版,第30~31页。
③ 竹添光鸿:《左传会笺》卷一隐公元年,明达出版社1982年9月版,第21页。
④ 杨伯峻:《春秋左传注》隐公三年,第31页。
⑤ 韩非撰,张觉校疏:《韩非子校疏·内储说下》,上海古籍出版社2010年版,第675页。

之,子弑其父者有之。孔子惧,作《春秋》。"①溯其伊始,郑国叔段与卫国州吁,不臣之心,开启春秋之世人伦失绪,邦国瓦解的发展,周室失序,于此得其迹象。《左传》叙写两人不安于位,危及家国,颇有历史警示作用,详载其事,深有史家寓意。依《史记·卫康叔世家》所载:"郑伯弟段,攻其兄,不胜,亡。而州吁求与之友。十六年,州吁收聚卫亡人,以袭杀桓公。"②叔段叛变失败后,两股势力合流,两人地位相当,气味相投,于此可见。

事实上,郑武公十年娶武姜,十四年生庄公,十七年生叔段,庄公即位之初,年仅十五,至鲁隐公元年叔段奔共,其间已历二十二年,《左传》推究前事,其实已超过三十六年。相同情形,隐公四年州吁弑君,卫桓公即位已十六年,其间颇历年时,牵涉既广,缘由既多,于事变之因,已难推究,然而《左传》简化线索,特别点出家庭伦常之间,父母心有一偏,遂有兄弟失和之事,郑武姜因寤生而恶庄公,卫庄公因嬖人而爱州吁,一由于母,一缘其父,事由不一,但心有偏私则一,兄弟之间,叔段因宠而骄,州吁因宠而好兵,欲望高张的结果,终致谋逆叛国,断灭君臣之伦,一为兄所逐,一为弑君而立,成败有异,但自食恶果,结局相同。《左传》载叔段请京,命西鄙、北鄙贰于己,又收贰以为己邑,最终完聚以袭郑,借由三段材料,以层层而进的描述,彰显叔段野心勃勃,滋蔓发展,难以抑遏,终至密谋叛乱的情态,大夫祭仲直言其势如"蔓草不可除"③,符合顺序渐进的叙事模式;至于言及州吁,仅言"有宠而好兵",细节一无所及,后文直接"弑桓公而立",仅以石碏"阶之为祸"之言,暗示未来的结果,相较之下,叙事较为简洁,两段文字合并而观,更可见《左传》详此略彼的手法。比较两者,祭仲言其形势,石碏论其道理,叔段、州吁两人终究为祸,两段文字饶富对比趣味,以及结构布局的思考,叔段有宠禄太过的问题,州吁也有滋蔓的情形,两段文字,有如互文修辞之法,印证彼此情势发展,又避免文字的重复,《左传》叙事之精妙,于此可见。然而相较于《左传》叙叔段事,纯然以郑庄公为叙事重心,铺排隐忍以待其毙的时机,层层而进,终致冲突发生,叔段出奔,线索直接而单纯。至于言及州吁弑君,呈现诸多头绪,言庄姜之德,对比庄公之失,列举石碏之言,高举人伦秩序,固然以州吁为主,但从旁介绍者为多,叙写掺有诸多暗示,点染之妙,州吁形象于众人言谈之间,已可概见,竹添光鸿《左传会笺》云:"贱而得幸曰嬖。叙桓公何等尊重,叙州吁何等轻微。"④《左传》纯就比对方式,形构身份的不同,于"尊重"与"轻微"之间,立场已经表明,权势之外,从不同叙写角度入手,只是一

---

① 朱熹:《孟子集注》卷六《滕文公下》,《四书章句集注》,长安出版社1991年版,第272页。
② 泷川龟太郎:《史记会注考证》卷三十七《卫康叔世家》,洪氏出版社1982年10月版,第601页。
③ 杨伯峻:《春秋左传注》隐公元年,第12页。
④ 竹添光鸿:《左传会笺》卷一隐公三年,第47页。

如《左传》介绍郑伯与叔段，叔段为隐没的主角①；卫桓公与州吁之间，从立而遭弑，于桓公着力不多，可见《左传》并不一定于兄弟两人间择一铺排，而是运用更灵活的介绍手法，建构意义所在，从"卫州吁弑桓公而立"之下，至"州吁未能和其民"之间，插入不同线索，例如分别从鲁、宋两国态度，得见形势之发展，叙事主调之馀，穿插另一旋律，相互交叠，遂有更丰富之叙事内容，原本鲁宋同盟，然而于州吁弑君的立场不同，遂生嫌隙；鲁国君臣一体，然而羽父固请而行，上下因此不合，州吁弑君，竟似涟漪，于国际间形成不同层面的影响。《左传·隐公三年》传载宋穆公感其兄宣公之德，将君位传回兄之子与夷，是为殇公，而使公子冯出居于郑，其间并无明显的争位情事②，然而在州吁挑拨之下，以盟主之位相诱，两次讨伐郑国，《春秋·隐公四年》载"宋公、陈侯、蔡人、卫人伐郑"③。《春秋传说汇纂》云："此诸侯会伐之始，亦东诸侯分党之始。"④ 自此盟会征伐为列国诸侯在乱世中的存亡之道，各国分派结党，奔走往赴，遂无宁日，追究根源乃是州吁运用外交，以开启战端的策略。州吁以其私心，牵动各国，相互征伐，声势惊人，乃以往未见之局面，不免让人有袭卷天下的错觉，也就无怪乎鲁隐公会有"其成乎"的疑问，众仲所言"以德和民，不闻以乱"，于纷扰世局之中，遂有清楚的方向。因此对于二次伐郑，宋来乞师，鲁公并未应允，遂使郑国有瓦解鲁、宋同盟的机会，《左传·隐公六年》"郑人来渝平，更成也"⑤。鲁转而与郑形成同盟，心念不同，主张有异，国际形势因兹而改。然而局势动荡，也刺激希冀非分之人，鲁大夫羽父请求以师会之，虽未获允，却执意而行，《春秋·隐公四年》载"翚帅师会宋公、陈侯、蔡人、卫人伐郑"。《春秋传说汇纂》言"此大夫会伐之始"⑥。君臣不同调，开启日后大夫专擅之机，下之凌上，背离正道于此可见。日后，《左传·隐公十一年》羽父挑拨隐公、桓公兄弟，导致弑君的结果，隐公持正道却未获善报，鲁国陷于危机，固然令人慨叹⑦，但也可见不善之人，沆瀣一气，相互影响，其势如同疫病，声势既盛，难以抑遏，州吁以其偏邪之念，毁其家国，进而牵动国际，一改天下局势，《春秋》于此标示"诸侯会伐"、"大夫会伐"之始，纷扰之中，为僭离人伦，上下不安的氛围，提供一个检视的线索。

---

① 拙著《左传叙事之结构思维——以"郑伯克段于鄢"为例》，《通俗文学与雅正文学——"文学与经学"研讨会论文集》第6期，第248~250页。
② 杨伯峻：《春秋左传注·隐公三年》，第28~30页。
③ 杨伯峻：《春秋左传注·隐公四年》，第34页。
④ 王掞、张廷玉等：《钦定春秋传说汇纂》经部167，春秋类，第173册，影印《四库全书》本，台湾商务印书馆1986年版，第117页。
⑤ 杨伯峻：《春秋左传注·隐公六年》，第49页。
⑥ 王掞、张廷玉等：《钦定春秋传说汇纂》，第117页。
⑦ 杨伯峻：《春秋左传注·隐公十一年》，第79~80页。

## 三、分析人物安排

　　《左传》"郑伯克段于鄢"铺排庄公逐段,与母子如初两个重点,"州吁弑君"则介绍州吁弑桓公与杀州吁于濮事件的发展,情节层层推升,形构高潮,两段文字,隐然存在对比结构:

　　事件缘由:母不公(恶)／父不公(孽)
　　叙述视角:隐没主角／呈现主角
　　事件推动:君主导／臣主导
　　事件结果:兄胜／弟胜

　　《左传》对于郑、卫兄弟争位事件,郑伯与叔段,卫桓公与州吁,兄弟争位;郑武公与武姜,卫庄公与庄姜,父母于子偏爱不公;郑国有祭仲、子封、颍考叔三位大臣,成为协助庄公人物;卫国有石碏、右宰丑、獳羊肩三位大臣,为卫国消灭叛贼,其他延伸而出,还包括不同国家,每位人物,详略或有不同,但借由缘由、事件,以及发展三个层次,父母、兄弟、群臣三组人物完成事件的铺排,《左传》安排巧妙,并非出于随意。当然必须补充说明,州吁虽然弑君而立,但最后仍然伏法,情节更进一步,牵涉人物自然更多,卫国石碏与石厚,老臣谋国与附逆之子,父子之亲,形成对比,鲁、宋之盟,求和与附乱,最终立场相反。延伸而出,宋国殇公与公子冯,鲁国众仲与羽父,分别代表一正一反的角色;国君贪名,不顾传位之义;大夫争权,有违君臣分际,皆是助长纷扰的关键人物,甚至卫庄公娶于陈,厉妫生孝伯死早,戴妫生桓公,庄姜以为己子,介绍桓公生母,也分出有子得传,与生子早死两种情况,一有一无,安排巧妙,纷杂事件,于国际之间,人生关系,各有不同的选择与状况,从而得见纷杂万端的世情,《左传》从对等结构,安排对比关系,穿插布局,铺排人物并不马虎。《左传》采取一显一隐的方式刻画人物,避免重出,又凸显主体,层层而进,形塑冲突事件的发展。了解此一叙事方式,才能解释《左传》"郑伯克段于鄢",郑伯作为主要人物,所以对于郑伯刻画最多,"州吁弑君"应以卫桓公与州吁为叙事重点,内容却转而铺排石碏于家国之间维持的苦心,由君位之争,扩及老臣谋国,详此略彼,《左传》于君臣之间,在不同的人物组别当中,选择郑伯与石碏作为故事重心,细节所在,刻画心计之深,铺排情节,形象鲜明,并非仅是呈现人物事件而已。《左传》乃是从历史叙事当中,开展更为复杂的人物形塑方式,在人物与人物,事件与事件当中,借由应对话语,穿透人物心思,提供读者了解人物性格的依据,得以一窥历史人物的内心世界,从而使性格更为立体鲜明,此一方式于叙事当中简洁利落,效果极佳,《左传》载郑庄公回应武姜请制的要求，一句"制，岩邑也，虢叔死焉"①，言语亲爱，细节之处，又洞悉人情充满心机；一句"多行不义，必自毙，子姑待之"②，揭示叔段僭越逾制，乃是庄公养恶的结果；回应子封之请，回答"无庸，将自及"、"不义，不暱，厚将崩"③，文字简单，充满自信，刻画庄公深沉性格以及缜密的思考，由言语以见其动机，由动机察觉人心。《左传》形塑人物形象，话语当中表露无遗，相同情况，对于郑庄公与卫石碏的话语，也采取特殊的安排，郑庄公于克段之前，字字凛如秋霜，无比严切；营造母子和谐，却是句句和煦，饶富情感，前后差距，不免让人怀疑并非出于一人之语。至于石碏谏卫庄公"臣闻爱子，教之以义方"④，慷慨陈辞，句句在理；至于诱骗州吁，谲诈设局，则是全然相反的态度，《左传》铺排两人性格深沉复杂，严峻与和煦，对比强烈，借由情节，形塑人物成长，然而《左传》笔力浑厚，洞悉人情，尺幅之间，已经全然朗现。庄公先呈现深沉性格而后展现亲切和煦，石碏先温厚劝谏然后深沉布局，一前一后，对比的形态，叙述之巧妙，确实是"工侔造化，思涉鬼神，著述罕闻，古今卓绝"⑤。石碏献策"王觐为可"，指出解决问题的正确方向，甚至还提供"陈桓公方有宠于王。陈、卫方睦，若朝陈使请，必可得也"的方法⑥，既借石厚之口，又符合陈、卫方睦的形势，清魏禧言其关键，云："确是当时妙用，说得条理可听。……盖诈使如陈，令其去卫，已失负嵎之势。"⑦ 卸除州吁心防，一步一步，诱入彀中，情形一如郑庄公养叔段之恶，然而割弃人伦，魏禧云其心境"观其父子细细商量处，令人绝倒。然碏于此时肠为寸断矣。忠臣苦心，使千载下人涕零"⑧。石碏必须在忠君与爱子中有所抉择，父子亲情，断难割舍，然而千回百转，不能露其声色，后人遥想揣摩，千古人情，感同身受。相较于此，顾栋高《卫石碏论》认为老臣谋国，慎密持重，讨贼平乱才能成功⑨，感叹之余，石碏心中悲苦，顾氏显然有所忽略，所谓"未尝偶露"、"指麾谈笑"，乃是外表的形迹，遥想其事，揣度人情，骨肉至亲，岂能无感，只是相较于郑庄公沉着以对，执意于杀，两者同行而异情。千载之下，读者能于《左传》郑、卫两国君、臣角色形象安排当中，在兄、弟；父、子之间，体会人伦亲情的纠葛牵扯，相较于前人罪责郑庄公无兄弟之情，对于石碏忍情而行大义，显然更能同情其中的无奈，从《左传》有意铺排对比叙述样态，庄公与石碏固然有义与不

---

① 杨伯峻：《春秋左传注·隐公元年》，第11页。
② 同上，第12页。
③ 同上，第13页。
④ 同上，第31页。
⑤ 刘知几撰，浦起龙释，吕思勉评《史通释评》卷十六《杂说上》，第431页。
⑥ 杨伯峻：《春秋左传注·隐公四年》，第37页。
⑦ 魏禧：《左传经世钞》经部120，春秋类，卷一，"石碏大义灭亲"（《续修四库全书本》），上海古籍出版社2002年3月版，第305页。
⑧ 魏禧：《左传经世钞》卷一"石碏大义灭亲"，第305页。
⑨ 顾栋高：《春秋大事表》卷四十九《卫石碏论》，第593页。

义的道德评价，但回归于人生，兄、弟、父、子之间相残的结果，皆属人伦之不幸，动机固然有高下，但家人不和谐，牵动天下局势，并无不同。

## 四、结论

郑庄公深刻谋画与卫桓公疏于防范，乃是事件主因，两国遂有逐弟与篡弑截然不同的结局，寻求历史意义，不免让人以为君人之术，关乎国运。但《左传》思考显然并非如此简单，巧妙于人伦织网，人物对应出场，父子、母子、君臣、兄弟形成复杂的旋律，兄长不一定为胜，君主也可能被弑，每一个环节，并无固定之结局。人事纷杂，推究细微，巧妙之处，参酌融合，援取"记言"、"记事"之成法，织锦成章。[①]《左传》于主、从、正、反之间，巧妙铺排，用心所在，更在于人物对举之余，饶富发展进程。《春秋·隐公元年》"夏五月，郑伯克段于鄢"，乃是《春秋》经文首见攻伐之事；《春秋·隐公四年》"戊申，卫州吁弑其君完"，乃《春秋》书弑君之始；《春秋·隐公四年》"宋公、陈侯、蔡人、卫人伐郑"，为诸侯会伐之始；《春秋·隐公四年》"秋，翚帅师会宋公、陈侯、蔡人、卫人伐郑"，为大夫会伐之始，僭越篡逆，终致毁家灭国，《春秋》书录国家之变，《左传》深加致意，得见事情渐变之迹。以郑庄公逐叔段，兄弟相争，祸起萧墙，纷扰仅止于一国，至于卫州吁弑君，不仅牵动诸侯，更引发大夫专擅，影响已及于天下。推究起因，源自于郑武姜之"恶"与卫庄公之"嬖"，就事件影响层次：

郑：人心—家—国

卫：人心—家—国—天下

人心之失，事情发展终致难以收拾，影响之巨，难以想象，《左传》于春秋之初，特别留意人伦之失，郑伯固然"失教"，公子州吁悖逆人伦，同属不幸，然而家人不合，相互猜忌，终至性命相搏，郑庄公虽胜，却未必服人之心，公子州吁虽胜，最终还是为百姓所弃，权力固然有胜负，却无所谓的赢家，《左传》尝试穿透历史表象，直究其中道理。以《左传》安排之"言"，既出于历史人物，却也是《左传》有意剪裁安排的结果，祭仲援取先王之制，用以规劝，然而主旨所在，乃是申明秩序与典制彼此相关，违制则乱，有害于国，周代特殊的邦国形态[②]，其中的次序乃是社会秩序安定的保证，乃是礼以定国的最佳注脚。《左传》"州吁弑君"也有一段石碏谏卫庄公的文字，其中有两项重点：一是六逆六顺，包括"贱"、"贵"；"少"、"长"；"远"、"亲"；"新"、"旧"；"小"、"大"；"淫"、"义"对举的形态，以及"君"、"臣"、

---

① 班固撰，颜师古注：《汉书》卷三十《艺文志》，台北：洪氏出版社1975年9月版，第1715页。
② 杜正胜：《周代城邦》，台北：联经出版事业公司1979年1月版。

"父"、"子"、"兄"、"弟"各行其义的主张。二是"骄"、"奢"、"淫"、"泆"以入于邪,以及"宠"、"骄"、"降"、"憾"、"眕"之心理形态。① 前者建构宗法秩序的说明,成为人伦论述最重要的材料,开启儒家人伦论述之先河,唯一所缺者为"夫"、"妻"一伦,然而《左传》于叙事之初,郑伯克段乃是从"郑武公取于申,曰武姜"说起,州吁弑君乃从"卫庄公娶于齐东宫得臣之妹,曰庄姜"破题,显然"君"、"臣"、"父"、"子"、"兄"、"弟"诸多情事,乃是于"夫"、"妻"一伦下推衍进行的结果,五伦齐备,书写并无缺漏。后者,言其根源,"宠"则"骄"、"泆";"禄"则"奢"、"淫",关键之处,乃是由"嬖"而"宠",由"宠"而及"禄",致祸缘由,石碏也提供病理的说明,所谓"夫宠而不骄,骄而能降,降而不憾,憾而能眕者,鲜矣",正是人性能上不能下的说明,人心既难以满足,逾越分寸,于是上下相凌,终致混乱,于邦国如此,于家族如此,人事纷杂,得失胜负,原不可以道理计,但回归于人心,有最切近根本的答案。所以《左传》于郑伯克段于鄢,标举母子相会,深致咏叹,"大隧之中,其乐也融融"、"大隧之外,其乐也泄泄",倡言"遂为母子如初",其乐无穷;至于州吁弑君,标举"弗纳于邪"的主张,以求远祸无灾,为纷乱世局,提供一帖良方,前者铺排境界,后者标举工夫,两者相互补充,《左传》于历史叙事当中,背后存有一种人伦和谐的想象,反复致意,理想形态成为历史书写的主题,于事件、人物当中,一再彰显其核心价值,"初"本无"邪",人各安其分,各守其职,邦国无隙,人伦自然欢乐,有此理解,重新检视《左传》内容,原本的疑惑,似乎有了解答的方向。

---

① 杨伯峻:《春秋左传注·隐公四年》,第 31~33 页。

# 《周礼》六艺的内涵及其在教育上的作用

中国台北政治大学中文系名誉教授、国际儒学联合会副理事长　董金裕

## 一、前言

所谓"六艺",说法有二：一说指《礼》、《乐》、《书》、《诗》、《易》、《春秋》。此即《史记》所称"孔子以《诗》、《书》、《礼》、《乐》教,弟子盖三千焉,身通六艺者七十有二人"[①]。其性质略近于现代的教材,因《史记》称引颇多[②],故不妨称之为《史记》六艺。二说指礼、乐、射、御、书、数。此即《周礼·地官》所称"保氏掌谏王恶,而养国子以道,乃教之六艺"[③]。其性质略近于现代的科目,因首次出现于《周礼》,故不妨称之为《周礼》六艺。

上述二说以《史记》六艺较为人所熟知,一般有关经学、儒学,甚至国学的著作,或详或略,都会介绍。至于《周礼》六艺,大家虽不至于毫无所悉,但了解究属有限,也少有著作述及。

2009年,台北市孔庙向"交通部"观光局提出"台北市孔庙历史城区观光再生计划",经评审通过,获得新台币三亿元的补助,加上台北市政府提供的三亿配合款,因有足够经费的挹注,自2010年至2011年,为期两年内,陆续推出许多子计划,其中包括"多媒体六艺体验活动",透过具体对象的展示,以及交互式的多媒体设计,将《周礼》六艺,亦即礼、乐、射、御、书、数的内容展现出来。游客除了静态的观赏以

---

① 司马迁：《史记·孔子世家》,鼎文书局《新校本史记三家注并附编二种》1981年8月4版,第1938页。
② 如《伯夷列传》云："夫学者载籍极博,犹考信于六艺,《诗》、《书》虽缺,然虞夏之文可知也。"《滑稽列传》云："孔子曰：'六艺于治,一也。《礼》以节人,《乐》以发和,《书》以道事,《诗》以达意,《易》以神化,《春秋》以义。'"《太史公自序》引司马谈《论六家要旨》云："夫儒者以六艺为法,六艺经传以千万数。"又云："夫《春秋》,上明三王之道,下辨人事之纪,别嫌疑,明是非,定犹豫,善善恶恶,贤贤贱不肖,存亡国,继绝世,补敝起废,王道之大者也。《易》著天地阴阳四时五行,故长于变。《礼》经纪人伦,故长于行。《书》记先王之事,故长于政。《诗》纪山川溪谷禽兽草木牝牡雌雄,故长于风。《乐》乐所以立,故长于和。《春秋》辩是非,故长于治人。是故《礼》以节人,《乐》以发和,《书》以道事,《诗》以达意,《易》以道化,《春秋》以道义。"同注①,第2121、3197、3290、3297页。
③ 郑玄注,孔颖达疏：《周礼注疏》,艺文印书馆影印嘉庆二十年江西南昌府学开雕本,第212页。

外,也可透过实际的操作亲身体验,故推出以来,颇受欢迎。①

在得标厂商台北市天璇企业有限公司执行此子计划时,曾聘请笔者担任顾问,笔者因而有机会对《周礼》六艺进行较进一步的探讨,除了掌握其内涵外,更深切的感受到其在教育上所具有的作用,其中有些在现代仍富含参考的价值,可以作为我们调整课程的标竿,以期达到更好的教育功效。

全文先引用经学重要注疏家的注解,介绍《周礼》六艺的内涵,接着探讨六艺的属性以及彼此的关系,进而阐发六艺的教学特色,最后加以总结,并对当前的教育提出针砭,以见古典的经义仍然饶具现代意义,为我们所当正视者。

## 二、《周礼》六艺的内涵

据《周礼·地官》记载:

> 保氏掌谏王恶,而养国子以道,乃教之六艺:一曰五礼,二曰六乐,三曰五射,四曰五驭,五曰六书,六曰九数。②

则所谓六艺者,包括五礼、六乐、五射、五驭、六书、九数,其详细内容为何?兹据经传及注疏所言,略加疏解如下。

### (一) 礼——五礼

前引《周礼·地官》"一曰五礼"下,郑玄注云:

> 五礼,吉、凶、宾、军、嘉也。③

孔颖达疏曰:

> 五礼,吉、凶、宾、军、嘉,大宗伯文。④

---

① 其详可参董金裕总编审《圣之时——台北市孔庙的蜕变与传承:台北市孔庙历史城区观光再生计画——多媒体六艺体验活动》,台北:台北市孔庙管理委员会2011年12月版,第280~287页。
② 郑玄注,孔颖达疏:《周礼注疏》,台北:艺文印书馆影印嘉庆二十年江西南昌府学开雕本,第212页。
③ 同上。
④ 同上,第213页。

检视大宗伯之文，从其中所述各自的作用，大抵可以看出五礼的内涵：

> 以吉礼事邦国之鬼神示，……以凶礼哀邦国之忧，……以宾礼亲邦国，……以军礼同邦国，……以嘉礼亲万民，……①

据此可知吉礼是用来祭祀人鬼（祖先）、天神、地示（祇），以表示对其尊崇的典礼。凶礼是用来表达对丧葬、灾荒、寇乱的哀伤、怜恤、慰问或援助，以表达关怀的典礼。宾礼是诸侯朝见天子，或天子会见诸侯，使彼此互相亲附的典礼。军礼是以军队征伐，或训练军队、兴建军事工程、勘定国家疆界、厘订赋税多寡，以协同保卫国家的典礼。嘉礼是用以表达祝贺，如冠、婚礼、饮食、宴享礼，以及其他值得庆祝道贺之事，来敦睦感情的典礼。

五礼其实又各自包括许多项目的礼，如吉礼祭祀天神的礼就包括了祭昊天上帝，祭日月星辰，祭司中、司命、风师、雨师的礼，因事涉专门，也非本文重点所在，故不赘述。

### （二）乐——六乐

前引《周礼·地官》"二曰六乐"下，郑玄注云：

> 六乐，《云门》、《大咸》、《大韶》、《大夏》、《大濩》、《大武》也。②

孔颖达疏曰：

> 六乐，《云门》以下，大司乐文。③

检视大司乐之文"以乐舞教国子，舞《云门大卷》、《大咸》、《大磬》、《大夏》、《大濩》、《大武》"④下，郑玄注云：

> 此周所存六代之乐，黄帝曰《云门大卷》。……《大咸》，《咸池》，尧乐也。……《大磬》，舜乐也。……《大夏》，禹乐也。……《大濩》，汤乐也。……

---

① 郑玄注，孔颖达疏：《周礼注疏》，艺文印书馆影印嘉庆二十年江西南昌府学开雕本，第270~278页。
② 司马迁：《史记·孔子世家》，鼎文书局《新校本史记三家注并附编二种》1981年8月4版，第212页。
③ 同上，第213页。
④ 同上，第337~338页。

《大武》，武王乐也。①

可见六乐乃黄帝、尧、舜、夏禹、商汤、周武王六代之乐。又大司乐论述六乐的作用云：

> 以六律六同、五声、八音、六舞大合乐以致鬼神示，以和邦国，以谐万民，以安宾客，以说远人，以作动物。②

与上引大宗伯所述五礼的作用极为近似，由此可知乐者乃行礼时所表演的歌舞，故六乐又称六舞，而六乐既然是代表黄帝以下六代的歌舞，则必然会有诗以歌颂当代的文治武功，所以六乐实际上乃是一种诗乐舞合一的大型舞曲。

### （三）射——五射

前引《周礼·地官》"三曰五射"下，郑玄注云：

> 郑司农云："五射，白矢、参连、剡注、襄尺、井仪也。"③

孔颖达疏曰：

> 先郑云五射白矢已下无正文，或先郑别有所见，或以义而言之。云白矢者，矢在侯而贯侯，过见其镞白。云参连者，前放一矢，后三矢连续而去也。云剡注者，谓羽头高镞低而去剡剡然。云襄尺者，臣与君射，不与君并立，襄君一尺而退。云井仪者，四矢贯侯如井之容仪也。④

据此，可见并无法在《周礼》中找到五射的正文，但孔颖达随即对五射加以诠释，依其诠释，白矢是指能射穿箭靶（侯）而露出箭头（镞）；参连是指射出一支箭以后随即连续射出三支箭；剡注是指射出的箭箭尾（羽头）高而箭头低，锐利射中箭靶；襄尺是指君臣同时射箭时，臣谦让（襄）于君，退于君后一尺；井仪是指射出的四支箭，在箭靶上排列如井字的四方形。分别显现射箭的劲道、快速、锐利、礼仪及准头。

---

① 司马迁：《史记·孔子世家》，台北：鼎文书局《新校本史记三家注并附编二种》，1981 年 8 月 4 版，第 338 页。
② 同上。
③ 同上，第 212 页。
④ 同上，第 213 页。按郑玄注所云郑司农、孔颖达疏所云先郑，皆指东汉经学家郑众。

### （四）御（驭）——五御（驭）

前引《周礼·地官》"四曰五驭"下，郑玄注云：

> 五驭，鸣和鸾、逐水曲、过君表、舞交衢、逐禽左。①

孔颖达疏曰：

> 五驭者，驭车有五种，云鸣和鸾者，和在式，鸾在衡。案《韩诗》云："升车则马动，马动则鸾鸣，鸾鸣则和应。"先郑依此而言。云逐水曲者，无正文，先郑以意而言，谓御车随逐水势之屈曲而不坠水也。云过君表者，谓若《毛传》云："褐缠旃以为门，裘缠质以为椹，间容握，驱而入，毂则不得入。"《谷梁》亦云："艾兰以为防，置旃以为辕门，以葛覆质以为槷流，旁握御毂者不得入。"是其过君表即褐缠旃是也。云舞交衢者，衢，道也，谓御车在交道，车旋应于舞节。云逐禽左者，谓御驱逆之车，逆驱禽兽使左当人君以射之，人君自左射，故《毛传》云"故自左膘而射之，达于右腢为上杀"，又《礼记》云"佐车止则百姓田猎"是也。②

其中对过君表的解释，嫌晦涩迂曲，孙诒让以为"其说殆不可通"，而另为之说道："君表犹言君位，《左昭十一年传》云：'朝有著定，会有表，会朝之言必闻于表著之位。'杜注云：'野会设法以为位。'盖会同师田，君在则必有表位，凡车过之，当别有仪以致敬，故五御有过君表之法，犹人治朝者申过位之敬矣。"③

综合孔颖达疏及孙诒让之说，鸣和鸾是指驾车时，挂在车轼上及车衡上的铃铛（和、鸾）声相互应和调谐。逐水曲是指驾车经过曲折的水岸边，安稳而不会掉进水中。过君表是指驾车经过君前之位时，向君王行礼以表敬意。舞交衢是指驾车经过交叉路时，应该如舞蹈般具有一定的节奏。逐禽左是指打猎时驾车追捕野兽，应该将野兽驱赶到左边，以便于坐在车子左边的人君射杀。分别讲求驾车的纯熟、稳定和有节奏，并能向君王致敬，且提供君王狩猎的方便。

### （五）六书

前引《周礼·地官》"五曰六书"下，郑玄注云：

---

① 郑玄注，孔颖达疏：《周礼注疏》，艺文印书馆影印嘉庆二十年江西南昌府学开雕本，第212页。
② 司马迁：《史记·孔子世家》，鼎文书局《新校本史记三家注并附编二种》，1981年8月4版，第213页。
③ 孙诒让：《周礼正义》，艺文印书馆影印楚学社本，第2469页。

> 六书，象形、会意、转注、处事、假借、谐声也。①

孔颖达疏曰：

> 云六书象形之等，皆依许氏《说文》。云象形者，日、月之类是也，象日、月形体而为之。云会意者，武、信之类是也，人言为信，止戈为武，会合人意，故云会意也。云转注者，考、老之类是也，建类一首，文意相受，左右相注，故名转注。云处事者，上、下之类是也，人在一上为上，人在一下为下，各有其处，事得其宜，故名处事也。云假借者，令、长之类是也，一字两用，故名假借也。云谐声者，即形声一也，江、河之类是也，皆以水为形，以工、可为声。但书有六体，形声实多。……②

核对今本许慎《说文解字·叙》，可以发现与孔颖达疏所言六书的名称与次序略有不同，但所举六书字例完全一样，至于解说则因用字太简，故皆尚有不够明确之处。③

所幸经过文字学者不断的研究，目前学界基本上已形成共识：六书的名称次序应为象形、指事、会意、形声、转注、假借，前四者为文字构造的基本法则，后两者为文字构造的补充法则。至于六书的意义则为：象形是按照物体的形状将其描摹出来，指事是用简单的符号来表示某些概念，会意是会合两个或两个以上之字的意思以形成新的一个字，形声是由表示事物类别的"形符"和表示字音的"声符"组合而成的字，转注是指字形、读音及意义相近的字可以相互注释，假借是本来没有这个字但可借用声音相同或相近的字来代替。至于六书的作用则在于透过对文字的构造，以认识文字的形音义，并能适切运用，以表达情意。

## （六）数——九数

前引《周礼·地官》"六曰九数"，郑玄注云：

---

① 司马迁：《史记·孔子世家》，鼎文书局《新校本史记三家注并附编二种》，1981年8月4版，第213页。
② 郑玄注，孔颖达疏：《周礼注疏》，艺文印书馆影印嘉庆二十年江西南昌府学开雕本，第213页。
③ 许慎：《说文解字·叙》云："保氏教国子，先以六书：一曰指事，指事者，视而可识，察而见意，上、丁是也。二曰象形，象形者，画成其物，随体诘诎，日、月是也。三曰形声，形声者，以事为名，取譬相成，江、河是也。四曰会意，会意者，比类合谊，以见指㧑，武、信是也。五曰转注，转注者，建类一首，同意相受，考、老是也。六曰假借，假借者，本无其字，依声托事，令、长是也。"六书的名称与次序为一指事、二象形、三形声、四会意、五转注、六假借。见许慎著、段玉裁注：《说文解字》，黎明文化事业公司1978年4版，第762~764页。

九数，方田、粟米、差分、少广、商功、均输、方程、赢不足、旁要。①

　　孔颖达疏仅拢统曰："九数者方田以下皆依《九章算术》而言"②，并不再如前之五礼、六乐、五射、五驭、六书等之例，——说明九数所指各为何。

　　按《九章算术》为古代重要的数学经典著作，作者为何人已无从查考，但西汉初年张苍等曾对其加以删补，可见成书甚早。全书计分九章，共246题，每题分问（问题）、答（答案）、术（解题方法）三部分，由浅入深，极有层次。此九章即九数，依序说明如下：方田，主要内容是对各种田亩面积的计算。粟米，主要是讲各种比例计算问题，特别是各种谷物之间按比例交换的问题。襄分，又称差分，襄指按等级或比例，分指分配，这一章主要是讲按等级或按一定比例进行分配的各种计算问题。少广，讲的是已知面积和体积反求其一边的问题，涉及开平方和开立方的方法。商功，商指商议，功指工程，这一章主要是讲有关土石方和用工量的各种工程数学问题。均输，讲的是按人口多少和路途远近等条件，以摊派赋税和徭役等的比例问题。盈不足，或作赢不足，主要是讲盈亏的计算问题。方程，主要内容是方程式的计算问题。句股，又称旁要，句指短面，股指长面，短长相推以求其弦，故又称句股弦，即直角三角形的解法问题。

　　《九章算术》虽以算术为名，但其内容除了涉及今所称算术以外，更涵括今之代数、几何，内容丰富，题材广泛，尤其可贵的是能与社会的实际需求，诸如土地面积、粮食交换、物资分配、工程体积、税役摊派、物价涨跌等密切相关，成为其最大的特色。③

## 三、《周礼》六艺的属性及其相互关系

　　透过上述对《周礼》六艺内涵的介绍，我们可以将六艺归纳为三组：礼、乐为一组，射、御为一组，书、数为一组，各有其在教学上所着重之处，兹分述之如次。

　　第一组为礼、乐，重在伦理的培养及情意的陶冶，为教育的首要之务。按儒家最重视礼乐教化，《论语》记载：

---

① 司马迁：《史记·孔子世家》，《新校本史记三家注并附编二种》，鼎文书局1981年版，第213页。
② 同上。
③ 此节所述六艺的内涵，少数有异解，如五御中的"过君表"、"六书"、"九数"等，既非本文重点，故不赘述。所采乃较为众所认同之说法。

子曰："兴于诗，立于礼，成于乐。"①

此章记述孔子明言兴起善心，立身成德，在于诗、礼、乐。但前已述及，诗、乐本为一体，故可将诗、礼、乐化约为礼、乐。礼、乐之作用虽相反而实相成，彼此同出人心，相须以为用，故《礼记·乐记》云：

> 乐者，音之所由生也，其本在人心之感于物也。……知乐则几于礼矣，礼、乐皆得谓之有德。②
> 乐者为同，礼者为异。同则相亲，异则相敬。……礼义立则贵贱等矣，乐文同则上下和矣。……乐者天地之和也，礼者天地之序也；和故百物皆化，序故群物皆别。……致乐以治心，则易直子谅之心油然生矣！……致礼以治躬则庄敬，庄敬则严威。③

类此之言，《礼记·乐记》，以至《荀子·乐论》所载颇多，皆可充分看出礼、乐之密不可分。

第二组为射、御，重在体能的训练及技艺的精熟，因已讲求技艺，故必须达到相当的年龄，具备相当的体力，始可让孩童学习。《礼记·内则》载：

> 八年，出入门户及即席饮食，必后长者，始教之让。……十年……礼帅初，朝夕学幼仪。……十有三年，学乐、诵诗、舞勺。成童，舞象，学射、御。④

八岁开始学礼，十三岁则可以学乐诵诗，诗乐舞虽为一体，但此时体力未充，只能舞勺，即跳手持羽、钥，不需太多体力的文舞。要到了成童（年十五以上），亦即青少年阶段，发育逐渐完成，体力日健，就可以舞象，即跳手持干、戈的武舞，并进而学射、御了。及至成年之后，发育已经完成，体壮力强，即可以学正式的礼而非幼仪，也就可以跳手持羽、钥、干、戈的文武合一之舞，此即《礼记·内则》所云："二十而冠，始学礼，……舞《大夏》"是也。⑤ 可见一切的学习都必须配合身心的成熟程度，循序渐进，逐步加强。

第三组为书、数，重在知识的获取，以及在日常生活的运用，只要孩童的智慧已

---

① 朱熹注：《论语集注·泰伯》，《四书章句集注》，大安出版社2005年版，第141页。
② 郑玄注：《礼记》，学海出版社1979年5月影印民国二十六年来青阁影印本，第476页。
③ 同上，第479~505页。
④ 同上，第377页。
⑤ 《大夏》，郑玄注云："《大夏》，乐之文武备者也。"郑玄注：《礼记》，学海出版社1979年5月影印民国二十六年来青阁影印本，第378页。

开,不必年龄太大即可进行。《礼记·内则》载:

> 六年,教之数与方名。……九年,教之数日。……十年,……学书记,……请肄简谅。①

教之数(数字)、教之数日(以天干、地支计算日期),都属于数的范畴。学书记、肄简谅,依郑玄对肄简谅之注,皆与文字、语言相关②,都是属于书的范畴。先教之数,再教之数日,先学书记再肄简谅,也是由浅入深,强调的是学不躐等也。

这三组看似各自独立,但彼此习习相关。举例而言,如《礼记·射义》言:

> 古者诸侯之射也,必先行燕礼。卿大夫士之射也,必先行乡饮酒之礼。故燕礼者,所以明君臣之义也。乡饮酒之礼,所以明长幼之序也。故射者进退周还必中礼,内志正,外体直,然后持弓矢审固;持弓矢审固,然后可以言中;此可以观德行矣。③

又云:

> 射者,仁之道也。射求正诸己,己正而后发。发而不中,则不怨胜己者,反求诸己而已矣!孔子曰:"君子无所争,必也射乎!揖让而升,下而饮,其争也君子。"④

类此之言尚多,凡是皆可见射与礼,与修德关系之密切。又如五射中有襄尺,指君臣同时而射,则臣应襄(让)于君一尺,讲求的臣尊君之礼。五御中有过君表,指臣驾车经过君前,向君行礼以表敬意;又有逐禽左,指打猎时应驾车将野兽驱赶至车左,以便坐于车左的君王射杀,讲求的也是君臣之义。

再举例而言,依《礼记·内则》所言,六年,教之数;九年,教之数日;此为基础性的数学,其后逐步渐进,由浅而深,以至于熟习《九章算术》所载的九数,实际运用于田亩面积、工程体积的计算,粮食交换、物资分配的比例,税役摊派、物价涨跌的评定等,皆与人民的生活密切相关。若能掌握得当,则百姓不虞匮乏,则可以娴礼、乐而

---

① 郑玄注:《礼记》,学海出版社 1979 年 5 月影印民国二十六年来青阁影印本,第 377 页。
② 郑玄注云:"肄,习也。谅,信也。请习简,谓所书篇数也。请习信,谓应对之言也。"郑玄注:《礼记》,学海出版社 1979 年 5 月影印民国二十六年来青阁影印本,第 377 页。
③ 郑玄注:《礼记》,学海出版社 1979 年 5 月影印民国二十六年来青阁影印本,第 822~823 页。
④ 同上,第 828~829 页。

习射、御矣！又如射箭讲究持弓矢审固以中的，则弓的重量、矢的锐利程度、臂力的强度，以至风向及速度，皆有赖数的推算。驾车讲究安全、稳定与有节奏，则路途的远近、车行的速度，以至地势的平直或曲折，也要掌握其精确的情况。另依《礼记·内则》所言，十年，学书记，请肄简谅，皆与文字有关，《说文解字·叙》云：

  盖文字者，经艺之本，王政之始，前人所以垂后，后人所以识古，故曰本立而道生，知天下之至赜而不可乱也。①

则识字以后，进而学习《史记》六艺，即《诗》、《书》、《礼》、《乐》、《易》、《春秋》，以至于前人所以诏后，后人所以承先，前后人文化的传承皆有赖于学书矣！

## 四、《周礼》六艺的教学特色

《周礼·地官》言保氏"养国子以道，乃教之六艺"。六艺作为教学的科目，各有其属性，而又彼此密切相关，其所显现的特色，笔者以为至少有下列三点：

### （一）文事与武备兼具

六艺之中，礼、乐重在伦理的培养及情意的陶冶，皆有关于文化素养。射、御重在体能的训练及技艺的精熟，而此技艺明显的偏向于武艺，亦即属于军事的技能。其实五礼中的军礼即属军事范畴，而六乐既然都是一代之乐，当然是文武合一之舞，也与军事相关。书、数重在知识的获取及实际的运用，可以视为礼、乐与射、御的基础知能。如是，六艺的教学有文事，亦有武备，显然是文武合一的教育。《史记·孔子世家》记载孔子于摄鲁国相事时，辅佐鲁定公与齐景公会于夹谷（在今山东省莱芜市），曾谏请曰："有文事者必有武备，有武事者必有文备。"要求具左右司马以从，鲁定公采纳其建议，终于会上取得上风。② 由此可见《周礼》此种兼重文武的教育特色，深为孔子所赞同并加以运用，而获得外交上的胜利。

---

① 许慎《说文解字·叙》云："保氏教国子，先以六书：一曰指事，指事者，视而可识，察而见意，丄、丅是也。二曰象形，象形者，画成其物，随体诘诎，日、月是也。三曰形声，形声者，以事为名，取譬相成，江、河是也。四曰会意，会意者，比类合谊，以见指㧑，武、信是也。五曰转注，转注者，建类一首，同意相受，考、老是也。六曰假借，假借者，本无其字，依声托事，令、长是也。"六书的名称与次序为一指事、二象形、三形声、四会意、五转注、六假借。见许慎著，段玉裁注：《说文解字》，黎明文化事业公司1978年4版，第771页。
② 司马迁：《史记·孔子世家》，鼎文书局《新校本史记三家注并附编二种》1981年8月4版，第1915页。

## （二）道德与知识、技艺并重

大抵而言，教学目标可以分为三个方面：知识探求方面、技能培养方面、情意陶冶方面。以此为标准来看待六艺，显然书、数偏重于知识探求方面，射、御偏重于技能培养方面，礼、乐则偏重于情意陶冶方面。但因三者虽各自独立，其实乃互相足成，以此培养伦理的观念、高尚的情操，吸收从事各种学问的基础知识，从而训练纯熟的技艺，以便于日常生活的运用。足见六艺的教学已能涵括德、知、能三个层次，有体有用，从而形成圆融的体系。

## （三）身心交融，人我互动

六艺之教学，因礼、乐同出于人心，且相须以为用，有裨于陶养心性，泄导人情。射、御则能训练体能，熟练技巧，对强身健体极有帮助。书、数虽属客观知识的探求，但可借此运动脑筋，使思虑灵活，亦大有补于身体的健康、心智的成熟。是就个人而言，显然可以达到身心交融的效果。

由个人推而至于人群，则五礼都有其施行之对象，六乐合诗乐舞为一，皆属群体的活动。射箭、御车固然可以单独为之，但较常进行的是群体的竞赛。书、数虽较偏于个人的学习，但也有定期的考核以比较其高下，免不了与同侪相互评比。凡此皆可以加强人我的互动，促进感情的交流。

# 五、结语

健全的教育强调智、德、体、群、美五育并进，但考察当前的教育，不难发现基本上所注重者只有智育，其它四育被严重忽略，以致弊病丛生，有识者忧心忡忡，乃大声疾呼应注重全人教育。但全人教育的内涵究竟如何？可谓人言言殊，难以取得共识，鄙意以为《周礼》六艺实具有可供参考之处。

首就教学所设科目而言，六艺仅有六个科目，固然因为古代社会比较淳朴，事务也相对简易，设科可不必太多，但考察现代大陆、台湾，以至香港、澳门的中小学，其所设置的科目往往多达十几种，甚至更多，有些科目开设的意义不大，而彼此之间又未必连属。一个星期所能用来教学的时数有其限度，科目既多而又破碎，每科所能分配的时间甚少，学习也就难以专精，教学效果当然会大打折扣了。故就今日而言，由于社会已较以前复杂，为因应实际需求，科目当然有必要增加，但基本上宜限定在语文、数学、自然（包括生物、物理、化学）、社会（包括历史、地理）、体育、艺术（包括音乐、美术）等科目，不能过于浮滥。

其次，以六艺的属性与五育相对照，礼、乐相当于德育，并涵盖群育、美育，射、御相当于体育，书、数相当于智育。再以六艺的教学特色：文事与武备兼具；道德与知识、技艺并重；身心交融，人我互动；其实也与五育的教学目标相符。然则所谓全人教育者，实不能外于五育的范畴，而六艺的属性与教学特色既然与五育的目标若合符节，则其可以作为我们今日取法之资者正复不少。从古典中发掘其意蕴，并与当代结合，以发挥其宏效，亦当为我们从事儒学研究所应遵循的正途。

# 孔门忠信论

台湾中华孔子圣道会　高秉涵

## 一、忠信的本义

忠信，作为忠和信的复合概念，在孔子时代早已出现。据《左传》记载，早在孔子以前，人们就已经屡屡提及忠信，如：

耳不听五声之和为聋，目不别五色之章为昧，心不则德义之经为顽，口不道忠信之言为嚚①。
忠信卑让之道也。忠，德之正也；信，德之固也；卑让，德之基也②。
孝敬忠信为吉德，盗贼藏奸为凶德③。
忠信笃敬，上下同之，天之道也④。
忠信，礼之器也。卑让，礼之宗也⑤。

这几例是从道德层面上论说忠信的属性、地位、作用，没有涉及忠信的内涵。《左传》桓公六年记载了一句话，似乎触及到了忠与信的本义：

所谓道，忠于民而信于神也。上思利民，忠也；祝史正辞，信也。

"忠于民而信于神"，揭示了忠与信所施及的物件不同。忠是针对民而言的，"上思利民"才是忠；信是针对神而言的，"祝史正辞"才是信。

何谓"上思利民"？"上"是指有国有家的诸侯和卿大夫，他们的"利民"不仅仅是施予衣食的小恩小惠，更重要的是体察民情，分清小大缓急，援助穷困，解救厄急，

---

① 《左传·僖公二十四年》。
② 《左传·文公元年》。
③ 《左传·文公十八年》。
④ 《左传·襄公二十二年》。
⑤ 《左传·昭公二年》。

坚持公平正义。著名的鲁庄公和曹刿论战，就谈到了忠的问题：

> （曹刿）乃入见，问何以战。公曰："衣食所安，弗敢专也，必以分人。"对曰："小惠未遍，民弗从也。"公曰："牺牲玉帛，弗敢加也，必以信。"对曰："小信未孚，神弗福也。"公曰："小大之狱，虽不能察，必以情。"对曰："忠之属也，可以一战，战则请从。"①

在这里，"小大之狱，虽不能察，必以情"，是说鲁国国君对于大大小小的诉讼或治罪案件，虽然不能一一明察，但是，必定要求查清事实，忠于事实，有一分事实即有一分证据，严格按事实弄清理之是非，依证据判断罪之有无。在曹刿看来，这才是忠。

"上思利民"固然是忠，臣竭力事君也是忠。而且，到了春秋中晚期，后者渐渐成了忠的主要含义。晋国大臣荀息一再强调"忠贞"，他解释所谓"忠贞"就是"公家之利，知无不为，忠也。送往事居，耦俱无猜，贞也"②。"公家"即国君之家。凡对国君有利之事，竭尽心智，只要力所能及，必定做到办好，这就是忠。"送往事居，耦俱无猜，贞也"，是指礼葬逝世的国君，事奉新即位的国君，做到无论逝世的国君还是新即位的国君，都对其充分信任，绝无猜疑，这就是贞。

可见，忠在春秋时期有两方面的含义：一是指君对于民应具有的道德，二是指臣对于君应具有的道德。无论君对民还是臣对君，忠的基本内涵都是指尽心竭力，忠贞不二。

何谓"祝史正辞"？祝与史是主持祭祀神灵的人员。他们在祭祀时，口中念念有词，所念之词或长或短，形式不一。据记载，孔子病重时，弟子子路曾经为其祈祷，口中所念的祈祷词称作"诔"，其文曰："祷尔于上下神祇。"③ 祈祷词贵在真实无欺。面对神灵，恭敬虔诚，内心无妄，出口无欺，这样表达出来的才可以算作"正辞"。孔子逝世后，鲁哀公发表了一篇《诔》文：

> 旻天不吊，不愁遗一老，俾屏余一人以在位，茕茕余在疚。呜呼哀哉尼父！无自律。④

---

① 《左传·庄公十年》。
② 《左传·僖公九年》。往，指死者，送往，即送终，指礼葬死者；居指新君，事居即事奉新君。耦指逝世的国君和新即位的国君。
③ 《论语·述而》。
④ 《左传·哀公十六年》。

这篇《诔》文大意是说，老天不可怜我啊，不留下孔子这个国老，使他帮助我治理鲁国。我孤单一人备感内疚。呜呼哀哉老人家！我一直取法于你而不以自己为法。鲁哀公的这篇《诔》文言不由衷，文过饰非，不可以视为"正辞"，所以遭到了子路的批评，说鲁哀公"生不能用，死而诔之，非礼也"。① 由以上两例可以看出，面对神灵诵读的祈祷文，必须虔诚真实，无妄无欺，这才能称作是"信于神"，否则，就是欺鬼、欺神、欺天。

对神讲求真实无欺，对人同样如此。晋国勇士鉏麑以为"贼民之主，不忠；弃君之命，不信"②。将信的道德规范用在了人与人的关系之上。晋国范文子也强调："不背本，仁也。不忘旧，信也。无私，忠也。尊君，敏也。仁以接事，信以守之，忠以成之，敏以行之。"③ 将仁、信、忠、敏看成是行之于人事的道德规范。

## 二、孔门对忠信的倡导与发扬

孔子是忠信的倡导者和发扬者。《论语》两次记载孔子强调"主忠信"：一次是"主忠信。毋友不如己者"④；一次是"主忠信，徙义，崇德也。"⑤ 在孔子的教诲下，他的弟子们也对忠信给予了高度的重视。

孔子认为，忠信是为人的基本品德，不像仁那样难以企及。⑥ 他说：

> 十室之邑，必有忠信如丘者焉，不如丘之好学也。⑦

这是说，只有十户人家的小村落，一定会有像孔子那样的忠信之人，但是，不会有像孔子那样好学的人。可见，好学比忠信更加难能可贵，反之，忠信比好学更加容易做到。一种为人的道德越是普通平常，就越容易为人们所接受，从而也就越普及，具有普世性的品格。孔门所重视和阐述的，往往都是"百姓日用而不知"的浅显的东西。如《中庸》所说，道不远人，"道也者，不可须臾离也。可离，非道也。"孔子倡导的忠信，就是这种不远人、不可须臾离的为人道德。

孔子倡导忠信，和以前的习惯一样，既合而言之曰忠信，也分而言之曰忠、曰信。

---

① 《左传·哀公十六年》。
② 《左传·宣公二年》。
③ 《左传·成公九年》。
④ 《论语·学而》。
⑤ 《论语·颜渊》。
⑥ 孔子曾经谦虚地表示自己没有做到仁；又评价他的弟子们，只有颜渊能够较长时间守住仁、实践仁，其余弟子只是偶尔想到仁、做到仁而已。可见在孔子眼里，仁不是轻易能够做到的。
⑦ 《论语·公冶长》。

忠在孔子以前主要用于君民或君臣上下关系。孔子在君臣关系上也主张臣对于君要忠，他说：

  君使臣以礼，臣事君以忠。①

"臣事君以忠"不是绝对的、无条件的，而是有一个前提：君必须对礼对待臣。后来，孟子接着作了进一步的发挥，说："君之视臣如手足，则臣视君如腹心。君之视臣如犬马，则臣视君如国人。君之视臣如土芥，则臣视君如寇仇。"② 这就是孔孟儒家设计的君臣关系。在孔子看来，臣对君的上下关系要坚持忠，师长对子弟的上下关系也要提倡忠。不过，臣对君的忠主要是单向度的忠贞之忠，师长与子弟相互间的忠主要是彼此双方面的忠诚之忠，两者略有区别。他说：

  爱之，能勿劳乎？忠焉，能勿诲乎？③

师长关心、爱护子弟，不能让其安逸，而是督促其劳作，以免养成好逸恶劳的不良习惯；同样，师长与子弟应该彼此忠诚，子弟有了问题，师长应该推心置腹，给予晓之以理、动之以情的谆谆教诲。

君臣、师生上下关系要讲忠，平等关系或者一般关系的人是否也要讲忠呢？回答是肯定的。孔门弟子曾参有一句名言：

  吾日三省吾身：为人谋而不忠乎？与朋友交而不信乎？传不习乎？④

曾参说的"为人谋而不忠乎"，人指一般人，相当于孔子说的"泛爱众"的众人，曾参的意思是说，我每天反省的内容之一，是为人谋事是否做到了诚信无欺、忠心耿耿？这里的忠也是忠诚的意思。从曾参的这句话中，我们可以看到，孔门不再将忠局限在上下关系之中，而是将忠进一步推广到一般的人与人的关系之中，推广到了全社会。

忠在孔门受到如此重视，信又如何呢？孔子认为，信是人的立身之本，他说：

---

① 《论语·八佾》。
② 《孟子·离娄下》。
③ 《论语·宪问》。此处的忠，以往的注释大多解作"忠于"，亦通，但不如解作"忠告而善道之"的忠告。
④ 《论语·学而》。

人而无信，不知其可也。大车无輗，小车无軏，其何以行之哉！①

輗与軏是马车辕木上的关键构件，没有了輗与軏，马车不能牵行。孔子认为，人有信，一如大车有輗、小车有軏，有则可，无则不可。信是人的立身之本，也是一国的立政之本。孔子与弟子讨论国家政治的时候，将信与食、兵三者并列比较，认为三者之中信最重要：

子贡问政。子曰："足食，足兵，民信之矣。"
子贡曰："必不得已而去，于斯三者何先？"
曰："去兵。"
子贡曰："必不得已而去，于斯二者何先？"
曰："去食。自古皆有死，民无信不立。"②

兵指军队，国家无军队，无以保卫社稷；食指粮食，为政不重农耕，必闹饥荒。然而，在孔子看来，军队和粮食的重要性，都不如信，理由很简单："民无信不立"。关于"民无信不立"，有两种解释：一种解释是说，国民无信，尔虞我诈，相互倾轧，人人自危，不得安宁，民众中的任何一分子都不能平稳地立足于社会之上；另一种解释是说，民众对于国家政治失去信任和信心，政治难以维持，无以自立。这两种解释都说得通，都看出了信对于政治的重要性。

和忠比较而言，孔门似乎更加强调信的普遍性品格。除了孔子说的"人而无信，不知其可也"、"民无信不立"以外，孔子和他的弟子们还反复强调朋友之间信的重要性。孔子和弟子颜渊、子路一起讨论志向，应弟子之请，孔子谈到他的志向是：

老者安之，朋友信之，少者怀之。③

这是孔子希望通过"为政以德"而达到的一种理想社会的状态，其中，"朋友信之"是理想社会的一项重要指标。在孔子的教诲下，弟子曾参每天反省"与朋友交而不信乎"，子夏也一再强调"与朋友交，言而有信"④，认为这是为人的基本品德。

孔子认为，信是仁的基本要求之一，指出："信则人任焉。"⑤ 子夏对此有深刻的

---

① 《论语·为政》。
② 《论语·颜渊》。
③ 《论语·公冶长》。
④ 《论语·学而》。
⑤ 《论语·阳货》。孔子认为，能将恭、宽、信、敏惠推广于天下，就可以称得上是仁了。

领悟和体会，他说：

> 君子信而后劳其民，未信则以为厉己也。信而后谏，未信则以为谤己也。①

君子与人民必须建立充分的信任关系。同一件事，有没有这种信任关系，人们的反应大不一样。有了相互间的信任，君子指使民众劳作，民众听从；相反，没有相互间的信任，民众就会抱怨苛待了自己。同理，有了相互间的信任，一个人劝谏他人，他人听众；相反，没有相互间的信任，他人就会误以为是诽谤自己。可见，凡是两人以上共同做的事，除了精力、时间、财物的投入以外，还必须要有诚信或信任的投入，从某种意义上说，诚信或信任的投入更为重要，诚信或信任往往决定着事情的成败得失。

正因为忠和信如此重要，孔子将忠和信作为他的教学的基本内容。《论语·述而》篇记载：

> 子以四教：文，行，忠，信。

文、行、忠、信是孔子的"四教"。忠、信，一是一，二是二，分作两项，其各自的内涵上面已做了分析和揭示。问题在于，忠信组成一个复合道德范畴，是否被赋予了更多的内涵和意义？应该说，忠信如同仁义、孝悌，分开来看，各自有各自的内涵和意义；组合在一起，则起到了内涵重合、意义迭加的作用，以加重其份量，提高其力度。除此之外，似乎并没有增加新的内涵和意义。

## 三、忠信的现代价值和意义

忠信经由孔门的发扬光大之后，迅速成为全社会普遍认可和接受的道德价值。老子、晏子、墨子、庄子、韩非子，以及齐国稷下学宫的众多先生和学士，都肯定和提倡忠信，津津乐道，不厌其烦。而在儒家那里，忠信一度成为与仁义、孝悌并称的道德观念。例如，孟子就常常提及"仁义忠信"、"孝悌忠信"，荀子也曾经讲到"礼义忠信"，等等。

到了秦汉以后，忠信，分开说，忠是忠，信是信，仍然极受重视，但是，合而言之曰忠信，却远远不如仁义、孝悌更加广为人知。忠信在人们日常话语中出现的频率，甚至不如忠孝、忠义、忠诚、诚信、信任，等等。这对于忠信来说显然是不公平的。

---

① 《论语·子张》。

究其原因，恐怕与忠有关。秦汉以后，大一统的君主专制制度建立了起来，专制君主需要臣民的绝对忠贞、绝对服从，于是，忠也就越来越多地与忠君相联系，忠君被片面地夸大成了忠的主要价值。与忠君的忠正相反对的奸，被拉来与忠比较，以彰显忠奸之分。由于孝父与忠君有着家国一体化的内在逻辑，忠孝组合顺理成章。君臣之义必然要求忠君，忠义组合同样顺理成章。这样一来，忠就逐渐演变成了一种政治道德，不再适合与信搭配组合。

今天，我们重申忠信，大力提倡忠信道德，首先要还原忠的普遍性品格。忠不再主要局限于政治道德，而是普遍的社会道德。忠的道德要求是，无论是对上对下，还是对平等之人，都应该做到真心实意，竭诚相待；人与人之间彼此忠诚，不要二心，不要欺诈。这是适用于任何人的普遍的道德要求。这样一来，忠信的组合，就会让人立即联想到忠贞、忠诚、诚信、信任，等等，这才是今日忠信所应有的内涵和意义。

当今社会，忠信的价值没有得到应有的重视，忠信的道德没有得到应有的遵守，在不少地方和不少人那里，甚至存在着忠信缺失的现象。在这种情况下，我们应当理直气壮地呼吁忠信，倡导忠信，实践忠信。忠信一在知，二在行，最可取的是知行合一。关于忠信之知，我们经由孔子的教诲而明白忠信的价值和意义，关键在于我们如何实践忠信。在这方面，我们固然需要提倡与时俱进，开拓创新，根据新社会新时代的综合要求，积极开创实践忠信的新形式新任务，但是，我们同时也要注意到孔门所设计和提出的实践忠信的形式，仍然是卓有成效的。因此，为了遵循和实践忠信道德，我们不妨向孔门认真学习，牢记孔子的教诲："人而无信，不知其可也"；再像曾参那样，每天数次反省自己的所作所为："为人谋而不忠乎？与朋友交而不信乎？"长期坚持，数十年如一日，办忠信之事，做忠信之人。

我们深信，忠信的道德必将走向世界，走向未来，成为须臾不可离的普世价值。

# 以"含摄儒家文化的理论"挑战西方的学术传统

台湾大学心理学系教授　黄光国

## 一、中国的宗教

德国社会学大师韦伯（Max Weber, 1864—1920）所写的的《儒教与道教：中国的宗教》一书，是西方社会学史上，第一本讨论儒家伦理对中国社会之影响的专著。[①]韦伯和涂尔干（Emile Durkheim, 1858—1917）、马克思（Karl Max, 1818—1883）并称为古典社会学三大家，他们的著作对西方社会学有十分深远的影响。

**儒家伦理**

韦伯一生治学的主要旨趣，在于探讨："近代资本主义兴起"的原因，并试图用近代欧洲理性主义的兴起来回答这个问题。在其名著《基督新教伦理与资本主义精神》中，韦伯认为：基督新教对于合理性的追求是产生资本主义的文化因素。[②] 为了支持这样的论点，他又从比较宗教社会学的观点，发表了一系列的著作，包括《儒教与道教》[③]、《印度教与佛教》以及《古犹太教》，认为其他宗教的"经济伦理"不像基督新教那样地与资本主义相契合，所以无法产生近代西方理性的资本主义。他原本还计画讨论回教，但宏图未成，即已去世。

**中国的意索**

在《中国的宗教》中，韦伯刻意挑选了中国社会的货币制度、宗族组织、城市与行会、国家组织和法律等几个层面，分别分析它们对资本主义发展的正、负面影响。在分析中国社会为什么不产生资本主义的原因时，他同时也注意到：19世纪末期，中

---

① Weber, M. (1920/1951). The Religion of China: Confucianism and Taoism (H. H. Gerth, Trans.). NY: The Free Press.
② Weber, M. (1930/1992). The Protestant Ethic and the Spirit of Capitalism. (T. Parsons, Trans.). London: Routledge.
③ 韦伯撰写《儒教与道教》一书的目的在于探讨19世纪前的中国为什么不产生类似西方理性的资本主义。韦伯的这部著作分三部分，第一部分讨论帝制中国的社会组织及社会结构；第二部分讨论儒家的正统地位；第三部分处理作为旁支的道家以及佛教的地位。其结论部分则从许多不同的面向，逐一比较基督新教伦理和儒家伦理。

国已经具备若干有利于资本主义萌芽的因素。在满清王朝（1644—1911）前期，中国有一段相当长的太平岁月。由于治河有方，洪水泛滥的情形已经大为减少。农业方法的改良，使中国人口由15世纪晚期的六千万增加到18世纪初期的一亿二千万。其他像私人财富的增加、人民可以自由迁徙、自由选择职业、土地可以自由买卖，等等，都有利于资本主义的发展。然而，这些有利因素毕竟无法克服前述由宗族制度及家产制国家结构所造成的障碍。这些结构性的障碍又是源自中国人在儒家伦理下所培养出来的一种特殊心态，他称之为"中国意索"（Chinese ethos）。韦伯因此判定：儒家伦理有碍于工业资本主义的发展。

在《中国的宗教》这本书的最后一章"结论"中，韦伯以和新教伦理对比的方式，借以说明这种源自儒家思想的"中国意索"。韦伯认为：基督新教徒因为相信原罪，而又力图克服原罪，所以会发展出一套制服个人内在罪恶感的办法，形成一种"精神上的杠杆"，可以检讨传统遗留下来的习俗和规范，并向不合理的习俗和规范挑战，形成一种转化社会秩序的力量。

在《中国的宗教》一书中，韦伯认为：儒家太重视和谐，在个人与社会、自然界、宇宙之间，均采取"天人合一"、"物我不分"的态度，结果个人和社会，以及个人和自然之间缺少一种紧张状态，个人也无法培养成道德上的独立性和自主性，只知道顺从社会上及政治上的权威，而缺乏一种"精神上的杠杆"，不敢批判教条，超越传统。①

### 韦伯学派

韦伯的"欧洲研究"为他带来了极大的声誉，也塑造出他无与伦比的学术地位，他对儒家伦理的分析因而对西方汉学家的中国研究产生了巨大的影响。受他影响的西方汉学家甚至形成了所谓的"韦伯学派"。同时也深刻地影响了中国学术界。20世纪初期，许多中国知识分子亲身体验过旧文化和旧传统的压力，他们的学养不足以让他们以理性的态度对儒家思想作客观的分析，因而跟着国际"学术主流"随声附和，造成"聚蚊成雷"的效果，甚至影响了中国历史的走向。

举例言之，已故的美国加州大学教授雷文森（Joseph R. Levenson, 1920—1969）在其煌煌三巨册的著作《儒家中国及其现代命运》中，列举了许多实例指出：从晚清以后，主张西化的知识分子在心理上都面临了一种两难困境：他们在理智上全盘接受西方文化的价值，但是在感情上却排拒西方，他们在感情上迷恋中国的历史文化，在

---

① Weber, M. (1920/1951). The Religion of China: Confucianism and Taoism (H. H. Gerth, Trans.). NY: The Free Press.

理智上又要扬弃旧日的传统。① 在西方文化冲击下，中国知识分子对传统文化无法忘情。一般民众对传统文化亦无法忘情。到了民国初年，许多军阀政客借着提倡孔孟学说，来维护自己的既得利益。1915年，袁世凯在北京复辟称帝，便主张"尊孔读经"，企图推尊儒家为国教。洪宪帝制失败之后，各省军阀势力迅速膨胀，中国形成割让之局，军阀们为了壮大自己的实力，纷纷勾结帝国主义者，以与反对派对抗。

### 儒家文化的彻底瓦解

1919年五四运动爆发，知识分子们在忧国心的激励下，形成了一股打倒孔家店，反对儒家传统的浪潮。许多深受西方思潮影响的精英分子，像主张自由主义的胡适，社会主义的陈独秀，共产主义的李大钊，无政府主义的吴稚晖，以及鲁迅、吴虞等等，都加入抨击儒家的阵营。他们痛斥儒家思想为"吃人的礼教"，甚至主张"把线装书装进茅厕坑里"。在他们的抨击之下，中国人所有的劣根性诸如缠足、娶妾、抽鸦片、愚昧、自私、狂妄等等，都被归罪于"国粹"和"国民性"，而儒家的价值体系也变成专制政体为了维护自身利益而强迫民众接受的封建意识型态。为了要救亡图存，为了要使国家现代化，一定要"挣脱千百年来封建礼教的束缚，打破宗法社会有形无形的精神枷锁"。

由于西方论知识分子的猛批猛打，维持中国社会的价值系统陷入分崩离析的状态，共产思想乘虚而入，造成40年代共产党人的兴起。1949年共产党夺得政权之后，雷文森（1965）也跟着宣布儒家思想的死亡。在他看来，儒家思想和封建宗法社会是不可分的，中国既然已经从封建社会"进化"到共产社会，马列思想当然也要取代儒家思想，儒家思想更是难以逃脱被送入博物馆的命运。他认为：共产主义和科学可以彼此相容，所以一个人能够"又红又专"，既是共产党人，又具备科学知识。但是儒家要求"君子不器"的传统，却使得儒家思想和科学水火不容。他说："中国要想拥有并利用科学，一定要先将儒家思想禁锢起来，不能让他横行跋扈。科学普及之处，孔子一定要锁在玻璃柜里。……共产党人必须将孔子埋葬，送上祭坛。孔子已经变成历史名词，再也无法激起卫道者的热情，他们已经彻底瓦解了。"②

---

① Levenson, Joseph. R. (1958). *Confucian China and Its Modern Fate* (Vol. 1). University of California Press.
Levenson, Joseph. R. (1964). *Confucian China and Its Modern Fate* (Vol. 2). University of California Press.
Levenson, Joseph. R. (1965). *Confucian China and Its Modern Fate* (Vol. 3). University of California Press.

② Levenson, Joseph. R. (1965). *Confucian China and Its Modern Fate* (Vol. 3). University of California Press.

## 二、中国研究的东方主义

"擒贼先擒王",今天我们要想纠正国际学术社群对于儒家文化的误解,必须在理论的层次上,对韦伯学说作有系统的批判。根据韦伯的分析,儒家文化的特性是安于传统习俗,顺从权威教条,耽迷于旧文化而不知向前。这样的文化型态很难开出现代文化的新格局。然而,相较于他对基督新教的分析,他对儒家伦理的论述却显得相当薄弱。

### 韦伯的迷阵

韦伯将基督新教视为一种"文化系统",建构出其"理念型"(ideal type),再以之作为参考架构,用"文化对比"的方法,研究儒家伦理,这种研究方法已经犯了"欧洲中心主义"的谬误。更糟糕的是:韦伯不懂中文。他无法阅读第一手的中文材料。他引用的资料,有些来自欧洲汉学家的译著,有些则是出自于怀有意识型态偏见的传教士。他所举的例子,有些是错的,有些并不恰当,有些较为适当的例子,则因为他对其一无所知而未能列入。他在研究儒家伦理的时候,并不是把儒家伦理看作是一种"文化系统"来加以分析,而是在"社会和文化交互作用"(socio cultural interaction)的层次上,研究儒家伦理在中国不同历史阶段中的展现,用英国社会学家 Archer 所主张的"分析二元论"来看,这种研究方法已经犯了"鎔接的谬误",他的《中国的宗教》一书,却成为西方社会科学界以"东方主义"(Orientalism)从事中国研究之滥觞。[1]

D. G. Macrae 在指出韦伯著作的许多问题后,认为:韦伯为我们制造了一座迷阵,这座迷阵的内容使它的制作者成为"本世纪社会想像的大师之一"(one of the master figures of the social imagination of this century),但要抵达这座迷阵的中心却注定要先走入不少分歧路。[2]"迷阵最令人失望之处,是它的中心通常是一无所有"。Molloy 因此问道:我们有任何"走出迷阵的方法"(any way out of the maze)吗?[3]

## 三、多重哲学的典范

在韦伯及韦伯学派无远弗届的影响之下,不仅社会学家普遍犯有这样的谬误,心

---

[1] Said, E. W. (1979). *Orientalism* (1ˢᵗ Vintage Books ed.). New York: Vintage Books.
[2] Macrae, D. G. (1974). *Weber*. London: Fontana.
[3] Molloy, S. (1980). Max Weber and the religions of China: Any way out of the maze? *British Journal of Sociology*, 31 (3), pp. 377–400.

理学家在研究中国人的心理与行为时,也普遍犯了同样的谬误。破除这种谬误的方法,是用我所主张的"多重哲学典范"(multiple philosophical paradigms),建构关于"人性"的普世性理论架构,再以"分析二元论"(analytical dualism)的哲学,分析先秦儒家思想。① 这样建构出来的"含摄文化的理论"(culture - inclusive theries),不仅可以破除韦伯所布下的迷阵,而且可能作为心理学家和社会科学家研究中国人或中国社会的理论基础。

### 两种心理学

我从 20 世纪 80 年代投身于心理学本土化运动,不久即发现:本土心理学要有真正的发展,必须解决西方心理学的根本难题:1879 年,冯特(Wilhelm Wundt, 1832—1920)在德国莱比锡设立第一个心理学研究室,开始用"科学方法"研究基本认知功能,而成为"科学心理学之父"。他很清楚地了解到这种研究方法的局限,所以将其研究成果冠以《生理心理学原理》(Principle of physiological psychology)之名出版,另以历史学的方法,研究文化议题,出版了二十卷的《民族心理学》(Völkerpsychologie)。

在"科学心理学"创立后不久,苏联心理学者维果斯基(Lev Vygotsky, 1896—1934),为了区分人类与其他动物的不同,而将心理学区分为两种:"科学心理学"(causal psychology)是探讨因果关系的自然科学;"意图心理学"(intentional psychology)则是以探讨人类意志作为主要内容的"灵性心理学"(spiritual psychology)。由于维果斯基以 38 岁之龄英年早逝,他的作品又遭到原苏联共产当局的禁止,他虽然跟巴伐洛夫、弗洛伊德和皮亚杰同一时代,他对心理学的影响力,却远远不如他们。②

### 多重哲学的典范

我投入社会科学本土化运动之后,即深刻体会到:中国科学落后的根本原因,在于中国学者对于近代西方科学哲学的演变缺乏"相应的理解",无法真正掌握西方文明中独特的精神意索。西方学院中讲求的知识,都是建立在其哲学基础之上。本土化运动在心理学领域中的兴起,说明西方典范移植到非西方国家,已经遭遇到许多异例,正在等待一场科学革命。然而,从 Kuhn 的科学哲学来看,倘若非西方的本土心理学者无法建构"含摄文化的理论"来取代西方主流心理学的理论,或与之竞争的话,这样一场科学革命是不可能成功的。③

---

① Archer, M. S. (1995). *Realist social theory:The morphogenetic approach.* USA:Cambridge University Press.
② Vygotsky, L. S. (1927/1987). *The historical meaning of the crisis in psychology:A methodical investing.* New York:Plenum Press.
③ Kuhn, T. (1969/1990). *The Structure of Scientific Revolutions.* Chicago:The University of Chicago Press.

然而，要建构"含摄文化的心理学理论"，必须遵循 Shweder 所提出的文化心理学原则："一种心智，多种心态"，建构出来的理论，既能说明人类共有的"心智"，又能说明某一文化中人们所独有的"心态"，前者是由自然因素所决定的；后者则是由社会文化因素所决定。① 准此以观，本土心理学的知识论目标，就是要解决"自然科学与人文社会科学"如何整合的大难题，西方科学哲学的演变，我以十余年的工夫，撰成《社会科学的理路》②，介绍 20 世纪 17 位最重要的哲学家对于本体论、知识论和方法论的主张。这本书前半部讨论"自然科学的哲学"，强调由"实证主义"到"后实证主义"的转变；后半部则在论述"社会科学的哲学"，包括结构主义、诠释学和批判理论。这本书的第十九章"建构实在论"以及第二十章"批判实在论"，都是为了要整合自然科学及社会科学，而发展出来的科学哲学。最后一章则是在说明：我如何用"多重哲学"的研究取向，建构"含摄文化的理论"。

**心理学的科学革命**

从 1997 年暑假起，我开始参与"亚洲社会心理学会"，并在 2003 至 2005 年间，担任该会会长，深刻体会到：对西方科学哲学缺乏"相应的理解"，造成学术研究水平的低落，并不是中国独有的问题，而是非西方国家共有的问题。因此，决定以自己的研究为例，说明非西方国家应如何突破这种困境的途径。

从 2000 年元月起，我开始担任"华人本土心理学研究追求卓越计划"主持人。在执行卓越计划的八年期间，一面思考跟心理学本土化有关的各项问题，一面撰写论文，在国内、外学术期刊上发表。该项计划于 2008 年初结束之后，又整合相关的研究成果，撰成《儒家关系主义：哲学反思、理论建构与实证研究》一书。③

这本书是以"后实证主义"的科学哲学作为基础，强调本土心理学的知识论目标是要建立由一系列理论所构成的科学微世界，既能代表人类共有的心智，又能反映文化特有的心态。基于这样的前提，我一面说明建构"人情与面子"理论模型的理念，并以之作为基础，分析儒家思想的内在结构，再对以往有关华人道德思维的研究做后设理论分析，然后从伦理学的观点，判定儒家伦理的属性，接着以"关系主义"的预设为前提，建构出一系列微型理论，说明儒家社会中的社会交换、脸面概念、成就动机、组织行为、冲突策略，并用以整合相关的实征研究。三年之后，该书之英译本改

---

① Shweder, R. A., Goodnow, J., Hatano, G., Le Vine, R., Markus, H., & Miller, P. (1998). The cultural psychology of development: One mind, many mentalities. In W. Damon (Ed.), *Handbook of child psychology (Vol. 1): Theoretical models of human development.* NY: John Wiley & Sons.
② 黄光国：《社会科学的理路》，心理出版社 2011 年版。
③ 黄光国：《儒家关系主义：哲学反思、理论建构与实证研究》，心理出版社 2009 年版。

以 *Foundations of Chinese Psychology* 之名出版。①

2010 年 7 月，我到印尼日惹参加"亚洲本土及文化心理学会"（Asian Association of Indigenous）的成立大会，并当选为第一任会长，回台湾后，即针对本土心理学发展的迫切需要，建构出普世性的《自我的曼陀罗模型》，并出版《心理学的科学革命方案》一书。②

瑞典戈登堡大学的教授 Allwood 和加拿大著名本土心理学家 Berry 曾经作过一项大规模的国际性调查，研究世界各地本土心理学运动的源起，发展及其遭遇的困难。随后 Allwood 写了一篇论文，题为《论本土心理学的基础》，刊登在一本名为《社会知识论》的国际学术期刊之上。③ 他批评本土心理学者通常认为：文化是"特定社会或群体"所共有的，假设社会中的文化是一种独立而且相对稳定的存在，"飘浮在"社会其他的物质及社会系统之上。这种观念太过于"本质化"（essentialized）或"物化"（reified），"受到早期社会人类学著作的影响"，是"相当老式的"。

我看到这篇论文后，写了一篇回应文章，题为《本土心理学中的文化物化：成就或错误？》，文中很直率地指出：Allwood 的说法，代表了西方主流心理学界"文化虚无主义者"的标准论点。④ 他不知道本土心理学者所要解决的问题，也不了解他们解决这些问题的"理论素养"。本土心理学者建构"含摄文化的理论"，诚然可能把文化物化。Allwood 自己承认：西方主流的心理学也是一种本土心理学。西方主流心理学的理论，大多是建立在个人主义的预设之上，这难道不也是一种"物化"吗？为什么把个人主义的文化"物化"，是心理学史上的重大成就；把关系主义的文化"物化"成心理学理论，就是一种错误？

《社会知识学》的执行编辑 James Collier 对我主张的"后实证主义"研究取向大感兴趣，因此请他的两位博士后研究生，提出了十五项与本土心理学发展有关的关键问题，对我进行访谈，由我逐一作答，并以《呼唤心理学的科学革命》为题，在该刊登出。⑤

---

① Hwang, K. K. (2012). *Foundations of Chinese Psychology: Confucian Social Relations*. New York: Springer.
② 黄光国：《心理学的科学革命方案》，心理出版社 2011 年版。
③ Allwood, C. M. (2011a). On the foundation of the indigenous psychologies. Social Epistemology, 25, pp. 3 – 14.
④ Hwang, K. K. (2011). Reification of Culture in Indigenous Psychologies: Merit or Mistake? *Social Epistemology*, 25 (2), pp. 125 – 131.
⑤ Evenden, M., & Sandstrom, G. (2011). Calling for scientific revolution in psychology: K. K. Hwang on indigenous psychologies. Social Epistemology: *A Journal of Knowledge, Culture and Policy*, 25 (2), pp. 153 – 166.

## "科学"与"文化"的联结

这次论战使我注意到:《社会知识学》是份专门讨论知识、文化和政策的哲学专业期刊,总部设在英国。Allwood 看到我的论文后,又在该刊上发表一篇论文,质疑本土心理学者对于文化概念的用法。[1] 我立即写了一篇长文,说明本土心理学者所要解决的最大难题,就是要将"科学"和"文化"联结在一起。[2] 这一下,倒触动了 Allwood 的敏感神经,他很仔细地回顾我业已发表的英文著作,从其中挑出一系列问题,质疑我要如何克服这项西方学术史上的大难题?[3]

这篇以《研究里文化与理解的角色》为题的论文在《社会知识学》刊出后,他又将它挂在美国心理学会"本土心理学推广小组"(Task Force for Promoting Indigenous Psychology)所设立的网站上,等于对我公开叫阵。我当然不甘示弱,以我去年出版的 Foundations of Chinese Psychology 为例[4],针对他所提出的十九项问题,一一作答,并写成一篇论文,题为《以多重哲学典范建构含摄文化的心理学理论》[5],投给《社会知识学》。文章刊出后,又将双方论战前后共七篇论文,一起挂在美国心理学会"本土心理学推广小组"的网站上,这场历时三年有余的论战,方告一段落。

## 《破解韦伯的迷阵》

目前,《尽己与天良:破解韦伯的迷阵》已接近完稿阶段,其目录之内容如后:
第一章 韦伯学派与东方主义
第二章 破解韦伯迷阵的方案
第三章 自我与关系:普世性的理论模型
第四章 解除中国的魔咒
第五章 巫术或科学
第六章 《易经》的理性化
第七章 儒家的庶人伦理:"仁、义、礼"伦理体系
第八章 儒家的"士之伦理":济世之道

---

[1] Allwood, C. M. (2011b). On the Use of the Culture Concept in the Indigenous Psychologies: Reply to Hwang and Liu. *Social Epistemology*, 25 (2), pp. 141 ~ 152.

[2] Hwang, K. K. (2013a). Linking science to culture: Challenge to psychologists. *Social Epistemology*, 27 (1), pp. 105 ~ 122.

[3] Allwood, C. M. (2013). The Role of Culture and Understanding in Research. *Social Epistemology Review and Reply Collective* 2 (5), pp. 1 ~ 11.

[4] Hwang, K. K. (2012). Foundations of Chinese Psychology: Confucian Social Relations. New York: Springer.

[5] Hwang, K. K. (2013b). The construction of culture – inclusive theories by multiple philosophical paradigms. *Social Epistemology Review and Reply Collective*, 2 (7), pp. 46 – 58.

第九章　反思与实践：儒家自我修养的工夫
第十章　历练与中庸：儒家的政治行动理论
第十一章　"三纲"与"五伦"：儒家伦理的异化
第十二章　"理学"与"心学"：儒家文化的衍生
第十三章　知识与行动：后现代的智慧

这本书出版之后，我还计划将它改写成英文。希望这本书的出版，能使国际学术社群对儒家伦理有较为公正而且客观的认识。

# 清代学术之"开端"

台湾中华历史学会会长、台湾佛光大学教授　李纪祥

江藩（1761—1831）的《国朝汉学师承记》可以称之为第一本有关"清史儒林传"前置阶段的写史之作。观此书书名，即知"汉学"在其心中之地位。江藩明白反对"宋学"，《国朝汉学师承记》之书写主轴即排摈"宋学诸儒"；江藩另撰《国朝宋学渊源记》，意图安置"国朝学术"中的"宋学"。江藩此书，攸关清学"开端视野"之争议者。由此，遂开启迄今仍未能决未有定论之"清学史"、《国史儒林传》、《清史儒林传》、《清儒学案》、"清代学术史"等诸著作、现今方在进行中之新修本《清史》有关儒林、学术之传"首卷"、"何以首卷"之义例、书法、发凡等写史问题。

## 一、《国朝汉学师承记》中的"清学开端"

江藩所撰者以《记》为名，则史述之义甚显，不仅欲将"汉宋之争"作出一正统的判定，同时也将"清学"上溯至孔子以作出整个中国学术史发展统脉之陈述。自前者视之，可谓江氏确有宗派意识与门户之争，尤其是与桐城派人物间的学术与人世恩怨，近代以来许多学人著作中有关汉宋之争的叙事建构，也多取材于此。但是，自后者而言，汉宋之争确实反映了一个身处学术风潮中的学人自觉，意欲从中国学术史的角度，作出一个明确的学统定位，于是，乃有反对前代学术与批判之举。江藩置于卷一之《国朝汉学师承记总序》，通篇系以孔子以下之"经学"作为一贯穿中国学术史之主轴，或兴或衰或显或晦，直至入于我朝——清朝，便是一"尊汉反宋"的学术调性之复临。自清初阎若璩、胡渭之学以迄师门惠氏之学，这一脉络便成为江氏之《记》的史笔主调与主轴。所谓"从此汉学昌明，千载沉霾一朝复旦。暇日诠次本朝诸儒为汉学者，成《汉学师承记》一编，以备国史之采择"[①]。

其次，"汉学"定位既明，江藩再从卷次上来安排"汉学之统"的意义阐发。江藩对此书的卷次"布局"，自史述笔法而言，乃是一种从"中间"开始的叙事模式。为了此一从"中"开始，他先将清初以来已获三大儒尊称的孙奇逢（1585—1675）、黄宗羲（1610—1695）、顾炎武（1613—1682）作了一番卷帙安排：孙奇逢被江氏安排

---

① 见江藩《国朝汉学师承记》卷 1，钟哲点校本，中华书局 1998 年版，第 6 页。

在另书《国朝宋学渊源记》的"首卷",显然属于王学学脉的孙奇逢已被排摈于清学主轴之外,置于偏统位置。其次,黄宗羲与顾炎武虽仍在《国朝汉学师承记》中出现,但已不依其年代先后之序,而被置诸卷末(卷8)作为一种附录性质而存在,在江藩的陈述笔下,乃系因为黄宗羲与顾炎武有着前朝的血液,不足代表"国朝"学术之故。

江藩这样的观点显然确实特别:黜黄、顾于"卷末"。而江藩以"客问曰"之"答客问"的书写方式,传达"吾过矣,……为书一卷,附于册后。"显示江藩非不知黄、顾二子在当代学人眼中的地位;亦因此,更可证明江藩确实有意借"黜黄、顾"来传达自己的特殊史观。江藩以卷次而叙史的观点,复又借他法以显说之,江藩其将显说旨趣之任务,交付给故友汪中(1745—1794)之子汪喜孙(1786—1848)代为传述,此即汪喜孙所以为此书作跋之由。汪喜孙于此跋中云:

> 国朝汉学昌明,超轶前古。阎百诗驳伪孔,梅定九定历算,胡朏明辨易图,惠定宇述汉易,戴东原集诸儒之大成。①

又云:

> 吾乡江先生博览群籍,……辑为《汉学师承记》一书,……或如司马子长《史记》、班孟坚《汉书》之例,撰次《叙传》一篇,列于卷后,亦足屏后儒拟议规测之见,犹可与顾宁人、钱晓征及先君子后先辉映者也!②

跋文中特比之于司马迁之《史》、班孟坚之《书》,则知江藩"拟二史"之心。汪跋再云:

> 喜孙奉手受教,服膺有年,被命跋尾,不获固辞,谨以所闻质诸座右,未识先生以为知言不也!③

是"首卷"之"阎、胡"二家及其他列于"首卷"之诸君子,仅能为开先人物,此是—江藩在其《记》中史笔序次之法,重要者在"卷二"!须逮"卷二"出,"我朝

---

① 钟哲点校本《国朝汉学师承记》中,《汪跋》置于《国朝经师经义目录》之前,引文见第134页。北京三联书局本《汉学师承记(外二种)》(朱维铮点校,读书·生活·新知三联书店1998年版)则置于《目录》之后,略有不同。除两种标点本外,日本人近藤光男为江藩此书作注,其书三册,曰《国朝汉学师承记訳注》(东京:明治书院,平成十三年七月);近人漆永祥继之,为作笺释,上、下二册,曰《汉学师承记笺释》(上海古籍出版社2006年版)。
② 钟哲点校本《国朝汉学师承记》,第134页。
③ 同上。

汉学遂昌明"。此意又可见于江藩于《国朝汉学师承记》卷一《总序》中所云：

> 经术一坏于东西晋之清谈，再坏于南北宋之道学。元明以来，此道益晦。至本朝，三惠之学，盛于吴中；江永、戴震诸君，继起于歙。从此汉学昌明，千载沉霾，一朝复旦。①

《总序》中江藩很明显的使用了"汉学"一词，指的便是"本朝汉学"。而且"本朝汉学"开端于三惠，也正是"开端"于"我的"师承所自的"吴门"，所谓"藩绾发读书，授经于吴郡通儒余古农、同宗艮庭二先生"者，即是自道之言。② 很明显，江藩此处史笔所欲明者，在于"卷二"。"清代汉学"之"开端"应当是吴门之惠氏。

要之，江藩是书，以阎若璩、胡渭置之"卷一"，黜黄宗羲、顾炎武于卷末附录，而又以"国朝汉学"兴于吴门、导源惠氏，以惠氏之学为"国朝汉学"之"开端"，其持论之义确与时人不同。尤其"卷一"与"卷末"位置安排，持论非常与异议，足启后人争端，与江藩同时学人亦多不能接受。然其以"卷二"承担书名"汉学师承记"之要义微言，曰"汉学始于吴中三惠之学"，无可讳言，确实影响了近代以降许多学人的视野！

## 二、从章太炎《清儒》篇到梁、钱两部《中国近三百年学术史》："近代脉络"下的"清学"之开端

### （一）章太炎的《清儒》篇

章太炎的《清儒》篇所论，实以"惠栋、戴震"为中心。③ 章太炎此篇中诸观点且影响了梁启超。梁启超被称之为中国"近代"第一本"学术史"著作的《清代学术概论》，或是《中国近三百年学术史》，两书中有关"清学"的讨论，大体皆继承章太炎《清儒》篇而来，皆以"惠、戴"为"清学"之中心，从而将"清代学术"的史述主轴，书写成以"惠戴之学"或"吴皖二派"为其巅峰的发展史，并且在影响后代学人中形塑了"清代学术"的认知。近代学人有关"乾嘉汉学"兴起课题的论著，无形中便是由"惠戴之学"作为"清学"主轴的认知而来。这些著作、论文在课题上的同

---

① 钟哲点校本《国朝汉学师承记》卷1，第5~6页。
② 同上，第5页。
③ 章氏有关这类专论的专篇，尚有《汉学论上、下》与《说林上、下》，后者比较类于《清儒篇》式的史述性文章。但近代的吴、皖南派之说，则系于《清儒篇》中提出，故以论此点之"近代系络"，仍以《清儒篇》为要。

构型,恰足证明"章、梁"在"清学"研究这个范畴上的影响。

这一立论,实际上决非"章、梁"独创,而系导源于江藩的《国朝汉学师承记》,只是用了新措辞。新措辞使得江藩的研究成为"传统的"著作,而章、梁的著作则成了"近代的"清学研究之"开端"。章太炎的《清儒》篇共有两种文本书写,分别收在《訄书》重订本与《检论》中。在《訄书》重订本中,《清儒》篇置于第12,《清儒》篇确实是一篇专门议论"清儒"及其学术的文字。值得注意者为其末句,云:

> 乱于魏晋,及宋明益荡。继汉有作,而次清儒。①

以此而带出下文。下文则专论清儒之学,是本篇正文。然正文之前,犹先言清代理学。其云:

> 清世理学之言,竭而无余华;多忌,故歌诗文史梏;愚民,故经世先王之志衰。家有智慧,大凑于说经。②

在此,章太炎就是意欲排摈"清世理学",借此引出彼欲专门论之的"汉学"。这种表述,在江藩那里,我们是何等熟悉此种模式。抑又不止此,章氏于首段之末所言的"乱于魏晋,及宋明益荡",根本就是江藩《国朝汉学师承记序》中经学史观所表述的"经学三坏论","清学／汉学"的位置便在此种史观中,"继汉有作,而次清儒"被表述出其历史的定位。章太炎的书写脉络,显然是袭自江藩的!

章氏《清儒》篇之文字,自排摈理学以下,皆论经学与汉学,直至晚清。是故此段文述便可视为是章氏所表述出的"清学史大要"。在此"简史"中,有几点值得分析:其一,章氏所述实以"故明职方郎昆山顾炎武"为首,以次则为阎若璩(1644—1911)、张尔岐、胡渭(1633—1714)。这又是江藩《师承记》中的"卷一"所记之诸儒,除了顾炎武之外;当然,章氏是没有提到黄宗羲的。其二,章氏提出了近代学人视为近代首出之"清学分派观"的说法。其云:

> 其学箸系统者,自干隆朝始。一自吴,一自皖南。③

又云:

---

① 章太炎:《章太炎全集(三)》,第154~155页。
② 同上,第155页。
③ 同上,第156页。

> 吴始自惠栋，其学好博而尊闻；皖南始戴震，综形名，任裁断。此其所异也。①

极明显的，除了述"清儒"以顾炎武为首之外，其余皆本诸江藩《记》中的观点。所谓"吴、皖南"，此是由江而章，一变也；而至梁启超书中，则已成"吴派、皖派"的提法，此二变也。而梁氏书中所言的"惠、戴"为"清代汉学"之中心，此则一以贯之，盖与章氏皆本之江藩。在江藩的《师承记》中尚未聚焦于"常州今文学"，盖江藩亦未料及常州学之流衍与影响；若此，则梁启超书中对常州今文学大篇幅的叙述，与章太炎在《清儒》篇后段所批判的力度相较，便正好显示了章、梁与江氏间的差异，此本缘于历史的推移与时移势异，而不在于"近代"与"前近代"的划界意识。

章氏收于重订本《訄书》中之《清儒》、《学隐》等篇，重修订后辑于《检论》中，《清儒》与《学隐》两篇，大旨虽未动，然亦有一二处颇值注意。尤其《清儒》篇中除论汉儒章句经学篇幅已减缩外，最可注意者，为"皖南始戴震"一语，在《检论》本中已改为"皖南始江永、戴震"，虽仅二字之增，然所关讯息不小；其后段"大湖之滨"一段，原"及戴震起休宁"一语亦改为"及江永、戴震起徽州"。此则章氏重新细览江氏《师承记》之卷五耶？② 抑受章实斋之影响？此处大可细究。要之，章氏于《检论》本《清儒》中所增添之"江永"，区区二字，表示章氏已重新看待戴震学之脉络，此一重新之省察，要义当在欲导戴震学术之源，实在徽州，亦即出于江永。此种观察，依笔者所见，适与钱穆于《中国近三百年学术史》中论"戴震"一节不同，钱氏主张戴震学术历程变化之关键，在于"惠戴之会"，亦即钱氏对于清学中"汉学主流"之看法，系持"由惠至戴"之观点，而非"惠戴并立"之观点。余英时在其《论戴震与章学诚》书中对戴震之学术历程，尤其是与惠学、与江永学之间的关系与变化，已有极精辟之分析与讨论。③ 总之，《检论》本《清儒》篇中关于由"惠、戴"而至"惠、江戴"之文字的转变，仍然值得再予注意。

---

① 章太炎：《章太炎全集（三）》，第156页。
② 按：江藩《汉学汉学师承记》卷5中首先立传者，即为"江永"。末称其为"一代通儒"，且引述戴震所撰行状，谓其比之郑玄，洵非溢美之辞云云。
③ 余英时收于《论戴震与章学诚》（华世出版社1980年版）"外篇"中的《戴震的〈经考〉与早期学术路向——兼论戴震与江永的关系》，此文中对清中叶以来以迄近代学人王国维、胡适、许承尧等对于"东原与江永之关系"与"东原是否为江永之入籍弟子"等议题，重新作了极其人里的分析与考证；余氏此文，可能对于未来《儒林传》中"江永"的位置，在卷次安排上，是否仍与"戴震"同传或同卷等问题，迫使撰史者必须重新思考。

## （二）梁启超的"清代学术史"：《清代学术概论》与《中国近三百年学术史》

梁氏持论于清代汉学与清学之开山者，其实多承自章太炎之《清儒》篇，章、梁两氏于清学之观点、立论，遂成为近代学人在"近代"以来，重新探讨"清代学术"时的一个开端视野；特别是在两点上：一、"吴、皖分派说"。二、惠学与戴学说。近代以降的学人持论，无论是、否，系赞成、继承、发挥、修正或是反对，其中其实都有着章、梁说的近代身影。

梁氏在此两点上多承于章氏，若自梁氏的两部清学史之名著：《清代学术概论》（"中国学术史"第五种）与《中国近三百年学术史》以考实，则一种有关"清学／汉学"近代观点的典范与规范之形成与繁衍，当更为清楚。不仅梁氏于清代汉学诸说大底皆本自章太炎，其后的钱穆之名著，与梁氏书同一书名的《中国近三百年学术史》，其书中之基本立场与义例所在，也是欲与梁书持异论而别抒主轴，然此亦适以见章、梁说于近代学术上之影响。

梁氏实视《清代学术概论》为其"中国学术史"序列之一种，而可称之为《清代学术史》。然其自言曰：

> 本书属稿之始，本为他书作序，非独立著为一书也，故其体例不自惬者甚多。既已成编，即复怠于改作。故不名曰《清代学术史》，而名曰《清代学术概论》。①

是《清代学术概论》之性质即是梁氏的新名——"学术史"之性质的著作。可以视为梁氏心目中的"清代学术史"之"概论"本。梁氏于《第一自序》中曰：

> 有清一代学术，可纪者不少；其卓然成一潮流，代有时代运动之色彩者，在前半期为"考证学"，在后半期为"今文学"；而今文学又实从考证学衍生而来，故本篇所记，以此两潮流为主，其它则附庸耳。②

梁氏于"清学"之基本观点实于此见之。"清学"前期之主轴，梁氏喜用"考证学"一词，有两点原因，其一，梁氏视吴派之惠学为"汉学"，而惠学只能"求真"，尚未能如戴学之"求是"以为高。其二，则与其视考证学为一种针对前代理学而来的反动，而且是方法论的反动之观点有关。前期理学在梁氏视之既虚又玄，则此一入清之考证学，自是以"实事求是"与"科学研究之态度"为其特质，故由"惠"而

---

① 梁启超：《清代学术概论》第二自序（里仁书局本），第5页。
② 同上，第4页。

"戴",在梁氏视之,即属清代学术之史的一种"进化的"发展。此固梁氏喜用"考证学"一词也,既可以表达其对清学特色之论调,复可以衔接民初以来的科学主义与方法意识之思潮。

梁启超《中国近三百年学术史》被西方学界视为是中国近代第一本使用"学术史"一词作为书名的著作,在断限上,已经不限于有清一代,而用了"近三百年"一词。梁氏自云其故,曰:

> 为什么题目不叫做"清代学术"呢?因为晚明的二十多年,已经开清学的先河;民国的十来年,也可以算清学的结束和蜕化。①

把跨代的"晚明学术"入于"清学"中视作"先河"以述之。这是梁启超解释何以称书名为"近三百年"之故。如此,若要为"清学"作一上限的"断代",便有了两种基本的态度。其一,便是把清初遗老之学从晚明学术开始述下,以显清学开端之有先河。这也是为何许多"清学史"的著作,在其作为开端的首章、首卷,选择了"清初三大儒"之二的孙奇逢、黄宗羲;或者是程朱之学的陆稼书、张杨园;或是作为清代汉学之源、开国儒宗身份的顾炎武(1613—1682)之故。"开端"选择的种种分歧与之所以分歧,其实便缘于欲在"近三百年"的范限中寻求有意义的起点,以之作为"卷首"之故。梁启超在其书中开端式的说明,点明了"跨越两代"的"晚明遗老"或是"清初大儒",都是可被视作"清学"的早期之源,不明此源,则无以知"清学"。另一种,则是将"晚明遗老"之学从时间性上与"清初"划开,使"清学"精神与"晚明/清初遗老"的学术精神,作出区分:江藩所为正是这样的一种立场与调性。明乎此,则可以知梁启超在《清代学术概论》中分"清代学术"为四期之故,正因清学是自晚明发展而来,是故所谓的晚明与清初,在梁氏眼中,实是一种初期的启蒙期之学术,真正的清学之来临,还是要待乾嘉之时的惠、戴之学。梁氏云:

> 其启蒙期运动之代表人物,则顾炎武、胡渭、阎若璩也。②
> 其全盛运动之代表人物,则惠栋、戴震、段玉裁、王念孙、王引之也。③

表面上看来,梁氏之此种四期观,系以佛学为说,故曰四期即如生、住、异、

---

① 梁启超:《中国近三百年学术史》(里仁书局本),第1页。
② 梁启超:《清代学术概论》,第8页。
③ 同上,第9页。

灭。① 实际上，梁氏的清学基本观还是受到了所谓"以汉学为清学"之基调的影响，自江藩、章太炎处承袭。故其清学史观，既曰"全盛期"之学术为"正统派"②，又曰"启蒙期之考证学，不过居一部份势力，全盛期则占领全学界；故治全盛期学史者，考证学以外，殆不必置论。"③ 而在《中国近三百年学术史》中则云：

> 清儒的学问，若在学术史上还有相当价值，那么，经学就是他们惟一的生命。清儒的经学，和汉儒、宋儒都根本不同，是否算是一种好学问，另为一问题。④

又云：

> 汉学家所乐道的是"乾嘉诸老"。因为乾隆、嘉庆两朝，汉学思想正达于最高潮，学术界几乎全被他占领。但汉学也可以分出两个支派：一曰吴派，二曰皖派。吴派以惠定宇（栋）为中心，以信古为标帜，我们叫他作"纯汉学"。皖派以戴东原（震）为中心，以求是为标帜，我们叫他作"考证学"。⑤

既称全盛期、正统派，又曰经学、汉学、考证学。其中，汉学分为两个派别的分法，已见端倪。梁氏最喜欢的，还是"考证学"一词。在《清代学术概论》中，其曰：

> 其在我国自秦以后，确能成为时代思潮者，则汉之经学，隋唐之佛学，宋及明之理学，清之考证学，四者而已。⑥

是故，虽然在其意识中，或不自觉将惠、戴之学皆称之为"汉学"，或皆视为正统派、全盛期的经学考证学，但一旦在吴、皖二派中作出比较时，梁氏的"汉学"专称就给了吴派惠学，而将皖派戴学称之为"考证学"。在其比较中，皖派的"求是"是要比吴派的"信古"来得高！如曰"正统派之中坚，在皖与吴，开吴者惠，开皖者戴。"以及"惠戴齐名，而惠尊闻好古，戴深刻断制。"这样的语句，都是意图对吴、皖作出比较。梁氏评比惠、戴，一如太炎，均以戴学为高，但奇怪的是其语式用词皆袭仿自太炎。笔者以为，此中更根本之故，仍在梁氏所接受章氏者，即系章氏所以自江藩处接受者也，层层相袭，习焉不察即以为常。在梁氏此种史观下的"清学史"，其

---

① 梁启超：《清代学术概论》，第 7 页。在《中国近三百年学术史》第二节中，梁氏又以引文的形式，引述了自己的这一观点，见第 16～17 页。
② 同上，第 9 页。
③ 同上，第 29～30 页。
④ 梁启超：《中国近三百年学术史》，第 79 页。
⑤ 同上，第 31 页。
⑥ 梁启超：《清代学术概论》，第 6 页。

居于"首卷"之"开端"地位者，便极有意思。梁氏视野中的清学之开端人物是顾炎武。在《清代学术概论》中，梁氏有言：

> 吾言清学之出发点，在对于宋明理学一大反动。
> 当此反动期而从事于"黎明运动"者，则昆山顾炎武其第一人也。①

于《中国近三百年学术史》第六"清代经学之建设"中，则曰：

> 清儒的经学，和汉儒、宋儒都根本不同，……他们这一派学问，也离不了进化原则，经一百多年才渐渐完成。但讲到荜路蓝缕之功，不能不推顾亭林为第一。②

梁氏以"顾亭林"为"开端"之故，当先从何以视戴震之学为整个"清学"精神之代表言起。梁氏云：

> 惠仅"述者"而戴则"作者"也。……故正统派盟主必推戴。③

而其所以推尊休宁，其实亦有梁氏于民初学风之时代背景，此则科学主义的重视心态。故梁氏论东原所以为最高，其论学之言，竟多为近代之科学、客观等词汇。梁氏于论东原学时，先举东原幼年能疑能问朱子何以知孔子学之例后，即继言之曰：

> 此一段故事，非惟可以说明戴氏学术之出发点，实可以代表清学派时代精神之全部。盖无论何人何言，决不肯漫然置信，必求其所以然之故，常从众人所不注意处觅得间隙，既得间，则层层逼拶，直到尽头处，苟终无足以起其信者，虽圣哲父师之言不信也。此种研究精神，实近世科学所赖以成立。④
>
> 凡科学家之态度，固当如是也，震之此论，实从甘苦阅历得来。所谓"昔以为直而今见其曲，昔以为平而今见其坳"。实科学研究法一定之历程。⑤

盖梁氏实借戴震学以联系其心目中所理解之"近世科学"，复以此而诠戴、诠汉

---

① 梁启超：《清代学术概论》，第12、13页。
② 梁启超：《中国近三百年学术史》，第79页。
③ 梁启超：《清代学术概论》，第10页。
④ 同上，第32~33页。
⑤ 同上，第34页。

学、诠考证学精神,是故以戴震为清学精神之代表。章太炎谓江藩有"右吴抑皖"之曲心,梁氏亦继承此看法。章氏于《清儒》实重戴,观《检论》中诸篇:《议王》、《正颜》,已一改原《訄书》重订本中的《王学》、《颜学》篇名,而惟戴学则仍题曰《释戴》。

梁氏则于"右吴抑皖"说之外,更反过来唱"尊皖"之调,且一说复说而数见,其推尊戴学,有意比较惠戴之高下,已是明显。此种立场与持论,笔者以为,仍是来自于其对于"清学"之基调实以"求是"与"考证学之方法论"皆符其心目中的科学态度与精神有关。一言以蔽之,推尊戴震之学即其所以置顾炎武为清初学人之"首"之故。而尊戴与尊顾,固同在于其能有科学的精神与态度治学也。故梁氏以顾炎武为"正统派"之所出与所宗。则顾氏之所以为梁氏置诸于其"清学史"之"开端",其故当在是。总言之,梁氏之"清学史"实以考证学为主轴,以此而尊戴,亦以此而推顾氏为清学之"首"。

与梁氏之书同名,而意趣则截然不同的钱穆(1895—1990)之《中国近三百年学术史》,别以黄宗羲梨洲为其书之"第二章",盖钱氏非不尊顾氏而特以黄而为尊者,其持论对扬异趣则在章、梁。章氏《非黄》,而梁氏则亦反对章氏之非黄;梁氏尊戴尊顾,旨在汉学与科学求是之精神,钱氏则秉章实斋之《朱陆》与《浙东学术》以论顾、黄,意谓清学之宗实不当在客观求是之学,而更应在能有自我人格与风俗教化之学,此为更根本所在;故与梁氏屹立,曰"盖不知宋学亦无所谓知清学"①。其次,钱氏既亦曰"近三百年",则清学之上限自不能从江藩汉学之断,则必如梁书之式,上溯其源而至晚明,更于《引论》中由黄氏而逆溯"东林",复由东林而推至于"宋学"矣!②钱氏既以《引论》为"第一章",故以"黄宗羲梨洲"为其书"第二章";若钱氏果更别有所发挥,则固其宜所云者:"余故述近三百年学术,而先之以东林,见风气之有自焉。"③知此,则梨洲何以为"第二章"亦可以知见其意(王船山为"第三章"、顾亭林为"第四章")。若然,此钱氏"近三百年"之义,与梁氏著作内涵上实大异趣!然若以其模式论之,则仍有同类且相近处者矣。④

---

① 见钱穆:《中国近三百年学术史》第1章引论第1页,台湾商务印书馆1980年版。
　此种持论,正有以见钱氏著是书且同名之旨,实不在梁氏所措意者!
② 钱穆作为"首章"之《引论》,分为上、下两部分,上以论"两宋学术",下则专论"晚明东林学派"。见《中国近三百年学术史》上册,第1~21页。
③ 钱穆,同前注引书,第1章引论,第20页。
④ 此模式尤在于钱氏之言"学术思想承先启后之间,固难判划"。此种言辞所反映之思维,实与梁氏同一模式,在"相承"而不在"断限"也。梁、钱两部"近三百年"之"学术史"皆以见其有"通史家风"之流。

## 三、"学案"体著作中的"清学"开端

### (一)《国朝学案小识》

清代正式以"学案"为名而成书者,为道光时唐鉴之《国朝学案小识》。是书所以不为近世学人所重,归纳其因应有二端,其一,唐鉴专以突出程朱理学为贯穿全书之主线,而又以"道"作为用词语言之核心,从而在论述"道"的展开上,完全落在明代陆王与程朱之争的历史思维窠臼中。其二,唐鉴用了狭隘的"道/学"观,从"正统/异端"模式去区判各卷"道"的学案与案主。这个"正统观"极明显地表现其书卷次安排上,从卷1到卷11,从"传道"、"翼道"到"守道",皆以治程朱理学者入案;"经学"与"心学",则安排于卷12以下迄于卷末。在唐鉴心目中的"清学",大别有三种:由宋元明迄清犹在发展中的程朱之学与陆王之学,是其两种,而承自汉代之学而于清代复兴的经学,是第三种。这三种"清学"在《学案》中的次序,依序为"道学"、"经学"、"心学"。

为唐鉴此书作序的沈维鐈,在其《序》中,开句即用桐城姚鼐之言来作引述,可见沈氏一下笔就引出了"反汉学"意识下的首句书写,这也是一种清代宋学系谱建构意识下的书写,借着外在环境的衰微与中国形势的危机,来责难"汉学",提倡"程朱理学/宋学",其采用的系"正统/异端"模式。在正统系谱建构下,被唐鉴此书所回顾的历史,在"清学开端"上,也就有了与江藩不同的"点将"。对唐鉴而言,"首卷"的"开端"之义,他是给了"陆稼书"与"张杨园"。而被江藩所推为"首卷"的"阎若璩"与"胡渭",则在唐书中与"黄宗羲"一同被置于卷12"经学学案"中。"惠戴之学"中的"惠氏之学",亦在卷12中;戴氏之学则被置入卷14与"心宗学案"并在一卷①;惟有"顾亭林"犹在卷3"翼道学案"中。可见"顾、黄"的"清学地位"早有起降变迁,不待章太炎以种族革命意识而"非黄"也。②

在唐鉴的《学案小识叙》中,值得注意的是唐氏对于朱子之学中由《大学章句》而建构的八条目之学,在唐鉴的表述下,"格致"已出现了一种与时代环境相联系的"经世"取向,由是"格致"常被跳跃至直接与"治平"作出直接的联系。如其云:

---

① 按:唐鉴虽然在《叙》中屡提"心宗之学",却并未为其专门列卷,而是附在卷14也就是卷末的后半卷中。可见唐鉴此书的意义性是由前至后式的。同时也更可以看出其所扬与所抑的主轴还是在宋学与汉学对立性的思维上。
② 章太炎《太炎文录初编·说林上》云:"季明之遗老,……黄太冲以《明夷待访录》为名,陈义虽高,将俟房之下问。"(《章太炎全集》第4册,第117页。)又撰《非黄》,曰:"世乱则贤愚混,黄宗羲学术计会,出顾炎武下远甚。守节不孙,以言亢宗,又弗如王夫之。"(同前书,第124页)

> 真儒跃起，……而后所立卓。真儒之为真以此，夫学之所以异，道之所以歧，儒之所以不真，岂有他哉！皆由不识"格致诚正"而已！……今夫礼乐兵农、典章名物、政事文章、法制度数，何莫非儒者之事哉！①

注意其文中的"治平"已被突出于"八条目"，以及其与"格致"之关系。唐鉴的"朱子"，已经开始与时代相应而朝着"经世性"方面重诠，在这重诠中，自然也包括了唐氏自己所感受与认知的时代意义。

### （二）《清儒学案》

民国徐世昌（1855—1939）编有《清儒学案》，以《孙奇逢夏峰学案》始，而以《诸儒学案14》云南诸儒终。有关本文关注之"卷首"主题，在其《清儒学案凡例》中有言之，其《凡例》第 2 条云曰：

> 夏峰已见明儒学案，而是编取以冠冕群伦，以苏门讲学，时入清初，谨取靖节晋宋两传之例。《学案小识》不加甄录，盖有门户之见存，非以其重出也。②

可见唐鉴之书，亦遭其批评，尤在门户之见太深，甄别去取凡以理学为主轴，实不能反映"清学"之实况。故迭遭批评，虽曾国藩亦以其门人参与其间，亦不能挽。从来写史，主观与门户之笔难免，黄宗羲《明儒学案》之王学门户，四库馆臣于《总目提要》中已评之深切矣，然其书终不能废，且为后来学者兴起之资。是故徐氏实欲成就一无可替代之"清学案"传世，以续黄宗羲之两《学案》。③

徐氏此书，卷 2 所次为"黄宗羲南雷学案"，卷 3、4 为"陆世仪桴亭学案"，卷 5 为"张履祥杨园学案"，卷 6、7 则为"顾炎武亭林学案"，卷八为"王夫之船山学案"。尤值注意者，则为序于卷 6、7 之"亭林学案"，本案小序言：

> 亭林之学，实事求是，不分汉宋门户，经世致用，规模闳峻，为有清一代学术渊源所自出，后之承学者因其端以引申之 各成专家。④

---

① 唐鉴：《学案小识叙》，《国朝学案小识》卷前。
② 徐世昌主编：《清儒学案》第 1 册凡例，燕京文化公司 1976 年版。
③ 徐氏于《清儒学案序》中言："窃不自揆，……汇为一编，以继梨洲二书之后，愿与当世学人共相参。"其欲以学术著作而不朽之意甚为昭然。
④ 徐世昌主编：《清儒学案》卷 6 小序。

若"有清一代学术渊源"既在亭林，何不即以其为"卷首"以昭著义！笔者细读徐氏此书，实不能深解其意！岂若孙氏于清初学问年辈最为老师，而又符"大儒"之望耶！另一或可提供以为切入观察之角度，则为"旧三大儒"与"新三大儒"之起降。清初之时，所谓海内"三大儒"，当时系指孙奇逢、李二曲、黄宗羲；逮至晚清同治以后，船山遗书刊行于世，世始渐以黄宗羲、顾炎武、王夫之（1619—1692）为"三大儒"，此谓"新旧清初三大儒"。① 是故诸多论述"清学史"之新旧专著，其首卷或首章，多不出于此，或亭林、或梨洲、或船山、或夏峰。

### （三）支伟成之《清代朴学大师列传》

《清代朴学大师列传》为支伟成（1899—1928）所撰，书前特置《章太炎先生论订书》以为书首，实已致其尊崇焉，故知此书实为章太炎视野与角度下的"清学史"著作。抑又不止此，本书《凡例》自云："唐确慎《国朝学案小识》，宗旨侧重理学，又以经师错出其间，体制有乖，在所不取。"② 又云："桐城派古文家多倡'因文见道'之言，囿于宋儒义理，未通汉学家法，与朴学异趣，故不采录。"③ 则"朴学史"之旨以"汉学"者为主更为明言，且此书正与唐鉴之尊桐城"程朱真儒"之"道言"，亦正针锋相对，去取之间，仍是章、梁之后继。全书实以"汉学"为主轴，而支氏则宁选其书题名厥用"朴学"焉。虽其书之名为"列传"，而实则可以视之为"学案"，或者更为确当。方支氏撰此书时，《清史稿》已成，然未刊布，则支氏似未能见其有关《艺文志》与《儒林传》部分；其书目所列，则已有梁启超之《清代学术概论》、《中国近三百年学术史》两种。

支氏之书实以"吴派"与"皖派"作为"清代朴学史"之主干而架构其篇卷，故每有不能决疑者，则多依章太炎之讨论意见以为决断去取。然此书亦极重江藩之《师承记》，所云之"续师承记"之撰写者一段数据，笔者今所见各家"清学"著述，亦唯支氏而已。此亦可证自江藩以下，历阮元、钱林、李元度等，而至章、梁，又至于支伟成，确乎有其一学术发展轴线——即有关"清学"之认知与撰写之"历史观"贯乎其间，无论其文体变迁如何有一"近代性"，其"清学史"之轴则在"学案"、"儒林传"、"学术史"等诸化名间仍然可见也。

支氏此书，除以"朴学"为主，排摈"理学"外，卷次篇卷安排，有两点以为例则：其一则为"吴皖分派"，其二为依历史年序先后。故其"首卷"即名为"清代朴

---

① 何冠彪之论文对此述之颇详，可参，见何氏《黄宗羲、顾炎武、王夫之合称清初三大儒考》，收在氏著《明清人物与著述》，台湾商务印书馆1996年版，第49~63页。
② 见支伟成：《清代朴学大师列传》明文书局印行，收入周骏富主编《清代传记丛刊》学林类第9《凡例》第4条。
③ 支伟成：《清代朴学大师列传》，《凡例》第7条。

学先导大师列传第一",既名"先导",则一种编年式的次序观已盎然可现,盖亦与支氏先预存有一"清学"之基本认知有关,此一基本认知,即是彼以"朴学"为"清代学术"之主轴,故其笔下必曰"先导",盖由此而至"中心"也。在其书之"卷一"中,系为顾炎武与黄宗羲、王夫之、颜元、阎若璩等立传。顾氏凌越于黄宗羲之上,自是汉学家较为普遍之观点,支氏之书亦然,以顾氏为"清学先导",即以"顾氏"为"朴学史"之"开端"也。

### (四)杨向奎《清儒学案新编》

杨向奎《清儒学案新编》成书系陆续分册出版,以册为卷,共4卷即4册。杨氏既名其书曰"新编",则对其必有所"旧",以见其相对之"新",然新旧之相待,即其所承处,故又是"学案体"之一脉,此杨氏之书刻意以卷名册,即其脉络化与所以"新编"之显示也。全书以"夏峰学案"为始,以康有为、王国维(1877—1927)为终,有目与次而无章卷,盖既不用章节之新名,"卷"亦用之于书册之次,则其"目录"中,终遭"新旧序次书写"上之难题,而杨氏则以"(1)(2)(3)"与新式页码解决。

依杨氏"叙例"所云,则其"新编"相待者为徐世昌之"旧案",此则其书四卷册所以欲取代者则以可见之矣。"旧案"之讥在"叙例"第1条,其曰:

> 徐世昌主持撰辑的《清儒学案》(以下称《旧案》),作为一代学术思想史料长编,功不可没。但成于众手,别择未严,且名《学案》而有关评传殊鲜学术内容,难免"庞杂无类"之讥。①

若其"新编",则有二期焉,其一为可以作为一种"清代学术思想史"的著作性质;其二则为可以作为"清代学术思想史料选辑"。② 此二重目的其实即为"学案体"之撰式,杨氏在此实已继承"旧体",而以"新语"说之,此新语即为"学术思想史"。是故一种将"学案"视之为"学术史"或"学术思想史"之"新旧转语",至1982年杨氏撰《清儒学案叙例》时,犹可见之。将黄宗羲之《明儒学案》视为一种"中国的"且为"第一部"的"学史"、"学术史",盖始于梁启超,始见于梁氏于清季亦即上一世纪初所撰之《中国史叙论》中,此后似乎近代学人多能接受之,遂以成"学案体"在"近代知识体系"中的近代位置,得以位移与转化至于"学术史"。杨氏亦用此种观点,可以以"接受史"角度视之,不过在语言上喜用"学术思想史"。此种语言上的"新编",亦应置于此种"近代脉络"下观之。在杨氏之"缘起"中,所

---

① 杨向奎:《清儒学案新编》卷1《叙例》第1条,齐鲁书社1988年版。
② 同上。

"言"更为明显。其"缘起"云:

  《学案》是中国过去的学术思想史,这类学术思想史著作始于清初。①

  所谓"清初"者,即是"接受"了梁启超关于《明儒学案》是中国"过去的""学术史"或是"学术思想史"之观点与语言使用之再繁衍。美国汉学界学人司徒琳教授早已注意于此类古今与中西之"范畴性"问题,在其研究中,曾经询问:中国的"第一本"有关"学术史"的著作,究竟是梁启超自己的《中国近三百年学术史》,还是这部"近代名著"之中所刻意表称的黄宗羲之《明儒学案》?② 由此而引出了古代的"学案"与近代的"学术史"在"古与今"以及"中与西"之间所遭遇到的知识、范畴、分类、概念、语言、处境等等更深一层的问题。③ 杨氏的"缘起",出现在廿世纪末叶,其所继承的脉络,却不仅止于廿世纪之初的诸种学案体、学术史体著作而已,而更可溯及于唐鉴、江藩甚至已被称为"古代史范畴"的"黄宗羲",在杨氏的"缘起"陈述中,甚至已经做了"中国学术思想史的滥觞"与先秦《庄子·天下篇》与《荀子·非十二子》的衔接,这显然是一时代之新术语指涉传统与重读、重塑传统的历程之再显。重读与重写的过程中,涉及的不仅是"旧与新",还有"外来与内在"、"自我与他者"的课题,当"史/历史"被重读、重写、重塑时,生命与文本已经卷入了一种交互对话、新旧融合(或冲突)的历程当中,以寻求一安稳的意识、话语、与显隐共生的处境,而对于此一处境的表白与书写,"义例/体例/凡例"便成了写作者极度重视的"自我定位"之"规定",因为欲以传世的著作之"意义"与"大凡",将首先显示在这个自我规定的简单条列中。则一部"学案"体裁著作的"卷首",便应当承担着这样的意义之供与,等待着被后世读取。

## 四、从《拟国史儒林传序》到《清史稿儒林传》

  阮元除序江藩《国朝汉学师承记》外,亦以纂修《国史儒林传》自任,其任国史馆总纂时,即创立《儒林传》之修纂。今传本《揅经室集》中,收有《拟国史儒林传序》,文中讨论了《儒林传》的体例与性质,尤其涉及清世汉宋学之分应当如何在《国史儒林传》中体现的问题。④ 阮元所纂就而进呈于国史馆的《儒林传稿》,现已可

---

① 杨向奎:《清儒学案新编·缘起》,齐鲁书社1988年版。
② 如梁氏于《中国近三百年学术史》中即称"中国有完善的学术史,梨洲之著学案始"。(第72页)
③ 司徒琳:《〈明夷待访录〉与〈明儒学案〉的再评价》,收在《黄宗羲论——国际黄宗羲学术研讨会论文集》,浙江古籍出版社1987年版,第287~302页。
④ 阮元此文收在《揅经室集》上册卷2(点校本),中华书局1993年版,第36~37页。

知除进呈于史馆本之外，当时外间尚有刻本、抄本等问世①，据阮元清嘉庆年间所刻之4卷本《儒林传稿》来看，此本卷前收有阮元所撰之《儒林传稿序》与《儒林传稿凡例》。《儒林传序》、《儒林传稿凡例》与收于《揅经室集》中之《拟国史儒林传序》、《拟儒林传稿凡例》大要均同，是知其《拟序》本为阮元任史馆总纂编修《儒林传稿》所撰也，故进史馆之"传"尤自称《稿》，而"序"则称《序》。此一嘉庆4卷刻本之《儒林传稿》，其"开端"系以"顾栋高"为阮元心目中《儒林传》之"首"，不同于后来源出史馆之诸国史纂修本、民国成书之《清史稿》等《儒林传》之以"孙奇逢"或"顾炎武"之为"卷首"者。阮元于《儒林传稿》卷前《凡例》中自述其所以置"顾栋高"为"首"之故，云：

> 次序以顾栋高为始者，因高宗纯皇帝谕办儒林传，奉为缘起也。此外则以年分相次。②

若将今本《清史稿》《儒林传》前的《小序》，对照《拟国史儒林传序》与《儒林传稿》之卷前序文与凡例，即知其原，实出文达！无怪乎李元度、龚自珍等皆颂其"创儒林传"一事！阮元于《拟国史儒林传序》中所倡议的"师儒之分"与"师儒并列"观点，便是《清史稿》中《儒林传》中"汉宋并收"的立传体式。主旨实在于欲摆脱《宋史》中的"汉宋之分"、以《道学传》别立于《儒林传》而为正统。阮元修国史儒林传的立场则不主张分立，亦即隐隐反对正统，故有"师儒并立"之主张提出。若谓阮元本右汉学，故其斋名亦曰"揅经室"，《揅经室集自序》云：

> 室名揅经者，余幼学以经为近也。余之说经，推明古训，实事求是而已，非敢立异也。③

则诚然，故其所宦之处，立诂经精舍，设学海堂，校勘十三经，编《经籍纂诂》，皆是其宗汉学之学本旨。但是右汉学与在国史儒林传中以汉学为正统而排摈宋学，则是两回事，是故不能以于汉学为右的文字之数，来与《拟国史儒林传序》中的"师儒并立／汉宋并立"的立场相为混淆。

《清国史》钞本，系刘承乾于鼎革之后，与北府成立之"清史馆"第一任馆长赵

---

① 据王章涛述，上海图书馆藏有《儒林传拟稿》一卷，题为阮元所辑，系钞本也。此稿凡44传，附传则55人，末有秦更年跋。见王章涛《阮元年谱》（黄山书社2003年版）所述，第555页。
② 阮元：《儒林传稿》卷前《儒林传稿凡例》，第1页，《续修四库全书》据南京图书馆藏清嘉庆刻本影印。
③ 阮元：《揅经室集》上册《自序》。

尔巽议定后，于 1922 年冬开始由刘氏斥资展开此一传钞之巨大工程。就《儒林传》而言，依中华书局本所置于前之目次，可知《儒林传》共有 82 卷、前编 8 卷、上编 32 卷、下编 41 卷、后编 1 卷。《影印说明》以为"前编与上下编系国史馆不同时期所纂，间有重复。"不同时期之积累渐增此则诚是，若谓间有重复，则恐非当行之言。即以《清史稿》而言，其中《儒林》与《文苑》二传，便有缪荃孙与马其昶之先后属稿，此本职责有司，而后《儒林》多采缪氏所撰之传，此亦是最后之总纂所职与议定。故《清国史》中之"前编"以朱鹤龄为首，王夫之等附传，卷 2 以下则有顾炎武、曹本荣、薛凤祚（1600—1680）等传，黄宗羲、阎若璩、戴震等皆为附传，此当是早期之初稿与暂拟目。上编与下编则已见正式之编例，可以据言其初之编定构想。上编以孙奇逢、刁包（1603—1669）、沈国模（1575—1656）为"卷一"①，张履祥（1611—1674）、沈昀为"卷二"，陆世仪（1611—1672）、芮长恤为"卷三"，李二曲、白奂彩、王夫之（钞本未见）为"卷四"；可知上编之构想，系以清世理学为一脉而都为上编，其卷首开端则为"孙奇逢"。②

至于下编，则卷 1 以顾炎武、黄宗羲、钱澄之（1611—1693）为首，卷 2 为朱鹤龄（1606—1683）、张尔岐，卷 3 则余汝言、姚际恒、梅文鼎（1633—1721）③，卷 4 为毛其龄、胡渭（1633—1714）、阎若璩，卷 5 之惠周惕传兼惠士奇（1671—1741）、惠栋（1697—1758）、余萧客（1729—1777）附传。江永传在卷 10，朱筠（1729—1781）、王鸣盛（1722—1797）、钱大昕在卷 11，戴震与段玉裁在卷 14 与梁上国同传。由下编目次看来，并无"吴派"或"皖派"的结构与传谱之显示；亦无"惠戴之学"为"清学史"主轴的撰例刻意安排。但是，从卷 1 作为开端传主的"顾炎武"迄于卷末（卷 41）的"朱一新"（1846—1894），确实下篇系以"经史小学"为宗。而且下篇用的开端仍为"卷一"，而不是以接续上篇之末卷（卷 32）为次，则此钞本《儒林传》的初本构想已极明显，即是汉学、宋学各为其脉的两脉式想法。故区分为两编，上编以孙奇逢为"首卷"，著"清理学开端"之义；下篇以顾炎武为"首卷"，著"清经学开端"之义。必是"汉宋之分"氛围下的"清学史"回顾之意识下为之者。④

---

① 其间极有意味者，并非此目中有否反映"汉宋之分"或"汉宋调和"；可是在卷 1 中，与孙奇逢并列的沈国模及其附传诸人史孝咸、王朝式、韩孔当、邵曾可等人，皆是清出刘宗周门人中属于姚江书院一脉，此脉与刘门中的另以黄宗羲为首的证人书院一脉，存有分歧与裂痕。《清国史·儒林传》上编以沈国模传为卷 1，而黄宗羲则为"经学之儒"而与顾炎武同传于下编。则清初浙东之儒学的刘门分歧，似已在此传之诠配上反映出来。其后的撰属儒林传与清学案及近代的清代学术史著作，实多已不措意于此。关此，可参笔者《清初浙东刘门的分化与刘学的解释权之争》，收在《道学与儒林》，第 369~416 页。
② 刘承乾嘉业堂钞本《清国史》第 12 册《儒林传》目录及下编之正文。
③ 在《清史稿》纂修过程中，此卷中的梅文鼎及附传王锡阐等已另置于《畴人传》中，做了调整，其调整经过，则朱师辙《清史述闻》（乐天出版社 1971 年版）书中有详述。
④ 参见刘承乾嘉业堂钞本《清国史》，第 12 册，《儒林传》目录与上编之正文。

可见《清国史·儒林传》有一种调和汉宋之论的持平立场，故接受了清学史中有汉学、有理学双脉的历史观。从而也分出上编以宋学／理学为主，而下编以汉学／经学为主的双调性写法。清世理学以孙奇逢为开端，若清世汉学则以顾炎武为开端；但在传文中并未用"国朝儒宗"这样的措辞。

本文不打算讨论《清史稿》中诸版本及有关修纂者与史料来源的问题；而仅将焦点集中于其《儒林传》中"卷首"的意义与笔法上。今本《清史稿儒林传》中共有4卷，从列传267至列传270。① 由"儒林一"至"儒林四"，从"清学开端"的角度以论之，则"儒林一"与"儒林二"之传次安排，实有可言者，而亦可以考见其所承。《儒林传》之前2卷，其实亦是继承了"（清）国史馆"在《清国史·儒林传》中编次为两脉之例，即"上编"以"宋学"为脉，而"下编"则以"汉学"为脉。《清史稿》之《儒林传》亦同，大体上维持了《清国史》的两编之体式，以《儒林一》为"清世理学"之脉为诸儒立传，而《儒林二》则以"清世汉学"为主脉而立传。又，在《清史稿·儒林传》前有一"小序"，此《儒林传序》全本阮元之言，大要谓：一、先王之制，《周礼》中有"师"有"儒"。"师"以德行教民，而"儒"则以六艺教民。故"师儒之异"即是"汉宋之分"，统归之于"儒林"，而实不可以偏废。"两汉名教，得儒经之功；宋明讲学，得师道之益；皆于周孔之道，得其分合，未可偏激而互消也。"② 此阮元从大处观，亦自周孔之原处观，已将清世的"汉学"与"宋学"，转成了"周孔之道"以下的"师"与"儒"为其本然。是故俱归导于"儒林传"中，不可偏废，尤不可再蹈《宋史》中分立《道学》与《儒林》两传之失，以启争端与门户。则此《儒林》一传乃标著其合，而传中又有一分水岭，则是《儒林一》与《儒林二》之所以分立之义所在。《儒林一》以"孙奇逢"为首，是以"孙奇逢"著见清世理学之开端；而《儒林二》以"顾炎武"为首，著见清世汉学与治经学者之开端。两脉与两开端，则《儒林传》之以传"汉／宋学"与传前小序之义，亦可见矣。其中不同者，为"黄宗羲"已移置于"孙奇逢"之后，盖仍系黄氏为理学中王学嫡传也。

## 五、结论

有关清学、清代学术之史的撰述，自江藩以来，便产生了一种居于现在而对历史作出回顾时所必须面临的"开端"问题，这本是易代之后的"断代"史义，非仅"纪"体或"表"体为然，"传"体也同样必须遭遇。因之，无论是"清史"中的"儒林传"，或是以"清儒"为主的"学案"，都将遭遇与面对此一"首卷"编排下的

---

① 赵尔巽：《清史稿》册1总目录，中华书局缩印关外二次本。
② 《清史稿》卷480《儒林传序》，第4册，第3355页。

立场、判断、选择之书法与义例。即便是在"近代意识"下，受外来影响撰著的章节体新式写作，如《清代学术概论》、《中国近三百年学术史》等书作者梁、钱两氏，以及承此脉而来的侯外庐氏之《中国近代思想学说史》等，亦无不有着一种刻意在"首章"内容上赋与意义的写法；在新体写作的表相下，仍然潜藏着相对于前此旧式著作的互文脉络。有关《清史稿・儒林传》、《清儒学案》的"首卷"，或是章节体"清代学术史"的"首章"，都有着"开端"意义赋予的企图，这一意图的根源，正是导源于江藩所开启的《国朝汉学师承记》之争议。江藩的影响真有这么大么？曰：惟惟，否否，是然亦不然！江藩恰巧居于一个彼之所居的"国朝"（对我们则为易代后的"清代"），作出第一本以史笔意识与体例写作的《记》之位所，而其书之"首卷"既启争端与议论，则此课题遂亦由其而启。另一方面，只要是书写"国史"：一种身处局中的自我回顾寻求"一代之史"起源或开端的写作，便会出现"章、卷、篇"的"首"义之映入眼帘。就算是易代鼎革之后的另一个新朝、新代、新政府之起而以代，也仍然必须对自我所居的朝、代寻求起源，无论是由自我所居逆溯、还是顺时而下迄于现在的历史写作，皆然；如此，方能继往者而传将来。新的朝、代之起源必然与前一朝、代之末相迭，甚至于制度、人物、事迹，亦皆有此跨代之现象；因之，凡为本朝、当代或前代之史的写作就必然会遭遇此一"断代"的问题。由"断代"问题而来的，便是传统旧体史书书写体例的拟订，无论是纪、表、志、传，都将面对。

近代"历／史学"领域之变迁，历经"中国通史"编修与"章（学诚）学研究"波澜兴盛之势后，终又重新面对"前代／一代大典"之述往事与兴来者之职与责，开启设立"国家清史纂修委员会"修史之局，对当年易代时所修之《清史稿》与台湾少数学者如张晓峰及其传人等所刻修之《清史》、《清史稿校注》等并体例亦皆重新商榷。商榷史书体例，本为大事，笔者则因于吾国传统之儒林与道学之学术史，夙所究心，故即以"清代学术之开端"，撰成此文，以望方家之教。一代之史，其修不易，自古而然。若期于众手，则集于一堂以从容论讨，当为其中不可不注意之古人论官、私修史之良窾处也。

# 儒家思想对当前文化生态的省察
## ——关于"后新儒学"对"后现代"的反思

慈济大学宗教与人文研究所、同济大学中国思想
与文化研究院、元亨书院创办人　林安梧

## 一、前言：提倡"公民儒学"做为"后新儒学"的社会哲学向度

约莫有二十年了，我提倡"公民儒学"作为"后新儒学"的社会哲学向度。[①] 我的想法与当代新儒学所说的"外王开出说"，或有所承，但根本上是不同的。我以为他们强调的是"由内圣开出新外王"，我则偏重于"由新外王而重新调理一新内圣"[②]。这关键点就在于"君子"与"公民"这两个概念的差异。以前的新儒学强调的是"君子儒学"，而我强调的是"公民儒学"[③]。

再者，"公民儒学"与"儒教宪政论"者，看似有些相类，但其实却有着本质上的差异。大体说来，儒教宪政论者强调依"儒教"去做成"宪政"，而我则主张顺着"宪政"而去调理"儒学"，并且由儒学之道理，而来调适宪政。当然，这与我所说的"外王——内圣"的思考向度是一致的。

"仁恕"思想可以说是儒家思想的核心，它的现代意义，当然是在我所说的"公民儒学"下来说，这有其优先意义。

---

① 我先后写过几篇文章，若加上专栏性的小文，超过十篇以上。其要者如下：
林安梧，1994年12月，《关于儒家哲学中的"实践"概念之厘清——从"老儒家"、"新儒家"到"后新儒家"的反思》，《鹅湖》二十卷六期（总号234），第18~19页。
林安梧，1995年1月，《论"公民意识"的诞生》，《文讯月刊》七十三期（总号111），第4~6页，台北。林安梧，2001年12月，《后新儒学的社会哲学：契约、责任与"一体之仁"——迈向以社会正义论为核心的儒学思考》，《思与言》三十九卷四期，第57~82页。
后来又刊行了《儒家伦理与社会正义》，2005年10月言实出版社印行，第328页。
② 这说法我自20世纪90年代起就常提起，看参见林安梧，2004年8月，《后新儒学的新思考：从"外王"到"内圣"——以"社会公义"论为核心的儒学可能》，《鹅湖》三十卷二期（总号350），第16~25页。
③ 请参见林安梧《论现代公民社会的伦理教养——对比"公民"与"君子"而展开的思考》，刊于《通识在线》第32期，2011年1月。

## 二、"儒者，柔也"，"楺也"，是生命的调理、教养、生长、育成

许慎《说文解字》说"儒者，柔也，术士之称"，"儒"这字"从人、从需"，说是"柔"，这"柔"可不是"温柔"的"柔"，而是"楺木"之"楺"，这说的是树木之长育调理而成其可用之器。我们可以说"儒"说的是"人的教养与濡化"，是"生命的调理、教养、生长、育成"①。"术士"的"术"说的是专业技艺，"士"说的是"十一为士"②，是能重视到公共事务的知识分子。

儒者可以说是以教养为业的，而可以孔子为开山，然孔子是有所承的，他远绍尧舜三代圣王，近则法于周公。但最大不同的是，孔子将原先的"圣王"，落实为"师儒"，并且主张唯此师儒之学才能成就真切的圣王之志。他"有教无类"，面向苍生，他"因材施教"，成就人伦，长育教化。③

周公顺着宗法、依循封建、根据井田，构造了周朝，制礼作乐，化导情性，成就人伦。孔子身处春秋动乱，井田、封建、宗法已难以维持，而大有更迭，所谓"礼坏乐崩"也。孔子远绍三代之绪，删诗书、订礼乐、赞周易、修春秋；就在删述六经的过程中，成就了六艺之教，成就了一道德理想王国之向往。大道之行也，天下为公，世界大同，正乃孔子之志也。

就以《论语》一书来说，起于《学而》，终于《尧曰》，正乃此理想之落实与写照也。《学而》重在"学习、教养"因之而"觉醒、自觉"也。《尧曰》说的是"秉受天命、天下和平"④。我们亦可说这就是"仁恕"的思想。"仁"所以"成己成物"也。"恕"所以"推己及人"也。

---

① 许慎：《说文解字》："儒，柔也，术士之称。"郑玄《三礼目录》："又儒者濡也，以先王之道，能濡其身。"
② 许慎：《说文解字》："士，事也。数始于一，终于十。从一从十。孔子曰：'推十合一为士。'凡士之属皆从士。"
③ 有教无类，说的是教育的平等权。因材施教，说的是教育的方法。
④ 《论语·学而》开篇就说，子曰："学而时习之，不亦说乎？有朋自远方来，不亦乐乎？人不知而不愠，不亦君子乎？"《尧曰》总结，"尧曰："咨！尔舜！天之历数在尔躬。允执其中。四海困穷，天禄永终。"舜亦以命禹。曰："予小子履，敢用玄牡，敢昭告于皇皇后帝：有罪不敢赦。帝臣不蔽，简在帝心。朕躬有罪，无以万方；万方有罪，罪在朕躬。"周有大赉，善人是富。"虽有周亲，不如仁人。百姓有过，在予一人。"谨权量，审法度，修废官，四方之政行焉。兴灭国，继绝世，举逸民，天下之民归心焉。所重：民、食、丧、祭。宽则得众，信则民任焉，敏则有功，公则说。观此两篇可以识其大略矣！

## 三、"儒"之所重在"人伦"，五伦是通于"天、地、人"三才的

"儒"之所重在"人伦"，是人际之伦。这与一般近现代以来所说的"人文"或"人本"并不相同。他强调的不是一具有"个体性"的"个人"，而是一长于脉络性的人伦之际的人。西方近现代常说的人文主义或人本主义（humanism）与儒家之重视人伦并不相同。我们的人伦，不只在人际上说，他还扩及到天地之际、古往来今说。我常说儒家要说是"人文主义"可以，但应强调是"天地人"这三才皆重的"人文主义"①。我们说的"人文"是"观乎天文以察时变，观乎人文以化成天下"的人文。这不是"以人为中心"的人文，更不是以人的理智为中心，Logocentrism 意下的人文主义，而是懂得如《易经·贲卦》所说的"文明以止"②的人文主义，这是一参赞天地之化育的人文主义。

参赞天地之化育，就在生活世界中，从"五伦"做起，"父子有亲、君臣有义、夫妇有别、长幼有序、朋友有信"③。人际的脉络虽有其角色之异同，但一皆本乎内在根源之性情。这些具体的仪节，所焕发的德性可说是"仁"，亦可说是"仁义"，亦可说是"仁义礼"，亦可说是"仁义礼智"，亦可说是"仁义礼智信"。亦可总的说是"夫子之道，忠恕而已矣"，也可就用"恕"这字去概括。《论语》记载有——子贡问曰："有一言而可以终身行之者乎？"子曰："其恕乎！己所不欲，勿施于人。"④

"仁"在"关怀感通"、"义"在"法则适宜"、"礼"在"分寸节度"、"智"在"明智判断"、"信"在"总体确信"。"仁"是"人安居的宅第"、"义"是"人行走的大道"，"礼"是"人站立的位分"，孟子强调"大丈夫"是"居天下之广居，立天下之正位，行天下之大道"所指即此。⑤ 又说"君子有三乐，而王天下不与存焉。父母俱存，兄弟无故，一乐也。仰不愧于天，俯不怍于人，二乐也。得天下英才而教育之，三乐也"⑥。这样的人伦之教，充极而尽的发展，人的性命是可以由"可欲之谓善，有诸己之谓信，充实之谓美，充实而有光辉之谓大，大而化之之谓圣，圣而不可知之之

---

① 这基本的异同，涉及到我们的文化传统是"存有的连续观"，而西方的文化传统为"存有的断裂观"，请参林安梧，2006 年 12 月，《中西哲学会通之"格义"与"逆格义"方法论之探讨：以牟宗三先生的康德学与中国哲学研究为例》，《淡江中文学报》第 15 期，第 95~116 页，淡江大学。
② 《易经·贲卦》彖辞："刚柔交错，天文也；文明以止，人文也。观乎天文，以察时变，观乎人文，以化成天下。"
③ 关于五伦及三纲，我作过全面之探讨，请参见林安梧，1996 年 3 月，《儒学与中国传统社会之哲学省察》，幼狮出版公司印行，第 280 页。
④ 语出《论语·卫灵公》篇。
⑤ 语出《孟子·滕文公》篇："居天下之广居，立天下之正位，行天下之大道。得志与民由之，不得志独行其道，富贵不能淫，贫贱不能移，威武不能屈，此之谓大丈夫。"
⑥ 语出《孟子·尽心》上。

谓神。"① 这"善、信、美、大、圣、神"就是人格的育成历程与层阶。工夫行得久了，也就能够"富贵不能淫，贫贱不能移，威武不能屈，成就为"大丈夫""②。

更落实而具体地说，孟子曰："仁之实，事亲是也。义之实，从兄是也。智之实，知斯二者弗去是也。礼之实，节文斯二者是也。乐之实，乐斯二者，乐则生矣。生则恶可已也？恶可已，则不知足之蹈之、手之舞之。"③ 这里，我们看到了人伦的长育教养之如何可能，也看到了儒家所强调之以"人格性的道德连结"为主导的思想。这思想是在一"血缘性的纵贯轴"下所育养而成的，是依循着"血缘性的自然连结"而长出的"人格性的道德连结"所做成的。④ 如《论语》所说"或谓孔子曰：'子奚不为政。'子曰：'《书》云：'孝乎！惟孝，友于兄弟，施于有政。'是亦为政，奚其为为政"⑤。孝悌人伦，"人人亲其亲、长其长，而天下平"⑥ 矣！

值得注意的是，孔子原先之理想是溯及周公，远追尧舜，这是从周代的小康之治，而要回到三代之前尧舜之治的大同之教。⑦ 可惜的是秦汉以来，"宗法封建"更迭为"帝皇专制"，"宰制性的政治连结"被绝对化了，彻底专制了，五伦的格局转成了三纲的构造。⑧

## 四、"血缘性纵贯轴"的构造与限制，及其突破之可能

"五伦"强调的是"父子有亲、君臣有义、夫妇有别、长幼有序、朋友有信"，"三纲"强调的是"君为臣纲、父为子纲、夫为妇纲"。明显地，兄弟、朋友之伦被忽略了，社会被压缩到政治，而且是专制的政治中去了。原先"五伦"重视的是相待的人伦，近于一对列之局（coordinated order），而"三纲"转成了绝对的人伦，近于一隶属之局（subordinated order）。⑨

这时候的"血缘性纵贯轴"——血缘性的自然连结（父）、人格性的道德连结

---

① 语出《论语·卫灵公》篇。
② 语出《论语·卫灵公》篇。
③ 语出《孟子·离娄》上。
④ 关于此，请参见林安梧《儒学与中国传统社会之哲学省察》，第七章《第血缘性纵贯轴下"宗法国家"的皇权与孝道》第十节至第十八节。
⑤ 语出《论语·为政》第二。
⑥ 语出《孟子·离娄》上"孟子曰：'道在迩，而求诸远；事在易，而求诸难。人人亲其亲、长其长，而天下平'"。
⑦ 我大体接受公羊学，特别是熊十力在《原儒》中的理解，以五十岁为界，前为小康，后则主张大同。
⑧ 语出《孟子·离娄》上，特别是第十六、十七、十八三节。
⑨ "隶属之局"、"对列之局"的对比，取自牟宗三先生，他经由此来强调传统与现代的异同，并强调要从隶属之局，开出对列之局，可参见《政道与治道》一书，1987年版之序言。

(圣)、宰制性的政治连结（君），便以"宰制性的政治连结"（君）为核心，以"血缘性的自然连结"（父）为背景，以"人格性的道德连结"（圣）为手段，成就了以"帝制"为核心的"帝制式的儒学"。伴随着"帝制式的儒学"，还有"批判性的儒学"与"生活化的儒学"，这三个向度是相互依倚构成一个整体的。①

当然，帝制式的儒学是核心，批判性的儒学充满着悲情而乏力，生活化的儒学则由一根源性的伦理，转成了"顺服性的伦理"。原先的"君臣有义"、"父子有亲"，竟异化成"君要臣死，臣不得不死，不死谓之不忠"，"父要子亡，子不得不亡，不亡谓之不孝"，这样的君权专制、父权高压，连带而来的当然也就会有"贞节牌坊"的男性中心的思考。②

三纲思想在帝皇专制、男性中心、父权高压下，异化成了严重错置状况。原先儒家所强调的"圣王"，有德者之"圣"，当居其位，而为现实的"王"，反成了"现实的王"宣称自己就是那有德者的"圣"，成了"王圣"。这便是我所说的"道的错置"（Misplaced Dao）。③这我在上个世纪所写的《儒学与中国传统社会之哲学省察》一书及本世纪初所结集成的《道的错置：中国政治传统的根本困结》一书都用力的讨论过这论题。

1911年辛亥革命成功了，帝制彻底的被推翻了，进入了民国时代，至乎今日已过了百余年，我们应顺此而趋，解开"宰制性政治连结"，确立"委托性政治连结"，限制"血缘性自然连结"，开启"契约性社会连结"，重建"人格性道德连结"。让民主宪政、公民社会好好生长起来。我亦曾深入的探析当代中国文化传统之进到现代化的历程不必原先西方现代化之"历史的发生次序"，也不是经由一"理论的逻辑次序"之疏清，就可以了事的。它是在一"实践的学习次序"历程中，逐渐如实如理的长成。④

就在这公民社会、民主宪政下，那批判性的儒学才能真具有批判的主体性，那生

---

① 关于儒学之不同向度，有主"民间儒学"、"官方儒学"者，我此处之主张重在内容类型之区分，较为系统性地叙述"帝制式儒学、批判性儒学及生活化儒学"之异同，请参看如注17，前揭书，第十章《"顺服的伦理"、"根源的伦理"与"公民的伦理"》，第一节《儒学的三个面向：生活化的儒学、批判性的儒学、宰制性的儒学》。

② 请参见，前揭书，第十章第九节《顺服的伦理常带有虚假的根源性意味》、第十节《根源的伦理》被"顺服的伦理"误置》。

③ 关于"道的错置"之说，最早起于20世纪80年代末，因读怀特海《科学及现代世界》有论及"具体性的误置"之谬误，我因之而对比地指出中国文化传统则是一种"道的错置"之谬误，而此评论早在王船山哲学中已有论及，后我挣讨研究了中国政治传统，终作成此论段。亦请参看李彦仪的书评，Lee, Yenyi,"*Lin*, *Anwu*, *Misplaced Dao*: The Essential Problem of Chinese Political Thought", *Dao*: *A Journal of Comparative Philosophy* 6（4）：*pp*. 423 - 427, Springer Journals - Dec 1, 2007.

④ 关于历史的发生次序、理论的逻辑次序、实践的学习次序，这三者的区分，我大体在20世纪90年代初即已提出，请参见林安梧《儒学转向》一书（2006，台湾学生书局印行）之《序言》。

活化的儒学,才能源泉滚滚,入于造化之源,以其根源性的伦理,生化活化的长养育成。这时所成的儒学便是"公民社会"下的儒学,是"民主宪政"下的儒学。如此一来,帝制式的儒学才能彻底地消解与转化。

## 五、"仁"是存在的道德真实感,是"我与您"的"一体之仁"

"恕"是将心比心的同情共感,是"己所不欲,勿施于人"的"王道"关怀。

在民主宪政、公民社会下的儒学,或可称做"民主儒学"、"宪政儒学"、"公民儒学",这是从原先"我与它"(I and it)的异化下扭转回来,而成就一"我与您"(I and Thou)的儒学。① 它是从帝制式的儒学彻底的解销与转化后所成之儒学。这是一充满着生命动能,"源泉滚滚、沛然莫之能御"生化、活化的儒学,亦可以说是一"生活化的儒学"。这已不限在三纲的儒学,而且也不只是原先强调的"五伦"这样的儒学,或可说有一"第六伦",说的是"群己关系",这早在上个世纪 80 年代,李国鼎便已有此说,此亦可见出儒学胎动之一斑。②

如此一来,儒家的仁义之道,就不再只从五伦或三纲来说,如孟子所说"仁者,事亲是也。义者,敬长是也"。"仁"就是人与人、人与天地,人与万有一切的存在之道德真实感,它是一种不可自已的动能,要求着您与万有一切有一根源而整体的关怀,有一"我与您",这样的"一体之仁"。③ 因"仁"之作为人的安宅,这安宅就不只是原先的五伦三纲的人伦,不再是"血缘性纵贯轴"下的人伦,而是一活生生的生活世界,是一"人际性的互动轴"下的人伦。"义"则转而为一"公民社会"下的"社会正义",就此社会正义而为"人之正路"。我们会深切地体认到原来儒家的仁义之道有了一崭新的丰姿。周公之制礼作乐,而夫子则"以仁发明斯道",这是一创新的发展。

---

① 经由"我与你"、"我与它"之对比区分,来诠释学,此盖有取于马丁·布伯(Martin Buber)的思想,但不必与其所论全然相类也,只是受启发而已。又此思想约莫发轫于 20 世纪 80 年代,请参见卜问天(林安梧)《迈向"吾与汝"的儒学:台湾儒学运动的省思片段》,刊于《鹅湖》第十四卷第五期(No. 161),第 54~55 页,1988 年 11 月。
② 李国鼎在儒家五伦的基础上,于 1981 年因应台湾现代社会提出第六伦:群己关系。又于 1991 年创立"群我伦理促进协会",我以为此可视为公民儒学最早之先声。
③ 语出王阳明《大学问》。阳明子曰:大人者,以天地万物为一体者也。其视天下犹一家,中国犹一人焉。若夫间形骸而分尔我者,小人矣。大人之能以天地万物为一体也,非意之也,其心之仁本若是,其与天地万物而为一也,岂惟大人,虽小人之心亦莫不然,彼顾自小之耳。是故见孺子之入井,而必有怵惕恻隐之心焉,是其仁之与孺子而为一体也。孺子犹同类者也,见鸟兽之哀鸣觳觫,而必有不忍之心,是其仁之与鸟兽而为一体也。鸟兽犹有知觉者也,见草木之摧折而必有悯恤之心焉,是其仁之与草木而为一体也。草木犹有生意者也,见瓦石之毁坏而必有顾惜之心焉,是其仁之与瓦石而为一体也。是其一体之仁也。又我于《中国宗教与意义治疗》一书第四章《王阳明的本体实践学:以王阳明〈大学问〉为核心的展开》,该书于 1996 年由明文书局印行。

可惜的是，秦汉帝制之后，仁学陷落了。宋明虽又有所跃进，但仍为所限，至乎今日，方有一更新之转化可能。①

"恕"是将心比心的同情共感，是"己所不欲，勿施于人"的"王道"关怀。②曾子阐述夫子的"一以贯之"之道，说"夫子之道，忠恕而已矣"③。"尽己之谓忠，推己之谓恕"④，"中心为忠，如心为恕"⑤。这里说的"己所不欲，勿施于人"，他不同于西方强调的"己所欲，施于人"。前者看似消极些，却多了份尊重，后者看似积极些，却免不了有些勉强。⑥

恕道的可贵就在于尊重与让开，因为尊重而让开，因为让开，而有了天地，有了天地，自能生长。儒家自来强调的是"安身立命"，而不是"出人头地"。儒家强调的是"修身以俟命"⑦，进而"参赞天地之化育"，儒家不强调"勘天役物"，而是强调"天人合德"。恕道强调的是贯通天地人之为王的王道精神，如《易传》所说"天行健，君子以自强不息；地势坤，君子以厚德载物"。"大人者，与天地合其德，与日月合其明，与四时合其序，与鬼神合其吉凶"。他强调的是"以德行仁者王"，不是"以力假仁者霸"⑧，更不会是威权行于天下。

王道的襟怀是"兴灭国、继绝世、举逸民"⑨，是"老吾老以及人之老，幼吾幼以及人之幼"⑩，霸权则为的是要保住自己的权力与利益！

## 六、结论："人的异化"与"生命的归复"

综上所述，我们可说"仁"是存在的道德真实感，是"我与您"的"一体之仁"。

---

① 请参见林安梧《儒学转向》（2006年，台湾学生书局印行）一书之序言。
② 此语《论语》有二出处，其一出自《颜渊》篇，"仲弓问'仁'。子曰：'出门如见大宾；使民如承大祭；己所不欲，勿施于人；在邦无怨，在家无怨。'仲弓曰：'雍虽不敏，请事斯语矣！'"另一出自《卫灵公》篇，子贡问曰："有一言而可以终身行之者乎？"子曰："其恕乎！己所不欲，勿施于人。"此可见儒者之王道关怀所指为何也。
③ 关于此，《论语》亦有二出处，一是《卫灵公》篇，子曰："赐也，女以予为多学而识之者与？"对曰："然，非与？"曰："非也！予一以贯之。"另则出自《里仁》篇，子曰："参乎！吾道一以贯之。"曾子曰："唯。"子出。门人问曰："何谓也？"曾子曰："夫子之道，忠恕而已矣。"
④ 语出（宋）朱熹《四书章句集注》，第72页，鹅湖出版社1984年版。
⑤ 同上。
⑥ 伦理学家何怀宏即据此区别了"底线伦理"与"普遍伦理"，我以为这也是"王道伦理"与"霸权伦理"的异同。可参见何怀宏《底线伦理》，辽宁人民出版社1998年版。
⑦ 语出《孟子·尽心》上，孟子曰："尽其心者，知其性也。知其性，则知天矣。存其心，养其性，所以事天也。夭寿不贰，修身以俟之，所以立命也。"
⑧ 《孟子·公孙丑》上，说："以力假仁者霸，霸必有大国。以德行仁者王，王不待大。"
⑨ 语出《论语·尧曰》首章。
⑩ 语出《孟子·梁惠王》篇。

"恕"是将心比心的同情共感,是"己所不欲,勿施于人"的"王道"关怀。仁恕之道可以用来对治现代化所造成的"人的异化"①,让人能如其自己,回归到生命本身。

清楚而明白地,我们当前之所面对与上世纪已然不同,上世纪还直问"如何从传统开出现代化"之问题,当前应是"在现代化及现代化之后,我们的传统又能如何"之问题。因为"现代"是关连着"现代性"与"后现代性"的综体,它是极为复杂的,再说现代性已然不是单一的,它亦是多元的。不只是多元,而且层阶迭替、交杂合汇,颇难疏理。但由于"现代化"的合理化,以"工具性合理性"为主导的合理化,严重地造成"人的异化",特别"信息革命"网际网络时兴以来,这问题已到了匪夷所思的地步。虚拟与真实,正确与差谬,错置而纠葛,真是难分难解。

现代化之后,引发了人类诸多恐慌,人类开始正视人的有限,审视这几个世纪所造成的祸害。人们开始学习面对由于现代化带来的"身、心、灵"及其环境,以及整个生活世界的问题。但是,由于西方囿限在"理智中心主义"(Logocentrism)的思考里,以为经由话语的疏清,甚至瓦解,就有克服的可能。可惜的是,只做了"语言学的转向"(the Linguistic Turn),却未能深契于造化之源,而陷入了相对主义、虚无主义的危机之中。殊不知,唯有回到东方传统,正视"言外有知,知外有思,思外有在",勇于摆脱"言以代知,知以代思,思以代在"②,这"话语的论定"之限制,契于存在之根源,才能启动一崭新之可能。

儒家"仁恕"思想具有一"根源性的合理性",他以"我,就在这里"③ 当下的承担,开启了"生命的归复与生长",此中含有一儒家型的意义治疗学。像儒家这种"后现代性"的"根源性的合理性"应可带来一生命之归复及新生。

---

① 关于"异化"一词,顺着英文"not at home",我将之译成"亡其宅"。又"仁者,人之安宅也"。亡其宅,人处疏离异化,唯复其初心,如其本性,方可也。我以为东土儒、道、佛三教义理,于此大有帮助也。吾曾将之融入于"存有三态论"中,有所论也。请参见林安梧,2003 年 2 月,《"存有三态论"与 21 世纪文明之发展》,《鹅湖》第 28 卷第 8 期(总号 332),第 19~29 页。
② 关于"言外有知、知外有思、思外有在"及"以言代知,以知代思,以思代在"的对比,这"存有的连续观"与"存有的断裂观"的对比,我多有论述,请参看林安梧《中国人文诠释学》第七章《"言"与"默":从"可说"到"不可说"》,第八章《"建构"、"瓦解"与"开显":一个东西方哲学对比的观点》,台湾学生书局 2009 年版。
③ 用此论式来表述者,首发之于唐君毅先生,见彼所著《人生之体验续篇》,我后来将此与傅伟勋先生所引进之傅朗克的意义治疗学相提并论,而对儒、道、佛三教皆有所论,请参见《中国宗教与意义治疗》一书,明文书局 1996 年版。

# 创新与古典：台湾新"礼体服务"与古礼之关系

台湾师范大学国文系教授　林素英

## 一、前言

近十年来，台湾殡葬业中出现了一种名为"礼体服务"的"新兴"服务项目，且随着网络营销文化在现代社会生活之盛行，多家业者都有各自专属的网络营销内容。虽然有业者在网络上号称"礼体SPA"、"大体SPA"或"礼体净身"、"汤灌"等等服务，是打破"传统性"的"用毛巾象征性的擦拭身体几下"，然而事实上这些服务是否果真是"打破传统"？与中国古代丧礼难道并无关联？其具体作法如何？意义何在？都需要做深入而客观的理解与探究。本文即在此背景下，先探讨台湾新"礼体服务"之服务内容，并论述其意义，再追溯古礼有关之记载，透过现代与古典之相互对照，理解中国古代丧礼安排与新兴"礼体服务"二者之关系，进而探讨此新兴"礼体服务"对于"事死如事生"的实践意义。

## 二、台湾新"礼体服务"的内容与特色

"礼体服务"，顾名思义，乃是对于特殊之"体"进行特别"礼敬"之服务。此一特殊之"体"，即是人之遗体，因为"人死为大"，而习称遗体为"大体"——故而凡是对于"大体"进行服务者，均可称为"礼体服务"。在此定义下，可知古今丧礼中，从沐浴、穿衣、小敛，以至于入棺之过程，都属于对"大体"进行具体而直接的服务，因此都可称为"礼体服务"，只是其具体礼数并不尽相同；新近的"礼体SPA"、"大体SPA"等不同名称之服务虽有些微差异，但都是"礼体服务"项下之一环。

### （一）台湾的新"礼体服务"

根据马凌诺斯基（Bronislaw Malinowski）研究，世界各民族之埋葬程序显示惊人的

类似。① 众所周知，日本在唐代即受到中国传统儒学的影响极深，尤其在生活礼仪方面更为明显。早在日片《送行者》2009 年 2 月 27 日来台上映前，台湾已有不同于传统殡仪馆提供的洗身、化妆、着装、大殓等四阶段制式"礼体服务"②，不过知其详者恐怕不太多。此从《联合报》2005 年 10 月 15 日刊登的"胡育华——遗体美容高手"③；2006 年"新闻挖挖哇——大体 SPA"访问胡育华，谈论他从事此行工作的特殊经验；2007 年 4 月 23 日《自由时报》刊登"大体净身师（方东箎）装死做 SPA"之新闻；2009 年 2 月 23 日公视 46 集"这些人那些人"节目中，介绍"胆大心细的特殊行业——人体化妆师"；都可推知不同于殡仪馆制式"礼体"服务之新服务，至少应该已持续一段时间，且其成果也造成一些殡葬业者的改变，以致引起新闻媒体之关注与报道。《送行者》播映后，只是加速此新"礼体服务"在殡葬业服务内容之扩展而已。④目前台湾网络上，已出现多家生命礼仪公司各自发布有关"礼体 SPA"等之讯息与示范影带，其中也不乏自称引进日本"汤灌"等技术，而将该服务径称为"汤灌"者。

不过根据笔者请教被封为第一位在台湾做"礼体 SPA"的胡育华，胡先生表示他并未到过日本，也未接受日本"纳棺师"或"礼体师"之亲身授受。他自称是在观赏日本全套之入殓礼仪影片后，慢慢琢磨、领悟，并思考如何改良，经过不断改进，更改日本将遗体安置于地面之习俗，使其成为合乎我们民情风俗之方式，并配合人体工学原理，将遗体搬移在适合浴尸者施力之浴尸台内，不但可以方便"礼体师"使力，也可避免跪在地上做事，容易危害身体健康。

## （二）台湾"大体 SPA"之概况与特色

根据胡先生夫妻档所开设"送行者有限公司"之网站资料，简介"大体 SPA"如下：

---

① 其详参见马凌诺斯基（Bronislaw Malinowski）著，朱岑楼译：《巫术、科学与宗教》（Magic Science and Religion），台北：协志工业丛书出版社 1989 年版，第 29~31 页。
② 从网络查询台北市立殡仪馆之收费标准，目前呈现洗身 350 元、化妆 300 元、着装 300 元、大殓 300 元之收费标准，另有缝补 5 英寸以内 1050 元，超过另外计费之标准；新北市立殡仪馆目前网站上之收费标准，基本之四项，各收费 200 元。不过根据全国最大的生命礼仪专业网站资料，则为沐浴更衣 2 人，1500 元/人；化妆 3000 元；入殓 2 人，2000 元/人。实际价格随个人状况不同，还有出入。
③ 胡育华因为三名亲人的骨灰坛在大火中烧毁，让当时陆军官校毕业、时任上尉军官的他，有感于世事无常，26 岁就决定放弃军职，改行进入殡葬业。因偶然的机会，进入龙岩人本服务公司，学习遗体美容化妆，发现以巧手帮往生者修饰死亡时之瑕疵，使家属瞻仰遗容时能留下美好的回忆，是极美好的事。2004—2008 年间，胡氏担任该公司礼仪师，礼体净身部首席礼体师、管理师，2006 年获得台北市立殡葬管理处"最后一面"化妆比赛甲等。
④ 其详参见林素英：《从人文美学之角度论〈送行者——礼仪师的乐章〉与古代丧礼相关仪节之现代应用》，2013 年 8 月 17—18 日，由中国美术学院、清华大学中国礼学研究中心、嘉礼堂共同主办，在杭州中国美术学院举行之第二届礼学国际学术研讨会宣读论文。

1. 服务内容与流程

此礼仪由一男一女同时进行。① 除了从头到脚的修剪及清洁之外，并模仿活人进行SPA的方式，对大体实施修剪指甲、沐浴乳全身洗净、轻柔按摩、洗吹头发、修容、穿衣、化妆，让逝者能在最后一刻，得到最庄严、最舒适、最安心的回报。为保持大体的庄严，沐浴时以蓝色大浴巾覆盖住身体，使大体不裸露。此外，各项备品均为套装用品，用后即抛弃；讲求卫生亦是对大体的尊重。仪式流程如下：

（1）清洁：遗留之呕秽物清除。

（2）简易伤口处理：如气切、动脉注射之缝补或贴人工皮。

（3）净身：由专业人员进行SPA按摩、洗净之动作。

（4）侍亲：若家属要尽最后孝道，可由专业人员引导家属为亡者做简单的擦拭、按摩动作。

（5）穿衣：将净浴后的大体，穿上预备的新衣或寿衣。

（6）化妆：以化妆修容用品，让容颜回复自然的红润生气。

2. 不适合做大体SPA的状况

并非所有的大体都适合以SPA之方式进行洗净，例如：

（1）法定传染病。

（2）依全身溃烂程度评估。

（3）水浮尸。

（4）需重建、特殊化妆。

3. 台湾"大体SPA"之特色

最近几年来，随着人们对于死亡概念之改变，殡葬礼仪也有一些变革，殡葬业也进入企业化经营之阶段。又因为台湾企业界讲求服务质量与产业创意化，而时兴"客制化专门服务"，所以在人生的最终一场闭幕式，各生命礼仪公司也会根据顾客需要而进行专属规划。"大体SPA"，也算是"客制化专门服务"之一种，其特色可分别从技术与实质层面两部分说明：

（1）技术面：展现科技对生活方式之提升

拜现代科技之赐，许多国家特殊行业之技术操作，不乏有制作专业光盘营销各地，以推广特殊技术者。这是国际文化交流频繁后，可以透过互相观摩学习或竞赛，而达到提升生活水平之正向影响；胡先生能根据日本入殓礼仪光盘，再行开发适合台湾民情风俗的"大体SPA"服务，算是极成功的案例。

其实政府对于殡葬业之改革，已有数十年的努力，自2008年11月起，已陆续开办"丧礼服务"丙级、乙级技术士证照考试，借以提高从业人员的水平。由于"大体

---

① 网络上有关大体SPA的示范影带，由于提供的公司不同，执行沐浴者也有不同版本，有一男一女者，也有两男或两女者。

SPA"乃民间殡葬业近年来的新发展,因此尚未列入丧礼技术士之测试项目。不过因为"礼体"服务与"礼仪师"的服务内容,其实还是有所差别,因此将来有可能另立相关条文以为从业者之规范标准。目前从事"大体SPA"之专业人员透过培训班讲习、操作以熟悉技术,已经有几家公司提供"大体SPA"之服务,除却可在特定的殡葬实施区进行服务外,亦可由专业之服务人员携带特殊装备,提供到宅服务。

(2) 实质面:展现精神生活质量之提升

人是兼含情感与理智,且身、心、灵统合于一的综合体,所以人死并非如灯灭,仿佛不曾存在过似的;因为每一个人都有其复杂的生命网络,都与周遭许许多多的人事物具有牵一发而动全身的密切关系,这些复杂的人际关系,遭受突然岔进来的死亡事件破坏后,就需要加以弥缝修补。由于儒家讲求入世,所以特别注重人与周遭环境之和谐共荣关系,因而特别注重礼,且以丧祭之礼为重。《荀子·礼论》有极恰当的归纳:

> 礼者,谨于治生死者也。生,人之始也;死,人之终也,终始俱善,人道毕矣。故君子敬始而慎终,终始如一,是君子之道,礼义之文也。夫厚其生而薄其死,是敬其有知,而慢其无知也,是奸人之道而倍叛之心也。君子以倍叛之心接臧谷,犹且羞之,而况以事其所隆亲乎!故死之为道也,一而不可得再复也,臣之所以致重其君,子之所以致重其亲,于是尽矣。故事生不忠厚,不敬文,谓之野;送死不忠厚,不敬文,谓之瘠。

生命是不可逆转的,死亡则为人生最后的闭幕,自此开启另一不同的新舞台。因为人生大戏无法重来,所以能敬其始而慎其终,使终始皆善者,方可合乎君子之道。只知厚其生而薄其死,乃是怠慢其无知的不忠厚、不敬文之"非仁"表现,因此要想实践终始皆善的礼义之道,就应以"事死如事生,事亡如事存"之精神,贯彻终始如一的孝道。

因为气候的关系,绝大多数居住在亚热带台湾的现代人,早已将沐浴当作生活中极其重要的一桩事,而且还很讲究其中的细节。现在的台湾人不但流行做温泉SPA按摩,而且经常在柔和的灯光以及优美的音乐旋律中,搭配不同精油所散发的香气,由美容美体师进行全身按摩,以达到释放压力、缓和情绪的效果。活着的时候,既然常做SPA按摩,一旦死亡,能够由"礼体师"为死者进行一场最后的SPA按摩,对死者而言,也算称得上是极现代的"事死如事生,事亡如事存"模式。透过此最后的SPA按摩,舒缓死亡时筋骨紧绷之状态,而达到释放,获得安息,同时也弥补久病多时,无法好好沐浴净身的遗憾,让死者可以带着洁净之一身、美好之容貌,开启另一扇门,走向另一世界。

进行此"大体SPA"服务,固然以死者为直接服务对象,其实对于在场观礼的亲属，更具有悲伤治疗的效果（这是《士丧礼》的沐浴礼仪所不及之处）。从"礼体师"轻柔地为死去的亲人服务，可以安慰人子孝亲难免有所不尽之亏欠，而且在柔美的音乐或神圣的宗教乐声中，呼吸具有安神或舒压效果的精油香气①，都可使丧亲者达到安抚情绪、顺气宁神之作用。尤其在大约 1~3 小时的"礼体服务"过程中，不但可以对死者细细倾诉来不及诉说的心声，如果丧亲者有意愿，还可以在"礼体师"的指导下，尽最后的孝道，最能疗治丧亲者悲伤之心灵，启动人潜藏的仁爱之情。

## 三、古代丧礼有关"礼体服务"之记载

《士丧礼》中虽无"礼体服务"之"名目"，然而由于丧礼本是促使人们对于"失去的"加以"实际化"，因而可使丧亲者不但能明白认知亲人逝去之事实，也能适时对已逝亲人表达自己最诚挚之情感，同时还能在所有的仪式过程中，感受其他亲友对死者之关怀与对自己之支持。基于此根本设想，因而在处理死亡事件之过程中，死者之遗体就是生者表达对死者真情的具体对象，透过对遗体之真情流露与体贴服务，以表达"忠之至也"以及"仁之至也"的真诚仁爱之情。② 是故古代丧礼虽然无法完全免除对死亡的禁忌（即使现代也还存在许多禁忌），不过在人文理性觉醒的周代，早已极其注重对于遗体的礼敬之意与忠诚服务之心，因此虽无"礼体服务"之"名"，却早有其实；不仅极其注重"礼体"，而且更注重礼仪以及礼义两方面都应遵礼而行。由于台湾有些殡葬业标榜"大体 SPA"，为颠覆传统擦拭尸身之新做法，然而事实是否如此，则有待进一步深入探讨，因此以下仅选择古代丧礼中有关沐浴的仪节相对照，而不讨论其他更复杂的仪节。

丧礼的第一件事，就是为死者净身，俾使其能洁净一身而归。正因为极其注重为死者沐浴以洁容颜之礼，因此有许多先备工作必须处理。《士丧礼》载：

> 甸人掘坎于阶间，少西；为垼于西墙下，东乡。新盆、盘、瓶、废敦、重鬲，皆濯，造于西阶下。

由于丧礼之仪节繁琐，必须动用之人力极多，因此一旦士之层级者有丧事发生，则应讣告于君。君闻臣丧，则派遣职司丧事之相关人员协助治丧。甸人掘坎，即属土

---

① 例如岩兰精油具有高度镇定、放松之效果，可增强抗压能力；熏衣草精油可以缓和情绪，减轻身体不适之作用；玫瑰精油可以平抚情绪，有抗忧郁之功效。
② 《礼记·礼器》第 474 页："丧礼，忠之至也。备服器，仁之至也。"

功之事①，以处理为死者沐浴净身之废水排放以及沐浴所产生的废弃物掩埋等事宜。先解决排放水之问题后，再由执行为死者沐浴之团队分头工作。有关沐浴最重要的环节，《士丧礼》又载之如下：

> 管人汲，不说繘，屈之。祝淅米于堂，南面，用盆。管人尽阶，不升堂；受潘，煮于垼，用重鬲。祝盛米于敦，奠于贝北。士有冰，用夷盘可也。外御受沐入。主人皆出，户外北面。乃沐，栉，挋用巾。浴，用巾，挋用浴衣。渜濯弃于坎。蚤，揃，如他日。鬠用组，乃笄，设明衣裳。主人入，即位。

《周礼》虽无管人之官职，然据《仪礼正义》所载，管人应为公臣，因为士无地，不得有掌田野之人。②若再参照《春官·职丧》所载："职丧：掌诸侯之丧及卿、大夫、士凡有爵者之丧，以国之丧礼莅其禁令，序其事。凡国有司以王命有事焉，则诏赞主人。凡其丧祭，诏其号，治其礼。凡公有司之所共，职丧令之，趣其事。"③由此可见公家设有"职丧"的专门治丧单位，负责主办或协办丧事的人力调动，管人、夏祝、商祝、周祝、冢人、卜人等，皆属于公家派来协助治丧者。④进行沐浴之礼的大致过程是：管人执掌馆舍及供沐浴者，负责汲水以供死者沐浴之事。由于恐怕一汲之水不足以为沐浴之用，故而管人暂时不解除手上汲水之绠绳。沐浴用水，先由夏祝以管人所汲之水淅米，再由管人将淅米所得之潘水，携带至西墙下，由管人与甸人共同在甸人先前已挖掘之垼内煮过，而成沐浴专用水。潘水煮过后，再由平时侍御之仆从为死者进行沐浴之事，但是浴尸之时，丧主等亲属都暂避于浴尸户外。何以丧主等人在御者入浴死者时，都出而暂避于外？郑玄以其象平生沐浴裸裎，子孙不在旁为释。⑤吴绂则进而以为：古者命士以上，父子异宫。明王之政，敬其妻子有道，必无裸裎以见其子孙者。死而沐浴，犹此志也。⑥浴尸的工作，由平日服侍死者之仆御执行。御者先为死者沐发，用巾擦干，梳头；再为死者澡身，用巾擦干；再将浴尸之水、指甲以及使用过之巾栉等物，倒入或埋入堂下挖好的坎穴中。接着，为死者剪指甲，理顺胡须，

---

① 由于古代丧礼之第一步，乃是甸人进行掘坎的土功之事，且因其在丧礼中所担任之工作，尚有任重、彻鼎、设庭燎、取薪等诸多具体之重要事宜，所以怀疑民间俗称处理丧事者为"土公"或"司公"，或者与此古礼有关。
② 详参胡培翚《仪礼正义》（下），江苏古籍出版社1993年版，第1668页，引其先大父胡匡衷于《仪礼释官》所言。
③ 根据"职丧"的人力分配为：上士二人，中士四人，下士八人；府二人，史四人，胥四人，徒四十人，规模不算小。该单位之功能，犹如今之殡葬业者。
④ 胡培翚：《仪礼正义》（下），第1668页。
⑤ 详参《仪礼·士丧礼》，第420页。
⑥ 胡培翚：《仪礼正义》（下），第1693页引吴绂所言。

整饬容貌，再用丝带束发，并插上发笄①，然后穿上贴身衣物。此时，完成第一道基本型的沐浴之礼后，丧主等亲属入室，各就其位。

虽然上述《士丧礼》对于沐浴主体过程已有所载，不过一些细节尚不十分清楚，仍应多参考《礼记》所载，例如《丧大记》即有以下两段相当完整的记载可以补经文之不足。其文云：

> 御者入浴：小臣四人抗衾，御者二人浴，浴水用盆，沃水用枓，浴用絺巾，挋用浴衣，如它日；小臣爪足，浴余水弃于坎。其母之丧，则内御者抗衾而浴。

由此可知在执行沐浴之时，虽然要先去除死者之衣物，然而另有四人（若为国君，则由小臣执行；若为士，则由男仆御为之。）分别从四个角落，张开大毛巾被之类的衾以为死者遮蔽裸裎之身体。男子由男仆御两人，分别使用洗头、洗澡不同之毛巾为死者进行沐浴，并以浴衣擦干。女子之沐浴状况相同，不过由女御执行之，相当注重男女之别。另外，有关沐浴用水之相关问题，也有补充说明如下：

> 管人汲，授御者，御者差沐于堂上——君沐粱，大夫沐稷，士沐粱。甸人为垼于西墙下，陶人出重鬲，管人受沐，乃煮之，甸人取所彻庙之西北厞薪，用爨之。管人授御者沐，乃沐；沐用瓦盘，挋用巾，如它日，小臣爪手翦须，濡濯弃于坎。

此处之"君沐粱，大夫沐稷，士沐粱"，出现身分差序排比及其相应使用不同之沐浴用水，在阶层等级分明之周代社会是相当可理解的。不过令人疑惑的，则是身份排序上虽有君、大夫、士等而下之的排序法，然而所使用之谷物，却出现粱、稷、粱之怪异现象，且根据《士丧礼》所载，既已明载为渐米之潘水，则明显可见士所沐之用水应为"稻"而非"粱"，二者似有矛盾。针对此疑窦，郑《注》云："《士丧礼》'沐稻'，此云'沐粱'，盖天子之士也。以差率而上之，天子沐黍与？"孔《疏》则进而引《公食大夫礼》、《特牲馈食礼》、《少牢馈食礼》以及《曲礼》为补充依据，认为黍贵，以证成郑玄所指《士丧礼》之士，乃诸侯之士，故"沐稻"，而此处所载"士沐粱"，遂疑此处之士乃为天子之士。姑且不论郑《注》、孔《疏》所论是否确实

---

① 《荀子·礼论》，第610页："充耳而设瑱，饭以生稻，啥以槁骨，反生术矣。设褻衣，袭三称，缙绅而无钩带矣。设掩面儇目，鬠而不冠笄矣。"《士丧礼》虽与此稍有不同，不过，根据聂崇义：《三礼图集注》卷17，收入影印《文渊阁四库全书》第129册，台北：台湾商务印书馆1983年版，第238页，对于"鬠笄"之说明则较为周延："鬠用桑，长四寸。……笄长四寸，不冠故也。若冠，则笄长也。古之死者，男子但鬠笄而不冠，妇人但鬠而无笄。"

无误，然而可以证实的，则是随着个人所属社会阶层不同，因而各以当时社会所能取得谷物之难易以及精美程度不同，使用淘洗不同等级的谷物之水以供死者沐发、澡身，而非象征性擦拭几下的"干洗"，当是确切无疑的。甚且由于沐浴之礼，乃行使复礼招魂无效，始正式进入丧礼的第一道礼仪，因而有可能死者之身体还未完全僵直①，所以沐浴之时是否一并进行按摩，虽然也不无可能，然已文献不足征，恐怕应与死者之身分地位高低，有实际上的差序格局不同。

另外，上述《士丧礼》经文中出现"士有冰，用夷盘可也"之记载，由于士之阶级按理没有用冰之权利②，因此必须特别说明。若国君特别赐冰，则以夷盘（盘）盛冰；若无，则回归士之阶级，用瓦盘（盘）盛水以供尸体冷藏之用。至于浴尸时所产生的废水，则以瓦盘（盘）等装盛以便排放坎中。③《丧大记》又有相关说明如下：

> 君设大盘，造冰焉；大夫设夷盘，造冰焉；士并瓦盘，无冰。设床，襢笫，有枕。含一床，袭一床，迁尸于堂又一床，皆有枕席，君、大夫、士，一也。

由于古代冰之来源不多，必须在寒冬时开凿冻结之冰，再将其放置地窖保存，因此存量有限，一般而言，大夫以上始得用冰。不过若在盛夏，国君有可能特别赐冰以供其所属之士冷藏尸体，若有赐冰，则可使用夷盘。因为士阶级之丧礼，最长可以三日而敛，三月而葬，停殡之时间有可能相当长，必须要有寒尸之准备，以防尸体腐败变形。若为秋凉以后，士无冰，则以瓦盘盛水，置于床下，死者所卧之床抽去垫席而只留床板，以利床下寒冰（水）之水气可以上达于尸身④，达到减缓尸体腐败之效果。

《仪礼》难读，博学如韩愈，早有此叹，学界也颇有共识，因为社会变迁过大，所涉及数量庞大的名物用器多有难以查考之处。聂崇义有鉴于此，为帮助后人阅读礼书，遂有《三礼图》之绘制，并有相关说明，固然其所绘注之内容，未必即可视为当时之原貌，然而谨慎思之，有关浴尸用器，即使未必确实无误，恐怕亦不远矣，不妨参考

---

① 详参杨敏升编著：《遗体处理学》（全磊企业社2009年版），第89～91页。一般而言，大体僵直的现象，多由头部往脚的方向渐次产生。大约在始死1～2小时，下颚及颈部开始僵直；3～4小时左右，身体即产生僵直；6～7小时手僵直；10～12小时脚僵直，至此，全身几乎僵直。僵直的强度与持久度与肌肉的强度有密切的关系，通常青年人、成年人比老年人或小孩肌肉所产生的僵直程度来得强及持久。缓解的程序也是依照僵直的程序进行（温度会影响缓解，温度较高会比较低的地方快），成人的大体一般在24～48小时开始缓解，大约3～4天完全缓解，小孩则在8～24小时之后就开始缓解。
② 《礼记·大学》，第988页所谓"伐冰之家"，即指大夫。
③ 胡培翚：《仪礼正义》（下），第1692页，对于士使用夷盘或瓦盘盛浴尸之水，主要约有两说，其一以为当用瓦盘以承溲濯，其二则以敖继公为代表，认为夷盘不妨两用。
④ 胡培翚：《仪礼正义》（下），第1693页，引吴绂绖言：至于主人出，而御者襢笫，乃是去席而露其簀，其实为盝（通"漉"）水方便之用。

之。毕竟《仪礼》缺乏图文对照之机制，因此经文没有具体记录浴尸之详情，也无使用器具型制之记载，所以最有可能是如《丧大记》所补充的"如它日"，故经文不记。既然从《士丧礼》可以确知有浴尸之礼，则必然要有使用之器具，例如夷床、浴床、浴盘以及夷盘等道具，可惜《士丧礼》缺乏确切之记载，故而只能从稍后之数据寻找可能之线索，而时代最接近者，即是汉代数据。如果郑玄注《周礼》时，已引用《汉礼器制度》①，至少可以说明在郑玄之前已有相关记载。虽然目前出土墓葬器物中，尚未出现有浴尸用的浴盘之物，或许有两种可能：其一，虽有，但尚未出土；其二，沐浴之后随即拆毁，且埋入甸人所掘之坎中，因此无法再现。观察聂崇义对于浴尸用器之绘制与相关说明，极可能根据署名叔孙通所撰《汉礼器制度》对于"大盘"之描绘，再推衍出其他浴尸道具之型制尺寸，也堪称是"持之有故，言之成理"的，其说明如下：

  夷床，用以迁尸，长丈二尺，广七尺，旁有四镮，前后亦有镮，为钮于两旁，以绳直贯中，欲下尸，则引其直绳，诸钮悉解矣。
  浴床，长丈二尺，广四尺，有四横，上有木第，设栏于前面及后两端。士漆之，大夫加珠饰，诸侯画云气，天子加禾稼百草华。
  浴盘，长九尺，广四尺，深一尺，有四周，似舆，漆赤中，浴于中溜，以此盘承床下。
  夷盘，大丧之时，实冰于夷盘中，置之尸床下以为寒尸之用。《汉礼器制度》："大盘，广八尺，长丈二尺，深三尺，漆赤中。"诸侯谓之大盘，故《丧大记》云："君设大盘造冰。"②

  由于汉代距离先秦较近，保存周代古制理应较多，因此贾公彦认为《汉礼器制度》所载多得古之周制。现今扬州天山汉墓出土之陪葬器物中，即有浴室之各项装备，其中之圆形浴盆，虽为缩小比例的明器，但估计直径已在40cm以上，且应为模仿生器而制作者。至于上述《汉礼器制度》所引"大盘"则为方形，且一系列之用器皆为方形，推想或许有两种可能：其一，考虑实用性，应为方便浴尸者为平躺之死者沐浴而设计的用器，故而与平时坐浴之圆形用器并不相同。其二，考虑生死有别之差异性，虽然为死者作最后服务时，不但应该尽心尽力，且仿如其生之时，不过在细微之处也

---

① 朱记荣校刊之《汉礼器制度》，收入严一萍选辑：艺文印书馆之《百部丛书集成》，乃根据清嘉庆孙星衍校刊之《平津馆丛书》影印。朱记荣于该卷前，题记：郑玄注《周礼》，引《汉礼器制度》。贾公彦释曰："叔孙通前汉时作《汉礼器制度》，多得古之周制。《汉书·艺文志》、《隋书·经籍志》皆无此书。"
② 聂崇义：《三礼图集注》卷17，第245~246页。相关形制请参考后之附图。

有些许改变，借以告诉家属亲人已逝之事实。例如男子虽然注重冠戴，然而既已死亡，则仅以组束发，鬠笄用桑而不加冠；服饰虽有大带，然而生时用以佩韨玉之革带，已更换为练带缁辟，都旨在表明亲人已逝之事实。再参照《坊记》所载："丧礼每加以远，浴于中溜，饭于牖下，小敛于户内，大敛于阼，殡于客位，祖于庭，葬于墓，所以示远也。"就是推而示远的说明。

根据上述资料，推想当时进行沐浴之礼前，可能先以夷床移动遗体至位于室之中的中霤，并置之浴床中，床下用浴盘盛贮沐浴所流下之水。沐浴完毕，擦干头发与身体，再搬动遗体至牖下之床进行饭含，再到户内小敛，再于阼阶大敛入棺，依次往外推移。此程序实与《丧大记》"含一床，袭一床，迁尸于堂又一床"之记载相合，而目前丧俗中的"搬铺"，或许即源自于此。又因为沐浴之后到大敛入棺之前的一段时间，遗体安置于床上，床下放有装水之瓦盘或装冰之夷盘，以为寒尸之用，此一礼仪，也疑与丧俗所称之"水床"有关。由此可知现今台湾留存的重要丧俗，大多可在古代丧礼仪节中找到相关的遗迹；而号称为台湾新"礼体服务"的"大体SPA"亦然。

凡此种种，都可说明古今处理死亡之做法尽管不尽全同，然而都有惊人的相似度；但也相对可见其具体礼数，也随时代环境之变迁，而有或多或少的改变，很多号称"创新"的内容，究其实，还应算是极"古典"的内容。

## 四、结论："事死如生"的实践宜反映社会生活模式

《礼记》之《乐记》有言："五帝殊时，不相沿乐；三王异世，不相袭礼。"而《郊特牲》也说："礼之所尊，尊其义也。失其义，陈其数，祝史之事也。故其数可陈也，其义难知也。知其义而敬守之，天子之所以治天下也。"皆可说明治理天下虽以礼乐为主轴，然而其具体内容则应与时顺变以得其宜，以切实合乎《礼器》所载，制礼之时、顺、体、宜、称五大原则中，始终应以时与顺居前之重要意义。

透过《荀子·礼论》要言不繁之说明，最能彰显实施丧礼的最重要原则以及沐浴礼仪的要点，述之如下：

> 丧礼者，以生者饰死者也，大象其生以送其死也。故事死如生，事亡如存，终始一也。始卒，沐浴、鬠体、饭唅，象生执也。不沐，则濡栉三律而止；不浴，则濡巾三式而止。①

---

① 《荀子·礼论》，第610页。唯原文作"如死如生，如亡如存"，俞樾以为义不可通，当作"事死如生，事亡如存"，并引同篇篇末"事死如事生，事亡如事存"为据以订正之。由于俞樾采用同篇内证，且如此方能合乎文义，故采之。

即使《礼论》的来源相当复杂，然而其思想确实颇能代表先秦儒家对于丧礼仪义的总结，且与《礼记·问丧》相互呼应。其所谓"以生者饰死者"、"事死如生，事亡如存"，更成为规划丧礼时的最重要原则。然而从"不沐，则濡栉三律而止；不浴，则濡巾三式而止"之说法，已可清楚得知"濡栉三律而止"以及"濡巾三式而止"之做法，乃是"不沐"、"不浴"状况下的权宜措施，故知正常的状况，当然是沐发、澡身，各象其生之时所执。毕竟人生的生死两次重要的沐浴是理所当然而不应减免的，一次代表婴儿始生之纯净，最后一次，则代表洁净一身而回归。至于死之时实行"不沐"、"不浴"之状况，或者与处理浴尸废水以及废弃物等配套措施不易，因而至迟在战国时期，已在社会变迁之情况下，发展出"濡栉三律"以及"濡巾三式"之简易变通做法，以表达人子之孝心，而为民间所乐于遵行。战国时期尚且已感受社会变迁之因素，在把握礼义的原则下，而适度调整《士丧礼》沐浴之礼的具体仪节，至于战国以后，历经汉代以迄于今，早已超过两千年，礼俗的变化当更为剧烈。

综观台湾近年来发展出的"大体SPA"礼体服务，无论从意念与执行上，都应算是比较接近古代丧礼的。与其称"大体SPA"为"颠覆传统"的"创新"做法，或是来自东瀛的"舶来品"，① 不如说是更回归中国古代丧礼的"古典"做法。至于在具体技术上，拜现代科技之赐，已不必先派人掘坎以利后续浴尸作业之进行。另外，也因为现代人对死亡观念之改变，且"大体SPA"还提供亲属全程观礼，因而对于生活在快节奏、高压力状态下的丧亲者，还可发挥一定程度的止伤疗痛作用，更对现代冷漠的社会、无感的人心，增加一点回暖的加温作用。我们无意繁化丧礼，但是实施"大体SPA"相当合乎人情需求，且有助于生死两安之情感安顿，值得肯定；从"称情而立文"的远程价值而言，对于再造人间温情，和谐紧绷的人际关系，都具有加分作用，值得鼓励。然而这些正面价值，都还有待殡葬业相关公司之配合始能达成。殡葬业企业化虽是必然的趋势，使用者付费也是应该的，但是收费应该合理，也才能成就功德；若是漫天要价，将使唯利是图的社会病态更加恶化，而与"丧礼服务"之明相违，更与"民德归厚"之宗旨背道而驰。期待殡葬业者能多一点人本关怀，将相关技术下放、推广，不但能降低成本，也可使温情满人间！

---

① 日本在唐代曾多次派遣使节来朝，多有学生僧侣随行，且所带回唐礼、大衍历、乐书等重要文化资产，还促成重要的"大化革新"，深深影响日本文化。日本在吸收中国文化后，当然也加入一些适合该国民情风俗之细节，如今，又因为国际文化交流之缘故，日本所保留、发扬中国丧礼入敛礼仪的细致处，透过电影《送行者——礼仪师的乐章》成功播映，深深感动多国的观赏者，使入敛礼仪再度受到关注，也再次证明因为"礼本于人情"，所以能突破时空之限囿。

附图：

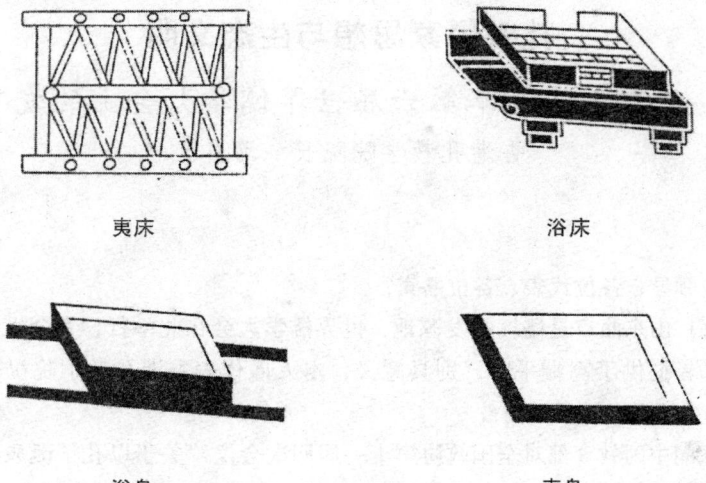

夷床　　　　　　　　　浴床

浴盘　　　　　　　　　夷盘

聂崇义：《三礼图集注》卷17，第245~246页。

# 孔教儒家思想与生态文明

## ——在山东曲阜第六届世界儒学大会上的发言

香港孔教学院院长　汤恩佳

尊敬的各位领导、各位代表、各位嘉宾：

大家好！山东曲阜是儒教的发源地，世界儒学大会在此举行，为全世界的儒学研究者与弘扬者提供了高端平台，别具意义，本人谨代表香港孔教学院祝愿活动圆满成功！

最近欣闻中国教育部对全国政协第十一届四次会议"关于以孔子诞辰日为'中华教师节'的提案"表示赞同，并报请国务院审议《教育法律一揽子修订建议草案（送审稿）》中，拟将教师节日期由9月10日改为9月28日（孔子的诞辰日）。对此动议，香港孔教同仁表示热烈支持！9月10日这个教师节的日期，多年来一直为人们所诟病，没有任何历史文化精神内涵，也就是没有意义，理由不必多言；而随着中国行政文明的进步与发展，以万世师表的孔子的诞辰日作为教师节日，既是纪念有教无类的孔圣人，同时也是体现重视中华传统文化的精神内涵。

近几十年来，本人风尘仆仆，周游列国，弘扬孔道，喜见世界各国对肯定孔教的地位，取得了共识。我相信，各位孔儒同仁，只要继续按照孔夫子的忠恕之道，弘毅宽厚，坚守"言必信，行必果"的教道，定必大有作为，国家必能长治久安。新一届中国政府主张进行政治、经济、文化、社会和生态等多项建设，今天是本人第一千零五十次演讲，与大家分享一下孔教儒家思想与生态文明的看法。

现代社会出现了违背"仁、义、礼、智、信"五常的问题。受西方文化影响，人类偏离了"正德厚生利用"的正道，走"天人对立"的道路，人类中心主义、私己主义、享乐主义、消费主义泛滥，破坏自然，道致出现了严重的生态危机。现代文明创造了人类优质的物质生活。但同时带来了环境污染、人口激增、资源枯竭、水土流失、森林减少、沙化扩展、核武器威胁、大气及臭氧层破坏、全球气温暖化等现象。这些现象如果恶化下去，必然使地球成为人类无法生存的星球，导致人类走向灭亡。

## 一、民胞物与天人合一

宋代理学家张载在《正蒙·乾称篇》中提出"民吾同胞，物吾与也"的命题，认为宇宙是一个大家庭，天地是父母，人类都是我的同胞，万物都是我的朋友。儒家主张："仁者以天地万物为一体"（程颐《二程全书》）。故人类不能独立地存，并只能存在于地球适宜的生存环境中。而现实是：不仁者破坏了万物一体、相互依存的局面。例如，大量排放有害的工业废气，破坏了保护地球万物的臭氧层，产生温室效应等等情况，以致全世界的冰川逐渐融化。一旦自然环境受到无法恢复的破坏，人类的生存危机近在咫尺了。

"天人合一"是孔教对于人与自然关系的最基本的信念，儒家着重人与天的合一关系，《易经》讲三才之道，并立起来，且将人放在中心地位。天之道在于"始万物"，基本法则是阴阳；地之道在于"生万物"，其基本法则是柔刚；人之道在于"成万物"，基本法则是仁义。周公提出的"以德配天"，就是讲人的道德境界的提升，才能立于天地之间。孔子讲"天生德于予，桓魋其如予何？"孔子德配天地，承担着创立、传承儒家道统的历史重任。儒家是以道德修养作为达到天人合一境界，这正是从根本上避免生态危机的可行之路。

由于人类改变自然界的能力增强，激发了人类中心主义、无所不能的思想，加之人类的贪欲作怪，时以主宰者身份开发及破坏自然，超出自然的承受范围，这造成生态环境出现问题是由于人类对人与自然关系认识错误，解决生态环境问题的根本就集中在如何看待人与自然的关系上。对此，运用孔教"天人合一"的生态环境理念，即能够引导人们正确认识和处理人与自然的各项利益关系，使全社会的生态和环境意识增强，从而达到可持续发展的目的。

## 二、敬天爱物，参赞化育

天地万物都各有其位，各有其道，如果丧失了秩序，也就丧失了和谐，造成极大混乱。《周易·否卦》九五爻中讲"其亡其亡，系于苞桑"。说的是一旦桑树死亡，蚕也会因失去食物而死亡。这里揭示的道理是：生物之间是互相依存的，一旦某一物种毁灭，使生物链遭到破坏，即意味着失去了生态平衡。孔子主张"泛爱众"，孟子主张"爱物"，皆是用爱心来对待自然万物，就可以达到程颢所宣导的"仁者以天地万物为一体"。人与自然万物同样是宇宙中的生命，息息相通，血肉相连。儒家认为，人心即是天地万物之心。离开了人心，天地万物就丧失意义。"人与天地万物为一体"既是指人与人"为一体"，也是指人与禽兽、草木、瓦石都"为一体"，看到天地万物处于"哀鸣"、"摧残"、"毁坏"之态，必然产生"不忍"、"悯恤"、"顾惜"之心。但是现今人类社会的情况是人类大规模地捕杀动物，四分之一的海洋鱼类遭到过度捕捞，约百分之九十的大型海洋食肉动物消失，百分之二十五的哺乳类动物、四分之一的鸟类和三分之一以上两栖动物都面临灭绝厄运，这都完全违背了孔教敬天爱物的精神。

如何处理人与自然的关系？儒家提出了"正德、利用、厚生"。"正德"指天地"生生之大德"，即是天地生养万物之道。这种天地的大德与人性善的"仁"是相通的，而人的"仁"性表现于外，就是"亲亲"、"仁民"、"爱物"。孔教伦理思想的核心即是"仁爱"，孔子一生以实现"仁"为己任，以实现"仁"为自己的最高理想。孔教主张将人的仁爱的本心、本性推及至宇宙万物。孟子的"仁民而爱物"，张载的"民胞物与"，程颐、程颢的"仁者浑然与物同体"均体现了这种思想。"天地之大德曰生"，当一个人有了"仁爱"之心，就会关心爱护他人，促进他人之幸福；如果用这种仁爱之心去对待万物，万物得到涵润，并促进生长。使万物各得其所，各得其生，人民各得其养，这便是儒家"仁道"的真实表现。"使有一物失所，便是吾仁有未尽处"（《王阳明全集》卷一《传习录上》）。

## 三、取之有节，用之有度

财富是人类通过劳动向大自然获取的。儒家的理念是："君子爱财，取之有道。"孔子说："富与贵，是人之所欲也。不以其道得之，不处也。"（《论语·里仁》）儒家并不禁止或绝对地反对杀生，只是认为应根据不同时令，向自然界索取时，作区别对待，反对浪费资源，防止违时获取和过度利用。儒家讲的"利用"，是在"正德"的基础上讲的"利用"，即要从仁爱之心出发，对万物的"利用"要符合道德原则。《易·文言》曰："君子体仁足以长人，嘉会足于合礼，利物足于和义，贞固足以干事。君子行此四德者，故曰：'乾，元亨利贞。'"同时，"利用"的目的是"厚生"，即是既有利于人的生命，也有利于自然万物的生命。因此，就必须"取之有时，用之有节"。

孔教认为，天地万物的自然资源是人类赖以生存的物质基础，如若随意破坏、浪费资源，就会损害人类自身，所以对待天地万物应采取友善、爱护的态度。孔子说："伐一木，杀一兽，不以其时，非孝也。"他还说："启蛰不杀则顺人道，方长不折则恕仁也。"（《孔子家语·弟子行》）孔子在他自己的生活实践中一向是"钓而不网，弋不射宿"。儒家的生态伦理思想突破了固有的家庭与社会伦理思想范畴，由家庭、社会进一步拓展到生态自然，完成了"亲亲、仁民、爱物"（《孟子·尽心上》）伦理逻辑发展的轨迹。儒家伦理的从爱人到爱物，天不违人，人不违天的人与自然的和谐发展的主张，将人们对生态环境的珍惜，上升到人们道德要求的最高层次，有助于改善人和自然的关系。

其实，中庸之道就是讲节制、适度。《礼记·中庸》说："喜怒哀乐之未发，谓之中；发而皆中节，谓之和。中也者，天下之大本也；和也者，天下之达道也。致中和，天地位焉，万物育焉。"这是以感情作比喻，来说明"中"与"和"的关系。以"中和"的原则推开去，人与人之间，人与物之间，人与自然之间，宇宙间一切事物之间都能按"中和"法则而摆正其位置，那么，天地万物都会"各得其所"，并能生生不已了。在保护自然环境，维护生态平衡方面，还要求严格把握"时"的原则，即从时间运行观念上去把握客观事物的发展规律。

在中国古代，人们早已有了"取之有度"的意识，并形成相关的制度。"禹之禁，春三月，山林不登斧，以成草木之长，夏三月，川泽不入网罟，以成鱼鳖之长。"（《逸周书·大聚解》）周文王在临终前嘱咐武王加强山林川泽的管理。孔子提出"节用爱人，使民以时"，还提出"钓而不网，弋不射宿"，即主张只用钓鱼竿钓鱼，反对用大网拦河捕鱼，并反对射杀回巢夜宿的鸟。在近现代工业社会，人口猛增，贪欲膨胀，人均消费量大大提高，完全突破了大自然承受的界线。不但使大量动植物毁灭，而且大量开采矿产资源以供利用，造成资源枯竭。据欧佩克资料显示，截至 2003 年底，已探明石油储量 1.1376 万亿桶，按 2008 年开采速度，可供人类开采时间不超过 42 年。据世界能源委员会评估，可供开采资源量 4.8400 亿吨标准煤，按 2005 年开采速度，可开采 122 年。就中国而言，按目前的生产和消费水准，煤炭可开采 100 年，石油可开采 20 年，天然气可开采 37 年，铜可开采 22 年，锌可开采 23 年，铁可再开采 58 年。也就是说，在数十年之后，矿产资源将全面枯竭，到时，建立在矿产资源之上的现代文明将会倒塌！

孔教的道德价值观是挽救世道人心的良方。各种各样的国际会议及论坛，探讨孔教、佛教、基督教、印度教、伊斯兰教、道教等主要宗教与环境生态的关系，研究的结果，肯定了孔教和其他宗教的道德观、价值观能够拯救地球脱离环境破坏的厄运。我们要加强儒家文化有关自然生态环境的教育，不仅仅是专门的技术教育，而是一种全面的素质教育，包括儒家的道德伦理教育，中庸之道的哲学人文教育等等。我们从孔教的生态环境思想中悟出"生态和谐"的真谛，从而把握可持续发展的理念，以实际行动保护好我们居住的星球，共同努力，创造出一个绿色文明、繁荣和谐的新世界。

当前中国的生态危机已是非常严重。根据联合国调查，全世界十个污染最严重的城市中，有六个在中国。世界卫生组织还曾发布报告说，约 74% 的中国人居住在空气品质不良的地区。2013 年 1 月 29 日，全国雾霾面积达 130 万平方公里，举世震惊！如果不充分发扬孔教的天人合一生态观，有效推进环境治理工作，就不能拯救生态危机！

本人坚信孔子儒家思想有六大主要功能：

一、能促进世界和平；

二、能提升全人类道德素质；

三、能与世界多元文化共存共荣；

四、是中国 56 个民族、13 亿人民的精神轴心；

五、能促进中国和平统一；

六、能达致与世界各宗教文化平起平坐。

本院现在及将来要做的重点工作是：

第一，筹建孔子纪念堂，以此作为向海内外宣传孔教儒学的基地。

第二，孔教学院已获经香港特区政府认许，自 2014 年起每年 9 月第 3 个星期天定为香港孔圣诞日。本院正筹备庆典，以志其盛。

我们恳请在座各位给予精神上的大力支持！如同心同德表示赞成，则请热烈鼓掌。

谢谢各位，并祝各位 事业进步，身心康泰！！

# 书写孔子传记的意义：以三部当代的孔子传记为例

中华大成至圣先师孔子协会顾问、
台湾大学中国文学系副教授　伍振勋

## 一、前言

　　在中国思想史进入"经学时期"之始，《史记·孔子世家》作为史上第一本"孔子传记"问世。不过，严格说来，司马迁是一位撰写通史的史家，而不是传记作家，其撰史主旨并不在于表现某些历史人物的个体生命史。就此来看，《孔子世家》书写的特殊之处在于：在《史记》当中，唯有孔子一人，司马迁采取"以年为叙"的行文方式（孔子生、年十七、年三十、年三十五、年四十二、年五十、年五十六、年六十三、年七十三、孔子卒），完整记述孔子生平的事行言论。可以说，《孔子世家》是《史记》全书当中唯一类似传记的作品。这个现象反映的是孔子堪称司马迁心目中的"史上第一人物"，司马迁不是以传记作家的立场书写一本"孔子传记"，而是以史家身份对孔子表达出强烈的认同感，将孔子生平视为神圣事业的典范而书写的一篇"圣人叙事"。[①]

　　姑不论司马迁的叙事观点，《史记·孔子世家》称得上是史上第一本孔子传记，而且问世之后即产生广泛的影响，后代学者大多透过此篇来了解孔子的生平行谊，当代学者所作的孔子新传，基本上也是在它的影响下进行写作。以下就以三部当代的孔子传记为例，探究诸书的写作旨趣，以见《孔子世家》在当代引起的回响，并呈现书写孔子传记的当代意义。

## 二、实录与考辨

　　首先探讨的是钱穆先生（1895—1990）于 1973—1974 年写作的《孔子传》。[②] 此书乃是立足于经学传统，以严谨考证与会心诠释为基础，删正《孔子世家》的史实，

---

[①] 详见拙文《圣人叙事与神圣典范：〈史记·孔子世家〉析论》，《清华学报》新三十九卷第二期 2009 年 6 月，第 227～259 页。
[②] 钱穆：《孔子传》（钱宾四先生全集第四册），联经出版社 1998 年版。

据以重建一部接近"实录"、还原"圣人之真"的孔子传记，同时也蕴含作者的现实关怀。

钱穆先生早期旧作《孔子传略》，全据《孔子世家》而略为删正；至于撰《孔子传》，则续有改定。钱先生认为《孔子世家》是"记载孔子生平首尾条贯之第一篇传记"，然而因"一则选择材料不谨严，真伪杂揉。一则编排材料多重复，次序颠倒"。在史料的选择、编排上都有进一步考订的必要。此事虽经后代学者的努力，但"终不能于《孔子世家》以外别成一惬当人心之新传。"① 可见，《孔子传》之作颇有回应两千年前第一篇孔子传记《孔子世家》的用意，而且虽为两千年后的"新传"，但依然是经学传统的延续。

《孔子传》全书共八章，自第一章"孔子的先世"至第五章"孔子五十岁后仕鲁之期"，计46页，疑辨8条；第六章"孔子去鲁周游"，计43页，疑辨12条；第七章"孔子晚年居鲁"，计46页，疑辨4条。这三部分各占1/3，余则第八章"孔子之卒"，仅6页。概观以上统计可见：此书于"孔子去鲁周游"、"孔子晚年居鲁"两部分叙述特详；而前者疑辨甚多，乃因孔子周游列国的行迹难明，因此以考证工夫为主；后者则以叙述孔子志业为主，最能体现钱先生强调"传其心传其道"的用心所在，颇多涉及义理阐述的内容。

钱先生以现代实证史学的精神发展了崔述的考辨方法，博稽宋明以下学者关于孔子生平事迹考辨之成说，不仅考论史实的真伪信疑，同时细心斟酌事件情理，以期删定的孔子新传得以进一步接近"实录"的理想。钱先生虽肯定清儒崔述的考证精密详备，但对于他的部分考证"疑古太甚，驳辨太刻"则有所保留，尤其是崔氏"疑及《论语》"，钱先生直言其流弊甚大。② "若考孔子行事，并《论语》而疑之，则先秦古籍中将无一书可奉为可信之基本，如此将终不免于专凭一己意见以上下进退两千年前之古籍，实非考据之正规。"因此，"本书一依《论语》为张本，遇《论语》中有可疑处，若崔氏所举，必博征当时情实，善为解释，使归可信，不敢轻肆疑辨。"③ 可见考据工夫必须重视历史脉络，这除了需要文献掌握能力，也有赖于建立在深厚学养基础的会心诠释。例如："孔子去鲁周游"章"孔子反卫出仕"一节，钱先生考论《孔子世家》有关"子见南子"的叙事。《孔子世家》的叙事有两则，一则是南子召见孔子，一则是卫灵公以孔子为次乘而招摇过市。钱先生认为第二则不可信（疑辨13，第60~61页），至于第一则，崔述疑之，而钱先生则因《孔子世家》所述乃本于《论语》而不轻易怀疑，进而参酌《论语》他章的内容作出通贯的解释，遂主"子见南子"一事合乎礼法，而孔子的行事与相关的言语则反映了孔子居卫的处境而有隐微的感触在焉。

---

① 《孔子传》"序言"，第8页。
② 《孔子传》附"读崔述洙泗考信录"，第155页。
③ 《孔子传》"序言"，第11页。

(第 58~61 页)

"孔子晚年居鲁"一章,钱先生分预闻政事、继续从事教育、晚年著述三个部分叙述。关于孔子的著述,钱先生除考辨孔子删《诗》、序《书传》、作《易》"十翼"之说不可信(疑辨23、24,第129~130、136页),阐述的重点在于强调孔子正乐、作《春秋》之著述事业的意义在于"遵承西周初年周公制礼作乐之深心远虑,而提示出其既仁且智之治平大道"(第132~133页),实与其政治志业密合;进而论述礼乐政治的意义在于"由此心与心相通、人与人相接之诗与礼,而最后达于人群之和敬相乐",而"孔子之教育重点亦由此发端,在此归宿。"(第128页)说明了政治志业与教育志业在孔门是相通的。至于政事、教育两部分,钱先生则强调"孔子晚年反鲁,政治方面已非其主要意义所在,其最所属意者应为其继续对于教育事业之进行"(第99页)。凡此,可见"孔子晚年居鲁"一章的叙述,实即总结孔子生平三项志业,且强调在评价孔子生平的意义时,这三项志业当以教育事业(含孔子的自学精神)为先,其次才是政治、著述事业。

钱先生对于孔子生平意义的认识,一方面反映的是经学传统的演变,一方面也隐含钱先生本身的现实关怀。汉儒重视五经,以求通经致用,对于此时所尊之孔子,首重其著述事业,递次及于政治事业,而自学与教育事业则居于其后;其后经宋儒转重孔子的自学与教人精神,至清儒则又重返汉儒故辙,至晚清公羊学转而强调通经致用以兴起新政治。钱先生基于他对经学传统的认知,也为了回应新时代必须以人才、学术为本的政治社会需要,钱先生强调:"阐扬孔子生平所最重视之自学与教人精神,实尤为日前当务之急。"① 钱先生虽然不愿将《孔子传》一书定位为"通俗读物",因为置身于经学传统的文化脉络,为圣人作传,"上古大圣,其心其道,岂能浅说?岂能广布?"② 然而正因上述的现实关怀,仍有必要考量"获国人之广泛诵读",因此,此书"篇幅力求精简",凡出于后人递述、增益失真的事件一律删削;经考辨为可疑与不可信者也不再提及,而必须提及之考辨,则于正文外别附"疑辨"条目,"措辞亦力求简净"③。

## 三、故事与史诗

接着从改写《孔子世家》之圣人叙事的视角探讨李长之先生(1910—1978)于

---

① 《孔子传》"序言",第7~10页。
② 《孔子传》"再版序",第15页。
③ 《孔子传》"序言",第10页。

1954—1956 年间写作的《孔子的故事》。① 此书的叙述主轴大体符应《孔子世家》对孔子生平的叙述，进而熔铸孔子生平的各项史料，并且参酌相关考证资料，以白话文学形式写成孔子的故事，借着写作这本通俗读物回应彼时政治学术霸权对于古典文化与孔子精神的误解与漠视。

《孔子的故事》按孔子的人生历程叙述了孔子一生的故事，似乎与《孔子世家》的"以年为叙"相仿，不过，其间有着重要的区别：李长之是以"故事"的叙事形式书写一部"孔子传记"，而司马迁则是透过"情节编排"（emplotment）的叙事形式书写一部"圣人叙事"。《孔子世家》的情节隐含着"诞生与执政→历险与回归→创作与死亡"的三部曲结构，相应于情节结构，孔子的生命也折射出象征政治、文化、宗教父权的三重父亲形象，借此彰显孔子生命神圣性的原型典范意义。② 其叙事意旨如此，所以它关注孔子生命神圣性的原型典范意义远甚于关注孔子的生涯发展以及对孔子之个性情感的刻画。《孔子的故事》所写的孔子传记，则是关于一个既平凡又伟大的人生故事，它关注孔子的成长历程、也刻画了孔子的个性情感。相对于司马迁从孔子出生之始即凸显孔子的特异神圣生命，李长之则如此写孔子的幼年：

> 孔子父母的结合既不十分符合当时的礼制，而当时的礼制又特别沉重地约束着妇女，所以孔子的母亲过着不很称心的日子。孔子也就从小时候起，多懂得了一些人的脸色，多感受到了一些人情的冷暖，于是养成一个谨慎小心的性格，很敏感，很善于应付人，并习惯于遇事有所思索，总之，有点早熟吧。当然，由于孔子后来不断的锻炼，他并没有因此而流入孤僻和冷酷。（第6页）

这段叙述乃是据《孔子世家》"纥与颜氏女野合而生孔子"一说加以发挥，而将孔子写成一个"早熟"的儿童。孔子的"早熟"，这里是针对一个人的"性格"而言，着眼的是个人的社会化程度。《孔子世家》所写的孔子也是"早熟"，但它说的是"血统"，着眼的是一个人出生即拥有"独智"的特异素质。在"圣人叙事"的脉络中，"圣人"的成长历程不明，甚至没有成长历程，因为他拥有的是"生而知之"、"安而行之"的圣智。反之，《孔子的故事》关注的却是孔子的成长历程：经过"后来不断的锻炼"，才没有造成性格的缺陷。孔子的故事，写的就是孔子成长历程的故事，这个成长历程，本书乃以孔子的自述："吾十有五而志于学，三十而立，四十而不惑，五十而知天命，六十而耳顺，七十而从心所欲，不逾矩。"为主要根据，缀连孔子生平资料

---

① 《孔子的故事》系1954年李长之应上海人民出版社之邀而写的通俗读物，自1954年8月21日初稿写毕，至1956年5月22日改定完成，同年出版。李长之：《孔子的故事》，香港中华书局2002年版，第124页。（简体字版，同年由北京出版社出版）
② 详见拙文《圣人叙事与神圣典范：〈史记·孔子世家〉析论》。

的相关线索，传达孔子的一生就是"无时不在努力，年年有进境"（第 122 页）的过程。①

正因着眼于孔子的成长历程，李长之对于"孔子和老子的会见"（第五章）一事，就以一次学习之旅视之：

> 老子比孔子年纪大得多，经验阅历也丰富得多，他所接触的文物史料也远比孔子这时所已接触到的广博得多。因此，这一次会见，对孔子是极其有益的。这时孔子还在壮年，在求知和修养方面，积极和热情有余，但是还不免有些急躁、粗枝大叶，仿佛还需要更阔大的胸襟，需要在精神内容上更加丰富一些，还需要从更高的眼界对自己所已经获得的学识技能加一番审量。而在这些方面，老子恰是有资格对孔子有所助益的。从老子方面来说，他似乎缺乏孔子那样的积极和热情，好像缺少什么朝气似的，但是和孔子的精神凑合起来，却就可以构成一种宝贵的东西了。老子和孔子都是中国文化史上极其杰出的人物，他们的会见是灿烂的古代文化史上饶有意义的一页。（第 19 页）

这段引述的内容，完全是作者的自由发挥，主要是从学习的意义理解"孔、老是否有过会面"的历史公案。儒、道两大学派的祖师，在叙述中被还原成各自有着学养不足、性格缺陷的壮、老年人。对孔子来说，这次会面有助于开阔自己的胸襟、眼界，是让自己"走向成熟的道路"（第六章）的学习机会；对老子来说，则可以激发生命的热情。关于此事，司马迁分别载于《孔子世家》、《老子韩非列传》，以互文的方式来呈现事件的全貌，大体是符应汉初儒、道之争的学术生态，反映两大宗师应有的一龙一凤形象。至于崔述、钱穆，则均力辨此事非实录，乃出于道家学派之妄说。② 相较而言，李长之不再沿用传统学术格局所标举的儒、道宗师，而将孔、老定位为两位"中国文化史上极其杰出的人物"，也可以说，是两位不断精进完善自身的杰出人物。

李长之对《史记》素有钻研，他认为《史记》的书写内容虽是以历史为对象，但这个作品本身的整体风格却堪称"最伟大的抒情篇什"，它出自一个具有"浪漫的自

---

① 本书关于孔子成长历程的标记，十五岁（第 11 页）、三十（第 16 页）、四十（第 30 页）、五十（第 33 页）、六十（第 67 页）、七十（第 122 页）。传统学者因认为孔子是生知安行的圣人，对《论语·为政》本章孔子自述学问履历的言语，往往会忽略它的成长历程的意义。如朱熹注本章时，就以孔子乃是"为学者立法"作解。
② （清）崔述：《崔东壁遗书——洙泗考信录》"辨问礼老子之说"、"家语载问礼事尤谬"条，第 19~24 页。钱穆：《先秦诸子系年》"孔子与南宫敬叔适周问礼老子辨"条，香港大学出版社 1956 年版，第 4~8 页。

然主义"精神的"抒情诗人"之手。正因着眼于"史蕴诗心"的视角,① 李长之赞许司马迁"能够为一个伟大的心灵拍照",他在解读《孔子世家》的创作意旨时就强调:《孔子世家》是"对于孔子之礼赞",传达孔子"伟大而富有悲剧感的失败"。② 李长之曾赞叹的孔子、司马迁的悲剧性格、浪漫精神,在写作《孔子的故事》的此刻,由于新时代到来,必须暂时搁置,这是为了让更多的"人民"不要遗忘孔子:"我们讲孔子的故事,主要是想使大家看一看孔子在当时是怎样生活着的,以及当时的人(各式各样的人)是怎样看待孔子的。"(第124页)当然,这样的作品最适合以"伟人传记的通俗读物"的作品形态面世。李长之以"通俗读物"的作品形态以及优美有韵味的文字风格写作此书,③ 无疑有着深厚的传统文化关怀。一方面是针对五四运动以来学术文化界对于中国古典文化以及"孔子的真精神"缺乏认识的情形,已经造成广泛的社会影响;一方面则是针对当时的新中国的政治学术霸权,强势以唯物史观的视角将孔子定位为落后的人物思想,已经背离正确评价人物思想的科学精神。作者的立场非常明确,即是"源远而流长的中国文化,孔子正是最早的、最重要的一个传播者",就算不完美,"其进步的一面还是主要的"(第4页)。

总之,《孔子的故事》是一部反映作者深厚学养与文学风格的作品,然而时移势异,作者有其自己的时代意识以及新的文学形式,他也只能透过"故事"而不是"史诗"的文学形式,写出他心目中的伟大人物。他以通俗读物作为媒介,以优美的白话文作为动力,引领读者省思政治学术主流观点,为认识古典文化以及正面估价孔子争取更广大的社会空间。

## 四、叙事与论述

第三部探讨金安平教授于2007年完成的《孔子:喧嚣时代的孤独哲人》。④ 此书的特点是跳脱连贯叙事的书写模式,以主题论述的方式探究孔子的真实面貌,避免虚构孔子的伟大形象,并且强调作者与书写对象的个体身份,据此回应当代有关"孔子与中国存在紧密关系"的国族论述。

---

① "史蕴诗心"一语出自钱锺书,此说据汪荣祖的阐述,"诗心"除了"关涉到史笔叙事,创意之流畅与美感",也是思想深度的展示。汪荣祖:《史学九章》,麦田出版社2002年版,第290~291页。
② 李长之:《司马迁之人格与风格》,台湾开明书店1984年版,第361~365页。
③ 作者对许多段《论语》、《孔子世家》的文句以及古典文献中的诗歌都作了精心的白话翻译,完美无间地融入作者讲述故事的行文当中,构成一部极优美有味的白话文学作品。
④ Chin, Annping. *The Authentic Confucius: A Life of Thought and Politics*. New York: Scribner, 2007. 中译本,金安平著,黄煜文译:《孔子:喧嚣时代的孤独哲人》,时报文化2008年版。以下引文页码所据为中译本。

对于《孔子世家》的叙事笔法，金安平有着深切的体会与把握，他的写作正是对《孔子世家》的回应，目的则是让历史叙事从"想象"回归"真实"。

> 凡是读过司马迁作品的人都知道，司马迁是最善于以想象力重构过去的史学家。……对他而言，时间最好能花在创造少数事实或满足一些转折上，而非追求真实。我写的孔子生平，主要在于回应司马迁的说法。我不采取司马迁连续叙事的笔法，而是在叙事中留下空白，以此来反映史料的阙如。（第16页）

传统经学的学者以肯定《史记》是"实录"为起点，最后则发现《史记》的记事不尽是事实，所以要透过史料考辨的手段来补偏救弊，将重建一部接近"实录"、还原"圣人之真"的孔子传记作为理想；当代学者则运用修正补充后的史实作为写作素材，改写为"孔子的故事"，塑造出依然伟大的孔子形象。由于对叙事文体特性的觉察，金安平对于《史记》的历史书写是否为"实录"作了进一步的反思。这当然不是针对《史记》的记事是否为事实的检讨，而是强调在某些事实被纳入叙事书写的过程中必须仰赖想象力的重构，此时的作者可能关注情节的安排以及透过自己的观点阐释事件的意义，不尽然是以追求真实为目的。例如，司马迁关于孔子周游列国的叙事：

> 有关孔子周游列国的记录散见于《论语》以及孔子去世两百五十年后的哲人作品中。……司马迁是第一位试图将这些零散故事组织成连贯叙事的史学家。他借由添加敏锐的眼光与戏剧性的事件来增益故事；他也毫不拘泥地安排各种情节转折与填补漏洞。……他只想让故事充满行动与冒险，因此特意让孔子在各国间来回奔走。（第114~115页）

在金安平看来，《孔子世家》运用大量未被检证的史料，经由想象力重构孔子的完整生平以及组织成连贯叙事，这其实是司马迁的一家之言，不等于孔子的真实面貌。所以他反其道而行，采用的史料以《论语》、《左传》为主，绝大多数公元1世纪前流传的孔子故事文献因被认为纯属虚构而加以排除，结果是"故事因此出现巨大的空白"。他认为这样的结果必须坦然接受，现存史料虽然不够完整，但已足以让我们了解孔子；反之，如果刻意填补空白以形成连贯的叙事，"历史上的孔子就算被描述成一名伟大的人物，终将只是后世的虚构"（第15页）。

相较于一般的孔子传记，总是由连贯的叙事或是串讲序列的史料作为书写的主体，《孔子：喧嚣时代的孤独哲人》一书则是以主题论述作为书写主体。兹以第一章为例加以说明。此章的主题是探究孔子"去鲁"的事件，文章的开头与结尾对这个事件的叙述如下：

正当孔子的政治事业达到巅峰,他突然辞去官职,带着绝望的心情与少许盘缠启程周游列国。那年是西元前四九七年,孔子五十四岁,在故乡鲁国担任司寇。辞官的决定就此结束孔子的公职生涯,但当时的他未能预见。(第36页)

孔子于公元前497年启程周游列国,此时他已无太多家庭义务与亲情纠葛。他的双亲早在数十年前离开人世,婚姻已经结束,儿子已经三十五岁,女儿业已长大成人。若孔子的子女尚且年幼,或双亲健在,则孔子很可能继续留在鲁国。《史记》提到,季桓子曾对孔子出走深感后悔。若他真的表示过悔意,那必是言不由衷。(第53页)

以孔子五十四岁时的"去鲁"事件作为全书开篇的主题,显示本书非着眼于孔子生平的时间序列,而是将此事视为首要的基础事件,进而选定主题加以探究;而孔子在此以前的有关生平,则是在探究这一主题的过程中,以类似"倒叙"的笔法出现。开头的叙述已经预示这一章的讨论主题将扣紧"孔子为何在那年辞官"的疑问,连带必须釐清孔子何以热衷政治事业的背景、政治事业达到巅峰的过程、突然辞去官职的理由等问题,甚至想象孔子此时的心情。接下来的本文,就是对这些问题的讨论:从孔子的家世背景、出生以后的成长经验探究孔子何以热衷政治事业;从鲁国的政治情势、孔子与鲁国执政者的关系探究孔子的政治事业与辞官去鲁的理由。其中有两段涉及《孔子世家》的叙事问题。其一是关于孔子去鲁原因的情节,"司马迁综合这两段陈述,添入一些引人入胜的细节,整理其中不连贯的部分,写成更完整的故事。"(第40页)作者认为司马迁的说法带有夸大或虚构的成分,反映了汉初的学术观点以及投射了自己的期望。为了追求历史的真实、认识真正的孔子,作者透过梳理《论语》、《左传》的相关文献,勾勒出孔子出走前的鲁国政治动乱情势(前502至前498),推敲孔子与鲁国君臣的关系(尤其是孔子与叛军领袖阳虎、公山弗扰的关系)以及孔子对此一情势所持的立场,由此得知孔子的出走理由与鲁国的动乱以及三桓对他的猜忌息息相关(第41~52页)。其一是关于"夹谷之会"的情节,作者以《左传》所记的内容为底本,而认为《谷梁传》与《史记》"这两种版本夹杂太多叙事手法"(第51页)。以上可以看出,作者认为追求真实就应该回到历史现场,仔细思索历史的真相与意义,才能得出有效的结论;换言之,以追求真实为目标的历史叙事,总是伴随对历史真相与意义的论述,两者无法切割。

至于结尾一段所述,在通篇的政治论述之后,作者特意呼应开头语所触及的个人心情,而对孔子可能有的家庭牵绊心理加以揣摩。写作孔子传记的作者,不乏追寻孔子真实面貌之理想者,然而金安平的独特之处在于强调人的个体身份,这既指被书写的对象,也包括写作者本身。他说:"我想了解孔子,希望这本书能成为一段探险的历程。"(第12页)"我问自己:我看到什么?孔子说了什么?孔子是什么模样?"(第276页)正表明了金安平乃是以读者的个体身份,透过阅读想要努力接近文本中那个被称为孔子、且尚未被历史叙事标举为伟大人物的个体。"孔子喜欢与人对谈,这能帮助他思考,但他从未想过有人会将他的对话记录下来。孔子不希望自己的话语成为固定的规则,或成为他个人不朽的象征。孔子希望自己是个有血有肉的凡躯,他珍视自己面对人生各种际遇时不断思索正确可行之道的历程。"(第29页)此书既将孔子视为平凡的个体,孔子的追随者,如他的弟子子贡、颜回、子路等,以及后来捍卫孔子的儒者孟子、荀子,也被视为同等的个体,所以"子弟"、"捍卫者"二章就用来书写这些跟孔子相亲的个体。作者强调"孔子喜爱与年轻人对谈",认为不仅身为导师的孔子对弟子有深远影响,反过来,在孔子的自我追寻之路,"若无弟子的陪伴,孔子晚年不可能变得如此机锋而明晰。若无这些弟子,孔子可能已经死在路上,他的作品将永无完成之日。"(页86)因此,孔子的故事,不是独属于伟大的孔子本人,它是属于孔子以及跟他相亲之群体的故事。

对金安平来说,他在认识孔子的过程中,对于如何避免虚构孔子的伟大形象保持高度自觉以及对个体身份的强调,或许隐含重要的意义:他希望借此反省中、外一同的关于"孔子与中国存在紧密关系"的国族论述。本书的《序言》,作者说明写作此书的目的,以西方世界的读者为对象,西方世界的局外人往往因为对孔子一知半解,于是或有"将中国一切的好事坏事全归因于孔子"的情况,因此他要透过追寻孔子的真实面貌澄清这样的迷思。而在本书的《导论》,作者以亲访山东邹城参加学术会议、与当地高中生晤谈的经验作为引子,纵观20世纪中国历史中的孔子命运,从20世纪初期的现代化运动重新估量孔子的价值,经六七十年代文化大革命的摧毁传统运动,以至90年代中期以后的孔子热潮,也一样显示了孔子与中国社会密不可分的特殊地位。本书的写作观点,不在质疑孔子是一个伟大人物的观点,而主要是对虚构孔子的伟大保持警惕,因此唯有先将孔子还原为一个凡躯的个体,然后透过持续的努力追寻孔子的真实面貌,才能避免在充斥国族论述观点的现实情境中不自觉地虚构孔子的伟大形象。

## 五、结语

本文在当代为数众多的孔子传记中选取三部著作加以探讨,主要的问题意识不在于勾勒当代孔子形象的变迁线索,而是侧重考察这些著作如何回应史上第一部孔子传记《史记·孔子世家》,借此探讨孔子传记的书写类型以及书写孔子传记的意义。

钱穆《孔子传》透过文献考辨的方法删正《孔子世家》,尝试完成一部贴近"实录"性质的孔子传记,并且承继经学传统,以现代眼光重新诠释圣人志业的意义;李长之《孔子的故事》则将《孔子世家》的"圣人叙事"改写为"伟人传记",从原本关注孔子的神圣典范意义转化为呈现孔子的成长历程与人格精神;金安平《孔子:喧嚣时代的孤独哲人》则是透过检视《孔子世家》的连贯性叙事笔法,探究历史书写如何追求真实。三部著作的书写体裁不同，可以分别以实录体、故事体、论述体概括之；三位作者的学术背景不同，分别在经学、文学、史学的学术脉络中探究孔子生平的意义；他们的现实关怀也反映了不同的时代意识，钱书意在延续传统文化的命脉、李书意在穿透政治学术主流观点的社会网络、金书则意在反思东西方一同的国族论述观点。由此可见，书写孔子传记的意义在于伴随殊异的时代意识、社会互动、学术文化脉络而引出诸多值得思索的问题。换言之，如果孔子的形象持续对人类有意义，孔子传记都还有待书写新的内容，反之，如果孔子传记持续书写新的内容，孔子的形象就对人类有意义。

第六届世界儒学大会论文集

# 学术综述

# 儒家思想的当代价值

## ——第六届世界儒学大会学术综述

中国艺术研究院助理研究员　王瑜瑜

2013年9月27日，第六届世界儒学大会暨2013年度孔子文化奖颁奖典礼在孔子故里山东曲阜的孔子研究院隆重举行。山东省人民政府副省长季缃绮，山东省人民政府副秘书长李娥，中国艺术研究院常务副院长王能宪，中国艺术研究院副院长贾磊磊，济宁市委书记、市人大常委会主任马平昌，济宁市委副书记、市长梅永红，山东省文化厅副厅长李国琳，中国孔子基金会副秘书长武卫华，国际儒学联合会秘书长牛喜平，孔子研究院党委书记庄金兰、院长杨朝明，中央民族大学教授牟钟鉴，香港孔教学院院长汤恩佳等出席了大会开幕式。

世界儒学大会（World Confucian Conference）是由中华人民共和国文化部、山东省人民政府联合主办，中国艺术研究院、山东省文化厅、山东大学儒学高等研究院、中国孔子基金会、国际儒学联合会、济宁市人民政府和孔子研究院共同承办的国际性儒学盛会。世界儒学大会由中国艺术研究院王文章院长与山东省文化厅原厅长、现任潍坊市委书记杜昌文先生创意发起，迄今已连续举办六届。其宗旨是在世界范围内组织、举办儒学研究活动，推动各国、各地区儒学研究的深入发展，传承、弘扬中国优秀传统文化，促进人类不同文明之间的对话与交流，增强各国各民族人民之间的相互理解和信任。

山东省人民政府副省长季缃绮在开幕式致辞中指出，山东是孔子的故乡，儒家文化的发源地，历史悠久，文化灿烂，素有孔孟之乡、礼仪之邦的美誉。儒家文化博大精深，积淀深厚，源远流长，为中国文明乃至世界文明作出了不朽的贡献，在各个历史发展重要时期和诸多领域源源不断地提供着弥足珍贵的智慧财富。今天我们所处的时代变革之剧远胜于以往历代，新事物、新情况、新问题更迭出现，新思想、新观点、新知识纷纷涌现，全球经济文化融合加速发展，区域交流合作方兴未艾，儒学如何进一步探索创新，如何更好地与当下社会融合，是摆在新时期儒学工作者面前的一个重大命题。我们感慨于社会的飞速发展，更需要聆听孔子的教诲，更需要领悟儒学的精粹。我们期盼通过世界儒学大会，通过各国各地区专家学者和社会各界热心人士的共同努力，传承儒学传统，播撒孔子的智慧，造福人类社会，为国家富强、民族进步、社会和谐、人类发展作出更大的贡献。今天我们召开第六届世界儒学大会，以儒家思想与当代社会建设为主题,共同探讨儒家思想与生态文明、儒家伦理与道德教育、礼乐传统与社会礼仪、儒家思想与文化传播等重大现实问题,有着特别重要的意义。希望各位专家学者紧紧把握时代脉搏,立足世情、国情,民主、平等、务实、坦诚地开展对话与沟通,携手推进儒学学术创新,为解决现实社会问题,促进人类社会和谐发展贡献力量。

中国艺术研究院常务副院长王能宪在开幕式致辞中说,孔子创立的儒家学派,是中国传统文化的主干,体现了中华民族的理想与道德、价值与信念,是中华民族延续发展的精神动力。在历史上,它对于维护统一的多民族国家发挥了重要作用,也为世界的和平、发展和进步作出了积极贡献。我们传承与弘扬中华优秀传统文化,离不开对作为中国传统文化主干的儒学的深入研讨和科学阐发。而今天我们在这里举行的世界儒学大会,就是在搭建一个高端、开放的国际性儒学研究交流平台,为我国优秀传统文化传承体系建设积累经验。世界儒学大会把外国著名专家"请进来"和国内学者共同研讨中国传统学术文化,创新了中外文化交流的新形式,不仅成为中国文化"走出去"的重要载体,也促进了多元文明包容互鉴、和谐共生,为世界人民的相知互赏和国际社会的友好往来作出了重要贡献。希望与会嘉宾、学者继往开来,承前启后,在民主、平等、和谐、愉快的氛围中畅所欲言,准确把握儒家人文精神的丰富内涵,对儒家思想作出创造性的阐释和精深的研究,为实现"中国梦"发掘重要的思想文化资源,为人类社会的繁荣发展和文明进步作出应有的贡献。

济宁市委书记、市人大常委会主任马平昌在致辞中指出,经世致用、与时偕行,是儒学基本的价值追求和内在品格。2500多年来,儒学之所以历经千载而不衰,历尽沧桑而弥新,不断被继承光大和生发扩展,很重要的就在于历代儒学先贤们始终关注现实,着眼所处时代的社会、人生问题以及人与自然问题,孜孜以求、不懈探索,寻求解决之道。时代发展到今天,我们研究传承儒学,目的就是汲取先贤的智慧,开掘儒学的精华,使儒学在当代社会更好地发挥作用。

孔子研究院院长、世界儒学大会执行秘书长杨朝明研究员代表承办单位作主旨演讲。他提出,经过现实反思和历史回溯,人们对孔子儒学的认识更加理性、更加冷静。孔子要求人们关注"人情"与"人义",研究"人心"和"道心",思考"人欲"和"天理"。他向往社会的和谐与"大同"状态,他深信,只要人们正心修身,推延亲情,放大"善性",秉顺理性,循道而行,社会就不难达至"至善"之境。人们只要按照"忠恕"之道行事,修己以安人,"己所不欲,勿施于人",无论社会礼仪的塑造,还是道德文明的构建,以至生态环境的改善,都将成效可期。人类素养的提升需要一个"格物、致知、正心、诚意"的功夫,我们需要在心灵上走近孔子,贴近儒学,实现这一人类自身的升华。

本届大会开幕式上还举行了2013年度"孔子文化奖"(Confucius Culture Prize)颁奖典礼。"孔子文化奖"是由中华人民共和国文化部和山东省人民政府共同设立的国际奖项,依托世界儒学大会这一国际化平台进行推选,旨在鼓励世界范围内的儒学和中国文化研究者、研究机构(团体或非政府组织),站在时代的高度,深入研究孔子、儒学和中国传统文化的价值和意义,加强儒学研究成果的研讨与交流,推进儒家文化、中国文化的传承和普及,丰富世界文化内涵,推动世界多元文化的建设与发展,促进人类社会的和平、和谐与进步。

2013年度孔子文化奖的获奖者为清华大学教授李学勤先生和美国夏威夷大学教授安乐哲(Roger T. Ames)先生。李学勤先生在获奖感言中说:"孔子总结了唐虞三代的文化传统,创立了儒学,特别是其经学,成为传统优秀文化的中心和象征……在多年的'杂学'涵泳中,我逐渐形成了一个认识、一个想望。这个认识就是我们中国的传统优秀文化,由于种种历史的原因,被低估被矮化了,而我的想望就是通过客观的论证、正确的评价,使传统文化得到继承和阐扬。"安乐哲先生也发表了热情的获奖感言,他表示自己将把孔子文化奖视作激励与动力源泉的无穷无尽,持久流淌。他说:"今天的世界需要儒家的传统智慧和价值;注重家庭、和谐、道德,是作为人、社会、国家关系不可缺少的生长条件,它有利于建设世界的新兴文化秩序。""儒家思想固然是一种古老文化,根基深刻、稳固,但也同时是生气勃勃、充满活力的传统。她召唤我们:投身、贡献!人能弘道,非道弘人。"

清华大学李学勤教授、北京师范大学黄会林教授、中央民族大学牟钟鉴教授、美国夏威夷大学安乐哲教授、韩国国立安东大学孔子学院李润和院长、越南胡志明市国家大学所属社会科学与人文大学吴氏芳兰副校长围绕本届大会议题进行了大会学术演讲。大会学术演讲由台湾政治大学董金裕教授主持。

本届大会还发布了世界儒学大会会歌暨孔子研究院院歌《文明足迹》,彰显了孔子六艺中"乐"的含量。礼、乐并具,更突显了大会的儒学内蕴。

自2007年举办发起国际会议以来,世界儒学大会至今已成功举办了六届七次。本届大会秉承以往各届大会的一贯宗旨,营造思想独立、对话平等的学术氛围,鼓励跨学科、跨行业的儒学研究,既关注儒学的基础理论研究,更将儒学研究与当今社会现实紧密结合,探讨儒家思想在当代社会建设中的意义。来自中国内地、香港、台湾,日本、韩国、越南、马来西亚、印度尼西亚、以色列、澳大利亚、英国、爱尔兰、俄罗斯、美国等14个国家和地区,60多个儒学研究机构与学术团体的100多位专家学者参加了本次大会。

在本届大会上,与会专家学者根据"儒家思想与当代社会建设"的主题,围绕"儒家思想与生态文明"、"儒家伦理与道德教育"、"礼乐传统与社会礼仪"、"儒家思想与文化传播"四个议题进行了深入研讨与广泛对话,取得了丰硕的成果。儒家学说源于现实,关注国家、政治、社会、人生,始终具有鲜明现实指向,与现实生活和人的密切关联使它的价值可以被当代人挖掘并彰显出来,在今天焕发出蓬勃的生命力。

## 儒家思想与生态文明

当今世界，自然资源日趋枯竭，环境遭到极大的污染、破坏，灾害频发，给人类的生命财产带来重大损失，促使人类反思一味征服自然的偏颇与得失。与会学者认为，儒家思想中包含了很多生态智慧，对于当代生态文明建设具有十分重要的借鉴意义。儒家学说启示我们，作为万物之灵的人类，要主动承担起调节人与自然关系的责任，学会与大自然和谐相处，尊重自然、敬畏自然，才能更好地让自然服务于人类。要充分挖掘儒家思想中蕴含的宝贵生态智慧，构建生态文明，促进人与自然的和谐相处，为人类创造良好的生存环境。

南开大学哲学院乔清举教授阐释了儒家生态哲学的基本理论，他认为儒家哲学本质上是生态哲学，其理论结构基本原则是"天人合一"，可从对天的认识和对人的作用两个层面加以认识；他从宗教、道德、政治三个理论维度对儒家生态哲学的特征进行了详细论述，并指出中国文化之所以能够历久弥新，保持较高的文明水平，一个重要的因素是儒家生态意识维持了中华民族生存地区的自然环境。西北大学方光华教授详细分析了以"天人合一"为代表的中国传统生态智慧的内涵与特点，并对近代以来西方生态思潮的发展趋势予以关注。在此基础上针对中国生态问题的特殊性提出要努力探索中国生态文明建设的可能道路：构建与我国现代文明形态相一致的生态理论；将生态理念渗透到当代政治、经济、社会、文化的各个方面，使生态理念成为文明自觉；积极参与全球生态事务，倡导具有民族文化特色的民胞物与、公平正义的生态价值观念。香港孔教学院院长汤恩佳博士也对儒家思想与生态文明的关系给予了关注。他指出，现代社会中，人类中心主义、私己主义、享乐主义、消费主义泛滥，破坏自然，导致出现了严重的生态危机。解决生态环境问题的根本集中在如何看待人与自然的关系上，儒家倡导的"天人合一"是处理人与自然关系的最基本的信念，能够引导人们正确认识和处理人与自然的各项利益关系，使全社会的生态和环境意识增强，从而达到可持续发展的目的。儒家主张"正德、利用、厚生"。天地万物的自然资源是人类赖以生存的物质基础，如若随意破坏、浪费资源，就会损害人类自身，用仁爱之心对待万物，让万物得到涵润，才能使万物各得其所，各得其生，人民各得其养，所以，对待天地万物应采取友善、爱护的态度，向自然界索取时，反对浪费资源，防止违时获取和过度利用。澳大利亚邦德大学李瑞智教授指出，随着中国和亚洲和平经济的崛起，以抽象、理性、信仰为基础的西方文明的弊端逐渐暴露出来。为寻求全球经济的和平发展，人类与自然的和谐发展，需要从以流动、直觉、整体和务实为特点的东方文明，尤其是中国古典传统中寻找智慧，在东方文明与西方文明的对话互补中促进世界和谐。

## 儒家伦理与道德教育

尽管在当代社会仍然存在道德失范的现象，但越来越多的人们对诚信缺失、人情淡漠、见利忘义等消极现象予以强烈的批判，热烈呼唤真情与责任、诚信与互助，追求美好的道德品质和崇高的人格境界。儒家伦理在完善当代道德教育、提高全民道德素质、提升人生境界等方面所具有的独特功能与价值。当代道德教育应当吸收儒家伦理中以"仁义礼智信"为代表的一系列思想精华，并将这些精华融入道德教育，使道德教育内涵更加丰富，成效更加显著。

中央民族大学牟钟鉴教授指出，儒家在历史上不是一家一派的学说，而是集三代文化之大成、为中华民族确立人本主义精神方向、为全民族提供基础性道德规范的社会德教，它面向社会所有的人，为政治、经济、文化、军事、外交提供伦理原则，而以五常八德为基石。儒家未来的演变，不宜政治化、宗教化、工具化，应在社会德教位置上发挥作用。曲阜师范大学黄怀信先生也认为孔子思想研究不能只停留在学术上或口头上，而应该应用于社会，让其发挥实际作用，而发挥作用的关键是"以之为教"。孔子研究院院长杨朝明研究员认为，当今时代，要发掘孔子儒学的精义，发挥孔子思想与儒家学说对于社会的作用，最为紧要的，就是进一步"讲明"和申说其成人之"道"与为政之"德"，他认为政之"德"的主要内容应当包括信念、明礼、诚敬、知民、爱民以及心态等方面。大连大学葛志毅指出中国传统文化的本质属性可概括为人文理性，在今日全球化背景下，人文理性传统显得尤为珍贵，因为它可以抵制科学功利主义导致的物欲横流，并被用来作为人性觉悟和提升人们内在精神境界的思想资源，也是未来社会文化健康发展的建设性希望。北京大学王中江教授认为，儒家对道德伦理的坚守源于早期儒家"社会角色"意识的定位。他认为"角色意识"涉及到儒家是如何看待人的社会地位的合理分配，在参与公共事务与道德信念之间如何作出选择，这种选择对他们意味着什么。尽管早期儒家在政治并不得意，但早期儒家扮演的成己、成人的人文教化和文化传承角色，同他想扮演的公共事务管理角色同样重要。在道德理性与政治地位不可兼得的情况下，儒家守护和坚持道德理性，反映出鲜明的人文主义的特色。他揭示了儒家对道德理性和人文主义信念的坚守和巨大的道德勇气。

国外学者多从理论层面对儒家伦理进行了论析，并提出了诸多具有启示意义的理论构想。美国夏威夷大学安乐哲教授提出，在向西方学界介绍中国哲学和文化时，他们会使用对古典传统理论化与概念化的方法。"儒学角色伦理学"意在叙述一个自成体系的独特道德哲学，让它发出自己的声音。它基于将人视为处于互系的观念，将人家庭角色及关系作为修养道德能力的起步，在精神上呼唤道德想象，并能激励通过人的相系而生成的道德，进而为展开道德生活的宽度与立体视角提供根据。爱尔兰国立科克大学学者汉斯-格奥尔格·梅勒认为"角色伦理学"对儒学的阐释尽可能避免了"殖民化"中国哲学，易于被全球读者接受。角色伦理学成为与西方伦理学辩论的重要对话者，相比于本体论的、认识论的或宗教性的项目，它更是在阐述一种生活方式。美国保罗·安布罗西奥博士认为中国古典思想，尤其是儒家传统，将虚假视为非道德或超越道德的范畴，这一点往往被忽视，导致对儒家文本中欺骗战略的问题性解读。古希腊苏格拉底对于虚假的态度与对儒家传统的许多解读相似，都认为为实现道德的目的虚假是可以接受的，但除非必要应尽可能避免。儒家文本里关于虚假的运用对于中西方个人、业务和政治交往过程中面临的困境提供了有用启示。

此外，还有许多学者围绕儒家伦理道德中许多核心理念的内涵，以及历代承传过程中的发展、衍变发表了自己的见解。如山东大学儒学高等研究院曾振宇教授揭示了孔子、孟子、董仲舒"仁学"的不同内涵和他们为这一学说演进作出的理论贡献。他认为，在仁学史上，孔子仁学亲切自然，排斥功利性，提出了"仁者安仁"这一意义重大的哲学命题；孟子则从性命论、形式逻辑和生命经验三大向度证明仁为天之所命，落实于人心为善端，从心性论高度证明"仁者安仁"；董仲舒以气论仁，既有别于孟子将天定位为理论预设的逻辑架构，也破除了汉代诸多学者"性善情恶"思维定势，儒家仁学继而又迈向了道德形上学的新高峰。上海师范大学刘广胜副教授对孔孟之间仁学伦理的建构进行了探讨，他认为孔孟之间仁的核心地位渐趋消解，而义理论地位明显上升，仁义礼智成为固定组合的过程，也是它们地位不断凸显，成为后世儒家理论构建四个必备支点的过程，仁学体系建构渐趋精微，儒学由政治伦理上升为体用兼备的道德哲学；仁学与人性论、天人观融合为一，是孔孟之间儒学发展的基本趋势。内蒙古科技大学赵雪波认为，荀子的教育思想遵循着一条"化性起伪"的独特进路，他证明了"化性起伪"的必要性和可能性，人性自然趋向于"恶"，故而必须导其向"善"转变。实现"化性起伪"的关键是"治心"，荀子就在承认人对物欲的追逐是人所有追求根本动因的基础上，使人将价值追求的重心确立在对"善"的寻求之上。

中国人民大学韩星先生详细阐述了孟子大丈夫人格的内涵及其历史传承、发展、影响。孔子研究院陈金海则对孟子道德理性的历史建构予以了关注，他指出，孟子重德性而具有广阔的历史视野，他以观念真实作为选择历史证据的标准，既证成了其道德理性，又于其中建构了历史，这种双重建构主要源于春秋战国时期历史理性与道德理性相背离的社会现实。中国孔子基金会彭彦华通过对儒家经典文献的精读和梳理，对儒家"君子"人格的特质进行了深入探讨。他认为君子人格的内涵、特征或者标准大致包括仁、义、礼、智、忠信、勇、中庸、和而不同、文质彬彬与自强等内容。孔子及先秦儒家"君子小人"之辨目的在于扬善抑恶，塑造仁德的理想人格。在当代培育君子人格是培育和谐文化，建设和谐社会的一项重要举措。台湾学者高秉涵先生对儒家忠信论的本义、发扬及其现代价值进行了详细阐释，他认为孔子是忠信的倡导者和发扬者，经由孔门的发扬光大之后，忠信迅速成为全社会普遍认可和接受的道德价值。提倡忠信道德，首先要还原忠的普遍性品格，无论是对上对下，还是对平等之人，都应该做到真心实意，竭诚相待；人与人之间彼此忠诚，不要二心，不要欺诈，忠信的道德必将走向世界，走向未来。

部分学者密切结合当下的社会实际，为挖掘儒家伦理道德的当代价值提出了具有针对性的建议。山东省社会科学院文化所涂可国研究员对儒家的财富观予以了特别关注，角度新颖。他认为儒家财富观可以概括为人文主义财富观、道德主义财富观、平均主义财富观和轻商主义财富观四个方面。富而有道、财自道生、有财有用、和气生财、富而后教、富而好礼、调均贫富、贾而儒行等思想观点为我们提供了如何理解、看待和运用财富的智慧。山东省社会科学院孙聚友先生分析了儒家社会保障思想的现代价值，他指出，社会保障制度在维护社会秩序稳定，保障人民安居乐业，推动社会进步发展中，具有不可忽视的作用。儒家主张实行养民富民的爱民仁政，保护弱势群体的生存权利，倡导扶危济困的道德风尚，实现有效的社会保障制度，对促进当前社会保障事业的进步发展可资借鉴。曲阜师范大学傅永聚先生仔细勾稽了儒家典籍《尚书》体现的用人理念，如"任贤勿贰，去邪勿疑"；"野无遗贤，万邦咸宁"；"官不及私昵，惟其能；爵罔及恶德，惟其贤"等，揭橥了其对当代用人之道的指导价值。中国人民大学温海明先生通过中西对比，深入辨析了儒家实意伦理政治维度中"主"与"民"的关系。山东省委党校裴传永先生围绕孔子德治思想的精髓及其当代价值进行了探讨；山东师范大学梁宗华教授则着重挖掘儒家伦理思想在现代道德教育中的价值。

从哲学层面对儒家伦理进行省察也是参会学者展开儒学研究的重要角度。山东大学儒学高等研究院黄玉顺教授结合时代问题，揭示了儒家正义论的正当性原则和适宜性原则：正当性原则强调社会规范及其制度的建构必须是出于仁爱的；适宜性原则要求一个社会共同体的社会规范建构及其制度安排必须适应这个共同体的生活方式。人民出版社方国根编审着重探讨了王阳明"致良知"道德哲学的基本内涵和理论特色，他认为王阳明"致良知"道德哲学可以归结为使命担当、道德主体、大胆怀疑、革新创造、尊师重教、务实力行等六种精神。广东医学院郑学宝、彭浩晟分析了孔子人性论的基本内容及其现代境遇。曲阜师范邱文元先生通过对"亲亲相隐"论争过程和主要观点的分析，指出只有认清中西历史文明发展路径的不同，以及由此产生的根本理念的区别，才能够正确地诠释儒家伦理。

《孟子·告子上》云："恻隐之心，仁也；羞恶之心，义也；恭敬之心，礼也；是非之心，智也。"人人皆有恻隐之心、羞恶之心、恭敬之心、是非之心，儒家始终鼓励人们提升道德境界，鼓励人们自我反思，见贤思齐，修身立德，而儒家倡导的许多中国传统美德无疑应当是人们不断提升道德水平的重要参考，也必将为维护社会稳定与和谐发挥重要作用。

# 儒家礼乐传统与社会礼仪

礼乐教化能够潜移默化地塑造人们的道德，进而对社会秩序的构建和社会的发展产生深远影响，而儒家礼乐教化思想的内涵与方法十分丰富，对于我们构建当代社会礼仪有极高的借鉴价值。应当深入挖掘儒家礼乐教化思想与方法的精粹，并加以提炼，为当代礼仪建设提供参考和借鉴。

吉林师范大学祖国华教授指出，儒家礼乐传统的化育本质是儒家礼乐文明的内化外现过程，体现出鲜明的过程性、秩序性与向善性等特征，强调缓慢渐进、氤氲化生。化育的"礼化"功能与"乐化"功能潜移默化地改变着人与社会的生成与发展状态，对个体道德化与社会秩序化具有重要价值和深远影响。要实现儒家礼乐传统的化育功能，需在思维路径、资源整合、实践方式等方面下工夫。马来西亚儒学研究会署理会长、国际儒联副理事长陈启生对"礼"的内涵和外延进行了深入系统的探讨。他认为应重新提倡传统的"礼"，重塑人们的"敬畏感"，这对于根治当今社会物欲横流、道德失范，诚信缺失有着积极的价值和重大的意义。曲阜师范大学宋立林研究员对转型期中国的礼乐文化重建问题发表了自己的见解，他认为儒家礼乐教化的目的在于"成人"。孔子的礼教思想不仅对"礼仪"与"礼义"有所区别，而且特别重视形式与内涵的完美统一，并主张与时俱进地对礼进行改革和转化。儒家礼乐精神的核心在于敬，培养人们的诚敬观念，依然是现代社会礼乐教育和伦理道德建设的当务之急。

台湾政治中文系名誉教授，国际儒学联合会副理事长董金裕从更为全面的角度，对《周礼》中的六艺的源头和内涵进行了系统的梳理，他认为传统礼、乐、书、御、数、射的六艺教学模式有各自的侧重和培养目标，合乎五育并进的全人教育，可作为我们今日的取法之资。孔子的弟子中，许多人不仅接受了六艺之教，而且一生恪守躬行，成就了儒者的风范。孔子研究院李文娟便选取了孔子弟子子游这位礼学的践行者，详细论述了其对礼学的恪守和礼学风格的形成，她认为子游不仅贯彻了儒家礼学思想，而且推动了孔子礼学的发展。台湾师范大学国文系林素英介绍了台湾近十年来殡葬业中出现的"礼体服务"，探讨了该服务的具体内容，通过追溯中国古代丧礼中相关记载，阐述了中国古代丧礼安排与新兴"礼体服务"二者的关系，揭示了"礼体服务"对于"事死如生"的实践意义。

还有部分学者对礼乐文化中"乐"的运用给予了关注，并就如何发掘"乐"的当代价值进行了深入思考。中国艺术研究院郑长铃研究员以北宋陈旸所著《乐书》这部重要的儒家音乐文献资料为研究对象，他指出该书继承儒家传统礼乐观念，对儒家传统艺术观、音乐思想作了系统的阐述，挖掘借鉴其礼乐文化中的积极成分，能为当代社会建设提供有益的启迪。云南师范大学周燕则从孔子闻韶乐"三月不知肉味"的典故出发,详细探究儒家礼乐内涵、精神主旨及其实践途径。

《孝经》云"礼主敬",《孟子》云:"君子以仁存心,以礼存心。仁者爱人,有礼者敬人。爱人者,人恒爱之;敬人者,人恒敬之。"在人与人的交往中,需要彼此给予对方由内而外的真诚、尊重,才能为交流各方创造平等、和谐的环境和氛围。爱人敬人,才能充分体现"礼"的本质,更好的维护社会秩序、和睦人际关系。

## 儒家思想与文化传播

儒家思想通过多样化的传播方式不仅影响到不同国家、不同地区、不同时代、不同社会群体的价值取向和行为方式,实现他们对儒学价值的认同,而且由于跨学科学者的参与、在不同领域的渗透导致儒学观念自身的丰富、流变,呈现出许多值得注意的现象。

与会专家学者对儒家思想的国际传播情况十分关注,英国牛津大学东方学院教授罗伯特·恰德选取了明末清初的学者朱舜水进行个案研究,并从中选择了朱舜水东渡日本后的经历作为研究对象,从而得出结论:儒学要实现更广泛的传播,必须要融入当地社会生活,在承认本土文化的价值基础上融会贯通,实现儒学与当地文化的重建。厦门筼筜书院戴美玲从东亚理学早期传播与书院发展关系的视角,分析了书院在对理学传播过程中的重要作用,通过对东亚理学与书院历史文化的梳理,结合书院创办与运营实践,以期对当代中国与东亚传统文化的沟通交流、传承发展有所启示。越南胡志明国家大学阮玉诗从封建时代科举制度的发展论述了越南的文化性格,揭示了儒家文化的深刻影响。

北京师范大学资深教授黄会林先生指出,中华民族几千年生息繁衍过程中逐步创造、积累并传承下来的文化复合体可称为"第三极文化"。把中国文化更有力地推向世界,进一步提高中国文化在世界文化中的影响力,应该提升到国家战略高度,是政府、业界和学界肩负的共同使命。北京外国语大学东西方关系中心的田辰山教授认为儒学与中华文化之所以缺乏跨文化的能力,从本质上来说是由于缺乏对西方哲学及其语言的深入理解,解决之道就在于用儒学的"和"的精神去实现跨文化,通过中西哲学文化的整体性比照进行阐释。中国艺术科技研究所许立勇着眼于传统文化的当代转化,并以电影《孔子》为例,对全媒体语境下传统价值观的影像转译和"故事"表述进行了详细分析。

许多学者力图从学术史的角度发掘和还原儒家思想的价值及影响。台湾中华历史学会会长、台湾佛光大学的李纪祥教授就清代学术之"开端"问题进行了学术史的探讨,通过对清代以来诸部学术史的考察,他指出"开端"问题本质上是易代革故鼎新之后新王朝如何自居、如何实现自我定位的问题,确定了开端才可以继往开来,才可以进行学术意义价值的探讨。台湾大学中文系伍振勋副教授以钱穆《孔子传》、李长之《孔子的故事》、金安平《孔子：喧嚣时代的孤独哲人》三部著作为例，探讨孔子传记的书写类型以及书写孔子传记的意义。他指出，三部著作的书写体裁不同，三位作者的学术背景不同，他们的现实关怀也反映了不同的时代意识。如果孔子的形象持续对人类有意义，孔子传记还有待书写新的内容；如果孔子传记持续书写新的内容，孔子的形象对人类必将有持续的意义。孔子研究院路则权博士通过对美国华裔史家刘子健、余英时、张灏等人的儒学研究论著研究特点、研究方法的详细探讨，概括了华裔史家儒家文化解释的范式类型及其特点。

儒家思想博大精深，与历史、哲学、文学、法学等学科具有重要关联，许多学者在儒学的跨学科领域研究发表了研究成果。西南政法大学俞荣根教授对儒学正义论与中华法系详细考辩，指出在当代法治语境下，中国传统的儒家仁学正义论和中华法系的法律正义文化仍有值得肯定的正面能量，应当也可以实现现代转型；传统的中华法系法律正义在现代转型中，既要特别注重程序正义建设，也要重视实质正义方面与传统正能量资源的衔接，建构起与实质正义与程序正义相互匹配的法律正义原则与规则体系。

辽宁师范大学李玉君教授从历史学角度，考察金朝杖刑，指出儒家人文关怀、"仁"的思想以及"以民为本"、"贵贱有序"、注重教化等观念对女真贵族政权具有重要影响。郑州大学刘志伟教授以西汉前期颜回话语为中心，考察分析了中国古代"素臣"形象与王朝政治中道德文化重构之间的关系。曲阜师范大学王洪军教授对儒释道三家鼎立背景下的隋唐学术特点进行了总结和探讨。海南师范大学严春宝教授分析了近代著名学者林文庆的儒学思想体系。

台湾政治大学陈逢源从文学角度，对儒家文献《左传》"郑伯克段于鄢"与"卫州吁弑桓公而立"的叙事结构条分缕析，详加比对，不仅揭示了《左传》精妙的叙事技巧，同时揭示了该书建构人伦秩序的目的。河南大学陈丽丽深入分析了南宋理学对词学的影响，进而揭示了儒学与文学互动关系：理学术语、理学思想明显出现在词作中；被视为词体当行本色的艳情之作在家国政治及理学思想的双重影响下大为退减，以艳情为主的传统词坛创作格局被彻底打破。

台湾大学心理系黄光国综合哲学、心理学、社会学提出建构理论模型，分析先秦儒家思想的内在结构，建构出"含摄儒家文化的理论"，藉以描述儒家思想的"文化形态学"，作为社会科学家研究儒家之"文化衍生学"的基础，以扩大儒家文化在世界学术社群中的影响力。台湾慈济大学林安梧教授对当前儒家思想的文化生态进行了哲学思考，他提倡"公民儒学"作为"后新儒学"的社会哲学向度，指出"儒"包含"生命的调理、教养、生长、育成"特质，仁恕之道在一定程度上可以治疗现代化造成的"人的异化"，带来"生命的归复"。宁波大学张骁飞博士以宋末元初学者王应麟为例分析了儒家教育思想，深圳市社会公益基金会李光明秘书长结合社区建设工作实践，探讨了儒家社会思想在其中运用的现实性和可能性。

除此之外，还有部分与会学者通过版本对照、训诂研究等方式对儒家经典文本进行了文献学研究和文学研究，并加以解读，颇见功力。曲阜师范大学陈东汇集《论语》引《诗》章节，联系《诗经》本义，追溯《论语》引文原义，消除传统注释误解，对其联章、断句及其章旨、字义等，尝试进行新的解释，考辨翔实。日本岩手大学教育学部的薮敏裕教授则对《诗经》中的"缉熙"一词的含义进行了研究。他比照郭店楚简和上博楚简中"辑熙"一词的出现情况和具体含义，将其植入《毛诗》中加以验证，得出"辑熙"应为"继承广大"之意的结论。曲阜师范大学刘彬教授从文献学角度对帛书《易传》《衷》篇"《键》之详说"章进行详细考释。西北师范大学伏俊琏教授通过对敦煌出土唐写本《论语》郑玄注的分析，揭示了郑氏注体制短小、文字简明扼要的特点，指出礼学思想是郑玄注《论语》的主要依据，政教、礼法并用是郑氏政治哲学思想的基础。

儒家思想直至今天仍为人类提供着丰富的智慧资源，如何发掘和呈现儒学的当代价值，让儒家思想更好为今天的人们服务，为今天的社会服务，是儒学传承者和研究者面临的重要课题。

9月28日下午，大会举行了闭幕式，闭幕式由西南政法大学俞荣根教授主持。孔子研究院孔祥林研究员在闭幕式致辞中说，第六届世界儒学大会在与会代表的共同努力下，取得了圆满的成功。学者们通过主旨演讲、大会发言、分组研讨、会下交流等多种形式展开了深入而广泛的学术研讨，内容更加多元、视野更加宽广、方法更加多样，取得了丰硕的学术成果。孔子文化奖凭借其专业性、公平性、高端性，国际影响力越来越大，进一步扩大了儒学的影响力。第六届世界儒学大会所关注的生态环境、国内道德素质教育、社会礼仪规范、中西文化交流等课题，正是现实社会普遍关注的热点问题，证明儒学在当代社会不可替代价值，儒学不仅不会消亡，反而会返本开新、老树新花、焕发出新的生命力。

会议期间，恰逢孔子诞辰2564年，全体参会代表共同参加了隆重的癸巳年公祭孔子大典。从本届会议开始，世界儒学大会将改为两年举办一届，孔子文化奖也将每两年推选颁发一次。

第六届世界儒学大会受到媒体和社会广泛关注，中央电视台新闻频道、《人民日报》、《光明日报》、《中国文化报》等进行了报道。国外媒体如美国《大西洋》月刊网站也对儒学大会的"孔子文化奖"及孔子诞辰纪念活动予以关注，相关报道被《参考消息》以《中国欲将曲阜打造为"东方圣城"》为题予以转载，这表明世界儒学大会及"孔子文化奖"的国际影响正在逐渐扩大。

图书在版编目（CIP）数据

第六届世界儒学大会学术论文集／贾磊磊，杨朝明主编．
—北京：文化艺术出版社，2014.10
ISBN 978-7-5039-5883-0

Ⅰ.①第… Ⅱ.①贾…②杨… Ⅲ.①儒学—文集
Ⅳ.①B222.05-53

中国版本图书馆CIP数据核字（2014）第237134号

## 第六届世界儒学大会学术论文集

| | |
|---|---|
| 主　　编 | 贾磊磊　杨朝明 |
| 摄　　影 | 张建生 |
| 责任编辑 | 蔡宛若 |
| 装帧设计 | 姚雪嫒 |
| 出版发行 | 文化艺术出版社 |
| 地　　址 | 北京市东城区东四八条52号　100700 |
| 网　　址 | www.whyscbs.com |
| 电子邮箱 | whysbooks@263.net |
| 电　　话 | （010）84057666（总编室）84057667（办公室）<br>（010）84057691—84057699（发行部） |
| 传　　真 | （010）84057660（总编室）84057670（办公室）<br>（010）84057690（发行部） |
| 经　　销 | 新华书店 |
| 印　　刷 | 国英印务有限公司 |
| 版　　次 | 2014年10月第1版<br>2014年10月第1次印刷 |
| 开　　本 | 710毫米×1000毫米　1/16 |
| 印　　张 | 41.75 |
| 字　　数 | 870千字 |
| 书　　号 | ISBN 978-7-5039-5883-0 |
| 定　　价 | 75.00元 |

版权所有，侵权必究。印装错误，随时调换。